KAFKA
LE TEMPS
DE LA CONNAISSANCE

KAFKA

LE TEMPS
DE LA CONNAISSANCE

REINER STACH

KAFKA

LE TEMPS DE LA CONNAISSANCE

traduit de l'allemand par Régis Quatresous

© 2008 S. Fischer Verlag GmbH, Frankfurt am Main
Titre original : *Kafka. Die Jahre der Erkenntnis*
Éditeur original : S. Fischer Verlag

Conception graphique : Justine Dupré
Composition : Peter Vogelpoel
Dépôt légal : novembre 2023
ISBN 978-2-7491-7404-4

Vous pouvez consulter notre catalogue général
et l'annonce de nos prochaines parutions sur notre site :
www.cherche-midi.com

À Leo

SOMMAIRE

REMARQUES SUR LA TRADUCTION

Les principes appliqués dans ce deuxième tome sont, logiquement, les mêmes que dans le premier :

Les **citations de Kafka** ont fait l'objet d'une nouvelle traduction fondée sur une lecture systématique des textes originaux et sur la comparaison attentive de traductions déjà existantes. Les **titres des œuvres de Kafka**, eux, sont repris pour l'essentiel à ces traductions antérieures. Le présent travail dit donc sa dette à Laure Bernardi, Maurice Blanchot, Jean-Pierre Danès, Claude David, Pierre Deshusses, Robert Kahn, Isabelle Kalinowski, Jean-Pierre Lefebvre, Bernard Lortholary, Claire de Oliveira, Bernard Pautrat, Stéphane Pesnel, Jean-Claude Rambach, Marthe Robert, Dominique Tassel et Alexandre Vialatte.

Modes de citations : Seuls les éléments entre guillemets *et en italiques* sont des citations au sens strict.

Titres d'œuvres non traduites : Dans les cas où l'auteur se réfère à une œuvre littéraire non traduite en français à ce jour, nous proposons une traduction de son titre suivi du titre original entre crochets, ainsi : *Titre traduit* [*Titre original*].

Noms de lieux : Nous maintenons dans l'ensemble les appellations d'époque privilégiées par l'auteur sans les adapter en français. L'index des lieux propose leurs équivalents contemporains.

Notes : Les notes de l'auteur se trouvent en fin d'ouvrage. Les notes de bas de page sont toutes du traducteur.

Les termes en italiques suivis d'un astérisque sont **en français dans le texte**.

Le traducteur remercie Reiner Stach pour sa très grande disponibilité et ses nombreux éclaircissements; Marie-Anne Arnaud-Toulouse pour sa relecture; Clément Collard et Jonas Quatresous pour leurs conseils; enfin Jean-Yves Bassole pour son intervention salutaire. Cette traduction est dédiée à la mémoire de François Quatresous.

PROLOGUE
La fourmilière de Prague

L'Europe centrale est une région boisée au climat peu amène, coupée des océans et dépourvue de véritables ressources minières ou d'autres richesses naturelles. Maintes fois dépeuplé par les guerres et les épidémies, fragmenté des siècles durant en fiefs sans ampleur politique : un centre pauvre, un centre vide.

Rares et brefs les épisodes où l'influence des pouvoirs locaux avait dépassé leurs frontières. Comme le découpage du globe, les nouvelles formes rationalisées d'économie et de contrôle social s'étaient toujours décidées ailleurs. Mais voici qu'en l'espace de quelques générations, les habitants de ces contrées avaient amassé une richesse de loin supérieure à la moyenne de l'économie mondiale. À l'aube du XXe siècle, au terme d'une phase d'intense industrialisation, le Reich allemand et l'Empire d'Autriche-Hongrie étaient devenus des États prospères aux armées surdimensionnées qui manifestaient à grand bruit leur assurance nouvelle. Ces parvenus mirent longtemps à comprendre qu'un essor si rapide changeait l'équilibre du monde et devait se payer sur le plan politique.

Du jour au lendemain, ils se virent cernés, menacés par des voisins avides et hostiles. Les « cercles dirigeants » d'Allemagne et d'Autriche s'aperçurent trop tard que des puissances plus anciennes et mieux établies qu'eux exploitaient sans vergogne leur avantage diplomatique et n'étaient disposées en rien à leur laisser le champ libre. Peut-être étaient-elles même convenues d'annexer et de piller ce centre téméraire – soupçon qu'alimentaient sans cesse de nouvelles preuves. À l'est : la Russie, colosse imprévisible, prête à lancer plusieurs millions d'esclaves dans une guerre de conquête. À l'ouest : la France envieuse et les boutiquiers britanniques, qui péroraient sur les valeurs de la civilisation mais ne pensaient qu'à leurs rentes. Au sud enfin : l'Italie opportuniste, État-satellite aux dents longues qui se rallierait à coup sûr au camp le plus nombreux malgré toutes ses promesses d'alliance. L'étau se resserrait, c'était une prise d'étranglement, et on s'y opposa enfin le 1ᵉʳ août 1914. En tout cas, c'est ce que racontèrent les journaux. Et quelques jours suffirent pour que tous les habitants du centre de l'Europe se fassent à cette nouvelle et intéressante expression : *guerre mondiale*.

Un an plus tard, le Dr Franz Kafka, 32 ans, juif, célibataire et fonctionnaire de l'Office d'assurances contre les accidents du travail, n'avait pas encore vu la guerre. C'était un homme tout en hauteur, mince, presque dégingandé, profondément nerveux malgré son allure juvénile, sujet aux insomnies et aux migraines, mais tout à fait capable de servir : en juin 1915, après un examen physique rapide, on le jugea apte à l'armée. Mais l'Office d'assurances – et plus certainement ses supérieurs hiérarchiques Pfohl et Marschner, qui l'appréciaient – demanda à réquisitionner ce juriste indispensable à son bon fonctionnement, et le commandement militaire fit droit à cette requête : tout en l'inscrivant *pour la forme* dans le registre matricule d'une quelconque compagnie de réserve, il déclara Kafka « *dispensé jusqu'à nouvel ordre* ».

Peu de temps auparavant – aux premières heures de la guerre encore, même si l'élan patriotique était déjà retombé –, un bref voyage en Hongrie avait mené le Dr Kafka près du front des Carpates, dans la zone de regroupement. Il avait vu des officiers, des Allemands en uniforme, des aumôniers, des infirmières de la Croix-Rouge, des convois de blessés, des canons empaquetés dans les règles de l'art, et surtout des réfugiés, des files entières de réfugiés en haillons, fuyant en sens inverse la Pologne et la Galicie où ils avaient échappé de peu à l'avancée des Russes. Kafka avait vu les préparatifs d'événements démesurés, il avait vu leurs conséquences. Mais les événements eux-mêmes, le grand affrontement, la grande libération, qu'en était-il? Au cinéma, dans les actualités, tout se montrait sous un jour assez différent – moins misérable surtout, moins prosaïque.

Kafka n'était pas le seul à avoir des doutes. L'aspect aventureux et exaltant de la guerre, les technologies de pointe, la camaraderie, la bravoure victorieuse – les gens de l'arrière ne connaissaient tout cela que par les récits des journaux et par les rares images qui dansaient, muettes, devant leurs yeux, sans révéler rien d'essentiel. Leur quotidien à eux, c'était une nourriture fade et rationnée, une inflation hors normes, des pièces sans chauffage, la censure, les chicanes administratives, la militarisation et la dégradation de l'espace public. « Front intérieur », disait la presse, mais c'était un mensonge patent auquel personne ne croyait. Tout se jouait là-bas, sur le vrai front; ceux de l'arrière, eux, se voyaient condamnés à une attente passive dont ils avaient à déchiffrer l'origine et le sens dans les rodomontades des comptes rendus d'état-major. Entre ces deux mondes, un abîme se creusait qui sapait le moral de la population et pouvait devenir dangereux.

C'était un des problèmes modernes et inédits de *communication* qui s'imposaient aux politiques à mesure que la guerre durait : faute de pouvoir la remporter à très brève échéance, il convenait de mieux la « vendre ». Ainsi naquit l'idée, cousue de fil blanc et néanmoins bienvenue, de faire tâter de la *vraie* guerre à la population, de lui proposer une expérience qui l'inclurait dans la communauté tant invoquée des combattants. Il s'agissait de *reconstituer* la guerre à domicile – pas sous la forme de ces inénarrables expositions qui, au xixe siècle encore, avaient momifié les batailles du passé en ravalant les armes et les bannières au rang des pièces poussiéreuses des musées d'histoire naturelle. Non : aux sens émoussés des citadins, on proposerait une véritable *aventure*, quelque chose que les gens n'oublieraient pas de sitôt et dont ils parleraient longtemps.

Très peu après le début de la guerre, les villes avaient vu défiler en cortèges triomphaux des armes prises à l'adversaire ; et, à Leipzig, la fameuse « Exposition universelle de l'industrie du livre et des arts graphiques » (que le Dr Kafka, en bon littéraire, n'avait pas manqué) s'était dotée d'une section militaire où quatre sculptures de cire représentant des soldats ennemis dévisageaient le visiteur armes à la main : petit frisson à peu de frais dont on sut gré aux organisateurs. Mais faire *participer* les gens au lieu de les ébaubir – voilà une trouvaille que personne n'avait encore faite à l'automne 1914. À ce stade, on se figurait encore la guerre comme un mouvement vaste, massif, explosif et impossible à contrefaire, à l'instar de la mer par exemple. Avant qu'on puisse *jouer* à la guerre, il fallut que celle-ci se fige de plus en plus et que les tranchées prennent l'importance cruciale depuis longtemps prédite par les experts de l'armée. Creuser la terre, on pouvait le faire partout – alors pourquoi pas sur la Reichskanzlerplatz, dans le quartier berlinois de Westend ? C'est là, pendant l'été 1915, que des badauds purent pour la première fois descendre dans une « tranchée d'exposition » parée de bois, sèche et toute propre[1].

On peine aujourd'hui à comprendre comment ces tranchées – bientôt reproduites dans d'autres villes, comme de bien entendu – aient pu si vite drainer les masses et même devenir de véritables attractions populaires : après tout, ce qu'on présentait là comme une prouesse technique n'était rien qu'une mesure de défense primitive. Se terrer comme des taupes et guetter l'ennemi pendant des semaines et des mois – c'était à mille lieues de l'affrontement viril et chevaleresque qu'on avait dépeint sous un jour si glorieux, et la victoire *rapide* promise à la population ne viendrait sûrement pas de là. Pourtant, la propagande et le réalisme du spectacle firent leur effet, persuadant peu à peu le public du caractère exceptionnel de la chose : on découvrait là des systèmes *complexes* de tranchées aux lignes brisées ou méandreuses, munies d'abris, de stations d'écoute, de téléphones, d'obstacles en fil barbelé et, bien évidemment, de marches pour monter à l'assaut. Tout cela se vivait *in situ*, et ceux qui n'y allaient pas eux-mêmes retrouvaient l'événement dans les actualités : on y voyait des dames de la bonne société, en robes longues et chapeaux à la mode, descendre prudemment dans une tranchée au bras de messieurs en uniforme pour se faire une *idée* de la guerre.

Prague ne voulut pas être en reste, bien sûr. On trouva vite une friche facilement accessible grâce aux transports publics : la Kaiserinsel, île toute en longueur qui divisait le cours de la Moldau sur plusieurs kilomètres, dans le nord de la ville, et dont la pointe jouxtait le vaste Baumgarten. L'été, ce parc servait de lieu d'escapade à tous les Pragois qui ne pouvaient s'offrir une maisonnette à la campagne; il était facile de prédire qu'une authentique « tranchée de guerre » ajouterait aux terrasses, aux aires de jeu et aux pelouses à pique-nique une nouvelle touche de divertissement plus que bienvenue.

Ce fut un succès monstre. La pluie eut beau tomber à seaux aussitôt la tranchée ouverte, et le soleil ne plus se montrer des semaines durant, la ligne 3 du tramway peina à soutenir l'affluence : le seul 28 septembre, pour la Saint-Venceslas, jour férié en Bohême, 10 000 personnes passèrent les tourniquets de la « tranchée d'exposition », pendant que les fûts de bière roulaient bon train dans le parc voisin et que la fanfare du 51e régiment d'infanterie encaissait bravement les rafales. Ce n'était pas une simple annexe du Baumgarten, c'était un parc d'attractions à part entière. Et pour couronner le tout, on pouvait baguenauder la conscience tranquille : car les bénéfices, comme de juste, étaient reversés à « *nos guerriers blessés* ». Même l'évêque auxiliaire de Prague trouva bon de soutenir ce « show » par un don de 50 couronnes.

Pour autant, le *Prager Tagblatt* fit fausse route en assurant que « *ni vent ni tempête ne peuvent infliger le moindre dommage au site* ». Car les pluies diluviennes grossirent le flot de la Moldau mètre après mètre; pour finir, la rivière submergea l'île et, du même coup, la tranchée creusée à grands frais. Il fallut des semaines pour évacuer la boue et les débris. Début novembre, enfin, on put annoncer fièrement qu'une version améliorée attendait les Pragois : à côté de la tranchée, qu'on avait renforcée, se dressait désormais un restaurant couvert avec bière et saucisses ; et la fanfare, dorénavant, jouerait *tous* les dimanches.

Le Dr Kafka n'était pas mélomane, mais il était curieux. Pour un peu, il aurait manqué le spectacle : fatigué comme toujours, les tempes douloureuses, il n'avait pas eu la moindre envie de faire la queue entre des parapluies dégoulinants et des enfants braillards. Et puis, le film de l'inauguration avait été projeté à Prague, des cartes postales passaient de main en main, le moindre écolier en parlait – on pouvait se faire une impression sans s'exposer à ces désagréments. Mais, tout de même, c'était peut-être le moment d'aller y regarder de plus près. Car on reprenait justement goût à parler de la guerre ; les annonces de victoires, longtemps aux abonnés absents, s'étalaient de nouveau jour après jour dans les journaux ; et, au bureau comme dans la rue, pour la première fois depuis des mois, la question se posait de ce qui viendrait *ensuite*, quand tout serait fini.

Le fonctionnaire Kafka, qui évitait autant que possible les débats politiques, se sentait gagné à son tour par une excitation inhabituelle et presque perturbante. C'est qu'il avait des projets, lui aussi. Il voulait quitter Prague, il avait soif de cette urbanité occidentale qu'il avait découverte à Paris et à Berlin et qui faisait passer sa vieille ville natale pour une arrière-cour confinée. Ses parents, ses sœurs, ses amis connaissaient ce désir, même s'il en parlait rarement. Mais personne ne le prenait très au sérieux. C'était un plan sur la comète, qui ne faisait pas oublier une seule seconde un quotidien de plus en plus sordide. Ni l'angoisse, d'ailleurs.

Kafka avait deux beaux-frères sur le front. S'ils revenaient vivants, là, d'accord, on pourrait reparler de Berlin.

Sauf que c'était l'État qui mettait tout à coup la question de *l'après* sur la table. La monarchie austro-hongroise proposait un pari à ses sujets : ils pouvaient miser sur la victoire ; s'ils gagnaient, ils remportaient 5,5 % d'intérêts annuels et, pour finir, récupéraient leur mise ; s'ils perdaient, ils perdaient tout. Bien sûr, on n'aurait pas été très avisé de parler ouvertement de pari, car il aurait fallu évoquer du même coup le risque d'une défaite – hypothèse qui resterait encore longtemps taboue, même parmi les technocrates de l'armée. On parla donc d'« emprunts de guerre » : les citoyens prêtaient de l'argent à l'État pour qu'il poursuive la guerre, récolte le butin et redistribue ensuite une partie des bénéfices à ses millions de créanciers. Tous profiteurs de guerre : vue sous cet angle, la transaction semblait nettement plus sympathique. Et comme personne n'imaginait que le débiteur cesserait peut-être d'exister avant de passer à la caisse, les dons, deux fois déjà, avaient afflué massivement. Mais le succès du « 3ᵉ emprunt de guerre austro-hongrois », le dernier en date, était en train de défier les pronostics les plus optimistes : déjà plus de 5 milliards de couronnes échangées contre des obligations d'État. Entre un aigle à deux têtes, un ornement Jugendstil, des cachets officiels et les signatures de hauts responsables, on vous promettait la lune jusqu'en 1930*.

Des intérêts élevés versés sur le long terme – cette perspective galvanisait Kafka quand il repensait à Berlin. Il ne doutait pas plus du sérieux de cette offre que ses collègues de

---

* L'aigle à deux têtes était le symbole de l'Autriche-Hongrie, à la fois empire autrichien et monarchie hongroise.

bureau : après tout, leur administration elle-même, l'Office d'assurances, avait fait preuve d'un patriotisme indiscutable en investissant dans les emprunts une importante partie de ses précieuses réserves – 6 millions de couronnes depuis le début de la guerre. Mais Kafka hésita longtemps à l'idée de tout ce qui dépendait de cette décision. Fuir son travail, sa famille, Prague – s'il voulait un jour réaliser ce rêve, il fallait à tout prix que les deux années de traitement qu'il avait réussi à mettre de côté, quelque 6 000 couronnes, soient disponibles le moment venu. D'un autre côté, les fameux intérêts seraient peut-être un jour le supplément qui seul lui permettrait de nourrir une famille.

Kafka prit le chemin du guichet. C'était le 5 novembre 1915 ; le temps pressait, les bureaux de souscription fermaient le lendemain à midi ; ensuite, il serait trop tard. « *Qu'on se souvienne, venait-il de lire dans le* Prager Tagblatt, *dans quelles valeurs il fallait naguère investir pour toucher de tels dividendes. Profitez donc sagement des quelques heures qui vous restent pour vous enregistrer.* » Cela paraissait raisonnable, mais combien investir, combien ? Kafka s'arrêta devant le bureau, fit demi-tour, s'élança pour rentrer chez lui, rebroussa de nouveau chemin, retourna au guichet le cœur battant, mais ne put se résoudre à entrer. Il retourna chez lui, l'après-midi était passé – il ne lui restait plus qu'à confier la course à sa mère, car il travaillait le samedi matin et ne pourrait aller et venir. Il la chargea de placer 1 000 couronnes en son nom. Non, non, c'était peut-être trop timide : 2 000 couronnes.

Le samedi après-midi – son bas de laine était maintenant entre d'excellentes mains[2] –, Kafka se décida enfin à aller voir la tranchée de la Kaiserinsel. Pourquoi ce jour-là plutôt qu'un autre ? Devinait-il un lien logique ? Se sentait-il responsable, maintenant qu'il finançait la guerre? Nous l'ignorons; et la seule phrase, étrange, qu'il consacra à l'événement, ne nous apprend rien de plus : « *Spectacle du mouvement de fourmis du public devant la tranchée et dedans.* » Un trou dans la terre, une file d'êtres vivants : oui, c'est vrai, il n'y avait rien d'autre à voir.

Kafka fit la queue à son tour et se fondit dans ce grouillement. Puis, de retour en ville, il alla voir la famille d'un ami de jeunesse avec lequel, jadis – plus de dix ans déjà –, il avait échangé des lettres presque enflammées. Son nom était Oskar Pollak, ç'avait été dès le début un partisan convaincu et enthousiaste de la guerre, et il était mort cinq mois auparavant sur le front de l'Isonzo avec le grade d'enseigne. Kafka devait depuis longtemps présenter ses condoléances. Il le fit ce jour-là seulement, en revenant de la tranchée – presque trop tard, comme pour tout le reste.

ABSENTEMENT

C'est étrange la sensation de solitude
qu'il y a dans l'échec.
Karel Čapek, *Le Météore*

« N'écris pas ainsi, Felice. Tu as tort. Il y a des malentendus entre nous, mais j'attends leur résolution à coup sûr, même si ce n'est pas dans des lettres. Je n'ai pas changé (hélas), la balance dont je représente l'oscillation est demeurée la même, seule la répartition des poids s'est un peu modifiée, je crois en savoir plus sur nous deux et j'ai un but provisoire. Nous en parlerons à la Pentecôte, quand ce sera possible. Ne crois pas, Felice, que je ne ressente pas toutes les réflexions et tous les soucis qui m'entravent comme un fardeau presque insupportable et odieux, que je n'aimerais pas mieux tout jeter loin de moi, que je ne préfère pas le droit chemin à tous les autres, que je ne voudrais pas dès maintenant et tout de suite être heureux et surtout rendre heureux au sein du petit cercle naturel. Mais c'est impossible, ce fardeau m'est dévolu, l'insatisfaction me secoue et quand bien même je verrais clairement devant moi l'échec et pas seulement l'échec mais aussi la perte de tout espoir et le déferlement de toute culpabilité – je ne pourrais certainement pas me retenir. D'ailleurs Felice pourquoi crois-tu – il semble du moins que tu y croies parfois – à la possibilité d'une vie commune ici à Prague. Tu avais autrefois de sérieux doutes à ce sujet. Qu'est-ce qui les a fait taire ? Je ne le sais toujours pas[1]. »

« The Impossibility of Being Kafka » : c'est le titre d'un essai publié dans le *New Yorker* par la romancière américaine Cynthia Ozick[2]. *L'impossibilité d'être Kafka* – cette formule qui d'abord étonne semble finalement s'imposer, parce qu'elle convoque en sous-main le portrait bien connu de l'écrivain névrosé, scrupuleux, hypocondriaque, complexe et sensible dans toutes ses relations, qui tourne sans fin sur lui-même et pour qui *absolument tout* devient difficulté. Telle est l'image qui s'est gravée depuis longtemps dans le discours culturel occidental, à une telle profondeur que Kafka a fini par devenir un archétype, l'exemple paradigmatique d'une intériorité abstraite qui se dévore elle-même.

Qu'il soit impossible d'être Kafka, lui-même aurait souscrit sans hésiter et en souriant à cette affirmation. Oui, *impossible*, ce mot comptait parmi ses adjectifs fétiches, qu'il dégainait dans les contextes les plus inattendus en leur prêtant chaque fois un sens énigmatique – et tant pis s'il s'attirait les soupçons d'outrance patentée, les foudres de sa famille et de ses amis. Car Kafka était loin de subir passivement les difficultés de la vie, attitude qui aurait pourtant semblé la plus logique s'il avait été possible de prendre ses plaintes au sérieux. Dans les faits, il finissait par accomplir ce qu'il avait lui-même déclaré impossible, et ce presque toujours à la satisfaction de tous, quelquefois même de son propre élan, sans qu'on ait besoin de l'y pousser. Kafka avait un rapport tout à fait pragmatique, voire ironique, à l'impossible, et ceux qui le connaissaient mal avaient tôt fait de croire qu'il se faisait plus compliqué qu'il ne l'était vraiment. « *Il ne faut pas se jeter aux pieds des petites impossibilités,* disait-il pour justifier cette contradiction, *sans quoi on ne verrait même pas les grandes*[3]. » Cela s'entendait. Mais le pensait-il *sérieusement*?

Max Brod lui-même, qui le connaissait pourtant depuis le début de leurs études, n'arrivait pas vraiment à le cerner sur ce point. Maintes et maintes fois, il avait su prêter une oreille patiente au lamento de Kafka, il avait supporté son irrésolution et les scrupules invincibles qui entamaient ses décisions même les plus quotidiennes. Et cette patience de Brod émanait du constat de plus en plus assuré que tous les obstacles dressés par son ami en travers de sa propre route n'étaient pas simplement les ratiocinations d'un hypocondriaque, mais découlaient d'une volonté toute-puissante et insatiable de perfection. Kafka voulait la perfection, dans les petites choses comme dans les grandes, et la perfection était *impossible* – Brod ne pouvait le contester, pas plus qu'il n'aurait disqualifié *a priori* ce désir utopique au motif qu'il était abstrait ou même néfaste. Mais jeter un manuscrit au feu parce qu'il n'est pas parfait? Renoncer à un métier, à un voyage, à une femme parce qu'on n'est pas parfait soi-même? Aux yeux de Brod, c'était irresponsable, et même une morale rigoureuse ne pouvait le justifier. Car la rigidité de Kafka finissait forcément par se retourner contre lui; elle était autodestructrice, puisqu'elle rendait impossible le possible lui-même et jusqu'aux choses les plus élémentaires.

Or Kafka vivait. Il était donc tout à fait illogique de rapporter ses incessants problèmes littéraires, sociaux et surtout amoureux à sa seule quête de perfection. Si telle était vraiment la source de tout mal, arguait Brod, alors pourquoi cette soif de perfection ne lui rendait-elle pas tout le reste impossible : son quotidien, son travail au bureau, ou le simple fait de manger ? « *C'est vrai*, répondit laconiquement Kafka. *Sans doute, le désir de perfection n'est qu'une petite partie de mon grand nœud gordien, mais chaque partie est aussi le tout en l'occurrence et donc ce que tu dis est vrai. Mais cette impossibilité existe bel et bien, cette impossibilité de manger, etc., sauf qu'elle n'est pas aussi grossièrement visible que l'impossibilité de marier*[4]. » Du Kafka tout craché. Impossible à circonvenir. Et peut-être Brod se souvint-il, à la lecture de ces phrases aussi sereines qu'attristantes, qu'il n'avait jamais lu un texte de son ami dans lequel l'impossible ne se produisait pas.

Kafka avait changé, tel fut le diagnostic de son ex-fiancée Felice Bauer début 1915, et ce fut probablement l'évolution de sa propre situation qui l'y avait rendue attentive. Elle n'était plus depuis longtemps cette « *dame enfantine* » qu'elle lui avait dit être un jour d'insouciance, et son optimisme habituel s'était érodé sous le poids de plusieurs catastrophes familiales. Son unique frère, qu'elle adorait, s'était enfui en Amérique à la suite d'une malversation et ne donnait presque aucune nouvelle. Le reverrait-elle seulement un jour ? Son père, homme faible, mais d'une présence réconfortante, était mort brutalement d'un infarctus à seulement 58 ans, et le deuil de Felice et de ses sœurs devait être plus vif que celui de leur mère. Puis Felice avait perdu son poste dans la compagnie berlinoise Lindström AG, poste important qui faisait l'orgueil de son fiancé comme si ç'avait été le sien propre. Leur mariage était prévu pour l'automne 1914 ;

Felice voulait entamer une nouvelle vie à Prague, une vie sans bureau, comme l'exigeaient les conventions maritales de l'époque; et elle avait donné son préavis de démission. Tous ces projets s'effondrant, elle put s'estimer heureuse de retrouver une place à la Technische Werkstätte – l'« Atelier technique » –, modeste et toute récente société de sous-traitance en mécanique de précision qui n'avait sûrement pas besoin d'une fringante représentante dans les foires d'Allemagne, et sur laquelle Kafka posait peu de questions.

Cette perte d'intérêt pour son existence concrète, dont il avait quémandé et ingéré les détails comme une drogue jusqu'à l'année précédente, n'était toutefois pas le seul de ces changements frappants qui ajoutaient aux soucis de Felice. En janvier, ils s'étaient retrouvés dans la ville-frontière de Bodenbach avec l'espoir de s'expliquer, de se réconcilier peut-être; mais Kafka était resté distant, il avait refusé tout rapprochement physique et posé avec insistances des questions auxquelles Felice n'avait pas pu répondre. Depuis, leur correspondance se poursuivait tant bien que mal, irrégulièrement, parfois avec des intervalles de plusieurs semaines – un triste goutte-à-goutte, comparé au torrent de lettres incandescentes que Kafka avait déchaîné peu après leur rencontre à l'automne 1912. Et malgré tout, il prétendait qu'il n'avait « *pas changé* ». Alors que presque chaque phrase de sa lettre prouvait le contraire.

Un jour, la mère de Felice et sa sœur Toni avaient un peu fouillé dans les lettres de Kafka, en cachette mais sans scrupule; il y avait eu un petit scandale familial, après quoi Felice avait mieux caché son courrier. *Cette* lettre, en revanche, elle aurait pu la laisser bien en vue : c'était une *méta-plainte* sans queue ni tête pour toute personne extérieure, et dans laquelle la mère inquisitrice n'aurait pas même pu décoder le statut bourgeois de cette funeste relation. On aurait dit que Kafka se bornait à fournir quelques rares et maigres contours, à indiquer les traces laissées par des milliers de soupirs, et qu'il s'en remettait à la destinataire pour ajouter et colorier le détail. Non qu'il eût toujours évité les allusions, les propos vagues. Mais cette lettre est la première à ne se composer que de codes et d'abréviations, phrase après phrase : sténogramme mental qui renvoie à des choses maintes fois dites et maintes fois répétées, sans laisser à sa lectrice le plus petit moyen de savoir si elle déchiffre juste.

« *Il y a des malentendus entre nous* », écrit Kafka ; d'accord, mais *lesquels*? L'équilibre de ses poids intérieurs, dit-il, s'est un peu modifié : *quels* poids, et modifié *comment*? « *Je crois en savoir plus sur nous deux* », mais *quoi*, « *et j'ai un but provisoire* », *lequel donc*? « *Toutes les réflexions et tous les soucis* » qui l'entravent sont « *insupportables* » et même « *odieux* », mais *quelles* réflexions, *quels* soucis? « *Ce fardeau m'est dévolu* », *quel* fardeau? « *L'insatisfaction me secoue* » : insatisfaction *de quoi*? « *Et quand bien même je verrais clairement devant moi l'échec [...] — je ne pourrais certainement pas me retenir* » : se retenir *de quoi faire*? Si Kafka avait numéroté ses plaintes des années précédentes et s'était contenté de recopier les numéros, sa lettre serait à peine moins lapidaire, et beaucoup plus compréhensible.

Le comique sous-jacent de cette « communication » semble avoir échappé à Kafka, mais non sa tendance de plus en plus marquée à recourir à des formules exsangues et trop prudentes qui vidaient peu à peu l'échange de sa substance. Il avait conscience de prêter le flanc à de nouveaux reproches; mais, comme toujours ou presque, sa défense était prête avant l'accusation. Car il *savait* ce qu'il faisait, sans pour autant que cette vigilance réflexive, cette conscience écrasante, suraiguë et pour ainsi dire insomniaque de lui-même le rende capable de dominer les pulsions de fuite qu'elle consignait minutieusement. Et c'est pourquoi sa défense de l'imprécision devait rester aussi imprécise que le reste :

> « Vois, Felice, tout ce qui s'est produit, c'est que mes lettres sont plus rares et différentes. Quel résultat ont eu les autres lettres plus fréquentes ? Tu le sais. Nous devons prendre un nouveau départ. Mais ce "nous" ne signifie pas "toi", car tu étais et tu es encore dans le vrai, pour autant qu'il s'agissait de toi seule ; ce "nous" signifie bien plutôt "moi" et notre lien. Or pour un tel départ les lettres ne servent à rien, et si elles sont tout de même nécessaires – elles sont nécessaires –, elles ne doivent plus être comme avant. »

Plus comme avant, d'accord. Mais Kafka ne dit toujours pas *comment* il faut qu'elles soient, et ses raccourcis conventionnels ne sont pas faits pour offrir à Felice un nouveau modèle convaincant, et encore moins séduisant, de correspondance amoureuse. Depuis toujours, elle soupçonnait son art rhétorique, qu'elle appréciait et admirait à sa juste valeur, de n'être en dernière analyse qu'une forme particulièrement raffinée de dissimulation ; et même s'il protestait chaque fois avec véhémence, déniant l'existence d'obstacles *informulés*, il donnait prise du même coup à de nouveaux soupçons : il louvoyait, inventait des images, citait plutôt qu'il ne parlait. À croire que ses lettres gravitaient autour d'un centre obscur qui recelait quelque chose d'indicible.

Il est probable que Felice Bauer, qui passait elle-même sous silence ses histoires de famille, se soit figuré ces obstacles sous une forme trop concrète, trop extérieure : réticences des parents, problèmes financiers, une aventure pragoise, une maladie honteuse – qui sait ? Certains indices allaient bien dans ce sens ; une fois, Kafka avait même évoqué sa peur de l'impuissance en termes on ne peut plus pressants – peu s'en était fallu qu'il la nomme en toutes lettres –, et Felice devait se dire que tous ses scrupules pourraient être abolis en même temps que celui-là, que leur vie commune réglerait la question le plus naturellement du monde. Si c'était le cas, elle se trompait.

Mais elle avait raison de croire qu'une chose cruciale restait dans le non-dit malgré toutes ces dénégations. Kafka *avait* changé. Et ce changement pouvait être daté avec exactitude : il remontait au 12 juillet 1914, jour de la rupture de leurs fiançailles en présence d'Erna, la sœur de Felice, et de Grete Bloch, son amie la plus proche – jour désormais marqué d'une pierre noire dans la vie de Kafka. Être ainsi pris « à froid », être attaqué sans avoir pu s'y préparer, sans s'être douté de rien au point le plus sensible, au cœur même de son psychisme en quelque sorte – il n'avait sans doute plus connu pareille mortification depuis l'enfance, et l'effroi de découvrir que tous ses instincts défensifs avaient failli cette fois entre toutes, cet effroi ne le quittait plus. Cette scène le cuisait comme une gifle infligée en public, et il avait dû maintes fois se la repasser en imagination. Ce jour-là, à l'hôtel, il s'était enfoncé dans le silence faute de savoir quoi répondre – maladresse sans doute, mais qui, il le sentait maintenant, lui avait peut-être épargné d'autres humiliations. Ce qui était beaucoup plus grave, c'est qu'il n'arrivait pas à passer outre cet épisode, ni par la réflexion, ni par les reproches qu'il s'adressait comme par automatisme. Il ne pouvait lui pardonner *à elle* : pour la première fois, Kafka devait éprouver de la haine pour Felice Bauer, sans trouver le moyen de l'exprimer. *Voilà* ce qu'il ne pouvait pas lui dire.

Mais il ne put empêcher que cette haine suinte et se fixe dans les pores de ses textes. Felice Bauer n'avait pas encore lu *Le Procès*, et Kafka avait de bonnes raisons de soustraire le manuscrit à sa curiosité – elle aurait été horrifiée de voir avec quelle froideur Grete Bloch et elle-même étaient décrites dans ce roman. Au lieu du portrait, elle reçut sa raison d'être : à l'Askanischer Hof, écrivit-il, il avait entendu des choses « *qu'il aurait presque dû être impossible de dire entre quatre yeux* », des mots « *d'une méchanceté puérile* ». Début 1916 encore, presque deux ans après les faits, Kafka ne put se retenir de rappeler une dernière fois à Felice ce triste tribunal et de l'associer une fois pour toutes à l'Empire du Mal : « *Au fond, on ne peut jamais me faire que ces mêmes reproches primitifs dont mon père est le représentant suprême et le plus proche de moi par le sang*[5]. »

Kafka se hérissait, Felice le voyait bien. Mais elle n'arrivait pas à lui faire expliquer pourquoi. Sa méfiance déclarée à l'égard des lettres – méfiance paradoxale, car qui avait jamais autant misé sur une correspondance ? – s'enracinait en effet dans un scepticisme plus profond, fondamental envers les pouvoirs du langage, scepticisme que l'épisode de l'Askanischer Hof était venu confirmer et radicaliser. Kafka avait entièrement cessé de croire que quoi que ce soit d'essentiel et de vrai qui n'était pas en même temps vu, ressenti, reconnu, puisse s'exprimer ou s'éclairer par des explications. Cela s'appliquait à ses textes – qu'il refusa de commenter sa vie durant –, mais aussi et surtout aux relations humaines, lesquelles, c'était maintenant sa conviction inamovible, vivaient de gestes et non de mots. Peut-être aurait-il mieux valu que Kafka épargne à son ex-fiancée cette lettre anémique, cette suite de plaintes décharnées, et envoie plutôt à Berlin une page de son journal – des notes qu'il avait dû coucher sur le papier *le même jour*, et qui dénudent le noyau de son malheur dans une langue étonnamment sobre et exempte de métaphore :

« Réflexion sur les rapports des autres avec moi. Si peu que je sois, il n'y a personne ici qui me comprenne en totalité. Avoir quelqu'un qui ait cette compréhension, une femme notamment, ce serait avoir un appui de toutes parts, avoir Dieu.

Ottla comprend un peu, beaucoup même, Max [Brod], F. [Felix Weltsch] un peu, quelques-uns comme E. [?] comprennent seulement certaines choses, mais alors avec une abominable intensité, F. [Felice Bauer] ne comprend peut-être rien du tout, ce qui, dans ce cas où il y a un indéniable lien intime, lui donne certes une place vraiment à part. J'ai parfois cru qu'elle me comprenait sans le savoir, par ex. le jour où, alors que mon désir de la voir était insupportable, elle m'a attendu dans cette station de métro, où dans ma soif de la rejoindre le plus vite possible, la croyant en haut, j'allais passer en courant devant elle et où elle m'a attrapé par la main sans rien dire[6]. »

Elle ne comprend peut-être rien du tout. Kafka eut du mal à écrire cette phrase, tant de mal qu'il omit d'abord le « *rien* » décisif et dut l'ajouter par la suite – comme rechignant à signer un arrêt de mort. Sauf méprise radicale, il avait donc écrit pour rien plus de 350 lettres, et la femme appelée à pénétrer un jour l'ultime périmètre de son intimité n'était pas plus proche de lui que sa famille, cette structure de plus en plus lâche où il restait bloqué dans le rôle de l'observateur immobile. Que ses parents ne comprenaient rien, rien de rien – cela, il l'avait déjà dit ouvertement, en tout cas à sa mère ; c'était si évident et si irréfutable qu'il avait été *forcé* de mettre des mots sur cette blessure ; et continuer d'espérer d'eux une quelconque compréhension lui semblait tellement aberrant qu'il ne les mentionne même pas dans son bilan social. Et pourtant, avec eux aussi, il y avait un « *indéniable lien intime* », malgré ce malentendu atroce. Et dans ce cas – ici s'imposa une pensée que Kafka esquiva à grand-peine –, la place de Felice était-elle vraiment « *à part* » ?

Parmi les singuliers et malheureux hasards qui marquent d'un bout à l'autre l'existence de Kafka, il y a le fait que les deux catastrophes qui ruinèrent psychologiquement et matériellement ses ultimes espoirs de commencer une nouvelle vie le frappèrent presque *en même temps* : l'« audience publique » de l'Askanischer Hof et – à peine trois semaines plus tard – le début de la Grande Guerre. « *L'Allemagne a déclaré la guerre à la Russie. – L'après-midi, piscine* », nota Kafka lorsqu'il fut informé de la seconde de ces catastrophes ; et le comique involontaire de cette entrée de journal – qui explique qu'on la cite un peu trop volontiers – semble prouver qu'il restait trop accaparé par sa débâcle berlinoise pour prendre pleinement conscience de ce cataclysme global. On en a souvent déduit que la complexion de Kafka était bien plus puissante que tous les événements extérieurs qui pouvaient s'abattre sur lui, que son évolution psychique suivait des lois exclusivement internes, et donc que ni sa vie ni son œuvre n'auraient pris une direction très différente si les souffrances de guerre lui avaient été épargnées.

Image séduisante à l'extrême, réconfortante aussi : l'âme du génie dressée tel un récif au-dessus d'un monde chaotique et cruel. Hélas, ce n'est qu'un rêve, un rêve que les exégètes se sont trop plu à partager avec les lecteurs de Kafka. Son œuvre et, du même coup, l'entretien de sa gloire, sont en effet aux mains des disciplines spécialisées dans la logique des objets *intellectuels* : à savoir les sciences humaines, qui sous-estiment notoirement les éléments biographiques. Si raffinée que soit sa méthode, un chercheur en sciences humaines se frottera toujours les mains si on lui dit que la vie et l'œuvre d'un grand auteur européen forment une « unité intellectuelle » soumise à des lois autonomes – « autonomie intellectuelle » étant en l'occurrence le suprême titre de noblesse. Et pour peu que l'auteur en question donne lui-même des signes que le monde des faits « purs » ne l'intéresse pas, ou en tout cas n'exerce pas sur lui d'influence décisive, la tentation devient irrésistible de le croire sur parole et de considérer le contexte social, politique et économique au mieux comme un simple décor sur le théâtre de sa conscience individuelle – à plus forte raison quand ce décor s'embrase et que l'auteur reste assis devant ses manuscrits avec une semblance d'impassibilité.

Or la vie vécue obéit à une autre logique. Elle contraint l'individu à des décisions qui peuvent s'opposer non seulement à ses besoins psychiques, mais encore à l'ensemble de sa constitution mentale; et la situation de Kafka en juillet 1914 fournit peut-être à cet égard l'un des exemples les plus spectaculaires de toute l'histoire de la littérature. Kafka avait rassemblé toute sa volonté pour ne pas sombrer dans la dépression, il était même parvenu à tirer de sa rupture avec Felice Bauer des conséquences productives et « autonomes ». Il était en effet résolu – et jamais encore il ne l'avait été *à ce point* – à ne plus essayer de réparer l'édifice croulant de sa vie, mais à le démolir une bonne fois pour le reconstruire à neuf : démissionner de l'Office d'assurances, quitter le foyer parental, s'installer à Berlin, vivre de l'écriture. Tout le bonheur littéraire et le malheur amoureux qui avaient déferlé sur lui le poussaient à cette décision, l'y contraignaient littéralement. Ce projet, il l'avait enfin arrêté, détaillé, communiqué à ses parents dans une longue lettre – et soudain, une guerre mondiale.

Il faut comprendre – et Kafka n'eut lui-même besoin que de quelques jours pour s'en apercevoir – que la fin des fiançailles et le début de la guerre, le désastre privé et le désastre collectif, ne coïncidaient pas uniquement sur le plan temporel : ils enfonçaient un même clou, retournaient le couteau dans une seule et même plaie. Car ces deux catastrophes mirent fin l'une et l'autre à des relations précieuses et rejetèrent Kafka en lui-même dans un moment d'espoir : catastrophes de solitude. Ce besoin désespéré de la proximité d'un être aimé, compréhensif, ce besoin d'intimité et de contact bientôt inscrit dans la figure de l'accusé isolé qui – en proie aux affres de son *Procès* – embrasse le visage de la première venue avec une voracité irrépressible, « *comme une bête assoiffée* » : ce besoin ne trouva soudain devant lui qu'une chambre d'écho vide. « *Solitude parfaite*, nota Kafka. *Pas d'épouse désirée pour ouvrir la porte.* » Et il conclut par une « *parole terrible* », une parole que Felice Bauer, peut-être, lui avait jetée à la face à l'Askanischer Hof : « *Tu l'as voulu, tu l'as eu*[7]. »

C'était injuste, et Kafka savait pertinemment que *jamais* il n'avait désiré un tel vide. Mais il ne pouvait espérer la révision de cette sentence, et la voie de recours était barrée pour un temps indéterminé. Car la Grande Guerre signifiait le triomphe d'une puissance anonyme que Kafka n'avait jamais connue qu'à l'état de menace, et qui, en quelques heures, disposa de sa vie comme de celle de tout autre. Depuis des années, il se sentait comme enfermé à Prague – et voilà qu'il l'était bel et bien. Il s'était désespéré de ne pouvoir exprimer le vrai, l'essentiel, de ne pouvoir s'exprimer lui-même dans des lettres – et c'était désormais réellement impossible, car tous les courriers internationaux, y compris vers le Reich allemand, étaient décachetés et lus par la censure. Combien de fois, la fin de semaine approchant, n'avait-il pas songé à se jeter dans le premier train pour Berlin, sans plan précis, sans s'annoncer, combien de fois repoussé ce voyage par scrupule – mais ce train, maintenant, n'existait plus, et la frontière était fermée pour les hommes « aptes au service ». Enfin le téléphone : Kafka avait toujours haï cette forme de présence mutilée, limitée à quelques minutes ; le temps manquait chaque fois pour retirer une maladresse, éclaircir un malentendu, le téléphone vous imposait une prudence pénible – mais il était devenu l'ultime médium d'une proximité sensible, et voilà que le ministre austro-hongrois de la Guerre déclarait trop dangereux de laisser ses sujets téléphoner au-delà des frontières de l'Empire. Ce lien fut rompu à son tour.

La guerre s'immisçait entre les visages, les voix, les peaux. C'était grave, même en un temps où la mobilité était encore loin de constituer un droit fondamental et où l'on apprenait très tôt à prendre son mal en patience, à endurer les longues séparations. Mais, outre cette sphère de l'intimité corporelle, la guerre déchira *toute* la trame des relations sociales et détruisit en quelques jours ce que Kafka avait construit au fil des mois et des années, à gestes tâtonnants et fastidieux, du fond de sa province pragoise. Son éditeur Kurt Wolff était parti pour le front belge avec le grade d'officier, et, ne pouvant plus lui-même s'occuper de ses auteurs, il avait confié son affaire (pour une brève période, croyait-il) à un libraire de la maison, volontaire, efficace, mais peu versé dans la littérature – pas un véritable lecteur. Robert Musil, qui s'était dit prêt à ouvrir à Kafka les portes de Berlin, avait dû faire ses valises : trois semaines après le début de la guerre, on l'avait envoyé à Linz avec le grade de sous-lieutenant, et ses échanges avec Kafka s'interrompirent pour un temps. Ernst Weiss, idem – le seul ami, le seul conseiller littéraire que Kafka avait réussi à trouver hors de la scène incestueuse de Prague. Il avait dû partir pour Linz : il était médecin, et donc indispensable au fonctionnement de la grande machinerie.

Ce durent être en bonne partie ces espérances déçues qui poussèrent Kafka à se monter de moins en moins dans son cercle d'amis pragois. Il avait vu au loin une nourriture alléchante ; maintenant qu'on la lui refusait, même le pain quotidien cessait d'être à son goût. Il y entrait du dépit, mais aussi le sentiment de ne plus du tout trouver sa place dans un contexte qui renvoyait tout le monde ou presque à ses intérêts primitifs. Et puis, c'était aussi fatal que compréhensible : dans le fracas d'une guerre mondiale, personne n'avait plus la patience d'écouter les plaintes d'un amoureux éconduit, d'un auteur qui n'écrivait pas.

Max Brod et Felix Weltsch n'étaient pas aptes au service militaire; ils pouvaient escompter que le pire leur serait épargné. C'était aussi le cas de l'écrivain Oskar Baum, lui qui, aveugle, ne connaissait encore la guerre que sous la forme d'un bruit de fond et d'une pauvreté croissante. Mais tous avaient des proches ou des amis sommés de « monter au front », et la soudaine et écrasante proximité de ce péril mortel étranglait la pensée et le sentiment. « *Évidemment, tout cela a fait passer l'histoire de Franz au second plan* », écrivit même la mère de Kafka[8], qui s'était arraché les cheveux quelques jours plus tôt en apprenant la rupture de ses fiançailles et en lisant son projet de départ pour Berlin – et qui dut tout à coup réconforter ses filles Elli et Valli, dont les époux étaient partis risquer leur peau quelque part sur le front de l'Est.

Vis-à-vis d'Ottla, sa plus jeune sœur, sa confidente, Kafka dut prendre ses distances non moins soudainement. Car un rival était entré en scène : Ottla avait un compagnon, sans doute depuis assez longtemps; et, bien qu'on ne trouve aucune trace de cette confidence dans les notes de Kafka, on imagine sans peine qu'elle revêtait pour lui une grande ambivalence. Ottla était la première et la seule de ses trois sœurs à avoir noué d'elle-même une relation amoureuse – à l'insu de ses parents, bien sûr. Et elle avait choisi un homme qui n'était ni allemand, ni juif, ni prospère : un *goy* tchèque, un employé de banque qui n'avait d'autre capital que ses ambitions. Nul doute que cette triple preuve de l'autonomie et de l'énergie d'Ottla ait fait la fierté de son frère : Kafka n'avait jamais manqué de la soutenir dans sa soif d'indépendance, rebelle d'abord, puis de plus en plus assurée; et soudain, c'était elle qui apportait la preuve qu'il était *possible* de choisir librement, peut-être même d'échapper bel et bien à la « *meute natale*[9] ». Ce dut être aussi par respect, par révérence envers cette prouesse que Kafka chercha aussitôt à s'entendre avec l'homme qui deviendrait le mari d'Ottla.

Mais il dut également ressentir de la jalousie. Ce qu'il en coûta à Kafka de faire évoluer sa relation privilégiée avec Ottla vers un partage socialement plus ouvert et mieux adapté aux besoins de celle-ci, on le devine aux émouvantes rêvasseries de Gregor Samsa, le médiocre héros de *La Métamorphose* : plus on le chasse de son existence sociale en le réduisant à sa nouvelle condition dégradée d'animal, plus sa sœur lui apparaît sous un jour favorable. Ce n'est pas de la compréhension que Gregor attend de sa part – pas plus qu'un homme au bord de la noyade n'en réclamerait ou ne réclamerait Dieu. Ce qu'il recherche est une symbiose qui lui sauvera la vie. Or la sœur se dérobe et passe dans le camp adverse – danger que Kafka avait sans arrêt à l'esprit, et qui fut même le point de départ de *La Métamorphose*[10]. Et ce danger était appelé à grandir à mesure que s'élargissait le champ d'action d'Ottla et que son empathie toujours plus généreuse passait *outre* aux limites de la meute :

« Ses pensées ne sont pas au magasin, mais exclusivement à l'institution pour aveugles où, depuis quelques semaines, surtout depuis quinze jours, elle a quelques bons amis et un qui est le meilleur de tous. Un jeune vannier qui a un œil fermé et l'autre démesurément enflé. C'est son meilleur ami, il est doux, raisonnable et fidèle. Elle va le voir les dimanches et les jours fériés et lui fait la lecture, des choses gaies autant que possible. Un plaisir certes un peu risqué et douloureux. Ce qu'on exprime habituellement par des regards, les aveugles le montrent avec le bout des doigts. Ils palpent sa robe, la prennent par la manche, lui caressent les mains, et cette fille grande et forte que j'ai, hélas, mais sans le vouloir, un peu détournée du droit chemin, nomme cela son plus grand bonheur. Ne sait pourquoi elle se réveille heureuse, dit-elle, que quand elle repense aux aveugles[11]. »

Ces lignes datent du prinemps 1914 : la voix d'un grand frère inquiet, encore soucieux de décence et manifestement piqué. Or, à présent que survenait un prétendant sérieux, Kafka comprit que ce n'était plus lui qui décidait du « *droit chemin* » de cette jeune femme. Elle avait pris une décision sans lui demander conseil. Certes, elle avait bien fait : après tout, elle était majeure, et les parents auraient fini par rameuter l'entremetteuse de toujours. Et pourtant – pourquoi fallut-il *des semaines*, quand Kafka prit une chambre début 1915, pour que sa sœur daigne enfin lui rendre visite, et ce alors que le magasin d'articles de mode des parents se trouvait à deux pas ? Cette question l'étouffait, et il fallait qu'elle sorte : « *Tout ce que tu peux répondre*, écrivit-il rudement, *c'est que je m'occupe peu de tes affaires (mais il y a à ça une raison particulière) et que tu es toute la journée au magasin. J'admets que ça rétablit un certain équilibre*[12]. » Ce ton juridique est le signe infaillible d'un dépit très profond ; et de fait, Kafka compta un temps cette sœur bien-aimée au rang de ceux qui le délaissaient pour se consacrer à leurs propres soucis – même s'il y a lieu de croire que cette « *raison particulière* » était un Tchèque du nom de Josef David, « Pepa » pour les intimes, qu'on ne pouvait risquer de nommer, dans une famille où les lettres n'étaient pas à l'abri des regards indiscrets.

Il fallut des mois pour que Kafka saisisse *vraiment* ce qu'il savait déjà : que le salut ne viendrait pas d'une symbiose, d'une relation exclusive, mais d'une compréhension, et d'une compréhension « *en totalité* ». Cela fait, il replaça Ottla au sommet de l'échelle. Car sa sœur, il commençait à s'en apercevoir, avait l'art de lui rendre sous forme d'affection ce qu'elle lui soutirait de confidences dans leurs messes basses régressives. Plus encore : les expériences qu'elle faisait hors de leurs liens anciens, en dehors du cadre familier du clan, étaient l'unique substrat qui permettait à ces mêmes liens de perdurer. Aurait-il pu faire entendre à sa sœur, alors inexpérimentée, les revers amoureux qu'il avait connus à Weimar, à Riva, et enfin à Berlin ? Nous ignorons s'il a essayé ; mais il paraît exclu qu'il y aurait gagné autre chose que de la compassion. À présent, toutefois, en ce printemps 1915, la jeune Ottla apprenait à son tour ce qu'étaient le désir, le chagrin, la distance. Son amant portait l'uniforme ; il avait dû monter dans un de ces convois spéciaux aux destinations inconnues ; il avait dû se tasser entre tous ces soldats qui riaient, bavardaient, lâchaient des blagues scabreuses et fumaient nerveusement parce qu'ils savaient très bien dans quel état ces mêmes wagons vous *ramenaient*. Ottla avait vu tout cela. Et à son tour, elle en était revenue comme métamorphosée.

Difficile de savoir si Ottla était objectivement à la hauteur du rôle nouveau et exigeant que lui assignait son frère. Les sources à ce sujet sont rares, et leurs excursions à la campagne, leurs lectures communes, leur intérêt mutuellement nourri pour le sionisme et le destin des Juifs de l'Est réfugiés à Prague – tout cela ne laisse qu'entrevoir leur regain de proximité. Il faut toutefois remarquer que les lettres d'Ottla à Josef David ne contiennent pas le moindre soupçon d'ironie ou d'humeur à l'encontre des états d'âme de son frère : elle était à mille lieues de ce « *mauvais œil* », de cette distance quasi ethnographique que Kafka adoptait volontiers vis-à-vis de sa famille, et les réserves de patience dont elle fit montre dans ses années de maturité, de *femme*, furent presque inépuisables. On peut se demander – mais non trancher en toute connaissance de cause – si Kafka aurait survécu moralement et physiquement à la solitude de ces premières années de guerre s'il n'avait bénéficié de cet ultime appui. Il est même permis d'en douter. Mais justement : un appui, un ancrage – même cette intime entre les intimes ne pouvait lui offrir davantage ; et elle n'aurait pas pu anticiper, ni comprendre à temps, ni prévenir la dynamique psychique fatale que suivait à présent Kafka pour s'éviter d'autres blessures. Personne ne l'aurait pu.

« Je me cherche une bonne cachette et je reste à épier l'entrée de ma maison – cette fois de l'extérieur – des jours et nuits durant. On peut nommer cela folie, mais cela me cause une joie indicible, plus encore, cela m'apaise. C'est alors comme si j'étais non devant ma maison, mais devant moi-même pendant que je dors, comme si j'avais la chance à la fois de dormir et de veiller de près sur moi. Je suis en quelque sorte désigné pour voir non seulement les fantômes de la nuit dans l'impuissance et la félicité confiante du sommeil, mais aussi, en même temps, pour leur faire face en réalité, dans toute la force de l'éveil, en calme possession de ma faculté de jugement. Et étrangement je trouve que cela ne va

pas si mal que je l'ai souvent cru et que je me remettrai sans
doute à le croire quand je redescendrai dans ma maison. »

Extrait du récit *Le Terrier*, sobre dans son écriture, discrètement abyssal, saisissant de par la densification inouïe
de son imagerie et de sa logique. Peu de lecteurs attentifs
qui ne se sentent contraints de tirer les conséquences paradoxales de ce scénario : une sorte de blaireau se creuse au
prix d'efforts immenses une forteresse labyrinthique ; mais,
au lieu de s'y tenir tranquille et de savourer une quiétude
bien méritée, la malheureuse créature sort à l'air libre et
surveille l'entrée *du dehors*. On sent souffler ici le vent de la
folie. Comme si quelqu'un se faisait construire une luxueuse
villa pour ensuite *camper* dans le jardin.

Et pourtant : l'idée ici portée à son ultime conséquence
n'est-elle pas compréhensible, et même susceptible d'émouvoir la sympathie ? Si la commodité d'une villa ne s'éprouve
que de l'intérieur, l'union matérielle de sa forme et de sa
fonction – en un mot : sa beauté – ne se dévoile que de l'extérieur. L'animal qui reste dans sa grotte connaît la « quiétude ». Mais pour jouir de son propre exploit, celui d'avoir
conquis sur l'existence un maximum de sûreté, pour éprouver cette « *joie indicible* », il a besoin d'une vue d'ensemble,
d'une certaine distance. Cette jouissance est celle qu'on tire
de la réflexion, d'un état des lieux, de la conscience d'une
réussite, jouissance bien humaine en ceci que ni la satisfaction immédiate, ni même la réalisation des rêves les plus
délirants ne lui « suffisent » jamais :

« Cela allait si loin que j'avais quelquefois le désir enfantin de ne plus retourner dans le terrier du tout mais de

m'installer là, près de l'entrée, de passer ma vie à observer l'entrée et de garder sans cesse à l'esprit, trouvant en cela mon bonheur, combien le terrier, si j'y étais, pourrait me protéger[13]. »

Ce conditionnel ramène le narrateur et le lecteur à la raison : le prix à payer est tout de même trop élevé, et ce serait littéralement folie que de risquer sa survie pour le seul luxe d'en goûter le spectacle. L'animal finit donc par retourner dans son terrier et en jouit désormais *par l'imagination* – en le décrivant, par exemple.

Kafka écrivit ce texte fin 1923 – à une date, donc, où il pouvait se retourner sur une décennie ou presque de *creusement* intensif. Ce qu'il décrit est le travail laborieux, interminable, que doivent mener sur eux-mêmes tous ceux qui placent leur sûreté au-dessus de tout; ce sont, en d'autres termes, la splendeur et les misères de la défensive, et Kafka les dépeint avec une clairvoyance et une précision qui ne seraient pas moins saisissantes si nous ne connaissions *pas* le noyau autobiographique de cette histoire. Or ce noyau peut être situé avec précision.

Les fondations étaient posées depuis des temps immémoriaux. Mais c'est le 15 octobre 1914 que Kafka commença à élever ses remparts. Ce jour-là, il avait reçu une lettre de Grete Bloch, qui se sentait à l'évidence tenue de réexpliquer pourquoi elle avait jeté un grain de sable dans l'engrenage relationnel entre Kafka et Felice Bauer, chauffé à blanc à force de tourner à vide. Cette ingérence avait causé un scandale et une rupture temporaire qui risquait fort de devenir définitive, aucune des deux parties ne faisant plus un pas vers l'autre. Felice en souffrait, mais était trop blessée dans son orgueil pour envoyer un signe d'apaisement. Que Kafka en souffrait aussi, on pouvait le deviner et en avoir confirmation sans peine – notamment par le biais du prolixe Max Brod et de sa femme Elsa. C'était trop de souffrance pour la conscience de Grete Bloch, qui eut donc l'idée d'atténuer par une deuxième intervention les effets de la première. « Vous devez me haïr », écrivit-elle à peu près à Kafka – c'était une main tendue, ou plutôt un petit doigt, et il la saisirait d'une façon ou d'une autre. Oui, elle le connaissait un peu. Mais pas encore assez pour voir venir cette rebuffade quelques jours plus tard.

« C'est une curieuse coïncidence, Mademoiselle Grete, que j'aie reçu votre lettre justement aujourd'hui. Avec quoi elle coïncide, je ne le dirai pas, cela ne concerne que moi et les réflexions que je me faisais la nuit dernière en me couchant vers 3 heures.

Votre lettre me surprend beaucoup. Ce qui me surprend n'est pas que vous m'écriviez. Pourquoi ne m'écririez-vous pas? Vous dites certes que je vous hais mais ce n'est pas vrai. Quand tout le monde vous haïrait, je ne vous hais pas, et pas seulement parce que je n'en ai pas le droit. Vous étiez certes en position de juge au-dessus de moi à l'Askanischer Hof – c'était atroce pour vous, pour moi, pour tout le monde – mais ce n'était qu'une apparence, en réalité j'étais à votre place et je ne l'ai toujours pas quittée.

Sur F. vous vous trompez complètement. Je ne dis pas cela pour soutirer des détails. Je ne peux me figurer aucun détail – mon imagination s'est tant pourchassée elle-même dans ces cercles-là que je peux lui faire confiance – je ne peux, dis-je, me figurer aucun détail capable de me convaincre que vous ne vous trompez pas. Ce que vous laissez entendre est parfaitement impossible, cela m'afflige de penser que F. puisse se tromper elle-même pour je ne sais quelle raison inconcevable. Mais cela aussi est impossible.

J'ai toujours trouvé votre sollicitude sincère et dommageable pour vous-même. Écrire cette dernière lettre n'a pas dû être facile non plus.

Je vous en remercie cordialement.

Franz K[14] »

Lettre qui se résume presque à une levée de boucliers. Mes pensées au moment où j'ai reçu votre lettre ne vous regardent pas. Écrivez-moi si vous voulez, rien ne vous en empêche. Vous me faites miroiter des détails de la vie de Felice – ils ne m'intéressent pas. Vous avez tort de croire que je vous hais ; mais peut-être qu'on vous hait à Berlin ? Vous avez tort aussi au sujet de Felice. Et vous surestimez votre compétence si vous croyez pouvoir me juger. Je sais que vous avez dû vous faire violence pour m'écrire, mais ça ne change rien. – Seule la reconnaissance de sa « sincère sollicitude » avait de quoi flatter la destinataire ; Grete Bloch ne manqua pas de souligner cette phrase – et *elle seule* – au crayon rouge.

Cette agressivité à peine voilée de politesse conventionnelle est surprenante, c'est une nouveauté qui reste sans équivalent dans toute la correspondance de Kafka. On ne peut même pas parler d'une colère « contenue à grand-peine » : cette impulsion s'exprime ouvertement, aggravée à dessein d'une note de condescendance, voire d'arrogance.

Kafka affiche ici sa supériorité et il en est conscient, la supériorité morale de qui n'a plus besoin du jugement d'autrui parce qu'il s'est fait son propre juge, le plus impitoyable de tous[15]. Mais le message central est bien : fichez-moi la paix.

Kafka avait alors de bonnes raisons de ne pas tolérer ce genre de dérangements. Depuis deux mois, il se livrait chaque nuit à une écriture impétueuse et débordante, comme en rêve, mais avec une parfaite maîtrise. Il passa même à écrire les précieux jours de congé qui lui restaient pour 1914. S'il n'y avait plus aucun espoir que l'état d'urgence qui planait sur Prague, sur l'Autriche, sur la planète entière prenne fin à brève échéance, il voulait du moins tenir un grand texte en réserve, pour tenter une nouvelle fois d'échapper au pensum de la vie de fonctionnaire. Et ce grand texte, *Le Procès*, prenait forme à vive allure.

Quelques heures avant de recevoir la lettre de Grete Bloch, Kafka avait une fois encore songé à l'échappatoire du suicide et réfléchi à une liste d'ultimes dispositions qu'il adresserait à Max Brod s'il en venait à cette extrémité – telle était la « *curieuse coïncidence* » qu'il ne pouvait en aucun cas dévoiler à la Berlinoise. Mais, cette fois, ce n'était pas le désespoir qui le portait à ces réflexions. « *14 jours, bon travail en partie*, consigna-t-il dans son journal, *compréhension totale de ma situation.* » Beau témoignage d'autosatisfaction selon les standards de Kafka, et signe plus encore que la réussite du travail littéraire était étroitement liée chez lui à une connaissance de soi radicale et dénuée d'illusion. Cette connaissance pouvait être amère, accablante – « *je sais qu'il est dit que je resterai seul* », ajoute-t-il –, mais le fait même de parvenir à une telle clarté recelait un bonheur qu'il ne savait pas distinguer de la jouissance de l'écriture.

Kafka n'aurait certainement pas voulu mourir, surtout pas ce jour-là, après avoir si sobrement envisagé les perspectives qui lui restaient.

Or cette clairvoyance s'étendait aussi à sa détresse, à son désir de mettre fin à cette tension d'esprit perpétuelle en se laissant tomber – sinon dans la mort, du moins dans les bras de quelqu'un. « *Malgré tout*, nota Kafka après avoir répondu à la lettre de Grete Bloch, *l'infinie tentation revient, j'ai joué avec cette lettre toute la soirée, le travail stagne* ». Et après avoir recopié de mémoire, presque mot pour mot, sa réponse implacable, il en nota le post-scriptum secret :

> « Qu'est-ce que ça fait ? La lettre paraît inflexible, mais seulement parce que j'avais honte, parce que je trouvais irresponsable, parce que je craignais de fléchir, et non parce que je n'en avais pas envie. Je n'avais même envie de rien d'autre. Le mieux pour nous tous serait qu'elle ne réponde pas, mais elle va répondre et je vais attendre sa réponse[16]. »

Irrésolution, duplicité, calculs incessants. Complaintes systématiques à l'heure de prendre des décisions. Tels étaient les chefs d'accusation qui lui avaient coûté ses fiançailles : « *reproches primitifs* », jugeait-il, mais qu'il ne pouvait pour autant balayer d'un revers de main. Car ils dévoilaient le système de défense souple qu'il avait conçu dans l'espoir d'éviter toute confrontation blessante sans devoir se fermer tout à fait. Ce système avait failli, et Kafka était décidé à ne plus prêter le flanc à ce *genre* de reproches.

Cette fameuse lettre de Kafka à Grete Bloch est le premier document de sa main à relever de bout en bout d'une

mascarade, jeu de rôle qui lui permet de donner libre cours
à son acrimonie, si ce n'est à une sorte de triomphe, mais qui
contredit tout entier les enjeux réels du moment. Rapportée
à sa conception emphatique de la vérité, cette lettre est un
mensonge. Et elle annonce ainsi un changement radical de
stratégie. Car Kafka, jusqu'alors, s'était contenté de mimer
ces prises de distance polies que la vie sociale admet ordinairement, il n'avait fait que porter la main à sa visière sans
l'abaisser – gestes non pas menaçants, mais suppliant qu'on
n'en arrive pas là, qu'on ne le contraigne pas à ces extré-
mités. Or, cette fois, il ne jouait plus. Il ne défendait plus
seulement son moi fluctuant, mais une position, un lieu, un
terrier. Kafka avait commencé à s'enfouir. Et il le savait bien,
car il recopia cette lettre comme un document fondateur, il
la versa à son dossier.

Felice Bauer remarqua ce changement ; Kafka commença
par le contester, admettant tout au plus que ses futures
lettres ne seraient « *plus comme avant* ». Quant à savoir ce
qu'elles seraient… Pouvait-on décider, programmer, prédire
ce genre de choses ? Certes non. Mais Kafka savait ce qu'il
ne voulait plus : il avait dit adieu à son rêve de symbiose, à
ce rêve d'une ouverture spontanée, débridée et même proprement inconsciente du corps et de l'âme, ce rêve d'une
patience universelle, d'un pardon intégral. Kafka se souvint
des gémissements presque enfantins qu'il avait envoyés à
Felice une fois où elle l'avait un peu négligé pendant un
voyage d'affaires. On ne l'y reprendrait plus.

> « Te rappelles-tu les lettres que je t'ai envoyées à Francfort
> il y a environ deux ans, à peu près pendant ce même mois.
> Crois-moi, au fond je ne suis pas loin de les récrire ici et

maintenant. Elles guettent à la pointe de ma plume. Mais elles ne seront pas écrites. »

Il tint parole. Fini les complaintes indignes, mais fini du même coup ces fustigations ironiques, charmantes et parfois drôles par lesquelles il l'avait charmée, auxquelles elle le reconnaissait toujours. Kafka serra les dents, apprit à se contenir, couvrit soigneusement ses points faibles et n'hésita plus, quand il souffrait, à se réfugier dans un style administratif : « *Ta dernière lettre annonce une photographie en pièce jointe. Elle n'y est pas. Pour moi, c'est une privation*[17]. »

Kafka ne dut pas voir tout de suite que cette nouvelle stratégie avait un coût et que le soulagement qu'elle procurait n'était pas sans mélange. Qui s'enterre dans une tranchée perçoit le monde comme un système de tranchées semblables qu'il peut certes surveiller avec la plus grande vigilance, mais où il ne vit plus à proprement parler. Et se camoufler est fatigant. Kafka s'imposait une censure – au moment même, ironiquement, où la censure de l'État forçait à la prudence –, il s'obligeait à une dissimulation, à un silence méthodique, et cette ligne de partage entre le désir et son expression, cette façon de se borner à ce qui pouvait se dire sans crainte, absorbait de l'énergie psychique. Plus encore que les soucis liés à la guerre et que la brusque augmentation de sa charge de travail, ce sont peut-être cette édification maniaque d'une forteresse intérieure et, par suite, son esseulement qui exigèrent de lui de très grands sacrifices. Les conséquences psychosomatiques furent loin d'être négligeables : ses insomnies, son hypersensibilité au bruit et ses maux de tête devinrent chroniques ; Kafka fut consumé par des douleurs spasmodiques et des états migraineux auxquels ses « Ohropax » – des boules Quies commandées à Berlin – ne changeaient évidemment rien ; des douleurs cardiaques le prirent. Ses notes indiquent aussi que les phases de vide dépressif, qui n'avaient jusqu'alors été que des états-limites périlleux, se faisaient plus régulières, atteignant une intensité quasi insupportable. « *Inaptitude à tout point de vue et complètement* » ; « *sentiment d'un malheur presque déchirant* » ; « *creux comme un coquillage sur la grève* » ; « *incapable de vivre, de parler avec des humains* » ; « *indifférence et hébétude totales. [...] Vide, ennui, non pas ennui seulement vide, non-sens, faiblesse* » ; il vécut même une excursion dominicale avec Ottla et le couple Weltsch comme un « *supplice* » – il n'avait pas encore l'habitude de feindre l'intérêt, de donner le change[18].

Tout cela pour quel résultat ? À la longue, la douleur d'une humiliation comme celle de l'Askanischer Hof n'était-elle pas plus tolérable qu'une pareille apathie, que cette écorchure sans cesse rouverte par le poids de sa propre armure ? L'heure du bilan viendrait plus tard. Vis-à-vis du dehors, au moins, Kafka gagnait en fermeté, et cette prise de distance lui donnait de l'aplomb. Il proposa à Felice Bauer un nouveau rendez-vous à Bodenbach, ajoutant qu'elle pourrait amener qui elle voudrait, mais qu'il préférait qu'elle vienne seule. Il lui rappela même un jour de sinistre mémoire, leurs fiançailles un an plus tôt, mais sans dire ni « je » ni « tu » – à croire qu'il parlait de connaissances communes et que ce point de sa sensibilité avait été anesthésié : « *Dis-moi donc où il voulait l'emmener ; c'est incompréhensible. Mais voilà, il l'aimait et était insatiable. Il ne l'aime pas moins aujourd'hui, bien qu'on lui ait enfin appris qu'il ne peut pas l'avoir si facilement, même si elle est d'accord*[19]. »

Nous ignorons si elle a commenté ces lignes ; la rhétorique de Kafka n'était sans doute plus capable de la désarçonner. Pour autant, elle n'avait pas la moindre envie de retourner seule à Bodenbach ; cette fois, elle amènerait deux amies, répondit-elle après réflexion, et l'une d'entre elles serait Grete Bloch. Le cœur de Kafka dut manquer un battement à cette annonce ; et, quelques mois plus tôt, il aurait trouvé aussitôt une bonne excuse pour éviter une pareille rencontre. Mais cette fois... pas d'objection, pas de soubresaut, ni dans ses notes ni dans ses lettres. De fait, à la Pentecôte 1915, Kafka eut le cran de se rendre dans ce qu'on appelle la « Suisse tchèque », de passer là deux jours en compagnie de ses « juges » et de visiter quelques *hot spots* du guide Baedeker au milieu d'une foule de touristes. Il devait être à peu près sûr qu'on ne parlerait pas du passé, et surtout pas du procès de Berlin, qui avait eu lieu dix mois plus tôt ; la présence de l'autre amie, une certaine mademoiselle Steinitz, évacuait les sujets sensibles, et c'est sans doute *pour cette raison* qu'on l'avait invitée (Felice aussi était tacticienne). Il y eut même une réconciliation de façade avec Grete Bloch. Puis, un soir, de retour à l'hôtel, ils virent que le monde continuait de tourner, que le passé était de toute façon plus passé que jamais : l'Italie avait déclaré la guerre à l'Autriche-Hongrie ; c'était peut-être la fin de tout ; qui aurait voulu ou osé avoir des états d'âme en un moment pareil ?

Oui, Kafka fit bonne figure. Ce qu'il lui en coûta, il le garda d'abord pour lui ; en temps de guerre, on n'avait pas besoin d'excuse pour être tendu, las, surmené, irritable. Puis Kafka avait appris à s'esquiver par la porte de derrière, *il n'était pas là*, il avait fait un pas de côté et franchi la limite entre observation et distanciation de soi, ce qui lui permettait de garder son calme même dans le désespoir. « *Si j'étais une personne extérieure m'observant moi et le cours de ma vie*, avait-il écrit en février, *je serais forcé de dire que tout s'achèvera dans l'inutilité, usé par le doute incessant, fécond seulement dans la fustigation. Mais en tant que principal intéressé, j'ai de l'espoir*[20]. » Intéressé à sa propre vie ? Ce terme à lui seul parachève la scission. Mais Kafka allait plus loin encore : il sortait de son terrier, se cachait non loin, gardait l'œil sur l'entrée, embrassait du regard toute cette forteresse, sans oublier la créature démunie qui s'y cachait, et il jouissait de ce spectacle à une distance inaccessible.

C'était une forme radicale d'introspection, un *absentement* pour ainsi dire, et il fallait qu'il s'exprime. Kafka trouva très vite la forme idoine, elle s'imposait presque d'elle-même : c'était la troisième personne, un « il » qu'il expérimenta et intégra bientôt à l'arsenal de ses effets de style. Felice était à peine rentrée de Bodenbach qu'elle en reçut un avant-goût.

« Chère Felice tu m'as posé dernièrement quelques questions faramineuses sur le fiancé de F. Je peux maintenant mieux y répondre, car je l'ai observé dans le train pendant le trajet du retour. C'était facile, car la foule était telle que nous étions assis positivement à la même place. À mon avis, donc, il est éperdument épris de F. Tu aurais dû le voir passer tout ce long trajet à rechercher dans les lilas (jamais il n'emporte rien de tel en voyage) le souvenir de F. et de sa chambre. […] Je crois que l'intéressé a plus confiance en moi qu'en F. »

« Chère Felice, vois, il dit qu'il est chagrin. Il dit qu'il est resté là-bas trop longtemps. Que deux jours, c'était trop. Au bout d'un jour, on peut se séparer facilement, mais deux jours créent déjà des liens dont la rupture fait mal. Dormir sous le même toit, manger à une même table, vivre deux fois les mêmes heures de la journée, cela représente presque déjà une cérémonie régie par un ordre donné. »

Tous deux assis à la même place. Le fiancé de F. et moi. Si l'on n'y prenait garde, on croirait presque à un écho de ces jours lointains et révolus où Kafka parodiait son propre chagrin pour charmer Felice. Or, quelques heures après avoir envoyé ces cartes postales, il rampa jusqu'à son terrier et il ressortit son journal : « *Beaucoup de malheur depuis la dernière entrée. Cours à ma perte. Y courir aussi absurdement, aussi vainement*[21]. » Il ne trouva rien d'autre à dire. Kafka referma son cahier. Il restait deux ou trois pages vierges. Elles le sont encore aujourd'hui.

Avait-il réussi à berner Felice ? Temporairement, peut-être. Car elle accepta de repasser deux jours avec Kafka dès le mois de juillet, à Karlsbad, et sans chaperon cette fois. C'est dire s'il avait bien joué la comédie.

Mais cette comédie tourna mal. Le jour de ses 32 ans, miné par l'insomnie, Kafka se traîna sur des sentiers de promenade pendant que Felice lui chantait des chansons. Même les livres qu'elle lui offrit n'y changèrent rien – *Les Frères Karamazov*, *Inferno* de Strindberg –, ni la promesse qu'elle inscrivit en tête du roman de Dostoïevski : « *Nous le lirons peut-être ensemble très bientôt.* » Pour finir, dans le train du retour, qu'ils prirent ensemble jusqu'à Aussig, elle n'y tint plus, et ce fut un « *trajet vraiment abominable*[22] ».

Cette fois, au moins, il rapportait un souvenir qui le consolerait un peu. À Karlsbad, comme dans tous ses voyages, Felice Bauer avait apporté son appareil photo, et elle avait laissé Kafka l'utiliser. Outre les monuments, ils s'étaient photographiés l'un l'autre. Et puisque Kafka était avide de photographies, et que celles qu'elle envoyait lui déplaisaient toujours, Felice proposa sagement qu'il fasse développer les pellicules à Prague et qu'il choisisse lui-même quelles images faire tirer.

Ainsi fut fait. Mais quand Kafka passa récupérer les négatifs au bout de quelques jours, une surprise l'attendait. Felice, elle, la technicienne, la photographe, avait placé toutes les pellicules à l'envers : la couche photosensible vers l'arrière, la couche protectrice vers l'avant. Sur tous les clichés, *rien à voir*. Les sourires de Karlsbad étaient perdus à tout jamais.

PAS DE PRIX LITTÉRAIRE POUR KAFKA

> *Il faut tout sacrifier à l'art,*
> *sauf l'art lui-même.*
> Karl Kraus, lettre à Herwarth Walden

« Cahier à couverture cirée rouge-brun et à feuillets protecteurs bleu clair contenant 20 feuillets (tous détachés du dos sauf le dernier) de papier blanc jauni non ligné à bords arrondis; hauteur 24,85 cm, largeur 19,8-20,0 cm; répartition en deux ensembles de 2 et 18 feuillets (20 chacun à l'origine) initialement reliés par du fil (2 coutures); tranche rouge; filigrane type 2a ou 3a; les feuillets 19 verso et 20 recto sont vierges. Les feuillets ne sont plus attachés par du fil[1]. »

Il n'est pas certain que Kafka aurait reconnu du premier coup l'objet de cette minutieuse description. Les manuscrits des autres écrivains, il ne les connaissait que sous la forme de reliques gardées sous verre – comme la mise au propre de la *Chanson de Mignon* de Goethe, qu'il avait admirée à Weimar en la prenant pour un original – ou de feuilles et de cahiers bardés de ratures et de corrections, comme ceux qui traînaient sur les bureaux de Max Brod et d'Ernst Weiss (pour ne rien dire des fiches que Werfel fourraient dans ses poches de veste et de pantalon). Les unes venaient tout droit de l'Olympe, les autres étaient noyés dans la routine.

Aucun auteur du début du XXe siècle – Kafka sans doute moins que tout autre – n'imaginait que ses manuscrits seraient un jour mesurés, photographiés et décrits comme des papyrus sortis d'un tombeau égyptien ; cet intérêt abstrait pour le support de l'écriture et pour la matérialité du signe était encore un angle mort pour cette génération. À l'inverse des pages soigneusement composées d'un livre, les feuilles de carnets étaient perçues comme de purs articles de consommation, et Kafka était bien de son temps en arrachant des pages pour séparer ses notes privées de ses notes littéraires, en remplissant ses cahiers dans les deux sens, en recourant tour à tour à l'encre et au crayon, à la sténographie et à l'écriture normale selon les besoins du moment, ou en se laissant aller à griffonner entre les lignes de ses manuscrits. Contrairement à aujourd'hui, où une bonne imprimante laser assimile déjà l'état intermédiaire d'un texte à une œuvre achevée, les traces laissées par le processus créatif étaient une chose banale. Brod, lui qui tenait son ami pour un génie de la littérature et même pour la figure de proue d'une nouvelle religiosité, n'eut pas le moindre scrupule à annoter ses manuscrits au crayon rouge, à les confier aux bons soins de la poste, ni à en faire cadeau[2]. Bien entendu, il savait qu'une édition « historico-critique » qui compile et commente la moindre syllabe est la lettre de noblesse d'un auteur classique, et il était tout à fait convaincu – même si cette perspective lui inspirait des sentiments mêlés – que l'œuvre de Kafka finirait par tremper dans le bain fixateur de la science éditoriale. Mais jamais il n'aurait songé à tenir compte du *papier* qu'avait utilisé Kafka. À quoi bon ? L'essentiel était d'avoir une copie exacte. Brod se donna donc toutes les peines du monde pour nettoyer la scène du crime avant que la police philologique n'arrive sur les lieux.

Un demi-siècle plus tard, les cahiers de Kafka passèrent sur table lumineuse. On découvrit le filigrane du fabricant de papier : des trèfles à quatre feuilles, agencés en motifs légèrement différents selon qu'il s'agissait d'une page « gauche » ou « droite ». Cet indice crucial permit dans bien des cas de replacer les feuilles à l'endroit d'où Kafka les avait arrachées sans même y réfléchir, et ainsi de dater les textes qu'ils portaient. Fallait-il d'autres preuves que tout, dans cette histoire, avait son importance ? Mais alors vraiment *tout*, tant qu'à faire : largeur, hauteur, couleur, tranche, bords – une fiche signalétique vouée aux siècles des siècles. L'original, lui, continuera de se désagréger lentement mais sûrement – ce « support » désigné sous le nom scientifique de « KBod AI, 10 », parce qu'il est conservé à la Bibliotheca Bodleiana d'Oxford et qu'il s'agit du dixième cahier du journal de Kafka.

Difficile de penser que lui-même ait pris garde à ce fameux filigrane, sur lequel sa plume filait sans accrocher. Et jamais il n'aurait cru, même en rêve, que quelqu'un finirait par *compter* les mots sur chaque page de ses manuscrits. Cette idée l'aurait fait rire, et Brod, lui, se serait pris la tête dans les mains. Pourtant, le philologue Malcom Pasley a prouvé que cette curieuse méthode permet de dater certains passages du *Procès* – apport précieux, s'agissant d'un roman canonique de la littérature mondiale dont les chapitres n'ont même pas été ordonnés clairement par l'auteur[3]. Bien sûr, cette fouille à quatre pattes dans le legs d'un écrivain présente un indéniable caractère comique. Mais non moins saisissant, et de plus d'importance à terme, est le plaisir que donne cette épatante trouvaille – comme lorsqu'on voit jouer, dans une partie de billard à trois ou quatre bandes, un coup auquel le commun des mortels n'aurait jamais songé, et dont la réussite inspire une sorte de joyeux effroi. Nous ne pouvons de toute façon revenir au temps d'avant le travail des spécialistes ; et, de nos jours, le regard « innocent » invoqué par tant de lecteurs de Kafka n'est plus qu'une illusion – si tant est qu'il ait existé.

Le bilan était accablant. *Le Procès* et *Le Disparu* : inachevés, sans doute inachevables. *Souvenirs du chemin de fer de Kalda*, *L'Instituteur du village*, *Le Substitut du procureur*, l'histoire de Blumfeld, deux ou trois autres ébauches : rien de terminé, échec sur échec, avortons, fragments, ruines, où que le regard se porte. Seule montrable, peut-être publiable après quelques retouches : la très sanglante *Colonie pénitentiaire*. Tels étaient les produits d'un effort acharné de plusieurs mois, les fruits immatures auxquels Kafka avait sacrifié son sommeil, ses congés et ses moindres moments de repos, qu'il avait littéralement arrachés à ses maux de tête, au bruit de ses chambres de pensions, à une charge de travail de plus en plus lourde. Comme il ne parlait de ses « chantiers » qu'avec les plus grandes réticences, personne dans son entourage ne devait se faire une idée tant soit peu précise de cette lutte ; et c'est à la philologie de pointe, celle qui consigne la moindre trace de crayon à papier, qu'il revint de dévoiler l'ampleur de ce désastre.

À l'heure où les œuvres du langage subissent la concurrence massive de médias plus rapides et plus percutants, le *besoin* d'écrire, sinon l'écriture elle-même, a quelque chose d'une tocade obsolète. Et la gloire de Kafka n'a pas peu contribué à inhiber notre empathie pour son désespoir d'écrivain. Nous savons à présent que Kafka n'a *pas* échoué, et nous nous demandons ce qu'il a bien pu vouloir de plus. Mais cet « à présent » est le produit d'un jugement historique distancié qui englobe toute sa vie, fixée dans un contexte qu'on peut aujourd'hui surplomber. Kafka lui-même, qui avait devant lui (peut-être, certainement, il fallait l'espérer) plusieurs décennies encore plongées dans l'ombre du futur, ne pouvait trouver là aucune consolation, même s'il avait pris conscience et acte de sa stature d'écrivain.

Pour bien saisir cette distinction entre son existence vécue et incarnée et son importance posthume, il faut d'abord voir combien Kafka avait été proche du but qu'il s'était lui-même assigné, et quelles conséquences aurait eues la réussite de ses projets. On peut le mesurer assez exactement dans le cas de son grand œuvre, *Le Procès*, car il est patent que Kafka avait conçu ce roman comme un objet circulaire, c'est-à-dire saisissable d'un seul regard et maîtrisable sur le plan formel. À la première comme à la dernière pages, le héros, Josef K., est livré à lui-même ; mais, dans cet intervalle, son univers social est arpenté chapitre après chapitre : sa logeuse, sa voisine, ses collègues et ses supérieurs, ses compagnons de tablée, son oncle, sa mère, son avocat, son amante – sans oublier le tribunal. Nous ignorons si Kafka projetait d'autres scènes de procès, s'il comptait faire intervenir d'autres conseillers interlopes sortis des marges de la justice ; le fait est que les relations sociales de l'accusé sont représentées au grand complet ou presque, et, pour un peu, on devinerait le cours qu'aurait pu prendre le chapitre à

peine esquissé de la visite à la mère. Le lecteur n'a jamais
l'impression de tâtonner le long des vagues contours d'un
fragment et, si mystérieux que soit *l'ensemble*, on distingue
clairement les lacunes que Kafka aurait eues à combler pour
mener à sa conclusion l'impérieuse logique de ce texte.

Hors de l'œuvre proprement dite, les obstacles à la publication étaient depuis longtemps levés; Max Brod, surtout, y
avait pourvu. Kafka n'était pas obligé de faire antichambre,
il avait un éditeur influent qui, certes, le laissait sans nouvelle depuis assez longtemps et qui était alors bien loin de
son bureau de Leipzig, mais qui n'aurait pas hésité un seul
instant à accepter un roman achevé, en particulier celui-là.
Les délais de production étant encore très brefs – relativement à nos standards actuels –, *Le Procès* aurait pu paraître
à l'automne, au plus tard fin 1915. Et même s'il n'avait pas
remporté aussitôt un succès quantitatif – en cette période
de guerre, le public avait plus que jamais soif de divertissement –, Kafka aurait bénéficié des soutiens les plus éminents,
de Thomas Mann à Robert Musil, et les lectures publiques,
les honneurs, les nouvelles rencontres, les nouvelles amitiés
peut-être, ne lui auraient pas manqué à moyen terme. Des
images séduisantes se profilent : Kafka échangeant avec ses
traducteurs, Kafka reçu à la table de l'influent Karl Kraus,
Kafka invité dans la villa de Samuel Fischer à Grunewald…
Nul doute que la parution du *Procès* aurait très vite fait éclater son horizon biographique excessivement étroit et lui
aurait valu (pour le meilleur et pour le pire) une multitude
de « contacts » que même Brod lui aurait enviés.

« *Toute cette fièvre qui m'échauffe la tête jour et nuit provient
d'un manque de liberté* », résuma-t-il l'année suivante[4], et il
n'est pas besoin de grandes spéculations pour mesurer le

sentiment d'échec auquel Kafka était livré à mesure qu'il tirait sobrement le bilan. La guerre l'avait empêché à la dernière minute de se défaire de ses entraves, et l'usure de ses propres forces renvoyait toutes les perspectives de liberté restantes à un avenir lointain. L'échec n'est ni fatal ni irréversible – il le savait. Mais entre tout ce qu'il avait vu à portée de sa main et la réalité de sa vie à Prague, à présent dominée irrémédiablement par les tracas de la guerre et un surcroît d'heures de bureau, l'écart était terrible. Dès janvier 1915, Kafka présente de clairs symptômes d'épuisement ; peu après, il met de côté le manuscrit du *Procès* ; il continue de travailler sporadiquement aux récits déjà entamés, en commence de nouveaux, en abandonne de plus anciens ; le 9 avril, il parle pour la dernière fois de « bon travail » dans son journal ; en mai, Kafka délaisse le journal lui-même, et il refuse dorénavant de lire quoi que ce soit à ses amis. Dernière longue expiration, suivie d'un silence effrayant. Il ne se doutait pas que cette paralysie durerait plus d'un an et demi. En septembre, il se força à entamer un nouveau journal, convaincu toutefois dès la première phrase que ce n'était « *pas aussi nécessaire que d'habitude* » ; et, comme il trouvait absurde de le remplir des mêmes vieilles plaintes, il prit la plume seulement quand il y fut poussé par des événements, des rencontres ou des lectures notables. D'une entrée à une autre, des semaines de silence. C'est seulement fin 1916, à un moment où la physionomie de sa ville et de son univers était devenue méconnaissable, que Kafka fit une nouvelle tentative pour justifier sa vie par un « travail ».

Dans ces circonstances, il n'est pas étonnant que Kafka ait montré peu d'initiative pour assurer au moins à ses œuvres achevées une parution digne de ce nom. Ce n'avait pas toujours été le cas. Kafka savait que le résultat de toutes ses années d'efforts devait évoquer aux lecteurs une flammèche vacillante, et il était conscient d'offrir à la scène littéraire l'image d'un minimaliste auquel manquait le souffle pour des projets plus vastes. Jusqu'alors, il n'avait fait paraître que deux livres d'assez piteuse allure : les proses de *Contemplation* remplissaient 99 pages, *Le Chauffeur* 47 seulement. Tout le reste était disséminé dans des journaux et des revues, pas les plus prestigieux. Même *Le Verdict*, le seul de ses récits que Kafka trouvait irréprochable et qu'il lisait souvent et volontiers à haute voix, n'avait alors paru que dans un recueil collectif conçu par Brod et dont personne ne voulait.

Kafka avait tâché de remédier à cette situation. Il avait proposé un recueil de récits à Kurt Wolff et aussitôt obtenu son accord : *Les Fils*, tel était le titre de ce projet de livre qui devait réunir les fruits de sa phase créative de 1912 – ou du moins ceux qu'il jugeait présentables : *Le Verdict, Le Chauffeur* et *La Métamorphose*. Mais il avait tardé à envoyer le manuscrit de *La Métamorphose*, et Wolff ne le relançait pas, ne venait pas aux nouvelles, ne donnait aucun signe – signe certainement attendu par Kafka – qu'il se rappelait son « *engagement* » d'avril 1913. Alors que Brod évoquait le nom de son ami à tout propos dans ses tractations avec Wolff, le seul encouragement que ce dernier adressa à son timide auteur consista à lui envoyer ponctuellement des recensions de ses livres et l'almanach de la maison. C'était un peu court ; et quand Kafka apprit que Kurt Wolff et son lecteur Franz Werfel avaient été mobilisés dès août 1914, et que dix des douze employés de la maison se trouvaient parfois sur le front en même temps, il dut cesser d'attendre le moindre « soutien moral » de la part de Leipzig. Il ne s'en plaignait pas. Si l'éditeur – contre son habitude – s'était soudain enquis de ses plans et de ses projets littéraires, il serait mal tombé. Devoir expliquer pourquoi ce roman-là non plus n'avait pas abouti… Non, Kafka évitait ces questions autant que possible. Et après deux vaines tentatives pour placer *La Métamorphose* ne serait-ce que dans une revue – six mois déjà que le manuscrit se trouvait chez René Schickele, rédacteur en chef des *Weisse Blätter* –, l'envie lui était passée de parler publication. Kafka n'était pas un solliciteur.

Or tout à coup, mi-octobre 1915, Brod lui mit entre les mains une lettre de la Kurt Wolff Verlag et quelques exemplaires des *Weisse Blätter* tout juste sortis des presses. Visiblement, on avait perdu l'adresse de Kafka et fait appel une fois de plus à son imprésario. C'est qu'il y avait urgence. À tel point, en fait, que Kurt Wollf lui-même n'était pas dans la boucle. La lettre était signée par un certain Meyer, « *votre très dévoué Meyer* ». Kafka feuilleta la revue et n'en crut pas ses yeux : on avait imprimé *La Métamorphose*, dans son intégralité, sans lui envoyer d'épreuves.

Georg Heinrich Meyer, 47 ans, était un homme d'affaires bonasse, un peu balourd mais dynamique, à la moustache frétillante et aux manières cordiales tendant vers le paternalisme. Un homme que nul n'aurait pensé capable de dissimulation et qui, par là, inspirait vite confiance – même si son optimisme ostentatoire éveillait un peu les soupçons. Car personne n'ignorait que ce libraire de formation avait déjà coulé deux maisons à son nom et qu'il était criblé de dettes.

La surprise fut d'autant plus grande lorsque Kurt Wolff plaça ce monsieur à la tête de sa maison puis fit de lui son remplaçant au début de la guerre. De fait, Meyer ne lui « rapportait » aucun auteur contemporain. Si élégants que fussent ses livres, son catalogue était falot, et la littérature régionaliste qu'il goûtait particulièrement – ayant même édité une revue intitulée *Heimat* – formait un contraste proprement grotesque avec la grande modernité qu'il avait désormais à promouvoir chez Wolff*. Sans parler du fait qu'une bonne partie de ses anciens auteurs produisaient à présent de la pacotille patriotique, là où Wolff restait le seul grand éditeur d'Allemagne à refuser rigoureusement de verser dans la littérature guerrière. L'actif des faillites de Meyer recelait tout au plus quelques bijoux de bibliophilie ; pour le reste, Wolff fut bien avisé de maintenir ses propres critères de qualité et de se réserver toutes les décisions éditoriales, même si l'extrême complication des échanges – en particulier le va-et-vient des manuscrits – empêchait toute prise de décision rapide. Il arriva que Meyer rejoigne Wolff dans la zone de ravitaillement du front belge pour faire le point ; mais, à partir d'avril 1915, où l'éditeur fut envoyé en Galicie, ces rendez-vous devinrent impossibles, et Meyer dut s'occuper presque seul des affaires courantes, y compris des « soins aux auteurs ».

On imagine les coups d'œil échangés par Franz Werfel, Kurt Pinthus et Walter Hasenclever le jour où un Meyer en bras de chemise arrosa sa prise de fonction. Et pourtant,

---

* Le terme souvent jugé intraduisible de *Heimat* désigne le pays natal, ou en tout cas le lieu où l'on se sent « chez soi », et peut prendre une coloration quasi métaphysique. La traduction de *Heimatliteratur* par « littérature régionaliste » est donc très approximative, d'autant que ce terme désigne toute une tendance du roman germanophone au tournant du XXe siècle, centrée notamment sur la vie des campagnes.

l'avenir devait donner raison au curieux choix de Wolff. Car Meyer, qui avait passé des années à voyager de librairie en librairie pour le compte des éditions Deutsche Verlags-Anstalt, avait une expérience énorme des affaires, et d'innombrables discussions lui avaient donné une vision très nette de ce qui bluffait les libraires et de ce qui « trouvait écho » chez un public de plus en plus influencé par les modes culturelles et la publicité. C'était apparemment la compétence qu'avait recherchée Wolff. Et on peut se demander si les finances de sa maison, qui n'éditait ni poèmes de guerre, ni lettres de soldats, ni témoignages du front, genre alors très prisé, seraient sorties indemnes de la première année de guerre sans les trouvailles commerciales fracassantes de son gérant Meyer. Tout en en mettant plein les yeux aux lecteurs de journaux avec de vastes encadrés publicitaires – qui ne promouvaient plus la maison en tant que telle mais certaines de ses nouveautés, chose tout à fait inhabituelle pour l'époque –, il affriandait les libraires grâce à des promotions qui brisaient tout bonnement un tabou économique, et qui valurent à la Kurt Wolff Verlag des critiques concernant ses méthodes « américaines ». Si l'on passait commande ferme de 30 exemplaires du *Golem*, le best-seller de Gustav Meyrink, on en recevait 40 : soit une remise phénoménale de 55 % sur le prix de vente en magasin, comme le moindre apprenti libraire pouvait s'en rendre compte. Les campagnes d'affichage de Meyer causèrent aussi l'indignation, car elles hissaient pour la toute première fois la littérature au rang de pur événement médiatique, en lui prêtant la même valeur sensationnelle qu'au cinéma. Et les textes de réclame, rédigés par Meyer lui-même pour beaucoup d'entre eux, ajoutaient encore à cette semblance de fumisterie, car ils cherchaient à susciter des attentes émotionnelles dénuées de tout rapport avec les livres. Il présenta ainsi les œuvres du prix Nobel Rabīndranāth Tagore (qui ne pouvait rien faire pour s'y opposer) comme de « *vrais livres de Noël* », tandis que le *Napoléon* de Carl Sternheim, histoire d'un chef cuisinier écrite en style analytique, lui inspira le slogan suivant : « *Vous aimez dîner chez Sacher? Vous adorerez cette nouvelle** . » Sternheim menaça de « *fusiller* » Meyer[5].

Quiconque était au fait des us économiques de ce milieu dut aussitôt s'apercevoir qu'une propagande aussi intense faisait voler en éclats le mode de financement traditionnel du livre. Car enfin, qui comblerait les trous creusés par Meyer dans le budget? Mais les auteurs, bien entendu – réponse d'une simplicité diabolique. Meyer fut en effet le premier dirigeant de maison d'édition à faire contribuer les auteurs aux frais publicitaires de leurs propres livres : coup spectaculaire en un temps où l'importance économique de la réclame n'était pas, tant s'en faut, aussi reconnue qu'aujourd'hui, et où beaucoup de maisons ne lui allouaient même pas de budget spécifique. Faire avaler la pilule aux principaux intéressés était un travail à part entière, et Meyer s'y consacrait avec passion : il n'hésitait pas à poursuivre ses auteurs indignés jusqu'à la gare pour tenter de les convaincre. Non sans succès d'ailleurs. Même Max Brod, pourtant très attentif à ses finances, fit une croix sur un quart des honoraires traditionnels en échange de grands encarts pour son roman *L'Astronome qui trouva Dieu*.

Bien entendu, ce n'était pas avec une telle « machine à vendre » qu'on aurait pu causer littérature. Meyer se

---

* Le Sacher était un célèbre hôtel et restaurant viennois.

contentait de feuilleter les manuscrits, au mieux, et il ne se souvenait apparemment des titres qu'en fonction de leur potentiel de vente – des années plus tard, il continuait de parler de la « *Colonie criminelle* » de Kafka. À la moindre occasion, il rappelait aux auteurs qu'il fallait écrire des romans – promettant même, sans en avoir lu une ligne, de mener ceux de Kafka à un « *succès sensationnel* » –, mais il était capable d'ignorer des dizaines de lettres dès lors qu'elles n'appelaient pas de décision immédiate. Même les poèmes de Werfel, qu'il qualifia pourtant d'« *unique bulle de graisse dans la triste soupe de Kurt Wolff* » pendant la crise de l'hiver 1914-1915, ne lui inspiraient pas grand-chose, et il ne le cacha pas à leur auteur, qui était aussi son collègue[6]. En revanche, Meyer réagissait avec une sensibilité sismographique et un volontarisme aussi original que brut aux événements susceptibles d'influencer les relations avec le public, c'est-à-dire les perspectives de vente.

Il ne fit pas d'exception avec Kafka. Bien qu'on ne puisse reconstituer le processus de décision, c'est très probablement des suites d'une intervention de Meyer que René Schickele, qui trouvait *La Métamorphose* trop longue pour ses *Weisse Blätter*, s'était résolu à la faire imprimer[7]. Et voici que Meyer proposait à Kafka de faire paraître son récit à part dans la collection « Der Jüngste Tag », et ce *immédiatement*, le même mois, avant une réédition de *Contemplation* dans un autre format. Urgence assez troublante après toutes ces années de silence. Mais Meyer avait une excellente explication :

> « Le prix Fontane du meilleur récit moderne va bientôt être décerné. Ce prix, on nous l'a fait savoir discrètement, reviendra cette année à Sternheim pour ses trois récits :

Busekow, Napoleon et *Schuhlin*. Mais puisque Sternheim est millionnaire, comme vous le savez sans doute, et qu'il est délicat de récompenser un millionnaire par une dotation en argent, Franz Blei, qui décerne le prix cette année, a convaincu Sternheim de vous faire parvenir à vous, comme au plus digne de la recevoir, l'intégralité de cette somme de, je crois, 800 marks. Sternheim vous a lu et se dit franchement enthousiaste, comme vous en jugerez par la carte ci-jointe. »

Il y avait de pires nouvelles, dut admettre Kafka malgré son indignation. Mais il aurait fallu être naïf pour croire que Meyer avait appris « *discrètement* » une nouvelle si importante. La dotation provenait d'un fonds alimenté par Erik Schwabach, principal mécène de la Kurt Wolff Verlag ; Sternheim et Kafka étaient eux-mêmes des auteurs de Wolff ; et le critique Franz Blei, chargé de décerner le prix au nom du « Groupement d'intérêts des écrivains allemands », collaborait de très près avec la maison d'édition, avait lui-même dirigé les *Weisse Blätter* jusqu'à l'année précédente et passait pour le « découvreur » de Sternheim. L'ensemble ressemblait donc plutôt à un coup marketing, potentiellement échafaudé par Meyer en personne. Il en était capable, Kafka le savait ; tandis que Meyer, visiblement, ne savait *pas* à qui il s'adressait :

« Pour la *Métamorphose*, vous pourriez donc espérer : 1) l'honoraire des Weisse Blätter (j'ignore si et comment Schickele s'est arrangé avec vous), 2) l'honoraire de *Der Jüngste Tag*, qui, pour un petit tirage, peut s'élever à une fois 350 marks – la plus haute somme possible pour cette collection – et enfin les 800 marks du prix Fontane. Vous êtes donc un sacré petit veinard[8] ! »

Hélas, Kafka était entièrement sourd à ce genre de fréquence. Meyer avait beau assurer que ce n'était pas sa faute, mais celle de Schickele et de l'état du monde si Kafka n'avait pas vu l'ombre d'un jeu d'épreuves pour *La Métamorphose*, il ne pouvait faire oublier qu'il s'agissait d'un coup fourré et d'une violation patente de ses droits d'auteur. Au point où il en était, Meyer n'avait d'ailleurs pas l'intention de se laisser freiner par un auteur qu'on devait forcer à saisir sa chance. Kafka n'avait pas reçu sa lettre que déjà il lançait la fabrication de l'édition en livre de *La Métamorphose*; quelques jours plus tard – l'auteur n'avait pas encore réagi –, les épreuves furent là. Kafka eut ainsi l'occasion d'apporter nombre de petites corrections au texte, ce qui lui importait bien plus que le montant de ses honoraires. Mais l'accord avec Wolff, selon lequel son prochain livre réunirait *plusieurs* récits, était de fait rendu caduc par les menées solitaires de Meyer.

Après une brève réflexion – et peut-être un point avec Brod –, Kafka s'accommoda de cette nouvelle situation. Après tout, il avait lui-même assuré plusieurs fois qu'il « *tenait particulièrement* » à voir paraître *La Métamorphose*, peu importait où et quand[9]. Pas moins de trois ans après la rédaction du texte, ce souhait se réalisait enfin et, à ce stade, personne n'aurait compris un refus de sa part. Sans s'interdire quelques pointes ironiques dans sa réponse à Meyer, il fit des propositions pour la maquette et s'exprima même avec une fermeté inhabituelle au sujet de la couverture, où il ne voulait en aucun cas voir apparaître l'infortuné Gregor

Samsa : « *Pas cela, s'il vous plaît, pas cela ! […] L'insecte lui-même ne peut pas être dessiné. Il ne peut même pas être montré de loin*[10]. » Par chance, cette demande-là ne se perdit pas dans les montagnes de paperasses de Meyer ; elle fut transmise à l'illustrateur (Ottomar Starke, un proche de Sternheim), et celui-ci en tint compte.

Mais *quid* de cet étrange partage du prix Fontane ? Les honneurs pour le célèbre Carl Sternheim, l'argent pour l'obscur écrivain pragois ? Kafka fut moins facile à tranquilliser sur ce point.

> « À en juger par votre lettre, et encore davantage par votre lettre à Max Brod, les choses semblent se présenter de telle sorte que Sternheim reçoive le prix mais qu'il veuille faire cadeau de la dotation à quelqu'un, potentiellement à moi. Or, si aimable que ce soit, naturellement, cela soulève la question du besoin, c'est-à-dire non pas du besoin des deux choses, et du prix et de l'argent, mais du besoin d'argent et de lui seul. La question alors, selon mon sentiment, ne serait pas du tout de savoir si l'intéressé aura besoin de cet argent un jour ou l'autre, le seul point décisif serait de savoir s'il en a besoin dans l'immédiat. Quelque importance que puisse bien sûr avoir pour moi le prix ou le fait d'être associé au prix, je ne pourrais certainement pas accepter l'argent et lui seul sans être associé d'aucune façon au prix, je n'en aurais pas le droit me semble-t-il, car le besoin impérieux et immédiat dont je parle n'existe pas le moins du monde chez moi[11]. »

C'était vrai. Kafka n'avait qu'à s'imaginer les mines perplexes de ses collègues et de ses lettrés de chefs, lesquels savaient fort bien ce que touchait chaque mois un fonctionnaire du « 1ᵉʳ échelon de la IIIᵉ classe ». Plus d'un se serait demandé pourquoi ledit fonctionnaire arrondissait ses fins de mois en acceptant publiquement des enveloppes.

Non que Kafka ait voulu chiper le prix à ce privilégié qu'était Sternheim : même un écrivain *riche* n'était pas à l'abri des infortunes de la guerre. Homme déjà instable, Sternheim avait été forcé de quitter sa belle demeure des environs de Bruxelles (joie qu'il devait non à ses voisins belges, mais à ses compatriotes, les occupants allemands), la censure prussienne entravait la mise en scène de ses pièces, et il était devenu une cible politique que les autorités militaires harcelaient de chicanes, surtout depuis son rapprochement avec la revue berlinoise *Aktion*. Tout cela se savait depuis longtemps à Prague. Non : ce qui froissait Kafka, c'était la nonchalance avec laquelle on l'informait de son rôle secondaire dans le prix. Si déprimé qu'il fût, pourquoi son bienfaiteur ne lui écrivait-il pas quelques lignes lui-même ? Ou au moins Franz Blei, qui connaissait Kafka personnellement et aurait peut-être su justifier cet étrange procédé. En somme, Sternheim s'était-il vraiment juste laissé « *convaincre* » par Franz Blei ?

Meyer ne lui donna aucune réponse précise ; il n'était pas porté sur les élégances, et il s'efforça tout au plus de distraire Kafka de ses scrupules, sans en tenir compte sérieusement. Un auteur qui recevait tout cuit l'équivalent de six mois de traitement d'un petit fonctionnaire et qu'on devait en plus convaincre d'accepter – c'était sans doute du jamais-vu dans son univers mental. Qui, dans le milieu, en dehors de quelques rares écrivains millionnaires, pouvait s'offrir le luxe de telles délicatesses ? Meyer ne dut pas s'étonner une seule seconde lorsque Kafka finit par se dire prêt à accepter le cadeau et même à écrire une lettre pour remercier Sternheim. Qu'aurait-il pu faire d'autre ? Et cependant, Kafka, qui voulait être reconnu mais pas recevoir l'aumône, et qui était bien décidé à protéger son amour-propre presque quoi qu'il en coûte depuis l'humiliation de Berlin – Kafka dut se faire violence. « *Il n'est pas très facile*, se plaignit-il à Meyer, *d'écrire à quelqu'un dont on n'a pas reçu directement de lettre, et de le remercier sans bien savoir de quoi*[12]. » Qui sait, peut-être même accepta-t-il de crainte que ses amis ne lui fassent des reproches. Et quand l'industrieux Meyer, fidèle au poste nuit et jour dans les locaux déserts de la Kurt Wolff Verlag, s'effondra pour la première fois sous sa charge de travail quatre semaines plus tard, Kafka put se dire, *en l'occurrence*, qu'il n'y était pour rien.

Nous ignorons si Carl Sternheim lui répondit. Ne sachant pas quoi faire de ces 800 marks dans l'immédiat, Kafka les plaça dans un emprunt de guerre. Ce prix resterait sa seule récompense littéraire. Mais il ne pouvait le savoir.

C'est peut-être le signe le plus net de l'impression d'étrangeté que Kafka éveillait chez ses contemporains : presque toutes leurs tentatives pour l'encourager, pour le motiver dans son travail ou même pour le « louer » manquaient bizarrement leur but. Sans doute, être traité de « *petit veinard* » par son éditeur, qui aurait dû avoir au moins une vague idée de son profil intellectuel – c'était encore une de ces étincelles d'ironie banalement cruelles que produisaient de temps à autre les frictions entre la vie et la littérature, et Kafka eut certainement assez d'humour pour rapporter ce drôle de compliment à ses amis. En fait de méprises et d'incompréhensions, il avait connu pire – par exemple le jour où l'écrivain viennois Otto Stoessl avait trouvé dans son recueil *Contemplation* une « *gaieté profonde et légère* » et « *l'humour de qui se trouve dans de bonnes dispositions*[13] ». Cela se voulait une louange, mais s'éloignait tellement des intentions de Kafka qu'il douta sérieusement de ses facultés d'expression.

Max Brod, lui, essayait les superlatifs. « *C'est le plus grand poète de notre temps* », écrivit-il dans son journal après que Kafka lui eut lu deux chapitres du *Procès* en avril 1915. Brod était tout bonnement soufflé, et il ne se montra pas plus réservé de vive voix[14]. Or Kafka, qui appréciait l'effet de ses textes à sa juste valeur, ne retirait aucun plaisir de ce genre d'étiquettes, elles n'avaient rien à voir avec ce qu'il vivait et ne le flattaient même pas. Il lui était certes arrivé de rapprocher son destin de celui d'autorités telles que Grillparzer, Dostoïevski, Kleist et Flaubert, et même de les désigner comme ses « *véritables parents par le sang* ». Mais pas en vertu de ses propres accomplissements. Car enfin, y avait-il déjà eu dans toute l'histoire de la littérature une telle disproportion entre l'effort et le résultat ? Avait-on déjà vu un « grand poète » incapable de produire un roman, une pièce, un poème ? De trouver la moindre idée valable pendant des mois ? D'écrire une seule phrase juste s'il n'était plongé dans un silence sidéral ? Cette épithète à elle seule était risible, et même Brod devait avoir compris qu'il ne s'agissait pas seulement d'une faiblesse de caractère, d'un manque d'énergie ou de discipline, ni de l'angoisse stérile d'un perfectionniste névrosé. Non, c'était le « matériau » intérieur lui-même qui abandonnait chaque fois Kafka en cours de route, la puissance d'imagination : *voilà* pourquoi les éloges de Brod sonnaient si creux à son oreille.

Mais c'est Franz Werfel qui décrocha le pompon, lui qui – au grand dam de Kafka – louait *La Métamorphose* à tout venant depuis des années sans l'avoir jamais lue ni s'être préoccupé du manuscrit dans ses fonctions de lecteur à la Kurt Wolff Verlag. Une fois le récit paru en livre, enfin, Werfel rattrapa ce retard, et il fut sidéré. Il avait sous-estimé, il avait même entièrement méconnu Kafka, cette mince silhouette qui se cachait derrière Max Brod. Et il voulait, il devait le lui dire, réparer son erreur. Mais comment complimenter l'auteur d'un *pareil* texte ? Werfel, qui inclinait déjà au pathétique, y alla à grands coups d'archet. Et cette musique dut glacer Kafka jusqu'à la moelle des os. Werfel, lui, cet éternel gamin qui se réchauffait et fondait à son propre soleil, lui à qui tout semblait réussir comme par enchantement, lui qui était dénué de toute pénétration psychologique, Werfel écrivit la lettre de louange la plus absurde, la plus innocente, la plus crue et la plus juste qu'ait jamais reçue Kafka :

« Je ne peux pas vous dire à quel point je suis ébranlé, grâce à vous mon aplomb a reçu un coup salutaire et je me sens (Dieu merci) tout petit.

Cher Kafka, vous êtes si pur, si nouveau, si indépendant et si accompli qu'il faudrait vous traiter comme si vous étiez déjà mort et immortel. On ne ressent rien de pareil chez aucun vivant.

Ce que vous avez accompli dans vos derniers travaux n'existait vraiment pas avant vous dans la littérature : représenter quelque chose de général, de symbolique et de tragique pour toute l'humanité grâce à une histoire ronde, étrange, presque réaliste. Mais je m'exprime bêtement.

Tous ceux qui sont près de vous devraient s'en rendre compte et ne plus vous traiter comme un des leurs.

Je vous remercie profondément de la vénération qu'il m'est donné de nourrir pour vous[15]. »

Déjà mort. Rien de pareil aux vivants. Pas un des leurs. Kafka l'avait toujours senti, toujours craint. Il en avait maintenant confirmation, noir sur blanc.

KAVKA CIVIL
OU LA GUERRE AU BUREAU

> *Il faut penser à tout.*
> *Pas avant, bien sûr; autrement on n'agirait jamais.*
> *Mais après.*
> Juan Carlos Onetti, *La Vie brève*

GRANDE VICTOIRE SUR LES RUSSES ! – Il y avait
longtemps, neuf mois déjà, que le peuple de Prague n'avait
plus vu lettrage aussi monumental à la une des journaux.
C'était alors le début d'une Grande Guerre qui avait transformé en véritables affiches les pages de titre des quotidiens
allemands et tchèques, et le spectacle insolite des rédactions
prises d'assaut, la foule des passants plongés au milieu de
la chaussée dans la lecture d'« éditions spéciales » encore
fraîches et les cris continus des vendeurs de journaux avaient
dit toute l'énormité de l'événement. Depuis, les gros titres
avaient repris leur format habituel ; le quotidien harassant de
la guerre s'était installé, avec en fond sonore le bruissement
monocorde de centaines d'articles dont la plupart ne disaient
rien et où le mot « paix » figurait toujours plus rarement.

Il fallait un œil exercé pour déchiffrer dans ces nouvelles
ce qui se passait réellement. On devait les assembler comme
les tesselles d'une mosaïque, prêter l'oreille à tout ce qu'elles

ne disaient *pas*, scruter les vastes blancs laissés par la censure, traduire en langue humaine les formules d'état-major : alors apparaissaient les contours d'une catastrophe. De fait, l'Autriche-Hongrie était en passe de perdre une guerre mondiale. L'« expédition punitive » en Serbie s'était conclue par une débâcle, et les troupes russes gagnaient du terrain dans la province galicienne, chassant à leur approche des régiments d'infanterie autrichiens et des réfugiés juifs.

Les lecteurs comprenaient peu à peu qu'il était vain d'attendre *la* une réconfortante. Ils apprirent plutôt à lire les petits caractères : jour après jour, par colonnes entières, les listes alphabétiques des « tombés au champ d'honneur » ; en face, les noms des survivants promus ou décorés ; à la page suivante, les avis de recherche émis par des familles éparpillées de réfugiés. La rubrique économie, jusqu'alors ignorée par la plupart des gens, était devenue une lecture obligatoire : on y annonçait quels aliments on pouvait se procurer grâce aux tickets de rationnement, quels autres se vendaient à des prix prohibitifs, lesquels n'existaient plus du tout. Un œuf : 14 hellers. Une livre de beurre : 3 couronnes. Un kilo de bœuf : 5 couronnes. Fraises, pêches, cerises : néant – c'est-à-dire marché noir[1]. Informations affligeantes mais fiables ; aucun censeur ne se risquait à y porter la main.

Pour le reste, on avait « pris » telle colline, « ajusté » tel segment du front, récupéré tant de pièces d'artillerie et « fait » tant de centaines de prisonniers. Les bonnes nouvelles se faisaient rares, on pouvait au mieux se réjouir des succès militaires des Allemands, qui portaient la guerre loin en territoire français, infligeaient des défaites écrasantes aux armées du tsar russe et coulaient les croiseurs anglais les uns après les autres grâce à leurs sous-marins. Mais c'étaient là des événements lointains, et rien n'indiquait qu'ils freinaient tant soit peu le déclin social général. Même les Allemands ne semblaient pas récolter les fruits de leurs incessantes victoires. Ils émettaient des tickets de rationnement, comme leurs alliés d'Autriche, et, à en croire les Berlinois de passage, leur ville, devenue non moins sale et chère que Prague, Vienne ou Budapest, commençait elle aussi à se faire à la vue des prothèses et des fauteuils roulants.

La guerre était devenue grise, monotone. Ce fut donc comme un cri lointain qui frappe une oreille presque sourde : GRANDE VICTOIRE SUR LES RUSSES! Était-ce un rêve, une rumeur, une méprise? Il fallait croire que non. Car, en partant au travail le lendemain matin, les Pragois trouvèrent leur ville pavoisée de drapeaux.

À supposer que Kafka ait parcouru la une du *Prager Tagblatt* en ce 3 mai 1915, il découvrit plus bas, à l'ombre de ce cri de victoire, un deuxième titre bien plus discret, mais qui – il dut le voir tout de suite – le concernait personnellement : « *Rappel des classes 1878-1894* ». Ces classes, expliquaient les pouvoirs publics, avaient certes déjà passé un examen médical au début de la guerre. Mais depuis, il était apparu que les « conseils de révision » avaient appliqué des critères médicaux très variables en fonction des endroits. Cette différence avait causé des injustices, et il fallait les réparer.

Mensonge que même les patriotes les plus candides durent percer à jour. Depuis quand les autorités, militaires surtout, se souciaient-elles de justice? La vérité était plus simple : un quart des cinq millions d'hommes, un quart de l'immense quantité de matériau humain rassemblé et encaserné rien qu'en Autriche-Hongrie depuis août 1914 était déjà usé – tués, prisonniers, disparus, pour ne rien dire des centaines de milliers de blessés qu'on ne pouvait plus envoyer en première ligne. L'État avait besoin de renforts. Et il en avait besoin d'autant plus urgemment qu'une nouvelle calamité se profilait à l'horizon, calamité qu'il s'efforçait en vain de cacher aux lecteurs de journaux : l'Italie, pays neutre, allié sur le papier, était passée à l'ennemi après de longues tractations au cours desquelles on lui avait promis un énorme butin en échange de son entrée en guerre.

Le pire scénario possible s'annonçait donc pour les armées austro-hongroises : une guerre sur trois fronts, une guerre qui promettait de ruiner totalement l'empire des Habsbourg. Certains hauts gradés, dont Franz Conrad von Hötzendorf, chef de l'état-major et l'un des promoteurs les plus agressifs de la guerre, avaient déclaré impossible de tenir tête tout à la fois à la Russie, à la Serbie et à l'Italie, et demandé dès le début à ce que les politiques empêchent ce cauchemar d'advenir – quoi qu'il en coûte. De fait, le gouvernement autrichien déployait des efforts quasi désespérés pour s'attirer les faveurs de Rome : offres si généreuses, si complaisantes qu'il fallait les cacher à la population. Mais les enchères avaient grimpé ; les Italiens ne cessaient d'augmenter la mise ; ils ne réclamaient plus seulement la région italianophone du Tyrol du Sud, mais encore la ville portuaire de Trieste, et ils convoitaient même la Dalmatie et l'Albanie. Et tandis que Vienne se demandait si la satisfaction de pareilles exigences ne revenait pas à une pure et simple capitulation, Paris, Londres et Petrograd renchérissaient sans trêve : soutien militaire sur terre et sur mer, livraisons de charbon, réparations de guerre sonnantes et trébuchantes… L'Italie n'avait qu'à choisir ; à la fin, c'est l'ennemi qui paierait.

Le bruit de ces négociations secrètes parvint bientôt à Vienne et, mi-avril au plus tard, on comprit qu'il était absurde d'accumuler les concessions pour empêcher l'entrée en guerre de l'Italie. *Je passe*, annonça l'empereur à son tour. Il était tout de même plus honorable de laisser les Italiens entrer dans le pays que de prolonger ce maquignonnage et de distribuer aux yeux du monde des cadeaux qu'il faudrait ensuite reprendre par les armes.

L'Italie déclara la guerre à l'Autriche-Hongrie l'après-midi du 23 mai 1915, dimanche de la Pentecôte. Personne n'en fut étonné ; la seule surprise, peut-être, fut que le roi italien se soit donné la peine de signer ce tissu de phrases creuses qui ne contenait pas un seul motif de guerre valable – abstraction faite d'une belle occasion de prendre ce qu'il y avait à prendre.

Quelques jours plus tard, Kafka se présenta à 8 heures du matin sur la Schützeninsel, île de la Moldau dont les grandes salles de restauration servaient désormais fréquemment à convoquer les recrues potentielles. C'était un jour férié, les cloches sonnaient dans toute la ville, peu de monde sur les quais. Mais soudain, en arrivant dans ce lieu de détente, Kafka se retrouva dans une confusion de voix nerveuses, parlant tchèque pour l'essentiel.

Nous ignorons combien de temps il resta, s'il croisa des connaissances, s'il meubla l'attente en discutant ou en feuilletant les journaux. Ni s'il se souvint – ce n'est pas à exclure – qu'il avait un jour patienté en ce même lieu avant une autre initiation, sexuelle celle-là. Il y avait en tout cas matière à exercer ses dons d'observateur. Cette scène était irréelle. Autour de lui bavardaient des centaines d'hommes que ne rassemblait pas, comme dans leur temps de loisir, un sentiment d'appartenance propre à une langue, à une religion ou à une classe sociale, mais un critère unique et complètement abstrait : leur « classe », c'est-à-dire leur année de naissance. Tous avaient le même âge. C'était le tour des hommes de 32 ans.

Kafka savait quelle procédure l'attendait, même si sa dernière rencontre avec la caste militaire remontait à plus de dix ans. L'armée avait alors renoncé à lui faire subir la formation des « volontaires d'un an » – après moult hésitations et trois examens successifs*. Pour finir, on s'était convaincu que cet étudiant malingre, monté en graine, n'était pas fait pour endurer des épreuves physiques. Époque paisible, presque tranquille par comparaison, où de plus robustes que lui pouvaient à peu de frais échapper au service. Personne, alors, ne pressentait que l'Autriche-Hongrie finirait par avoir besoin des inaptes, des nerveux et des maigres.

Contre le mur s'il vous plaît, déshabillez-vous, 1,81 m, avancez, tenez-vous droit, pieds joints, des infirmités ? des maladies dans la famille ? vous portez des lunettes ? ouvrez la bouche, rien aux dents, oreilles idem, inspirez profondément, bras en avant, à l'horizontale, croisés derrière le dos, serrez le poing, écartez les jambes et penchez-vous… enfin la palpation tant redoutée des testicules… *verdict* : apte à la défense nationale armée pour la durée de la guerre, catégorie A, au suivant, *další, prosím* !

---

* Les « volontaires d'un an » (*Einjährig-Freiwillige*) étaient des jeunes hommes dont le niveau d'études leur permettait d'effectuer une seule année de service militaire (au lieu de trois). Ils en ressortaient officiers de réserve.

Était-ce encore vraiment une question d'effectifs, une question d'*hommes*? C'est ce que prêchaient les politiques, ce que croyaient les hauts gradés. Autant ils avaient soin de prendre en compte la composante numérique et corporelle des unités (b.a.-ba enseigné dès l'école des cadets) et trouvaient moderne, « à la page », d'inclure dans leur calcul le potentiel destructif de la psyché individuelle (particulièrement *en vogue* : disserter sur le « matériau moral » offert par leurs subalternes), autant ils évitaient de se demander si l'essentiel, au fond, n'était pas simplement d'accumuler les armes, les véhicules et les matières premières, et si les guerres du XXe siècle n'étaient pas appelées à se jouer sur les chaînes de montage. Cette hypothèse heurtait les images de guerre ancestrales dont ils se gargarisaient tant, et une conception primitive de l'honneur continuait d'avoir cours même chez les technocrates de la haute hiérarchie militaire, victimes de leur propre propagande. Au début de la guerre, certains généraux peinaient à se faire à l'idée de tuer l'ennemi à grande distance, c'est-à-dire *sans le voir*[2]. Et on savait la réticence des vieux officiers à expérimenter des armes interdites par le droit international, notamment les gaz. *Nous sommes des soldats, pas des dératiseurs.*

On avait certes quelques raisons de tenir en piètre estime la technologie militaire, car elle était encombrante, peu fiable et sensible aux intempéries; loin de remplacer la force humaine, elle réclamait un entretien en continu, des réparations et des rafistolages constants. Deux tiers des 4 000 camions qui avaient transporté les troupes allemandes vers l'ouest étaient tombés en panne avant d'atteindre la Marne – même une kyrielle de mécaniciens ne purent l'empêcher. Portée aux nues par les actualités, la « Grosse Bertha », mortier titanesque dont les munitions pesaient près d'une tonne, ne pouvait être déplacée que sur des rails qu'il fallait installer exprès dans la zone du front – travail pénible, dangereux, haï. Pour ne rien dire de ces inventions dernier cri qui se trouvaient encore au stade embryonnaire et inspiraient encore le rire plutôt que la terreur : charges de poudre à éternuer dans les Flandres ; gaz lacrymogènes sur le front de l'Est ; avions largueurs de fléchettes ou munis de fusils orientés vers le bas ; enfin les premiers « tanks », dinosaures de 28 tonnes pataud et aisément prenables qui sombraient dans la boue ou la première chausse-trappe venue.

La technique réservait toutefois des expériences d'un tout autre genre, dont celle d'une surpuissance machinique absolue, autonome, qui réduisait l'individu à l'état de chair à canon passive et impuissante. Avec leur système de refroidissement amélioré, les nouvelles mitrailleuses se révélèrent des inventions infernales, faisant d'innombrables victimes dans les premières semaines et imposant un radical revirement stratégique. Si une seule mitrailleuse montée sur trépied pouvait tenir en respect des centaines d'assaillants, il devenait inutile de comparer le nombre de soldats et d'officiers mobilisés dans toute l'Europe pour faire valoir la « supériorité » d'un camp ou de l'autre.

Avec son demi-quintal, la mitrailleuse restait néanmoins une arme défensive, statique – on ne risquait rien tant qu'on restait dans sa tranchée et qu'on n'attaquait pas soi-même. D'autant plus âpre fut le deuxième choc technique qui s'abattit sur les soldats en décembre 1914 : l'introduction du « feu roulant », qui dépouilla les individus de leur ultime protection sans leur laisser la moindre chance de fuir ni de capituler. *Feu roulant* : en d'autres termes, des tirs d'artillerie ajustés avec précision et déferlant en continu pendant des jours et des nuits, littéralement « de tous côtés » ; un viol physique et psychique de l'adversaire, qui se voyait ainsi condamné à une passivité totale et qui – privé de sommeil, de nourriture, de secours – n'avait qu'à attendre la mort. Le savoir militaire devint ainsi caduc dans son intégralité, et la preuve fut faite qu'il n'était pas besoin d'une arme-miracle inventée en laboratoire pour mener une guerre « moderne » : tout dépendait d'une hégémonie matérielle et quantitative, c'est-à-dire de la concurrence entre les industries nationales, auxquelles ces armements furent dès lors commandés en quantités inouïes. Un concept était né : la *bataille de matériel*.

La fameuse GRANDE VICTOIRE SUR LES RUSSES du printemps 1915 ne fut donc pas le résultat de combats audacieux, comme on le fit accroire à la population ; on la devait bien plutôt à l'emploi d'une technique que les Allemands avaient déjà éprouvée sur le front de l'Ouest et que les Autrichiens – sur instruction et, *de facto*, sous commandement allemands – mirent à l'essai pour la première fois contre les Russes, qui avaient progressé très loin en Galicie : accumulation discrète d'artillerie, repérage aérien des positions adverses, puis déclenchement d'un feu roulant millimétré qui mua en une zone de mort non seulement la première ligne de l'ennemi, mais tout son système de tranchées, les nivela littéralement. Les troupes russes n'eurent d'autre choix qu'une retraite désordonnée, et l'offensive de Gorlice-Tarnów, orgie de violence technologique sans précédent sur le front oriental, marqua le début d'une série de victoires allemandes et autrichiennes qui « libéra » la Galicie occupée depuis des mois, jusqu'à la prise de Varsovie. Les occasions de réjouissances ne manquèrent pas cet été-là.

Felice Bauer n'en croyait pas ses yeux. « *Pourquoi ne sais-tu pas*, lui écrivait son ex-fiancé pragois, *que ce serait un bonheur pour moi [...] de devenir soldat, à supposer toutefois que ma santé tienne bon, ce que j'espère.* » Et il ajoutait : « *Il faut que tu me souhaites d'être pris, comme je le veux moi-même[3].* » *Dixit* l'individu qui se bouchait les oreilles à la cire pour échapper aux bruits du monde, qui se pinçait le nez dans les pièces mal aérées et face aux lits défaits, qui se cramponnait obstinément à son régime alimentaire et qui avait même déclaré que son « *état corporel* » – sans plus de précisions – l'empêchait de se marier. D'accord, Felice était habituée aux exagérations de Kafka, à ses projets rocambolesques, surtout quand il s'agissait de fuir : sauter par la fenêtre, démissionner, émigrer – et désormais, apparemment, devenir militaire. Mais n'était-ce pas indigne, n'était-ce presque indécent quand on songeait à ces centaines de milliers d'hommes auxquels le tourment de la guerre était imposé par la force ? Le sort l'avait épargné, elle s'en était réjouie pour lui, et voilà qu'il faisait entrer la guerre dans le petit jeu de son hypocondrie.

Mais Kafka ne plaisantait pas, et il s'avérerait bientôt qu'il cultivait *ce projet entre tous* avec un entêtement dont nul, après les événements de l'année précédente, et en particulier après ses fiançailles plus subies que choisies, ne l'aurait cru capable – surtout pas la femme qui avait eu le plus à souffrir de son indécision. Peut-être avait-elle fini par comprendre quelle énergie Kafka pouvait mobiliser quand il se persuadait de l'importance existentielle d'une décision. Mais pourquoi *cette décision-là*? Personne ne comprenait; et lorsque Kafka, rentrant de la Schützeninsel, poussa la porte du foyer familial en lançant joyeusement : « Apte au service! » – ou à peu près –, il ne trouva sûrement personne pour se réjouir avec lui. Bien sûr, les Kafka étaient patriotes, comme tous les Juifs allemands. Mais voir partir l'unique fils de la famille, devoir inévitablement (encore que tacitement) envisager sa mort, un adieu à jamais – c'était tout autre chose, et même le père, qui s'enflammait si facilement pour le moindre ramdam, s'en serait retrouvé plongé dans un muet désespoir.

Rien n'était joué toutefois, des obstacles apparurent, et les bottes militaires que Kafka s'acheta un peu trop vite restèrent dans son armoire. De fait, l'Office n'était pas aussi sûr que lui de son inutilité; il n'avait pas la moindre envie d'abandonner un de ses fonctionnaires les plus capables et les plus assidus aux griffes de l'armée, armée qui avait déjà siphonné ses bureaux et qui, avec son appétit pour les hommes à la fleur de l'âge, l'empêchait de recruter des remplaçants dignes de ce nom.

L'heure était d'autant plus grave que l'année 1915 amenait la réévaluation de toutes les cotisations que percevait l'Office, c'est-à-dire le « reclassement » de milliers d'entreprises dans ses différentes « classes de risques »; depuis déjà des mois, plaintes et recours déferlaient en réponse à ses dernières notifications (dont beaucoup signées par Kafka). Il était dans l'intérêt vital de l'Office de traiter ces monceaux de courriers aussi vite que possible – sinon, on donnerait aux industriels un excellent prétexte pour ne pas régler leur dû. L'administration avait donc ses raisons pour demander, tout de suite après le passage de Kafka en conseil de révision, à ce que ce fonctionnaire extraordinairement « apte » et son binôme mathématicien soient exemptés du service des armes : ces deux messieurs étaient « *indispensables et irrempla-çables pour le traitement d'affaires d'intérêt général* ». Le commandement militaire de Prague comprit l'argument – du moins en partie. Alois Gütling, voisin de bureau de Kafka et poète amateur, fut exempté pendant deux mois, et le Dr Kafka lui-même, apparemment plus à la pointe de l'intérêt général, « *pour une durée indéterminée* » – c'est-à-dire jusqu'à un nouvel examen de son cas[4].

Il avait dû le voir venir. Mais il ne put faire comprendre sa déception à personne – pas même, visiblement, à Felice Bauer, qui aurait pourtant dû mieux le connaître que ses parents, dont l'unique préoccupation était l'avenir de leur tribu. On peut imaginer pourquoi les retrouvailles de Karlsbad, seulement une dizaine de jours après que se fut joué le sort immédiat de Kafka, s'achevèrent dans la mauvaise humeur et sans doute par une dispute : une fois de plus, Kafka soulevait des questions de fond sans se montrer assez réaliste, tandis que Felice représentait ce sens commun à la lumière duquel la nouvelle tentative d'évasion de Kafka devait sembler déraisonnable, irresponsable, si ce n'est proprement suicidaire. Le pensait-elle seulement capable de vivre en uniforme ? Elle ne se sera pas privée d'abattre cet atout.

Le contrecoup ne se fit pas attendre. Kafka et Felice avaient décidé de prendre enfin ces fameuses vacances au bord de la Baltique, dont le projet remontait à l'année précédente, *avant* la crise de l'Askanischer Hof : leur premier voyage ensemble, un essai de vie commune pendant trois longues semaines – à supposer bien sûr que Kafka, contre son désir exprès, soit encore dans le civil et donc tant soit peu disponible. Cette condition était maintenant remplie, et Kafka, en effet, quitta Prague – mais *seul*. En ce même mois de juillet 1915 – le conseil de révision, la réquisition, les retrouvailles à Karlsbad, tout cela n'avait que quelques semaines –, Felice Bauer reçut sans s'y attendre une carte postale de Rumburg, dans l'extrême nord de la Bohême : en ville, Kafka n'y tenait plus ; il avait voulu partir, n'importe où ; il avait d'abord songé au Wolfgangsee, mais c'étaient dix-sept heures de train ; il se trouvait donc au sanatorium « Frankenstein ». Mais pour deux semaines seulement ; ensuite, il leur resterait, « *au pire* », une semaine à l'automne. C'était un maigre réconfort, mais Felice s'accommoda vite de cette situation et annonça une lettre où elle ferait de nouvelles propositions en vue d'un voyage plus modeste. Inutile, répondit Kafka : en fin de compte, il fallait annuler cette semaine-là aussi. Les fonctionnaires réquisitionnés n'avaient plus droit à des congés[5].

Ainsi se referma le chapitre « 1915 ». Encore une césure, encore un au revoir. Il leur faudrait attendre tout un an pour se retrouver ; et rien, strictement rien ne laissait augurer qu'un miracle attendait ce couple.

Le séjour de Kafka à Rumburg – parler de vacances serait peut-être exagéré – a laissé peu de traces dans ses écrits ; et de la joyeuse perspective d'une vie plus libre et proche de la nature, perspective qui, trois ans plus tôt, l'avait fait frapper à la porte du légendaire sanatorium « Jungborn », il ne restait plus guère que le besoin qu'on le laisse en paix. Il avait jeté son dévolu sur le « centre de cure physico-diététique Frankenstein », situé dans la localité du même nom, à moins d'une demi-heure de Prague, pour la simple raison que c'était le meilleur des rares établissements acceptables de Bohême – Kafka s'y connaissait –, et aussi parce que toute autre destination plus lointaine à la fois belle, inconnue et tant soit peu confortable n'était plus accessible en temps de guerre, ou seulement au prix de grandes complications. Rumburg était un faux-fuyant – et, pour Kafka, le pur symbole d'une vie placée sous surveillance bureaucratique, puisque la ville était située sur une avancée de la Bohême en territoire allemand et que ses papiers, par suite, cessaient d'être valides au bout de quelques heures de trajet en direction de l'ouest, du nord et de l'est.

Cette région vallonnée, ces forêts calmes d'apparence infinie lui plurent : paysage paisible, apaisant, presque réconfortant. Mais au bout de quelques jours, il s'aperçut qu'il avait trop précipité sa fuite et mal choisi son refuge. D'une part, le district de Rumburg relevait de sa compétence professionnelle, et quand Kafka gagnait un des nombreux points de vue qui surplombaient cette petite ville industrielle, il repensait fatalement aux 303 entreprises locales qu'il avait fallu « reclasser » et contacter peu de temps auparavant, aux 62 avertissements et aux 8 plaintes que sa division avait lancés contre elles l'année précédente, ou bien aux 7 recours (pas plus, grâce au ciel) qui passaient et repassaient sur son bureau… Ces chiffres, Kafka les connaissait, et ils baignaient fatalement ce lieu d'une teinte de quotidien[6].

D'autre part, le moment se prêtait mal aux soins du corps, à cette régression qui forme le véritable attrait de tout sanatorium. Cure de chaise longue, régime, bains thérapeutiques, conseil médical – tout cela apparut d'un seul coup à Kafka comme un univers factice, rempli de pseudo-activités qui ne promettaient pas le repos mais une répétition vide, « *presque un autre bureau au service du corps*[7] », donc supportable seulement pour qui était *vraiment* malade, malade aux yeux d'autrui. Or Kafka ne voulait pas entendre parler de maladie, pas maintenant. Il était apte au service militaire : que venait-il trafiquer dans un sanatorium ? Il voulait encore entrer dans l'armée, et là-bas, on ne connaissait pas, on n'acceptait pas de maladies imaginaires. « *Je n'irai plus jamais dans un sanatorium*[8] », décida-t-il peu après son arrivée. Et il s'y tint – tant que ce fut en son pouvoir.

Le premier assaut eut lieu la veille de Noël 1915. Kafka était bien préparé ; la nuit précédente, non content d'anticiper tous les scénarios possibles, il s'était *juré* de parler franchement et de ne plus se laisser envoyer sur les roses. C'est ainsi, visière relevée, qu'il se présenta au bureau de son supérieur hiérarchique : Eugen Pfohl, le directeur de la division « entreprises ».

Son état nerveux – commença Kafka avec sa précision coutumière, mais avec aussi une résolution inhabituelle – ne lui laissait plus que quatre possibilités. Soit maintenir le statu quo, insomnies, maux de tête, palpitations, et alors tout finirait par « *une fièvre nerveuse, la folie ou autrement encore* » (et cet « *autrement* » sous-entendait déjà le plus grave péril). Soit reprendre des vacances, solution qui n'en était pas vraiment une (Rumburg l'avait prouvé) et qui, dans les circonstances de la guerre, aurait été un privilège contraire à son sens du service public. Soit – troisièmement – *démission* immédiate (à ce mot, Pfohl dut comprendre que Kafka ne plaisantait pas), chose hélas inenvisageable pour des raisons familiales. Soit, enfin, la délivrance que lui apporterait peut-être le service militaire, mais celle-ci impliquait que l'Office laisse partir le fonctionnaire Kafka, c'est-à-dire annule sur-le-champ sa « réquisition » auprès du commandement[9].

C'était fort de café ; et, le lendemain encore, Kafka se sentait fier d'avoir pour la toute première fois prononcé en public le mot de « démission », et d'avoir du même coup « *fait presque officiellement trembler l'air de l'Office* » – ce qui n'était pas exagéré, car il semblait effectivement plausible qu'un fonctionnaire préfère perdre la tête ou se suicider à cause d'une surcharge de travail plutôt que de faire une croix sur sa pension. Kafka avait brisé un tabou. Mais ça ne changeait pas grand-chose. Il pouvait bien faire trembler l'air tant qu'il voulait, son chef tenait bon. Car Pfohl connaissait de longue date les oscillations et les troubles nerveux de son adjoint, et il savait que Kafka était sensible à la pression morale. Lui aussi, répondit-il, était gravement malade, il avait urgemment besoin de suivre une cure « hématogène » (d'ailleurs horriblement coûteuse), ne serait-ce que pour une semaine. Kafka ne voulait-il pas l'accompagner ? Puis, s'il partait, pour longtemps ou pour toujours, la division serait « *orpheline* », elle « s'écroulerait[10] »... Donc retourner dans un sanatorium avec son chef ? Et pas un mot sur le service militaire ? Kafka refusa poliment.

Sa deuxième attaque, plus réfléchie, encore mieux préparée, Kafka la lança quelques mois après en plus haut lieu. En 1916 non plus, avaient décidé les pouvoirs publics, les fonctionnaires « réquisitionnés » n'obtiendraient pas de congés, ou seulement à titre exceptionnel et le temps de quelques jours. Kafka tira prétexte de cette nouvelle calamiteuse, que tous les intéressés avaient vue venir depuis longtemps, pour écrire à son directeur une requête où il mentionna à nouveau le délabrement de ses nerfs, tout en réduisant sagement le nombre d'options possibles à *deux* afin de lui couper toute retraite. Ou bien, écrivait Kafka, la guerre s'achevait l'automne suivant, et dans ce cas il demandait un long, très long congé, sans solde, car sa maladie n'était pas manifeste et donc pas constatable par les médecins de l'Office. Ou bien la guerre durait, auquel cas il voulait s'acquitter de son service et demandait donc une nouvelle fois la levée de sa réquisition.

Trois jours plus tard, le 11 mai 1916, le directeur Marschner convoqua son subordonné. Ils avaient noué de longue date une relation qui, sans être tout à fait amicale, reposait au moins sur la confiance, grâce à leur intérêt commun pour la littérature et certainement au sens du devoir de Kafka. Ensemble, ils pouvaient aborder sans détour certaines questions privées – condition tacite de la lettre de Kafka comme de cette entrevue, car il aurait été parfaitement vain de demander dans les formes à une *administration* qu'elle laisse partir un de ses meilleurs éléments.

Cette liberté de ton sur laquelle misait Kafka tourna cependant à l'avantage de Marschner, et Kafka avait beau savoir qu'il ne jouait rien de moins que sa vie – comme il le note expressément dans son journal –, il se retrouva tout à coup dans une situation objectivement étrange. Car Marschner l'attendait au tournant ; il avait dû échanger avec Pfohl, et il reprit la stratégie gagnante qui consistait à ignorer les projets fous de Kafka tout en faisant appel à sa conscience morale. Il lui offrit trois semaines de congé et chercha à le persuader de les prendre *sur-le-champ* – conscient que cette offre contrevenait à la loi et que Kafka *lui aussi* le savait. Marschner était donc prêt à prendre un risque pour que

Kafka se repose. Et cependant, poursuivit-il, c'était plutôt sa charge à lui, incomparablement plus lourde, qui avait de quoi rendre malade. Kafka avait-il déjà fait des journées de onze heures? Avait-il jamais craint pour sa place ou pour sa carrière? Lui, Marschner, avait dû s'imposer face à des « *ennemis* » bien décidés à lui « *scier la branche* ». *Ça,* ça vous minait la santé.

Kafka flanche. Tout cela ne rappelait-il pas son père? Lui aussi, comme Pfohl et maintenant Marschner, portait la main à son pauvre vieux cœur dès qu'on lui adressait des reproches légitimes, étouffant toute contradiction sous le récit de ses propres malheurs. Et puis, pourquoi ce silence à propos de l'écriture? Se pouvait-il que Marschner, qui connaissait et estimait les œuvres de son subordonné, fasse si peu de cas de la souffrance causée par un silence de plus d'un an?

Kafka rassemble une dernière fois son courage. Non, trois semaines de congé, ça ne suffit pas, ce n'est pas ce qu'il a espéré. Il veut devenir soldat. Ou au moins échapper au bureau, pendant six mois, un an peut-être… Mais déjà le directeur sourit : Mon cher collègue, nous reprendrons cette discussion une autre fois, voulez-vous[11]?

Pour la première fois, je te vois qui te lèves,
incroyable et notoire et si lointain dieu de la Guerre. Je vois
combien parmi la fructification paisible était si dru semé
l'agir terrible, l'agir de soudaine poussée.
Hier encore il était petit, avait besoin qu'on le nourrisse,
et déjà
le voici là debout grand comme un homme, et demain

grandi plus haut que l'homme. Car le dieu rougeoyant
d'un coup arrache la croissance
du peuple enraciné, et la moisson commence.

Vers admirés, controversés, haïs, écrits aux premières heures de la guerre, et pourtant simples particules d'une immense nuée de mots qui s'éleva dans les couches cultivées, se propagea dans les bureaux de la presse quotidienne, des revues, des maisons d'édition, et finit par asphyxier le cerveau de leurs lecteurs. Des milliers de poèmes *chaque jour*. Des lettres ouvertes, des témoignages, des appels à la ténacité, des cris d'indignation face à la sournoiserie de l'adversaire. Un nuage d'explosion colossal noyant tout le pays – à couper le souffle, littéralement.

L'auteur de ces *Cinq chants* n'avait nullement à craindre qu'ils restent inaudibles dans cette grande cacophonie. On les avait attendus, espérés. Qui mieux que lui, Rainer Maria Rilke, aurait pu conférer à la démesure de l'instant une forme adéquate, sublime, définitive ? Le premier *Almanach de guerre* [*Kriegs-Almanach*] édité par l'Insel Verlag était une scène digne d'un pareil événement.

Or l'almanach n'avait même pas paru que l'auteur était saisi de remords. « *Je ne donne pas de "chansons de guerre", quand même je le voudrais* », déclara-t-il avec une fermeté inhabituelle à l'éditeur berlinois Axel Juncker. Il dut admettre qu'il avait déjà donné « *quelques chants* », « *mais ils ne doivent pas être considérés comme des chansons de guerre et d'ailleurs je ne souhaite pas qu'on les réutilise ailleurs* ». C'était en octobre 1914, moins de trois mois après l'éveil du « *dieu rougeoyant*[12] ».

La brève exaltation de Rilke, et sa retombée progressive au bout de quelques jours, s'observent précisément dans sa correspondance. Impression saisissante : à travers l'expérience et les réactions de Rilke, on croit voir s'accomplir quelque chose de paradigmatique qui permet presque de tâter l'ambiance et le pouls du moment, par-delà la distance imposée par l'histoire. Surtout, cette rhétorique sublime qui jongle avec des mythes creux et qui semble aujourd'hui proprement délirante nous apparaît sans fard comme le fruit de la sidération : le choc de la nouveauté appelle des formes littéraires et des images nouvelles dont Rilke ne dispose pas.

Il comprit toutefois très vite que le véritable malheur de cette guerre moderne ne résidait pas dans le fracas des armes, ni – comme le déplora Freud – dans la légitimation universelle d'un désir naturel de meurtre, mais dans l'apparition d'une collectivité aveugle et suicidaire, à la fois sujet et objet d'un calcul froid : « *Ce qui vous détruit, c'est moins le fait même de la guerre, mais son exploitation dans un monde commercialisé, rien moins qu'humain.* » Et Rilke se fait plus précis, il nomme des coupables : « *Depuis le début de cette guerre, les mensonges précipités des journaux ont enfanté de jeunes faits bien vivants ; on croirait que, depuis qu'il existe une presse portée à son paroxysme, une guerre une fois entamée ne peut absolument plus s'arrêter, car ces feuilles infâmes anticipent sans fin son cours.* » Autrement dit, la guerre est tout autre chose que cet événement intemporel et dionysiaque que Rilke avait voulu accompagner de ses *Cinq chants*. « *Salut à moi, que je voie ceux qui ont été saisis...* », avait-il proclamé. Maintenant, il le savait : c'était une « *fabrication*[13] ».

Si ces notations sont des documents importants, c'est avant tout parce que Rilke ne se contente pas de subir cette retombée – il l'observe. Il n'oublie rien, il énonce ce que d'autres ne parviennent à supporter qu'au prix du refoulement ou d'une hypocrisie patente : Stefan Zweig, par exemple, qui se met au service de la propagande dès le premier jour de guerre tout en se sentant « *affermi [...] dans ma position de citoyen du monde* », comme il l'affirme des décennies plus tard[14]; ou Hugo von Hofmannsthal, qui éprouve une « *grande joie* » à se ceindre d'« *un sabre* affûté », qui remue en même temps ciel et terre pour échapper au front et qui, après l'intervention de quelques amis bien placés, se plaint du « *sentiment affreux et torturant [...] de ne pas y être*[15] ».

Rilke sut presque dès le début qu'il n'y serait pas, et plus encore : qu'il avait cessé de compter, comme tout individu. Il n'eut pas besoin de dissimuler son horreur lorsqu'on le déclara soudain apte au service en novembre 1915, et qu'il dut rejoindre le 1er régiment d'infanterie territoriale de Vienne quelques semaines plus tard pour être formé au combat. Mais il fut parmi les chanceux; cette fois, la monarchie austro-hongroise eut un éclair de lucidité. Dès janvier 1916, Rilke fut transféré aux archives de guerre, où on le chargea de remplir des fiches cartonnées et de ligner du papier.

L'obstination de Kafka à vouloir servir dans l'armée compte parmi ses choix les plus difficilement compréhensibles, impénétrables à une empathie exclusivement alimentée par la psychologie. Un acte de désespoir, voire une indifférence momentanée à son propre destin paraîtraient plus cernables – après tout, Kafka n'aurait pas été le premier à se précipiter dans une caserne sans réfléchir. Mais rien de tel; ses tentatives sont pensées, précises, énergiques même, et elles se répètent sur plusieurs années : il veut en être. Même le discours apaisant de Marschner, qui cherche à préserver son employé inconscient d'une blessure ou de la mort, qui se refuse ne serait-ce qu'à discuter le souhait de Kafka, qui s'abstient même de verser sa requête à son dossier professionnel – même Marschner, qui était sans le moindre doute une autorité pour Kafka, ne parvient pas à le faire renoncer.

> « Je m'en tiendrai à ceci : je veux rentrer dans l'armée, céder à ce désir réprimé depuis 2 ans; pour diverses considérations qui ne concernent pas ma personne, je préférerais un long congé si on me l'accordait. Mais c'est sans doute impossible, pour des considérations aussi bien administratives que militaires[16]. »

Phrases notées quelques heures après leur entrevue. Comme si souvent, Kafka se montre impressionné sans se laisser influencer le moins du monde. Mais les forces contraires sont trop puissantes, et c'est en vain qu'il domine ses scrupules, qu'il énonce sa volonté. Ce long congé, il l'obtiendra, plusieurs fois même – pour des raisons qu'il ne peut encore deviner –, mais jamais il ne portera l'uniforme. En août 1916, Kafka est certes affecté au « 28e régiment d'infanterie royal et impérial » (régiment pragois de triste réputation, dissous à titre temporaire l'année précédente à cause de désertions massives), mais c'est pour être exempté le jour même, visiblement à la suite d'une nouvelle démarche de l'Office. Marschner est compréhensif, mais il reste intraitable, et ce jeu se répète les années suivantes : le 23 octobre 1917, exemption jusqu'au 1er janvier 1918; le 2 janvier, exemption jusqu'au 30 juin; après quoi l'on renonce pour de bon au renfort du civil Kavka (ainsi nommé par le conseil de révision).

Kafka n'y vit pas une chance, pas même l'octroi d'un peu de liberté. Et il devait savoir combien cette attitude le distinguait de la caste des littérateurs autrichiens, si nombreux – patriotes ou non – à faire des pieds et des mains pour entrer aux archives de guerre, dans la presse militaire, à l'assistance publique ou dans d'autres bureaux d'écriture qu'ils devinrent bientôt un sujet de plaisanteries. Certes, on voit mal Kafka contribuer à l'effort général de « toilettage », ainsi qu'on appelait l'ornementation stylistique des hauts faits militaires cités par la presse : si l'un des innombrables écrivains et journalistes qui s'étaient « débrouillés » grâce à une recommandation et qui rédigeaient maintenant de la réclame guerrière pour le compte de l'empereur s'en était dégoûté au point de demander à rejoindre la troupe, on le comprendrait parfaitement[17]. De toute façon, Kafka ne connaissait personne qui, le cas échéant, aurait pu le faire échapper au feu et transférer dans un quelconque bureau. S'il avait déjà serré la main à des politiciens ou à des militaires, c'était tout au plus dans le cadre de ses fonctions ; il n'aurait donc évité ni l'« aguerrissement » dans une caserne, ni le « transbordement » vers le front de l'Isonzo. Kafka dut très certainement à Pfohl et à Marschner d'être encore en vie le jour de ses 34 ans. Ne le savait-il donc pas ?

Bien que ses journaux et ses lettres n'en disent presque rien, Kafka a été informé *en détail* de la réalité de cette guerre en 1915 au plus tard, et de sa *nature*, dès le début. Comme Rilke, il fut désillusionné par le spectacle de la masse chauffée à blanc, et, dès la deuxième manifestation patriotique qui eut lieu sur l'Altstädter Ring, directement sous ses fenêtres, il s'aperçut qu'il s'agissait d'une mascarade[18]. Vinrent ensuite les nouvelles de première main : les récits mouvementés de ses deux beaux-frères et sans doute de certains collègues de bureau; ceux de Hugo Bergmann, d'Otto Brod et d'autres sionistes pragois, dont beaucoup étaient engagés volontaires; l'atroce témoignage des réfugiés juifs de Galicie, qui refroidit l'atmosphère dès l'automne 1914; les tribulations de l'écrivain et médecin Ernst Weiss dans les hôpitaux de campagne; enfin les notes dont Egon Erwin Kisch et Werfel donnaient lecture dans des cercles plus ou moins fermés. Et ce qui attendait Kafka sur le front italien – et surtout en montagne, où les atrocités de la guerre défiaient depuis longtemps toute imagination –, il put aussi l'apprendre de Robert Musil, qui dut se faire soigner dans un hôpital de Prague en avril 1916 et lui rendit visite au moins une fois.

Même parmi les badauds qui se pressèrent pour aller voir la rutilante « tranchée d'exposition » de Prague, seule une poignée dut croire qu'on leur offrait une vision réaliste de la guerre, et Kafka n'était pas du nombre. Il savait que l'armée autrichienne ne faisait pas que se battre, qu'elle propageait des maladies, qu'elle pendait des gens à des arbres et à des lampadaires pour « dissuader les espions » – sur un simple soupçon. Il avait entendu parler de la faim, des engelures, de la privation de sommeil, des hôpitaux pleins à craquer, des bordels du front et des grenades au gaz; et quand bien même il lui serait arrivé de se boucher les oreilles : il y avait trop de témoins de ces atrocités, beaucoup trop, on en rencontrait dans le moindre café, même les mouchards aux tables voisines (tant moqués par Jaroslav Hašek*) ne pouvaient plus rien empêcher. Il était impossible de ne *rien* entendre, de ne *rien* savoir, et, dès 1915, les censeurs eux-mêmes renoncèrent

---

* Romancier et journaliste tchèque (1883-1923), créateur du *Brave soldat Chéïk*, grande satire de la Première Guerre mondiale.

à cacher la réalité physique de la guerre aux lecteurs de journaux[19]. Même le bref voyage de Kafka vers la zone hongroise d'approvisionnement, où il observa – pour la première et pour la dernière fois – une région entièrement dominée par l'armée, ne fut pas un départ pour l'inconnu : ce qui se passait là-bas, entre Sátoralja-Ujhely et le front des Carpates, il l'avait sans doute lu quelques semaines plus tôt dans les *Weisse Blätter*[20]. Et ce n'était pas tout. Car depuis peu, les fonctionnaires restés à l'Office d'assurances disposaient d'une voie d'accès *professionnelle* à la guerre, une voie qui ne menait pas droit en enfer, mais qui le longeait d'assez près.

« *Industrie chimique :* l'individu privé d'un bras ou d'une jambe peut être auxiliaire de bureau, gardien ou peseur.

Couvreurs : atteintes ou déformations aux jambes disqualifiantes.

Teinturiers : la perte d'un bras ou d'un avant-bras rend inemployable. (Prothèse au pied disqualifiante.)

Coiffeurs, barbiers et perruquiers : employables même privés de l'auriculaire ou bien d'un œil, à condition que l'autre soit entièrement valide. Une mutilation du visage, y compris le port de lunettes noires, rend inapte au métier, la vue d'un garçon coiffeur blessé ou mutilé risquant de faire fuir la clientèle.

Manœuvres : employables même privés d'un pied, d'un œil, des mâchoires.

Cartonniers : un œil suffit. Perte du pied gauche à compenser par une prothèse.

Mécaniciens : les deux bras sont nécessaires. Les mécaniciens de précision peuvent être manchots.

Photographes : les retoucheurs et les copistes peuvent se passer du bras gauche, de plusieurs doigts ou d'un œil.

Menuisiers : inemployables en cas de perte d'un bras, employables quand seule la main manque. La perte d'un œil ou d'une mâchoire n'est pas disqualifiante.

Prothésistes dentaires : doivent être en possession de leurs deux mains, mais peuvent avoir des prothèses aux jambes[21]. »

Jusqu'à l'automne 1914, l'action militaire, semble-t-il, se résumait pour l'essentiel à un jeu de vie ou de mort : on tuait en courant le risque d'être tué soi-même, et le simple fait d'entrer dans la partie vous promettait honneur et gloire. Même le perdant, celui qui « tombait », engrangeait une victoire symbolique : il mourait d'une mort « héroïque », et tant pis si son dernier acte était absurde et suicidaire – comme dans le cas des « héros du Langemarck », lycéens inconscients érigés en mythe patriotique par l'Allemagne* – ou s'il était déchiqueté par une grenade dans les feuillées. Il devenait un héros pour cette simple raison qu'il avait risqué la mise la plus haute, sa propre vie, au nom de la cause commune, de la cause juste. C'est ce que racontaient tous les livres d'école, et les lettres de condoléances gouvernementales offraient aux veuves et aux mères désespérées l'ultime réconfort possible, celui d'une mémoire collective reconnaissante. On était encore loin de cet héroïsme de bête fauve

---

* En novembre 1914, lors de la première bataille d'Ypres, le Reich allemand envoya au combat des corps de réservistes inexpérimentés ou déjà vieux. Le 10 novembre, quelque 2 000 d'entre eux réalisèrent au prix de leur vie une percée de quelques kilomètres dans les lignes françaises, prétendument au chant de « Deutschland, Deutschland über alles » (« L'Allemagne, l'Allemagne par-dessus tout »). Magnifié par la propagande, ce « sacrifice de la jeunesse allemande » devint un mythe qui persista des décennies durant : aujourd'hui encore, des rues baptisées Langemarckstrasse existent dans certaines villes d'Allemagne. Cette légende est considérée comme la première grande tentative allemande de la guerre pour transformer une défaite militaire en une victoire morale.

à la vie dure qui s'étalerait *post festum* dans *Orages d'acier* d'Ernst Jünger.

L'un des premiers enseignements de cette guerre mondiale, toutefois, fut qu'on pouvait non seulement « tomber », mais aussi survivre de manières très diverses, et cette complication dépouilla l'héroïsme de son aura déjà ténue. On découvrit que ceux qui mettaient leur vie en balance risquaient aussi d'être blessés au ventre, de se faire arracher un bras, de revenir paraplégiques, d'avoir le visage en charpie ; et si triviale que fût cette découverte, elle constitua une désillusion. Car les deux groupes concernés − les combattants et leurs familles − s'accordaient tacitement pour évoquer ces risques le moins possible, et la conviction infantile que *cela n'arrivait qu'aux autres* était répandue à un degré positivement pathologique dans les tranchées d'Europe. Pour ne rien dire des administrateurs et des idéologues de la guerre, qui préféraient de loin un « mort pour la patrie » à un blessé grave, lequel incarnerait une mise en garde permanente aux yeux de la société en plus de coûter une pension.

La surcharge symbolique attachée à la mort, et plus encore le refoulement universel des risques de blessures, expliquent en grande partie que la société ait été prise au dépourvu par l'étendue de *ces* conséquences de la guerre. On se croyait assez outillé : après tout, il y avait des bataillons de secouristes, des hôpitaux de campagne, des médecins militaires ; il y avait l'ordre de Malte et le travail de la Croix-Rouge, particulièrement protégé par le droit des nations ; et tout ce qui sortait du cadre médical était encore pris en charge par l'« assistance aux estropiés », certes déjà moins populaire. Aucune de ces institutions n'était toutefois prête à encaisser un tel raz-de-marée, et encore moins ses conséquences *sociales*, qui ne furent enfin reconnues, et non sans réticence, que sous la pression massive des événements.

En février 1915, un décret du ministère de l'Intérieur austro-hongrois ordonna aux différentes filiales des Assurances contre les accidents du travail d'ajouter la « *prise en charge des soldats rentrés du front* » à leurs prérogatives. Expédient administratif né de l'urgence – le temps manquant pour mettre en place de nouveaux réseaux, on se rabattait sur ceux qui existaient déjà –, mais expédient qui témoignait d'une très subtile logique sociopolitique. De fait, les Assurances contre les accidents s'occupaient avant tout des victimes de la technique moderne, et plus précisément des gens auxquels la technique infligeait un dommage *dans l'exercice de leur fonction* – définition qui s'appliquait tout aussi bien à ceux qui subissaient de graves accidents sur le front, aux « estropiés » en uniforme. Car c'était bien de cela qu'il s'agissait : de blessés graves, d'amputés, d'aveugles, de soldats et d'officiers qu'aucun soin médical ne pouvait rendre de nouveau apte au combat et qui « *rentraient* » donc une fois pour toutes.

Cette tâche titanesque exigea le déploiement d'immenses efforts administratifs. L'État institua tout d'abord des « centrales régionales » qui coordonneraient la prise en charge et qui – subdivisées en diverses délégations – s'occuperaient de l'enregistrement, du traitement, de la rééducation et de l'emploi des invalides : tout cela – Autriche-Hongrie oblige – assorti de lourdes procédures bureaucratiques et de distinctions sociales rigides. Inconcevable de se passer d'« audiences individuelles primaires », de « fiches renseignements invalides » ou d'un « registre des blessés de guerre » ; et, du côté des bienfaiteurs eux-mêmes, on fit un net distinguo entre ceux qui représentaient la centrale régionale, tout en n'y jouant en fait qu'un rôle de consultant (politiciens, professeurs de médecine, délégués de la Croix-Rouge ou du commandement militaire), et ceux qui abattaient réellement le travail.

À Prague, le ministère de l'Intérieur dut grandement apprécier que cet « agenda » soit mis en œuvre presque entièrement dans les locaux et par le personnel de l'Office d'assurances : engagement qui était loin d'aller de soi, et que l'on dut surtout au directeur Marschner. Celui-ci défendait l'idée que l'aide de l'État, comme dans le cas des accidents de travail, ne pouvait être « *une grâce dispensée par l'assistance aux indigents* », qu'il fallait bien plutôt « *ouvrir un droit à tous les habitants auxquels les guerres d'appropriation modernes ont causé un dommage*[22] ». Cette musique-là devait déjà être moins douce aux oreilles du ministère et, à Prague aussi, les notions de « *droit* » et de « *guerre d'appropriation* » durent toucher un nerf politiquement sensible. En fait, les droits des invalides de guerre restèrent dénués de véritable fondement légal pendant des années, et même les aides consenties officiellement par Vienne mettaient en général des mois pour arriver à Prague (les réfugiés galiciens en avaient fait les frais), de sorte que Marschner n'eut plus qu'à mettre en place un fonds de soutien informel pour assurer, ne serait-ce qu'en Bohême, une assistance *immédiate* aux cas les plus urgents.

La posture sociale de Marschner est d'autant plus remarquable qu'elle impliquait une charge de travail quasi insupportable pour son administration comme pour lui-même. Marschner était le seul à siéger dans *toutes* les délégations de la centrale régionale, aux réunions desquelles il assista sans la moindre exception ; il devait décider quels employés étaient capables d'assumer ces charges supplémentaires ; il devait cultiver d'innombrables contacts pour obtenir des dons; il assurait la propagande en faveur des nouvelles mesures, donnant des conférences, fondant même une revue (*Kriegsbeschädigtenfürsorge*, « Assistance aux blessés de guerre »); enfin – dernière responsabilité, mais non des moindres – il présidait la « commission d'attribution » où se jouait chaque semaine le destin d'une centaine d'individus. Sans oublier les comptes rendus à adresser à Vienne.

On comprend que Marschner, dans ces circonstances, n'ait pas eu la moindre envie de laisser des employés capables partir au front ou pour un long congé sans solde, et l'on comprend aussi qu'il ait cherché à relativiser les soucis de Kafka en faisant valoir sa propre charge de travail – si simpliste que cela puisse paraître sur le plan rhétorique. « *Si seulement il n'était pas aussi aimable et prévenant!* » nota Kafka entre les lignes du protocole de leur discussion[23]. C'était plus vrai qu'il ne croyait. Il est de fait assez stupéfiant que Marschner ait trouvé le temps et la patience de se préoccuper des nerfs et des fantasmes d'évasion de Kafka, tandis que celui-ci ne mesurait certainement pas le travail abattu par son supérieur hiérarchique.

Marschner n'avait toutefois pas les moyens de préserver son employé au désespoir de nouvelles contrariétés. Avec l'assistance aux blessés, c'était la guerre elle-même qui pénétrait dans les couloirs tranquilles de l'Office d'assurances, d'une façon visible et proprement choquante. Quand Kafka, le matin, arrivait au travail, il rencontrait dans l'escalier des dizaines d'invalides, dont quelques-uns devaient inspirer une certaine répulsion : les salles d'attente aménagées à la va-vite s'étant révélées incapables de juguler un tel afflux (jusqu'à 80 « estropiés » par jour), la vision de ces victimes, des amputés pour la plupart, était devenue inévitable jusque dans cet espace quasi public, ouvert à tous les « requérants ». Assurément, ce même spectacle s'offrait ailleurs, et l'une des principales fonctions de l'assistance aux blessés consistait justement à « vider les rues », où les invalides pesaient sur le moral de la population – surtout quand ils tendaient la main tout en exhibant leurs médailles. Kafka avoua vers la fin de la guerre qu'il détournait les yeux autant qu'un autre[24]. Mais là, à la porte de son bureau, sous l'apparence d'un attroupement grotesque car sans cesse renouvelé – c'était une autre vision du malheur, vision concentrée, presque invasive, qui faisait passer le traitement des dossiers d'accidents habituels pour une sinécure.

Difficile de savoir combien ce bouleversement aura affecté le travail de Kafka, et à quel point il était informé de ce qui se décidait en coulisses. Lui-même n'aborde la question que dans des remarques évasives, et si nous ne disposions pas d'un rapport d'activité en tchèque de l'Office d'assurances[25], nous n'aurions pas la moindre idée des conditions de travail déprimantes à l'extrême et parfois chaotiques qui régnèrent en temps de guerre dans le bâtiment surpeuplé situé au 7, Na Poříčí, et nous ne saurions pas non plus pourquoi l'Office, à partir de janvier 1916, finit par abolir cette chère « fréquence simple » – unique consolation de Kafka pendant des années – en faisant *revenir* ses fonctionnaires chaque jour de 16 à 18 heures. Impossible d'assumer autrement tout ce travail supplémentaire ; et, comme le montre le rapport en question, même les employés de rang inférieur, même les dactylographes ne purent s'y dérober.

La « division entreprises » eut elle aussi son rôle à jouer : Pfohl et Kafka reprirent les affaires courantes de la

« Délégation des questions médicales », ce qui impliqua d'abord de dresser l'inventaire aussi vite que possible : qui savait poser des prothèses? Quels établissements pouvaient accueillir des blessés de guerre en Bohême? Quels sanatoriums et quelles cliniques agrandir, réaffecter ou même reprendre, à condition de trouver les moyens? Il fallut rédiger bon nombre de courriers (travail qui incomba en grande partie à Kafka), lire des revues spécialisées, rencontrer des médecins, enfin partir en déplacement ou en visite – et là non plus, rien *ou presque* de tout cela ne se retrouve dans les lettres ni les journaux de Kafka, même si tout indique que ses nouvelles fonctions l'occupèrent plusieurs heures par jour jusqu'à la fin de la guerre, et que ses connaissances firent bientôt de lui une référence précieuse pour des affaires privées de pensions d'invalidité.

Nous n'en saurions guère plus si les supérieurs de Kafka n'avaient pas eu l'idée de le bombarder « agent spécial », de lui confier une mission délicate qui le força à éventer un peu sa couverture.

« Peu après le début de la guerre est apparue dans les rues de nos villes une étrange figure, source de peur et de pitié. C'était un soldat revenu du front. Il ne pouvait se déplacer qu'en béquilles ou en étant soutenu. Son corps, en effet, tremblait sans cesse, comme s'il frissonnait d'un froid démesuré ou comme s'il était encore, là, au milieu de cette rue paisible, sous l'impression directe de son passage au front. Ensuite, on en vit d'autres qui ne pouvaient se mouvoir que par bonds en avant; ces pauvres hommes, pâles, décharnés, sautaient comme si une main impitoyable les avait tenus par la nuque et projetés deçà delà en mouvements harassants.

On les regardait avec compassion, mais plus ou moins sans y penser, d'autant que de telles figures se sont multipliées presque au point de devenir une partie intégrante de la vie de nos rues. C'est qu'il manquait quelqu'un pour donner les explications nécessaires, et pour dire à peu près ceci… »

Premières phrases d'un appel aux dons paru dans un journal de province, et sorti de la plume du vice-secrétaire Kafka[26]. Ces tournures suggestives saisissent, captivent littéralement le lecteur, en s'appuyant sur une vision familière et les sentiments qu'elle inspire. Kafka n'était pas novice dans cet art. La nouveauté pour lui résidait dans le sujet, qui le faisait pénétrer sur un terrain miné d'émotions collectives ; et quelques mots d'explications étaient en effet nécessaires pour faire comprendre tout le sérieux de cette cause.

On savait depuis longtemps qu'une blessure ou d'autres événements traumatiques pouvaient causer des réactions sévères et parfois bizarres, « hystériques », qui semblaient dénuées de rapport avec leur déclencheur : crises de larmes, vomissements, apathie et paralysie, douleurs fantômes, incontinence nocturne, crises d'angoisse – tout cela s'était déjà vu de façon isolée pendant les guerres de 1866 et de 1870-1871*. Les accidents de train ou les graves accidents de travail laissaient eux aussi des individus certes « guéris » sur le plan corporel (y compris les amputés), mais psychologiquement transformés, perturbés, et dès lors inaptes au travail. La science n'offrait pas encore d'explication satisfaisante en pareils cas ; tantôt on leur accolait l'étiquette de « déficience

---

* La guerre de 1866 opposa l'empire autrichien au royaume de Prusse, rivaux pour la domination de l'espace germanique en Europe. Celle de 1870-1871 mit aux prises la France et une coalition d'États allemands emmenée par la Prusse.

mentale », tantôt ils donnaient lieu à des soupçons de simulation, surtout depuis que les affections mentales pouvaient ouvrir un droit à une pension d'accident.

Le début de la guerre mondiale et l'avalanche des « névroses de guerre » bouleversèrent tellement ce tableau que la médecine, au moins officiellement, cessa un temps de faire la chasse aux simulateurs et aux « névrosés professionnels ». Les défaillances psychologiques et psychomotrices causées par les chocs de la guerre technologique et par l'usure nerveuse liée au feu roulant étaient par trop massives et répandues : spasmes faciaux, bégaiement, aphasie, surdité, cécité, et surtout cette fameuse « trémulation hystérique » décrite en termes si pénétrants par Kafka, faite de brusques tremblements et de mouvements incontrôlés pouvant durer des mois ou des années sans s'affaiblir. Ces « trembleurs », ainsi qu'on les nomma bientôt, devinrent en effet dès 1915 une « *partie intégrante de la vie de nos rues* », une vision à laquelle il était beaucoup moins facile de s'habituer et de se soustraire que l'exhibition d'une manche vide ou d'un bandage ensanglanté. Les souffrances des trembleurs se montraient pour ainsi dire à vif, ils obligeaient la société à regarder dans une plaie ouverte, et l'État se vengeait en leur refusant bien souvent la médaille des blessés de guerre.

Que faire de tous ces gens? Tant qu'ils restaient entre les griffes de la psychiatrie militaire, leurs « névroses traumatiques » étaient plus souvent combattues que soignées, et l'on n'hésitait pas à imposer de lourdes séances d'électrochocs, à pratiquer de fausses opérations, à provoquer des étouffements ou à mettre les malades en isolement total pendant plusieurs semaines. Ces supplices, parfois mortels, ne venaient à la connaissance du public que par des périphrases vagues et euphémistiques, et même les spécialistes qui se refusaient à employer la méthode extrêmement douloureuse de la « faradisation » par courant alternatif (la tristement célèbre « cure Kaufmann »*) ne doutaient pas qu'il s'agissait au fond de tentatives légitimes.

L'essai et le perfectionnement de ces nouvelles méthodes relevaient toutefois de l'initiative de médecins isolés – le Dr Wiener par exemple, qui travaillait dans un petit hôpital militaire installé au Rudolfinum de Prague. Ce qui se passait là, à seulement quelques minutes du bureau de Kafka, et par quels moyens on empêchait les « *soldats rentrés du front* » de rentrer effectivement chez eux – tout cela pouvait bien rester ignoré des passants (tant que les murs contenaient les cris de douleur), mais certes pas d'un fonctionnaire des assurances fraîchement chargé des « questions médicales ». Et même s'il fut épargné à Kafka de suivre *de visu* les progrès des sciences psychiatriques – c'était là une prérogative des médecins de l'Office –, il demeure qu'il entra en contact, pour la première fois, avec un monde parallèle où le sang humain se mêlait à des instruments rutilants, les sévices corporels au ronronnement des machines, l'archaïsme au dernier cri de la technologie. Ce monde, il le savait, était un jour sorti de sa propre imagination, à l'automne 1914, même s'il l'avait pour sa part situé dans le décor exotique d'une *Colonie pénitentiaire*. Mais ce qui se jouait là, deux ou trois ans plus tard, était réel, et c'était de la torture, selon nos critères actuels comme, sans doute, selon les siens. Supplices importés des tropiques et transplantés dans la vieille ville de Prague[27].

---

* Du nom du psychiatre Fritz Kaufmann, qui expérimenta cette méthode sur des soldats pendant la guerre, presque toujours sans résultat.

Dans le vaste hôpital de garnison du Hradschin, la plus considérable institution de cette espèce à Prague, on était, grâce au ciel, bien loin d'une telle fureur thérapeutique. Comme les rares neurologues étaient totalement débordés, il importait surtout de déléguer ce problème chaque jour plus massif, autrement dit de s'en débarrasser de la façon la plus commode. On jugeait notamment néfaste de devoir traiter les blessés et les névrosés de guerre dans un seul et même bâtiment, car on craignait la « contagion ». Pour finir, on attribua à ces derniers malades, non loin du Belvédère, quelques baraques de bois qui restèrent sous contrôle de l'armée mais dont on fut heureux de confier la construction et l'entretien à la « centrale régionale ». Ainsi vit le jour le « Centre provisoire de traitement des maladies nerveuses Prague-Belvédère », qui accueillit jusqu'à 800 patients traités par massage électrique, lampes à quartz, diathermie et hydrothérapie – autrement dit : avec les procédés des *sanatoriums* de l'époque, que quelques-uns des messieurs de l'Office connaissaient d'expérience.

Telle n'était pas, évidemment, la solution globale qu'on espérait pour le royaume de Bohême, et une telle solution était de toute façon impossible avec les maigres subventions que le ministère de l'Intérieur se montrait prêt à accorder. Alexander Marguliés, chef du « Centre provisoire de traitement des maladies nerveuses », proposa qu'on achète pour le réaménager un grand sanatorium, chose qui n'était envisageable qu'avec l'aide de donateurs. Or qui, en ces temps d'inflation galopante, aurait puisé dans son bas de laine pour les beaux yeux d'une administration anonyme, quand bien même on y rencontrait d'aussi aimables gens que les employés de l'Office ? Autant faire un don à une banque.

Pfohl et Kafka comprirent très vite que leur « Délégation des questions médicales » devait prendre une forme moins officielle pour devenir populaire et s'attirer des donations. Moins de bureaucratie, plus de philanthropie. Il fallait fonder une association d'utilité publique, ou mieux : deux fondations, une pour chaque composante de la population, afin de mieux en appeler à la solidarité « populaire ». Ainsi naquirent l'« Association bohémienne en vue de la fondation d'un sanatorium populaire pour les maladies nerveuses en Bohême », pour les patients tchèques, et, pour les soldats allemands, l'« Association allemande pour la fondation et l'entretien d'un centre militaire et populaire de traitement des maladies nerveuses en Bohême allemande » – fines nuances linguistiques que tout bon Pragois déchiffrait au premier coup d'œil.

Kafka, qui d'autre, fut chargé de la propagande ; pour un peu, il se serait même retrouvé dans la « Délégation préparatoire » du volet allemand de l'association, avec un député du Reichstag, un capitaine, un conseiller de cour et un grand industriel, mais il trouva le moyen d'y échapper. Or Marschner aussi siégeait dans cette docte assemblée, et quand on eut décidé de lancer en grande pompe un nouvel appel aux dons, appuyé par des signatures aussi nombreuses et prestigieuses que possible, on n'eut pas besoin de se creuser la tête longtemps pour trouver le rédacteur : « Oui, nous avons quelqu'un à l'Office, une fine plume, excellent en procès-verbaux, il est même écrivain et a déjà reçu un prix… »

« Compatriotes !
La guerre mondiale, qui porte accumulée en elle toute la misère humaine, est aussi une guerre des nerfs, plus guerre

des nerfs qu'aucune guerre avant elle. Cette guerre des nerfs ne fait que trop de victimes. De même que, en temps de paix, au cours des dernières décennies, l'usage intensif des machines a infiniment plus menacé, perturbé et affecté les nerfs des travailleurs que jamais auparavant, de même le rôle immensément accru de la machine dans les opérations de guerre actuelles a soumis les nerfs des soldats à des dangers et des souffrances extrêmes. Et ce d'une façon dont même un initié peut à peine se faire une idée suffisante. En juin 1916 déjà, des statistiques prudentes dénombraient en Bohême plus de 4000 victimes de guerre atteintes de maladies nerveuses. Et qui sait ce qui nous attend? Combien de malades se trouvent encore dans des hôpitaux hors de Bohême? Combien de malades reviendront de détention? Une misère incommensurable attend ici notre aide[28]. »

Rien de particulièrement original : deux ans déjà avant la catastrophe, Guillaume II avait prédit que la prochaine guerre serait remportée par le peuple aux nerfs les plus solides. Cela semblait s'avérer à un degré inouï; jamais une guerre n'avait tant « tapé sur les nerfs » de la population civile; et plus elle durait, plus on s'arrachait les « fortifiants nerveux », ces élixirs dont la réclame omniprésente donnait réellement l'impression que la bataille décisive se jouait chez le pharmacien. Le texte publicitaire de Kafka n'affichait pas le même optimisme, mais sa rhétorique n'en était pas moins raffinée : il se servait d'un lieu commun pour présenter une figure nouvelle et menaçante, le « trembleur », comme une suite pour ainsi dire logique de ce que chacun connaissait ou croyait connaître : l'usure et l'épuisement de la force nerveuse.

On éprouve quelque peine et un certain malaise à reconnaître l'auteur Kafka derrière de tels slogans. Sans doute, un manifeste destiné à satisfaire un groupement de notables loyalistes n'allait pas sans formules creuses, et il est peu probable que les quelque 130 maires, médecins, avocats, propriétaires terriens, directeurs de banques et conseillers de cour d'appel qui, outre Kafka lui-même, finirent par signer le texte, auraient accepté sans broncher l'absence de toute fioriture patriotique. Mais Kafka était de lui-même parfaitement disposé à faire un pas de plus, voire deux, et à parler, dans des appels destinés aux journaux, de « *nos armées victorieuses* », d'une « *époque qui inculque l'amour de la patrie* » et de « *multiples et belles preuves de sentiment patriotique* »; il alla jusqu'à affirmer que l'État avait déjà rempli son rôle vis-à-vis des invalides de guerre – sans doute le mensonge le plus éhonté qu'il ait écrit de sa vie. Au cœur des appels qu'il rédigea dans ses fonctions, on retrouve néanmoins toujours l'insupportable souffrance concrète de l'individu, individu dont la dignité – et Kafka, sur ce point, épousait l'attitude sociale de Marschner – doit être sauvegardée même dans la plus extrême détresse, et qui possède un *droit* à l'assistance : « *Non, ceci n'est pas une supplique adressée à des bienfaiteurs, c'est un appel au devoir*[29]. » Kafka n'a pas reculé devant ce ton pressant et moralisateur, personne, semble-t-il, n'eut à le persuader que cette fin-là justifiait les moyens, et son appel à ses « compatriotes » allemands fut même un des très rares échantillons de sa prose professionnelle qu'il envoya de sa propre initiative à Felice Bauer[30].

Ne pas borner l'argumentaire aux seules nécessités de la guerre – elle pouvait s'arrêter le mois suivant, et alors à quoi bon donner? – était une trouvaille de propagande habile. Car les affections nerveuses concernaient également les civils du prolétariat ou de la petite-bourgeoisie, qui ne pouvaient s'offrir une cure en sanatorium, sans même parler d'une psychanalyse; il n'existait absolument aucune institution pour cette patientèle (ce qui pouvait avoir des conséquences fatales, comme Kafka l'avait vu de près chez le jardinier Dvorský). Il s'agissait d'y remédier. Ainsi, une fois les soldats pris en charge et la paix revenue, ce nouveau centre de soin serait ouvert au public, et la Bohême allemande posséderait un rutilant « Centre populaire de traitement des maladies nerveuses ».

Ces idées emportèrent l'adhésion, et les dons affluèrent en telles quantités que l'achat d'un sanatorium fut décidé au bout de seulement quelques mois. Mais *quel* sanatorium? Là encore, l'écrivain attitré de l'Office aurait pu y aller de sa petite suggestion – mais on l'en dispensa. On s'était en effet mis d'accord très tôt – sans doute même *avant* de fonder l'association – sur une adresse connue de tous les neurasthéniques de Bohême. Et ce n'était pas un hasard si le fameux capitaine qui siégeait dans la « Délégation préparatoire » de l'association, et qui servait aussi l'armée à titre de grand spécialiste de la prise en charge des blessés, n'était autre, dans le civil, qu'un certain monsieur Eger, directeur de ce sanatorium de Rumburg-Frankenstein où Kafka avait passé ses mornes vacances l'année précédente. Nous ignorons si Eger reconnut son ancien patient lors des négociations, mais Marschner ne se sera pas privé de lui rafraîchir la mémoire[31].

Une fois de plus, comme si souvent, le bureau contredisait la vie. Kafka avait eu son content de l'univers factice et grillagé des sanatoriums; il éprouvait le besoin de se reconcentrer, pas de se détendre sur ordonnance ; et s'il fallait encore une preuve que la vraie guérison ne dépendait pas d'un room service, Rumburg l'avait administrée. Fini, tout ça, une bonne fois pour toutes. Et voilà que la folie des sanatoriums lui revenait en boomerang par une tout autre porte, sous la forme d'un gros dossier, d'une nouvelle correspondance chronophage qui empruntait le même vieux circuit : Kafka dictait, Pfohl signait, et Marschner négociait là où des sommes à six chiffres nécessitaient les garanties de son rang et de son titre.

Et cette fois encore, ce trio bien rodé réussit son affaire. Le 15 mai 1917, soit seulement sept mois après la naissance de l'association, une petite cérémonie eut lieu à Rumburg : remise des clefs du sanatorium, départ du directeur Eger, instructions au personnel (sans doute nerveux) qui aurait maintenant à traiter une tout autre clientèle et qui passerait en outre sous supervision militaire. Au centre de l'attention : le directeur Marschner, dont l'engagement humanitaire avait porté ses fruits une fois encore. L'inspecteur général Pfohl l'accompagnait. Le troisième larron, lui, était resté à Prague pour garder la boutique : on n'avait certainement pas eu besoin de le pousser beaucoup.

La grande promesse qui avait permis de récolter la somme considérable de 600 000 couronnes fut tenue[32]. Quelques mois après la fin de la guerre, en février 1919, Rumburg devint le « Centre populaire de traitement des maladies nerveuses pour la Bohême allemande » et proposa des cures à prix réduits pour les nécessiteux. L'objectif était atteint, tout aurait pu en rester là. Or, vingt ans plus tard, le lieu reçut encore un nouveau nom que ses initiateurs – Marschner, Pfohl et Kafka – n'auraient pas pu anticiper : « Sanatorium

du Gau des Sudètes allemandes Rumburg-Frankenstein ».
Ce changement, ils ne l'auraient pas approuvé. Mais ils
eurent la chance de ne pas en être témoin.

« *L'Allemagne a déclaré la guerre à la Russie. – L'après-midi, pis-*
cine. » L'insignifiance même à côté d'une catastrophe mondiale, le fait le plus privé à côté du plus planétaire ; entre
les deux, un simple tiret. Ce qui s'affiche ici avec une candeur, une nonchalance inégalables, n'est-ce pas à l'état pur
l'angélisme d'un poète ?

On peut imaginer un écrivain qui prenne le pouls de son
époque, qui sache le rendre audible grâce à sa langue et ses
images, mais qui, à l'heure du face-à-face réel avec le monde,
s'avère malhabile, ignorant. Combinaison possible, quoique
rare. Beaucoup plus fréquemment, on taxe à tort d'« angélisme » celui qui vit en fait dans *deux* mondes distincts : l'univers social extérieur, qu'il façonne et subit en commun avec
d'autres, et un espace psychique intérieur dominé par des
sentiments, des rêves, des fantasmes, des associations et des
idées, dans lequel il est *seul.* Celui qu'un tel « espace intérieur du monde » expose à un flux d'impressions non moins
constant que la vie extérieure ne peut toujours « être à ce
qu'il fait ». Mais alors où est-il ? *Ailleurs.*

Or l'« angéliste » n'a presque jamais le privilège d'ouvrir ou de fermer à sa guise les subtiles écluses qui séparent
dedans et dehors. La force d'attraction de l'intérieur se fait
sentir en permanence ; mais le principe de réalité l'oblige à
rester en éveil, ses semblables attendent de lui qu'il se borne
au communicable. Qu'il se mette soudain, dans la rue, dans
un magasin ou même sur son lieu de travail, à raconter

ses rêvasseries, si profondes et signifiantes soient-elles – il s'attire l'incompréhension. Il reste un étranger parce qu'il connaît et *reconnaît* un autre monde, et, par malheur, il reste tout aussi étranger à ce monde intérieur *pour la même raison.* Il est présent, mais il n'y est pas – pas plus ici que là.

Cette situation peut mener à la folie, folie dont Kafka a redouté l'approche à juste titre sa vie durant. Mais elle a peu à voir avec ce que la société exige de l'individu. L'angéliste peut faire ses preuves comme artisan, avocat, professeur, politique ou vice-secrétaire d'un office d'assurances, et s'il n'a pour ainsi dire qu'un pied dans ses fonctions, si l'équilibre de son moi lui impose constamment une tâche supplémentaire, cela peut éventuellement rester son secret à jamais – et l'est sans doute resté, dans des milliers et des milliers de cerveaux, sans laisser une seule trace.

Nombre d'éléments portent à croire que Kafka en savait davantage que l'écrasante majorité des auteurs de son temps sur la véritable horreur de cette guerre ; ce qui est sûr, c'est qu'il n'eut pas besoin d'une « tranchée d'exposition » pour s'en faire une idée réaliste, surtout après que l'administration de ses conséquences néfastes fut entrée dans ses prérogatives. Il n'a pas seulement vu les estropiés et les « trembleurs », il a parlé et traité avec eux, son administration s'est immiscée dans leur destin. Il est à peu près sûr que Kafka eut à visiter les deux « écoles de mutilés » où ceux-ci apprenaient à se servir de leurs prothèses – elles n'étaient qu'à quelques stations de tramway, la « Délégation des questions médicales » pouvait s'épargner à peu de frais une correspondance –, et qu'il entra ainsi dans cette zone d'ombre de la guerre qui restait une rumeur pour la majeure partie de la population, y compris presque tous ses amis et ses proches.

Or, plus on fait le jour sur les vastes réalités dont Kafka fut témoin, et plus se dissipe à la lumière des faits l'image naïve d'un poète angéliste que la guerre n'atteint pas, tandis que les ténèbres s'épaississent dans ce taillis psychique où connaissance et expérience se muent en décisions. Kafka savait ce qu'être soldat impliquait, et il ne fait guère de doute qu'il le désirait malgré tout. « *Un demi-mensonge*, consigna-t-il après son entrevue infructueuse avec Marschner, *aurait été que je demande un long congé immédiat et, en cas de refus, mon licenciement. La vérité aurait été que je démissionne. Je n'ai osé ni l'un ni l'autre d'où mensonge intégral.* » C'était encore ce vieux rêve de départ qu'il cultivait presque chaque jour depuis sa rencontre avec Felice Bauer, depuis cette première nuit d'écriture où était né *Le Verdict*. Mais, pendant qu'il rêvait, le décor extérieur changeait. Oui, c'est alors qu'il aurait dû partir, il le savait depuis longtemps ; car, en 1912, sa démission l'aurait mené à Berlin, à la plus grande indépendance possible, à une relation amoureuse, à l'orée du mariage et de la fondation d'une famille, et à portée de moyens d'échapper à la guerre en payant moins de sa personne[33]. En 1916, cette même démission valait un aller simple : pour les tranchées, inéluctablement ; pour l'hôpital militaire, peut-être ; ou pour la détention, l'invalidité, le néant.

Il le savait, mais il n'en disait rien, pas même dans ses propres cahiers, où il était pourtant à l'abri de la censure. On croirait presque que Kafka, en cet instant décisif entre tous, avait perdu l'envie d'aborder l'avenir en stratège ; que son besoin s'était éteint d'anticiper sa vie par un calcul de « bon fonctionnaire » pour affronter l'angoisse de l'incertitude. Il savait. Il savait parfaitement ce qu'attendait au front un homme qui, en temps de paix, grimaçait à la simple vue d'un genou de cheval écorché[34]. Mais il y avait l'autre plateau de la balance, sur lequel pesaient les plombs d'un silence contraint de plus d'un an. Qu'est-ce qui le retenait ? Il ne voulait pas arriver quelque part, comme en 1912 : il voulait *s'en aller*, quoi qu'il en coûte ou presque.

Kafka voyait bien que sa conduite devait paraître étrange, si ce n'est totalement excentrique. Un fonctionnaire de rang moyen qui incite ses supérieurs à l'envoyer soit à la guerre, soit en congé, comme ils voudront – pas étonnant que même Marschner, qui devait pourtant percevoir tout l'enjeu de leur discussion, n'ait pu réprimer un sourire. Il ne pouvait savoir avec quelle détermination Kafka avait, et depuis longtemps, intégré l'entrée dans l'armée à l'arsenal de ses fantasmes d'évasion. « La guerre ou des vacances ! » : Felice Bauer avait entendu ce refrain dès le printemps 1915, puis une nouvelle variante quelques mois plus tard : « *Pour l'heure il semble n'y avoir que deux remèdes pour lui, remèdes non pas au sens où ils pourraient annuler le passé, mais où ils pourraient le préserver des suites. L'un serait F., l'autre le service militaire*[35]. » Se voir mise au rang des *moyens* ne dut pas amuser Felice autant que Marschner, et ce « il » distancié, qui rendait tout plus clair encore, n'était pas fait pour arranger les choses.

« *Préserver des suites* » : la formule annonce les menaces que Kafka proférera nerveusement face à ses supérieurs. Or ce n'est pas un suicide qu'il faut imaginer ici ; il est même improbable que Kafka ait encore trouvé l'énergie de se figurer une fin quelconque. Il luttait contre son déclin, il se voyait sur une pente de plus en plus glissante où *tout* l'entraînait dans une même direction : les semaines de 50 heures au bureau, l'enfermement, son besoin d'écrire étouffé par les maux de tête et le manque de sommeil, sa solitude de plus en plus grande. La moindre chance de renverser cette situation et de mettre un terme à la déchéance psychique que Kafka éprouvait avec cette notion du temps, intensifiée jusqu'à la torture, qui est celle d'un homme en train de se noyer – la moindre chance était bienvenue : vacances, mariage, armée, c'était *presque* pareil. De sorte que même l'irresponsabilité du simple soldat, du « troupier » qu'on dispense de réfléchir au bien-fondé de ses ordres de mission, dut parfois sembler à Kafka une douce tentation. « *Les maux de tête de Karlsbad n'ont pas été moindres que ceux de Prague*, écrivit-il après un nouveau déplacement professionnel. *Au front, ce serait mieux*[36]. »

Donc la guerre comme remède, malgré tout ? De fait, pendant la première année de guerre, des voix s'étaient élevées qui prescrivaient la lutte pour la survie aux hypocondriaques et aux neurasthéniques : moins de soucis imaginaires et plus de vrais problèmes, le calcul était vite fait. « *La vie au grand air* » dont jouissaient les soldats du front était censée faire miracle « *chez beaucoup d'hommes qui passaient jusqu'alors pour être casaniers* », et même chez « *de pâles et chétifs candidats à la tuberculose*[37] ». Peu probable que Kafka se soit laissé impressionner par un pareil *nonsense*, que même des psychiatres reprenaient en chœur faute d'expérience : il savait que le « *grand air* » en question était souvent toxique (car chargé de diphénylchlorarsine) et qu'on ne pouvait espérer que le fracas de la bataille vous fortifie les nerfs à tous les coups. Le cas des « trembleurs » le démontrait suffisamment.

En revanche, Kafka n'était en rien immunisé contre la pression morale tantôt larvée et tantôt manifeste qui s'exerçait contre tout homme « en âge de servir » et resté à l'arrière. Cette pression pouvait même prendre des formes dangereuses : Carl Sternheim par exemple, son lointain bienfaiteur, devait choisir avec soin les moments et les occasions où il paraissait en public.

À chaque instant, un critique théâtral risquait de demander pourquoi ce vigoureux jeune homme creusait son sillon sur la scène plutôt que sur le champ de bataille, et les conséquences étaient imprévisibles. À Prague aussi, dans cette atmosphère empoisonnée de délation où tous, se renvoyant la balle, prétendaient que c'étaient les Allemands, ou les Tchèques, ou les Juifs qui s'y prenaient le mieux pour échapper au service militaire, on pouvait du jour au lendemain devenir un « exemple » que la partie adverse se faisait un malin plaisir d'épingler nommément : en voilà encore un qui s'est fait passer pour indispensable – et s'agissant de Kafka : un Juif, évidemment.

Depuis l'entrée en guerre de l'Italie, cette pression s'était accrue de façon sensible. Car même ceux qui finissaient par douter que l'« expédition punitive » contre la Serbie méritait bien une guerre mondiale, même ceux-là pouvaient désormais faire valoir que la monarchie des Habsbourg était victime d'une traîtrise. Cette guerre atroce dans les montagnes, cette insensée bataille de l'Isonzo : c'était une guerre imposée, une guerre défensive, même les pacifistes les plus rigoureux étaient forcés de l'admettre. Mais du même coup, le discours politique et « ethnique » passait à l'arrière-plan pour laisser place à la morale.

> « Toute réflexion doit maintenant faire silence. Tout homme qui n'est pas un "intellectuel" doit rentrer dans le rang. Fini les considérations sur les indispensables et les irremplaçables. Qui est irremplaçable et indispensable ? Tout le monde et personne. On a beau posséder les plus hauts dons pour l'art et pour la science, on ne peut rien accomplir de plus noble que de défendre la loi morale ainsi foulée aux pieds. »

On peut douter que Kafka aurait souscrit sans réserve à cet appel à mettre la pensée en veilleuse. Mais ce statut d'« indispensable », cette chaîne dont ses supérieurs usaient pour le retenir loin de la guerre, lui était depuis longtemps une source de honte ; et ces lignes, parues dans la revue berlinoise *Die Schaubühne* quelques jours seulement après l'exemption militaire de Kafka, touchèrent (s'il les lut, ce qui est fort probable) une conscience morale à vif[38]. Or de quelle logique découlait cette honte ? Si Kafka, vraiment, en savait beaucoup plus sur la réalité concrète de la guerre que tous les rédacteurs de ce genre d'appels aux armes : pourquoi une telle hésitation, une telle sensibilité à la pression morale ? D'où venait cette détermination à suivre *malgré tout* cette ruée de lemmings ? N'avait-il donc pas d'« opinion » sur la guerre ?

Une des singularités les plus déterminantes de la vie de Kafka est que ses décisions, bien que copieusement réfléchies, n'étaient presque jamais dictées par des considérations, des convictions ou des notions générales ; il ne se décidait jamais par déduction, par pur souci de rigueur. Ce n'est troublant qu'au premier coup d'œil ; ce faisant, il obéissait à un schéma comportemental « souple » qui est la règle et même une exigence dans nos relations intimes. Quelqu'un a beau se faire, par exemple, une image désillusionnée et réaliste de ses parents, percer à jour les servitudes sociales et idéologiques dont ils sont prisonniers – dans toutes les décisions qui concernent directement ses rapports avec eux, il se laissera très rarement guider par sa lucidité *et par elle seule*. Cet illogisme n'étonne personne, il passe – bien au contraire – pour une preuve d'humanité, et Kafka lui-même, qui voyait clair dans le jeu de son père, ne s'est presque jamais servi de ce savoir comme d'une arme, pas plus que ce savoir n'a remédié à sa position de faiblesse. Il est rarement utile d'avoir raison quand on doit vivre ensemble.

Très inhabituelle toutefois, et souvent troublante même pour ses amis les plus proches, est la manière dont cette logique de l'intime dépasse les bornes chez Kafka : elle s'étend à sa profession, à la politique, au monde entier en somme, et donc fatalement aussi à des domaines où elle paraît déplacée, « angéliste ». Bien sûr qu'il avait une opinion sur la guerre, comme tout le monde : il était modérément patriote, redoutait une défaite militaire de l'Autriche et, au plus tard à partir de la troisième année de guerre, il vit dans cette tuerie vide de sens un déraillement de l'histoire universelle, une perversion sociale. À cet égard, Kafka ne se distinguait en rien sur le plan intellectuel : il n'eut ni la clairvoyance politique précoce d'un Karl Kraus, ni la conscience d'élite d'un Thomas Mann ou d'un Werner Sombart, qui essayaient de justifier ce carnage interminable par une comptabilité historique et par des constructions d'idéologues.

Mais, au-delà des opinions, Kafka était *différent*, il se distinguait de la grande majorité de ses pairs masculins – y compris Max Brod, Felix Weltsch et d'autres amis pragois – par une attitude sociale singulièrement peu « éclairée ». Ses actes n'étaient nettement influencés ni par des constats généraux, ni par de quelconques vues sur les événements du monde. Il ne lui serait pas venu à l'esprit de se ruer « sous les drapeaux » pour défendre la monarchie des Habsbourg ni même, comme le postulait Sombart, la communauté des « héros » contre une bande de « négociants ». Et le spectacle des conséquences les plus directes et les plus cruelles de la guerre ne suffirent pas non plus à produire l'effet inverse, à le détourner de la guerre. L'ensemble du discours journalistique, devenu cacophonie sous la pression des événements, semble l'avoir aussi peu intéressé et influencé que les palabres politiques chez lui ou au bureau, chose qu'on dut plus d'une fois interpréter comme de l'indifférence ou de la froideur.

À tort. Car Kafka prenait la guerre *personnellement*, au sens le plus strict du terme. Autant il demeurait inaccessible aux reproches abstraits (« En ces temps difficiles, il faut… », « L'empereur nous appelle… »), autant il demeurait sensible à l'expressivité spontanée de la parole et de la gestuelle, à laquelle il prêtait depuis toujours un degré de vérité supérieur, et dont les résonances morales le trouvaient de ce fait largement sans défense. Les arguments n'avaient pas prise sur Kafka, mais les regards le transperçaient jusqu'à la moelle : le regard de son père, rêvassant de son propre service pendant que ses deux gendres racontaient la guerre en Galicie ; les regards au bureau, quand circulaient les cartes envoyées du front par des collègues qu'on avait toujours connus en plastron (Kafka lui-même en reçut plusieurs, dont une qui disait : « *Ce qui nous attend demain ? À quoi bon demander*[39] ! ») ; le regard des jeunes sionistes qui évoquaient Hugo Bergmann, ses hauts faits et ses décorations ; le regard de ces femmes d'âge moyen dont les fils étaient au combat, et auxquelles il n'aurait pas su dire de quel droit il continuait de se promener sur l'Altstädter Ring ; pour ne rien dire du regard des victimes dans l'escalier de l'Office, que Kafka, par sa profession, ne pouvait esquiver.

Non, il n'avait *pas* changé. Les arguments des Juifs de l'Est, même de leurs orateurs les plus éloquents, l'avaient-ils jamais ému ? On n'en retrouve presque aucune trace dans son journal. Il préfère décrire leurs gestes étudiés, pleins d'assurance, et les comparer à l'attitude incertaine de Brod :

cela suffit. Avait-il jamais interrogé Felice sur ses opinions ? Ce sont ses yeux, sa main qu'il cherchait. « *Ce qu'un mariage demande*, avait-il expliqué, *est un accord humain, donc un accord loin en deçà de toutes les opinions, donc un accord qu'on ne peut vérifier mais seulement sentir*[40] ». « Et c'est comme ça pour tout », aurait-il pu ajouter. Vis-à-vis des Juifs, vis-à-vis de la guerre. D'un côté, le regard de tous ces gens qui l'entouraient ; de l'autre, le fait indiscutable qu'il gâchait dans un bureau sa vie désormais privée de but : un décalage, une hypocrisie, un désaccord *loin en deçà de toutes les opinions*.

Même sa famille, même Felice Bauer n'ont sans doute jamais perçu avec quelle intransigeance Kafka obéissait à cette logique de l'intime. Il ne l'affichait pas toujours, et autant il guettait dans les regards et les gestes d'autrui des signes qui, pensait-il, lui étaient *destinés*, autant il savait se défendre contre les remontrances qui le visaient *expressément*. Qu'il avait la vie trop facile, cela, il l'avait entendu plus d'une fois de la bouche de son père – mais à présent, dans les circonstances de la guerre et de la pénurie, ce lamento simpliste prenait les proportions d'une pression sociale sensible à chaque instant, d'une *accusation* généralisée qui semblait se lire sur toutes les lèvres et à laquelle Kafka ne voulait certes pas se livrer sans résistance :

« Ne ris pas, F., ne juge pas ma souffrance méprisable, certes, il y a tant de gens qui souffrent en ce moment, et ce qui cause leur souffrance est plus qu'un chuchotement dans la pièce voisine, mais, dans le meilleur des cas justement, ils luttent pour leur existence ou plutôt pour ce qui lie leur existence à la communauté, tout comme moi, comme chacun[41]. »

Kafka demande justice. Mais il tait sa jalousie envers ceux qui luttent *visiblement*. C'est à ceux-là qu'il veut se joindre. Là-bas, là-bas seulement, il trouverait ce fameux accord, la vérité et, comme le bonheur l'exige, une voie de sortie, un accès à l'air libre.

« À l'attention du commissariat central de la police impériale et royale de *Prague*.

Dans le cadre des demandes de récompenses pour mérite dans le domaine de la prise en charge des blessés de guerre, nous vous prions de bien vouloir retenir le nom du Dr Franz *Kafka*, vice-secrétaire de l'Office d'assurances contre les accidents du travail pour le royaume de Bohême à *Prague*.

Outre les affaires courantes du service des assurances, le Dr Franz Kafka assure depuis 1915 la préparation et la mise en œuvre des affaires de la Délégation des questions médicales. Il traite la correspondance touchant la fondation et l'exploitation des lieux de soin. Plus particulièrement, il est chargé des questions concernant le Centre militaire de traitement des maladies nerveuses à Frankenstein, placé sous l'autorité de la centrale régionale d'État. »

Une récompense pour Kafka, réclamée le 9 octobre 1918 par la « centrale régionale d'État pour la prise en charge des soldats rentrés du front ». Mais depuis quand la police impériale et royale avait-elle son mot à dire dans l'attribution des médailles? Depuis toujours. Car il fallait d'abord s'assurer qu'il n'y avait pas eu, *un jour*, *quelque part*, une plainte contre l'aspirant; et, pour ce faire, l'ensemble des commissariats d'Autriche devaient compulser leurs fiches cartonnées et communiquer le résultat par télégramme. Après que ce vaste recoupement eut abouti en quelques heures à un résultat négatif – c'est-à-dire positif –, le commissariat central de Prague fut en mesure de prononcer le 20 octobre une recommandation sans réserve :

> « Il n'existe à l'encontre du Dr jur. Franz Kafka, vice-secrétaire de l'Office d'assurances contre les accidents du travail à Prague, aucun signalement défavorable, ni d'un point de vue civil ni d'un point de vue moral[42]. »

Ainsi donc, personne ne l'avait « *calomnié* ». Acquittement de première classe, et aller simple pour une distinction par les plus hautes instances. Or cette récompense-là aussi fut refusée à Kafka. Car, trois semaines plus tard, les hautes instances en question avaient plié bagage, en oubliant de distribuer leurs dernières médailles.

MIRACLE À MARIENBAD

Puisqu'on était venus, nous,
il fallait nous mettre à l'unisson.
Louis-Ferdinand Céline, *Voyage au bout de la nuit*

« *Vu beaucoup de choses ces derniers temps, moins de maux de tête.* » Note laconique du journal de Kafka. De quoi est-il question ? De mutilés de guerre ? D'attractions pragoises ? De réfugiés sur le départ ? De films ? – « *Quels égarements avec des jeunes femmes malgré les maux de tête [...] : il y en a eu au moins 6 depuis l'été.* » Des jeunes femmes ? Où Kafka aurait-il rencontré six jeunes femmes ? Nous n'en saurons pas davantage, et les sources maintiennent le biographe dans une lumière crépusculaire où les événements se devinent, tout au plus. Contours, silhouettes, gestes muets : le reste n'est que reconstruction[1].

Il est des hasards qui laissent dans le tableau d'une vie créative des zones calcinées, qui plongent des pans entiers de cette vie dans un oubli définitif : manuscrits brûlés, lettres et photographies dispersées par l'exil, héritiers peu informés ou introuvables, témoins morts précocement ou partis sans laisser d'adresse, sans oublier l'avidité de certains collectionneurs. À ce délitement, cette disparition, cet oubli progressifs, le biographe n'a presque rien à opposer que le vœu stoïque de se contenter de ce qui reste. Vœu qui n'apaise pas longtemps le soupçon que le plus notable, si ce n'est l'essentiel, se soit joué précisément là où les sources se taisent.

La nuit qui tombe sur la vie de Kafka pendant l'été 1915 n'est *pas* due, quant à elle, à ce genre de hasards ; c'est une obscurité aussi volontaire que subie dont il ne saura plus s'extraire de toute une année. La guerre lui a imposé un état de latence, et ses rares tentatives d'en sortir, si énergiques soient-elles, demeurent sans résultat tangible. À croire qu'il frappe aux mauvaises portes.

Il est résolu à démissionner sitôt la guerre finie, à s'installer dans une quelconque mansarde de Berlin pour tirer le bilan et rassembler ses forces. Ce projet, il n'en fait part à Felice Bauer qu'à sa demande expresse, et comme s'il allait de soi. Mais savoir *ce qu'il faudrait faire* ne suffit pas, et l'assurance que Kafka puise dans sa décision s'érode de plus en plus sous le poids d'un doute paralysant : quand tout cela finira-t-il ? Que faire *en attendant* ?

Nous savons peu de chose sur ce qu'il fit et vécut pendant l'hiver 1915-1916, et cet amenuisement des sources provient surtout de ce que Kafka avait perdu l'envie de consigner sa stagnation : lettres rares et revêches, notes éparses qui ne dépassent pas quelques mots-clefs. « *Ce n'est pas aussi nécessaire que d'habitude*, remarque-t-il dès la première page d'un nouveau cahier, *je n'ai pas besoin de m'énerver, je le suis déjà assez, mais dans quel but, quand cela viendra-t-il ?* ». Il évoquera la tranchée de Prague, les emprunts de guerre, son demi-prix littéraire, la parution presque fortuite de *La Métamorphose*, les vains assauts contre ses supérieurs. Seul un bref éclair laisse apparaître le quotidien dans lequel Kafka semble de fait se mouvoir comme une ombre :

« Inutilité complète. Dimanche. La nuit, insomnie marquée. Au lit jusqu'à 11 h 15 par grand soleil. Promenade. Déjeuner. Lu le journal, feuilleté de vieux catalogues. Promenade Hybernergasse, parc municipal, Wenzelsplatz, Ferdinandstrasse, puis direction Podol. Laborieusement étirée sur 2 heures. Ressenti par moments de forts maux de tête, une fois même brûlants. Dîné. Maintenant chez moi. Qui peut regarder tout ça d'en haut les yeux ouverts du début à la fin ? »

« Ouvert le journal dans le but précis de me faciliter le sommeil. Mais viens de voir cette dernière note prise au hasard et pourrais me figurer 1 000 entrées au contenu identique pour les 3-4 dernières années. Je m'use de manière insensée, serais bienheureux si j'avais le droit d'écrire, n'écris pas. Ne sors plus des maux de tête[3]. »

Maux de tête et insomnie sont les ultimes constantes, Kafka les mentionne à chaque page ou presque, et c'est en vain qu'il s'efforce de cultiver de quelconques « centres d'intérêt » pour contrer l'épuisement et ses nombreux moments d'absence. Même ses lectures semblent entièrement livrées à son humeur du jour ; il lit les mémoires d'un général qui a participé à la campagne de Russie, établit même sur plusieurs pages la liste des « *fautes* » militaires de Napoléon, puis se met à feuilleter la Bible. Pas une seule référence à la littérature contemporaine ; Kafka semble même craindre les secousses salutaires que lui prodiguent habituellement Flaubert, Dostoïevski ou Strindberg. Il ne va au théâtre que pour voir la première d'une pièce de Werfel, et plus du tout au cinéma.

Difficile de dire à distance – et peut-être est-ce *objective-ment* indécidable – si l'esseulement croissant de Kafka, qui a laissé ces traces manifestes même dans les rares sources dont nous disposons, a aggravé sa dépression ou n'en fut que la conséquence. Sans doute, le fameux bilan de son isolement social et intellectuel, qu'il avait tiré en mai 1915, restait aussi valable et amer qu'alors : « *il n'y a personne ici qui me comprenne en totalité* ». Mais lui-même n'en donnait *l'occasion* à personne. Il s'en tenait à ses quelques intimes : à Ottla surtout, qui devenait peu à peu pour lui une figure maternelle, à Max Brod, de nouveau plus disponible, peut-être aussi à Felix Weltsch. En dehors de ce cercle très étroit, Kafka se montrait de moins en moins et, quand cela lui arrivait – les sources font état d'une rencontre avec Heinrich Mann fin 1915[4] –, il était chaque fois sous escorte.

Les liens qui demandaient à Kafka davantage d'implication menaçaient de se rompre. Fait significatif, il ne consacre plus le moindre commentaire écrit à sa famille – à l'exception d'Ottla, encore une fois –, alors que les vieux conflits couvaient toujours, alors même, surtout, que le déclin de la fabrique d'amiante familiale, inexorable car dû à la guerre, était encore source de disputes à la table du dîner. Même là où il y allait de décisions existentielles, Kafka veillait dorénavant à ne pas donner prise aux ingérences et aux débats : nul doute que sa fuite vers le front, si elle avait réussi, aurait pris ses parents totalement au dépourvu. Kafka était un « cachottier », depuis toujours, Brod le lui avait reproché plus d'une fois. Mais il y avait longtemps qu'un sermon amical ne suffisait plus à percer son silence.

Ce fut bientôt au tour d'Ernst Weiss de le découvrir, lui qui, bien qu'affecté comme médecin dans différents hôpitaux militaires, continuait d'entretenir avec Kafka une correspondance nourrie. Weiss n'avait guère de compréhension pour ses inhibitions et ses scrupules névrotiques, il considérait la relation avec Felice Bauer comme une impasse, et il devait trouver que Kafka s'aveuglait, ni plus ni moins, en continuant de rêver de Berlin après tant de malentendus et tant d'humiliations. Pourtant, le lien entre les deux hommes se renforça, et ce qui avait été une estime mutuelle d'écrivains déboucha sur une amitié et même, fin 1915, sur un tutoiement[5] – rapprochement périlleux que Kafka ne s'autorisait que dans ses relations enracinées, « indissolubles ». S'ils n'avaient que rarement l'occasion de se voir et de se parler – Weiss venait quelquefois voir sa mère à Prague –, l'éloignement et le destin contrarié de cet ami faisaient de chaque retrouvaille un événement : configuration idéale pour Kafka, qui, avide de chaleur humaine, redoutait néanmoins toute exigence supplémentaire qui risquait de prendre un tour permanent et invasif.

Cet équilibre fut détruit début 1916, et ce n'est sans doute pas un hasard si la rupture eut lieu au moment même où Weiss se domicilia à Prague – avec visiblement l'espoir d'y retourner plus souvent et peut-être d'y décrocher un poste confortable de médecin de régiment. Peu probable que Kafka en ait ressenti une joie sans mélange. Car, à l'inverse de Brod, qui avait depuis longtemps appris à respecter le besoin de calme et les moments de passivité de Kafka, Weiss ne pouvait se figurer une amitié digne de ce nom hors d'un échange perpétuel de dons et de contre-dons. Il était l'un des rares à savoir raffermir Kafka, lui redonner espoir et lui ouvrir de nouvelles perspectives. Mais il espérait aussi un *retour* intensif qu'il mesurait à l'aune de ses besoins et de ses capacités, sans tenir compte de ceux de son vis-à-vis, qui avait la peau fine et trouvait indiscrète, voire fatigante une affection si demandeuse. « *C'était un éternel soupirant et un éternel déçu*, nota Hans Sahl en se souvenant d'un Weiss plus âgé. *Il gâtait ses amis et, en même temps, il les tyrannisait⁶.* » Il est étonnant de constater à quel point cette description met le doigt sur la différence entre Weiss et Kafka, lequel, avec autant de brusquerie que de fermeté, posa une limite et annonça peu après à Felice la rupture déjà consommée, en termes sobres et apparemment dénués de tristesse :

> « Nous ne voulons plus avoir affaire ensemble tant que je ne vais pas mieux. Une solution très raisonnable. »

> « Notre brouille, causée d'abord par moi, puis par lui, et finalement déclenchée par moi, a été tout à fait juste et s'est produite à la suite d'une décision absolument indubitable, ce qui n'est certes pas fréquent chez moi⁷. »

Que s'était-il passé ? Kafka reste vague ; la censure, notamment, dut le retenir de décrire concrètement les circonstances de cette fâcherie. Il signale toutefois que Weiss lui a adressé « *ces mêmes reproches primitifs* » qui ont rendu inévitable la rupture de l'Askanischer Hof : reproches de duplicité et de louvoiement irresponsable, donc. Or, s'il y avait une résolution qui pouvait encore amener Kafka, quelque prostré qu'il fût, à une « *décision absolument indubitable* », c'était bien celle-ci : le procès de Berlin ne se répéterait pas.

L'enjeu réel de la dispute s'éclaire bien plus nettement dans les lettres de doléances que Weiss adressa à son amante

Rahel Sanzara : Kafka, lit-on, s'était tout à coup refusé à promouvoir son deuxième roman, *Le Combat* [*Der Kampf*] ; c'était donc un « *méchant pharisien* », autrement dit un hypocrite. N'avait-il pas toujours parlé de ce livre avec la plus grande admiration ? Ne s'était-il pas dit prêt à lui venir en aide pour la dernière version du livre ? Pour Weiss, c'était un signe de confraternité et même d'amitié qui promettait davantage que le simple effort de trousser une petite critique. Or Kafka l'avait fait lanterner, l'avait nourri de faux espoirs. Et maintenant, ce refus.

Il est effectivement possible que Kafka ait fait à Weiss une promesse explicite dès l'été 1914, pendant leurs vacances au bord de la mer Baltique – par réel enthousiasme pour le manuscrit du *Combat*, dont il possédait même une copie, et peut-être aussi par gratitude pour la recension dithyrambique que Weiss avait consacrée au *Chauffeur*. On peut même imaginer que Kafka – surmontant son inaptitude déclarée à l'analyse critique – aurait tenu cette promesse si le roman était paru *à cette époque*, tout de suite après son achèvement. Mais la maison S. Fischer avait longuement hésité, les pertes catastrophiques subies par le commerce allemand du livre depuis le début de la guerre l'avaient contrainte à limiter sa production, et *Le Combat* ne put paraître qu'en avril 1916. Or, à cette date, Kafka était devenu un autre homme. Il n'écrivait plus : ni pour lui-même ni, *à plus forte raison*, par complaisance.

Weiss fut profondément blessé, il se sentit éconduit, trahi, et ce que Kafka lui confia au sujet de ses blocages, de sa neurasthénie et de sa surcharge de travail lui parut à ce point cousu de fil blanc que son affection lentement mûrie se mua brusquement en haine : « *Plus je reste loin de*

Kafka, écrivit-il à son amante, *plus je le trouve antipathique, lui et sa sournoiserie mielleuses*[8]. » Et il eut beau avoir avec Kafka d'autres entrevues pacifiques au cours des années qui suivirent, reconnaître sans équivoque et célébrer publiquement sa grandeur d'écrivain, il ne digéra jamais, même dans ses dernières années, à Paris, de s'être trompé aussi radicalement sur le compte de cet homme : à Soma Morgenstern, grand admirateur de Kafka, il déclara que celui-ci s'était comporté « *comme une crapule* » à son égard ; et dans une revue d'exilés, il alla jusqu'à dresser le portrait d'un autiste : la vie, écrit-il, a donné à Kafka « *des amis merveilleux, une brave famille, une femme charmante, chaste, bonne, qui veut lui appartenir et qu'il nourrit exclusivement d'espérances et de fantômes pendant dix ans – mais rien ne l'atteint*[9]. » La charmante et chaste Felice – celle-là même dont Weiss avait toujours méprisé la morale falote. Mais c'est de lui-même qu'il parle, ses hyperboles (dix ans !) le prouvent assez. Et c'est ainsi que l'honneur échoit à Ernst Weiss de rester dans l'histoire littéraire comme le seul ennemi déclaré de Kafka.

Kafka lui-même était à peine moins froissé, sans aucun doute, et ce fut une déception pour lui aussi de retrouver Weiss dans le chœur de ses accusateurs (même s'il finit par prendre sur lui l'entière responsabilité de cette brouille[10]). D'autant plus remarquable qu'il n'ait pas changé d'opinion au sujet du travail littéraire de son ancien ami et qu'il ne se soit pas retranché dans la froideur d'un jugement esthétique. Au contraire : même après leur brouille, il conseilla à Felice de « *chercher à entendre l'homme* » en lisant son roman, et il maintint une distinction très nette entre le « je » de l'écrivain et la personnalité quelquefois éprouvante du Dr Weiss.

Le Combat décrit les ravages causés par un être incapable de mener sa vie et de se décider, un homme tombant sans cesse des bras d'une femme dans ceux d'une autre, la plus faible des deux finissant par perdre la vie tandis que la plus forte, Franziska, retrouve la liberté après des années de tourmente et suit sa vocation de pianiste. Felice Bauer ne fut pas emballée : une trame pas très originale, trouva-t-elle, et monotone dans son déroulement. Mais il fallait reconnaître que le héros était crédible, et certains traits de sa nature lui étaient connus, trop connus. Or ce n'était pas pour *cette* raison que Kafka lui avait conseillé le roman : « *Que je figure dans le livre, je le crois aussi, mais pas plus que beaucoup d'autres, car en cela je ne suis vraiment pas isolé.* » Les écrivains juifs de l'Ouest imaginaient spontanément ce type de personnages, ils n'avaient qu'à fermer les yeux pour les voir surgir aussitôt. « *Mais Franziska, c'est sur elle que j'aimerais t'entendre. Car c'est là qu'est le désir du livre. Si on le prend par là, on tient l'auteur à la gorge*[11]. »

Kafka lecteur : il ne s'arrête pas à des ressemblances superficielles, même quand il sert lui-même de modèle. Les traits de caractère d'un personnage, son sexe même lui semblent contingents, et cette nonchalance n'est pas feinte : s'il s'était senti épinglé par le roman de Weiss, il aurait eu plus d'une occasion de protester – après tout, le manuscrit était resté plusieurs mois sur son bureau début 1914. Il laissa faire. Mais l'itinéraire de Franziska, la détermination tantôt brûlante, tantôt glaciale avec laquelle elle s'arrache à ses origines et à son entourage en vue d'un but qu'elle n'arrive ni à justifier, ni même vraiment à énoncer, et qu'elle reconnaît malgré tout pour *le sien* – voilà ce qui faisait battre le cœur de Kafka. C'était une question d'identité. Devenir ce qu'on est, *à tout prix*.

Ernst Weiss donna-t-il raison à ce point de vue, situait-il lui aussi le centre de son roman dans ce désir esthétique qui dynamite toutes les attaches sociales – nous l'ignorons. Mais lorsqu'il décida, quelques années plus tard, de revoir son texte, de le raffermir et de le publier dans cette nouvelle version, il en profita pour choisir un titre plus exact : *Le Combat* devint *Franziska*[12].

« *Nous ne voulons plus avoir affaire ensemble tant que je ne vais pas mieux.* » Cette formule avait un air de déjà-vu pour Felice Bauer, et il semble qu'elle ait demandé plusieurs fois – toujours en vain – ce qui s'était passé. Kafka promit de s'expliquer, puis garda le silence.

Ce silence durait déjà depuis un bon moment. Finie l'époque où une ligne permanente – ou mieux : un tunnel – entre Prague et Berlin avait été le rêve fou et inavoué de Kafka ; et il y avait longtemps qu'il ne se sentait plus l'envie ni la capacité de relever ses plaintes monotones d'un trait de charme ou d'autodérision. Or la redite à l'état brut avait quelque chose d'indigne, elle signifiait une stagnation, une déchéance intellectuelle insupportable même reflétée dans le miroir de son propre journal, et qu'il voulait donc encore moins imposer à autrui. Kafka en était donc venu à éviter toute phrase à chaud, née de l'humeur du moment, pour envoyer à intervalles de plus en plus longs des déclarations générales, des diagnostics de son état déjà pensés et repensés qui barraient pour cette raison même tout aperçu de sa vie immédiate.

« Il existe des situations où dire se distingue peu de taire.

Ma souffrance est à peu près quadruple :

Je ne peux pas vivre à Prague. Puis-je vivre ailleurs, je n'en sais rien, mais que je ne peux pas vivre ici est ce que je sais de plus indubitable.

Ensuite : à cause de cela, je ne peux pas avoir F. pour le moment. Ensuite : je suis condamné (c'est même déjà imprimé) à admirer les enfants des autres.

Enfin : il me semble parfois que je finirai broyé par ce tourment qui vient de toutes parts. Mais le pire n'est pas la souffrance immédiate. Le pire est que le temps passe, qu'à cause de cette souffrance je deviens de plus en plus malheureux et inapte, que les perspectives d'avenir ne cessent de se troubler. N'est-ce pas suffisant? Ce que j'endure par exemple depuis notre avant-dernière rencontre avec F., elle ne peut le soupçonner. Pendant des semaines je crains d'être seul dans ma chambre. Pendant des semaines je ne connais le sommeil qu'à l'état de fièvre. Je vais dans un sanatorium en sachant que c'est une folie. Que vais-je y faire? Serait-ce peut-être qu'il n'y a pas de nuits là-bas? Encore pire : là-bas même les jours sont des nuits. Je reviens et passe la semaine qui suit comme inconscient, je ne pense à rien qu'à mon ou à notre malheur et, ni au bureau ni ailleurs dans la conversation, je ne comprends plus que le plus superficiel, et encore, avec toutes sortes de douleurs et de tensions dans la tête. Je suis pris d'une sorte de stupidité. N'étais-je pas pareil à Karlsbad[13]? »

Quelque chose ne tournait pas rond, Kafka s'en sera aperçu : ces comptes rendus doloristes ne mentionnaient aucun être humain. Felice, elle qui ne se sentait vivre que dans des relations sociales, devait trouver incompréhensible que Kafka puisse parler de souffrance sans se référer concrètement à sa famille, à ses amis, ses collègues. Pour ne rien dire de ses succès tout à fait honorables d'écrivain, qui ne semblaient même pas effleurer son malheur hermétiquement clos : il fallut qu'elle lise le journal pour savoir qu'il avait (en partie) reçu un prix littéraire – distinction alors bien plus rare, d'autant plus significative –, et il évoqua la parution de *La Métamorphose* (en revue puis en livre) avec une telle nonchalance que c'en était presque vexant. Il est vrai qu'elle ne posait jamais de question sur son travail d'écrivain…

Après son exposé sur la quadruple racine de sa souffrance, plus une seule lettre à Felice Bauer jusqu'en décembre 1915 – soit pendant quatre longs mois. À l'approche des vacances de Noël arrive alors de Berlin une question fatale, redoutée : Felice propose qu'ils se retrouvent, d'urgence, car elle est « *triste* » à cause de lui. Mais Kafka décline : « *Il ne faut pas que tu me voies ainsi* », « *je ne pourrais, même maintenant, que t'infliger une nouvelle déception* ». Felice caresse l'idée de se rendre à Prague, finit par y renoncer et part pour quelques jours de ski à Garmisch. « *Très louable* », juge Kafka. Puis, en janvier, après une demande quasi désespérée de Felice, même diagnostic encore une fois : maux de tête, insomnie, délitement intérieur. « *Je ne vois pas de recours et je ne sais pas où tu vois un recours qui n'aurait pas été tenté. [...] Celui qui vit en moi a évidemment de l'espoir, ce n'est pas surprenant. Mais celui qui juge, non.* » Début mars, avec une sécheresse plus marquée : « *Tant que je ne suis pas libre, je ne veux pas me montrer, je ne veux pas te voir.* » Enfin, encore un mois plus tard, la conclusion : « *pas de passeport affectueusement = franz*[14] ».

« On n'est pas heureux quand on oublie ce qu'on ne peut plus changer; cela n'arrive que dans les opérettes. Pareille pensée ne serait rien de moins qu'un manquement à l'évidence, ou devrait être regardée comme telle. Bien plutôt, on est heureux quand la mesure de vos propres attentes reste si loin en deçà d'un octroi décidé en haut lieu qu'il en ressort naturellement un excédent de jouissance appréciable. »

Si une vie d'une durée normale (selon nos standards d'aujourd'hui) avait été dévolue à Kafka, il aurait certainement connu cette célèbre définition du bonheur, que Heimito von Doderer prête à un haut fonctionnaire autrichien dans les dernières lignes de son *Escalier du Strudlhof* (1951). Et il s'en serait sans doute grandement amusé. Car ce contraste comique entre un enjeu intime et la langue corsetée de l'administration[15] est un effet de style dont il joue lui-même en virtuose, surtout dans *Le Procès* et *Le Château*. Là aussi, certains passages sont rédigés dans une langue volontairement inadéquate, aride, « morte », dont l'effet sous-jacent n'épargne aucun lecteur : avant même de comprendre, on *entend* le bruissement de paperasse d'une raison fourvoyée qui calcule et chicane là où la vie elle-même décide en dernière analyse – démonstration *ex negativo*, preuve par l'exemple de ce qui ne fonctionne *pas*.

Chez Doderer aussi, la forme contredit le contenu. Sa conception du bonheur, qui s'inspire à l'évidence de Schonpenhauer et s'oppose de façon radicale au *fun* à volonté de nos sociétés joyeusement « méritocratiques », semble d'abord parler d'elle-même. Mais cette solution trop simple laisse planer un malaise. Peut-on vraiment *calculer* la mesure du bonheur ? Est-il possible qu'une simple soustraction mette le point final à deux mille ans de métaphysique ?

Mais là n'est pas la seule question, d'autres chausse-trappes nous attendent. Car si l'on suit la définition de Doderer jusqu'à sa conclusion fatale, il suffirait de revoir à la baisse nos exigences, espoirs et attentes pour augmenter nos chances de connaître le vrai bonheur. Stratégie purement défensive dont chacun doit lui-même sonder les limites. À supposer que le remède, d'ailleurs, ne soit pas de renoncer purement et simplement à toute exigence quelle qu'elle soit – ou même de viser le négatif, de ne plus attendre que souffrance et malheur. Dans ce cas, l'absence de souffrance serait déjà un bonheur... Est-ce *vraiment* ce que Doderer a voulu dire ?

Pour un peu, il semblerait que le miracle de Marienbad – le bonheur qui échut à Kafka pendant l'été 1916, vraiment comme un « *octroi décidé en haut lieu* » – fournisse la preuve en acte que la réflexion de Doderer n'est pas une pure spéculation vouée à déboucher sur un morne quiétisme. Mais comment donc ? Se pourrait-il que ce procédé apparemment primitif d'autolimitation ne soit que le *reflet* d'une dynamique psychique paradoxale : renoncer pour se sauver, prévenir le malheur en s'y précipitant ? Et comment fonctionnerait ce drôle de mécanisme ?

Ce qui est certain, c'est que Kafka, au début de cette même année, aurait vécu comme un bonheur le moindre relâchement, ou même une simple journée sans douleur, l'esprit clair ; car jamais il ne s'était porté plus mal, ni psychiquement ni physiquement. Refusant toujours de se laisser traiter par la médecine académique, il consentit – probablement sur les instances de sa famille – à se laisser au moins examiner par un neurologue. Verdict : « névrose cardiaque » – diagnostic vague qui n'expliquait strictement rien[16]. Mais

Kafka souffrait, c'était visible. Sans quoi ses supérieurs n'auraient sans doute pas pu lui imposer littéralement des jours de repos : ils devaient être persuadés que même le sourcilleux médecin de l'Office donnerait son accord.

Il ne serait sûrement venu à l'esprit de personne dans son entourage que Kafka *n'allait pas encore assez mal* – pensée qui, au vu des sources, si lacunaires soient-elles, n'aurait toutefois rien eu d'extravagant. Car enfin, à quoi Kafka consacrait-il le peu d'énergie que lui laissaient encore ses états d'épuisement et ses douleurs, de plus en plus fréquents ? Pour l'essentiel, à éviter toute mise à nu et toute humiliation, à ménager son amour-propre, bref : à garder la tête haute. De là sa rupture abrupte avec Ernst Weiss ; de là son refus de se montrer à son ex-fiancée ; de là enfin son attitude si atypique, si insistante, si entêtée dans les bureaux de Pfohl et Marschner. Or toutes ces tentatives de se préserver étaient des manœuvres de défense : fuir le regard critique d'autrui, fuir dans la solitude ou dans l'anonymat. Pour garder la tête haute, Kafka était prêt à rompre les dernières attaches, à risquer la mort sur le front. Mais il payait cher ces instants de fierté où il pouvait se réjouir, fût-ce momentanément, d'avoir sauvé la face. Car ce faisant, il ruinait ses chances de connaître un changement radical et durable, un changement qui impliquerait de toute façon le concours de ses proches – ceux-là mêmes qu'il tenait à distance, dont il mettait à rude épreuve la compréhension et qui risquaient à terme de se détourner de lui. Ne se laisser tomber dans les bras de personne : noble principe, *tant qu'il y a des bras pour vous réceptionner.*

Or, en mai 1916 – il n'était pas encore trop tard –, ce front intérieur s'effondra. Marschner refusa de laisser partir à la guerre son employé rétif, et si Kafka déclina promptement le congé exceptionnel qu'on lui proposait, ce geste demeura symbolique. Quelques jours plus tard, la tentation devint irrésistible : lors d'un déplacement, Kafka découvrit Marienbad et, malgré toutes les intempéries, il se prit de passion pour cette petite ville propre à l'écart de la guerre, pour ses multiples parcs et pour les bois environnants. En l'absence des touristes étrangers, tout y était paisible et « *incroyablement beau* ». Jamais il n'aurait cru qu'il existait encore de pareils lieux, à quelques heures de train seulement de cette « *fosse* » qu'était Prague, et un simple tour de la ville le décida à y revenir bientôt[17].

Aussitôt, le ton des lettres change, Kafka sent souffler un vent frais, il se dégourdit et laisse filer sa plume. Mais il peine à se laisser aller, il n'a pas l'habitude. Comment retourner voir Marschner sans perdre la face ? Il faudra que la pression augmente, que son propre *corps* passe à l'attaque pour qu'il franchisse cette ultime barrière : du 23 au 28 mai, pendant cinq jours et cinq nuits, des maux de tête incessants le harcèlent, muent en supplice la lecture des dossiers et le privent de repos même en fin de semaine. Le point de crise est atteint, ses réserves sont épuisées, il n'a plus le choix. Kafka doit réagir ou s'écrouler. Il acceptera les trois semaines de vacances avec une gratitude obséquieuse ; il partira pour Marienbad. « *Je voulais rester ferme* […] *mais je n'en peux plus*[18]. »

Comme des dominos, ses retranchements psychiques s'abattent l'un après l'autre. Sentant le vent tourner, Felice Bauer profite de l'occasion pour lancer à Kafka une proposition stupéfiante, envers et contre toutes ses précédentes rebuffades : et s'ils passaient les vacances d'été ensemble ? Ce seraient leurs premières retrouvailles au bout de presque un an, et leur premier véritable voyage en tête à tête, loin du regard de leurs familles. Pas décisif, aux conséquences imprévisibles. Mais Kafka répond à l'appel, il est « *extraordinairement d'accord* », pas l'ombre d'une hésitation ; avec verve, il décide que Marienbad est la seule destination possible et se prend même à rêver que, là-bas, en la troublante compagnie d'une femme, de *cette* femme, il pourra renouer avec ses forces créatrices, alors totalement enfouies[19].

Kafka se relâche, et il savoure ce relâchement. Il se soumet à une nouvelle épreuve, et il le sait, mais il *ne veut pas* le savoir. Il attend patiemment le signal de Felice et parvient à abattre en quelques semaines l'amoncellement quasi insurmontable de dossiers sur son bureau, qu'il laisse dans un ordre impeccable – comme s'il partait pour toujours. Enfin arrive le samedi 1er juillet ; ultimes dictées, poignée de main aux collègues, joie du départ. Las : ne se doutant de rien, sa famille réclame sa part, lui vole une demi-journée de vacances, le force à assister au mariage à la synagogue d'un riche parent. « Que tes tentes sont belles, Jacob, et tes demeures, Israël… » Kafka regarde sa montre[20]. Le dimanche après-midi, enfin, le voilà libre. Il part en train – troisième classe, comme toujours –, environné du seul bruit qui ne l'a jamais dérangé : le glissement et les soubresauts du wagon sur les rails. À la fenêtre, la ville s'éloigne.

Cherche image qui concilie la distance et la proximité, l'éloignement infranchissable de ce qui semble on ne peut plus proche et la présence provocante d'un inaccessible, d'un *presque* accessible lointain. Une image dialectique, donc, qui invite à la réflexion.

Cette image, Kafka l'a trouvée et en a fait un usage intensif, malgré son extrême sobriété et son allure bénigne : c'est l'image de la *porte* et de son dérivé noble, le portail. On trouve dans ses œuvres des portes déverrouillées qui restent infranchissables (la porte de *Devant la loi* et celle dont le trou de serrure permet à K. de voir le fonctionnaire Klamm dans *Le Château*); des portes ouvertes sur des ténèbres impénétrables (la couverture imaginée par Kafka pour *La Métamorphose*); des portes dégondées qui s'ouvrent d'elles-mêmes (*Un médecin de campagne*) ou menacent de se rompre (l'entrée de la chambre du peintre Titorelli dans *Le Procès*); des portes qu'il suffit d'effleurer pour être condamné à un supplice mortel (*Le Coup à la porte du domaine*); enfin des portes qui refusent de s'ouvrir puis cèdent l'instant d'après sans raison apparente. C'est une de celles-ci que Kafka imagina en avril 1916, comme un symbole prémonitoire de ce qu'il vivrait deux mois après[21].

À Marienbad cependant, il trouva dès le premier jour une variante d'un raffinement esthétique tout particulier : « *Avec Felice. Porte contre porte, une clef de chaque côté*[22] ». Certes, les chambres d'hôtel ont des clefs; c'est si banal, à quoi bon le noter. Mais cette porte double qu'il scrutait et auscultait prenait cette fois une valeur symbolique quasi indécente; et, ce jour-là, celui de son trente-troisième anniversaire, il était encore plus réceptif que de coutume à ce genre de signes.

Beaucoup d'indices laissent à penser que cette porte, du côté de Felice, fut *ouverte* dès le début. Elle aussi dut surmonter quelques obstacles : passer ses vacances avec un homme sans être mariée ni même fiancée avec lui, un homme qu'elle avait envoyé au diable deux années plus tôt... Fameuse couleuvre à avaler pour sa famille. Si au moins ils étaient allés dans un sanatorium, où chacun suit son programme... Mais

Kafka avait refusé, et les scrupules conventionnels, les exigences de la morale publique l'intéressaient maintenant si peu qu'il eut même du mal à se rappeler leur existence. Pourquoi Felice ne faisait-elle pas comme lui ? Le plus sûr était encore de ne *rien* dire à sa famille, ou en tout cas rien d'important.

Mais à peine soustraite au regard maternel, Felice s'épanouit et, à la gare de Marienbad, elle accueillit son ami aux tempes douloureuses avec toute la tendresse et le naturel qu'il avait chaque fois vainement espérés à Berlin. Même les désagréments des premiers jours n'en vinrent pas à bout – un changement d'hôtel, la pluie incessante, sans oublier la sensibilité et les rigides habitudes de Kafka. « *Peines de la vie ensemble* », nota-t-il dès le troisième jour ; et, bien qu'ayant sans doute conscience que Felice était bien plus fondée à se plaindre que lui, il remua le couteau dans la plaie : « *Impossibilité de vivre avec F. Impossibilité de partager la vie de quiconque.* »

Plus que toute autre chose, ce devait être sa conscience trop éveillée qui le tenaillait : Kafka savait – et il ne pouvait l'oublier ni le jour ni la nuit – que *quelque chose* devait se produire à très brève échéance. Sans doute, les circonstances étaient plus propices que jamais, lui-même avait tout fait pour qu'elles le soient. Mais justement – sur ce rendez-vous de Marienbad pesait le poids d'une tentative cruciale : si de *pareilles* circonstances ne suffisaient pas à récolter le fruit de quatre années de préparation, alors tout espoir était vain, et il s'ensuivrait un adieu définitif, un adieu dont le sens et la nécessité seraient irréfutables. Car au fond, qu'est-ce qui le poussait encore à se soumettre à ces fameuses « *peines* » ? Rien d'autre que « *l'éloignement, la pitié, la volupté, la lâcheté, la vanité*, pensait-il, *et tout au fond seulement peut-être un maigre ruisselet digne d'être appelé amour, inaccessible à toute recherche, reluisant quelquefois pour un instant d'instant. – Pauvre Felice*[23] ».

Le besoin de proximité ne figure pas dans cette liste, et pourtant Kafka sait que cette impulsion entre toutes peut s'amplifier jusqu'à devenir un appétit quasi incoercible, qui outre-passe tous les blocages et objections de la raison. Personne ne le sait mieux que lui, qui a inventé pour le dire les images oppressantes du *Procès*. Mais il a oublié la saveur de l'assouvissement. Le désir sexuel le rebute plus que jamais (ses notes ne mentionnent plus de prostituées depuis longtemps, même dans ses récits de rêves) et il ne parvient pas à le mettre en rapport avec le souvenir de son amourette douce-amère à Weimar, de son maigre bonheur de Riva, de ses flirts compulsifs avec des « *jeunes femmes* » à Prague quelques semaines plus tôt, et encore moins avec cet élan surprenant qui l'a poussé à rechercher la présence de Felice. Si acéré que soit son regard sur lui-même, ce lien lui échappe, et il ne fait pas de doute que le distinguo entre sexe et tendresse, qui demeurait la norme dans le milieu bourgeois de Kafka, y soit pour quelque chose – même s'il ne se manifeste plus chez lui que sous une forme intériorisée, comme un filtre mental, une tache aveugle de sa vision de lui-même. Son psychisme semble scindé, manœuvré par des instances qui s'ignorent mutuellement : le besoin de sortir de la cellule perpétuellement éclairée de sa conscience, le besoin d'être compris et accepté sans heurt par autrui, enfin le besoin de s'ouvrir tout entier et sans réserve au contact d'une femme, peau contre peau, bouche contre bouche – tout cela, Kafka le connaît, mais il refuse de comprendre que ce sont les manifestations d'un seul et même désir, désir qui s'enracine profondément dans le soma et qui, de ce fait, ne peut être ni pensé ni assouvi sans le corps.

À Marienbad, Kafka franchit ce seuil, et Felice – qui semble avoir ressenti elle-même un désir semblable pour la première fois –, Felice le permit. Il était grand temps, c'était leur ultime chance, le point de crise était atteint, Kafka perdait presque l'esprit. « *Quel être je suis! Quel être je suis!* se lamente-t-il dans une carte postale griffonnée au crayon. *Je la torture et me torture à mort.* » Mais quelques heures plus tard, ils découvrent Marienbad sous un grand soleil, et vivent une « *après-midi merveilleusement simple et belle*[24] ». La porte double s'ouvre. Il leur reste cinq jours.

« Je voyais déjà vraiment le rat dans son tout dernier trou. Mais comme les choses ne pouvaient pas être pires, elles se sont arrangées. Les liens qui me ligotaient ont du moins été desserrés, je me suis un peu repris, elle, qui ne cessait en vue de m'aider de tendre les mains dans le vide le plus total, est redevenue une aide, et je suis entré avec elle dans une relation de personne à personne telle que je n'en avais jamais connu et qui par sa valeur a égalé la relation que le correspondant avait eue à la correspondante dans nos meilleurs moments. Au fond je n'ai encore jamais été intime avec une femme, si j'excepte deux cas, celui de Zuckmantel (mais là c'était une femme et j'étais un garçon) et celui de Riva (mais là c'était à moitié une enfant et j'étais désorienté et malade de tous côtés). Mais ici j'ai vu le regard confiant d'une femme et je n'ai pas pu me fermer. Certaines choses s'ouvrent en grand que je voulais préserver à tout jamais (ce n'est rien de précis, c'est un tout) et par cette ouverture, je le sais, surgit aussi assez de malheur pour plus d'une vie humaine – mais ce malheur n'est pas invoqué, il est imposé. Je n'ai pas le droit d'y résister, d'autant que si ce qui arrive n'arrivait pas, je le ferais de mes propres mains rien que pour obtenir de nouveau ce regard. Je ne la connaissais pas du tout, j'en étais (entre autres scrupules il est vrai) tout bonnement empêché par la crainte de la réalité de cette correspondante ; le jour où elle est venue à ma rencontre dans cette grande pièce pour recevoir le baiser des fiançailles, un frisson m'a saisi ; l'expédition des fiançailles avec mes parents a été pour moi un supplice à chaque pas ; rien ne me faisait aussi peur que de me retrouver seul avec F. avant le mariage. Maintenant c'est différent et tout est bien. En bref, notre contrat est le suivant : nous marier peu après la fin de la guerre, prendre 2 ou 3 pièces dans une banlieue de Berlin, ne laisser à chacun que le souci de sa subsistance, F. continuera de travailler comme aujourd'hui et moi, moi, eh bien, je ne peux pas encore le dire. Mais si on veut se figurer concrètement la situation, cela donne l'image de deux pièces, à Karlshorst par exemple, dans l'une F. se lève tôt, file au travail et tombe de fatigue le soir dans son lit ; dans l'autre il y a un canapé où je suis couché à me nourrir de lait et de miel[25]. »

Brod dut être secoué par ce rapport en bonne et due forme : non seulement parce que plaisir et souffrance s'y mêlent de façon si étroite, mais surtout parce qu'il y découvrait des événements dont Kafka avait tu les résonances psychiques pendant trois longues années. Personne n'avait rien su de ce fameux « *supplice* », Kafka avait tout gardé pour lui. Nul doute également que Brod, qui entretenait au moins deux liaisons amoureuses en plus de son mariage, eut d'abord à traduire dans les termes de son propre vécu le langage sévère de Kafka, qui évoluait entre des images nettement découpées. Les connotations sexuelles étaient manifestes. Mais – chose étrange – elles se concentraient dans le regard de cette femme, dans ce qu'elle avait de moins incarné. Simple pudeur ? Peut-être. Mais si Brod avait pu dès cette époque feuilleter le journal de Kafka, il n'y aurait rien trouvé de plus : « *beau le regard de ses yeux adoucis, cette ouverture de la profondeur féminine* », est-il écrit à propos de Felice[26]. Jusqu'à la fin de ses jours, ce regard restera pour Kafka le symbole du bien, la preuve qu'une délivrance est non seulement pensable mais possible, « *pour un instant d'instant* ». *Tel* fut pour lui le miracle de Marienbad. Et seule une note inscrite sur un bout de papier peu de temps avant sa mort porte le souvenir du « *corps altier* » de Felice[27].

Il soutint son regard, et accepta avec une étonnante facilité que cette « *profondeur féminine* » finisse par se refermer. Marienbad n'était pas le paradis ; le quotidien y était aussi prosaïque que partout ailleurs, même au Schloss Balmoral, hôtel distingué et confortable qu'avait sûrement choisi Felice. Ils se promenèrent, se perdirent en forêt, fréquentèrent les établissements recommandés par le guide Baedeker – l'« Egerländer », le « Dianahof » –, nouèrent des relations sans suite avec les tablées voisines, lurent ensemble les journaux (l'enfer se déchaînait dans la Somme, mais personne à Marienbad ne pouvait ni ne voulait l'imaginer) et passèrent des soirées en tête à tête sur le balcon de Felice, assis à une petite table à la lueur d'une lampe. Il accepta aussi qu'elle ne lui ait pas encore pardonné leurs vieux maux, ne vit pas d'objection à écrire à sa « *chère mère* », c'est-à-dire à Anna Bauer, en se présentant à nouveau comme son gendre – les fiançailles se renouaient *de facto*, même si Kafka avait soin d'éviter ce terme –, et il s'acquitta même avec Felice d'une visite à Frazensbad, où Julie

Kafka et Valli prenaient les bains et lui lancèrent des regards scrutateurs, avec un sentiment de légèreté qu'il n'aurait pu imaginer seulement quelques jours plus tôt : c'était « *extraordinaire* », écrivit-il à Brod, « *tellement extraordinaire qu'en même temps cela m'effraie beaucoup*[28]. »

Cet état d'apesanteur infrangible et exempt d'angoisse ne cessa pas même avec le départ de Felice. Certes, Kafka fut déçu de constater que l'insomnie et les maux de tête persistaient alors que tout était au mieux. Il dut aussi – des suites d'une prétendue erreur de l'hôtel – passer la semaine suivante dans l'ancienne chambre de Felice, bien moins tranquille, et où les portes (maintenant fermées à double tour) donnaient de part et d'autre sur des suites occupées. Mais le soir, quand il revenait sur « son » balcon, s'installait à « sa » place, les yeux de Felice étaient de nouveau là, et ils restaient posés sur lui. Sous ce regard, une paix était restaurée ; sous ce regard, tout ou presque devenait tolérable ; et des années plus tard, Kafka continuait de compter ces six jours de bonheur commun et ces huit jours de bonheur solitaire parmi les grandes énigmes de sa vie[29] – quatorze jours : une peccadille à l'aune de ces centaines de nuits auxquelles ils étaient arrachés, mais aussi un épisode singulier, renversant, merveilleux pour ce moi fourbu qui vivait le temps non comme un écoulement, mais comme une lutte, et ne connaissait de relâche que quand ses forces s'épuisaient.

Pour nous aussi, c'est une énigme. Où étaient donc passés ces obstacles *objectifs* apparemment insurmontables dont Kafka avait fait le siège des années durant, et qui lui avaient toujours interdit le mariage ? Où, la peur légitime d'une vie passée au bureau, des responsabilités matérielles, de l'enfermement de toutes ses forces créatrices dans une cage familiale, de la fin de l'écriture ? Kafka n'avait-il pas lui-même, « *désespéré comme un rat pris au piège* », désigné le « *manque de liberté* » comme le noyau de son malheur tout juste quelques mois plus tôt[30] ? N'avait-il pas depuis long-temps porté l'acte de choisir entre le mariage et la littéra-ture aux dimensions d'un mythe personnel insubstituable ?

Max Brod, qui non seulement connaissait cette litanie, mais y mêlait à l'occasion sa propre voix, dut être effaré lors-qu'il saisit le sens de cette heureuse nouvelle : Kafka avait-il succombé à une tentation momentanée, avait-il perdu la mémoire ? Au contraire. Il avait brisé le cercle. Il avait trouvé une issue là où aucun de ses amis n'en avait soupçonné, un remède qui faisait litière de toutes les conventions. Plus fabu-leux encore : à ses côtés était une femme qui assumait sa part de cette solution, qui semblait même la *désirer*. « *Ne laisser à chacun que le souci de la subsistance*, telle est la phrase décisive de la lettre de Kafka, *F. continuera à travailler comme aujourd'hui.* »

C'était monumental : une option dont messieurs Brod et Weltsch pouvaient au mieux *rêver*, et dont la réalisation ne s'achetait qu'au prix du scandale. Felice aussi le savait bien, et elle résista cette fois-ci aux questions pressantes de sa mère : non, pas de détails. On ne sait pas. On verra. Attendons la fin de la guerre… Kafka fit de même, bien entendu, de sorte que Julie et Valli, qui lui rendirent visite à Marienbad le dernier jour de ses vacances, durent se satis-faire d'une réponse lapidaire : Felice et lui étaient réconciliés et se marieraient sûrement un jour.

Entorse aux formes qui aurait été inconcevable avant la guerre – pour ne rien dire de l'arrangement pécuniaire secrè-tement conçu par Kafka et sa fiancée, qui tournaient ainsi le dos à leurs origines sociales. Car la capacité de l'homme à

« pourvoir » pour son épouse, et le talent que la femme, en retour, mettait à entretenir le cocon domestique et à garantir aux enfants une éducation digne de leur classe, étaient encore des piliers du mode de vie bourgeois, et des signes de distinction incontournables par rapport au prolétariat. Sans doute, certaines familles respectables vivaient uniquement d'un héritage perçu par la femme. Mais même en pareil cas, la fonction masculine du pourvoyeur était maintenue telle une façade et, bien évidemment, c'était toujours *monsieur* qui signait chèques et factures. Impossible en revanche qu'une épouse et mère vende sa force de travail : cela éveillait des soupçons de nature sociale, voire morale, et jetait sur l'époux une ombre de proxénétisme. On rencontrait des exceptions tout au plus dans les métropoles, dans les milieux académiques libéraux, dans les cercles artistes et, bien entendu, dans le réseau marginal des sous-cultures influencées par les idées de la *Lebensreform*. Mais ces modèles n'existaient pas au sein de la bourgeoisie pragoise, où continuaient de valoir les droits et les devoirs du soutien de famille. Même Max Brod croyait bon de rappeler qu'il était marié quand il avait à négocier un honoraire – geste provincial, devenu déjà presque impensable chez les littérateurs viennois.

Ce dut être un choc, surtout pour la partie la plus âgée de la population, de voir à quelle vitesse ces conventions s'étiolèrent jusqu'à devenir obsolètes – une des conséquences les plus directes et les plus sensibles de la guerre. Soudain, la force de travail des femmes était requise jusque dans des domaines auparavant tabous : légendaires notamment les innombrables ouvrières des usines de munitions, besognant jour et nuit et hissées au rang d'héroïnes du « front intérieur » par chaque pays belligérant. Mais ce fut plus encore la présence soudaine des femmes dans l'espace public qui sema la perplexité, le trouble. Il fallait se faire violence pour monter pour la première fois dans *un tramway conduit par une femme* : non seulement parce que les passagers avaient une peur bleue (d'ailleurs alimentée par certains médecins et psychologues), mais surtout parce qu'il s'agissait d'une anomalie, d'une rupture effrayante et irréversible de l'ordre traditionnel. Chacun avait conscience – même si la presse conservatrice affirmait le contraire – que les femmes qui reprenaient ces postes ne se contentaient pas de « remplacer » les hommes partis au front. Elles ne céderaient plus les places ainsi conquises, même après la victoire attendue. Plus rien ne serait jamais comme avant.

La brusque valorisation du travail domestique renforçait ce soupçon. Personne auparavant (à part une poignée de féministes) n'aurait songé à voir dans les « femmes au foyer » une catégorie professionnelle. S'occuper des courses, du ménage, de la cuisine et des enfants : voilà à quoi les épouses passaient toutes leurs journées – tâches genrées et apprises par mimétisme, même lorsqu'elles étaient déléguées à du personnel de maison. Or, en 1916 au plus tard, en pleine économie de guerre, certains de ces services devinrent stratégiques, et l'ensemble du « royaume féminin » fut soudain célébré dans le discours public : il s'agissait dorénavant d'une question politique, c'est-à-dire *sérieuse*, avec toutes les conséquences qui en découlent. À leur tour, les femmes consultaient les pages économiques des journaux pour savoir quels aliments étaient rationnés, quels prix étaient fixés par les pouvoirs publics, quels jours il était interdit de faire de la pâtisserie et quelles peines les attendaient si elles répandaient des idées « défaitistes » dans les files d'attente, toujours plus longues et presque exclusivement féminines. L'attention des autorités se portait même de plus en plus sur le noyau de la vie domestique : le domaine de la sexualité et de la reproduction. Pour la première fois, les mères de familles nombreuses reçurent des distinctions publiques ; les naissances et même l'allaitement donnaient droit à des allocations ; et si le père d'un enfant hors mariage était soldat, les aides affluaient avec une générosité inhabituelle – tandis que les infidélités, qui minaient le moral des époux sur le front, étaient réprouvées non plus seulement par la morale, mais aussi par la politique.

La multiplicité de fonctions nouvelles, déterminantes et surtout *visibles* que le contexte de la guerre contraignit à confier et à imposer au « sexe faible » donna à l'émancipation des femmes de la bourgeoisie une poussée bien plus puissante que ne l'aurait pu le féminisme organisé, alors en grande partie loyal à la famille et à l'État – phénomène sociohistorique absolument déterminant que les sources attestent sans le moindre doute. Mais le tableau se brouille dès lors qu'on envisage ses conséquences tangibles sur le quotidien, sur les comportements et sur l'évolution des mentalités. Comment expliquer qu'une femme comme Felice Bauer, qui maintenait par moments toute sa famille à flot, qui occupait déjà *avant* la guerre un poste à responsabilités, et qui se trouvait donc « en pointe » à un degré exceptionnel, n'ait ajusté que *pendant* la guerre son habitus social et moral à sa situation, ne se soit approprié qu'alors la marge de manœuvre à laquelle son statut économique lui donnait droit depuis longtemps ? Et ce alors que le milieu des employés de la capitale lui avait inculqué depuis des années des rapports moins formels, plus lâches et, en un sens, plus sobres, avec le sexe opposé ?

Il y a lieu de croire que le bouleversement de l'économie est loin d'expliquer *à lui seul* que de telles transitions se produisent en l'espace d'une génération. Au contraire : il est possible (et même vraisemblable dans le cas de Felice Bauer) que la tendance du marché du travail à une certaine « équité » n'ait pas été vécue comme une pure libération, mais aussi comme une menace, comme un déracinement. De là le désir, dans la sphère privée du moins, de continuer à prendre appui sur la tradition, en jouant le rôle de la femme, de la fille, de la dame, de la fiancée. Il fallut sans doute un autre motif puissant pour imposer ce bouleversement, cette émancipation que la société modernisée offrait depuis longtemps à l'état *potentiel*, dans les couches plus profondes du destin individuel, dans la zone brûlante de l'identité et des mentalités sexuelles.

Ce motif fut la guerre, et plus exactement l'abolition brutale des limites éthiques qu'elle entraîna dans toutes les circonstances de la vie. Pourquoi respecter des lois qui n'auront peut-être plus cours demain ? Pourquoi rester fidèle à un homme qui est probablement mort ou prisonnier ? Pourquoi se refuser un plaisir qui n'existera plus le mois prochain, ou seulement au prix d'un ticket de rationnement ? Pourquoi épargner quand les tarifs augmentent sans cesse, pourquoi se restreindre quand d'autres profitent de la guerre sans vergogne ? Et enfin : à quoi bon les procédures fastidieuses du mariage dans un monde devenu fou où les gens, les institutions, les valeurs disparaissent, et où le moindre projet de vie qui vise au-delà de quelques mois est comme bâti sur des sables mouvants ?

On n'est plus à ça près : ce sentiment, germant d'abord dans la sphère privée, marqua en 1916 au plus tard un changement profond dans les esprits, changement qu'aucune propagande ne fut en mesure de contrer. Et les relations interlopes, les mariages précipités, la nette augmentation du nombre de naissances hors mariage ne furent que les signes les plus superficiels d'un séisme social de bien plus grande ampleur. Les gens, se plaignait la presse conservatrice, devenaient avides de divertissements, et il n'y avait rien de plus scandaleux en un temps où des centaines de milliers d'hommes risquaient leur vie. – *Avides*, vraiment? Ce devait être un malentendu. Les gens prenaient ce qu'ils trouvaient parce qu'ils savaient qu'ils ne le trouveraient pas longtemps. Et à l'approche de la mort et du déclin, la vie devient plus intense. Voilà tout[31].

La guerre ouvrit des perspectives, puis elle les referma – tant dans les rues immenses et sales de Berlin que sur les promenades chaque jour balayées et arrosées de l'idyllique Marienbad, où un fonctionnaire pragois et une employée berlinoise se baladèrent main dans la main au mois de juillet 1916. Eux aussi étaient emportés par ce temps accéléré où plus rien n'avait d'importance. Et ils avaient tiré des plans qui n'étaient *concevables* qu'en un pareil temps. Cela, ils le devaient à la guerre. Quelques jours plus tard, le Reich allemand durcit les règles d'attribution de ses laissez-passer, et la distance entre Berlin et Marienbad s'accrut encore. Puis, un mois à peine après ces belles vacances, la compagnie où travaillait Felice Bauer, la « Technische Werkstätte », lui confia de nouvelles tâches, faute d'hommes. En contrepartie, elle fut nommée fondée de pouvoir; mais, pour elle, ce n'était rien de nouveau.

Sous les yeux de Kafka, l'espace d'un instant, une utopie avait paru : se libérer de son travail alimentaire, se concentrer sur l'écriture et, *en même temps*, jouir de la paix que seule une femme pouvait lui apporter. Après le départ de Felice, le soir, seul au balcon, il joua avec cette pensée inouïe, impossible : l'union de l'intimité et de l'indépendance. On l'imagine ouvrant un cahier et cherchant une métaphore, l'image juste de cet impossible. Cette fois, il ne la trouva pas. Mais elle lui *échappa* ensuite dans une carte postale[32], sous la forme d'une de ces infimes fautes d'inattention, si fréquentes chez lui. Il voulait écrire « Schloss Balmoral », « château Balmoral », son adresse d'expéditeur ; mais il écrivit, presque, « Schoss » – « giron », « bercail ». Le « o » n'était pas achevé qu'il se corrigeait déjà… Il aurait pu s'en dispenser.

QU'AI-JE EN COMMUN
AVEC LES JUIFS?

D'accord, j'admire la trajectoire;
mais je pose la question : qu'est-ce qu'on a vu voler?
Arthur Schnitzler, *Livre des dictons et des doutes*
[*Buch der Sprüche und Bedenken*]

Notre empereur est venu ici en 1904, immense honneur, la ville entière en ordre de bataille, pavoisée, illuminée, des fleurs partout... Ils en parlent encore à l'hôtel Weimar : à sa table, il y avait le roi Édouard, celui qui est revenu chaque été jusqu'à peu de temps avant sa mort, incognito ou presque, les ministres et les princes faisaient la queue pour lui parler...

Si l'on avait demandé au maire en exercice, à la vingtaine de médecins de cure ou même au chef de l'« Orchestre municipal des Eaux » de nommer les personnalités les plus éminentes à avoir jamais mis les pieds à Marienbad, ils auraient certainement donné une réponse unanime : les dignitaires politiques – et tant pis si ces messieurs n'avaient « séjourné » là que quelques petites heures, comme François-Joseph, le temps de siroter une eau thermale avant de partir chez la concurrence dans la Karlsbad toute proche. *L'éminence* : la définition en était claire et nette, et les critères rigides. C'était le pouvoir qui hypnotisait, la capacité à « faire l'histoire », à ordonner autour de soi comme autour d'un aimant la limaille des vassaux ; et il n'y avait qu'à l'immortel Goethe (dont les visites avaient valu son nom à l'hôtel Weimar) qu'on concédait d'être éminent *per se*, en l'absence de tout satellite. Il fallut longtemps, des décennies, pour que les règles du jeu changent du tout au tout et que les guides touristiques de la bourgade aujourd'hui tchèque de Mariánské Lázně nous signalent qu'y ont aussi passé quelques semaines ou mois (et non « villégiaturé », le terme est passé de mode) Chopin, Gogol, Ibsen, Mark Twain, Johann Strauss, Nietzsche, Dvořák, Mahler et Freud – toutes figures dénuées de pouvoir politique. Et à la fin de cette longue liste : un Juif de Prague, le moins influent de tous. Lui-même avait d'ailleurs une conception toute personnelle de l'éminence. À sa fiancée, qui venait de repartir, il écrivit :

> « Figure-toi que nous n'avons pas du tout croisé le curiste le plus illustre de Marienbad, c'est-à-dire celui vers qui converge la plus grande confiance humaine : le rabbi de Belz, sans doute le principal pilier du hassidisme à l'heure actuelle. Il est ici depuis 3 semaines. Hier je me suis joint pour la première fois à la dizaine de personnes de sa suite pour sa promenade du soir[1]. »

On peut dire qu'ils avaient raté quelque chose – on ne sait trop comment, d'ailleurs, puisque les hôtels et restaurants « israélites » se trouvaient à deux pas du centre. Mais ce petit agrégat de bâtiments n'était pas un haut lieu de tourisme, et il fallut que Brod l'y incite dans une lettre pour que Kafka se mette en mouvement.

Ce n'était pas la première fois qu'il avait l'occasion d'observer de près un ponte du hassidisme et ses adeptes. À Prague aussi, on trouvait de telles gens, charriés jusque-là par les vagues de réfugiés et échoués dans les quartiers modestes des faubourgs. Ils gardaient leurs distances, évitaient les lieux collectifs et ne se montraient pas même dans la synagogue réformée, qu'ils tenaient pour impure. Nul doute que plus d'un Juif pragois, surtout dans la vieille ville, germanophone, n'avait eu vent de leur présence que par les journaux.

Kafka n'était pas de ceux-là. En 1915 déjà, soit un an avant Marienbad, un intermédiaire s'était proposé de leur donner, à lui et à quelques membres de la scène sioniste, un aperçu de la vie des sectateurs du hassidisme : le Pragois Jiří (ou Georg) Langer, un Juif de l'Ouest qui, au grand désarroi de ses parents, avait rejoint dès l'âge de 19 ans la suite d'un « rabbi miraculeux » de Galicie et s'était bientôt montré dans les rues de sa ville natale en caftan, papillotes et chapeau à larges bords, nimbé d'une fragrance d'oignon. Il était devenu à lui tout seul une attraction de Prague, certes un peu fatigante : fanatique, dévoué jusqu'à l'abnégation, diabolisant les femmes, le fondamentaliste *par excellence**. Même l'armée ne savait pas quoi faire de lui ; aucune menace ne l'impressionnait, surtout pas le jour du shabbat ; et on avait fini par le relâcher au bout de quelques mois avec un diagnostic de « *trouble mental* ». D'un autre côté, Langer, qui montrait en hébreu des facilités enviables, s'était déjà familiarisé avec les écrits hassidiques et possédait des œuvres cabalistiques rares, chose bien faite pour piquer la curiosité de Kafka et plus encore de Brod. Car ces chambres fortes de la tradition juive restaient fermées en grande partie, même aux sionistes culturels de Prague. Chez eux, c'étaient encore les anthologies tendancieuses de Martin Buber qui façonnaient l'image d'une « spiritualité » typiquement juive – recueils de légendes hassidiques retravaillées, romantisées, et dont Kafka trouvait la langue « *insupportable[2]* ».

Ceux qui prenaient le folklore de Buber pour argent comptant ne pouvaient que déchanter face aux réalités de la vie des Juifs de l'Est – par exemple à la vue du petit groupe d'adeptes massés autour du rabbi de Grodek dans une misérable pension du quartier pragois de Žižkov. Langer, qui jouait pour ainsi dire le rôle du cornac, avait poussé les visiteurs quelque peu circonspects dans un cercle d'hommes en noir qui priaient à voix haute puis se mettaient à chuchoter tout aussi subitement. Ils étaient arrivés à temps pour le « troisième repas » du shabbat : coutume particulièrement sainte, et incompréhensible pour les non-initiés, dans laquelle la table du plus insigne des convives (le « tsadik ») et les aliments qu'il sert reçoivent littéralement la qualité mystique propre à l'autel et à l'offrande. On ne peut pas dire que le feu sacré gagna les invités ; Kafka, surtout, observa beaucoup plus le singulier mélange de pureté et de saleté qui régnait dans la pièce que cette pratique rituelle qui ne lui évoquait rien. Et lorsqu'il se força à piocher du poisson dans le bol où le rabbi venait de plonger les doigts, il ne comprit pas que même ce geste-là, bien loin d'être fortuit, était une action sainte. « *Au fond*, confia-t-il à Brod lorsqu'ils regagnèrent la vieille ville, *c'était un peu comme dans une tribu de sauvages africains. Méchante superstition[3].* »

Le regard de Kafka s'était surtout porté sur le rabbi : qu'était-ce, au juste, qui qualifiait cet homme par rapport à tous les autres, quels étaient les signes distinctifs, les qualités sensibles qui fondaient son autorité ? « *Ce qui fait le rabbi, c'est une nature paternelle très accusée* », écrivit-il dans son journal : difficile de savoir s'il s'agit de son propre jugement ou de l'un des commentaires emphatiques de Langer[4]. C'était en tout cas une idéalisation. Kafka devait pourtant savoir depuis longtemps que les centres du hassidisme – au moins trente pour la seule Galicie – étaient régis depuis des générations par un principe dynastique : étaient héréditaires non seulement la fonction et l'autorité du rabbi, mais aussi son statut de « tsadik » miraculeux, de « juste » disposant d'un accès immédiat aux sphères supérieures. Dans ces « cours » souvent très provinciales, mais fastueuses en regard de leur taille, on avait honoré des maîtres fort divers et pas toujours très « paternels », qui dictaient à leurs ouailles certaines exigences financières[5].

Son récit détaillé de l'épisode de Marienbad nous montre que l'intérêt de Kafka pour le mystère de l'autorité restait vivace, même après sa déconvenue lors de l'excursion à Žižkov. De fait, l'éminent Yissachar Dov Ber Rokeach, rabbi de Belz, était l'une des figures les plus influentes du hassidisme, l'une des plus inflexibles aussi. Ce n'est sans doute pas un hasard si Langer, alors jeune converti, avait choisi cet homme entre tous pour son maître : à la « cour » de Belz, au nord de Lemberg, près de la frontière russe, non seulement le rituel ancestral était perpétué d'une main de fer, mais la vie même des hassidim restait dominée par le culte et immunisée contre la moindre nouveauté (y compris l'usage de couverts à table). Belz était un territoire juif à part entière, un lieu où le temps semblait s'être figé depuis des siècles et qui drainait un flux permanent de pèlerins par-delà les frontières. Mais dès les premières semaines de la guerre, le village avait été piétiné par les troupes russes, le rabbi avait fui en Hongrie, ses fidèles s'étaient dispersés.

Sa présence à Marienbad devait avoir des causes strictement médicales : les efforts maladroits des hassidim pour procurer à heures fixes de l'eau thermale à leur maître occupent une place considérable dans les treize pages de compte rendu adressées à Brod par Kafka. Celui-ci avertit d'emblée qu'il s'abstiendra de tout commentaire et s'en tiendra exclusivement à ce que chacun peut voir de ses propres yeux : « *or on ne voit que des détails, ce qui est révélateur à mon avis. C'est le signe d'une véracité appliquée même aux choses les plus bêtes. Où il y a vérité, on ne peut rien voir d'autre que des détails à l'œil nu.* » C'était convaincant, et Kafka apprécia à sa juste valeur l'occasion d'observer de près une personnalité à ce point exotique – grâce d'une part à une nouvelle entremise de Langer, venu à Marienbad à l'improviste, d'autre part à ce cadre inhabituel où le rabbi ne pouvait facilement se dérober aux visiteurs. Mais malgré tout le respect de Kafka, cette promenade ne put que piquer son goût de la mise en scène : un rabbi de 61 ans à la corpulence massive et à la barbe broussailleuse, en caftan de soie et bonnet de fourrure, arpentant la forêt sous une pluie battante en compagnie d'une petite troupe de *yoshvim* serviles censés se tenir sans cesse derrière lui ou à côté, l'un tenant une chaise, le deuxième une serviette sèche, le troisième un verre et le quatrième une bouteille d'eau… c'était une scène de comédie. Où Kafka trouvait-il la moindre vérité là-dedans ?

« Il examine tout, mais spécialement les bâtiments, des détails tout à fait perdus l'intéressent, il pose des questions, attire lui-même l'attention sur ceci ou cela, son attitude se caractérise par l'émerveillement et la curiosité. Dans l'ensemble ce sont les questions et les discours insignifiants d'une sommité en voyage, peut-être en un peu plus enfantin et joyeux, en tout cas ils abaissent la pensée de toute son escorte au même niveau et sans contradiction. L. [Langer] cherche ou pressent en tout un sens plus profond, je crois que ce sens profond est qu'il n'y en a pas et c'est à mon avis bien suffisant. C'est vraiment le droit divin, sans le ridicule qu'il aurait avec un soubassement insuffisant[6]. »

Toujours ce regard infaillible, si caractéristique, qui épingle tour à tour le père de Kafka, un professeur de lycée trônant sur son estrade, le fondateur adulé de l'anthroposophie, les meneurs des Juifs de l'Est à Prague ou le président débonnaire de l'Office d'assurances. Regard porté sur le pouvoir, regard qui perce à jour le vide derrière le décorum – sans toutefois se tranquilliser ni se complaire à faire tomber les masques. Car Kafka ressent aussi avec intensité la « *confiance heureuse et paisible* » qu'on voue sans hésiter à un *centre vacant*. Il la connaît lui-même, et les habitants de Marienbad, qui contournaient la rue où habitaient les Juifs, auraient dû s'avouer qu'ils la connaissaient eux aussi : c'était ce même sentiment puéril avec lequel ils avaient accueilli *leur* empereur et écouté les rengaines joviales qu'il dispensait depuis des décennies. Ce qui, bien entendu, ne les empêchait pas de mépriser les hassidim pour leur servilité.

Or ce n'était sans doute pas ce que Brod voulait entendre. Bien sûr, il appréciait le don d'observation incorruptible de Kafka, et si jamais il compara cette lettre avec le reportage paru le même jour dans le *Berliner Tageblatt*, où un correspondant visiblement mal informé faisait grand cas du « *regard mystérieux* » du rabbi[7], il dut savoir à qui se fier. Car Kafka avait vu que le tsadik *louchait* : il était aveugle d'un œil – tout le « mystère » s'arrêtait là. Mais ce qui intéressait Brod par-dessus tout – et qu'il était allé chercher dans la pension de Žižkov –, c'était la vision d'un judaïsme originel, intact et authentique, dont Kafka cependant ne disait pas un mot.

Les hassidim vivaient-ils à la source même de l'esprit et de la culture populaire juifs ? La question était débattue jusque chez les tenants du sionisme culturel et chez les promoteurs d'une nation juive. On admirait la radicalité et l'assurance avec lesquelles, chantant, dansant, priant, ils transformaient leur quotidien en service religieux : un shabbat perpétuel, une perpétuelle célébration de leur symbiose avec Dieu, sans l'écorchure du doute, sans tragique, avec une insouciance toute enfantine. Ils prenaient la Torah et la Kabbale au pied de la lettre, ils vivaient ce que d'autres ne faisaient que transmettre. Mais d'un autre côté, le hassidisme subissait de longue date le destin corrupteur de toute extase qu'on cherche à faire durer : d'abord mouvement d'éveil mystique, il s'était transformé en un culte rigide qui maintenait ses adeptes dans une dépendance et une ignorance criantes. Buber avait encore tâché de distinguer le règne despotique des tsadik d'un hassidisme qu'il voulait originel et socialement inoffensif ; mais cette lecture ressemblait trop à une manœuvre de sauvetage et ne soutenait pas l'examen historique.

Les idéalistes pragois s'inquiétaient également de voir les hassidim rejeter sans distinction toutes les formes du sionisme (dans lesquelles il voyait un empiètement inadmissible sur l'œuvre du Messie). Les soirées de débats organisées par l'« Association populaire juive » dans la noble intention de jeter une passerelle entre l'Orient et l'Occident avaient été des ratages purs et simples, et Brod eut beau parler tant qu'il voulait, il dut se rendre à l'évidence : ces réfugiés orthodoxes le rabaissaient au rang d'un Juif occidental typique. Plus grave encore : les meneurs des hassidim commençaient à se mêler activement de politique, ils damaient le pion aux candidats sionistes à la moindre occasion – le rabbi de Belz n'avait pas reculé devant une alliance avec des représentants catholiques du gouvernement, ce qui dut certes amuser les Juifs libéraux de Prague, mais plongea les sionistes dans la consternation. Cet homme était devenu un adversaire sérieux – longtemps avant de partir pour Marienbad –, et Brod n'en était que plus avide d'apprendre de première main ce qui se passait au sein de sa garde rapprochée[8].

Seul à porter un habit « court », Kafka se joignit deux fois à la promenade vespérale du rabbi en compagnie de Langer – puis il en eut assez. Ce qu'il avait vu là n'était certainement pas le mystère d'un judaïsme originel, mais une attitude, un habitus spirituel qui, à ses yeux, s'enracinait plus profond que toute forme de sectarisme borné, *plus profond que le judaïsme lui-même*. Brod aurait été surpris d'apprendre que Kafka, cette même semaine où il observa le tsadik tout en prêtant l'oreille aux discours exaltés de Langer, n'avait guère lu que la biographie (empruntée tout exprès à la bibliothèque universitaire de Prague) de la comtesse Erdmuthe-Dorothée de Zinzendorf, cofondatrice de la communauté chrétienne de Herrnhut*. Aux yeux de Brod, c'était un univers tout différent, à mille lieues du hassidisme ; pour Kafka, c'était la même exigence spirituelle, la même union totale de la pensée, du

---

* Le village de Herrnhut fut fondé en 1722 sur les terres du comte de Zinzendorf, en Saxe, par un groupe de Frères moraves fuyant les persécutions religieuses. Cette communauté hussite (c'est-à-dire inspirée par la prédication du réformateur tchèque Jan Hus) développa plus tard une forte activité missionnaire au Groenland, en Afrique, dans les Antilles et aux États-Unis.

sentiment et de la vie, la même véracité. En passant, mais nullement par hasard, Kafka avait employé les notions-clefs de « vérité » et de « véracité » comme des synonymes dans sa lettre à Brod. De fait, il était clair depuis longtemps pour lui que la vérité ne pouvait être le produit d'un jugement philosophique ou religieux, qu'elle possédait une dimension essentiellement morale et sociale : la vérité ne s'enseigne pas, elle doit être vécue, elle est un champ de force dont la source est dérobée à nos regards, mais dans les seules limites duquel une existence digne est possible – et qu'importe le comique qui en résulte quelquefois, par exemple chez les végétariens, les comédiens juifs orientaux, les gymnastes fanatiques, les piétistes ou autres mystiques. Une vie *dans le vrai** : maintenant que leur mariage était chose décidée, voilà d'ailleurs à quoi Kafka voulait gagner sa future femme.

De fait, Kafka se fit professoral ; et les petites incitations, le plus souvent ironiques, qu'il dispensait déjà de longue date sous forme de *running gags* dans leur correspondance, prirent peu à peu le ton insistant de la persuasion. Felice le connaissait depuis assez longtemps pour savoir qu'il abhorrait l'humour conventionnel et qu'il y allait d'un tout plus vaste quand il lui parlait d'aspirine, d'air frais et de voyages en troisième classe. Mais maintenant, il y allait *expressément* d'un tout plus vaste, et un fossé vraiment époustouflant s'ouvrit entre les brouilles quotidiennes que Kafka trouvait si importantes et les arguments foisonnants qui expliquaient *pourquoi* il les trouvait si importantes. Il avait une dent contre les travaux de broderie, avoua-t-il. Et une vie sans déjeuner à heure fixe, non, ça n'était pas possible. Et à l'avenir, écrivit-il de Marienbad, il faudrait aussi qu'elle évite de croquer des morceaux de sucre. D'ailleurs, tout ça n'était qu'un début, car « *le chemin de l'élévation est infini*[9] ». Et il le pensait sérieusement.

Felice promit de se corriger. Elle voyait bien que manger du sucre pur ne rendait pas service à ses dents déjà abîmées (car elle courait encore les cabinets de dentiste, même si elle répugnait à le dire). Mais Kafka, lui, semblait croire pour de bon que ces petits actes indolores de discipline n'étaient que les premiers degrés d'une échelle infinie qui menait on ne savait où, par-delà les nuages, au royaume de la perfection. Pour Felice Bauer, tout cela ressemblait fort à une leçon, à un programme ; et ce mauvais pressentiment devait bientôt se vérifier. Car l'intermède de Marienbad était à peine fini, Kafka avait à peine retrouvé ses deux bureaux de Prague, qu'il se mit à inventer des leçons en bonne et due forme.

Il lui demanda d'aller rendre visite au peintre berlinois Friedrich Feigl, qu'il avait connu à l'école et dont il admirait le travail en le suivant de loin. Elle devait choisir un tableau qui ferait office de « *cadeau pour un mariage juif moyen* » – domaine dans lequel elle avait un « *œil infaillible* », assura-t-il en termes équivoques. Mais le plus cocasse est que Kafka insista moins sur le tableau en tant que tel – qui coûtait l'air de rien l'équivalent d'un mois de salaire – que sur la visite de Felice chez le peintre et son épouse, et plus précisément sur ce qu'elle y découvrirait. Si elle y allait, affirma-t-il, elle y verrait « *beaucoup de choses dignes d'être vues* ». Quoi donc ? voulut-elle savoir. Eh bien, lui répondit la voix de l'instituteur de Prague, « *ce qui est digne que tu le voies réside à mon avis dans l'exemplarité de l'ensemble, dans la fondation d'un ménage sur beaucoup de vrai et peu de tangible*[10] ».

Le vrai : encore cette notion-fanal dont Kafka use chaque fois qu'il entend distinguer le mérite suprême ; plus fanal que notion, d'ailleurs. Car il ne sait nommer que très vaguement les critères qui distinguent ce vrai du faux. Il se contente de les *montrer du doigt*, comme si c'était l'évidence même. Il est d'ailleurs contraint d'admettre qu'il ne sait pas du tout à quoi ressemble le « *ménage* » exemplaire de Feigl : il ne connaît qu'à peine sa femme, et pas du tout leur logement berlinois. C'est dans la *forme* de ce ménage qu'il se projette et dans elle seule, dans cette fusion apparemment réussie du mariage et du travail artistique, dans cette utopie concrète dont il a déjà plusieurs fois voulu soutirer le secret à Feigl[11]. Or l'utopie doit être à l'épreuve du vécu ; et Felice Bauer, qui s'acquitta consciencieusement de la commission de Kafka, rencontra le peintre dans une ambiance qui lui parut tout sauf heureuse. C'étaient de braves gens, d'accord, mais elle eut beau chercher, elle ne trouva rien d'« exemplaire » chez eux – et encore moins en vue de leur propre mariage. Une fois de plus, les manœuvres didactiques de Kafka se heurtaient au jugement terre à terre de Felice. Mais il lui restait une ultime carte à jouer, et celle-ci – à leur surprise à tous les deux – devait se révéler proprement décisive.

À Marienbad, il lui avait parlé d'un « foyer populaire juif » fondé peu de temps auparavant, en mai 1916, à Berlin : au 22, Dragonerstrasse (actuelle Max-Beer-Strasse), près de l'Alexanderplatz, au cœur de ce fameux Scheunenviertel qui, ayant recueilli un énorme afflux de Juifs de l'Est depuis le début de la guerre – tantôt des réfugiés, tantôt des ouvriers de l'armement recrutés en Pologne occupée –, subissait de plein fouet la pénurie croissante de biens alimentaires. Siegfried Lehmann, un jeune médecin, avait pris la tête de ce foyer destiné avant tout aux enfants et aux jeunes Juifs de l'Est. Tâche infinie : car le vaste filet de sécurité de la communauté juive n'arrivait plus depuis longtemps à contenir la misère causée par la guerre ; et, dans la métropole, même les orphelins ne pouvaient plus espérer être accueillis « chez le Juif » (comme on disait à l'Est), en d'autres termes chez *n'importe quel* Juif qui se sentait concerné. La déchéance guettait ces enfants, et c'est ce que devait empêcher le foyer en leur proposant un encadrement, des cours, une initiation à un travail manuel, et surtout des « clubs » et des « fraternités » où les enfants du même âge veillaient les uns sur les autres. Tout cela, bien entendu, grâce à des dons, des bénévoles et à l'idéalisme des nationalistes juifs.

Combien les enfants juifs de l'Est étaient sérieux, avides de connaissances et, en même temps, influençables, Kafka le savait d'expérience : il avait assisté plus d'une fois aux tentatives de Brod pour donner à des jeunes filles galiciennes échouées à Prague – avec ou sans parents – un premier aperçu de la langue et de la culture occidentales ; il les avait même accompagnées dans diverses excursions. Cette mission le galvanisait, non seulement du fait de son utilité sociale et parce qu'elle lui valait la gratitude des intéressées – choses que Kafka connaissait déjà dans la « prise en charge » des soldats –, mais surtout parce qu'il s'y sentait à l'air libre, hors de l'univers paternel grillagé par les conventions, imperméable à toute idée nouvelle. Juifs de l'Ouest, Juifs de l'Est : c'était une vraie rencontre à l'issue incertaine, les jalons restaient à poser, le professeur était aussi élève, et le résultat de cette expérience n'était pas dicté par un principe surplombant, mais par la vie elle-même, par l'exemple vivant que des êtres humains s'offraient mutuellement.

La perspective de gagner Felice Bauer à une telle mission et son consentement spontané, quoique d'abord prudent, jeta

Kafka dans la plus grande excitation. À Marienbad, il avait vu germer entre eux une confiance, une intimité ; ce qui leur manquait, c'était un socle mental commun, une union *dans les faits*, ancrée en profondeur et en même temps consciente, qui inscrirait dans le temps long cette symbiose tant désirée et la préserverait des secousses internes et externes. Impensable, sinon, de risquer un mariage, c'était son avis depuis longtemps, et il n'eut donc aucune raison de taire cette profonde espérance : « *Dans l'ensemble et au-delà, je ne vois vraiment pas entre nous de lien spirituel plus étroit que celui qui naît de ce travail*[12]. » *Travail* : mot qui ne s'appliquait plus à la littérature, ce rêve-là avait fait long feu.

À peine Felice fut-elle de retour à Berlin qu'on lui remit une invitation au foyer : Kafka avait donné son adresse. Et il ne la lâcha plus, réclama des nouvelles chaque jour ou presque, dispensa d'avance des conseils ; et même la promesse que lui fit plusieurs fois Felice d'écrire une lettre à Lehmann et de s'occuper de cette histoire « *très énergiquement* » ne put le contenter : écrire ? Mais pour quoi faire ? Il fallait y aller, voilà tout[13] !

Or, quelque sympathique que lui fût cette affaire, c'était hors de question pour cette sagace employée berlinoise. Avant toute chose : se renseigner. Et au contraire de Kafka qui, dans son euphorie, n'avait même pas encore compris qu'il l'envoyait dans un quartier rempli d'immeubles insalubres, de *stibbelek* (des salles de prière à la polonaise), de magasins de volaille kasher, de fonts rituels dans les arrière-cours et d'habitants sans nombre, où Felice ne s'aventurait très certainement jamais – au contraire de Kafka, donc, elle estima qu'il valait mieux prendre le temps de la réflexion. Pour faire cours à des enfants et discuter pédagogie avec les autres bénévoles, il fallait un certain niveau de formation théorique, dont disposaient plutôt des étudiants – est-ce qu'on la prendrait au sérieux ? Puis il y avait la question du sionisme : quelques années plus tôt, elle avait voué à la question un certain intérêt, caressant même l'idée de faire un voyage en Palestine, à la plus grande surprise et la plus grande joie de ses nouvelles connaissances pragoises. Mais les débats idéologiques la laissaient froide, elle ne se tenait pas informée, et puisque le foyer de Berlin était visiblement un projet de jeunes sionistes – sous le patronage intellectuel de Martin Buber et de Gustav Landauer –, elle risquait là aussi de se retrouver en marge. Enfin et surtout : ces enfants avaient reçu une éducation religieuse, ils provenaient pour la plupart d'entre eux d'un milieu orthodoxe, ils avaient appris à parler avec les formules rituelles juives, avec les noms et les concepts de l'Ancien Testament. Ils lui poseraient certaines questions potentiellement embarrassantes auxquelles elle, une Juive de l'Ouest, ne pourrait répondre sans avouer son scepticisme, son ignorance.

Ce sont ces doutes de Felice Bauer – et peut-être aussi des questions sans détour qu'elle lui posa sur son propre rapport au sionisme – qui obligèrent Kafka à prendre position lui-même. Non, dit-il pour la tranquilliser, les convictions sionistes n'avaient pas la moindre importance. « *Le foyer met en mouvement et en action d'autres forces qui m'importent bien plus. Le sionisme, qui du moins dans une frange extérieure est accessible à la plupart des Juifs vivants, n'est qu'un accès à l'essentiel*[14]. » Noble pensée – ici encore, Kafka invoque un habitus spirituel situé *au-delà* de toute conviction concrète. Mais lorsque Felice (accompagnée de Grete Bloch) finit par faire le déplacement pour visiter le foyer et assister à un exposé de Lehmann, ce qui lui retentit aux oreilles n'en fut pas moins cette langue du sionisme culturel qui, comme elle dut l'avouer, lui répugnait depuis longtemps : travail du peuple, vie du peuple, corps du peuple, le peuple comme réserve de forces...

Mais non ! s'écria Kafka, auquel ce nouveau point commun donnait décidément des ailes ; il s'agissait d'humanité pure et simple, de quelque chose d'élémentaire : « *Tu trouveras là-bas des gens qui ont besoin d'aide et une possibilité d'aide raisonnable et, en toi, la force nécessaire à cette aide, alors aide. C'est très simple et pourtant plus insondable que toutes les pensées fondamentales.* » Et il fit suivre cet appel à la fibre sociale de Felice – il savait pouvoir l'influencer par là – d'un exposé de son cru où il mit toute son éloquence et où il joua sur des registres tout nouveaux et tout autres. Pas de doute : *ce* Kafka, elle l'entendait pour la première fois.

« C'est, pour ce que j'en vois, le seul et unique chemin ou le seuil du chemin qui peut mener à une libération spirituelle. Et cela plutôt pour les aides que pour ceux qui sont aidés. Garde-toi de l'orgueil qu'il y a dans l'opinion contraire, c'est très important. Car comment va-t-on aider là-bas, au foyer ? Puisque, pour cette vie, chacun est cousu dans sa peau et ne peut rien changer à ces coutures, du moins pas de ses propres mains ni de façon directe, on va tâcher de rapprocher les pupilles, au mieux en préservant autant que possible leur nature, de la disposition d'esprit des aides et, à plus longue échéance, du mode de vie des aides, c'est-à-dire de la condition des Juifs occidentaux cultivés de notre temps, variété berlinoise, et, concédons cela aussi, du type qui est peut-être le meilleur de ce genre-là. De cette façon, on obtiendrait très peu de chose. Si j'avais le choix par ex. entre ce foyer berlinois et un autre où les pupilles seraient les aides de Berlin (même toi, chérie, et moi le tout premier) et les aides, de simples Juifs de l'Est originaires de Kolomea ou de Stanislau, c'est à ce second foyer que je donnerais inconditionnellement la préférence, sans ciller, et avec un énorme soupir de soulagement. Seulement je crois que ce choix n'existe pas, personne ne l'a, un foyer ne peut rien transmettre qui vaille les Juifs de l'Est, sur ce point même l'éducation par les gens de même sang faillit de plus en plus ces temps derniers, ce sont des choses qui ne peuvent pas se transmettre, mais peut-être, voilà l'espoir, s'acquérir, se mériter. Et cette possibilité de les acquérir, du moins telle que je l'imagine, ce sont les aides du foyer qui l'ont. Ils feront peu de chose, car ils peuvent peu de chose et sont peu de chose, mais s'ils comprennent l'enjeu, ils feront tout ce qu'ils peuvent, et qu'ils fassent tout justement, de toute la force de leur âme, voilà qui est beaucoup, rien d'autre n'est beaucoup. Le rapport avec le sionisme consiste uniquement en ceci (qui ne vaut que pour moi, pas forcément pour toi bien sûr) que le travail du foyer reçoit de lui une méthode jeune et forte, des forces jeunes en général, que les aspirations nationales donnent de l'ardeur là où n'importe quoi d'autre risquerait d'échouer, et qu'on exalte l'invocation des immenses temps anciens, avec certes les restrictions sans lesquelles le sionisme ne pourrait pas vivre. Comment tu t'arrangeras avec le sionisme, cela est ton affaire, la moindre interaction (l'indifférence est donc exclue) entre toi et lui me fera plaisir. On ne peut encore rien en dire, mais si tu devais un jour te sentir sioniste (cela t'a déjà effleurée après tout, mais ce n'était qu'un effleurement, pas une interaction) et t'apercevoir ensuite que je ne suis pas sioniste – tel serait sans doute le résultat si on vérifiait –, cela ne me fait pas peur et ne doit pas te faire peur non plus, le sionisme n'est pas une chose qui sépare les gens de bonne volonté[15]. »

Phrases pénétrantes et radicales qui, prises au mot, auraient conduit Felice Bauer au bord de la rupture avec son existence bourgeoise. Du reste, l'idée que les bénévoles sionistes œuvraient « dans leur propre intérêt » n'était en rien un paradoxe forgé par Kafka : c'était justement la posture qui distinguait les initiateurs du foyer du sionisme partisan de la précédente génération. En plus d'être insuffisante – jugeaient-ils –, la simple bienfaisance faisait obstacle à la conscience d'une histoire et d'une identité juives communes. « *Le Juif de l'Ouest ne va pas seulement au peuple pour lui venir en aide,* écrivit Lehmann rétrospectivement, *mais pour ne faire qu'un avec le peuple, en vivant et en apprenant à ses côtés*[16]. » C'était là, il est vrai, le discours de Buber, prononcé du haut de la chaire du sionisme culturel et par-dessus la tête de bien trop de gens. Kafka, apolitique, évite sciemment d'utiliser l'appareil conceptuel populiste : de fait, jusqu'en 1920, on ne connaît pas une seule phrase de lui où le terme de « peuple » prenne un sens normatif ou seulement assertif. Il préfère miser sur l'humanité, l'abolition des préjugés, une ouverture fondamentale – se tourner vers ces gens, et pas seulement avec un porte-voix : voilà tout ce qui importe.

Certes, la posture de Kafka n'est pas si nette d'idéologie ni dépolitisée qu'elle prétend l'être : il idéalise les Juifs de l'Est, c'est là un héritage sioniste dont il ne se défera plus. Mais il fait dépendre la « *libération spirituelle* » (quand avait-il jamais usé de pareilles expressions ?) du seul individu, de son dévouement non pas à un parti, un mouvement, un peuple, mais à la personne humaine – et il ne veut entendre parler de rien d'autre. « *L'essentiel, ce sont les gens*, proclame-t-il à Felice, *rien qu'eux, les gens*[17] »; et il entend par là les Juifs de l'Ouest autant que ceux de l'Est. Malgré l'idéalisation, malgré le penchant de son époque – et il n'y échappe pas – à raisonner par types, il place toujours les noms de collectifs pour ainsi dire entre guillemets, sans leur prêter une valeur morale contraignante. Car les collectifs sont des entités nébuleuses, complexes et contradictoires, il est très rare qu'ils offrent le spectacle d'une belle homogénéité, et encore moins cette drogue, tant recherchée par les sionistes, de la « proximité du peuple » – surtout dans le *melting-pot* qu'est le ghetto d'une capitale. Lehmann lui-même quitta le Foyer berlinois quand ce constat lui apparut inexorable[18]. Reste le visage de l'individu. Son regard, lui, ne cède pas.

Les prises de position de Kafka rendent également palpables sa divergence fondamentale vis-à-vis de Max Brod, sans doute douloureuse pour les deux amis. Brod ne se définissait plus comme écrivain ou comme critique, mais comme sioniste, il se voyait au service d'un mouvement qui poursuivait des objectifs politiques, organisationnels et culturels concrets, et même lorsqu'il en appelait à la conscience individuelle, son langage était imbibé de la phraséologie de l'époque, voire contaminé par un zèle missionnaire qui suscitait le rejet. Buber en personne crut devoir l'inciter à plus de retenue; Gustav Landauer croyait même déceler à Prague les notes discordantes d'un chauvinisme juif, Brod s'efforçant ni plus ni moins de démontrer la supériorité du judaïsme sur le christianisme[19]. Mais ce n'était pas encore son plus grand cheval de bataille. Car Brod, pour l'heure, se consacrait surtout au problème de l'action sociale, autrement dit à la question de savoir qui s'impliquait ou non en actes ; les prises de position purement verbales de Schnitzler, Werfel, Wassermann ou Stefan Zweig en faveur du judaïsme lui donnaient de l'humeur – même quand elles n'exprimaient rien d'autre que les sincères convictions et sentiments de ces écrivains.

Tout autre Kafka, pour qui l'essentiel ne résidait en dernière analyse ni dans une prise de position ni dans le passage aux actes, mais dans une attitude d'authenticité absolue qui seule donnait son poids et sa substance à *toute* prise de position – quelle qu'elle fût. Authenticité : c'est-à-dire une concordance sans hiatus, intacte de toute immixtion étrangère et de phraséologie, entre la pensée, le sentiment et l'action – *être en accord avec soi-même, être vérace*. Kafka trouvait des exemples d'une telle véracité aux endroits les plus divers, et indépendamment de ses propres convictions : dans l'Ancien Testament ; chez Napoléon, Grillparzer et Dostoïevski ; chez le fol-en-Christ Emanuel Quint, héros éponyme d'un roman de Gerhart Hauptmann ; chez Rudolf Steiner et Moriz Schnitzer ; dans la communauté piétiste de Herrnhut et à la « cour » du rabbi de Belz ; dans la vie conjugale du peintre Feigl et dans l'idéalisme d'un étudiant juif nationaliste, dont Kafka va jusqu'à déclarer la vie plus précieuse que la sienne. À Felice Bauer, future « institutrice » du Foyer berlinois, il ne recommande d'ailleurs pas des lectures préparatoires sur le judaïsme, la politique ou la pédagogie (comme Brod l'aurait sans doute fait), mais, urgemment et avec insistance, les *Mémoires d'une socialiste* [*Memoiren einer Sozialistin*] de Lily Braun, qu'elle avait laissé tomber quelques années auparavant avec un brin d'ennui. Kafka lui demande de reprendre sa lecture, car « *un simple soupçon de l'état d'esprit* » de ce livre suffirait, dit-il, pour venir à bout de la première phase du travail au Foyer. Et du même coup, il condamne sèchement l'état d'esprit des sionistes pragois qui courent aux synagogues pour se prouver quelque chose[20].

Cette critique devait aussi viser Max Brod, qui, après son ralliement au sionisme et au nationalisme juif, avait commencé à se rapprocher des contenus religieux du judaïsme. Les deux amis eurent-ils des discussions explicites à ce sujet ? Nous l'ignorons, mais c'est peu vraisemblable. « *Qu'ai-je en commun avec les Juifs ?* avait noté Kafka dès 1914 dans son journal, visiblement sans se rendre compte qu'il n'aurait vraiment pu se poser cette question que s'il avait été un *meschumed*, un Juif baptisé, un renégat. *Qu'ai-je en commun avec les Juifs ? Je n'ai déjà presque rien en commun avec moi*[21]. » Brod avait dû entendre plus d'une fois ce genre de prises de distance énergiques ; quant au devoir qu'avait l'écrivain juif de s'engager pour la communauté et pour son peuple, Kafka ne le reconnaissait que de façon générale, tout en s'en exemptant (même s'il lui arrivait de donner quelques couronnes pour la Palestine). Depuis cette époque, Brod se montrait plus prudent, il évitait les confrontations théoriques et tâchait d'appâter Kafka par des voies indirectes.

En plaçant ses textes, par exemple. *Devant la loi*, légende qui forme le cœur du *Procès*, parut ainsi pour la première fois à l'automne 1915 dans la revue sioniste *Selbstwehr*[22] – ce qui dut réjouir Kafka, même si l'audience de cette petite publication, qui luttait pour sa survie depuis le début de la guerre, s'était dramatiquement réduite (« Selbst wer *sie hält, liest sie nicht* », disait un calembour : « *Même ceux qui l'ont ne la lisent pas* »). Fallait-il pour autant compter ce nouvel auteur parmi les « collaborateurs » de la *Selbstwehr* pour 1916 ? Manœuvre un peu précipitée, car c'est en vain qu'on attendit d'autres contributions de sa part.

Il n'en alla guère autrement pour Buber, qui, fin 1915, demanda à un certain nombre d'écrivains s'ils seraient disposés à travailler pour *Der Jude*, revue qu'il entendait fonder pour affirmer une ligne nationaliste juive. Comme Brod, omniprésent, s'engagea sans attendre, Kafka ne tarda pas non plus à recevoir une invitation – invitation qui ne contenait toutefois aucune note personnelle, mais uniquement les slogans de toujours : il s'agissait, écrivait Buber, de « *manifester, démontrer, rendre visible la totalité [juive] dans sa vitalité* ». C'était là une exigence à laquelle Kafka ne pouvait ni ne voulait satisfaire : « *Votre aimable invitation m'honore beaucoup*, assura-t-il, *mais je ne peux y donner suite ; je suis – quelque espoir ajoute naturellement : encore – bien trop abattu et incertain pour avoir le droit de parler ne serait-ce que de la voix la plus faible dans cette communauté*[23]. » C'était un peu tiède – depuis quand les écrivains renonçaient-ils par « incertitude » à un coup de publicité ? Mais pour Kafka, il était impensable de monter sur scène, de prendre position en public ou même de se faire le représentant d'une quelconque « totalité » sans être sûr de son affaire jusqu'à la moelle des os, sans la ressentir comme une part de son identité. Il était « *encore* » loin du compte.

Buber ne fut pas surpris par ce refus et ne dut pas y voir une perte essentielle. Il ne se rappelait sûrement pas bien cet écrivain pragois – Kafka lui avait rendu visite à Berlin, mais des années auparavant –, et on ne trouvait de lui aucun essai, aucun écrit programmatique sur la question juive : la capacité même de Kafka à en produire n'était pour l'heure rien de plus qu'une affirmation de son impétueux imprésario. Or celui-ci ne l'avait pas recommandé sans une certaine arrière-pensée. Aux yeux de Brod en effet, une revue défendant l'idée d'une nation juive douée de sa propre culture se devait de fournir des exemples de la littérature juive la plus contemporaine, et, en la matière, on ne pouvait pas être assez exigeant. Mais qu'était la « littérature juive » ? Ce ne pouvait être, lui répliqua Buber, qu'une littérature en hébreu, ou au pire en yiddish ; ce qui s'écrivait en allemand n'était pas authentiquement juif et n'avait donc rien à faire dans *Der Jude*. Brod fut sidéré : depuis quand lui, Buber, appliquait-il des critères à ce point chicaniers ? L'important, lui opposa-t-il, n'était pas la langue, caractère superficiel, mais la teneur, l'« *esprit* » de la littérature. En ce sens, des jeunes écrivains juifs de l'Ouest tels que Werfel, Kafka et Wolfenstein n'étaient pas des auteurs allemands, ils formaient bien plutôt un « *groupe spécifique au sein de la littérature juive*[24] ».

Et Brod voulut tout aussitôt fournir un exemple persuasif. Il proposa à Buber un article fondateur intitulé « Nos gens de lettres et la communauté » [« Unsere Literaten und die Gemeinschaft »] dans lequel il jouait l'éthique de l'action sociale – selon lui caractère infaillible de la littérature juive – contre l'égocentrisme amoral de l'avant-garde expressionniste. Le critère décisif de cette nouvelle orientation morale et donc esthétique des écrivains était leur capacité – sinon en pratique, du moins dans l'intention – à se défaire de l'embrouillamini d'un individualisme privé de racines. Or Kafka, avançait Brod, était à cet égard « *le plus juif* » de tous, car son aspiration à la communauté était la plus profonde ; en fait, Kafka allait jusqu'à considérer la solitude comme un péché et se rapprochait ainsi de « *la conception religieuse la plus élevée du judaïsme* » : le salut du monde plutôt que le salut personnel. En guise d'illustration, Brod proposa de joindre à son essai une courte prose de Kafka, *Un rêve*, qu'il avait dû « *littéralement lui arracher*[25] ».

Juif, plus juif, le plus juif : une douteuse gradation, une thèse périlleuse, et une preuve qui n'aurait pu être moins adéquate. Car enfin, ce fameux rêve, ou plutôt cette vision d'un homme qui descend tout vif dans la tombe en succombant à la beauté des lettres dorées de sa stèle – qu'y avait-il de *juif* là-dedans ? À prendre au mot la thèse de Brod, le *Rêve* de Kafka illustrait l'attitude inverse : le comble fantastique d'un narcissisme qu'aucune communauté ne peut plus sauver de l'autodestruction. Un tel échantillon n'avait pas de quoi faire revenir Buber sur sa décision de se passer des écrivains germanophones – il refusa, il *se devait* de refuser, même s'il tâcha d'adoucir ce refus en adressant des louanges à Kafka. Brod cependant ne se laissa pas impressionner : si ce n'était pas dans *Der Jude*, ce serait dans *La Prague juive* [*Das jüdische Prag*], anthologie qui parut fin 1916 sous l'égide de la *Selbstwehr*. Quelques jours plus tard, le cauchemar de Kafka parut même dans le *Prager Tagblatt*, ainsi offert au regard de ses collègues, sœurs et parents[26]. C'était toujours pareil : quand on se laissait « *arracher* » un texte par Brod, on le retrouvait bientôt dans les journaux.

Le ton dogmatique dont usait Brod pour passer toute la littérature au crible d'une opposition *juif/non-juif* s'accordait mal à son manque criant de critères persuasifs, et il laissait ses relations et ses préférences personnelles influencer ses jugements littéraires : tout cela n'aura guère échappé à Kafka, car Brod montrait depuis toujours cette même fidélité aussi bruyante que fluctuante à ses principes. Ces étiquettes n'avaient qu'une valeur stratégique, c'était monnaie courante dans le milieu littéraire, et s'il était regrettable que presque toutes les parutions juives se plient à ces pratiques, on ne pouvait pas faire grand-chose pour y remédier. Les Aryens d'en face faisaient-ils vraiment mieux ?

« L'essai de Max : Nos gens de lettres et la communauté, paraîtra peut-être dans le prochain Der Jude. D'ailleurs ne veux-tu pas me dire toi aussi ce que je suis au fond. Dans le dernier numéro de la Neue Rundschau, quelqu'un évoque la "Métamorphose", la conteste pour des motifs raisonnables, puis dit à peu près : "L'art du récit de K a quelque chose de foncièrement allemand." Dans l'article de Max en revanche : "Les récits de K comptent parmi les documents les plus juifs de notre temps."
Cas difficile. Suis-je un cavalier de cirque monté sur 2 chevaux ? Malheureusement, je ne suis pas cavalier, je gis au sol[27]. »

Il lui aurait suffi d'attendre quelques semaines, car, en novembre, un critique anonyme de *La Métamorphose* décréta dans le *Deutsche Montags-Zeitung* : « *Ce livre est juif* ». Brod et l'esprit juif menaient donc 2 à 1[28].

Toutes ces assignations et ces démarcations nous paraissent aujourd'hui étranges, et la fureur que mit le début du XXe siècle à ferrailler à coups d'« -ismes » et d'idéologies a quelque chose de fade au vu du maigre bénéfice qu'ont produit pour finir ces débats forts en gueule. Dans les rangs des sionistes aussi (et pas seulement dans la fraction du sionisme culturel), une prise de position enflammée était depuis le début jugée de plus haut prix qu'une analyse subtile, et l'on s'indignait de la simple apparition de dissidents longtemps avant d'examiner leur argumentation. C'était une affaire d'identité, pas de connaissance. Et une identité ne peut se permettre de compromis, elle doit veiller à son *immunité*, rejeter ce qui n'est pas elle.

Kafka connaissait bien cette logique ; au fond, sa propre conception de la véracité n'était pas moins puriste et, au grand dam de ses proches, elle n'admettait aucune concession – que ce fût pour manger un rôti, acheter des meubles ou contribuer à une revue. En revanche, Kafka concédait tout ce qu'on voulait dès lors qu'il y allait de simples opinions ou de visions du monde ; il n'était pas prosélyte, et ne cherchait à convaincre que ses proches, dont l'incompréhension le blessait. Certains y voyaient de l'indifférence. Or l'authenticité n'a pas besoin de l'acquiescement d'autrui, on peut aussi être vérace en montant le monde contre soi, et si Kafka était tourmenté par sa conscience sociale, ce n'était sûrement pas parce que ses opinions différaient de celles de la majorité.

Les promoteurs de « mouvements » ne pouvaient bien sûr se permettre une telle décontraction à l'égard de ceux qui ne partageaient pas leurs vues. Sauver le monde : oui, mais à nos conditions. Mais cette posture n'était tenable qu'à condition d'ignorer l'état présent des rapports de force et des leviers d'influence pour se concentrer sur des objectifs à long terme. Les meneurs du sionisme faisaient tout pour oublier que l'écrasante majorité des Juifs germanophones refusaient farouchement d'être « sauvés » par un quelconque écrivain, un professeur d'hébreu ou un réfugié polonais, et que, sur les petits 4 % de sionistes parmi eux, seule une infime fraction prenait effectivement le chemin de la Palestine. « *Un sioniste*, résuma Leopold Schwarzschild, *est un Juif qui œuvre de toute sa force de conviction nationale à ce qu'un autre Juif s'installe en Palestine grâce à l'argent d'un troisième Juif*[9]. » Ce trait d'ironie touchait un point sensible, y compris chez les sionistes de Prague : le contraste entre leurs revendications et la réalité était positivement grotesque, tout cela manquait de *véracité*, mais qui tentait d'aborder ce défaut publiquement se heurtait aussitôt à ses propres barrières idéologiques – on ne pouvait tout de même pas qualifier de *non-juive* l'attitude d'une si grande majorité.

Non moins funeste était le débordement de cette obsession du démarquage identitaire dans la littérature, c'est-à-dire un domaine où c'est précisément la singularité, l'exception qui revêt la plus grande valeur, et où personne ne peut se contenter d'être le représentant d'un mouvement ou d'une « tendance ». Qu'on ait gâché tant de papier et de travail pour savoir si tel auteur ou telle œuvre appartient au symbolisme, à l'expressionnisme ou à l'activisme, à une littérature « juive », « foncièrement allemande » ou autre, que tant de relations entre collègues et même d'amitiés se soient brisées sur ces questions – on ne peut le comprendre que comme le symptôme d'une *horror vacui* : là où plus rien ne va de soi, là où brusquement *tout se joue*, l'étendard du collectif, les « -ismes » et le « peuple » deviennent les ultimes emblèmes fiables. Les efforts poussifs des premiers critiques de Kafka pour le ranger dans une catégorie en sont des exemples typiques.

La tendance croissante de Brod à privilégier ces étiquettes collectives au détriment des idiosyncrasies intellectuelles aurait très bien pu amener une rupture entre lui et Kafka. Il se trompait s'il voyait dans l'enthousiasme de ce dernier pour le travail culturel des Juifs le signe d'un rapprochement. En fait, le gouffre entre l'éthique de la véracité propre à Kafka et la politique identitaire de Brod s'était déjà creusé au point de contraindre ce dernier à un grand écart : pour poursuivre l'échange avec Kafka, il devait sortir de son rôle de propagandiste. Et il le pouvait, précisément parce que c'était un *rôle*, et parce que l'ambitieux sioniste cohabitait toujours en lui avec un être vulnérable, désillusionné par la guerre, désorienté et quelquefois sentimental qui avait besoin de lâcher du lest, de laisser tomber sa couverture, de cultiver des amitiés au-delà de la lutte partisane, et qui n'avait pas tout à fait perdu sa sensibilité au talent littéraire.

« *Personnellement*, écrivit Brod à Buber, qui refusait encore obstinément de publier de la littérature juive allemande, *je considère Kafka comme le plus grand poète vivant, aux côtés de Gerhart Hauptmann et Hamsun! Ah, si vous connaissiez les grands romans hélas inachevés qu'il me lit quelquefois, en de rares occasions. Que ne ferais-je pas pour le rendre plus actif*[30] ! » Cette conviction était sincère; somme toute, c'était lui, « *personnellement* », qui connaissait le mieux la puissance de la langue de Kafka. Dans son rôle de sioniste, en revanche, Brod défendait de tout autres conceptions, car il y allait d'un principe : le principe du sang, selon lequel un potentiel linguistique du niveau de Kafka n'aurait même pas dû exister, *pas chez les Juifs germanophones* : car « *la langue ne nous est que prêtée*, croyait savoir Brod, *et c'est pourquoi nous sommes inféconds d'un point de vue purement verbal*[31] ». Nous, c'est-à-dire les écrivains juifs, éternels invités de la culture des autres. En privé, Brod se sera bien gardé de nourrir les doutes de Kafka avec de pareils arguments. Et si les auteurs juifs de langue allemande étaient irréfutablement stériles, alors Brod se sciait un peu la branche en qualifiant l'œuvre de Kafka de juive par essence. Il prit ce risque pour pouvoir l'admirer au grand jour. À l'évidence, c'était – une fois de plus – une question d'identité plus que de cohérence.

Des années plus tard, dans une longue lettre difficile à interpréter, Kafka alla jusqu'à parler d'« *usurpation [...] d'un bien étranger* », à qualifier la littérature judéo-allemande de « *littérature de Tsiganes* » qui ont « *volé l'enfant allemand au berceau* ». Il ne cite pas de nom, n'y inclut pas ses propres œuvres. Mais il est frappant que Brod, qui aurait très bien pu voir dans ces propos de nature polémique une conversion définitive de Kafka au sionisme culturel, ne leur ait pas donné de réponse. Avait-il fini par comprendre à quel point cette thèse sapait les fondements de son propre travail[32]?

Les voisins juifs de l'Est du Foyer berlinois voyaient tout ce remue-ménage d'un mauvais œil. Que se passait-il là-dedans? Quand les fenêtres étaient ouvertes, on entendait tantôt des chants et des lectures, tantôt le ronflement de scies et des coups de marteaux. Rentrés chez eux, les enfants répétaient aux parents, des ouvriers et des petits commerçants pour l'essentiel, à quel point c'était mal de chipoter sur les prix, qu'il fallait être solidaires, se serrer les coudes. On donnait à des gamins de 12 ans – incroyable – le droit de juger comme au tribunal les faux pas de leurs condisciples, d'approuver ou de désapprouver par vote leurs enseignants adultes, et leur plus haute distinction était « A. K. » : *anständiger Kerl*, bon camarade. Ils apprenaient des poèmes par cœur et rapportaient d'étranges livres qui n'avaient strictement aucun rapport avec la vie réelle. En fin de semaine, ils se promenaient pendant des heures dans la nature, dormaient dans la paille et racontaient ensuite à leurs parents abasourdis *comme c'est beau quand le soleil se couche*. C'était donc comme ça qu'on leur apprenait à survivre dans cette métropole hostile?

Il fallut un moment pour qu'un nombre appréciable d'adultes poussent à leur tour les portes du Foyer et osent profiter de ses services gratuits de puériculture et de médecine ou de ses conseils légaux. Mais cette bonne volonté ne suffit pas à faire tomber les barrières entre usagers et bénévoles, et l'objectif visé par Siegfried Lehmann – amener la population du Scheunenviertel à voir dans le Foyer « *un point central pour toutes les questions importantes de la vie quotidienne* » – se révéla parfaitement illusoire[33]. Le « travail populaire juif » se concentra donc de plus en plus sur les enfants, dont la malléabilité et la reconnaissance compensaient le moindre revers.

Felice Bauer, qui, comme Kafka, accordait plus d'importance aux personnes qu'aux principes, fut tout de suite impressionnée et même enthousiasmée par l'ambiance du Foyer populaire. Elle trouva les locaux confortables et étonnamment propres, plus dignes d'une maison que d'un foyer; il y avait une salle de lecture, des sanitaires, un petit atelier, un piano même. Et on y rencontrait des gens intéressants : une institutrice venue de Palestine, un jeune rabbin, un compositeur, plusieurs étudiants en médecine; et quelques sommités leur rendaient parfois visite, comme Buber et Landauer, ou de jeunes radicaux tels que Zalman Rubashov (dont personne n'imaginait qu'il serait un jour le président d'un État nommé Israël) et Gerhard Scholem (qui finirait par se rebaptiser Gershom et par commenter l'œuvre du fiancé de Felice).

Avec cela, pas une once d'arrogance professorale; on accueillait à bras ouverts tous ceux qui étaient prêts à travailler régulièrement et à se laisser gagner par l'effervescence générale. Les problèmes pratiques dominant, on attachait plus d'importance à la fiabilité des aides qu'à une profession de foi sioniste dont Felice ne se sentait ni l'envie ni la capacité. Personne n'avait l'air de lui en vouloir. En fait, Lehmann lui-même (qui ne resta que quelques mois avant d'être envoyé au front) fut impressionné par l'énergie avec laquelle cette femme qui avait déjà un travail se mit à endosser des tâches: deux fois par semaine, elle arrivait vers 17 ou 18 heures et restait tard dans la soirée; en fin de semaine, elle se joignait aux excursions; et elle se chargeait même de taper de longs documents. Le foyer avait tendance à accaparer les bénévoles, écrivit-elle; de sa part, c'était sans doute un compliment. Kafka fut dans ses petits souliers en lisant tout cela – mais Felice, visiblement, en avait encore sous le pied, et elle passait les autres soirs à des conférences sur Strindberg.

Or ce n'était pas le tout de sortir quelques enfants de la rue et de prendre soin d'eux. Le Foyer affichait une exigence pédagogique qui se voulait foncièrement juive; on attendait donc des aides qu'ils se réunissent régulièrement pour se mettre d'accord sur certaines questions religieuses, culturelles et éducatives, et qu'ils consentent à une sorte de supervision. Le groupe de Felice Bauer analysa et commenta ainsi chapitre après chapitre un classique de la pédagogie, *L'Instruction de la jeunesse* [*Jugendlehre*] de Friedrich Wilhelm Foerster, travail évidemment plus facile pour des étudiantes que pour une employée de bureau spécialisée dans la technique et qui n'avait pas l'habitude d'*interpréter* les textes. Par chance, elle connaissait quelqu'un dont c'était le métier : en toute hâte, à son bureau de l'Office, Kafka parcourut les passages essentiels du livre et tapa lui-même un exposé que Felice n'eut plus qu'à lire[34]. Il contribua aussi par des conseils littéraires et par des dons discrets, en envoyant par exemple une douzaine d'exemplaires du *Peter Schlemihl* d'Adelbert von Chassimo qui furent distribués aux enfants en vue d'une lecture collective.

Contrairement aux craintes de Felice Bauer, l'éducation religieuse était loin d'occuper le premier plan, les lectures proposées étaient pour l'essentiel profanes et occidentales et recoupaient la culture bourgeoise qui était la sienne. Cela lui donna de l'assurance. Elle comprenait aussi que l'expérience de la beauté – que ce soit dans la nature ou dans la prose allemande – était un instrument moral et pédagogique important. Un consensus semblait régner pour que les enfants « en voient » le plus possible – quitte à ce que les choses vues dépassent de loin leur entendement, et à ce que leur programme de lectures mêle curieusement les canons d'une culture scolaire et quelques recommandations sionistes. À quoi bon leur faire lire *Minna von Barnhelm* de Lessing ? demanda Kafka, consterné. Il fallait arrêter, arrêter tout de suite*! Il lui fut répondu que les adolescentes et les jeunes femmes du « Club des filles sionistes » avaient même étudié le fameux article de Brod sur la « communauté », texte qui exigeait pourtant la connaissance de la littérature expressionniste la plus récente. Mais tout le monde avait été emballé, lui assura Felice Bauer, ce concept de *communauté* avait plongé toutes les jeunes femmes dans le recueillement, elles avaient été à deux doigts d'écrire une carte pour

---

* La pièce de Lessing, une comédie datée de 1767, est en effet dénuée de tout rapport avec la situation des enfants juifs de l'Est.

remercier l'auteur. D'ailleurs, lui demanda Felice : « *Y as-tu déjà réfléchi toi-même? Et que penses-tu des réflexions de Max Brod sur la communauté?* » Bizarre, comme question. Elle ne savait toujours pas à qui elle avait affaire? Il aurait dû lui envoyer son journal pour répondre honnêtement[35].

Kafka n'était toutefois pas le seul à déplorer l'académisme et le manque de discernement des lectures proposées au Foyer berlinois. De jeunes sionistes bien armés idéologiquement se demandèrent si (re)socialiser et instruire des enfants juifs de l'Est à la mode occidentale ne revenait pas à les assimiler. *Quid* de la tradition juive et des préparatifs en vue de la Palestine? Au lieu de « *s'occuper de sornettes et de bavardage littéraire* », vitupéra le jeune Scholem, alors âgé de 18 ans, le directeur du Foyer aurait mieux fait « *d'apprendre l'hébreu et d'aller voir les sources* ». Et il ne se gêna pas non plus pour critiquer les aides féminines du Foyer, dont les « *classieuses jupes plissées* » trahissaient au premier coup d'œil un manque de combativité nationaliste. Le travail pratiqué dans la diaspora (qu'il nommait *golus*, en yiddish) était une besogne inutile et un gâchis de ressources juives s'il ne préparait pas le peuple au travail véritable, qui commençait en Palestine. Et cette fameuse maxime pédagogique de Buber : « *Devenir humain en devenant Juif* » – bien sûr, ça sonnait bien, c'était très émouvant. Mais même les gens les plus humains et les plus juifs qui soient ne trouveraient jamais de solution à la question juive, ni dans les régions de l'Est d'où arrivaient les réfugiés, ni dans le Reich allemand. Partir pour Eretz Israel, telle était l'unique solution[36].

Pour les dames bien intentionnées du Foyer, qui n'avait pas grand-chose à opposer à l'éloquence et à la culture de Scholem, ce dut être une douche froide. Pas pour Kafka :

« Le débat que tu racontes est caractéristique, dans l'esprit j'incline toujours à des propositions comme celles de ce M. Scholem, qui réclament l'extrême et par là, en même temps, le rien. C'est qu'il ne faut pas mesurer de telles propositions ni leur valeur à leur effet réel tel qu'on l'a sous les yeux. D'ailleurs je dis cela à titre général. La proposition de Scholem n'est pas irréalisable en soi[37]. »

Mais en quoi réside la valeur de propositions *irréalisables*? Dans leur vérité, pardi, dans leur véracité. – Kafka commente Scholem, et non sans sympathie. Le jour où ce dernier l'apprit, il avait 70 ans.

Chaque jour une carte postale. De temps à autre une lettre en plus, pour les grandes occasions. Une fois, même, un exposé. Et des questions, beaucoup de questions. Ne pas laisser le fil se rompre. Et garder ses plaintes pour soi.

On le sent : le miracle de Marienbad a rendu Kafka non seulement plus souple, mais plus réaliste. Il a compris qu'il ne suffit pas d'invoquer ou de rêver une appartenance réciproque. Une relation avec une femme – surtout à cette distance – exige un centre d'intérêt commun, un projet. Et il parvient à convaincre Felice que ce projet est son travail au Foyer populaire. « *Je me sens très bien en compagnie des enfants*, écrit-elle, *et, pour tout dire, bien plus à ma place qu'au bureau*[38]. » Cette phrase réjouit Kafka. Oui, elle est entreprenante, active, et c'est pour cela qu'il l'admire ; mais elle a aussi la voix compréhensive d'une femme avec qui l'on peut discuter, avec qui l'on peut vivre. C'est exactement ce qu'il a envie d'entendre, mot pour mot, et il peut à juste titre s'attribuer ce bonheur : il a donné l'impulsion, il a été persuasif, il a insisté, il a fait tout ce qu'il fallait. On a presque envie d'applaudir. Mais la vie n'est pas un devoir d'écolier. En la matière, ce sont les équations *trop simples* qui restent insolubles.

KAFKA FACE À SES LECTEURS

On ne mange à sa faim que chez soi.
Proverbe juif oriental

« Très cher Monsieur,

Vous m'avez fait du tort.
J'ai acheté votre Métamorphose pour l'offrir à ma cousine.
Mais elle ne comprend rien à cette histoire.
Ma cousine l'a donnée à sa mère, qui ne la comprend pas non plus.
Sa mère a donné le livre à mon autre cousine et elle non plus ne comprend pas.
Et voilà qu'elles m'écrivent. Elles veulent que je leur explique l'histoire. Soi-disant que je suis le docteur de la famille. Mais je ne sais pas quoi dire.
Monsieur ! Je me suis colleté pendant des mois avec les Russes dans les tranchées sans cligner de l'œil. Mais si ma renommée devait pâlir chez mes cousines, je ne m'en remettrais pas. Vous seul pouvez m'aider. Vous me le devez ; c'est vous qui m'avez mis dans ce pétrin. Donc, s'il vous plaît, dites-moi ce que ma cousine doit penser de La Métamorphose.

Avec mes sentiments les plus distingués,
Votre très dévoué Dr Siegfried Wolff »

Voilà de quoi elles avaient l'air, les petites turbulences cocasses causées par la rencontre des premiers textes de Kafka et de ses premiers lecteurs – prodromes inoffensifs de l'avalanche de discours qui s'abattrait sur son œuvre posthume une génération plus tard. Et il existait bel et bien, ce brave Siegfried de Berlin-Charlottenburg; son titre était authentique (Dr rer. pol.), son histoire de tranchées aussi (une blessure en 1915) et, dans le civil, il était directeur d'une banque. Kafka ne se sera pas refusé le plaisir d'une mise au point laconique[1].

S'il n'en parle presque jamais dans son journal, Kafka, au moins depuis que *Contemplation* était paru et l'avait fait passer du statut d'écrivant à celui d'écrivain, connaissait l'étrange sensation qui accompagne l'entrée en scène des *lecteurs*, cette émancipation du texte qui se dérobe pour toujours au contrôle et au perfectionnisme de son créateur. « Réception », tel est le *terminus technicus* : véhicule naturel de la littérature pour le lecteur, qui n'en connaît habituellement pas d'autre. Aux yeux de l'auteur, en revanche, pour qui le texte est le résultat d'un effort, pour qui le point de départ, les idées et les associations, les variantes écartées et les trouvailles intempestives, les blocages et les délires narcissiques finissent par constituer une histoire à part entière – aux yeux donc de l'auteur même le plus reconnu, le début de la réception marque en même temps une fin : on le dépossède de quelque chose, et sur cette chose se jettent de parfaits inconnus. Cette expérience n'a pas été épargnée à Kafka : étonnant, absurde quelquefois tout ce qu'on a voulu lire dans ses petits textes. Mais à la différence de Brod, il résista à la tentation d'intervenir par des explications rétrospectives ou même de faire valoir l'autorité du créateur : il gardait sa lecture pour lui et laissait la leur aux lecteurs.

Peut-être fut-ce en bonne partie grâce au rituel des lectures qui avaient cours dans son cercle d'intimes, mais Kafka s'habitua vite aux réactions indépendantes de lecteurs indépendants, et il échappa du même coup à des jeux de langage trop privés et dénués de conséquence. Il aimait beaucoup lire – d'abord pour mettre à l'essai ce qu'il estimait réussi, ensuite pour partager et ainsi démultiplier le plaisir de la réussite. Et le mieux était de le faire devant un public restreint, trié sur le volet et lié à lui d'une façon ou d'une autre : ses sœurs, Brod, Baum et Weltsch, la famille Bauer ou, au maximum, un cercle à demi public, comme le « salon » que tenait la femme du directeur Marschner.

Il était déjà plus difficile de le faire monter sur une scène entièrement anonyme – en pareil cas, ses réticences à toute forme de représentation sociale prenaient le dessus, et le plaisir de lire était parasité par les protestations de son surmoi, par la question dévorante de savoir de quel droit c'était *lui* qui se retrouvait au centre de toutes les attentions. Kafka n'avait pas peur de son auditoire, mais il se hérissait sitôt que la curiosité passait outre les textes pour se pencher sur sa personne, et il se trouva mal le jour où un lycéen féru de littérature se présenta comme son « *adepte très dévoué*[2] ». Il n'avait lu qu'une seule fois face à une foule d'inconnus, dans l'ivresse insouciante où l'avait plongé *Le Verdict* – mais il y avait quatre ans de cela, et, depuis lors, il n'avait eu ni recherché aucune autre occasion. Même dans son cercle d'amis, Kafka se bornait depuis longtemps à écouter. Qu'aurait-il donc pu lire ? Tout le monde attendait l'achèvement du *Procès* et du *Disparu*. Or Kafka avait eu son saoul d'encouragements aimables, il *savait* qu'il ne fallait plus penser à écrire un roman, pas tant que cette guerre durerait. Pour exercer sa voix, il s'en remettait donc aux textes d'autres auteurs, qu'il lisait de temps en temps à Ottla et à elle seule pendant les chaudes journées d'été, couché dans l'herbe d'une combe silencieuse au large de la ville.

Cette trêve fut mise à mal par une invitation inespérée : la « Galerie Neue Kunst Hans Goltz » de Munich proposait à Kafka de présenter ses textes lors d'une soirée littéraire. C'était déconcertant. Qu'avait-il à voir avec cette ville, qui le connaissait là-bas ? Dans une autre vie, formant le projet d'étudier à Munich, il y avait passé deux semaines, mais il n'en gardait guère qu'un souvenir mitigé. Depuis, il y avait flâné quelques heures en 1913, en revenant de Riva – et c'était presque tout. Il ne connaissait pas du tout la scène vivace de Schwabing, ou seulement par les anecdotes de Franz Blei, et elle était de toute façon éclipsée depuis longtemps par le phare de Berlin, la métropole littéraire. C'était *là-bas* qu'il aurait voulu lire. Certains de ses amis pragois y étaient connus depuis longtemps, même Oskar Baum y avait des soutiens, mais avant même que le nom de Kafka parvienne jusqu'aux oreilles des instances décidantes, une guerre mondiale avait rompu ses minces relations.

Pourtant, il n'eut besoin que de quelques heures pour décider de se rendre à Munich : à peine eut-il l'invitation qu'il dicta une demande de laissez-passer. Il comprit vite que ce n'était pas une méprise, et que Hans Goltz, libraire, éditeur et galeriste, élaborait un programme sérieux en suivant lui aussi l'avant-garde berlinoise : « Soirées de littérature nouvelle », c'était l'intitulé de cette série de rencontres inaugurée par Salomo Friedländer. Else Lasker-Schüler, Alfred

Wolfenstein et Theodor Däubler avaient répondu à l'appel. On avait vu pire – même si Kafka ne dut pas être rassuré de voir l'organisateur annoncer des « expressionnistes allemands », donc inscrire ces lectures dans le cadre d'un mouvement à la mode.

Comment avait-on eu l'idée de l'inviter? À vue de nez, pas de prétexte immédiat – à part peut-être cette recension intelligente et positive qui avait comparé Kafka à Kleist l'été précédent dans le *Berliner Tageblatt*[3]. Ou bien était-on informé de la parution *enfin* imminente du *Verdict* dans un livre à part, qu'il avait réussi à imposer à son éditeur? Non plus – c'était beaucoup plus simple, et assez dégrisant. Comme pour le prix Fontane l'année précédente, Kafka n'était convié qu'à titre de second couteau; l'invitation proprement dite était adressée à Max Brod, bien plus connu, qui avait proposé de faire lire Kafka par la même occasion – ainsi qu'un autre auteur, si jamais ce talent pragois n'était pas une attraction suffisante. « *Mon envie d'y aller s'en est réduite d'autant* », soupira Kafka[4]. Une seule lecture en tant d'années – et même celle-là, il la devait à Brod, comme tant d'autres choses.

Mais il ne songea pas à refuser. L'air de rien, ce passage à Munich lui offrait une chance de voir Felice – et ce n'était pas négligeable, au vu du durcissement récent des règles de délivrance des laissez-passer, qui rendait quasi impossible tout voyage de loisir vers le Reich allemand. Il fallait désormais prouver que ce séjour était *nécessaire*; il fallait un laissez-passer autrichien, un « certificat de franchissement de la frontière », un coup de tampon du consulat allemand; et il fallait, bien entendu, se déclarer auprès de la police allemande à l'arrivée et au départ. Comme les lectures faisaient déjà partie du métier d'écrivain, elles étaient en général admises comme motif de déplacement contre présentation de l'invitation (et sous réserve que l'individu concerné soit « *fiable et sans risque* », comme on le lit dans le dossier de police de Kafka). En revanche, pour une excursion de fin de semaine à Berlin, il aurait eu besoin d'une nouvelle déclaration de fiançailles, et il n'en était pas question pour le moment.

Felice se dit prête aussitôt à sacrifier deux précieux jours de congé et à passer son vendredi et son dimanche dans le train à seule fin de voir Kafka le temps de quelques heures. Elle n'avait pas froid aux yeux pour ces choses-là ;   elle s'étonna même que Kafka ne profite pas de l'occasion pour faire au nez de la police un crochet par Berlin et visiter, par exemple, le fameux Foyer berlinois. Mais Kafka n'avait pas le goût de l'interdit, même s'il ne put l'écrire aussi ouvertement à cause de la censure. Qu'à cela ne tienne : il découvrit que les trains de Prague et de Berlin se rejoignaient sur la route de Munich, de sorte qu'ils pourraient fêter leurs retrouvailles dès midi dans le wagon-restaurant – lui aussi, il comptait en heures.

Il y avait d'autres obstacles plus sérieux. Que pouvait proposer Kafka à ses auditeurs de Munich ? Hors de question de lire un passage d'une œuvre inachevée – Kafka n'aurait sans doute même pas envié l'aplomb d'un Thomas Mann, qui passait justement de librairie en librairie avec un fragment de son roman *Les Confessions du chevalier d'industrie Félix Krull*. D'un autre côté, il importait de montrer aux connaisseurs comment il avait évolué depuis ses débuts et où il en était *alors*. Ce n'était possible qu'avec un seul texte, encore non publié : *Dans la colonie pénitentiaire*.

Or ce récit soumettrait même les auditeurs les plus bien-veillants à une rude épreuve, il le savait déjà. Car Kurt Wolff, réformé quelques semaines plus tôt et enfin de retour aux commandes à Leipzig, avait émis quelques réserves à l'idée de publier la *Colonie* à part. Si sa lettre s'est perdue, la réponse de Kafka permet de deviner qu'il ne s'agissait pas d'une question tactique d'éditeur, mais bien d'un doute fondamental :

« Vos aimables paroles sur mon manuscrit m'ont été très agréables. Votre critique de son caractère pénible concorde tout à fait avec mon opinion, que j'applique d'ailleurs au même titre à toutes les choses qu'on peut lire de moi jusqu'à présent. Remarquez combien peu d'entre elles sont exemptes de ce caractère pénible sous une forme ou une autre! Pour expliquer ce dernier récit, j'ajouterai simplement qu'il n'y a pas que lui qui soit pénible, que notre temps en géné-ral et mon temps en particulier étaient et sont très pénibles eux aussi, et le mien en particulier depuis plus longtemps encore que le nôtre en général. Dieu sait jusqu'où je serais descendu sur ce chemin si j'avais continué d'écrire, ou plu-tôt si mes conditions de vie et mon état m'avaient permis d'écrire comme j'y aspire, toutes dents dehors. Or ils ne l'ont pas fait. Tel que je suis maintenant, il ne me reste plus qu'à attendre le calme, en quoi je me pose là au moins extérieu-rement comme un contemporain indubitable. Je suis égale-ment tout à fait d'accord pour dire que l'histoire ne doit pas paraître dans "Der jüngste Tag"[5]. »

Kafka refusa ensuite l'offre, plutôt courtoise qu'enthou-siaste, que Wolff lui fit de publier ce récit avec d'autres. Et non sans une pointe de bravade, il annonça qu'il donnerait peu après une lecture de sa *Colonie*.

Malgré l'autoflagellation dont ne pouvait se dispenser Kafka, ce ton de léger agacement n'aura pas échappé à l'oreille subtile de son éditeur. Mais ce qui était tout à fait inédit, c'était que Kafka n'expliquait pas seulement cette œuvre par une nécessité intérieure : il la présentait comme un symptôme de l'époque. Il avait l'air étonné que le lieutenant Wolff, qui venait de passer deux années de guerre en France et dans les Balkans, puisse encore trouver « *pénible* » la *Colonie pénitentiaire*. Sans doute, il y avait d'un côté une réalité monstrueuse et, de l'autre, de la *simple* littérature. Mais quel écrivain prenant sa tâche tant soit peu au sérieux pourrait se satisfaire de ce genre d'échelle de valeurs ? Fallait-il donc lui expliquer, à lui, Kurt Wolff, que la littérature, la littérature *vraie*, ne se jauge qu'à sa capacité à atteindre le noyau de la réalité ? Le récit de Kafka avait vu le jour à un moment où se déchaînait ailleurs une orgie de violence, une violence en quelque sorte surréelle, qui versait presque dans le fantastique – il aurait pu très facilement expliquer ce rapport à Wolff en des termes bien plus persuasifs (mais alors la censure aussi aurait compris).

Si étrangers que lui fussent les concepts de la politique, Kafka était parfaitement conscient que la *Colonie pénitentiaire*, qui s'achève par la mort d'un bourreau technocrate, pouvait être lue comme une « méditation » sur le présent, qu'elle était tout sauf consensuelle et qu'on risquait de trouver assez de motifs pour en interdire la lecture. La décision revenait au service de presse du commissariat central de Munich, à qui l'on devait transmettre par avance le moindre mot prononcé en public ; difficile de prévoir ce qu'en diraient les exégètes en chef. D'autant que le nom du galeriste Goltz n'était pas très apprécié de la police. Plus d'une fois déjà, ce soutien de Franz Marc et de Vassily Kandinsky avait provoqué les badauds en exposant dans ses vitrines le dernier cri de l'art, et il avait fallu disperser la foule furieuse qui s'était massée devant la galerie, dans la Briennerstrasse, juste à côté du « Café Luitpold », point de rendez-vous des artistes.

Les retrouvailles de Kafka avec celle qu'il aimait dépendaient donc du bon vouloir d'un fonctionnaire anonyme et injoignable de la police de Munich – expérience marquante même pour lui, qui voyait chaque jour des coups de tampon changer le cours de vies humaines. « *Je suis encore nerveux* », avoua-t-il à quelques jours de son départ. « *Je ne vois pas comment ça pourrait être autorisé, quelque innocent que ce soit au fond*[6]. » Innocent ? Certes, on ne trouva pas motif d'interdire le récit de Kafka pour le salut de l'État et de la société. Mais on signifia à Hans Goltz qu'il ferait bien d'éviter l'expression de « colonie pénitentiaire » lorsqu'il annoncerait l'événement. Car les colonies de ce genre étaient du ressort du ministère de la Guerre bavarois, et mieux valait ne pas tenter *cette censure-là*. De tous les intitulés qui lui vinrent à l'esprit, Hans Goltz en choisit donc un qui, en l'occurrence, était réellement innocent : « *Franz Kafka : münchhausiade* sous les tropiques*[7] ».

Cela pouvait-il être pire ? Par un coup de théâtre, Brod annonça qu'il n'avait pas obtenu de congé et que Kafka serait donc seul et sans filet pour représenter l'« expressionnisme » pragois le soir du 10 novembre 1916. Avec une fable à la Münchhausen.

---

* Le terme allemand de *Münchhausiade* est dérivé des aventures abracadabrantes attribuées au célèbre baron de Münchhausen. Certaines adaptations françaises en font des « gasconnades ».

« Dès les premiers mots, il sembla que se diffusait une fade odeur de sang, un goût étrangement fade et pâle se déposa sur mes lèvres. Sa voix paraissait s'excuser, mais ses images me transperçaient tels des couteaux [...].

Bruit étouffé d'une chute, confusion dans la salle, on emmena une dame qui s'était évanouie. La description se poursuivait. Deux fois encore ses paroles fauchèrent des spectateurs, qui tombaient inconscients. Les rangs des auditeurs et auditrices se clairsemaient. Certains s'enfuyaient juste avant que la vision de l'écrivain ait raison d'eux. Jamais je n'ai vu des mots provoquer un pareil effet. Je suis resté jusqu'à la fin[8]. »

On aimerait en savoir plus. Qui étaient ces trois malheureux, qu'est-ce qui les amenait à une lecture de Kafka ? Et qu'était-ce au juste qui les avait « *fauchés* » ? Les inénarrables poèmes de Brod (dont une longuette « Cantate cosmique ») que Kafka lut en introduction pour excuser l'absence de son ami ? L'« *odeur de sang* » qui montait du podium ? Ou bien l'ennui et le sommeil ? Et que firent-ils quand ils se réveillèrent ? Allèrent-ils porter plainte pour voie de fait ? Contre le galeriste, contre Kafka peut-être ?

Assurément, c'est une belle scène de *slapstick* : un poète qui continue de lire, imperturbable, tandis que ses auditeurs sont évacués sur des brancards ou fuient d'eux-mêmes pour prendre l'air. Mais elle comporte une fâcheuse pointe d'ironie : la seule description détaillée que nous ayons de cette lecture munichoise, due à la plume de l'écrivain suisse Max Pulver, est bel et bien une münchhausiade, un récit littéralement inventé de toutes pièces et qui ne doit son *thrill*, son frisson, qu'aux légendes les plus ineptes qu'on ait colportées sur Kafka[9]. Dans ce témoignage écrit plusieurs décennies après coup, Pulver, médium, astrologue amateur et bientôt graphologue, ne comprend toujours pas quelle chance il a laissé passer : il avait été témoin non seulement de la seule lecture que Kafka donna hors de Prague, mais aussi, semble-t-il, de l'unique entrevue entre lui et Rilke – événement exceptionnel y compris pour Kafka lui-même, dont la vie extérieure, à l'écart de la littérature, fournissait rarement l'occasion d'une pareille rencontre. Tout reste ainsi plongé dans une étrangère pénombre : cette galerie à l'étage de la librairie Goltz, fameuse dans toute la ville et décorée de tableaux de la Nouvelle Sécession ; quelques dizaines d'auditeurs, la plupart en manteau (Munich n'était pas épargnée par la pénurie de charbon) ; parmi eux, Rilke et quelques autres écrivains et critiques ; sans oublier Felice Bauer, probablement assise à une place d'honneur au premier rang. Puis le traditionnel repas au restaurant, sans Rilke hélas, mais avec des représentants de la scène littéraire locale, comme Eugen Mondt, Gottfried Kölwel et Max Pulver. « *Je n'aurais pas dû lire ma sale petite histoire* » : telle est la seule déclaration crédible qui reste de Kafka à propos de cette soirée[10]. Après un long silence, il avait essayé de se réchauffer une nouvelle fois à son propre foyer. Mais l'étincelle n'avait pas eu lieu.

Les représentants de la presse aussi s'en aperçurent. « *Restitution très insuffisante* », put lire Kafka dès le lendemain dans les *Münchener Neueste Nachrichten* ; « *un débauché de l'horreur* », jugea le *Münchner Zeitung* le dimanche, alors que Kafka était déjà dans le train du retour ; « *trop long, pas assez prenant* », lui cria-t-on encore de loin le lundi dans le *München-Augsburger Zeitung*… Il renonça à se faire envoyer d'autres critiques. Et comme de juste, il leur donna raison et insista lui-même sur « *l'échec effectivement grandiose de l'ensemble* » :

« J'ai dévoyé l'écriture en m'en servant comme d'un véhicule pour aller à Munich, ville avec laquelle je n'ai du reste pas le moindre lien spirituel, et après 2 ans sans écrire, j'ai eu la fantastique outrecuidance de lire en public alors que je n'ai rien lu à mes meilleurs amis à Prague depuis 1 an et ½. À Prague, d'ailleurs, je me suis rappelé les paroles de Rilke. Après quelque chose de très aimable à propos du Chauffeur, il a estimé que ni la Métamorphose ni la Colonie pénitentiaire n'atteignaient la même conséquence. Cette remarque n'est pas compréhensible telle quelle, mais elle est pleine de discernement[11]. »

Rilke avait visiblement lu *tous* ses livres – malgré tant de revers, c'était assez pour que Kafka retourne remonté à Prague. Que pouvaient lui faire ces deux trois auditeurs qui avaient trouvé la lecture trop longue, ces journalistes pour qui son attitude réservée était trop peu expressionniste ? Ce qui lui laissa une impression bien plus profonde, c'est que personne, dans ce milieu inconnu, ne s'intéressait au frère, à l'ami, à l'amant, au collègue, au sous-locataire, au propriétaire d'usine ni au sioniste. C'est l'écrivain, *l'écrivain et lui seul* qu'on avait invité et vu : on avait parlé de ses travaux, on lui avait demandé des nouvelles de la scène littéraire de Prague, on lui avait même soumis des poèmes, comme si son avis comptait. Rien ne le justifiait à ses yeux, et moins que toute sa performance de Munich. Mais c'était un stimulant précieux. Kafka se souvint que, à Prague, il ne faisait que jouer des rôles, bien trop de rôles. Et qu'une tâche l'attendait, inaccomplie.

Il laissa passer quelques jours, pas plus. Puis il se présenta dans une agence immobilière. Il lui fallait un appartement, c'était le premier pas, incontournable ; un appartement vaste, tranquille et surtout *tout à lui.*

Felice Bauer fut la première à sentir ce revirement. Et elle savait qu'elle y était pour quelque chose. Car la soudaine raideur de Kafka dissimulait une déception plus profonde que l'échec apparent de sa lecture. Ils n'avaient pas su retrouver l'intimité de Marienbad dans cette situation si exiguë, sur laquelle avaient empiété tous ces inconnus et les horaires des trains. Que faire en si peu d'heures ? Les retrouvailles tant espérées n'eurent pas lieu, des tensions apparurent, il y eut une dispute dans une pâtisserie. À quel propos ? Nous l'ignorons. Peut-être à cause des vœux que l'austère madame Bauer avait attendus de Kafka pour le Nouvel An juif et qu'il avait refusé d'écrire. Ou à cause du bouquet de fleurs que Felice lui avait demandé de remettre à ses parents – là aussi, il avait refusé. Il se montrait toujours aussi têtu quand il s'agissait de leurs familles. Elle lui reprocha son « égoïsme » – à lui, qui croyait pourtant s'être investi dans la vie de Felice et identifié à son travail au Foyer populaire jusqu'à l'abnégation, lui qui ne cessait d'invoquer ce centre d'intérêt commun depuis des semaines et des mois.

Ça ne se reproduirait pas, écrivit-elle de Berlin pour l'apaiser. Si, rétorqua-t-il, ça se reproduirait sans doute (et l'avenir lui donnerait raison). Venant d'elle, qui aurait dû mieux le connaître, il ne pouvait pas accepter ce reproche d'égoïsme. Ce reproche était justifié, d'accord, mais – et là s'éleva une voix ferme que Felice ne lui connaissait pas – non moins justifié était l'égoïsme lui-même, « *qui porte moins, incomparablement moins sur la personne que sur la cause* ». *La cause,* c'est-à-dire l'écriture. Et comme pour conjurer les derniers fantômes de l'Askanischer Hof (dont il avait sans doute senti passer l'haleine glacée dans la pâtisserie de Munich), il ajouta : « *La conscience de ma culpabilité est toujours assez forte, elle n'a pas besoin d'être nourrie de l'extérieur, mais mon organisation, elle, n'est pas assez forte pour ingurgiter souvent ce genre de nourriture.* » C'est *moi* qui trône à la place du juge, moi seul. C'était sa vieille stratégie, ramenée à ses termes les plus élémentaires[12].

Kafka rétracte ses antennes. Son désir symbiotique a manqué son but, a été éconduit – dans les jours qui suivent son passage à Munich, il commence à comprendre qu'il ne peut en aller autrement, qu'il ne peut espérer accomplir cette symbiose tant qu'il persiste à vouloir y *inclure* la littérature. Felice, de son côté, a lu *La Métamorphose*; à Munich – sûrement sans y avoir été préparée –, elle a subi le choc de la *Colonie pénitentiaire*. Elle trouve inconcevable que le déchaînement de tels fantasmes, ce jeu avec l'effroi, ce dépassement agressif, y compris en public, des frontières du dégoût, puisse devenir une *cause* dont les exigences règlent la vie la plus intime de deux êtres. Non qu'elle manque de bonne volonté, mais elle sent les limites de sa propre empathie. En termes vagues, elle annonce une « solution », une quelconque mesure pratique pour tout de même concilier la littérature et la vie conjugale. Mais elle ne va pas plus loin, et Kafka, lui, ne croit pas aux solutions.

Du jour au lendemain, le Foyer populaire juif disparaît de la correspondance. Kafka continue d'envoyer des livres, établit une liste de lectures recommandables à des adolescents, fait même don de ses droits d'auteur. Mais il ne pose plus de questions, ne donne plus de conseils, ne fait plus rien pour cultiver ce centre d'intérêt commun. Felice, pour sa part, ne saisit pas la nature profondément imaginaire de son dévouement. Leur réflexion sur les enfants juifs de l'Est lui importe davantage que les enfants eux-mêmes ; les comptes rendus de Felice, davantage qu'une visite des lieux, qui lui permettrait de vérifier la réalité de ses idées. Cette puissante utopie de la *vérité* et de la *vraie vie*, constitutive de son identité, est le noyau autour duquel gravitent tous ces fantasmes, et le Foyer, telle est son espérance, constitue un *exemple* susceptible d'apprendre à Felice ce que ces mots veulent dire pour lui. Or il la trouve inchangée, inavertie, et l'aiguille de la boussole qui indique la vérité change de direction. Elle ne pointe plus vers Berlin, mais vers quelques cahiers d'écolier que Kafka vient d'acheter.

« *Noël ? Je ne pourrai pas venir*[13]. » Cette fois, ce n'est pas à cause des règles de délivrance des laissez-passer. Felice objecte, fait des propositions que Kafka rejette en termes lapidaires. Il a besoin de ces jours fériés, de ces rares journées libres, et plus urgemment que jamais. Pour quoi faire – il le lui expliquera plus tard.

Fin 1916, le rideau tombe ; les sources se taisent une fois de plus. Une seule lettre à Felice Bauer nous est parvenue pour la première moitié de 1917 ; dans le journal de Kafka, quelques lignes seulement. Ils ne se revirent pas pendant quatre, cinq, peut-être six mois – érosion à bas bruit, soustraite à nos regards et toutefois guère surprenante[14]. Car le silence de la voix séduisante de Kafka est chaque fois le signe d'un manque essentiel ; l'absence chez lui de la moindre attention, de quelque forme d'érotisme que ce soit, désigne un vide que rien ne peut compenser durablement : ni leurs efforts pour répondre à la tâche que représentent les Juifs de l'Est, ni les problèmes de leur identité commune de Juifs occidentaux, ni même l'empathie proprement virtuose de Kafka. La symbiose n'est possible que dans un oubli de soi où l'on se livre à son désir – comme dans le rêve ou la folie. On ne peut la susciter à force de volonté et de méthode. C'est au contraire l'effort, le labeur, même s'il aboutit par instants, qui amène pour finir l'inévitable déception.

L'ALCHIMISTE

Je penchai la tête vers le papier
et regardai l'ombre de ma plume...
S. J. Agnon, *La Lettre*

Le long du mur d'enceinte nord du Hradschin, du côté intérieur, donc au sein du château, se trouve une des innombrables reliques du vieux Prague, un spécimen d'architecture unique : l'Alchimistengasse, ou ruelle d'Or, accessible seulement par le côté, car s'achevant de part et d'autre en cul-de-sac. Là, adossée et même intégrée au rempart, se dresse une rangée de minuscules maisons toutes composées d'une ou deux pièces. La légende veut que Rodolphe II, l'empereur fou, y ait fait vivre ses alchimistes autour de l'an 1600. Mur contre mur, ces maisonnettes s'alignent tels des coffrets colorés, et leurs portes sont basses, faites pour les hommes d'un autre temps; une vision émouvante.

À l'automne 1916, une de ces maisons trouva une nouvelle locataire : Ottla Kafka, alors âgée de 24 ans. Une pièce unique chauffée depuis un sous-sol minuscule, crasseuse, délabrée, et louée pour cette raison 20 couronnes par mois seulement. Tout juste ce qu'il fallait pour se faire un repaire confortable où Ottla passerait ses rares heures de loisir – à l'abri des regards sourcilleux de son père – et pourrait bavarder loin des oreilles indiscrètes avec Irma, sa cousine et meilleure amie. Et le jour où son amant, Josef David, dont ses parents soupçonnaient aussi peu l'existence que celle de la maisonnette, obtiendrait enfin une permission, ce serait un refuge idéal : si loin au-dessus de la ville, on était assez prémuni contre les rencontres fâcheuses.

Elle fit repeindre la pièce, acheta quelques chaises, fixa des patères au mur, apprit à se servir du poêle récalcitrant. Beaucoup de peines pour peu de chose, quand on pense qu'Ottla et Irma – travaillant toutes deux dans le magasin de mode de Hermann Kafka – jouissaient au mieux d'une pause déjeuner prolongée en dehors des dimanches, et ne retiraient au fond de ce repaire que la fierté clandestine d'avoir un endroit rien qu'à elles.

Son frère Franz avait moins de chance. Lui aussi songeait depuis longtemps à se trouver un lieu paisible pour fuir enfin l'immeuble « Au brochet d'or », où, depuis bientôt deux ans, il attendait chaque soir la fin du bruit universel, à peu près comme ç'avait été le cas chez ses parents. Il avait surtout cherché du Petit Côté de Prague, à l'écart des sentiers battus, tantôt avec l'aide d'Ottla, tantôt seul, mais toujours en vain. Or, quelques jours après son retour de Munich, une occasion ébouriffante se présenta : un appartement dans le palais Schönborn, près du Kleinseiter Ring, deux pièces hautes de plafond et peintes en rouge et or, avec téléphone, lumière électrique et, sous les fenêtres, le calme parc de la résidence, qui s'élevait en pente douce. Un rêve en plein cœur de la ville. Pour qu'il se réalise, le locataire d'alors demandait toutefois une indemnité qui valait plus d'un an de loyer. Kafka renonça – peut-être un peu par avarice, mais surtout parce que le faste de l'ensemble l'intimidait et qu'il se voyait mal accomplir sous des fresques le travail qu'il s'était assigné.

Peut-être fut-ce cet épisode qui orienta les pensées de Kafka vers la bicoque de sa sœur, dépourvue de toutes les commodités et représentant l'exact inverse d'un palais baroque. Kafka ne pourrait même pas y dormir. Mais tout à coup, l'idée le séduisit d'y passer chaque jour quelques heures à jouer avec ses cahiers, sa plume et son crayon dans une solitude totale. Le voisin, un vieillard sympathique, ne faisait presque pas de bruit malgré la minceur des cloisons et, en journée aussi, l'Alchimistengasse était tranquille : pas de chevaux, pas de tramway. Une des petites fenêtres offrait une vue plongeante sur le Hirschgraben et ses arbres feuillus, panorama que mentionnaient même les guides de voyage. Il en montait des chants d'oiseaux, rien de plus. Et puis c'était la guerre, personne ne venait plus à Prague pour le simple plaisir : très improbable qu'un touriste pénètre un jour dans cette chambrette et (suivant les conseils de son guide touristique) dépose une pièce sur la table pour jouir de cette jolie vue.

C'était une expérience, et elle réussit bien mieux que Kafka n'avait pu le rêver. Non contente de lui donner les clefs, Ottla fit en sorte que la maisonnette soit vivable. Il fallut faire livrer du charbon et, les midis, Ottla montait en hâte pour aérer, gratter le poêle et allumer le feu. Quand Kafka arrivait vers 16 heures, il trouvait une pièce propre, chauffée et calme. Il passait là quatre ou cinq heures, redescendait ensuite chez ses parents pour dîner en famille, enfin regagnait son logement de la Lange Gasse. Par la suite, il s'épargna ce détour de plus en plus souvent ; il apportait son repas, passait toute la soirée dans la bicoque d'Ottla et ne redescendait qu'aux alentours de minuit, le long de la vieille Schlossstiege, quelquefois sous la neige, quelquefois sous un ciel étoilé, rituel nocturne apaisant qui lui refroidissait les tempes et le préparait au sommeil.

Ottla était heureuse de voir son frère heureux, même s'ils se croisaient encore moins depuis qu'il évitait la table familiale. Si elle avait su qu'il nommait déjà ce refuge « *mon foyer* » et « *ma maison* » quelques semaines plus tard, elle l'aurait accepté, plus satisfaite que mécontente[1]. Même en fin de semaine, elle renonçait parfois à ses droits sur la maisonnette pour ne pas forcer son frère à arrêter d'écrire : elle chauffait, rechargeait la lampe à pétrole, puis s'en allait marcher pendant des heures sans se soucier du mauvais temps. Le dimanche 3 décembre, elle écrivit ainsi : « *J'ai pris la route du Stern et, en rentrant, je vais passer jeter un œil à ma maisonnette. De l'extérieur seulement, à l'intérieur il y a mon frère, et je crois qu'il va bien. C'est pour ça que ça ne me dérange pas de marcher dans les rues*[2]. »

Mais à l'intérieur, justement, que se passait-il ? Pour l'heure, c'était un secret. Kafka se débattait avec des « *impossibilités* », selon ses dires ; même Felice n'en sut pas davantage. Ce qu'il écrivait un jour, il le rayait le lendemain[3]. Rien de neuf, donc, dans la ruelle d'Or. Ses légendaires prédécesseurs les alchimistes n'avaient pas fait mieux.

Que l'État, le monde et le temps « basculent » par intervalles, c'est là un de ces euphémismes qui cèlent obscurément leur sens pour soudain – après des décennies de galvaudage – le dévoiler de terrible façon. Il est vrai que cette bascule se produit rarement, et que chaque génération n'en fait pas l'expérience. Des traditions s'éteignent, des trésors sont jetés aux orties, les gens se gaussent de la morale d'hier : il y a toujours quelque chose qui bascule, mais la Terre tourne, et la vie continue.

Que *tout* était en passe de basculer et que la vie, si elle continuait, prendrait une tout autre forme, une forme inimaginable – ce pressentiment gagna pour la première fois les sujets de la monarchie des Habsbourg pendant l'hiver 1916-1917. Ils s'étaient habitués à la guerre, ils y voyaient une fatalité dont il fallait attendre la fin patiemment. À bien y regarder, le brusque relâchement des mœurs, la redistribution des rôles sociaux imposée par la guerre pouvaient même revêtir un caractère libérateur dès lors qu'on était assez jeune. Et les plus âgés, eux, se persuadaient que les contrôleuses et les ouvrières des usines d'armement redeviendraient femmes au foyer quand tout serait fini. Et la mort ? Partout où l'on regardait, quelqu'un pleurait un proche, et même les plus ingénus avaient fini par comprendre qu'un désastre aussi massif, qui traversait toutes les couches sociales, ne pourrait être suivi d'un retour à la normale. Mais tout un peuple pouvait-il se figer dans la douleur ? Impossible, l'expérience le prouvait. Toute guerre, même perdue, ne laissait à la fin qu'un souvenir. Même cette plaie-là guérirait, croyait-on.

Or voici qu'une atteinte survint par un côté entièrement inattendu, affectant une sous-couche très profonde et sensible de la société, son substrat biologique. Les gens commencèrent à avoir faim. Comme s'il n'avait pas suffi que leur subsistance, depuis maintenant deux ans, leur soit mesurée jusqu'à la dernière miette : 40 grammes de beurre, 25 centilitres de lait, 20 grammes de graisse et 10 d'ersatz de café, voilà ce qu'on obtenait chaque jour contre « coupon », même le pain était préparé au gramme près, et pour en obtenir plus d'une miche par semaine, il fallait de bonnes relations. Cela rappelait subtilement la distribution du fourrage aux animaux, d'autant qu'on était fortement incité à bien mâcher ces rations réduites (chose que les adeptes de la *Lebensreform* n'eurent pas besoin de se faire dire deux fois). Pourtant, ce genre d'humiliations administratives n'avaient rien d'exceptionnel et, si on le voulait, on pouvait encore trouver à ces consignes un revers positif : l'équité. Or il s'avéra (une fois de plus) qu'on était mal avisé de prendre pour argent comptant le langage paternaliste des pouvoirs publics. Car la quantité effectivement consommée par chaque individu n'équivalait pas, tant s'en faut, au minimum auquel il était censé avoir droit. Certes, on se hâta de mettre en place des boulangeries municipales et des « soupes populaires » à bas prix pour prévenir toute révolte. Mais l'administration ne pouvait plus rien garantir : elle avait cessé de fonctionner, dans l'armée comme dans le civil. Et la fondation d'un « Bureau de l'alimentation publique » n'y changea rien, pas plus que les innombrables « centrales » semi-étatiques qui surveillèrent pendant le conflit l'ensemble des chaînes de redistribution (y compris celle des guenilles), ni les sanctions draconiennes dirigées contre la « contrebande » et les stocks illégaux.

La pression morale était un moyen éprouvé de jeter un voile pudique sur cette défaillance inattendue de l'État et d'en faire porter le poids à la population. À ceux qui se plaignaient que le pain des villes contienne de plus en plus de fécule de pomme de terre, de farine de glands ou même de sciure, à ceux qui n'aimaient pas le goût des orties, à ceux qui avaient une dent contre les cigarettes aux feuilles de peuplier, on rappelait fermement que « nos guerriers au front » en voyaient d'autres (ce qui n'était d'ailleurs pas vrai, à en croire les récits de soldats en permission). Un autre des expédients prisés par les autorités pour juguler la rage croissante de la population consistait à désigner des responsables : comme on ne pouvait admettre que cette pénurie générale était pour part le résultat du blocus maritime ennemi, et comme la presse n'avait pas non plus le droit d'écrire sur les manquements catastrophiques de l'administration, elle s'en prenait avec une vigueur redoublée à des « accapareurs » sans vergogne et à des « revendeurs » (de préférence juifs) censés créer du manque pour faire grimper les prix.

Mais plus les gens étaient forcés de mépriser eux-mêmes les lois, de se fournir sur le marché noir ou de piller les champs des maraîchers les nuits de brume, moins les récits de procès-spectacles offraient un effet cathartique, et moins on se satisfaisait de maudire une poignée de profiteurs de guerre. À la longue, la faim fut la plus forte, les estomacs réclamèrent autre chose que de la propagande, et aux yeux de chacun devint irréfutable ce que personne n'avait osé croire jusque-là : un État prospère et puissant du centre de l'Europe, un État à l'histoire brillante, doté d'ambitions impériales, n'était plus en mesure de nourrir sa population. Et, sauf miracle, il la laisserait geler pendant l'hiver. Un sentiment d'inconfort et de misère se répandit, un sentiment de clochardisation.

Le choc et les retombées psychiques entraînés par cette défaillance dépassèrent de loin les privations corporelles immédiates. Les gens se virent plongés dans une lutte de tous contre tous où le travail, l'épargne et la loyauté n'étaient plus méritoires. Ce qu'il fallait, c'était de la ruse, du culot, de la flexibilité et de bonnes relations. Cela revenait à dissoudre et même à inverser absolument le système des valeurs bourgeoises – catastrophe morale source d'angoisse et de désespoir.

Malgré tout, ou pour cette raison même, personne ne croyait encore qu'il s'agissait d'un déraillement irréversible du *système*. On cherchait plutôt des coupables. On pestait contre l'indolence des petits fonctionnaires, contre les administrations qui n'avaient rien prévu, contre le commandement de l'armée qui se servait à pleines mains dans des réserves raréfiées, sans oublier les ministères de Vienne, visiblement incapables de faire preuve d'autorité. Les Viennois affamés, eux, pestaient contre les Juifs de l'Est, qui allongeaient les files d'attente avec toute leur marmaille, contre les Hongrois, qui ne livraient plus de céréales parce qu'ils trouvaient plus importants de nourrir leurs bœufs et leurs porcs, contre les Tchèques, qui détournaient à leur propre profit les livraisons de charbon auxquelles ils s'étaient engagés. Et de plus en plus souvent s'élevait un soupir qui résumait parfaitement cette vague de régression sociale : « Si l'empereur savait ça ! »

De fait, la garde rapprochée du monarque restait l'unique repère stable dans cette cacophonie de haine et de désespoir aveugle : un espace de non-droit, apolitique, sur lequel chacun pouvait projeter ce que bon lui semblait et qui réchauffait tout le monde d'un même sentiment illusoire de proximité. Tous les contemporains connaissaient dans le moindre détail les revers de fortune qu'avait subis personnellement François-Joseph Ier au cours de son interminable règne. Mais personne n'avait la moindre idée de la culpabilité bien réelle que l'empereur portait dans la mort, la mutilation et l'épuisement de ses sujets. Chaque écolier savait que ce souverain consciencieux se mettait au travail dès 5 heures du matin. Mais en quoi ce travail consistait, nul ou presque n'aurait su le dire. Il s'offrait à tous les regards comme une figure généreuse, dispensatrice : à qui l'empereur avait donné audience, qui il avait promu ou distingué, tel était l'essentiel des annonces quotidiennes en provenance du Hofburg ; le reste consistait en exhortations paternelles, en témoignages de gratitude, en appels à serrer les rangs. Ce que l'empereur voulait vraiment, dans quelles décisions il était impliqué, ce que Sa Majesté avait édicté d'elle-même, on ne l'apprenait qu'exceptionnellement (et les Pragois ne surent jamais qu'il leur avait évité la loi martiale). En mars 1915, il avait ordonné que tous les jardins impériaux soient convertis en potagers. Pour l'amour de son peuple. Ça, on s'en souvenait.

Environner la pointe de la pyramide d'un voile de brume permanent, présenter l'empereur comme une figure ni politicienne ni partisane : c'était une vieille coutume autrichienne, et elle résultait d'un calcul politique et sociopsychologique tout à fait clairvoyant. Mais quand l'État se trouvait au bord du gouffre, quand les conflits de ressources et les disputes nationalistes se mettaient à envahir presque tout le discours public, maintenir le monarque « au-dessus de la mêlée » devenait l'unique option. Il était le grand arbitre, l'ultime référence commune au-delà de laquelle menaçait le chaos et dont personne, par conséquent, n'osait questionner l'importance. Inconcevable qu'une des parties en présence s'en prenne un jour à lui, surtout pas par un attentat comme celui qui venait de frapper le ministre-président austro-hongrois Karl Graf von Stürgkh[4]. Impensable également que cette figure supra paternelle tire jamais sa révérence, que sa dynastie puisse s'éteindre. Même parmi les nationalistes les plus agressifs, rares étaient ceux capables d'imaginer un après-guerre sans les Habsbourg.

Sauf que cette question fit brusquement surface : François-Joseph Ier mourut le 21 novembre 1916, un jour seulement après le lancement du 5e emprunt de guerre, un mois après la mort violente de son ministre-président, et pas moins de 68 années après son intronisation comme empereur d'Autriche. Le *bon mot** qui voulait que tous les sujets austro-hongrois naissent et rendent l'âme sous le portrait d'un seul et même empereur n'était pas loin de la réalité : beaucoup avaient vécu en ayant l'impression que l'empereur était là *depuis toujours*, et l'on aurait eu beaucoup de mal à dénicher quelqu'un qui avait connu en personne l'époque légendaire d'*avant* François-Joseph.

La commotion universelle qui s'ensuivit outrepassa de loin le deuil que la mort d'un souverain chenu aurait causé en d'autres temps. Un cataclysme symbolique pour chaque individu : inexorable le constat qu'il n'y aurait plus, après cette perte, de retour au pays de cocagne du tournant du siècle, de plus en plus transfiguré par le souvenir, et ce même si la guerre s'achevait de façon tant soit peu « clémente » (chose à quoi seuls les généraux continuaient de croire en fait). Sans doute, un successeur légitime se tenait prêt, et, quelques heures seulement après cette effroyable annonce, l'archiduc Charles, petit-neveu de François-Joseph, fut désigné empereur à l'âge de 29 ans. La dynastie vivait. Mais les efforts visibles de Charles Ier pour asseoir son autorité et répondre à la crise de l'approvisionnement par des mesures énergiques montraient que le nouvel empereur avait d'une façon ou d'un autre quelque chose à *prouver*, qu'il agissait en *politique*, empêtré dans les exigences pragmatiques du quotidien. Le trône symbolique, lui, resta vide. La dernière ancre avait cédé ; aucune instance n'empêcherait plus le monde de « basculer » une fois pour toutes.

Nul doute que les puissantes secousses sociales de la fin de 1916 aient aussi ébranlé Kafka. Si les sources ne permettent qu'indirectement de jauger dans quelle mesure il les pensa, il est certain qu'elles l'affectèrent matériellement. Car les Kafka souffraient de la pénurie, malgré leur prospérité et les relations multiples et salutaires que leur métier de grossistes leur assurait dans la région de Prague. Une lettre de Julie Kafka à Felice Bauer – pourtant rédigée au tout début de cet hiver catastrophique – indique sans équivoque que ni l'argent ni leur réseau ne suffisaient plus à les faire manger à leur faim :

> « Nous avons observé les fêtes juives comme de vrais Juifs. Pour le Nouvel An [Nouvel An juif des 28 et 29 septembre], nous avons fermé le magasin les deux jours, et hier, pour le jour de la Réconciliation, nous avons jeûné et prié comme il se doit. Le jeûne n'a pas été difficile, étant donné que nous nous entraînons tout le reste de l'année. D'ailleurs, la faim n'est pas encore si terrible chez nous, à Prague, et nous serions heureux de t'accueillir très bientôt[5]. »

C'était clair, et le sens de cette lettre ne peut avoir échappé au censeur (que Julie craignait à l'évidence moins que son fils). Car dire que « *la faim n'est pas encore si terrible chez nous* », c'était forcément sous-entendre : pas aussi terrible qu'à Vienne, où des troubles et des pillages avaient déjà eu lieu, et surtout : pas aussi terrible que chez vous, à Berlin. Même si personne ne pouvait prévoir que les mois suivants entreraient dans l'histoire allemande sous le nom de « Kohlrübenwinter », « hiver des rutabagas », ni que des milliers de gens finiraient par mourir de faim, le bruit courait depuis longtemps que le quotidien de la capitale allemande, contrairement à celui de Prague, offrait de plus en plus le spectacle grimaçant d'une lutte pour la survie. On peinait à y dénicher quelque chose de mangeable et, même avec un salaire de fondée de pouvoir, il fallait se contenter de l'« Einheitswurst » (une « saucisse uniformisée » dont le nom disait toute la saveur) et d'un septième d'œuf par semaine. Julie Kafka ne comprenait pas ce que son fils attendait pour inviter son amie, qu'il connaissait depuis des années, à venir passer Noël à leur table à Prague, où l'on aurait pu lui servir un peu mieux que cette pâtée. Et Felice non plus ne proposait pas de venir. C'était donc ça, leur réconciliation[6] ?

Kafka lui-même, qui mangeait peu, semble s'être accommodé plus facilement de la diminution des rations quotidiennes : il n'avait pas le goût des plâtrées de viande ni des parts de tarte à 4 heures, et la morosité des menus dans les restaurants et cafés n'était pas faite pour l'émouvoir. Dans un message à Ottla, qui s'inquiétait pour lui, il alla jusqu'à affirmer qu'il avait chaque soir dans l'Alchimistengasse plus qu'il ne pouvait manger[7], et même l'effrayante pénurie de charbon (il était déjà défendu de se chauffer la nuit) ne put l'empêcher de s'attarder autant que possible dans son nouveau refuge. Un jour que Brod passa le voir là-haut et se fit lire quelques textes – il y avait de nouveau matière à lecture –, il admira cette « *cellule de vraie poète* » et eut le sentiment que Kafka souffrait moins que lui des affres de ce troisième hiver de guerre[8]. Cette impression avait du vrai : c'était le temps des ascètes, aurait pu lui répondre Kafka. Temps sombre, temps glacial, un temps pour l'écriture.

L'hiver 1916-1917 a laissé au total quatre cahiers in-octavo non lignés d'environ 80 pages chacun : petit format maniable, propre à se glisser dans une poche de poitrine et à se transporter en ville. On suppose que Kafka en utilisa deux autres, qui ont disparu.

À les ouvrir, ces carnets de notes d'allure peu spectaculaire et noircis de bout en bout (la philologie kafkaïenne les nomme « cahiers in-octavo A-D ») offrent une vision étonnante, déconcertante : notes longues, brèves ou minimales, prose et dialogue, vers isolés, passages datés ou non, alternance arbitraire de sténographie et d'écriture normale, rares titres, pages entières de ratures, mots répétés, phrases interrompues, transitions non marquées ou longues lignes de séparation, à quoi s'ajoutent des griffonnages, des noms énigmatiques, une adresse, des brouillons de lettres, une liste de commissions, des restes de pages arrachées ou déplacées, une fiche venue d'ailleurs… le tout écrit comme sur un coin de table. Après le désordre des cahiers du *Procès*, c'est la tâche la plus difficile que Kafka ait laissée à ses éditeurs, épreuve dans laquelle Max Brod devait échouer d'instructive façon[9].

Même au deuxième abord, cette jungle textuelle ne s'éclaircit pas. Un lecteur de l'époque, y compris un connaisseur des rares œuvres de Kafka publiées jusqu'alors, n'y aurait *rien* retrouvé : pas plus son style « kleistien » que sa

narration réaliste, son humour inspiré du *slapstick*, ses doses
de fantastique administrées à froid, ou ces soigneuses mises
en scène d'actes manqués qu'il avait encore orchestrées
avec jubilation dans l'histoire inachevée du vieux garçon
Blumfeld. À leur place : un déchaînement imaginaire tout
aussi maîtrisé mais bien plus radical, une danse inouïe sur la
limite entre le monde réel et le monde du langage. « *J'étais
raide et froid, j'étais un pont* », nous disent les premiers mots
du cahier B ; « *Tout homme porte une chambre en lui* », lit-on
quelques pages plus loin ; « *Personne ne lira ce que j'écris ici* »,
annonce un mort-vivant ; « *Nous campions à l'oasis. Les compagnons dormaient* », raconte un voyageur ; ou encore : « *Une
pâmoison est venue me voir hier. Elle vit dans l'immeuble voisin.* »

Le lecteur d'aujourd'hui, déjà familier de plusieurs de
ces textes, est également troublé par le contexte d'expé-
rimentation où il les redécouvre dans les cahiers de Kafka
depuis la parution de l'édition critique : innombrables les
variantes, les interruptions, les changements de point de vue,
les renvois transversaux d'un passage à un autre. Cette écriture évoque du magma et suscite l'illusion que le mouvement reste possible même là où Kafka a fixé une version
définitive, « bonne à tirer ». « *Nous connaissons tous Pierre le
Rouge*, commence un long passage du cahier D, *la moitié du
monde le connaît. Mais lorsqu'il vint pour une représentation dans
notre ville, je décidai de faire sa connaissance de plus près, en personne.* » Pierre le Rouge ? Mais oui, c'est le chimpanzé qui
raconte sa capture et sa transformation en homme dans *Un
rapport pour une académie.* La moitié du globe le connaît en
effet : un texte canonique, qui doit surtout sa renommée
aux seuls-en-scène d'innombrables acteurs. Dans le cahier
de Kafka, cependant, ce singe apparaît tout d'abord comme

une personnalité questionnée par un journaliste; viennent ensuite deux passages aux thématiques bien différentes, et enfin le fameux *incipit* : « *Éminents Messieurs de l'Académie! Vous me faites l'honneur de m'inviter à remettre à l'Académie un rapport sur ma vie antérieure de singe.* » Mais dans ce qui devient alors un pur et simple monologue, le fameux journaliste, aussi empoté qu'importun, n'est pas oublié pour autant. Kafka/Pierre le Rouge l'évoque en effet rudement comme l'un de « *ces dix mille chiens sans cervelle qui se répandent à mon sujet dans les journaux*[10] ».

Ces échos, ces reflets ne sont toutefois que les effets collatéraux de ce grand jeu formel auquel s'adonne Kafka. On dirait qu'il est résolu à essayer *tout* ce qu'ont à offrir les différentes traditions narratives – allégories, paraboles, fables, contes, listes, rapports, monologues et dialogues, analepses et récits emboîtés, narration à la première ou bien à la troisième personne – et, en même temps, dans sa course à travers toutes ces formes, il donne l'impression de les entremêler. Il fond ce que le passé lui donne et il en tire des synthèses nouvelles et inédites : du plomb, il fait de l'or.

Il ne faut pas confondre cette démarche avec celle de l'expressionnisme, et encore moins avec l'*écriture automatique** que les surréalistes mirent au point quelques années plus tard, acte somnambulique censé déjouer la censure de la psyché. Chez Kafka, tout demeure sous contrôle, et l'abondance des ébauches offre la meilleure preuve qu'il soumettait ses trouvailles à une sélection drastique : ce qui n'était pas porteur, pas assez imagé, ce qui ne présentait pas de cohérence organique ou éveillait le soupçon d'une simple « construction » était interrompu. Kafka ne se laisse pas non plus aller à attenter aux fondements de la langue : pas de néologismes, d'allitérations gratuites, de mimétisme de l'oralité, d'atteinte à la grammaire, ni d'accumulation de tirets ou de points d'exclamation. La langue allemande classique est l'unique médium que continue de respecter Kafka, il n'en franchit jamais les limites arbitrairement et encore moins en vue d'un simple effet – mais son voyage *à l'intérieur* de ce médium le mène dans des régions où personne n'avait pénétré avant lui.

Telle n'était sûrement pas son intention au début de cette fructueuse période de cinq mois, et ses premiers pas ont un air assez anodin. C'était sa troisième phase d'écriture intensive depuis l'automne 1912, et il voulait tenter quelque chose de nouveau, une chose que nul n'attendait de lui mais qui ne choquerait pas pour autant. Son choix se porta d'abord sur la forme dramatique. Celle-ci, chacun le savait, était alors monnaie courante chez les écrivains : selon les exigences de leur sujet, des auteurs aussi reconnus que Gerhart Hauptmann et Arthur Schnitzler allaient et venaient entre prose et théâtre sans qu'on leur décerne pour autant le titre de talents universels. Même des auteurs aux préférences nettement marquées changeaient parfois de support : Thomas Mann écrivit une pièce, Carl Sternheim, quelques récits, Rilke, poète, avait publié un roman hors du commun, et Werfel triomphait au théâtre avec ses *Troyennes* [*Troerinnen*] – pour ne rien dire de l'imprésario de Kafka, Max Brod, qui s'essayait à absolument tout, de l'histoire de fantôme jusqu'à la poésie sioniste. Alors, pourquoi pas une pièce de théâtre ?

Cette tentative fut un échec. Si fort que se soit démené Kafka – et l'accumulation inouïe de corrections et de ratures révèle qu'il dut s'enferrer pendant des semaines –, quelque soin qu'il ait mis à extraire encore et encore de cet éboulis de texte des éléments utilisables pour les réagencer : *Le Gardien de la crypte* demeura un fragment, et seules quelques-unes de ses scènes lui semblèrent assez mûres pour être lues. Dans ce but, Kafka alla jusqu'à les mettre lui-même au propre à la machine, même s'il est douteux que quiconque ait connu ces dialogues[11].

Le Gardien de la crypte ne compte certes pas parmi les grandes réussites de Kafka, la postérité n'y a pas vraiment trouvé son compte, et les tentatives de certaines petites scènes pour lui redonner vie sont demeurées épisodiques. Sa dépendance à des modèles (Strindberg surtout) est trop visible, sa construction trop gauche, l'ensemble trop inabouti. D'emblée, un fastidieux rapport est nécessaire pour rendre tant soit peu suggestif l'événement déclencheur : l'apparition du fantôme des anciens rois. Shakespeare avait fait mieux dans le premier acte de *Hamlet*. Kafka fit bien de jeter vite aux oubliettes ces « *impossibilités* » dont il avait rempli la plus grande part de son premier cahier, et d'en revenir au métier qu'il maîtrisait.

Il libéra ainsi la scène pour un feu d'artifice imaginaire sans précédent : *Un médecin de campagne*, *Le Pont*, *À la galerie*, *Le Prochain Village*, *Le Chevaucheur de seau* et *Un fratricide* virent le jour entre décembre et janvier. *Chacals et Arabes* et *Le Nouvel Avocat*, en février. *Un vieux papier* et *Onze fils*, en mars. *Le Souci du père de famille*, *Une visite à la mine*, *Un croisement* et *Un rapport pour une académie*, en avril. Sans oublier le projet du *Chasseur Gracchus*, idée qui datait de Riva et que Kafka reprit entre janvier et avril, ni d'autres fragments importants tels que *Le Voisin*, *Le Coup à la porte du domaine* et *Pendant la construction de la muraille de Chine*, dont serait plus tard extrait *Une missive impériale* – tous textes datés de février et de mars. Une suite de petits bijoux qui auraient suffi à eux seuls pour fonder, sinon la renommée, du moins l'*exégèse* mondiale de Kafka, cette lecture pieuse qui suit chaque ligne du bout de l'index, qui prend le texte pour une révélation divine et qui le soustrait une fois pour toutes à la critique sublunaire. Ce furent d'abord les textes énigmatiques des cahiers in-octavo qui entraînèrent les lecteurs professionnels et, peu après, le grand public, à cet interminable décorticage du sens qui tourne et retourne chaque lettre – attitude qui devait s'étendre progressivement à la totalité de l'œuvre.

Aujourd'hui que le processus créatif se montre dans la lumière crue de la philologie, cette tendance à révérer le texte nous apparaît naïve, obscurantiste. Aucun admirateur de *La Métamorphose* ou du *Chauffeur* ne doute plus que ces œuvres, malgré la précision et l'élasticité de leur langue, malgré leur achèvement formel et leur allure d'intemporalité, soient issues d'un contexte : ces histoires ont elles-mêmes une histoire, elles dévoilent les expériences, les préférences et les obsessions intimes de leur créateur, et elles sont le produit d'un art acquis et affiné au fil des ans. Même l'affirmation de Kafka selon laquelle il aurait pu faire mieux dans de meilleures conditions ne saurait être écartée, et il n'est pas besoin d'étudier les corrections présentes dans les manuscrits pour, à tout le moins, prendre au sérieux ces doutes de l'auteur.

Il n'en est pas moins vrai que Kafka, avec les proses de ses cahiers in-octavo – on hésite à parler encore de « récits » –, a soumis ses lecteurs aux plus dangereuses tentations de la religion de l'art, plus que jamais auparavant et comme jamais par la suite. À elle seule, la diversité des motifs, des images et des thèmes éveille jusqu'à l'absurde le soupçon que l'auteur ne se nourrit que de lui-même : là où s'observent entre les textes des variations et des rapports, ceux-ci sont manifestement *voulus*, et même les obsessions et les petits jeux privés qu'on peut y découvrir témoignent d'une liberté tout autre que les fantasmes punitifs monochromes des œuvres précédentes. Ce sont des textes d'une densité et d'une perfection parfois presque irréelles, à la surface desquels on chercherait en vain la moindre trace de leur genèse. Ces deux longues phrases impeccables, reprises dans des générations de manuels scolaires sous le titre *À la galerie* – on peine à concevoir qu'elles aient subi des corrections, voire existé dans des états intermédiaires (et rien ne dit que ce soit le cas, puisqu'on n'en trouve nulle part[12]).

Même qui consulte les manuscrits originaux pour s'assurer que de telles illuminations, contre toute apparence, ne sont pas un don du ciel mais le fruit d'un *travail*, n'est pas certain de connaître une salutaire désillusion. L'ensemble est chaotique ; les traits de plume et de crayon attestent que tout, là comme ailleurs, a suivi un cours normal. Et cependant, les cas où la perfection est indubitable sont ceux-là mêmes où l'auteur semble absolument sûr de son fait. Le manuscrit d'*Une missive impériale*, par exemple, ne porte pour ainsi dire aucune correction substantielle – alors même que Kafka le revit avec une sévérité particulière en vue de sa publication. On croirait, réellement, que tout fut là d'emblée. L'écrivain comme créateur. *Ex nihilo.*

Supposons qu'on puisse soumettre les cahiers in-octavo de Kafka à un lecteur aguerri pour une dégustation à l'aveugle – sans nommer le lieu, l'époque ni l'auteur. Ledit lecteur reconnaîtrait sans doute dès le premier coup d'œil leur appartenance à la modernité, ainsi que les signes d'une profonde perte de repères débordant sur le destin individuel. Que ces textes ont été écrits à l'abri d'une pauvre bicoque lors d'un hiver catastrophique, à quelques pas seulement de files de gens affamés, dans une ville décrépite, glaciale, mal éclairée et sous contrôle militaire, par les doigts engourdis d'un fonctionnaire de grade moyen chargé de s'occuper d'amputations et de traumatismes – de tout cela, le lecteur ne trouverait guère de traces.

Mais il devinerait, peut-être, que l'écrivain en question a perdu un empereur. C'est le sujet explicite d'*Une missive impériale*, brève légende dans laquelle même l'ordre d'un souverain agonisant ne suffit pas pour qu'une lettre parvienne à son destinataire. Non moins impuissant est l'empereur d'*Un vieux papier*, qui observe depuis une fenêtre la déchéance de sa ville ; et, dans *Pendant la construction de la muraille de Chine*, il est dit sans détour : « *L'empire est immortel, mais l'empereur individuel tombe et s'écroule.* » Le dramaticule du *Gardien de la crypte* se déroule peu après un changement de souverain, le nouveau prince est sur le trône depuis un an seulement, son autorité vacille, sa propre épouse se ligue avec ses adversaires[13]. Et la petite prose intitulée *Le Nouvel Avocat* convoque la mémoire d'un monarque légendaire en décrivant un monde privé de guide : « *Aujourd'hui – personne ne peut le nier – il n'y a plus de grand Alexandre. [...] Personne, personne ne sait mener aux Indes. [...] Personne ne montre la direction.* »

C'est l'un des traits distinctifs de Kafka – et sûrement l'une des causes du malentendu qui fait de lui un angéliste insensible aux faits politiques – que des pertes immenses, voire catastrophiques, l'ébranlent moins que la *signifiance* exacerbée de ces pertes : leur signification au-delà de l'instant, leur capacité à mettre à nu le noyau de toute une époque. La chute d'un grand symbole, la fin d'une tradition, l'étêtement de la pyramide – comme la plupart de ses contemporains, Kafka a vu dans ces événements le signe d'une désintégration irréversible. Mais dans le quotidien aussi, la misère réelle et les restrictions de plus en plus sévères – qu'il supporta sans se plaindre, avec une patience étonnante – l'impressionnaient et le préoccupaient moins que leur *valeur de signes*. Bien sûr, il trouvait inquiétant qu'Ottla revienne avec un seau vide de chez le charbonnier[14]. Cela ne s'était jamais produit, et c'était une menace que même Kafka ne pouvait tout à fait ignorer : en février 1917, la température descendit en dessous de – 20 °C ; les théâtres, les cinémas et les écoles fermèrent par périodes ; on coupait le gaz en journée, le tramway cessait de circuler en début de soirée et, la nuit, Kafka rentrait à tâtons dans une obscurité totale, à travers une ville gelée et déserte. Pourtant, *Le Chevaucheur du seau*, récit écrit aux jours les plus glacials et dans lequel un « je » transi de froid part mendier du charbon, n'aurait pas vu le jour si Kafka n'avait perçu un signe des temps dans cette vague de froid mortel : « *derrière moi le poêle impitoyable, devant moi le ciel qui ne l'est pas moins* », lit-on dès l'ouverture, et ce « *pas moins* » est sans ambiguïté : il n'y a pas que le poêle qui soit vide. C'est pourquoi le narrateur, loin de regagner pour finir sa chambre gelée, se perd dans l'indéterminé des « *régions des montagnes de glace* » – comme dans récit *Un médecin de campagne*, où la dernière phrase du personnage éponyme livre une clef d'interprétation : « *Nu, exposé aux glaces de cette époque des plus infortunées, avec un attelage terrestre, des chevaux qui ne le sont pas, je vais errant, vieillard.* »

Kafka débusque les catastrophes de l'époque derrière celles du quotidien, mais il ne les subit pas moins qu'il les observe. À l'heure où l'État abandonne ses sujets à leur sort et perd son plus haut représentant, au même instant littéralement, Kafka se met à réorganiser et sa vie et son écriture : il expérimente, il s'essaie à de nouvelles formes, tant dans son existence que dans son œuvre. Cette concomitance étroite est stupéfiante[15], la coïncidence manifeste, un simple hasard exclu : Kafka réagit de façon *productive* à une crise qui l'oblige à dépasser ses blocages et ses habitudes, à chercher des moyens de survivre. Comme tant d'autres, il perçoit dans les événements extérieurs – la pénurie générale, la mort de l'empereur (auquel il doit son prénom)* – l'ultime confirmation que plus rien ne sera comme avant; et il en conclut pour lui-même que *ça ne peut plus continuer* comme avant. La perte le contraint à trouver en lui de nouvelles forces; du même coup, il *déchaîne* ces forces et, avec elles, tout un flot d'images et d'idées – c'est ainsi, déjà, qu'il avait surmonté la débâcle de l'Askanischer Hof deux ans auparavant. Se remet en branle une dynamique très caractéristique qui marque toute sa vie, voire le *maintient* en vie : *une dynamique du cas d'urgence.* Le retard d'une lettre, un toussotement dans la pièce voisine le font flancher; une fin du monde lui ouvre de nouvelles ressources, apparemment illimitées.

Le 24 novembre 1916, deux jours après avoir appris la mort de François-Joseph, il tâche d'expliquer à Felice pourquoi le fait d'avoir un logement à lui importe plus que tout le reste, plus même que leurs retrouvailles : « *Ce logement ne me rendrait certes pas la paix intérieure, mais une possibilité de travailler; les portes du paradis ne se rouvriraient pas à toute volée,*

---

* François-Joseph se dit Franz Joseph en allemand.

mais j'aurais peut-être dans le mur deux fentes pour mes yeux[16]. »
Le paradis : c'est l'image la plus forte qu'il puisse utiliser, une
exigence de salut que personne avant lui n'a adressée à la
littérature. Mais il le sent, ce n'est plus un mur qui le sépare
de cette liberté imaginaire tant espérée : le jour même, il
gagne en hâte l'Alchimistengasse et ouvre son premier cahier
encore vierge, dans une odeur de peinture fraîche.

Il ne sait pas encore qu'il y passera six mois. Et il ne peut
deviner… ou disons : il ne peut « humainement » deviner
que, presque dès les premiers mots qu'il couche sur le papier
– une didascalie pour *Le Gardien de la crypte* –, il invente une
image on ne peut plus exacte de sa propre vie, en même
temps qu'une devise qui annonce son travail à venir : « *scène
très étroite ouverte vers le haut* ».

OTTLA ET FELICE

Nous habitons ici aux confins de l'espace céleste.
On a fait l'essai de vivre ici.
Halldór Laxness, *Úa ou Chrétiens du glacier*

Quelques jours après avoir fait rénover sa maisonnette de l'Achimistengasse, Ottla Kafka, poussant la porte, trouva sur la table un petit livre : *Le Verdict*, éditions Kurt Wolff, 29 pages. Elle connaissait ce texte ; quatre ans plus tôt, son frère, surexcité après une nuit blanche, avait fait irruption dans la chambre des filles pour leur donner lecture du manuscrit à peine sec. Il avait donc fallu tout ce temps pour que cette œuvre paraisse enfin à part, et voilà que Kafka la lui laissait en cadeau, là, dans *sa* maison. Elle souleva la couverture. « *Pour F.* », disait mystérieusement la page de garde – bien sûr, pour qui d'autre ? Mais en dessous, l'auteur avait inscrit une dédicace : « *À ma logeuse* ». Une attention charmante, qui chatouilla sa fierté ; elle s'empressa d'en parler dans une lettre à son amant Josef David. Or cette dédicace avait une suite, une étrange signature qui troublait un peu sa joie, qu'elle aurait eu du mal à expliquer et qu'elle passa donc sous silence : « *Le rat du palais Schönborn* ».

C'était une plaisanterie typique, de celles qui jouaient à ses dépens : Kafka se rabaisse, et tout le monde rit. Il ne s'était, de fait, pas senti à sa place dans ce fameux appartement à louer au palais Schönborn ; la simple vue du haut plafond lui avait donné des frissons. Mais le concierge, laissant entendre que le palais contenait des logements plus vivables, l'avait conduit au deuxième étage d'une aile latérale. Kafka n'en crut pas ses yeux : « *un logement de deux pièces, sans cuisine, qui semble correspondre en tout à mes fantasmes les plus délirants*[1]. » Mais pas libre tout de suite : un jour, peut-être.

Kafka voulait désormais *ce* logement ou rien ; il cessa ses autres visites. Mais pouvait-il vraiment courir le risque, vis-à-vis de son travail, de remettre en cause une nouvelle fois le statu quo ? La cahute de l'Alchimistengasse, qu'il avait d'abord investie non sans réserve comme un refuge provisoire, s'était révélée une tanière d'écrivain idéale ; et quand une amie d'Ottla, une minuscule jeune femme du nom de Růžena, eut repris contre salaire la tâche de faire le ménage, d'allumer le poêle et de monter le charbon, Kafka put même profiter la conscience tranquille de ses soirées au château – en fait, il alla jusqu'à caresser sérieusement l'idée d'emménager là-haut avec son peu d'affaires et de soumettre ainsi ses capacités ascétiques à une épreuve inouïe. Moyennant quoi il serait devenu officiellement l'idiot de la famille, comme son père le prédisait depuis des années.

Mais ce nouvel embarras fut épargné à la famille, car, un beau jour – quelque deux mois avaient passé depuis sa visite –, Kafka fut informé que le sobre appartement du Schönborn était à louer : il n'avait qu'à s'engager verbalement. Et cette fois, il suivit sa première impulsion ; il voulait saisir ce rêve – même si, comme toujours, une averse de scrupules débilitants s'abattit sur lui, menaçant d'amollir cette décision énergique. Il ne trouva pas moins de six arguments

contre l'appartement, six autres en sa faveur. Il les exposa
dans le moindre détail à Felice Bauer, tremblant de la tension des décisions existentielles. Or ce n'étaient plus des
encouragements qu'il demandait, ni une main fraîche sur le
front : c'était une *bénédiction* :

> « Après la guerre, je veux tout de même essayer d'obtenir
> d'abord un an de congé, ce qui ne sera sans doute pas pos-
> sible tout de suite, à supposer que ce le soit jamais. Nous
> aurions alors tous les deux le plus merveilleux appartement
> que je puisse imaginer à Prague, prêt à t'accueillir, quoique
> pour une période relativement courte où tu devrais renoncer
> à avoir ta propre cuisine et même une salle de bains. Malgré
> tout, ce serait à ma convenance, et tu pourrais te reposer à
> fond pendant deux ou trois mois[2]. »

Sacrées nouvelles. Pas de cuisine, pas de salle de bains ?
Donc un logement de prolétaire, selon les standards berlinois[3].
Et surtout : si Kafka, comme ils en avaient parlé tant de fois et
en étaient expressément convenus à Marienbad, voulait bel et
bien emménager à Berlin après la guerre, il ne suffirait pas de
demander un congé, si long soit-il, à l'Office d'assurances ; il lui
faudrait *démissionner*. Si en revanche il avait changé ses projets
et pensait sérieusement pouvoir conjuguer à long terme l'écriture et le bureau, alors ce serait *elle* qui aurait à démissionner.
Et dans ce cas, oui, elle pourrait se reposer tout à loisir. La
lettre de Kafka était illogique par quelque côté qu'on la prenne.
Ou plutôt : elle était d'une logique pataude, mi-juridique
mi-comique, tant qu'il y allait des mesures à adopter – prendre
un logement, oui non, non oui –, et singulièrement floue dès
qu'on cherchait la *fin* de cette décision.

Cette étrange forme d'éloquence, qui sombre dans l'obscurité à force de précision analytique, nous y reconnaissons une part essentielle de ce qu'on désigne aujourd'hui sous le terme *kafkaïen*. Quand elle survient dans les lettres ou les journaux de Kafka, elle signale chaque fois un réflexe défensif face à des circonstances qui, tout en appelant un passage à l'action, sont trop complexes et trop imprévisibles dans leurs conséquences. Cette argumentation contaminée par le style juridique, ou même ce simple *effort* d'argumentation, soudain accru, sont l'indice infaillible que Kafka joue le tout pour le tout, que la décision à prendre est « chargée » à l'extrême. Désignant dès la première phrase son « *histoire de logement* » comme un « *sujet énorme* », il affirme qu'il ne peut en représenter qu'une infime fraction à Felice ; et ce n'est pas une plaisanterie, comme son laïus le prouve *in toto*. Or qu'y avait-il de si affolant à déménager un peu plus loin dans la même ville, d'un quartier connu à un autre ?

Certes, les doutes pragmatiques de Kafka ne pouvaient être balayés d'un revers de main : plus par hasard que par calcul, il avait trouvé un nouveau rythme, à la fois équilibré sur le plan psychique et extrêmement productif. À quoi bon remettre ce bonheur en jeu en se lançant dans de nouvelles expériences ? Surtout que son temps était compté : à un hiver d'écriture pouvait succéder une nouvelle phase de stagnation, il en avait fait les frais plus d'une fois.

Mais les véritables causes de l'agitation de Kafka étaient ailleurs, et ce foisonnement de pour et de contre ne pouvait dissimuler qu'il y allait d'un acte symbolique. Une location meublée comme celle de la Lange Gasse pouvait encore passer pour un prolongement du territoire natal ; comme foyer, c'était à peine mieux qu'une chambrette d'étudiant, même quand on avait déjà bien passé la trentaine. En revanche, avoir la clef de son propre logement était le signe visible et infaillible d'une émancipation, donc d'une rupture – Kafka le savait très bien, le fait d'ouvrir puis de refermer la porte de « sa » maison de l'Alchimistengasse était déjà en soi une expérience nouvelle, jubilatoire ; et pour Ottla *a fortiori*, la simple *sensation* de cette clef dans sa poche, ce sentiment d'être une « logeuse » offrait une satisfaction plus profonde que l'usage *stricto sensu* de la maisonnette (de toute façon réduit à quelques heures).

En cet hiver noir et glacé de 1916-1917 eut lieu entre le frère et la sœur une incontestable résonance émotionnelle, un renforcement mutuel d'impulsions toutes dirigées vers leur indépendance. Les sources ne permettent pas de conclure si Kafka joua le rôle d'un modèle ou bien d'un simple conseiller – en tout état de cause, Ottla pouvait compter sur son frère pour la soutenir, au besoin en s'opposant à leurs parents, et même s'il ne pouvait lui-même suivre *en pratique* l'émancipation accélérée de sa sœur. Or justement, elle le voyait lui aussi tenter de mettre fin à une stagnation de plusieurs années : Kafka se plaignait moins, écrivait de façon plus disciplinée qu'il ne l'avait fait depuis longtemps, il s'efforçait de trouver un logement et cherchait même à donner à ses plans une assise matérielle, en demandant sa nomination au poste de secrétaire de l'Office d'assurances, ce qui lui aurait fait sauter deux classes de traitement[4].

Pendant les promenades estivales en compagnie de sa sœur, Kafka avait dû se rendre compte que le désir croissant d'indépendance d'Ottla ne pouvait plus être assouvi par des procédés « pacifiques », c'est-à-dire acceptables aux yeux de leur famille. Et il comprenait très bien – n'étant lui-même guère différent – pourquoi ce désir se projetait d'abord sur la nature, où l'*apparence* de la liberté s'obtenait si facilement. Des chemins qu'elle empruntait depuis long-temps aux alentours de Prague, et même le parc Chotek, où elle allait depuis l'enfance, lui paraissaient réenchan-tés ; dans la forêt de Bohême, où elle passa seule quelques jours, une chaude pluie d'été l'avait mise en extase ; et, dans l'Alchimistengasse, elle invitait sans cesse son frère à lever les yeux vers le ciel étoilé. « *C'est une grande erreur de passer sa vie en ville et au magasin,* avait-elle écrit à Josef David. *Je ne fais pas de projets pour l'instant, mais on ne peut pas s'empêcher d'avoir certaines envies. Je n'aurais pas besoin d'une seconde pour décider d'aller passer toute ma vie à la campagne, ici ou ailleurs, de ne plus jamais revoir la ville[5]* ».

Bien sûr que si, elle faisait des projets ; et elle savait perti-nemment que son amour de la nature ne serait pas le véri-table enjeu des luttes qui l'attendaient. En novembre 1916, tout en aménageant sa petite maison en cachette, elle en parla pour la première fois à ses parents : elle n'avait plus envie de travailler dans le magasin familial. Elle voulait se lancer dans l'agriculture ou dans le maraîchage, et elle se débrouillerait pour acquérir les savoirs nécessaires. C'était une fameuse pilule à avaler, une révolte comme la famille n'en avait jamais connu. *Meschugge*!* : tel fut le verdict cin-glant et sans appel du père Kafka. Pour lui, qui considérait la topographie sociale depuis le centre – c'est-à-dire depuis son pignon conquis de haute lutte sur l'Altstädter Ring –, les plaines campagnardes s'associaient encore à des images d'opprobre, de sujétion et d'inculture. Il en venait, lui, de

---

* Terme yiddish qui signifie ici « délire », « connerie », et qui, appliqué à une personne, pourrait se traduire par « fou », « timbré », « cinglé ».

là-bas, les Kafka n'avaient plus rien à y faire, et sa femme ne pouvait qu'approuver. Si Ottla, cette gamine toujours insolente qui prenait un malin plaisir à en faire voir à ses parents, s'était acoquinée avec les domestiques (avec lesquels elle vivait depuis toujours sur un trop bon pied), la honte de la famille n'aurait pas été plus grande. Sauf qu'elle ne plaisantait pas ; et, trois mois plus tard, quand il apparut qu'Ottla s'était bel et bien renseignée sur des écoles d'agriculture et sur le maraîchage, et que Franz – un vrai « *vaurien* », décréta le père – l'y encourageait, il y eut de nouveau du grabuge dans le salon des Kafka[6].

Ottla, qui avait alors 24 ans, était depuis longtemps en âge de se marier. Bien sûr qu'il faudrait apprendre à se passer d'elle au magasin un jour pas si lointain – et ce serait un *dur* apprentissage, sans aucun doute : quelques mois plus tôt, le père lui-même avait loué son travail (pas devant elle, bien entendu). Mais en l'occurrence, ce n'était pas un fiancé qu'elle suivait, c'était une idée fixe : une idée que les sionistes lui avaient mise en tête, dans cette maudite « Association des filles et des femmes juives » qui dénigrait le commerce et présentait l'âpre travail de la terre comme le plus grand bonheur humain. La fille d'un autre négociant prospère de Prague avait même pris les délires de ce « club » au pied de la lettre – elle était partie travailler comme ouvrière agricole en Palestine malgré la résistance acharnée de ses parents. Bel exemple pour la jeunesse.

Et bon avertissement pour les parents. En février 1917, alors même qu'Ottla engageait de premières démarches pour trouver une place dans une école d'agriculture, une feuille sioniste consacra un long article à l'« Éducation agricole des jeunes filles » en Palestine[7] – description saisissante qui avait tout pour aiguiser encore la soif de sacrifice d'Ottla. Si on poussait le conflit trop loin, si on la poussait trop dans ses retranchements, elle était capable de quitter sa famille, fût-ce dans les larmes, et on ne la reverrait jamais, ou des années plus tard, sous les traits d'une femme colon tannée par le soleil. Un vrai cauchemar pour les Kafka.

Si les choses n'allèrent pas jusque-là, ce ne fut sans doute pas grâce aux rugissements du père, qui s'obstinait comme toujours à défendre le statu quo, mais grâce à l'une de ces subtiles stratégies de compromis et d'adaptation dans lesquelles la mère excellait, et que perpétuait la tradition des familles juives : quand une rupture menaçait, on donnait du mou − mais dans les strictes limites assignées par le clan. Ceux qui voulaient partir, ceux que ni les remontrances ni le chantage ne détournaient de leur chemin, on les laissait filer − mais pas vers la liberté.

Sept ans avaient passé depuis que Karl Hermann, le fiancé d'Elli, avait été présenté à son futur beau-frère Kafka comme un brillant modèle de dynamisme et de sens des affaires. *Tempi passati.* Idée de cette « pièce rapportée », la fabrique d'amiante familiale avait cessé de fonctionner depuis un bon moment : finis, les rêves d'une seconde ascension de la famille Kafka et d'une possible carrière d'entrepreneur pour le fils aîné, engloutis par la colossale vague de faillites due à la guerre et par la fermeture des marchés internationaux. Perdus, le capital du père et celui de l'oncle de Madrid, perdue aussi la part de l'associé Franz, lui qui, indifférent à en pleurer, n'attendait que le jour où ce sinistre atelier de Žižkov serait enfin rayé des registres de commerce. Ce jour arriva en 1917 : l'ultime espoir de relancer l'entreprise s'étant révélé illusoire, l'affaire fut close, la liquidation engagée – au moment même où la production d'amiante, stratégique, passait de toute façon sous le strict contrôle de l'État. La différence entre les articles de mode et les matières premières de l'industrie fut une autre des leçons cuisantes que la guerre infligea aux Kafka[8].

Or, à la stupéfaction de la famille, l'inventeur et (selon les mots du tribunal) « *unique liquidateur* » de la fabrique d'amiante avait eu une nouvelle idée pour faire fructifier son argent (et sans doute celui de sa femme Elli). Il avait repris dans son village natal, Zürau (Siřem), en Bohême du nord, une ferme criblée de dettes de quelque 20 hectares jusqu'alors tenue tant bien que mal par un de ses parents. Qu'espérait Karl Hermann de cette nouvelle entreprise à haut risque, comptait-il sur l'aide de sa famille, spéculait-il sur l'accroissement spectaculaire du prix des produits agricoles, rêvait-il peut-être d'une vie tranquille de rentier – les sources ne le disent pas. Mais il n'avait visiblement trouvé personne pour reprendre les rênes de la ferme, et sa situation d'officier d'active ne lui laissait pas le temps de s'en occuper en personne. Si la guerre ne s'achevait pas très vite, il faudrait oublier ce projet-là aussi.

C'est alors qu'un éclair de génie illumina la table du dîner des Kafka, une idée à la fois parfaitement logique et épatante dans ses conséquences. Puisqu'on ne pouvait pas empêcher Ottla de quitter la ville, pourquoi ne pas lui confier à *elle* la gestion de cette ferme ? Le risque n'était pas grand : Ottla ferait *tout* pour pallier le plus vite possible son manque de connaissances, puisqu'elle avait quelque chose à prouver. Ses finances resteraient sous le contrôle de la famille, car elle devrait rendre compte de ses bénéfices, investissements et dépenses courantes à ceux qui lui fourniraient le capital de départ : soit à Karl Hermann quand il revenait en permission à Prague (c'était justement le cas), soit à Elli. Et, en cas de succès, on pourrait compter sur la reconnaissance d'Ottla – reconnaissance qu'on lui ait fourni la base matérielle de cette vie à la campagne qu'elle proclamait depuis peu la seule humainement digne. Mais ce n'était pas tout, Karl et Elli aussi auraient une dette morale : après tout, c'étaient les parents Kafka qui prenaient sous leur aile ce domaine encore insignifiant et qui les préservaient ainsi d'une nouvelle débâcle financière – à ce compte, il serait bien normal qu'Elli prenne la place d'Ottla au magasin quelques heures par jour. C'était *parfait*. Et le père pouvait bien pester tant qu'il voulait : force lui fut d'admettre que ce plan était plus malin que tout ce qu'il aurait pu inventer.

Ottla aussi se hâta d'accepter. Zürau lui offrait une chance de partir sans couper les ponts – chose qu'elle redoutait bien plus que ne le laissaient entendre ses discours rebelles. Et bien sûr, elle était séduite par l'idée de se mettre à son compte : à elle seule, cette perspective méritait tous les efforts du monde. Une fois le domaine lancé, Ottla pourrait – peut-être dès l'hiver suivant – acquérir ailleurs les bases théoriques qui lui manquaient, dans une des écoles qu'elle avait en vue. D'ici là, elle se débrouillerait avec un assortiment de manuels que lui enverrait son frère. Mi-avril 1917, disant adieu à l'Alchimistengasse, à Franz, à sa chère cousine Irma, elle partit. Savait-elle bien dans quoi elle se lançait ?

Aux yeux de Kafka, le coup de force de sa sœur dut sembler un miracle. Il avait beau s'être impliqué dans les préparatifs et voir clair dans le jeu des parents, cette réussite finale dépassait l'imagination. Une fille de la ville devenue fermière et livrée à elle-même dans un lieu inconnu : Ottla était visiblement sur le point de réussir l'impossible. Dès son premier bilan, d'ailleurs, elle prouva de quoi elle était capable : une lettre raisonnable, on ne peut plus pragmatique (qu'on étudia bien sûr attentivement à Prague avant de la transmettre au propriétaire sur le front, comme tous ses comptes rendus par la suite). Même le père – qui, en silence, devait regretter sa meilleure employée – accueillit ces nouvelles de la campagne avec un calme tel que la famille lui jeta des regards étonnés. Reste qu'Ottla avait le mal du pays. Et plus encore que son amant Josef David, les rues de sa ville lui manquaient. Mais cela, elle n'en parla *pas* dans sa lettre et, même vis-à-vis d'Irma, elle eut honte de l'avouer.

Kafka aussi fut touché par cette perte plus durement qu'il ne l'avait prévu. Il n'avait pris conscience que l'été précédent (et il l'avait admis ouvertement dans une lettre à Felice) qu'Ottla n'était plus son élève, qu'il aurait en réalité voulu l'avoir *pour mère*, et ce jeu avec l'imago maternelle figurait depuis lors dans le répertoire de plaisanteries du frère et de la sœur. Il était bien logique, écrivit-il dans sa première lettre à Zürau, qu'il ait retrouvé la maisonnette de l'Alchimistengasse glacée après le départ d'Ottla : une tempête avait soufflé le feu dans le poêle, « *peut-être par hasard, peut-être exprès*[9] ». Et le jour où elle osa lui dire à lui aussi au prix de quelles émotions elle avait acheté cet adieu, il répondit :

« Je me suis bien senti complètement abandonné et, pensant à un avenir plus lointain (pensant toujours à l'avenir), je me suis dit : elle va donc tout de même me laisser dépérir. Mais c'est tout à fait faux, même sans tenir compte de ta lettre, car avec la maison là-haut tu as inauguré pour moi des temps meilleurs qui durent encore, même maintenant que j'ai dû hélas abandonner mon travail (à cause des beaux jours et des difficultés de sommeil qui s'ensuivent) et que, pour comble, tu es partie. Il y a bien sûr matière à se plaindre, mais c'est tout de même incomparablement mieux que ces dernières années[10]. »

Mieux dans l'ensemble, sans doute, plus ou moins : mais « *incomparablement mieux* » ? Ottla dut avoir un peu de mal à se laisser persuader que l'écriture (*hélas* abandonnée) dépendait de la météo pragoise : c'était tout juste le genre d'explication dont se servait la famille pour évacuer les grandes questions. Ottla était au-dessus de ça. Son frère la sous-estimait.

Mardi 10 juillet 1917. Kafka est à quatre pattes dans l'appartement de sa sœur Valli. Il cherche un petit sac, le sac à main de sa fiancée Felice Bauer, et il le cherche presque avec affolement, car ce sac contient 900 couronnes. La veille, ils sont allés ensemble chez les Brod, embarrassés l'un comme l'autre, Kafka dans une tenue bizarrement solennelle, à col montant, comme s'il faisait sa première visite de fiancé ; ensuite, ils sont passés chez les Weltsch, et après... oui, Felice en est sûre, *presque* sûre, elle avait encore son sac à ce moment-là. Ils fouillent commodes et tiroirs, alarment toute la famille. *Tout cet argent.* Et le temps presse. Car le lendemain, mercredi, ils partent ensemble pour la Hongrie : Felice à Arad, chez sa sœur Else, et Kafka comme escorte jusqu'à Budapest au moins. Rien à faire, il faut qu'ils reviennent sur leurs pas… donc direction la maison Weltsch, et vite. Non, répond madame Irma sur un ton assez sec (et sans voir que cette perte désespère vraiment Kafka), non, le sac n'est pas là, sans quoi elle les aurait prévenus depuis longtemps[11]. Dans ce cas… retour chez Valli, où Felice a logé pendant les quelques jours de sa visite. Ils ont déjà tout retourné dans l'appartement ; mais Kafka se met à regarder plus méthodiquement sous les fauteuils, sous les armoires, sous les lits. Là, il met la main sur la valise de Felice. Sous la valise, le sac à main.

Cette soudaine venue de Felice Bauer à Prague – elle n'avait pas revu la ville depuis plus de trois ans – a quelque chose d'étrange : pas une lettre, pas une seule note de Kafka n'indique comment ce rapprochement put avoir lieu après le tarissement total de leur correspondance. Ce ne peut avoir été une visite improvisée, ni une tentative pour prendre son fiancé de court[12] : si Kafka voulait bel et bien accompagner Felice en Hongrie, il lui fallait non seulement faire une demande de laissez-passer des semaines à l'avance (comme lors de son voyage avec Elli), mais encore surmonter la résistance du directeur Marschner, qui ne pouvait accorder aux employés qui lui restaient que des congés réduits au strict minimum, à plus forte raison s'ils étaient aptes au service. Mais surtout, la venue de Felice impliquait fatalement – et néanmoins à préparer avec tout le décorum – une visite aux parents de Kafka, qui étaient bien sûr au courant des fiançailles de Marienbad et qui poseraient à coup sûr des questions indiscrètes – « Quand est-ce que vous vous mariez ? » – auxquelles il valait mieux avoir des réponses. L'arsenal des rituels bourgeois ne comportant pas de cérémonie de *re*-fiançailles, on se contenta de fêter ces retrouvailles et la fin des quelques *malentendus* qui avaient tant retardé la conclusion de ce mariage, décidé depuis des années avec la bénédiction des parents. Il faut donc supposer que Kafka était de nouveau en contact nourri avec Felice depuis mai 1917 au plus tard, et qu'il avait préparé son arrivée dans le moindre détail ; et les curieuses visites qu'il rendit à ses proches en compagnie de sa fiancée tendent à indiquer, elles aussi, qu'ils s'étaient mis d'accord d'une façon ou d'une autre, et que leur arrangement de Marienbad restait valable.

Ces journées ne furent pas joyeuses pour autant ; le seul moment d'exaltation de Kafka fut son *ouf* de soulagement en retrouvant le sac à main. Bien qu'aucun témoignage ne vienne le confirmer, le poids des conventions, le regard suspicieux des parents, la comédie que Kafka joua bras dessus bras dessous avec sa fiancée et que celle-ci, comme Max Brod le note à juste titre, aurait bien pu lui épargner[13] – tout cela dut faire remonter à la surface des souvenirs que Kafka aurait volontiers enfouis à tout jamais : les souvenirs de la Pentecôte 1914, de cette funeste « *expédition des fiançailles* » à Berlin, qui, ayant dévoyé au nom du pragmatisme son désir le plus intime, resta longtemps associé à des images cruelles. Sans doute, Kafka avait gagné en assurance, et quand il repensait à ce désastre du magasin de meubles par lequel tout s'était conclu trois ans plus tôt... non, non : à Prague, il ne referait pas les mêmes erreurs. Mais cette liasse de billets dans le sac de Felice ? Était-elle destinée à sa sœur en Hongrie ? Ou était-ce une avance en vue de sa future vie avec Franz ? Il n'aimait pas les gens qui pensaient à tout ; et *elle* pensait à tout.

À l'inverse, les décisions pratiques de Kafka se révélèrent une fois de plus complètement irréalistes. Car « *le plus merveilleux appartement que je puisse imaginer à Prague* », ce fameux logement du palais Schönborn qu'il lui avait décrit avec tant d'enthousiasme comme un futur havre de paix, s'avéra être une garçonnière humide, froide, et sentant le renfermé en plein cœur de l'été – la fidèle Růženka, qui s'occupait maintenant des deux domiciles de Kafka, pouvait bien astiquer et chauffer tant qu'elle voulait. Même si Felice – pour qui *confortable* représentait le prédicat suprême – avait pu se résoudre à investir un peu de ses économies pour vivre là quelque temps de façon supportable, encore que sans salle de bains, sans cuisine et (le plus incroyable) sans avoir la clef du portail, cet acte manqué de Kafka ne témoignait pas franchement d'une volonté de vivre avec elle. Impression que confirma dans l'Alchimistengasse sa cabane d'écrivain aux murs vert foncé, dont la visite ne fut sans doute pas non plus épargnée à Kafka : *anno 1600*. On donnerait cher pour voir Felice passer la tête par la porte en tenant son chapeau.

S'ils ne durent pas être fâchés de quitter enfin Prague, ce fut pour des raisons très différentes, et leurs quelques jours à Budapest commencèrent sous de tristes auspices. Dans cette distance toujours plus grande vis-à-vis de la femme qu'il comptait encore épouser et avec qui les moindres retrouvailles – surtout en présence de sa famille – viraient à un exercice éprouvant, Kafka dut voir un contraste cruel avec la familiarité chaleureuse et paisible dont il avait joui encore quelque temps plus tôt en compagnie d'Ottla. « *J'ai assez bien supporté le voyage dans l'ensemble*, raconta-t-il à sa sœur, *mais ça n'a pas été un voyage de repos et de bonne entente, naturellement*[14]. » Il ne pouvait pas en dire beaucoup plus sur une carte postale.

En fait, les deux fiancés se trouvaient au bord d'une rupture définitive ; et lorsqu'ils reprirent le train dans des directions opposées – Kafka pour Vienne, Felice pour Arad, au
sud-est –, ils ne s'étaient pas dit ni si ni quand ils se retrouveraient. À son retour, Kafka lui écrivit deux longues lettres,
toutes deux laissées sans réponse, toutes deux perdues[15].

Ce qui constitue sans doute le portrait le plus fameux et
le plus reproduit de Kafka le montre en compagnie de sa
fiancée Felice Bauer – unique photographie où ils figurent
ensemble. Pose classique de studio : Kafka debout, Felice
assise sur une chaise qui, pour compenser l'écart de taille, est
ou bien aussi haute qu'un tabouret, ou bien surélevée grâce
à un piédestal. Kafka en costume d'été clair, avec pochette
et cravate sombre à motifs sur une chemise blanche ; Felice
en jupe longue et en chemisier blanc, avec un médaillon qui
renferme peut-être un portrait de Kafka, et, sur les genoux,
un sac à main noir contenant peut-être 900 couronnes. Ils
se touchent à peine ; seule la main gauche de Kafka, étrangement repliée, prend appui sur la chaise dans un pli de sa
jupe. Tous deux regardent droit vers l'objectif, dans leurs
yeux se reflètent deux lampes de studio. Ses lèvres pleines
légèrement entrouvertes, Felice guette le clac! de l'appareil,
tandis que l'expression de Kafka reste entièrement indécidable. Est-ce un sourire? On dirait bien, à première vue.
Mais quelque chose cloche ; on se croirait face à une de
ces images doubles dont l'apparence oscille de moment en
moment. Impression mystérieuse, presque inquiétante, qui
ne s'éclaire que lorsqu'on lit à part ces traits mal assortis.
C'est alors qu'on comprend : oui, *c'est* une image double. Car,

si l'on masque le côté gauche du visage de Kafka, la bouche et l'œil dessinent un sourire net ; si l'on masque le côté droit, ce qui apparaît est une expression sérieuse, neutre, attentive. Révélation d'une vérité tacite, telle qu'il s'en produit fréquemment sur les photographies posées.

Mais dans quel but allait-on chez un photographe professionnel en 1917 ? Cela ne se faisait guère sans un motif solennel et, dans le cas présent, le motif en question ne peut avoir été que le renouvellement des fiançailles. C'est donc un *portrait de fiancés* ; et Felice, à la main gauche, porte la bague qui en témoigne (celle-là même peut-être qu'elle avait retirée avec rage en juillet 1914). À Prague, ils n'avaient pas eu le temps de passer par un studio, les tirages n'auraient pas été prêts avant le départ – et qui se ferait tirer le portrait après avoir perdu une liasse de billets ? Or la sœur de Felice voulait aussi voir une photo, et Budapest était leur dernière chance. La dernière en effet. Car ce fut, ils le sentirent peut-être, une photo d'adieu. Une photo qui fixa l'instant où achevait de se consumer de façon irrévocable, non leur capital quantifiable, mais leur capital amoureux. Une photo dans laquelle un regard attentif aurait pu lire l'avenir.

Nous ignorons quel train Felice prit au retour. Il semble qu'elle ne soit pas passée par Prague.

DÉPART DU *MÉDECIN DE CAMPAGNE*

J'ouvris le livre, vis ton nom imprimé,
le regardai comme si c'était toi.
Bettina von Arnim, *Correspondance de Goethe avec une enfant*

« C'est que ma vie est uniforme, elle s'écoule cernée par mon malheur inné qui est en quelque sorte triple. Quand je ne peux rien, je suis malheureux ; quand je peux quelque chose, le temps ne suffit pas ; et quand je crois en l'avenir, alors survient aussitôt la peur, la peur multiforme, que c'est alors vraiment que je ne pourrai pas travailler. Un enfer joliment calculé. Mais – et c'est là l'essentiel – il n'est pas exempt de bons moments[1]. »

C'étaient plus que des moments, Kafka le savait bien. Dès février 1917, il tira un premier bilan et lista onze titres, dont certains raturés ou assortis de points d'interrogation : le produit exploitable de trois cahiers in-octavo. Un mois plus tard, autre liste, d'une main plus sûre cette fois, douze titres dans un ordre précis : c'était un sommaire, pas de doute, la preuve incontestable que Kafka songeait de nouveau à publier un *livre*.

Les attentes de son éditeur ne durent pas y être pour grand-chose, car il y avait longtemps que Kafka ne recevait plus de Leipzig le moindre mot d'encouragement ou de sollicitude. Kurt Wolff n'avait cessé de nourrir sa méfiance au cours des trois dernières années : personne ne semblait se rappeler sa promesse explicite de réunir *Le Verdict*, *Le Chauffeur* et *La Métamorphose* en un volume plus présentable – Kafka portait encore le deuil de ce livre avorté qui aurait dû s'intituler *Les Fils* –, et le gérant Meyer, bonhomme mais toujours débordé et peu enclin à lire, ne se passionnait que pour les trouvailles de « propagande » et les grosses recettes. Récemment, Wolff avait même refusé d'accueillir la *Colonie pénitentiaire* dans sa collection emblématique, « Der Jüngste Tag », sans d'ailleurs dire à Kafka s'il comptait seulement publier ce récit.

Il y avait quelques raisons d'en douter, d'autant que Kafka ne pouvait plus compter sur un traitement de faveur. D'abord maison à taille humaine dont le comité de lecture pouvait se réunir autour d'une bouteille de vin, la Kurt Wolff Verlag était devenue en l'espace de quelques années une entreprise qui, sans représenter encore une menace économique, donnait littéralement un « coup de vieux » à ses concurrents établis. Wolff étendait son influence, il reprenait des collections et des œuvres complètes à d'autres maisons d'édition, et les temps étaient loin où il devait démarcher des auteurs. C'est *lui*, dorénavant, qui était courtisé par un nombre croissant d'écrivains, et pas seulement des novices. Même les « auteurs maison » d'éditeurs tels que Fischer ou Cassirer jetaient parfois des regards envieux du côté de Leipzig, où intuition éditoriale et trouvailles publicitaires formaient un séduisant alliage.

Le catalogue 1916 recensait plus de 400 titres ; rendu là, Wolff dut commencer à juguler l'afflux de manuscrits

et le nombre des parutions. Qui aurait encore pu traiter
cette masse de papier ? Les lecteurs compétents se faisaient
rares et, tant que la guerre durerait, il ne fallait pas espérer
déléguer davantage le lectorat et le travail avec les auteurs.
Werfel était soldat, Ehrenstein s'était brouillé avec Meyer,
Johannes R. Becher, morphinomane, ne fit qu'un bref passage
chez Wolff, et Brod était beaucoup trop loin pour pouvoir
jouer le conseiller dans les affaires courantes.

À quoi s'ajoutaient les premiers signes d'une distension,
d'une dilution du catalogue, qui menaçait de rendre la maison interchangeable sur le long terme et que Wolff chercha
donc à pallier par de nets distinguos entre les disciplines et
les collections. La première et la plus prospère de ces collections fut « Der Neue Roman » (« Le Roman nouveau ») :
initiative qui n'aura guère affermi la confiance de Kafka dans
son avenir chez Wolff. Voyant y reparaître tous les romans
de Brod aux côtés de ceux d'Anatole France, Knut Hamsun
ou encore Heinrich Mann, Kafka dut se dire qu'un tel attelage ne pouvait que partir sans lui. Car si son éditeur prévoyait d'offrir une plate-forme au roman européen en plein
cœur d'une guerre mondiale – et il y avait lieu de croire que
le choix de cette forme maîtresse et l'ouverture du catalogue
à des auteurs étrangers se voulaient bel et bien un acte politique –, Kafka ne pouvait espérer de sollicitude particulière
pour les infimes pépites, les « *impossibilités* » de ses cahiers
in-octavo. Et de fait : lorsque Kurt Wolff, fin 1916, demanda
à ses auteurs de lui envoyer des textes pour l'almanach de
l'année suivante, ce fut en partant du principe qu'il s'agirait
d'extraits de *romans*. « Der Neue Roman » : tel serait encore
le titre de cet almanach dans lequel tout le monde voulait
paraître, ne serait-ce qu'à cause de son énorme tirage de

30 000 exemplaires. Or Kafka n'avait rien à envoyer, et *Un homicide*, la prose que Brod proposa en son nom, fut refusé par retour de courrier : pas d'exception.

Ce fut une maigre consolation de voir son nom reparaître dans le *Prager Tagblatt* après plusieurs années[2] : les abonnés de ce journal se concentraient dans un périmètre qu'il pouvait embrasser du regard chaque soir en redescendant du Hradschin. Pourtant – prêchait Brod à la moindre occasion –, publier dans des périodiques n'était pas le pire moyen de se rappeler aux lecteurs : les formes brèves permettaient même d'ensemencer le terrain jusqu'à ce qu'éditeurs et critiques soient forcés de réagir. Kafka en prit conscience, il se mit à répondre davantage aux sollicitations, et même ses grandes réserves envers le milieu littéraire semblèrent progressivement céder. Pour la seule année 1917, les bibliographies ne recensent pas moins de neuf parutions dans des journaux, revues, almanachs et anthologies, la plupart grâce à l'entremise de Brod, et d'autres projets s'annonçaient en bon nombre : Kafka promit sa collaboration régulière à *Die schöne Rarität*, exigeante revue d'art et de littérature, et se laissa même soutirer un engagement hâtif par le professeur de littérature Josef Körner, condamné par les archives militaires à chapeauter la revue patriotique *Donauland*[3]. Nul doute qu'il aurait accueilli avec enthousiasme une proposition de la *Neue Rundschau*, qui restait la plus renommée des revues germanophones. Mais depuis que Musil était parti au front, Kafka n'avait plus de protecteur chez S. Fischer, et de toutes les répercussions qu'avait eues sur sa vie la catastrophe collective, celle-là n'était pas la moindre.

Sa productivité jubilatoire ne modifiait pas son attitude seulement vis-à-vis des revues, mais aussi dans le dialogue avec d'autres auteurs. Tout en restant incapable de proposer ses propres textes à la publication, il joua plusieurs fois l'intercesseur pour d'autres. Le poète Gottfried Kölwel, notamment, qui avait assisté à sa lecture de la galerie Goltz à Munich, crut Kafka assez influent pour le recommander à Wolff (requête dont Max Brod dut se charger en coulisses). L'écrivain et traducteur Rudolf Fuchs, que Kafka voyait de temps à autre, lui demanda aussi sa protection – non sans succès, puisqu'il parvint à intéresser Martin Buber à quelques-uns de ses poèmes. Kafka s'entremit même de sa propre initiative : à l'insu du poète pragois Ernst Feigl, il proposa ses œuvres à Buber[4].

Quand on faisait à Kafka l'impression d'une sincérité sans fard, d'un engagement fondamental, on pouvait obtenir de lui presque ce qu'on voulait, par-delà toute barrière sociale, culturelle ou idéologique. Il en avait encore fourni la preuve en 1911 – au grand dam de ses parents et à l'étonnement de ses amis – en se promenant pendant des semaines dans les rues de Prague aux côtés de Jizchak Löwy, dont l'allure déguenillée devait être frappante. Moriz Schnitzer, naturopathe candide et fanatique que Kafka admirait tout en le perçant à jour, n'était pas lui non plus une figure très recommandable : dans les cafés littéraires (où il ne mettait jamais les pieds, bien entendu), il ne serait même pas passé pour un original divertissant et, comme conférencier, il était en dessous de tout – chose que Kafka concédait volontiers, mais sans admettre qu'on en tire un argument *ad personam*[5].

Mais Kafka aurait même été prêt à faire cause commune avec ses propres antipodes. Il en donna la preuve en juillet 1917, le jour où il croisa dans le train de nuit de Vienne à Prague un duo d'amis turbulent mais remarquable qu'il connaissait de loin : le feuilletoniste et déclamateur Anton Kuh, figure bien connue au Café Arco, et le psychiatre et psychanalyste Otto Gross. Duo mal assorti de prime abord. Car, tandis que Kuh se bornait à jouer le bouffon plein d'esprit (et quelquefois l'homosexuel, ce qui lui valait encore davantage d'attention), Gross, 40 ans, était un personnage sulfureux, auréolé de rumeurs terribles, tout droit sorti de l'enfer bourgeois : un médecin toxicomane, anarchiste, pensionnaire successif de plusieurs cliniques psychiatriques, recherché pendant des années pour suspicion de meurtre, père de quatre enfants de quatre femmes différentes, amant simultané de trois sœurs et, enfin, arrêté à Berlin, interné de force dans un institut et placé sous tutelle au terme d'une procédure spectaculaire initiée par son père, le célèbre pénaliste et criminologue Hans Gross. Étant donné que l'« affaire Gross » avait été couverte en long et en large par diverses revues, dont *Die Aktion*, Kafka devait savoir précisément à qui il avait affaire : à un homme qui, bien que plus âgé de six ans seulement, avait déjà parcouru et laissé derrière lui un vaste spectre de possibilités – des cimes intellectuelles côtoyées avec Freud, dont il avait été le patient et le disciple favori, à la misère des salles d'accouchement et des hôpitaux de campagne, où il devait remédier à la souffrance *des autres*. Sans oublier sa guerre publique contre son père, qui continua d'occuper les tribunaux après la mort de ce dernier et que la scène expressionniste suivait le souffle court : comme si Gross, tirant de la psychanalyse l'étincelle d'une révolte sociale et combattant le patriarcat en plus de son père, avait porté sur ses épaules le fardeau d'une génération[6].

Le train étant bondé, comme tout convoi longue distance pendant la guerre, Kafka, Kuh, Gross, son amie Marianne

(« Mizzi ») Kuh et leur fille Sophie, 8 mois, n'eurent d'autre choix que de passer la nuit dans la coursive : l'enfant patiemment, sans un bruit ; Anton Kuh en chantant et en bavardant, c'est-à-dire presque tel qu'on le connaissait sur scène ; et Gross en tenant un âpre soliloque de plusieurs heures, sans se soucier de l'épuisement ni des hochements de tête et des sourires mécaniques de Kafka (et peut-être sans savoir qu'il avait en face de lui un ancien étudiant de son père). Ce monologue gravitait apparemment autour d'une des dernières idées de Gross, une relecture matriarcale de la Genèse et en particulier de l'épisode du péché originel ; décrivant cette scène quelques années plus tard, Kafka se souvenait de ne pas avoir compris un traître mot. Mais il en conservait une impression précise et imagée – et la conviction que la figure de Gross avait « *quelque chose d'essentiel* ».

Kafka n'eut toutefois guère l'occasion de cerner cet essentiel, car leur deuxième et dernière rencontre eut lieu quelques jours plus tard. Brod organisa une petite soirée à laquelle, outre Gross, prirent part Werfel (lui aussi revenu de Vienne) et le musicien Adolf Schreiber, ami de jeunesse de Brod. Nous ne savons rien du déroulement de cette rencontre au sommet – si ce n'est que le charisme de Gross y produisit encore un effet détonant. Car Kafka, lui qui préférait depuis toujours suivre de loin le battage des revues, lui qui, même à ce stade, continuait de soupeser prudemment la moindre occasion de publier – ce même Kafka se laissa persuader de participer à la *fondation* d'une revue. Elle s'appellerait *Blätter zur Bekämpfung des Machtwillens*, « Revue de lutte contre la volonté de domination » – titre provocant et antipatriarcal auquel Freud n'aurait jamais songé, mais qui fut sûrement accueilli sous les vivats dans l'univers de Gross, c'est-à-dire la bohème de Vienne, Berlin, Munich et Ascona, et qui rappelait parodiquement les *Blätter zur Bekämpfung des Alkoholismus*, revue viennoise de lutte contre l'alcoolisme.

Brod n'aimait pas ce genre de plaisanteries, et Werfel n'y adhéra pas au-delà de cette soirée : soldat célèbre, il aurait été mal avisé de s'afficher avec un morphinomane sous tutelle et ennemi déclaré de la militarisation de l'ordre social. Kafka, lui, fut enthousiaste ; et même si on lui expliqua sans doute que Gross, malgré tout son génie, était un faiseur de projets erratique auquel il valait mieux ne pas confier d'argent, et encore moins des idées, il demanda deux fois des nouvelles de ce projet de revue. « *S'il y a une revue,* écrivit-il à Brod, *qui m'ait paru attrayante pendant assez longtemps (sur le moment elles le sont toutes, bien sûr), c'est celle du Dr Gross, parce qu'elle m'a paru, tout au moins ce soir-là, procéder du feu d'un certain engagement personnel. Le signe d'un lien entre des aspirations personnelles, une revue ne peut sans doute rien être de plus*[8]. »

Le projet n'aboutit pas ; à peine trois ans plus tard, Gross, de plus en plus imprévisible et intellectuellement ruiné par ses différentes addictions, trouva une mort misérable dans les rues de Berlin. Cette fameuse soirée à Prague n'en eut pas moins, un jour, un épilogue retentissant, provoqué par Werfel.

Max Brod dut être piqué au vif par l'intérêt durable que Kafka porta à Gross, et ce n'est sûrement pas un hasard s'il n'y répondit pas d'un mot. « *Signe d'un lien entre des aspirations personnelles* » : l'expression ne manquait pas de sel, surtout sous *cette* plume, même si Brod y voyait lui aussi le socle idéal d'une revue. Mais comment Kafka se trouvait-il des intérêts communs avec un homme qui n'avait pas le mot « juif » dans son vocabulaire et pour lequel toutes les questions de la politique identitaire juive – y compris le sionisme – étaient au mieux les symptômes marginaux d'une crise culturelle bien plus vaste ? Et tant qu'à parler de revues « *attrayantes* » avec lesquelles il se sentait d'accord – pourquoi Kafka ne songeait-il pas spontanément à *Der Jude*, cet organe central du nationalisme juif dont Brod s'était chargé de lui ouvrir les portes ?

En effet, l'obstination de Brod, qui demandait à Buber pourquoi *Der Jude* ne publiait pas de littérature en langue allemande, avait fini par produire ses effets, même si une dissension fondamentale persistait entre les deux hommes. Pour Brod, le principal critère d'appartenance d'une œuvre littéraire au judaïsme était l'« esprit juif » ; pour Buber, c'était la langue. « *Qu'on retrouve dans la littérature allemande les éléments d'un esprit spécifiquement juif en une synthèse singulière avec l'esprit allemand, c'est l'évidence même* », concédait-il à Brod. Mais il ne s'agissait pas pour autant de littérature juive : « *Ma pensée et mon sentiment répugnent à l'idée qu'une œuvre appartienne à la fois à deux littératures ; et il ne vous viendra sûrement pas à l'esprit de détacher par exemple Werfel (ou vous-même) de la littérature allemande[9].* »

Mais si, c'était tout juste ce que Brod avait en tête. Et avec le nom de Werfel, Buber avait lui-même avancé un exemple éloquent qui le fit douter quelque temps de l'abstinence littéraire de sa revue. Werfel avait depuis longtemps cessé d'être un « littérateur » narcissique, les impressions de la guerre l'avaient fait mûrir, il se consacrait désormais à certaines questions religieuses, et en particulier à celle de l'*identité* religieuse. À tâtons, il commençait à prendre acte de ses racines juives; mais en même temps, sa sympathie croissait pour l'intériorité contemplative et détournée du monde d'un christianisme tout idéal (ce qui lui valut un blâme public de la part de Brod[10]). Le monde, pensait avoir compris Werfel, ne pouvait plus être sauvé que par un miracle, non par des activités de nature idéologique, et encore moins par ce mixte de littérature et de politique partisane que pratiquaient certains sionistes à Prague. Car, en définitive – et tel était le point où il rejoignait Otto Gross –, de tels efforts n'aboutissaient jamais qu'à une *autre* forme de pouvoir organisé, si honorables que fussent leurs motivations. Être radical, affirmaient les sionistes, c'était cesser le bavardage et se mettre au travail. La véritable radicalité, répliquait Werfel, consistait à donner toute latitude à l'individu. Le moi, et plus encore le moi de l'écrivain, ne devait des comptes qu'à lui-même, ou tout au plus à Dieu, et à personne d'autre.

Ce n'était assurément pas la position de Buber, et une pure contemplation était la dernière chose qu'il aurait prescrite au « judaïsme national » alors en essor dans le monde. Mais l'intensité avec laquelle Werfel cherchait une attitude dont il pourrait répondre *face à lui-même* impressionnait bien plus Buber que la loyauté de Brod aux principes du sionisme : ce sérieux presque désespéré, cette lutte pour l'authenticité étaient bien faits pour ébranler même ceux qui persistaient à croire que seuls comptaient la justesse doctrinale et les succès extérieurs du « mouvement ». C'est ainsi que Buber imprima seize poèmes inédits de Werfel, assortis d'une « remarque préliminaire » dans laquelle l'aspiration fondamentale de ce poète était déclarée juive[11].

Brod n'attendait que ce prétexte. Alors comme ça, *Der Jude* publiait de la littérature allemande ? Mais si Werfel avait droit à un coup de projecteur, pourquoi pas Kafka ? À peine Brod eut-il reçu le numéro d'avril qu'il engagea de nouveau Buber à lui demander des manuscrits ; car il avait « *écrit ces derniers temps nombre de merveilleuses petites proses, des légendes, des contes*[12] ». Termes qui, sans dire l'entière vérité (ce que Brod savait évidemment), avaient leur séduction et ne manqueraient pas de produire un effet sur Buber.

Les circonstances étaient on ne peut plus favorables, car Kafka, qui se trouvait encore dans une phase de productivité fébrile et euphorique et venait d'entamer un autre cahier in-octavo, était positivement avide de voir enfin paraître le fruit de son travail de l'hiver précédent. Mi-avril 1917, lorsqu'il reçut effectivement l'invitation de Buber, il n'hésita pas un instant à lui soumettre une mise au propre de tous ses derniers textes, laissant au rédacteur en chef le soin de choisir lui-même. Buber, visiblement impressionné, s'inquiéta toutefois de savoir – *Der Jude* n'avait jamais rien publié d'approchant – comment il pourrait justifier auprès de son lectorat la parution de textes aussi polysémiques. Il opta donc pour deux proses auxquelles on pouvait *à la rigueur* supposer une thématique juive, à savoir *Chacals et Arabes* et *Un rapport pour une académie* ; et pour les inscrire tant bien que mal dans le cadre des discussions éthico-religieuses de sa revue, il proposa de les surmonter d'un titre commun : « *Deux allégories* ». Kafka refusa aussitôt. Ce n'étaient pas des allégories, mais simplement « *deux histoires d'animaux* », il ne fallait pas en promettre davantage au lecteur.

Ainsi fut fait. *Chacals et Arabes* parut en octobre 1917, *Un rapport pour une académie* en novembre. Pour Kafka, ce furent à la fois des jours fastes et des jours fatidiques : sa première apparition éditoriale devant un public juif *de premier plan.* « *Ainsi donc, je vais tout de même me retrouver dans "Der Jude",* avait-il écrit à Buber, *moi qui ai toujours cru cela impossible*[13]. » Aucun autre auteur, sans doute, n'a dévoilé avec moins de ménagement la montée d'adrénaline intellectuelle ressentie à la publication d'une de ses œuvres : « *Toujours bien reprendre son souffle après les accès de vanité et d'autocomplaisance. L'orgie en lisant le récit dans Der Jude. Comme un écureuil en cage. Félicité du mouvement, désespoir de l'exiguïté, folie de la persévérance, sentiment de détresse face au calme du dehors. Tout cela simultanément autant qu'en alternance, même dans la fange de la fin un rayon de félicité*[14]. »

C'est justement avec Kafka que l'effort de Buber pour ancrer chaque contribution à *Der Jude* dans l'horizon du judaïsme – autolimitation qu'on avait déjà critiquée[15] – eut les conséquences les plus embarrassantes. *Chacals et Arabes,* surtout, était de prime abord un texte absolument hostile aux Juifs : il décrit un peuple d'animaux importuns et serviles qui attendent leur sauveur depuis des temps immémoriaux, se targuent de leur « pureté » et finissent tout de même par engloutir la charogne qu'on leur jette en pâture, et, face à eux, les Arabes, supérieurs, ironiques, véritables seigneurs qui, d'un seul coup de fouet, mettent fin à la comédie et rétablissent la hiérarchie naturelle. Tout cela semblait assez limpide : le texte visait les Juifs acculturés, incapables de façonner leur destin, et dont la rébellion épisodique contre la main qui les nourrit ne doit pas être prise trop au sérieux.

Kafka avait donc dépeint des Juifs sous les traits de chacals (et, pour renforcer cette image, il avait même calomnié les *vrais* chacals, qui ne se contentent pas de chercher des charognes). Une audace, mais une audace qui, au prix d'une lecture conciliante, pouvait encore s'inscrire dans la ligne idéologique de la revue de Buber[16]. D'autant qu'on avait l'habitude des métaphores animalières dégradantes, de tous ces loups, porcs, boucs, araignées et serpents juifs qui traînaient depuis des siècles dans la littérature allemande[17]. Ce qui dut choquer bien davantage les lecteurs cultivés de *Der Jude*, ce fut la représentation extrêmement positive des Arabes : ce même peuple auquel les sionistes promettaient les retombées d'une économie, d'une culture et d'une hygiène « dignes des standards européens » (tandis que les immigrants juifs de Palestine ne voyaient en eux qu'un réservoir de main-d'œuvre bon marché), ce peuple, donc, se présentait chez Kafka comme une race très supérieure, comme un « peuple hôte » qui ne tolère le chacal, c'est-à-dire le Juif, qu'à titre de clown et de poubelle de table.

Possible également, quoique moins concluante, était une lecture juive d'*Un rapport pour une académie*, cette « histoire de singe », comme l'appelaient les amis de Kafka. Dans ces souvenirs d'un chimpanzé contraint et forcé de renier sa nature pour adopter des habitudes humaines, on pouvait voir une parabole du processus de civilisation en général, une critique appuyée du dressage bourgeois dans ce qu'il a de contre-nature, mais aussi l'histoire de l'adaptation et de l'aliénation des Juifs. Que l'audience de *Der Jude* regarderait d'abord dans *ce* miroir, Buber le savait, le voulait; pour Brod, l'interprétation juive était même la seule possible, il célébra ce récit dans la *Selbstwehr* comme « *la satire la plus géniale de l'assimilation qu'on ait jamais écrite* »; et Elsa Brod en donna lecture aux membres du « Club des femmes et des filles juives » – dans la salle de cérémonie de la *hevra kaddisha*, la « société du dernier devoir », autrement dit les pompes funèbres juives[18]. Mais si Pierre le Rouge, ce singe capturé, dressé et donc assujetti jusque dans son psychisme, est bel et bien un portrait du Juif assimilé – à quoi ressemble le monde natif des *non*-assimilés ? Pierre le Rouge lui-même ne peut (ou ne veut) rien dire de ses origines, bien que l'académie le lui demande expressément. Les vestiges de sa « *vie antérieure de singe* » portent à croire que cette forme d'existence, certes libre, n'était pas préférable dans le moindre détail à la vie « civilisée », et encore moins paradisiaque. Ici encore, Kafka a donc choisi une espèce connotée négativement, une espèce *inférieure* pour symboliser les Juifs, et il n'est pas étonnant que les nationalistes juifs parmi ses lecteurs aient largement refoulé la logique de cette image afin de digérer le texte.

Pour Buber, cette expérience resta sans suite : pas un seul texte littéraire ne parut dans *Der Jude* au cours des années qui suivirent. Pour Kafka, en revanche, ce fut une confirmation de son travail, un galop d'essai réussi ; et, parmi ses nombreuses petites publications de 1917, celles de *Der Jude* furent certainement les plus notables et les plus réjouissantes. Cependant, Kafka ambitionnait déjà un format plus ample, une réception beaucoup plus large, et son projet de réunir ses nouvelles proses dans un recueil à part entière avait déjà si bien mûri avant l'échange avec Buber qu'il en tenait déjà le titre : son prochain livre s'intitulerait *Responsabilité*[19].

Mais pourquoi son éditeur n'en savait-il rien, pourquoi n'avait-il pas encore « signé » ce livre ? Parce que, tout en ayant eu vent de ces textes depuis un bon moment (Kafka pouvait en être sûr), il ne levait pas le petit doigt. Kafka n'était d'ailleurs pas le seul à trouver l'attitude de Kurt Wolff de plus en plus paradoxale, sinon énigmatique : quand il vous écrivait, il se montrait charmant, presque amical, mais il n'écrivait pas sans un motif précis ; et même quand ce motif existait, ce n'était pas forcément lui qui écrivait. La défiance de Kafka s'en renforça ; il avait beau craindre les déconvenues, il aurait de loin préféré des échanges plus francs, plus réguliers. Or c'était une chose que même l'entremetteur universel Max Brod ne pouvait lui obtenir, lui qui avait lieu de se plaindre beaucoup plus souvent des négligences de leur éditeur commun.

Reste que l'obstination indémontable de Brod, après avoir amené Buber à résipiscence, finit aussi par porter ses fruits à Leipzig. Le 3 juillet 1917, jour du 34e anniversaire de Kafka, Wolff donna enfin le signal, tant attendu, qu'il était prêt à tenter un nouveau pari : il demanda à Kafka un tapuscrit des textes de l'hiver précédent, car, « *pour ma plus grande joie, j'ai relevé il y a peu dans une lettre de Max Brod* », etc., etc.[20]

Ce que Wolff reçut alors dut fortement l'impressionner, à en juger par l'assaut d'amabilité qui s'ensuivit. Alors même que la prose inventée par Kafka, sans précédent par sa précision onirique, balayait tout espoir de le voir livrer un roman dans un avenir proche, et que ces nouvelles pièces ne pouvaient que rappeler à Wolff l'échec de *Contemplation*, il proposa de retenter une édition de luxe. Et voilà qu'il étendait cette proposition à la *Colonie pénitentiaire* : ce récit, assura Wolff, ne se prêtait certes toujours pas à une diffusion dans « Der jüngste Tag », sa collection à bas prix ; mais, ajoutait-il, « *il va de soi que je n'ai jamais songé à renoncer à la publication de ce travail, que j'estime et admire au plus haut point*[21] ». Il n'avait pas parlé sur le même ton un an plus tôt.

Kafka, rendu euphorique par cette offre, regretta par la suite de ne pas avoir attendu sa réalisation avec la réserve nécessaire ; ce n'étaient que des promesses, et il savait déjà qu'il ne fallait pas prendre toutes celles de Leipzig pour argent comptant. Mais, en cet été 1917, Wolff fit un pas de plus, un pas considérable, soumettant son auteur à une tentation vraiment irrésistible. Car lorsque Kafka, encouragé par la décision de Wolff, demanda timidement s'il pouvait aussi compter sur un soutien éditorial comme écrivain « indépendant » – après son mariage, sa démission et son déménagement à Berlin –, Wolff répondit sans détour et sans hésitation : « *En ce qui concerne vos projets, je vous souhaite du fond du cœur qu'ils aboutissent. C'est avec l'empressement le plus sincère et le plus réjoui que je vous accorderai, y compris après la fin de la guerre, un soutien matériel durable sur les détails duquel nous ne peinerons certainement pas à nous entendre*[22]. »

On ne pouvait faire plus explicite : pour la toute première fois, Kafka recevait de son éditeur une lettre qui ne portait pas sur un texte, un futur livre ni une question de stratégie éditoriale, mais sur son statut d'*auteur* – un des courriers les plus importants qu'il ait jamais reçus. Et, en faisant une telle offre, Wolff devait savoir (connaissant la situation de Kafka bien mieux qu'il ne le laissait entendre) qu'il n'influençait pas seulement l'« écriture » de Kafka, mais également ses choix, et donc qu'il endossait littéralement une responsabilité. Ce fut tout juste ce qui convainquit Kafka. Et il fut à ce point convaincu qu'il se risqua lui-même à une promesse que nul n'avait sans doute jamais entendue de sa part, la promesse d'une plus grande productivité : « *Si mes forces tiennent tant soit peu, vous recevrez de moi de meilleurs travaux que la Colonie pénitentiaire*[23]. »

Les choses prirent un autre chemin. Comme si tout était conclu, Wolff interrompit l'échange avec Kafka, sans lui dire quand viendraient les premières épreuves, ni que la guerre compliquait l'accès à du papier de bonne qualité et aux caractères rares qu'il lui avait promis. Et avant que paraissent enfin les petites proses de Kafka, le projet subit une succession grotesque et presque interminable d'accidents de parcours.

Elle commença dès la page une. Entre-temps, Kafka avait opté pour un titre plus neutre : le recueil ne s'intitulerait pas « Responsabilité », mais *Un médecin de campagne. Petits récits*. Ce faisant, il suivait cette même logique qui lui avait fait décliner la proposition de Buber : comme le terme « allégories », « responsabilité » attirait trop explicitement l'attention du lecteur sur une couche signifiante située *derrière* le texte ; non seulement ces deux mots invitent à l'interprétation, mais ils indiquent encore au bout de quel chemin se trouve la lecture *juste* ou du moins *souhaitée par l'auteur*. Or – et voilà pourquoi Kafka refusa toute sa vie de commenter ses œuvres – c'est précisément ce que le texte littéraire doit accomplir par ses propres moyens : il doit générer un effet d'évidence qui bannit à jamais l'idée que *Chacals et Arabes* soit une pure « histoire d'animaux » et *Un médecin de campagne*, qui donne son titre au recueil, une simple nouvelle médicale.

Pour Kafka, le choix du titre recouvrait donc des réflexions esthétiques d'une certaine portée ; et, au prix de plusieurs lettres de relance, il insista pour vérifier aussi la page de garde du livre. Bien lui en prit. Quand il reçut enfin les tirages, il s'avéra que le titre avait été changé arbitrairement : « Le Médecin de campagne. Nouvelles contemplations », lisait-on désormais – procédé non seulement léger vis-à-vis de l'auteur, mais aussi parfaitement absurde en regard du contenu du livre. Quel rapport entre la logique inexorable de cette fameuse « histoire de singe », ou l'onirisme abyssal d'*Un médecin de campagne*, et les fugitives impressions de *Contemplation*, que Kafka rangeait depuis longtemps dans sa *préhistoire* d'écrivain ?

La question de l'ordre de parution des proses retenues par Kafka fut elle aussi traitée avec une nonchalance criante par l'éditeur, et ce alors même que l'auteur avait fourni un sommaire précis dès août 1917, sitôt après la généreuse offre de Wolff[24]. Les épreuves sur lesquelles Kafka aurait pu rétablir l'ordre originel ne lui parvinrent que de façon incomplète, avec des mois de retard et à la suite de plusieurs interventions de Brod. En septembre 1918 – soit plus d'un an après que les manuscrits furent arrivés chez Wolff –, Kafka reçut une lettre confuse de Georg Heinrich Meyer, gérant de la maison d'édition, dans laquelle l'ordre des titres était de nouveau faussé ; pire encore, il avait manifestement échappé à Meyer que deux des titres de sa liste, *L'Homicide* et *Un fratricide*, se rapportaient au *même* récit. Apparemment, plus personne ne trouvait le temps de lire, dans cette maison. Car enfin, *L'Homicide* était ce même texte que Wolff avait refusé de publier dans son almanach, et *Un fratricide* en était une version améliorée, autorisée et même déjà parue. Kafka ne dut pas en croire en yeux le jour où il découvrit que Wolff, dans un almanach plus tardif, avait repris la première version pourtant dépassée de longue date, et sous son ancien titre – le tout sans consulter l'auteur ni lui envoyer d'exemplaire[25].

Bien sûr, même les maisons reconnues se virent de plus en plus souvent contraintes d'improviser pendant la guerre.

L'ensemble de la chaîne de production, du lectorat à l'imprimerie, souffrait d'un manque de personnel qualifié, et le rationnement de toutes les matières premières, qui n'étaient plus accessibles en vente libre mais seulement sur demande auprès de centrales étatiques, rendait presque impossible toute planification. Kafka savait d'expérience ce que voulait dire « économie de guerre », et il ne dut pas s'étonner que Wolff n'ait aucune envie d'écrire à ses auteurs des lettres d'excuses et d'ajournement. Wolff était débordé – mais il sous-estimait aussi la gravité de la situation : rien qu'en 1917, il envisagea d'installer sa maison d'édition dans un palais acheté à prix d'or à Darmstadt; il en fonda une autre, la « Neue Geist Verlag », pour pénétrer le marché des livres spécialisés; et, à l'heure où tout le monde redoutait l'éclatement d'émeutes de la faim l'hiver suivant, il promit à un auteur aussi peu installé que Kafka un luxueux papier Bütten et des reliures demi-cuir (qu'il n'aurait pu se procurer que dans l'illégalité, à Prague, chez le gantier Rudolf Werfel[26]). Un an plus tard, quelques semaines avant la fin de la guerre, au beau milieu d'une grave crise de l'édition, Wolff insista pour que la *Colonie pénitentiaire*, jugée défectueuse par Kafka lui-même, paraisse enfin en « impression Drugulin », édition de luxe dont le coût de fabrication était devenu incalculable. On peut comprendre que l'auteur, réjoui, ait bien voulu y croire, mais l'optimisme de l'éditeur était proprement hasardeux.

Nombre d'indices portent à croire que Wolff, après toutes ces années, ne sentait toujours pas qui était ce Pragois; et alors même qu'il aurait pu, son service accompli, obtenir facilement un visa pour la Bohême, c'est-à-dire un moyen de le voir en personne, il laissa filer ce moment rare où

Kafka fut tenté de se lier de manière étroite et durable à une maison d'édition. Plus encore : il détruisit le germe de confiance entre eux en faisant alterner inexplicablement le chaud et le froid, des lettres pleines de charme et un silence de plusieurs mois, non, de plusieurs années. Malgré ses efforts pour se mettre à la place de Wolff – « *Il faut en quelque sorte crier pour qu'un éditeur à ce point enseveli sous ses auteurs vous écoute* », écrivit-il au directeur de la revue *Donauland*[27] –, Kafka ne pouvait se défaire de l'impression qu'un éditeur *intéressé* se comportait autrement. Et si Kafka avait réalisé son projet de partir pour Berlin en 1919, on peut douter qu'il aurait rappelé à Wolff sa promesse d'un « *soutien matériel durable* ».

C'était une question d'amour-propre. Et cette question se posa avec encore plus d'acuité au début de 1918, lorsqu'un Kafka aussi surpris que flatté reçut coup sur coup l'invitation de deux autres éditeurs allemands : Erich Reiss et Paul Cassirer, qui se consacraient l'un et l'autre à la littérature d'avant-garde et qui avaient édité des revues aussi notables que *Pan* et *Die Schaubühne*. Jamais pareille chance ne s'était offerte à Kafka, qui plus est sans l'entremise de Brod ; et comme il avait des raisons de soupçonner que son *Médecin de campagne* était devenu indésirable à Leipzig, ou même qu'on l'avait oublié, il demanda une fois pour toutes des explications à son éditeur – à quoi l'on répondit non par une lettre personnelle, mais par l'envoi, sans un mot, d'un nouveau jeu d'épreuves. C'était à s'arracher les cheveux. Mais la situation était la même partout, assura Brod – autant rester chez Wolff[28].

Un jour, dans un de ses voyages, le rabbi Baal Shem, fondateur du mouvement hassidique, entre dans une auberge. C'est un mercredi soir. « *Je suis un prédicateur célèbre*, explique-t-il au tenancier. *On m'a dit qu'un homme très riche se marie à Berlin et je veux y aller pour shabbat, peut-être que je pourrai me faire un peu d'argent.* » « *Qu'est-ce que vous racontez ?* réplique l'aubergiste. *Il y a cinquante milles d'ici jusqu'à Berlin. Comment voulez-vous y être pour le début du shabbat ?* » Réponse du rabbi : « *J'ai un très bon cheval, j'y serai avant.* » Et l'aubergiste, en riant : « *Impossible ! À moins de voler.* » Le lendemain, le rabbi prend son temps. Il ne part que le jeudi soir. Mais en l'espace de cette seule nuit, il fait 350 kilomètres.

Un autre rabbi, du nom de Leib Sores, séjourne depuis quelque temps dans une localité russe située près de Mahiliow (ou Moguilev), au bord du Dniepr. Un jour, il demande à un serviteur d'atteler les chevaux et de se préparer à partir. « *Et quand ils furent sortis de la ville, le serviteur eut soudain l'impression qu'ils volaient, et vit en contrebas des villes et des villages. Ils voyagèrent ainsi deux heures. Pour finir, ils arrivèrent dans une grande ville* »… qui n'est autre que Vienne, à 1 200 kilomètres de Mahiliow à vol d'oiseau.

Par un hiver glacial, le médecin de campagne qui donne son nom au récit de Kafka est attendu par un malade à dix milles de chez lui. Mais son cheval a rendu l'âme la nuit précédente, et il n'en trouve pas d'autre. C'est alors que surgissent d'une porcherie en ruine deux puissantes montures, accompagnées d'un valet qui les attelle le plus naturellement du monde et qui, sans attendre aucun ordre, tape dans ses mains pour donner le départ : « *L'attelage est emporté comme du bois dans le courant ; j'entends encore la porte de ma maison s'enfoncer et se fracasser sous les assauts du palefrenier, puis un sifflement qui pénètre uniment tous mes sens à la fois m'emplit les yeux et les oreilles. Mais cela aussi rien qu'un instant, car, comme si derrière le portail de ma cour s'ouvrait immédiatement la cour de mon malade, j'y suis déjà.* » Dix milles en quelques secondes. Ce qui était impossible aux chevaux des hassidim, les chevaux fantastiques du médecin l'ont fait : ils passent le mur du son.

Ce motif des chevaux sans cocher à la vitesse hallucinante, Kafka l'avait découvert dans un recueil de *Légendes des Juifs de Pologne* [*Sagen polnischer Juden*] acheté en 1916, peu de temps avant d'investir l'Alchimistengasse[29]. Et il ne se contenta pas de faire passer ces miracles colportés naïvement dans le domaine de l'irréalité totale et irreprésentable. Il posa une question qui aurait certainement paru insignifiante aux conteurs hassidiques : et le trajet retour ? Rien ne nous dit comment le rabbi Baal Shem est reparti de Berlin, et le retour du rabbi Leib Sores se présente comme une simple répétition de l'aller : deux heures de Vienne à Mahiliow. Voilà ce que Kafka trouva invraisemblable, *faux* en un sens profond du terme. Car partir et revenir ne sont pas des actions symétriques, pas plus qu'une chute et une ascension. En mon absence, il se passe des choses *là-bas*; je ne retrouve jamais *exactement* ce que j'ai laissé; moi-même, je suis différent, je suis éprouvé par la distance. De l'image qu'il trouva dans la tradition populaire, Kafka fit un symbole; pour lui, il était hors de doute que les chevaux *n'avaient pas le droit* de voler pour revenir : « *Lents comme des vieillards, nous nous acheminions dans ce désert de neige [...]. Jamais je n'arriverai chez moi à cette allure. [...] Nu, exposé aux glaces de cette époque des plus infortunées, avec un attelage terrestre, des chevaux qui ne le sont pas, je vais errant, vieillard.* »

Kafka écrivit les petits récits d'*Un médecin de campagne* en quelques mois, les tapuscrits furent envoyés à la Kurt Wolff Verlag le 7 juillet 1917. Les corrections, la conception, l'impression et la distribution de ce mince volume prirent près de trois ans ; en mai 1920, au plus tôt – une fin du monde avait eu lieu dans l'intervalle –, *Un médecin de campagne* finit par être publié à environ 1 000 exemplaires. Le retour à Prague se fit à petit bruit : *un seul* critique en rendit compte[30].

MYCOBACTERIUM TUBERCULOSIS

Même le plus sage d'entre nous respire involontairement.
Herman Melville, *Mardi, et le voyage qui y mena*

Samedi 11 août 1917, 4 heures du matin. Kafka se réveille. Quelque chose ne va pas, il le sent. C'est sa gorge. Sa bouche se charge de salive, il crache, mais rien n'y fait. Il se redresse, allume la lumière. Ce n'est pas que de la salive, c'est du sang, un filet de sang. Étrange, mais pas catastrophique non plus, rien qui demande une explication immédiate, surtout pas au milieu de la nuit.

Kafka veut se rendormir. Mais impossible, le sang se remet à couler, à lui remplir la bouche. Il court jusqu'à sa table de toilette, crache un fluide rouge vif dans le blanc de la vasque, prend une serviette, fait quelques pas dans sa grande chambre vide, va ouvrir la fenêtre. Là-haut, tout proche, le Hradschin baigne dans les premières lueurs de l'aube. Kafka se penche et regarde vaguement dans le silence de la rue déserte. Mais ça continue, encore du sang, il retourne à la vasque, le laisse s'écouler minute après minute, de longues minutes d'impuissance. Enfin, ça se calme, l'épanchement se tarit. Il se rince les mains, se recouche lentement, ni triste, ni joyeux, juste un peu soulagé, et le sommeil, qu'il guette, le prend vite.

Trois heures plus tard, l'industrieuse Růženka pénètre dans la chambre pour réveiller Kafka, allumer le poêle et préparer un petit déjeuner frugal. Elle remarque tout de suite la vasque maculée de sang. « *Pane doktore*, dit-elle en levant les yeux vers Kafka, qui fait deux têtes de plus qu'elle, *s Vámi to dlouho nepotrvá.* » *Docteur, vous n'en avez plus pour longtemps.*

À lire les lettres dans lesquelles Kafka raconte les événements de cette nuit-là, ce qui étonne surtout est qu'il accueille sans plainte la brusque survenue de ce péril mortel. L'essentiel, à ses yeux, semble que la maladie l'aide à trouver le sommeil ; car il y avait longtemps que l'effet salutaire de Marienbad s'était dissipé, de même que l'apaisement lié au bonheur d'écrire ; et, depuis quelques mois, son état de nerfs, ses insomnies et ses maux de tête le tourmentaient comme aux pires moments de la lutte pour ses fiançailles. La douleur cessant tout à coup, et son corps affaibli se laissant aller au sommeil, on peut comprendre qu'il ait presque fait face à ce danger avec décontraction – au mépris du bon sens.

Mais on va chez le médecin quand le sang vous coule de la bouche – même si l'on considère la médecine académique comme une aimable superstition. Kafka connaissait justement un spécialiste de médecine interne qui lui semblait assez digne de confiance : Gustave Mühlstein, quinquagénaire corpulent qu'il avait déjà consulté l'année précédente pour des douleurs spasmodiques récurrentes. Ce docteur Mühlstein lui plaisait, il ne trouvait chez lui aucune de ces mauvaises habitudes de la profession qui placent souvent le patient dans une position d'inférieur et que Kafka haïssait depuis toujours – à commencer par les démonstrations de sollicitude hypocrite et la pédanterie sans fondement. Au contraire : ce brave Mühlstein n'avait eu aucun mal à admettre qu'il ne trouvait rien d'autre chez Kafka qu'une simple nervosité, certes très prononcée. Et les maux de tête ? Les insomnies ? Eh bien, le seul remède, c'était de mener une vie saine. Kafka devait fumer le moins possible, boire peu d'alcool, manger plus de légumes que de viande – surtout pas de viande le soir ! – et aller nager de temps en temps.

D'accord : l'humour involontaire de ce monsieur ne témoignait pas d'une grande perspicacité, mais peut-être qu'il saurait poser un diagnostic correct. Après s'être acquitté en toussotant de ses heures de bureau, Kafka se rendit dans l'Obstgasse pour se faire examiner, c'est-à-dire surtout ausculter et percuter. Résultat prosaïque : une bonne bronchite. Mühlstein prescrivit un banal médicament (un fortifiant, sans doute), Kafka devait en boire trois bouteilles et revenir un mois plus tard. Et si le saignement revenait pendant la nuit ? Dans ce cas, vous ne tournez pas en rond dans votre chambre, vous restez au lit et vous revenez demain.

Ce n'était pas ce que Kafka voulait entendre ; et le lendemain, de retour au cabinet de Mühlstein – il avait eu effectivement une nouvelle hémorragie –, son propre diagnostic était si bien assis que le vague bavardage dans lequel son médecin, hélas, se réfugia à son tour, le laissa entièrement de marbre. Quelque temps après, il dut annoncer la nouvelle à Ottla, et il le fit sans fioriture :

« 3 éventualités, <u>premièrement</u> refroidissement sévère, c'est ce qu'affirme le docteur je le conteste ; moi, prendre froid au mois d'août ? moi qui suis irrefroidissable ; à la rigueur mon logement froid, confiné, malodorant pourrait y être pour quelque chose, deuxièmement phtisie. Le docteur le conteste pour l'instant. Du reste on verra bien, tous les habitants des grandes villes sont tuberculeux, un catarrhe de l'apex pulmonaire (c'est le nom consacré, comme on dit "petit goret" pour traiter quelqu'un de cochon) n'est pas si grave, on injecte de la tuberculine et c'est réglé, troisièmement : j'ai à peine évoqué cette éventualité, il l'a évidemment écartée tout de suite. Et pourtant c'est la seule qui vaille et elle s'accorde bien à la deuxième. Ces derniers temps, j'ai de nouveau terriblement souffert de ma vieille folie, du reste seul l'hiver dernier a été une interruption, la plus longue jusqu'ici, de cette souffrance qui dure depuis 5 ans. C'est le plus grand combat qui m'ait été dévolu ou plutôt confié et une victoire (qui pourrait par ex. prendre la forme d'un mariage, F. n'est peut-être que la représentante de ce qui est probablement le bon principe dans ce combat), je veux dire une victoire impliquant une perte de sang à peu près supportable aurait eu dans mon histoire universelle privée quelque chose de napoléonien. Or il semble maintenant que je doive perdre le combat de cette façon-là. Et de fait, comme si on avait sonné la fin, je dors mieux, quoique pas beaucoup mieux, depuis 4 heures du matin cette nuit-là, et surtout les maux de tête auxquels je ne savais plus quoi faire ont totalement cessé. Je me représente leur rapport avec le saignement de la façon suivante : les insomnies, maux de tête, états fiévreux et tensions incessants m'ont tellement affaibli que je suis devenu vulnérable à une espèce de phtisie. [...] Voilà donc où j'en suis de cette maladie spirituelle, la tuberculose. Du reste je suis retourné chez le docteur hier. Il trouve que les bruits dans les poumons se sont améliorés (je tousse depuis ce moment-là), conteste la phtisie encore plus fermement, dit que je suis trop vieux, mais comme je veux être certain (quoique cela ne donne pas non plus de certitude absolue), il va me radiographier cette semaine et analyser mes crachats[1]. »

Kafka, lui, l'adepte de la naturopathie, avait visiblement prêté l'oreille au moindre mot de ce représentant de la médecine, comme l'aurait fait n'importe quel patient dans sa situation, et nous n'avons guère de raison de mettre son témoignage en doute. Cela dit, il avait passé sous silence un détail important, déterminant peut-être, et ce n'était pas très fair-play vis-à-vis de son médecin : des mois *avant* l'hémoptysie, il avait remarqué que sa salive était teintée de rouge, et alors même que ce symptôme alarmant n'était jamais reparti, il l'avait ignoré, puis refoulé. Averti de cet antécédent, Mühlstein n'aurait sans doute pas pris l'affaire à la légère et conclu à un simple rhume. Or Kafka n'avait aucune envie de subir après coup des remontrances de la part de quiconque. Lui seul *savait* qu'il s'agissait très vraisemblablement d'une tuberculose, mais d'où lui venait cette certitude, pourquoi il se fiait davantage au diagnostic spontané de sa bonne qu'à l'optimisme d'un expert – cela, il le garda pour lui[2].

Kafka n'était pas un patient « coopératif », et encore moins « facile » – ce qui ne change rien au fait qu'il était entre de mauvaises mains. Car les paroles rassurantes de Mühlstein étaient dénuées du moindre fondement médical. Kafka n'était en rien trop vieux pour une tuberculose pulmonaire, et on savait depuis longtemps que la réactivation d'une tuberculose ancienne demeurée latente restait possible jusqu'à un âge avancé – à plus forte raison dans un contexte de malnutrition, de chauffage insuffisant et d'insalubrité chronique dans les rues, qui étaient enveloppées en permanence d'un nuage de poussière pendant les années de guerre. Les données statistiques et empiriques dont Mühlstein aurait à la rigueur pu se réclamer dataient d'avant le conflit ; or, depuis 1915, la situation des grandes villes avait changé du tout au tout, et la tuberculose, causant jusqu'à un quart des décès, avait pris peu à peu un caractère épidémique, surtout dans les couches inférieures de la population (dont les centaines de milliers de réfugiés). Certes, ce n'était pas le milieu social de Kafka, qui vivait quant à lui dans un cadre privilégié. Mais s'il avait pris soin de bien conduire l'anamnèse, Mühlstein aurait noté que son patient travaillait dans une administration *ouverte au public* où il était souvent entouré de gens en mauvaise santé et exposé à leurs quintes de toux.

Mais après tout, pas de quoi s'inquiéter : il y avait la tuberculine. Or la confiance affichée par Mühlstein en ce remède miracle était tout sauf une preuve d'honnêteté, pour ne rien dire de ses compétences médicales. Produite à partir de bacilles tuberculeux morts, la tuberculine se déversait sur le marché en variantes toujours nouvelles dont aucune n'avait donné de résultats concluants lors des essais cliniques – et même la tristement célèbre « vieille tuberculine », qui avait valu à Robert Koch une humiliation internationale presque trente ans plus tôt, restait employée par les médecins civils et militaires en immunothérapie*. Les patients toutefois

---

* Après avoir découvert le bacille de la tuberculose en 1882, le médecin allemand Robert Koch (1843-1910) commercialisa en 1890 un vaccin, la « tuberculine », qu'il présenta comme un potentiel remède à la maladie, sans toutefois révéler sa composition. Étant donné la diffusion de cette maladie et la renommée internationale de Koch, ce traitement déchaîna l'enthousiasme, jusqu'à la révélation des premiers cas d'échec thérapeutique, voire de décès, seulement quelques mois plus tard. Le vaste scandale qui s'ensuivit contribua à faire évoluer les procédures d'essais cliniques.

redoutaient ce traitement, et à très juste titre, car un mauvais dosage pouvait entraîner des réactions sévères, notamment une forte fièvre, si ce n'est, dans le pire des cas, une *aggravation* de la tuberculose, et il n'existait pas de protocole fiable pour établir la dose « juste », extrêmement variable en fonction des individus. Dès avant la guerre, les cliniques spécialisées avaient donc cessé de préconiser des traitements par tuberculine, et elles avaient bien fait. Kafka non plus n'avait aucune envie de s'exposer à de tels risques ; quelques semaines plus tard, lorsque Mühlstein, contraint d'abandonner l'hypothèse d'un simple rhume, annonça qu'il lui injecterait peut-être de la tuberculine « *pour avoir tout essayé* », Kafka refusa et proposa plutôt de partir en cure. Inutile, lui répondit le docteur : il pouvait très bien se soigner à Prague[3].

Kafka n'était pas l'amateur pour lequel son médecin le prenait, et si Mühlstein s'était un peu plus intéressé à la situation professionnelle de son patient, il aurait peut-être découvert cette fameuse « Délégation des questions médicales » dont Kafka faisait partie depuis déjà plus de deux ans, délégation qui (sous la direction d'Eugen Pfohl) se consacrait de plus en plus activement à la prise en charge des soldats atteints de tuberculose. Kafka ne disait rien quand on ne lui posait pas de questions. Il devait en tout cas se rendre compte que les efforts de Mühlstein pour minimiser le danger – « *tous les habitants des grandes villes sont tuberculeux* » – étaient positivement irresponsables. D'accord, la quasi-intégralité des citadins d'Europe centrale était atteinte de tuberculose, tous les lecteurs de journaux le savaient ; mais on savait aussi que le système immunitaire isolait et neutralisait le bacille dans 95 % des cas, du moins en temps de paix. Kafka ne voulait pas savoir s'il était tuberculeux, il voulait savoir s'il souffrait d'une forme aiguë, et il demanda à Mühlstein de lui dire clairement s'il s'agissait déjà d'une tuberculose « ouverte », c'est-à-dire contagieuse. Mais cela, seule l'analyse du crachat pouvait le déterminer – inexplicable que cette initiative ait dû venir du patient. Il semble que ce test soit revenu négatif (sans quoi une admission en clinique aurait été inévitable). En revanche, la radiographie révéla un double « catarrhe de l'apex pulmonaire », confirmant du même coup le diagnostic de Kafka.

Kafka voulait une réponse claire parce qu'il ne pouvait pas dissimuler longtemps un problème aussi grave, mais aussi parce qu'il ne voulait inquiéter personne sans raison. S'il décida dès le début de laisser ses parents dans l'ignorance la plus totale, il se passa trois semaines avant qu'il informe Ottla, et un mois entier avant que Felice soit mise au courant à son tour. Felix Weltsch fut apparemment le premier dans la confidence, mais il était accaparé par ses problèmes chroniques de couple et les préparatifs d'un déménagement. Brod, en revanche, revenant de vacances le 21 août, soit dix jours après l'hémoptysie, fut horrifié par l'apparente négligence avec laquelle Kafka s'en remettait à un généraliste à l'évidence peu impliqué. Il insista pour que Kafka prenne conseil auprès d'un spécialiste, d'un médecin de renom, le professeur Gottfried Pick, directeur de l'Institut de laryngologie de l'Université allemande ; et pour s'assurer que Kafka, économe comme il était, ne se défilerait pas à la dernière minute, il l'escorta jusqu'à la salle d'attente.

Pick n'eut pas besoin d'une radiographie pour constater que l'apex des deux poumons de Kafka était atteint. Ce pouvait être un début de tuberculose, avisa-t-il, et il fallait envisager très sérieusement un séjour de plusieurs mois à la campagne. *Voilà* ce que Kafka voulait entendre… Il demanda juste si un certain petit village du nord de la Bohême ferait l'affaire, loin de toute supervision médicale, avec sa sœur pour seule infirmière. Bien sûr, répondit le professeur, mais il faudra manger, beaucoup manger, et prendre des préparations d'arsenic qui vous aideront à prendre du poids et à fabriquer des cellules sanguines, et donner des nouvelles régulièrement. Conclusions dûment consignées dans le certificat que Kafka emporta chez lui comme un trésor.

Brod, lui, se prit la tête entre les mains. Une cure à Zürau ? En plein hiver, dans ce patelin pluvieux, sans un seul vrai médecin à l'horizon ? Et s'il avait une nouvelle hémorragie là-bas ? Le professeur Pick devait prendre son patient pour un pauvre : pourquoi, sinon, ne l'envoyait-il pas à Meran, ou bien en Suisse, dans une clinique renommée ? Brod insista, il fallait dissiper ce malentendu au plus vite ; et c'est ainsi que, le 10 septembre, les deux amis se retrouvèrent *ensemble* devant le bureau de Pick – le malade et son tuteur. Mais, comme à chaque fois qu'il y allait de décisions existentielles, Kafka imposa sa volonté : il avait eu sa dose de sanatoriums, quels qu'ils fussent, et il frémissait en repensant à ce système des cures, anonyme et régi par le souci du corps. Manger autant que possible, le fameux « régime hypercalorique » – cela, il pouvait le faire partout ; il avait déjà commencé, d'ailleurs, au mépris de toutes les préconisations de la naturopathie, avec la plus grande répulsion, et uniquement pour obéir à son médecin. Mais pour le reste, il voulait aller chez Ottla, et il jetterait sûrement l'arsenic à la benne.

On ne peut tenir rigueur aux amis de Kafka – et sa famille, plus tard, ne vit la chose guère autrement – d'avoir jugé inexplicable sa réaction face à la maladie. C'était une tuberculose, une question de vie ou de mort. Et Kafka, lui, était détendu, il faisait ce que bon lui semblait, riait, choquait par des traits de fatalisme, voire de cynisme. « *J'ai l'impression qu'hier*, écrivit-il à Brod, penaud, *j'ai dû te faire à la fin l'effet d'un homme effrayant*[4]. » On pouvait le dire. Il s'excusa de sa frivolité, qui n'en resta pas moins étrange. Car même si la question de sa survie physique lui sembla d'abord incongrue – un peu comme à un fonctionnaire qui se serait retrouvé du jour au lendemain dans une tranchée au front –, force était de reconnaître que c'était un tournant qui remettait en cause tous ses projets et ses espoirs, y compris sa capacité à se marier et à écrire. Quelques semaines plus tôt, il avait reçu cette proposition tant espérée de la part de Kurt Wolff, cette promesse d'un « *soutien matériel durable* » au cas où il entamerait une vie d'écrivain sans attache. Il fallait qu'il guérisse pour que cette lettre et cette offre gardent leur valeur inestimable. Ne le savait-il pas ?

Il le savait. Il est certain que Kafka, malgré les apparences, fut atteint au plus profond par la survenue de la tuberculose, et le plus sûr indice en est la brusque interruption de son journal, dont les dernières pages restèrent vierges. Il préféra entamer un nouveau cahier in-octavo, destiné uniquement à ses notes littéraires. Or, même là, le choc de la maladie se fraya un chemin : « *Pour le cas où je devrais mourir ou devenir entièrement inapte à vivre ces prochains temps – cette possibilité est grande puisque j'ai craché beaucoup de sang ces deux dernières nuits – je pourrai dire que je me suis déchiré moi-même[5].* »

Les mois suivants, Kafka eut maintes fois à répondre à des conseils ou à des inquiétudes concernant sa santé. Ses lettres sont d'une franchise et d'une précision inhabituelles :

il reporta visiblement sur sa correspondance une partie des réflexions urgentes qu'il réservait d'ordinaire au journal. Son changement de situation l'avait pour ainsi dire éjecté de son isolement en éveillant chez lui un besoin de parler et de se faire comprendre. Et jamais la logique imaginaire de Kafka, cet habitus intellectuel qui lui est propre, ne s'était illustrée aussi clairement que dans ces lettres de la tuberculose. Elle apparaît dès son premier compte rendu à Ottla, qui contient une contradiction flagrante : s'il croyait détenir l'unique explication « *qui vaille* », à quoi bon aller voir un médecin ?

Kafka commence par faire tout ce qu'on attend de quelqu'un dans sa situation : il demande l'avis de la médecine, il réfléchit aux causes et aux remèdes possibles. Il ne doute pas que son appartement humide et la bicoque à peine plus salubre de l'Alchimistengasse ont joué un rôle dans sa maladie. Le hasard veut que le propriétaire ait réclamé la maisonnette peu de temps auparavant ; qu'il le veuille ou non, Kafka ne pourra donc pas y écrire l'hiver suivant. Mais son appartement du Schönborn, qu'il a tant désiré et dont il a tant joui comme d'un signe d'indépendance, il le quitte de lui-même, sans beaucoup réfléchir ni même avoir d'autre logement en vue, si bien qu'il doit retourner dans l'appartement parental, bien chauffé mais bruyant. Il se demande aussi si sa tuberculose, ou sa *prédisposition* à la tuberculose, n'est pas héréditaire – important lieu commun de la médecine de son temps[6] – et il finira en effet par apprendre, avec le plus grand intérêt, que deux parents de sa mère souffrent de maladies pulmonaires chroniques. Enfin, il devance son médecin lorsqu'il s'agit d'identifier l'agent infectieux. S'il ne croit ni à la tuberculine ni à l'arsenic, son refus d'exposer son corps à de telles expériences n'a rien d'irrationnel et peut d'ailleurs se justifier d'un point de vue médical[7]. Kafka ne fait fausse route qu'au sujet de la bronchite : comme par réflexe, il se raccroche à une image éculée de lui-même, car en aucun cas il n'est « *irrefroidissable* ». Du reste, il a d'autres raisons de se douter que ce n'est pas un rhume, pas cette fois.

Sous l'angle des rapports réciproques entre le corps et la psyché, les réflexions de Kafka n'étaient pas moins solides. Si le bon fonctionnement de l'immunité était crucial pour repousser le *Mycobacterium tuberculosis*, alors omniprésent, et si, en second lieu, le système immunitaire pouvait être affaibli non seulement par la malnutrition mais aussi par le stress (chose que nul médecin n'aurait contestée, même à l'époque), alors il s'ensuivait que les « *insomnies, maux de tête, états fiévreux et tensions incessants*[8] » de Kafka, qui duraient depuis plus de cinq ans, avaient bien pu préparer le terrain à la tuberculose. Et il en découlait aussi qu'il pouvait être crucial de réduire ce stress en vue de la guérison ; autrement dit, de ne pas se ruer compulsivement sur un séjour spécialisé dans le meilleur climat possible, mais d'aller *là où il se trouverait bien*. Et ce n'était certainement pas la machinerie de Davos. « *En effet*, notait le médecin kiévien David Epstein dans un guide alors répandu, *certains de mes patients préfèrent un séjour dans leur famille à la campagne plutôt qu'une cure en station thermale, et ils reviennent chez eux avec d'excellents résultats*[9]. » Voilà un médecin selon le cœur de Kafka.

Reste qu'il n'aidait pas ses proches à le considérer comme un patient averti et responsable, et il n'y a rien d'étonnant à ce que Brod ait cru devoir le prendre par la main comme un petit garçon. En effet, quand on le lançait sur le sujet de sa tuberculose, la discussion prenait chaque fois le même chemin : ce que les conventions le forçaient à dire d'un point de vue médical et psychosomatique, Kafka l'expédiait en deux mots, comme chose de peu d'importance ; mais, avec obstination et avec éloquence, à grand renfort d'images débordantes, comme à un *autre* étage de sa pensée, il s'efforçait de trouver un sens à la maladie, d'y voir un signe, si ce n'est de lui attribuer une dignité morale. Dans sa lettre à Ottla, il parle d'une « *maladie spirituelle* » ; dans ses conversations avec Brod, il qualifie la tuberculose de « *défaite définitive* », de « *châtiment* » : châtiment de son souhait que le combat pour Felice s'achève par une solution imposée qui le décharge de la décision. En même temps, la plaie d'où émane le saignement devient un « *symbole* », et c'est sur ce constat que s'ouvre son nouveau journal, inauguré début septembre.

C'était un terrain sur lequel aucun de ses amis pragois ne pouvait le suivre. Voir Kafka, après aussi longtemps, demeurer incapable de se forcer à un compromis entre le mariage et la littérature, à l'instar de tous ceux qui pouvaient lui servir d'exemples en la matière, le voir vivre ce dilemme comme un « *combat* » dont son moi était le théâtre et qui *devait* s'achever par une maladie potentiellement mortelle – voilà ce que Brod ne comprenait pas, pas plus qu'il ne pouvait se résoudre ne serait-ce qu'à envisager cette perspective. À sa place – écrivit-il à Kafka –, il aurait su quel parti prendre. « *Quand je vois Mlle F[elice] et que me revient dans l'oreille tout le bien que tu dis toujours d'elle, j'ai un peu de mal à comprendre ta résistance*[10]. »

Felix Weltsch, lui, répondit plus longuement quoique non moins naïvement à la théorie de Kafka sur sa maladie. Mais ce fut pour lui dire que l'essentiel n'était pas les théories ni les images, que seul importait de vivre « *le plus longtemps possible, le plus paisiblement possible, en se nourrissant le mieux possible dans un air sain* » :

« Dans un cas comme celui-ci, où la voie de la guérison est si claire et correspond de plus si bien à tes vues et à tes désirs, il n'y a pas lieu de craindre de complications – à moins que ta théorie de la santé et de la raison naturelle ne te conduise à des théories extravagantes sur ton mal. J'aimerais donc ajouter ceci au reste du traitement : ne vois pas dans ta maladie le fruit de la *khokhma* supérieure d'une nature déformée par anthropocentrisme, mais seulement la conséquence d'un logement insalubre, d'une mauvaise alimentation, de cent hasards et sans doute aussi de la dépression. Cette dernière à elle seule n'est pas une cause suffisante et, de plus, le meilleur remède contre elle est justement la démission, la vie à la campagne et un changement de vie total. À quoi s'ajoute – c'est mon point de vue extravagant à moi – la ferme intention de guérir – elle fera son effet sur ces soubassements psychologiques.

Il est moins facile de parler des autres choses qui te minent peut-être. (Je le répète : même si elles ont un rapport avec ton état corporel, je conteste qu'elles soient déterminantes et même qu'elles aient le moindre effet.) Du reste, nous ne sommes pas mieux lotis en la matière, ni Max ni moi[11]. »

On sent une pointe d'irritation : les amis de Kafka ne trouvent ni compréhensible ni acceptable qu'il passe plus de temps à chercher l'explication de sa maladie qu'à la « combattre ». Si ta théorie tenait la route, semblent-ils dire, alors nous serions *tous* malades : et Max Brod, usé par ses perpétuels allers-retours entre sa femme et son amante, et Felix

Weltsch, qui avait toutes les peines du monde à supporter les symptômes hystériques de sa femme. N'était-ce pas la preuve qu'il ne servait à rien de se cramponner à de telles hypothèses?

Ils n'avaient pas la partie facile. Même aux yeux du lecteur d'aujourd'hui, qui a intériorisé les formes d'expression paradoxales de la littérature moderne, les propos de Kafka sur cette maladie dangereuse paraissent bizarrement assurés, voluptueux, parfois proprement cabotins. Mais ce qui semble non moins étrange – si l'on prend du recul sur la correspondance de ce petit cercle –, c'est que Brod, Weltsch et Baum, après une décennie à côtoyer Kafka, n'avaient pas appris à sentir qu'il était instable psychiquement, que son être était menacé, vulnérable au plein sens du terme, et qu'il conservait malgré tout le sens des réalités. C'était ce sens des réalités qui lui disait ce qu'il fallait faire et ne pas faire contre la maladie. Mais un besoin bien plus fondamental, qu'il ne maîtrisait pas, le poussait à chercher un *sens* dans ce qui lui arrivait.

Max Brod craignait sincèrement pour la vie de son ami, il le note dans son journal. Kafka, lui, ne craignait pas la mort le moins du monde et, des années durant, il réussit à refouler l'idée qu'une longue, douloureuse, lamentable agonie risquait de précéder sa fin. Car l'objet de sa vraie peur était un délitement psychique, l'effondrement de son identité, l'abolition des frontières de son moi, la proximité de la folie, et c'est pourquoi il lui était insupportable de vivre, ou seulement de soupçonner qu'il vivait quelque chose de contingent, d'arbitraire et d'absurde. Felix Weltsch avait prononcé le mot fatal : « *cent hasards* » avaient pu contribuer à cette maladie, disait-il, visiblement pour le réconforter. Mais pour Kafka, la notion de hasard était justement le comble de l'insupportable. Car elle le dépouillait de l'unique arme psychique qu'il pouvait opposer aux coups du sort : s'identifier à son malheur, en faire une partie intégrante de son identité, le soumettre à la logique de son existence. Le hasard empêchait une telle intégration, il était impossible de s'arranger avec lui, impossible de se cacher de lui dans le refuge psychique de la *compréhension.* C'était plus que Kafka ne pouvait soutenir : l'absurdité du hasard n'existait pas, ne *pouvait* exister.

Cette position resta non négociable, et il s'avéra que ce penchant à la « théorie » que ses amis tournaient doucement en dérision et jugeaient aberrant était pour Kafka de la plus haute importance, car nécessaire à sa survie. Il acceptait donc toutes les interprétations de nature psychosomatique, car elles rendaient la catastrophe compréhensible et contribuaient ainsi à son intégration psychique. Mais ce qui mettait en doute la portée existentielle de sa maladie, il le rejetait aimablement, sans tenir compte des objections. Ainsi dans sa réponse à Weltsch :

> « En ce qui concerne les causes de la maladie, je ne suis pas têtu, mais comme je suis pour ainsi dire en possession des documents originaux de ce "cas", je m'en tiens à mon avis et j'entends même mon poumon, qui est le premier concerné, littéralement râler d'approbation.
>
> Pour guérir, tu as évidemment raison, il faut avoir avant toute chose la volonté de guérir. Je l'ai, mais, pour autant qu'on puisse le dire sans afféterie, j'ai aussi la volonté inverse. C'est une maladie particulière, dévolue si l'on veut, très différente de toutes celles auxquelles j'ai eu affaire jusqu'à présent. De même qu'un amant comblé dit à peu près : "Tout jusqu'ici n'a été qu'illusion, c'est maintenant que j'aime[12]." »

Une maladie dévolue? Kafka s'exprime comme s'il se tenait au bord d'une fosse déjà creusée, là où personne ne veut entendre parler de malencontreux hasards, si justifié que ce soit en fait, mais plutôt d'une tragédie, ou du destin, ou d'une souffrance « imposée ». Langage d'une piété désespérée, qui pare l'insaisissable de grands mots pour offrir un repère au regard errant dans les ténèbres.

Mais Kafka ne se contente pas d'enluminer son malheur. Il ne cesse de parler de sa maladie en termes *positifs*, la peur ne lui arrache pas un seul cri et, s'il se plaint, c'est de la disproportion entre la singularité de son « cas » et sa liquidation pour ainsi dire routinière, au moyen d'une maladie banale – et non d'une défaillance de son cœur tourmenté, ce qui serait plus juste métaphoriquement et donc plus éclairant. « *Il y a sans aucun doute une justice dans cette maladie*, écrit-il à Ottla, *c'est un coup juste que je ne ressens d'ailleurs pas du tout comme un coup mais comme quelque chose de très doux comparé à la moyenne de ces dernières années, c'est donc juste, mais si grossier, si terrestre, si simple, si rebattu. En fait, je crois que ça doit prendre une autre voie*[13]. »

Kafka râle comme si Dieu l'avait puni par un bête rhume des foins, mais, à part ça, il est content : cette attitude paraît frivole, mais elle était sincère. Car le nouveau fardeau que lui imposait la tuberculose était beaucoup plus facile à porter que le casse-tête moral et social dont elle venait de le libérer d'un seul coup. S'il était bien aussi malade qu'il le supposait – et son saignement de plusieurs semaines ne laissait pas de place au doute –, personne, ni ses parents, ni sa fiancée, ni ses supérieurs, ni ses amis sionistes, ne pourrait l'empêcher de se recentrer sur lui-même ; la tuberculose lui offrait même une bonne raison de se mettre à l'écart, et donc un « bénéfice secondaire de la maladie » qui excédait de loin la mesure habituelle. Il n'aurait plus jamais besoin d'expliquer à quiconque pourquoi il ne s'impliquait pas dans les entreprises de sa famille, pourquoi il n'avait ni sens des affaires, ni désir d'une carrière bourgeoise. Felice comprendrait enfin pourquoi son état physique, qu'il avait mentionné si souvent et si mystérieusement, faisait obstacle à la fondation d'une famille. Et pour couronner le tout : l'Office d'assurances serait forcé de lâcher prise, de lui laisser sa liberté – cela, surtout, dut être une des premières pensées de Kafka le matin où il s'éveilla d'un sommeil paisible après l'hémoptysie. Il se sentait détendu. Il était dans de meilleures dispositions que depuis des mois. Dans de si bonnes dispositions, même, qu'il gratifia son éditeur, cet inconnu à des centaines de kilomètres, d'une confidence, d'un aveu : la maladie qu'il avait « *attirée* » depuis tant d'années s'était enfin déclarée. « *C'est presque un soulagement*[14]. »

Étrange que personne n'ait voulu le comprendre. Brod aurait été anéanti s'il avait fait face à une « défaite définitive »; pour Kafka, cette défaite signifiait que le combat était fini. Mais s'il éprouvait du soulagement, s'il parlait même de délivrance, comment la tuberculose pouvait-elle être un châtiment? Avec ses grands mots, Kafka ne s'empêtrait-il pas d'atroces contradictions? Pas du tout. Le châtiment *est* la délivrance. Car il annonce : *Ton procès est fini*. Ne reste que la honte – la honte de ne pas être parvenu à cette fin par ses propres moyens.

Kafka est nerveux, surmené, c'est ce qu'il annonce à sa mère le 5 septembre. Il ne va donc pas prendre de nouveau logement, mais tâcher d'obtenir un congé aussi long que possible. Et il le passera chez Ottla, à la campagne.

A-t-elle la puce à l'oreille? Personne de tant soit peu informé des conditions de travail dans les bureaux de Prague ne croirait une histoire pareille. Un congé pour nervosité? Au beau milieu d'une guerre mondiale? Non, Julie Kafka n'est *pas* informée, elle croit son fils, se félicite qu'il ménage sa santé et annonce la nouvelle à son mari.

La véritable épreuve a lieu le lendemain, lorsque Kafka déclare officiellement sa maladie à l'Office d'assurances. Arrivé dans le bureau de son supérieur Eugen Pfohl, il dépose sur la table le certificat dressé par le professeur Pick, son sésame pour une nouvelle vie. Il a décidé de réclamer son départ en retraite, une rupture définitive avec le bureau et sa « carrière », mais il n'a pas la conscience tranquille. Car si la tuberculose est en réalité une maladie de l'esprit, une maladie qui a pour ainsi dire débordé ses limites initiales – et Kafka, lui, n'en doute pas un instant –, alors son administration n'y est absolument pour rien. Au contraire : ces horaires réguliers, ce travail sur des dossiers indifférents et ces conversations souvent non moins indifférentes entre collègues lui offraient un appui, une stabilité, une anesthésie bienfaisante chaque fois que la folie guettait. *Sans* le bureau, que serait-il devenu? Si difficile qu'il fût de l'admettre : la tuberculose, ou une autre catastrophe tout aussi logique, seraient peut-être survenues plus tôt[15]. Mais ce n'est pas avec de tels scrupules qu'on impose ses exigences, ni sous le regard bienveillant d'un supérieur qui assume sa part d'heures supplémentaires. Non, assure Kafka, il ne veut pas abuser de l'Office, un simple congé peut suffire.

Un jour après, le 7 septembre, entretien décisif avec le directeur Marschner. Kafka, qui n'a pas perdu tout espoir d'obtenir sa retraite, se retrouve encore une fois sur la défensive, d'autant que Marschner cherche à le consoler : il ne faut pas perdre courage, c'est surtout un coup dur pour l'Office de devoir se séparer d'un employé si compétent. Cela dit, une retraite anticipée (avec à la clef une maigre pension) n'est pas envisageable, ni dans l'intérêt de Kafka. Mais un congé de trois mois, oui ; et, au vu du certificat, Marschner peut le lui accorder sans plus de formalité. Inutile d'engager des démarches[16].

On est loin d'un triomphe, mais ce sont tout de même trois mois à Zürau, trois mois de liberté. L'accord d'Ottla vient sans tarder et, après avoir laissé son bureau dans un ordre impeccable, Kafka fait ses bagages. Il est pressé, ne prend même pas le temps de réunir ses amis pour leur dire au revoir.

Le jour de son départ – le mercredi 12 septembre 1917 –, Max Brod profite de sa pause déjeuner pour s'éclipser de son bureau à la poste centrale et pour filer chez les Kafka, sur l'Altstädter Ring. Cet adieu lui pèse ; ce sera leur plus longue séparation depuis des années, et ce à un moment où il est accablé de soucis qu'il n'ose confier à personne d'autre. Kafka aussi a reçu un coup à la dernière minute : une carte de Felice, des phrases inhabituellement tristes, alors même qu'elle ignore encore tout de la maladie et de ses suites. Il montre cette lettre à Brod, ils en parlent, Kafka dit qu'il ne peut pas se marier en ayant la tuberculose. Puis les adieux dans l'entrée de l'immeuble, Brod doit retourner au travail.

Le train pour l'ouest part à 14 heures, un tortillard, hélas, qui mettra trois heures et demie pour parcourir 100 kilomètres.

Kafka ne pouvant porter seul ses bagages – ils contiennent sûrement des provisions destinées à Ottla –, son père a envoyé deux aides du magasin avec des brouettes. Ils chargent les bagages dans l'ascenseur, les descendent au rez-de-chaussée. Kafka indique une valise : « *Prends le cercueil* », dit-il[17].

L'ARCHE DE ZÜRAU

Une pierre n'est lourde qu'à sa place.
Proverbe albanais

« Zürau est beau comme toujours, seulement l'hiver s'installe, la mare aux oies sous ma fenêtre gèle déjà de temps à autre, les enfants patinent joliment et mon chapeau, que le vent du soir emporte dans la mare, doit presque être arraché aux glaces le lendemain matin. Les souris m'en ont fait voir, tu en as forcément entendu parler, je les ai un peu fait fuir grâce au chat que je ramène tous les soirs "bien au chaud dans mes bras" de l'autre bout de la place, mais hier encore un rat sans gêne qui vit dans les fours et qui n'avait sûrement jamais mis les pieds dans une chambre à coucher a fait irruption chez moi dans un vacarme inouï, j'ai dû appeler le chat de la pièce voisine où je l'ai installé faute de réussir à lui apprendre la propreté et par crainte qu'il ne saute sur mon lit ; avec quel dévouement cette bonne bête est sortie d'une boîte au contenu indéterminé, mais qui n'est en tout cas pas faite pour qu'on y dorme et appartient à ma logeuse ; alors le calme est revenu. Autres nouvelles : une oie a été gavée à mort, le renard a la gale, les chèvres ont déjà été menées au bouc (qui doit être un fort joli garçon, une chèvre qui l'avait déjà vu a refait le long trajet de chez nous jusqu'à lui, saisie d'un brusque souvenir) et le cochon sera bientôt égorgé purement et simplement[1]. »

Des oies, des souris, des rats, des chats, des renards, des chèvres et des cochons. Sans oublier les taupes, les lapins, les poules, les chiens, les vaches et les chevaux. Kafka avait atterri sur une petite planète grouillante, à mille lieues de l'affairement urbain de la Wenzelsplatz, réservée à une seule espèce à l'exception de quelques chevaux d'attelage, et du monde paperassier et crûment éclairé de l'Office d'assurances, où rien ne bougeait de soi-même. Ce petit bourg était peuplé d'une grande famille d'êtres vivants on ne peut plus divers – dont 350 humains[2] – qui s'éveillaient au premier rayon du soleil, le cri des uns couvrant le bruit des autres, et faisaient tous silence au crépuscule, puisque personne n'avait envie de passer outre à la mesure des jours. Zürau n'avait pas la lumière électrique ; quand on voulait veiller, il fallait une lampe à pétrole, et le pétrole était une denrée rare. Dans les ténèbres, alors, ne restaient plus que les souris, ultimes représentantes d'une vie qui allait croissant et se multipliant sans fin.

Pas d'électricité, pas d'eau courante, pas de rues pavées. Pas de café, de cinéma, de librairies ni de marchands de journaux. Pas non plus de bureau de poste, pas de téléphone. Une gare, Michelob (Měcholupy), mais accessible seulement en calèche. Et surtout : aucun ami. Avec qui Kafka pouvait-il parler ? Avec un vieux régisseur grognon qui aimait mieux qu'Ottla lui donne du rhum que des ordres ; avec deux filles de ferme, Mařenka et Toni ; avec les voisins, tous paysans dont le centre intellectuel était la place du village ; et, de temps à autre, avec des colporteurs qu'Ottla invitait à entrer et à partager le repas de Franz. Pour ne rien arranger, Kafka avait souvent des peines à comprendre le dialecte allemand des autochtones.

Il avait su à quoi s'attendre ; l'été précédent, il était venu voir sa sœur à deux ou trois reprises, et il avait chaque fois dépeint Zürau sous un jour enchanteur. Ses parents, eux, secouaient la tête de dépit, et son père, furieux, repensait fatalement à Klein Wossek, son village natal, lieu de misère et de labeur. Quant à Max Brod et Felix Weltsch, ils ne connaissaient la nature qu'en flâneurs, cherchant en elle un contraste esthétique par rapport à la ville : une belle vue, une rivière, le silence d'une forêt, le souffle d'une brise tiède. En la matière, Zürau n'avait pas grand-chose à offrir, avec son paysage tranquillement vallonné, ses champs, ses cultures de houblon et ses rares bosquets où l'on aurait cherché en vain une auberge pour touristes. Une nature rude, un pays plat, une fragrance de lisier mêlée aux miasmes de trois bistrots où des saisonniers éclusaient la petite bière de la guerre, et non loin de là (*beaucoup* trop près pour un tuberculeux) une argilière poussiéreuse[3]. Max Brod n'y mit pas les pieds une seule fois, et Weltsch hésitait, rebuté par le trajet, attiré par les provisions qu'il pourrait obtenir. Personne dans le milieu intellectuel de Kafka n'aurait voulu partager avec lui cette vie paysanne au-delà de quelques jours – pour ne rien dire de toutes les figures citadines de l'époque qu'on place aujourd'hui sur le même plan que Kafka, comme Thomas Mann, Musil, Schnitzler ou Kraus : aucun d'entre eux ne serait allé se perdre de son plein gré dans un pareil désert.

« Je lis peu dans l'ensemble, tant la vie au village me convient. Une fois dépassé, avec tout ce qu'il a de désagréable, le sentiment d'habiter dans un zoo régi par des principes nouveaux où l'on donnerait aux animaux une entière liberté, il n'y a pas de vie plus agréable ni surtout plus libre que la vie au village, libre au sens spirituel, aussi peu oppressée que possible par le milieu et le passé. Il ne faut pas confondre cette vie-là avec celle d'une petite ville, qui doit être terrible. Je voudrais vivre ici pour toujours[4]. »

D'accord, Kafka était malade, d'autres critères s'appliquaient dans son cas, et ses amis lui pardonnaient de glorifier une vie à laquelle il était contraint. Puis il avait de la chance : plusieurs semaines après son arrivée, le temps restait si chaud et clair qu'il n'était pas forcé de se calfeutrer dans sa chambre, sombre et orientée vers le nord. Chaque fin de matinée ou presque, après avoir dégusté un verre de lait au lit, il emportait une chaise confortable et deux tabourets sur une petite hauteur où il passait ensuite la journée torse nu, affalé comme un estivant ; et quand l'envie lui en prenait, il était toujours temps de se promener sur les collines environnantes ou sur le chemin qui menait au village voisin, Oberklee (Soběchleby). « *La liberté, la liberté surtout* », écrivit-il à Brod sitôt rentré de sa première promenade, et on pouvait le comprendre : il venait d'échapper au bureau, et il écrivait au soleil d'un long arrière-été[5]. Il eut besoin de quelque temps pour comprendre que ce soleil prenait un autre sens à Zürau. En 1917, la sécheresse entraîna des récoltes catastrophiques, et il fallut beaucoup de démarches et de bonnes relations pour se procurer les semences de l'année suivante : la ferme d'Ottla manqua péricliter à cause du « beau temps ».

Kafka lui-même n'eut d'autre choix que de se plier aux règles d'un milieu social qui lui était parfaitement étranger ; il dut renoncer à un certain confort et – plus grave pour lui – changer ses habitudes. Il ne pouvait plus se retrouver seul quand il voulait. Et Zürau n'était pas un sanatorium où l'on se faisait servir son repas dans sa chambre quand votre voisin de table ne vous revenait pas. Impossible également d'aller se plaindre du « *seul piano de tout le nord-ouest de la Bohème* », qu'on maltraitait régulièrement dans la maison d'en face, ou de ces deux « *cogneurs* » infatigables qui se mettaient à frapper à 6 heures du matin sonnantes, l'un sur du bois, l'autre sur du métal[6]. Il arrivait aussi que la cuisine, dans laquelle Kafka passait volontiers ses soirées, soit occupée par le régisseur maugréant et quelques-uns de ses camarades, auquel cas la chambre d'Ottla n'offrait pas non plus de calme derrière sa porte vitrée. Alors, il ne lui restait plus qu'à faire une promenade ou à regagner plus tôt que prévu sa chambre dans un bâtiment séparé. Et là, les souris l'attendaient – une plaie qui s'aggrava sensiblement à l'arrivée des premiers froids et à laquelle Kafka réagit avec une peur proprement phobique. Oui, il fallait prendre les choses comme elles venaient ; pas de cahier de doléances à Zürau.

Si Kafka, malgré toutes ces contrariétés, parvint à se détendre et à consacrer l'énergie qui lui restait à se faire *moralement* à sa nouvelle situation, ce fut surtout grâce à Ottla. Elle fit ce qu'elle avait déjà fait dans l'Alchimistengasse, lui offrant un refuge, lui procurant tout le nécessaire ; et, bien que débordée, à l'évidence, par les 20 hectares de terre qu'elle devait cultiver avec peu d'auxiliaires, elle réussit à amortir son dépaysement initial, sa crainte d'être un fardeau pour tous ces gens qui travaillaient si dur. « *Ottla me porte littéralement sur ses ailes à travers ce monde difficile* », écrivit-il tout de suite après son arrivée ; et, quelques jours plus tard, ce sentiment s'était à ce point accentué qu'il dégaina les images les plus fortes : « *Je mène avec Ottla une bonne petite vie conjugale*, rapporta-t-il à Brod ; *vie conjugale non pas au sens de la grande confluence ordinaire, mais au sens du courant qui file droit devant lui avec de petits méandres*[7]. » État utopique, semble-t-il. Mais il y avait longtemps que Brod ne s'étonnait plus de ce genre de lubies ; il savait que Kafka aspirait à l'« *ordinaire* » autant que n'importe qui, et que la simple vue d'une poussette pouvait faire valser le balancier en sens inverse.

Kafka avait certes de bonnes raisons de faire valoir avec insistance sa vision asexuelle du bonheur. Car le jour approchait où il devrait rendre des comptes, et bien plus vite qu'escompté. Felice Bauer fut horrifiée par l'apparente résignation avec laquelle Kafka accueillait la tuberculose ; sa compassion et sa mauvaise conscience se réveillèrent, ainsi peut-être que les souvenirs de Marienbad. Elle voulait le voir, savoir s'il avait tout ce qu'il fallait, l'entendre dire ce qu'ils deviendraient tous les deux – et compte tenu de la catastrophe qui venait de les frapper, tout cela n'admettait aucun atermoiement. Elle envoya un télégramme pour annoncer son arrivée à Zürau et, sans attendre la réponse de Kafka, elle embarqua à bord d'un de ces trains de fortune qui ralliaient Prague depuis Berlin en une longue journée et une nuit plus longue encore. Elle ne se doutait pas que Kafka avait déjà écrit une lettre d'adieu, dans sa tête et en partie sur le papier.

Kafka redoutait cette confrontation, parce qu'il se retrouverait forcément dans son tort. Il avait compris – et ce constat fut le premier fruit de ses journées de chaise longue – qu'une période de sa vie s'achevait sans retour, période où il avait suivi la lutte entre le mariage et la littérature comme un spectateur consterné auquel ne reste plus qu'à attendre le dénouement. Au vu de ce qui lui arrivait, il ne pouvait rester passif un jour de plus, ni continuer à s'empêtrer dans ces funestes compromis. Il avait reçu un signe, la tuberculose, et son sens était clair : il fallait tirer le bilan, se concentrer sur l'essentiel et endosser enfin en toute rigueur la tâche qui lui incombait. Sur la nature de cette tâche, Kafka n'avait jamais eu moins de doutes.

Felice Bauer le trouva métamorphosé. Elle s'était sans doute attendue à trouver un homme abattu, en demande d'affection, auquel il faudrait redonner courage face à la maladie qui venait de le frapper, et elle avait dû se promettre d'ignorer les obstacles entre eux et de se plier à *ses* besoins le temps de quelques heures. C'était la forme pragmatique que revêtait sa compassion depuis toujours. Or Kafka n'était pas du tout abattu, et rien ne l'intéressait moins que de chercher du réconfort en causant des traitements possibles. Il s'agaça de ses discours sur le lait, qu'il fallait stériliser, sur sa chambre, qui était mal exposée (elle y passa elle-même deux nuits, seule), sur son besoin de repas plus fréquents, de couvertures plus chaudes, d'assistance médicale. C'était le *common sense* de Brod, en plus marqué encore. Kafka, lui, n'avait plus d'yeux que pour les questions fondamentales, questions d'identité, de sens, de vie ou de mort. Et il ne pouvait ni ne voulait jeter une passerelle entre sa fiancée et lui, la laisser avoir part à cette radicalisation intellectuelle qu'avait causée l'hémoptysie quelques semaines plus tôt. Il ne lui tendit pas la main. Il garda le silence. Il s'ennuya avec la femme qui avait naguère été sa fiancée ; et cet ennui, il ne le cacha pas.

Ce furent des heures mornes, tristes, mais tristes en un sens différent et bien plus grave que ne l'avait escompté Felice. Cinq ans après leur rencontre, tous leurs points communs n'étaient plus ; l'intérêt de Kafka pour le travail de Felice au Foyer juif semblait éteint[8] ; sur ses propres projets, il restait vague. Venue pour consoler, elle se heurta à une « *barrière* » (comme elle l'écrivit elle-même quelques jours plus tard) et, au lieu de donner libre cours à ses émotions, elle dut contenir un sentiment d'humiliation. Elle s'était attendrie depuis le scandale de l'Askanischer Hof, mais on aurait dit que Kafka faisait tout pour la replacer en position d'accusatrice. Trente heures de train pour ça ? Enfin, elle repartit pour Prague, en compagnie d'Ottla, qui devait faire des commissions en ville. Le temps de quelques heures, les deux femmes se firent face. On peut douter qu'elles se soient entendues sur leur plus grand souci, leur seul souci commun.

À Prague, Felice Bauer dut faire ses adieux à Max et Elsa Brod et aux parents Kafka, avides de nouvelles, encore dans l'ignorance. Julie Kafka demanda si la mauvaise humeur de Franz s'était arrangée à Zürau. Felice répondit qu'elle n'avait rien remarqué de tel.

« Que deux adversaires se combattent en moi, tu le sais. Que le meilleur des deux t'appartient, j'en doute ces jours-ci moins que jamais. Le déroulement de ce combat, tu en as été informée pendant cinq ans par des mots et par des silences et par un mélange des deux, en général à tes dépens. Me demandes-tu si j'ai toujours été sincère, je peux seulement répondre que face à personne je n'ai tant retenu ou, pour être encore plus exact, plus retenu mes mensonges conscients que face à toi. Il y a quelques dissimulations, des mensonges très peu, si tant est qu'il puisse y avoir "très peu" de mensonges. Je suis un menteur, je ne sais pas garder l'équilibre autrement, mon esquif est très fragile. Si j'examine mon but ultime, il apparaît que je n'aspire pas réellement à devenir un homme bon et à répondre à un tribunal supérieur, mais, très à l'inverse, à dominer du regard toute la communauté des hommes et des bêtes, à identifier leurs préférences, leurs souhaits, leurs idéaux moraux, à les rapporter à quelques prescriptions élémentaires et à me développer dans cette direction aussi vite que possible de façon à leur plaire absolument à tous, et même (voilà le saut) à leur plaire si bien que pour finir il me serait permis, sans perdre l'amour universel, et comme au seul pécheur qu'on ne ferait pas rôtir, de donner libre cours ouvertement, aux yeux de tous, aux bassesses qui m'habitent. En somme, seul le tribunal humain m'intéresse, et celui-ci, je voudrais encore le duper, quoique sans duperie.

Applique cela à notre cas, qui n'est pas un cas parmi d'autres, mais mon cas représentatif. Tu es mon tribunal humain.

Ces deux adversaires qui se combattent en moi ou, pour mieux dire, dont le combat me constitue à l'exception d'un petit reste laminé, il y en a un bon et un mauvais ; ils échangent quelquefois leurs masques, ce qui embrouille encore plus ce combat déjà embrouillé ; et malgré tout, j'ai réussi à croire jusqu'à ces temps derniers que le moins vraisemblable (le plus vraisemblable serait : poursuite éternelle du combat), qui continuait à apparaître comme quelque chose de rayonnant à ce qui me reste de sentiment, finirait par se produire, et que, pitoyable, réduit au malheur par les années, j'aurais enfin le droit de t'avoir.

Soudain il apparaît que la perte de sang a été trop grave. Le sang que le bon (pour l'instant c'est le bon) verse pour te conquérir profite au mauvais. Alors que sans doute, ou peut-être, le mauvais n'aurait plus rien trouvé de neuf ni de décisif pour se défendre, le bon lui offre ce nouveau moyen. Car au fond de moi je ne tiens pas cette maladie pour une tuberculose, ou du moins pas premièrement pour une tuberculose, mais pour ma faillite générale. Je pensais que ça irait et ça ne va pas. – Le sang ne vient pas des poumons, mais du ou d'un coup décisif porté par l'un des combattants. [...] Du reste, je te confie un secret auquel pour l'heure je ne crois pas moi-même (même si l'obscurité qui tombe loin autour de moi quand j'essaie de travailler ou pense pourrait bien m'en convaincre) mais qui doit pourtant être vrai : je ne guérirai pas. Précisément parce que ce n'est pas une tuberculose qu'on peut coucher sur une chaise longue pour la soigner, mais une arme dont l'extrême nécessité subsiste aussi longtemps que je subsiste. Et l'un et l'autre ne peuvent subsister en même temps[9]. »

Elias Canetti a décrit cette lettre comme la plus gênante de toutes celles que nous connaissons de Kafka : si gênante, dit-il, qu'il faut se faire violence pour la citer[10]. Ce qui lui paraît écœurant, c'est cette façon de mêler le sang métaphorique et le sang réel : il s'agirait d'« *un mythe indigne et faux* », entaché qui plus est d'un mensonge criant. Car il n'est pas vrai que « *le meilleur* » des deux combattants appartienne à Felice ; en fait, plus rien ne lui appartient, Kafka a pris depuis longtemps la décision de rompre.

On peut comprendre l'aversion de Canetti : après des centaines de lettres, après une cour désespérée, après la plénitude de Marienbad, au terme de cinq ans d'une histoire certes triste, mais d'une histoire commune, Kafka ne trouve pas un seul mot de réconfort ni de gratitude. Sa lettre est une introspection qui se déverse en images étincelantes devant un public imaginaire sans tenir compte de sa destinataire réelle, dont la vie est pourtant concernée au même titre que la sienne. « *Si j'examine mon but ultime…* » : ce n'est pas le ton intime d'une lettre, c'est l'aveu qui aurait pu éviter la peine de mort à l'accusé Josef K., c'est de la *littérature*; et, de fait, Kafka, fier de la précision et de la puissance imaginaire de son plaidoyer paradoxal, a recopié ce passage deux fois mot pour mot, dans son journal et dans une lettre à Brod. Et pour finir : « *Tu es mon tribunal humain.* » Phrase que Felice Bauer ne peut avoir lue sans frémir, quelque conditionnels, mitigés ou aveugles qu'aient pu être ses sentiments à l'égard de Kafka. Phrase d'une violence inouïe, phrase destructrice qui ne laisse aucune place à l'espoir. Car on ne vit pas avec son juge, on ne le touche pas : *on lui fait face*, pour toujours.

Mais que veut dire Canetti quand il dénonce la *fausseté* du mythe de Kafka? Sans doute, son autoportrait, son interprétation de la maladie et de sa relation à Felice nous laissent troublés, voire consternés, car la logique qu'ils suivent n'est ni émotionnelle ni factuelle, et ils évitent savamment les phrases qu'on s'attendrait à lire en pareil cas : « Plus rien ne nous lie », ou « Tu ne me comprends pas », ou « Nous ne nous aimons plus ». À la place, Kafka recourt à tout un arsenal d'images mythiques et de termes lourds de sens, inaccessibles à une plus ample explication : combat, sang, arme, péché, tribunal, bien et mal, obscurité, mort. Même sa « *faillite générale* », Kafka l'énonce avec un laconisme qui laisse entendre que tout est dit, comme s'il ne s'agissait pas d'une métaphore dont le sens pratique pourrait prêter à discussion. Il ne « communique » pas, il expose un mythe : *cela fut, cela est et cela restera*. Or cette confiance en la puissance imaginaire des associations, cette manière de prendre au mot des images et des métaphores intemporelles est une caractéristique de tous les mythes et, en ce sens, *tout* mythe est faux. Car, contrairement à la psychologie, le mythe n'a pas conscience de sa propre portée. Comme l'œuvre d'art, il cherche une cohérence et une force persuasive internes, et la part de vérité qu'il renferme est pour lui *toute* la vérité.

Kafka ne semble pas avoir pleinement compris que la complexité de sa situation somatique et psychique ne pouvait s'expliquer et encore moins se juguler par des moyens si archaïques – quel que fût par ailleurs leur attrait littéraire. Trouver des métaphores qui conféraient un sens à l'échec de son bonheur lui donna de l'assurance, l'aida à relever la tête, lui fut même source de fierté. Il dut en payer le prix en restant en deçà de la lucidité dont il était capable et en tranchant les fils trop lâches de la trame : ce qui ne s'accordait pas avec son mythe, il le refoula, ou il le passa sous silence en pleine conscience de sa propre fausseté. Kafka *savait* que son destin se prêtait à d'autres interprétations, il en avait déjà confié certaines à ses amis, à son journal. Mais elles devaient coûte que coûte rester cachées à Felice.

Qu'aurait-elle pensé par exemple de la « *bonne petite vie conjugale* » que son fiancé disait mener avec sa propre sœur ? Felice Bauer n'était pas mesquine en amour ; elle avait accepté sans se plaindre l'aventure douce-amère de Kafka à Riva trois ans plus tôt, les sentiments de nature incestueuse ne lui étaient pas inconnus, et même si elle avait toujours trouvé Ottla immature et inintéressante, elle ne pouvait qu'approuver la chaleureuse familiarité qui la liait visiblement à Franz – dans l'intérêt du patient. Or comment cet évident bien-être s'accordait-il avec la « *faillite générale* »

proclamée par Kafka? Elle n'était donc pas si « générale »
que ça, et il y avait lieu de soupçonner que le grand bonheur de Marienbad, que Kafka rejetait, entretenait un lien
occulte avec le petit bonheur de Zürau : l'un se conquérait
de haute lutte, tandis que l'autre était gratuit. Il avait donc
tout bonnement fait le choix de la facilité ? Pas un mot là-
dessus dans le mythe de Kafka, pas un mot au sujet d'Ottla.

Il y avait d'autres pensées, plus abyssales, que Kafka aurait
eu quelque peine à concilier avec l'autoportrait destiné à
Felice. « *Jusqu'ici je n'ai pas inscrit l'essentiel*, nota-t-il après
deux mois à Zürau, *je m'écoule encore en deux bras. Le travail
en attente est immense*[11]. » Cela non plus n'est pas la voix de
l'échec et de la fin. Au contraire : dès le début, Kafka avait
interprété la tuberculose et le bouleversement contraint de
sa routine comme une crise purificatrice, comme l'occasion
de se défaire de l'inessentiel, de rassembler ses forces. Et
afin d'immortaliser cet instant, il avait inauguré son nouveau
journal, à Zürau, par une exhortation :

> « Tu as, pour autant que cette possibilité existe, la possibilité
> de prendre un nouveau départ. Ne la gâche pas. Tu ne pour-
> ras pas éviter la saleté qui déborde de toi, si tu veux entrer.
> Mais ne te vautre pas dedans. Si la plaie au poumon n'est
> qu'un symbole, comme tu le prétends, symbole de la plaie
> dont l'inflammation s'appelle Felice et dont la profondeur
> s'appelle justification, s'il en est ainsi, alors les conseils des
> médecins (lumière air soleil calme) sont aussi un symbole.
> Empare-toi de ce symbole[12]. »

Là encore, c'est un mythe personnel qui parle. Mais
celui-ci implique nettement un avenir, et cet avenir est

abordé d'un regard clair et sûr. Max Brod avait déjà remarqué que les lettres de Kafka à Zürau contenaient beaucoup moins de plaintes qu'à l'accoutumée. C'étaient des lettres d'un calme étonnant, surtout lorsqu'elles touchaient le noyau de son malheur, et d'un calme sans égal quand elles évoquaient un échec irrémédiable. Contradiction que Brod comprenait d'autant moins que ses propres accès de désespoir – fruit surtout d'un dilemme entre deux femmes, plus critique que jamais à l'automne 1917 – l'empêchaient d'avoir l'esprit clair. Non, un pareil calme n'avait rien de rassurant, il était inquiétant, et Felice Bauer ne peut l'avoir vu d'un autre œil.

Kafka tenta de se justifier une dernière fois, dans ce qui est, de fait, la toute dernière lettre connue adressée à sa fiancée, écrite comme de loin, proférée d'une voix qui ne s'adresse plus à elle. Leurs dernières retrouvailles à Zürau, dit-il, ont été un tourment pour lui aussi, mais il ne s'est pas senti malheureux pour autant. C'est une question de point de vue : est malheureux celui qui sent le malheur dans sa chair, est tourmenté celui qui ne fait que l'observer. Jamais encore Kafka n'a dit avec une telle franchise qu'il n'est plus *concerné*; et si Felice Bauer, après un tel aveu, continue de nourrir des espoirs, cela ne peut s'expliquer que par les « exagérations » de Kafka au cours des années précédentes : elle connaît ses extrêmes oscillations d'humeur, elle sait qu'on peut le tranquilliser, voire le séduire, même si la tuberculose complique tout désormais.

Felice Bauer continua de lui écrire assez fréquemment à Zürau; et même si elle dut pressentir que tout était fini, faire ses adieux à un malade placé dans une telle disposition d'esprit contredisait douloureusement son habitus social.

De retour à Berlin, elle se confia à son amie Grete Bloch, qui dut être horrifiée par l'apparente indifférence de Kafka – en fait, comme si elle n'avait rien appris de l'échec de sa précédente tentative, Grete Bloch alla jusqu'à se rappeler au souvenir de Kafka en annonçant une longue lettre. Menace qui le priva littéralement de sommeil. Car depuis la venue de Felice, la vie à Zürau s'était assombrie ; Kafka se sentit soudain incapable de recevoir de la visite, de supporter la moindre ingérence. S'il recevait une lettre de Felice, il restait des heures sans l'ouvrir, et la peur de lire ses plaintes – qui étaient à ses yeux toutes des plaintes *contre lui* – l'étranglait à tel point qu'il ne pouvait plus rien manger.

Ni Brod ni, plus tard, Canetti, ne pouvaient mesurer avec quelle énergie désespérée Kafka luttait pour sa survie mentale : ses prises de distance paraissent trop sereines, trop sûres ; trop réfléchies ses analyses, trop littéraires ses descriptions de la vie campagnarde, trop comiques, même, ses fameuses « lettres sur les souris », qui passaient de main en main à Prague. Il avait laissé derrière lui les complaintes rituelles des années précédentes, et il semblait atteindre à une forme d'éloquence mûrie et persuasive. Mais n'est-ce pas justement l'allure du vrai désespoir ? Kafka, qui ne trouvait pas le repos dans sa chaise longue, se posa aussi la question :

« Jamais compris qu'il soit possible à quiconque ou presque sait écrire d'objectiver la douleur dans la douleur, de sorte que je peux par ex. en plein malheur, peut-être même la tête brûlante de malheur, m'asseoir et faire savoir par écrit à quelqu'un : Je suis malheureux. Oui, je peux même aller au-delà et, avec diverses fioritures, au gré d'un don qui semble n'avoir aucun rapport avec le malheur, fabuler là-dessus simplement ou par antithèses ou avec des orchestres entiers d'associations. Et ce n'est pas du tout mensonge et n'apaise pas la douleur, c'est simplement la grâce d'un surplus de forces en un moment où la douleur a visiblement usé toutes mes forces jusqu'au fond de mon être qu'elle écorche. Quelle sorte de surplus est-ce donc[13] ? »

Kafka parle de l'écrivain en général, et il laisse échapper une tautologie : on ne peut pas savoir si tous ceux (ou presque) qui savent écrire sont par là même capables de parler du fond du malheur, car ceux qui ne le peuvent pas ne laissent aucune trace. En réalité, Kafka a ici en vue une expérience très caractéristique *de son propre cas*, une vérité existentielle dont il retrouve chaque fois la merveilleuse confirmation : « *On n'a pas idée de tout ce qu'on a chez soi* », comme il l'avait écrit lui-même dans *Un médecin de campagne*. Au point zéro, on trouve de nouvelles réserves. C'est ce qui le sauvera, jusqu'à la fin. Mais pour cette même raison, Kafka est persuadé qu'il ne trouvera plus jamais d'appui en dehors de lui-même : la vie – au sens le plus emphatique de ce mot – s'est refermée devant lui, et le « *travail en attente* », si fort que Kafka l'appelle de ses vœux, si impérieux soit-il, émane d'une obscurité parfaitement indiscernable située à l'écart de la vie.

Est-ce le « bon » ou le « mauvais » combattant qui l'attire dans cette direction ? Kafka ment – nous dit Canetti –, ou il donne tout au plus dans la fausse galanterie, lorsqu'il affirme que celle qu'il a aimée représentait le bon principe, ou du moins le meilleur des deux. N'avait-il pas décidé depuis longtemps de se dérober à son appel pour suivre une tout autre voie ? Kafka en personne, et dans cette même lettre, ne se traite-t-il pas de « *menteur* » ? Mais de toute évidence, c'est Canetti lui-même qui ne supporte plus la tension et qui – après l'examen éprouvant des pièces de cet « autre procès » – réclame *post festum* un verdict, une profession de foi virile en la littérature, qui tranche une bonne fois la question. Pour Kafka, en revanche, l'ambivalence perdure, même une fois sa décision prise, et nous en possédons une preuve touchante. Car sa grande lettre possède un post-scriptum que Canetti n'a pas connu, une phrase unique sur un feuillet à part, une phrase qui fait taire un instant le bruit du combat rhétorique et laisse place au chagrin, à un regard sur ce qui est perdu à jamais :

> « Je voulais encore dire une chose : il y a eu et il y a des instants, en réalité ou dans le souvenir, le plus souvent c'est le souvenir de ton regard posé sur moi, où me semble surgir quelque chose de plus que tout ce que tu es déjà pour moi, quelque chose de plus haut par son essence, mais je suis, comme toujours, trop faible pour retenir cette chose ou pour me tenir face à elle[14]. »

C'était le mot de la fin. Mais Felice fit valoir son droit. Elle avait le droit d'entendre le verdict en face à face. Encore quelques semaines, et elle aurait 30 ans. Ce n'était plus une petite fille.

Le professeur Pick avait préconisé que Kafka revienne chaque mois se faire examiner à Prague, et comme Brod avait été témoin de cet accord, il se mit à battre le rappel plusieurs jours avant l'échéance. Kafka, lui, hésitait. Se faire examiner pour quoi? Il n'avait pas de saignement, pas de fièvre, et seules une petite toux récurrente et sa respiration un peu accélérée lui rappelaient qu'il n'était pas à Zürau pour de simples vacances. Il avait pris sept livres en seulement quatre semaines; au-dessus de la ceinture, il était bronzé comme un journalier; et sa mère, dit-il, mais en exagérant, ne l'avait même pas reconnu un jour qu'elle était venue le chercher à la gare. Il avait meilleure mine que depuis des années. Le professeur ne risquait-il pas de le renvoyer au bureau? Kafka avait reçu de l'Office des lettres pleines de sollicitude, on s'enquérait de sa santé – rentré à Prague, il serait forcé de se montrer à ses pauvres collègues qui le prenaient probablement pour un veinard. Kafka avait honte.

De fait, il fallut que Brod vienne *récupérer* son ami récalcitrant. Une occasion se présenta fin octobre, lorsque sa femme et lui furent invités à un événement littéraire organisé par des sionistes à Komotau, dans le nord-ouest de la Bohême. Kafka les rejoignit dans le train, assista à la lecture, passa une nuit à Komotau, puis ils rentrèrent ensemble à Prague. Brod dut scruter Kafka de plus près que sa mère, qui ne savait encore rien; il ne se laissa impressionner ni par le teint hâlé de Kafka ni par ses quelques kilos de plus, et même le verdict du professeur pragois, rassurant comme prévu, ne le fit pas changer d'avis : il fallait faire quelque chose avant l'hiver. Il menaça sans rire, en « *dernier recours* », d'appeler ses parents en renfort s'il s'obstinait à ne pas chercher un lieu plus propice ni, surtout, un climat plus hospitalier. Kafka guérirait dans le Sud et dans le Sud seulement – et sur un ton de candeur ironique, Brod ajouta que même un « *procédé universellement reconnu* » pouvait parfois être le bon. Mais Kafka n'était pas du genre à se laisser intimider par l'avis général, et il n'eut aucun mal à parer ce coup-là : « *même le professeur n'a pas parlé du Sud*[15] ».

Kafka se sentait en assez bonne forme pour refouler en grande partie la perspective d'un danger réel. Bien plus que de son état corporel objectif, il était inquiet de son *image* : un fonctionnaire qui, sans signe extérieur de maladie, restait des mois à lézarder dans une prairie et se laissait gaver par sa sœur, en plein cœur d'une guerre mondiale, parmi des gens qui travaillaient dur – il y avait de quoi s'attirer des regards en coin et des questions gênantes, même si personne à Zürau n'aurait osé s'en prendre à « monsieur le Docteur ». Cette pression sociale était probablement une projection de la part de Kafka, mais elle suffit à ce qu'il ignore tous les conseils du médecin en prenant part de plus en plus aux travaux de la ferme, qui l'attiraient de toute façon. Il cueillit du cynorhodon, aménagea un potager, traîna à quatre pattes pour déterrer des pommes de terre, nourrit le bétail, conduisit la calèche, fendit même du bois et s'essaya – assez gauchement – à labourer. Tout cela le détendit, l'aida à mieux dormir et calma enfin ses scrupules. Sitôt rentré de sa première consultation à Prague, il confia à sa sœur qu'il désirait rester, mais pour toujours : une maisonnette dans le village, un jardin et un champ, il ne demandait rien de plus. Kafka rêvait de devenir paysan. Et personne mieux qu'Ottla ne pouvait le comprendre : « *Je pense aussi*, écrit-elle, *que c'est Dieu qui lui a envoyé cette maladie sans laquelle il n'aurait jamais quitté Prague*[16]. »

Il était pourtant loin d'en être parti pour de bon, car le directeur Marschner refusait encore l'idée d'une retraite anticipée, tout en laissant entendre que ce congé de trois mois pourrait se prolonger moyennant un certificat. Ottla n'obtint pas mieux un jour de novembre où elle se présenta à son bureau, même si elle dut parler à mots moins couverts que son frère, toujours enclin à se mettre sur la défensive. Marschner se dit néanmoins prêt à venir un jour à Zürau pour quelques heures; loin de tous les rituels du bureau, il arriverait peut-être à faire comprendre à son sous-directeur de service ce qui était ou non dans son propre intérêt. Et à lui expliquer les limites imposées à son pouvoir de directeur. Du reste, il allait de soi que Marschner pèserait de tout son poids pour que Kafka reste exempté du service militaire l'année suivante.

Plus âpres et douloureuses furent les tractations d'Ottla avec les parents, qui continuaient d'exercer une pression morale. Pendant un temps, ils s'étaient consolés en espérant que leur fermière de fille aiderait un peu à regarnir leur table. Il y avait longtemps que le marché ne permettait plus de se nourrir dignement, et les Kafka s'y prenaient comme tous ceux qui avaient encore du liquide : ils connaissaient un « fournisseur » fiable et régulier – Kafka le recommanda même à ses amis, avec succès – qui ne pouvait toutefois garantir des livraisons ponctuelles et qui était déjà dans le collimateur de la police. Il s'avéra bientôt qu'Ottla n'était pas en mesure de compenser ces défaillances, car elle devait lutter à Zürau contre les mêmes embûches économiques et bureaucratiques qu'à Prague. « *Terrible inflation*, nota avec consternation le prêtre d'Oberklee, venu dans la région un mois seulement après Kafka. *La grande pénurie alimentaire ne règne pas que dans les villes, chez nous aussi. L'usure et la truanderie dominent*[17]. »

Ottla n'avait pas grand-chose à leur opposer; sa ferme était bien trop petite et bien trop mal pourvue. Même l'envoi de pommes de terre ne put se faire comme prévu, les expéditions de produits agricoles étaient strictement encadrées ; et les deux tonnes que les parents Kafka avaient espéré distribuer chaque année au reste de leur clan restèrent un doux rêve. De temps à autre, Ottla envoyait tout de même un grand pot de lait ou quelques œufs (bien que n'ayant elle-même ni vache ni volaille), de la farine, du pain qu'elle préparait, deux ou trois perdrix, un peu de gibier. De son côté, Kafka tâchait de faire profiter ses amis et même ses supérieurs de ces denrées précieuses, mais il n'y arrivait qu'en de rares occasions et en petites quantités, car les « premiers servis », il le déplorait dans ses lettres, étaient et resteraient les membres de sa famille. Et c'était bien normal, étant donné qu'Ottla avait elle-même grand besoin de soutien. Le savon, le beurre clarifié, le pétrole et le papier étaient quasi introuvables en province, et il apparut très bientôt que les deux végétariens de Zürau se réjouissaient de recevoir des pommes, des poires, des légumes, des jus de fruits et des noix. Julie Kafka faisait porter chaque semaine au moins un paquet à la gare, en y ajoutant parfois un peu de chocolat, quelques viennoiseries, des journaux déjà lus.

Pas difficile d'imaginer les commentaires de son mari sur ce trafic de moins en moins réciproque. Ses humeurs atteignaient de toute façon un pic : les bénéfices du magasin diminuaient sans cesse, une quatrième année de guerre s'annonçait et laissait prévoir de nouvelles privations. Objectivement, le « patron » avait souvent raison, racontait Irma Kafka, mais ses cris et ses insultes au magasin devenaient intolérables, et les constants rappels à l'ordre de Julie – « Ne t'énerve pas ! Pense à ton cœur ! » – n'y changeaient pas grand-chose. Ces crises de nerfs relevaient d'ailleurs déjà des tribunaux : peu de temps auparavant, un employé avait perdu son calme et intenté à Hermann Kafka un procès pour injures[18].

Il devenait difficile de faire face à cet homme qui devinait sans doute qu'Ottla et Franz, si inflexibles en apparence, souffraient bien plus que lui du moindre différend. Ottla surtout était avide du moindre mot aimable de son père (dont elle comprenait à présent beaucoup mieux les plaintes rebattues sur la rudesse de son enfance) et, se sentant coupable de dépendre de lui, elle s'efforçait d'éviter toute dispute à propos de son mode de vie lors de ses passages à Prague[19]. Hermann, quant à lui, hésitait à retirer son soutien à sa fille qui travaillait dur et dont il avait méconnu toute la ténacité ; d'autant qu'une tentative de mettre fin à l'expérience Zürau en affamant ses deux enfants se serait heurtée à la résistance énergique de Julie. Il se bornait donc à rappeler qu'il avait eu raison, une fois de plus ; et lorsque – chose rare – il écrivait lui-même quelques lignes à Ottla, il les adressait chaque fois à « *Zürau* pour l'instant ».

Faire profiter son frère Franz de cette paix fragile était cependant délicat. Comment pouvait-il se prélasser dans une chaise longue pendant des semaines et de mois en regardant sa sœur s'épuiser au travail ? Les parents n'y comprenaient rien, d'autant que son trou de souris à Zürau lui coûtait le gîte et le couvert. Et puis, personne ne savait où il logerait à son retour ; et quand Julie ou bien Irma visitaient des logements pour lui, il leur trouvait tous les défauts du monde, n'était jamais content de rien. Il faudrait qu'il s'explique.

Pour l'heure, plus d'une douzaine de personnes étaient au fait de la tuberculose de Kafka : Felice, Ottla, Irma, Růženka, Brod, sa femme et ses parents, Weltsch, Baum et un nombre indéterminé de ses collègues et supérieurs à l'Office d'assurances. Il leur avait bien dit à tous d'épargner cette mauvaise nouvelle à ses parents. Mais combien de temps ce paravent tiendrait-il ? Une seule fuite suffirait pour provoquer une crise, et cette fuite pouvait venir de Max Brod, par exemple, lui qui avait ouvertement menacé Kafka de le dénoncer et qui n'avait pas su tenir sa langue en une autre occasion[20].

Mi-novembre, Kafka décida de ne plus laisser à sa sœur la charge difficile de lui inventer des excuses, et il lui demanda de dévoiler à leur père – et non à leur mère – le vrai motif de son congé à sa prochaine visite. Le résultat fut bluffant : Hermann resta choqué, penaud, demanda plusieurs fois si Zürau était le bon endroit pour un tuberculeux, si Franz avait là-bas tout ce qu'il lui fallait, si vraiment il ne courait pas de risque. Pour un instant, le patriarche tomba de son piédestal : il avait l'habitude de déléguer à Julie tous les aspects émotionnels de leur ménage, et acceptait que les problèmes qui ne se chiffraient pas en couronnes soient résolus de main de femme et en toute discrétion. Et voilà que tout à coup, et pour la première fois peut-être depuis des décennies, c'était *lui* qu'on chargeait d'un secret, secret qui imposait une certaine dose de diplomatie et même de dissimulation à l'égard de sa femme. Cette stratégie du silence dont il avait jusqu'à présent été le seul bénéficiaire ou presque se muait soudain en un lourd fardeau, et aucun de ses proches, sans doute, n'aurait parié sur sa capacité à soutenir longtemps cette discipline inhabituelle. Kafka n'en fut pas moins furieux quand il apprit que son père n'avait pas mis trois semaines à lâcher le morceau à sa femme, qui fut horrifiée. C'était « *irrespectueux* », jugea-t-il[21].

Un tuberculeux peut-il se marier? Peut-il fonder une famille? Kafka n'avait pas de livres de médecine à Zürau, mais ces questions le préoccupaient, et il nota avec grand intérêt que le père de Flaubert, un médecin, avait eu la tuberculose et néanmoins enfanté un génie. « *On a donc dû se demander plus d'une fois en secret pendant ces années-là si le poumon de l'enfant finirait par flûter (je propose cette expression à la place de "râler") ou s'il deviendrait Flaubert.* » De tels exemples étaient bien du goût de Brod, qui s'efforçait de tempérer le fatalisme de Kafka en citant à tout bout de champ des connaissances communes qui avaient surmonté une affection de l'apex pulmonaire sans subir de séquelles ni devoir modifier leurs buts : « *Quand on y regarde de près, tout le monde a déjà eu la tuberculose*[22]. »

L'avis des médecins était beaucoup plus pondéré. Tout homme atteint d'une forme sévère s'entendait dire par son médecin d'éviter pour un temps les contacts intimes, et les femmes étaient généralement traitées avec plus de rigueur encore. « *Le mariage ne serait admissible que pour les malades de ce qu'on appelle le premier stade,* écrivait le médecin pragois Gustav Weiss, *et lorsqu'une tuberculose dite guérie ne s'est pas manifestée pendant au moins deux ans.* » D'autres auteurs préconisaient un délai d'au moins trois années[23], et le Dr Mühlstein, le spécialiste de médecine interne d'abord consulté par Kafka, fut lui aussi content d'apprendre que son patient avait laissé tomber ses projets de mariage pour un temps indéterminé.

Le fait que même une tuberculose « fermée », non contagieuse, était assez redoutée pour valoir motif de rupture, ôta un poids considérable de la conscience de Kafka. Dans le cas contraire, il aurait fallu expliquer pourquoi il n'avait pas envie de différer une nouvelle fois son mariage, et pourquoi, en dernière analyse, il jugeait son mal incurable. Quant aux parents, l'épouvantail qu'était le mot « tuberculose » leur permettait d'offrir à toute leur parentèle une explication plausible aux bizarreries de leur fils : se fiancer deux fois à une seule et même femme sans jamais se marier – c'était louche, ça ne se faisait pas, cela soulevait les mêmes questions de morale et de réputation que la mère de Felice avait depuis longtemps sur le cœur. La *tuberculose* : ça, c'était autre chose, c'était *tragique*. Kafka exploita largement cette règle du jeu social, sans pour autant se servir de la maladie comme d'un simple prétexte. En fait, il la concevait sûrement moins comme un obstacle médical au mariage que comme un signe, un impératif qui lui *ordonnait* de ne plus chercher à se marier. Et cette conviction s'ancrait à une telle profondeur qu'elle lui donna la force de mettre un terme à une relation de toute évidence condamnée.

Lorsqu'elle remonta dans le train à Noël 1917, Felice Bauer dut sentir que l'heure était venue. Elle avait dû vouloir retourner à Zürau, loin de toute ingérence et obligation familiales, comme Kafka lui-même l'avait toujours voulu. Mais l'équilibre s'était modifié, Zürau représentait maintenant la vraie vie de Kafka, et donc un territoire hautement sensible, tandis que Prague était devenue un terrain neutre. Après trois jours de réflexion, il décida que leur dernier rendez-vous aurait lieu à Prague[24].

« 25 décembre. Visite de Kafka et Felice le soir. Malheureux l'un et l'autre, ne disent pas un mot. 26 décembre. Kafka est venu à 7 h 30, je dois lui consacrer la matinée. Café Paris. Il ne veut pas de mes conseils, sa décision est admirablement ferme. Juste passer le temps. – Il a tout dit à F[elice] hier. – Nous avons parlé de tout sauf ça. – L'après-midi Schipkapass [établissement dans le quartier pragois de Dewitz] avec Baum, Felix, les 3 femmes. – Kafka malheureux. Il ne s'épargne pas la peine de lui faire de la peine. Différent de moi. Il dit : Ce que j'ai à faire, je ne peux le faire que seul. Me mettre au clair avec les choses dernières. Le Juif de l'Ouest n'est pas au clair sur ces questions et n'a pourtant [sic] pas le droit de se marier. Les mariages d'ici n'en sont pas. »

Même dans les notations concises du journal de Brod, dont seuls des extraits sont connus, le drame reste palpable. Les généralisations énoncées par Kafka, la sévérité impersonnelle de son jugement même vis-à-vis de ses amis, dont il déclare implicitement les mariages nuls et non avenus : tout traduit un effort. Il se raidit pour traverser ce dernier acte. Et il n'hésite pas, semble-t-il : à peine se retrouve-t-il en tête à tête avec Felice qu'il met le sujet sur la table sans se laisser troubler par son regard compatissant. Après quoi il lui impose cette conversation avec ses amis et leurs épouses dans un établissement bruyant, alors qu'elle a sûrement la tête à autre chose. Kafka est cruel.

Le lendemain, 27 décembre, il raccompagne Felice Bauer à la gare. Elle s'est résignée; elle a accueilli avec le plus grand calme, la plus grande fermeté possibles la décision de cet homme qu'elle n'a peut-être appris à aimer qu'un an auparavant. Elle ne veut pas se fâcher avec un malade, trouve même, apparemment, des mots de réconfort. Et garde malgré tout une lueur d'espoir, car ils sont convenus de rester en contact amical. Kafka, lui, est certain qu'il ne reverra jamais cette femme blessée qu'il aide à monter dans le train une toute dernière fois. L'avenir lui donnera raison[25].

Kafka ne peut retourner chez sa famille. À l'improviste, il se présente dans le petit bureau de Brod, tout en sachant très bien que la présence d'un autre fonctionnaire empêchera une discussion intime. Il est livide, pétrifié, il dit qu'il veut seulement se reposer un peu. Il s'assied près du bureau de Brod, dans un petit fauteuil destiné aux clients. Mais au bout de quelques instants, il perd contenance et l'inattendu se produit, une scène bouleversante comme Brod n'en a jamais vécu : Kafka sanglote, son visage est baigné de larmes. « *Ce n'est pas terrible d'en arriver là ?* » C'est tout ce qu'il arrive à dire.

Le lendemain, Kafka écrit qu'il a plus pleuré ce matin-là que dans toutes les années qui le séparent de son enfance. Il le note avec un soupçon de fierté. Il sait maintenant qu'il peut encore, parfois, être comme tout le monde[26].

Si les parents Kafka avaient voulu réunir leurs enfants le temps d'un Noël en famille, ils furent déçus. Kafka n'avait pas la tête à baigner dans la tiédeur du clan, et Ottla, elle, n'était pas là. Alors même qu'elle avait repoussé son projet de suivre des cours d'agriculture pendant l'hiver, elle restait à Zürau, à l'indignation générale. Qu'avait-elle donc de si urgent à faire dans sa ferme, là-bas, au milieu de ses champs vides ? Quelle raison pouvait-elle avoir de passer les fêtes avec deux bonnes (tout aussi oisives qu'elle) plutôt qu'avec sa famille – en brûlant un charbon précieux ?

Ottla *avait* une bonne raison, mais qui exigeait le secret : son ami Josef David était en permission, et le couple n'avait sans doute jamais connu de si belle occasion de se retrouver en tête à tête. Le pauvre Franz en fit les frais, se retrouvant tout seul face aux tirades renouvelées de son père, qui ne tardèrent pas à reprendre leur ancien volume. Son fils venait de vivre la rupture la plus difficile de toute sa vie, mais ce n'était pas une raison pour se contenir – pas plus d'ailleurs que cette tuberculose qu'il avait attrapée au palais Schönborn comme par caprice, dans ce logement inutile.

Mais malgré son absence, la principale cible fut de nouveau Ottla : elle risquait bel et bien de devenir une paysanne, et alors on ne pourrait plus la montrer à aucun prétendant sérieux. Qu'elle voie une fois dans sa vie ce que c'est que la faim, tonna Hermann Kafka (qui venait d'engloutir des saucisses et une dinde envoyée de Zürau, tandis que Kafka se forçait à avaler de la queue de cochon), qu'elle ait une fois de vrais soucis. Facile, ça, de laisser tomber ses vieux parents et de venir ensuite leur demander des colis. Ottla était une ingrate, une folle, tout ça était anormal, et Franz l'avait soutenue dans ce délire, c'était sa faute.

Rien de neuf chez les Kafka, donc. Sauf que cette scène-là ne semble pas s'être passée tout à fait comme prévu. Plusieurs jours après, Hermann n'en revenait toujours pas de l'insolence de son fils, qui, desserrant les dents, avait cette fois répliqué du tac au tac, froidement, avec condescendance même. Une vraie conspiration. Hermann eut beau se passer les nerfs sur ses employés comme d'habitude, c'était une défaite totale, il n'y avait rien gagné[27].

Kafka, en effet, délivré par le départ de Felice du poids paralysant de la décision à prendre, s'était remis très vite, et, impassible face aux grognements du père, il distinguait très bien le pur bavardage de ce qui justifiait un affrontement.

« *Tant que nous ne pouvons pas nous passer de son aide pour chasser la faim et les ennuis d'argent*, expliqua-t-il à Ottla, *il reste de la gêne dans notre attitude envers lui, et nous devons en quelque sorte nous soumettre à lui, même si nous ne le faisons pas en apparence. Ce qui parle ici est plus que le seul père, plus que le simple manque d'amour du père.* » Constat presque tranquille – mais qui n'excusait rien. Kafka n'avait plus l'intention de se laisser reprocher par cet homme-là d'être un ingrat, un *meschugge*, un anormal. « *L'anormal n'est pas le pire*, rétorqua-t-il d'un ton froid, en savourant la stupeur de ses parents, *puisque le normal, c'est par exemple la guerre mondiale*[28]. » À bon entendeur, salut.

MÉDITATIONS

J'ai toujours tort,
sauf, parfois, quand on a raison d'avoir tort.
Samuel Beckett, lettre à Barney Rosset, 1956

CESSEZ-LE-FEU AVEC LA RUSSIE. Trois mots en lettres capitales, martelés sur une fine bande de papier à la petite poste de Flöhau. Un télégramme envoyé de Prague. Expéditeur : un certain Max Brod. Destinataire : le sympathique Dr Kafka, qui recevait du courrier presque tous les jours au village voisin de Zürau. C'était le 4 décembre 1917, de bon matin; mais cette missive n'avait pas atterri entre les mains de Kafka, encore sous son édredon comme toujours à cette heure, que déjà la rumeur faisait le tour du village[1].

Plusieurs fois, cette même année, on avait été pris de court par des nouvelles qui tranchaient net sur les sempiternelles proclamations de victoires et les annonces souvent futiles de promotions et de récompenses, des nouvelles qui éblouissaient comme des éclairs dans le brouillard, laissant entrevoir un instant les contours du monde à venir. En mars 1917, des militaires et des politiciens de la bourgeoisie avaient fait abdiquer le tsar russe, événement titanesque qui sema l'effroi dans toute l'Europe, et surtout en Autriche – comme un possible précédent. Car si le maître d'une puissance mondiale était aussi facile à renverser, on ne devait pas s'attendre à ce que le régime déjà branlant de Charles Ier résiste mieux le jour où tous les ennemis internes de la monarchie austro-hongroise passeraient à l'action. Et pour quel résultat, cela, on le vit en novembre, lorsque les bolcheviques, prenant le pouvoir par un putsch, se mirent à liquider l'ancien système et à chasser ses bénéficiaires avec une brutalité qui fit frémir jusqu'aux démocrates convaincus. Mais si c'était l'unique voie vers la paix? Le jour même de son triomphe, Lénine s'engagea « *à signer immédiatement des conditions de paix qui mettront fin à cette guerre* ». Quatre semaines plus tard, les canons se turent sur le front de l'Est, et, pour cela, on lui pardonna presque tout.

À Prague, les amis de Kafka suivaient eux aussi les événements avec une grande fébrilité, et ils débattaient de leurs conséquences sur le destin de la « nation juive ». En Russie même, on pouvait espérer que l'ère des déplacements forcés et des pogroms tolérés par l'État était enfin chose révolue; le quotidien des Juifs se normaliserait, même s'il faudrait peut-être des années pour que les directives du nouveau gouvernement atteignent les villages du tréfonds de la Sibérie. Lueur d'espoir aussi pour les plus de 200 000 Juifs que la guerre avait chassés de Galicie et de Pologne et qui restaient bloqués dans des taudis et dans des camps depuis l'hiver 1914-1915 : si la paix perdurait à l'Est, ils pourraient retrouver leurs villages; et pour ceux qui trouvaient l'idée trop dangereuse – qui pouvait dire ce qui les attendait là-bas ? –, la fin de la guerre leur ouvrirait les portes du paradis, du rêve américain.

D'un autre côté, le chambardement russe et les ambitions internationales du communisme entraînèrent un regain

1. L'unique photographie où Franz Kafka et Felice Bauer apparaissent ensemble ; Budapest, juillet 1917.

2. Entrée de la « tranchée d'exposition », Prague, 1915.

3. Fiche militaire de Kafka (orthographié « Kavka »).

. Franz Kafka, fin 1917.

5. Felice Bauer, 1921.

Mommsen-Strasse, Ecke Wilmersdorfer Strasse   Charlottenburg

. 73, Wilmersdorfer Strasse, Berlin-Charlottenburg (le bâtiment qui fait l'angle à gauche) ;
'est là que vécut la famille Bauer à partir d'avril 1913.

7. Julie Kafka, années 1920.

8. Georg Heinrich Meyer.

9. Josef David et Ottla Kafka.

10. Le sanatorium Frankenstein,
près de Rumburg (Bohême du Nord).

11. Le rabbi de Belz, Marienbad, 1916.

12. Georg Langer.

13. Marienbad. Tout à gauche, l'hôtel Schloss Balmoral, où Kafka et Felice Bauer séjournèrent en 1916.

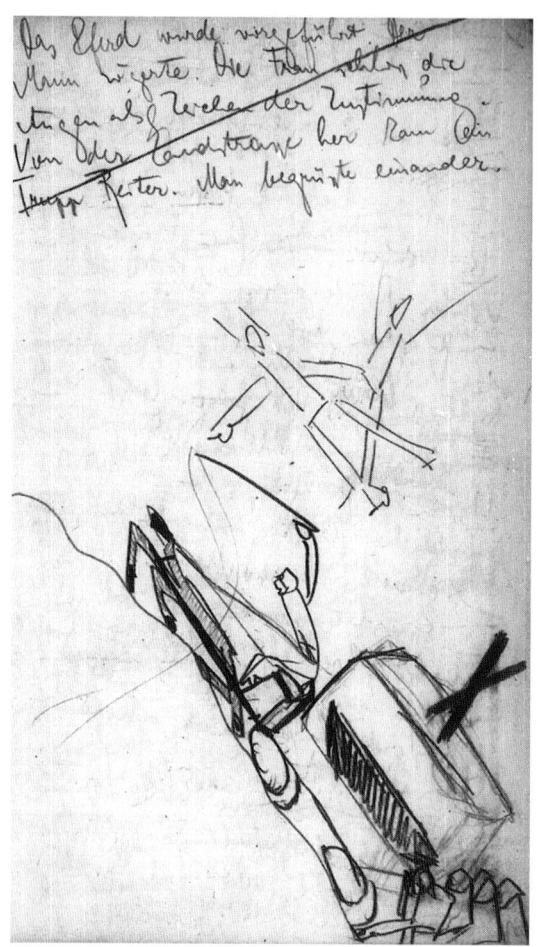

14. Dessin tiré du
cahier in-octavo A,
fin 1916.

15. L'Alchimistengasse,
quartier du Hradschin, Prague.
En 1916-1917,
Kafka venait écrire dans
la deuxième maisonnette
en partant de la gauche.

Ein Landarzt.

Ich war in großer Verlegen-
heit: eine dringende Reise stand
mir bevor; ein Schwerkranker
wartete auf mich in einem zehn
Meilen entfernten Dorfe; star-
kes Schneegestöber füllte den

[6]

weiten Raum zwischen mir und
ihm; einen Wagen hatte ich,
leicht, großräderig, ganz wie er
für unsere Landstraßen taugt;
in den Pelz gepackt, die Instru-
mententasche in der Hand, stand
ich reisefertig schon auf dem
Hofe; aber das Pferd fehlte, das
Pferd. Mein eigenes Pferd war
in der letzten Nacht, infolge der
Überanstrengung in diesem
eisigen Winter, verendet; mein
Dienstmädchen lief jetzt im
Dorf umher, um ein Pferd ge-
liehen zu bekommen; aber es
war aussichtslos, ich wußte es,

[7]

16. Extrait du recueil *Un médecin de campagne*, Kurt Wolff Verlag, 1920.

17. Otto Gross, 1919.

18. Ludwig Hardt.

19. Annonces tirées du *Prager Tagblatt*, 1917-1918 : « Ersatz de savon »,
« Ersatz de tabac », « Ersatz de thé »…

ZÜRAU bei Saaz.

20. Zürau.

21. Dans un champ près de Zürau, 1917. De droite à gauche : Kafka ; sa secrétaire Julie Kaiser ;
Ottla ; Irma, la cousine ; Mařenka, une domestique.

22. Extrait du cahier in-octavo G, octobre 1917.

23-24. Prague, 28 octobre 1918 : naissance de la République tchécoslovaque.

25-26. Prague, 21 décembre 1918 : retour d'exil de Masaryk.

27. La pension Stüdl, à Schelesen.

28. Julie Wohryzek.

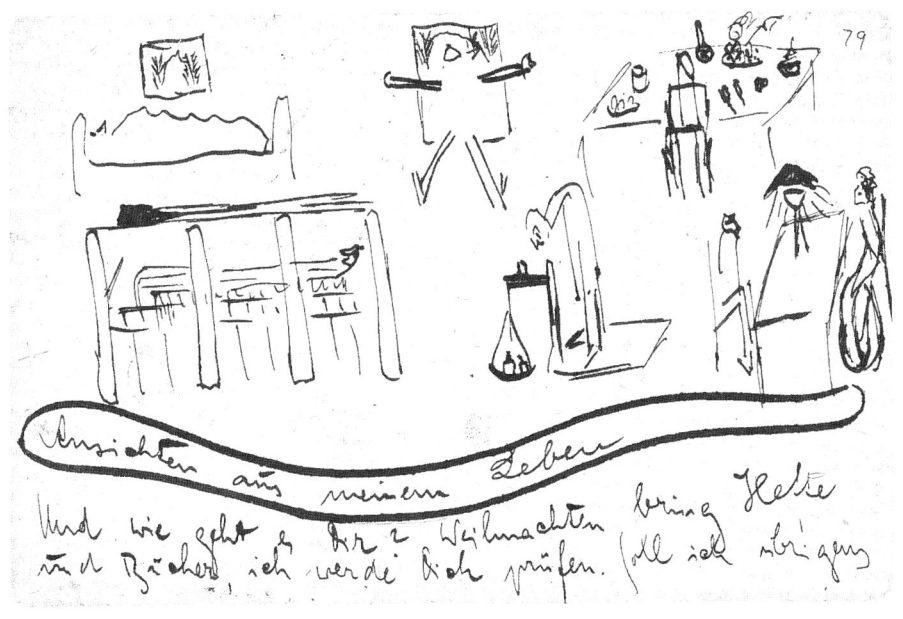

29. Carte postale à Ottla Kafka, décembre 1918.

den Gesamtanteil, den Du über mich hattest auf das Abscheulichste, Plumpste, Lächerlichste. Und zögertest keinen Augenblick, mir das auf ebensolche Weise zu sagen. Die Schande, die Du damit mir antatest, war Dir nichts im Vergleich zu der Schande, die ich Deiner Meinung nach Deinem Namen durch die Heirat machen würde.

Nun kannst Du ja hinsichtlich meiner Heiratsversuche manches mir antworten und hast es auch getan: Du könntest nicht viel Respekt vor meiner Entscheidung haben, wenn ich die Verlobung mit F. zweimal aufgelöst und zweimal wieder aufgenommen habe, wenn ich Dich und die Mutter nutzlos in der Verlobung nach Berlin geschleppt habe u.s.w. Das alles ist wahr, aber wie kam es dazu?

Der Grundgedanke beider Heiratsversuche war ganz korrekt: einen Hausstand gründen, selbständig werden. Ein Gedanke, der Dir ja sympathisch ist, nur daß es dann in Wirklichkeit so ausfällt wie das Kinderspiel, wo einer die Hand des andern hält und sogar preßt und dabei ruft: "Ah geh doch, geh doch warum gehst Du nicht?" Was sich allerdings in unserem Fall dadurch kompliciert, daß

30. Extrait de la *Lettre au père*, novembre 1919.

Du das „geh doch!" seit jeher ehrlich gemeint
hast, da Du ebenso seit jeher, ohne es zu wissen,
mir Kraft Deines Wesens mich gehalten oder
richtiger niedergehalten hast.

Beide Mädchen waren zwar durch den Zufall,
aber außerordentlich gut gewählt. Wieder ein Zeichen
Deines vollständigen Mißverstehns, daß Du glauben
kannst, ich der Ängstliche, Zögernde, Verdächtigende
entschließe mich mit einem Ruck für eine Heirat,
etwa aus Entzücken über eine Bluse. Beide Ehen
wären vielmehr Vernunftehen geworden, soweit
damit gesagt ist, daß Tag und Nacht das erste
Mal Jahre, das zweite Mal Monate alle meine
Denkkraft an den Plan gewendet worden ist.

Keins der Mädchen hat mich enttäuscht,
nur ich sie beide. Mein Urteil über sie ist heute
genau das gleiche, wie damals als ich sie heiraten
wollte.

Es ist auch nicht so, daß ich beim zweiten
Heiratsversuch die Erfahrungen des ersten miß-
achtet hätte, also leichtsinnig gewesen wäre. Die
Fälle waren eben ganz verschieden, gerade die
früheren Erfahrungen konnten mir im zweiten
Fall, der überhaupt viel aussichtsreicher war,
Hoffnung geben. Von Einzelheiten will ich hier
nicht reden.

Warum also habe ich nicht geheiratet? Es

31. L'école expérimentale de Hellerau, début des années 1920.

32. Gustav Janouch.

33. Le directeur Bedřich Odstrčil, supérieur hiérarchique de Kafka.

de complotisme antisémite. « Judéo-bolchévisme » devint un concept à la mode, et on eut soin de compter combien des hommes et des femmes nommés au « Conseil des commissaires du peuple » de Petrograd étaient d'origine juive. Leur détermination et leur capacité à prendre le pouvoir, on les prêta par extension aux Juifs d'Allemagne et d'Autriche – d'autant plus volontiers que la faillite politique et militaire de ces deux pays devenait manifeste. L'État se fit bien plus laxiste qu'au début de la guerre vis-à-vis des déclarations antisémites de la presse ; et lorsque le peuple affamé dirigeait sa colère vers une foule sans visage de spéculateurs et de profiteurs juifs plutôt que vers ses dirigeants, on se gardait bien d'éclairer sa lanterne. En fait, dès fin 1916, l'État allemand lui-même chercha à conforter un préjugé antisémite des plus tenaces : un « comptage des Juifs » dans l'armée devait apporter la preuve qu'ils étaient sous-représentés au front, autrement dit : de mauvais patriotes, et d'excellents planqués. Cette tentative échoua, mais le comptage en tant que tel fut vécu par les Juifs comme une procédure humiliante et une négation de leur égalité civique. « *Nous avons l'habitude d'être comptés* », écrivit Buber entre ironie et désarroi ; selon lui, c'était plutôt aux Allemands de protester[2].

Un demi-siècle après l'« émancipation » des Juifs, la haine antisémite restait un élément omniprésent de la vie juive ; les regards dédaigneux, les remarques insidieuses, le rejet ostensible étaient des réalités quotidiennes auxquelles l'habitude et les ans vous rendaient insensible ; on ne les prenait plus « personnellement », on n'en gardait que par exception le souvenir ou une trace écrite. Dans les carnets de Kafka et de Brod, ce genre d'événements n'ont que rarement laissé des marques, alors qu'ils étaient récurrents à Prague – surtout depuis l'arrivée controversée des réfugiés juifs de l'Est. Un jour que Kafka assistait au « salon » d'Emilie Marschner, la femme de son directeur, une dame de l'assistance commenta sa présence en ces termes : « *Ils ont même invité monsieur Juif*. » Nous ignorons si cette phrase parvint aux oreilles de Kafka – mais il se serait sans doute plutôt amusé qu'offensé d'une remarque aussi obtuse. Il n'aurait pas eu l'idée de s'en plaindre.

Ce stoïcisme de façade était la stratégie commune des Juifs acculturés pour ménager leur amour-propre, mais elle n'était possible que parce qu'ils se sentaient protégés *en principe*. Devant les tribunaux, les Juifs obtenaient (en général) justice comme n'importe qui d'autre, et telle était précisément la source de cet étrange loyalisme, qui, bien plus tard, après l'époque nazie, n'inspira plus qu'une consternation universelle : l'État offrait la protection et la justice que leur déniait la grande communauté sociale. Leur situation ne devenait réellement dangereuse – beaucoup plus dangereuse pour eux que pour tout autre citoyen de rang comparable – que quand l'instance suprême retombait elle-même dans des démonstrations de puissance prélibérales, laissant entendre que sa protection était conditionnelle.

De tels signaux ne manquaient pas à Prague. Tout le monde connaissait le triste sort des Juifs de l'Est : ils arrivaient dans des wagons à bestiaux, beaucoup d'entre eux vivaient en camps, leurs nouveau-nés mouraient, ils souffraient du froid et de la faim. On ne sut d'abord décider si l'État, ce grand garant, acceptait une pareille misère en connaissance de cause et dans des intentions antisémites : en somme, tout le monde pâtissait de l'indifférence sociale, de l'endurcissement lié à la guerre et de la pénurie générale. Mais en février 1917, dans le but d'endiguer une épidémie de typhus, la ville défendit du jour au lendemain aux « réfugiés israélites » (et à eux seuls!) d'utiliser le tramway – alors qu'il gelait à pierre fendre et que les habitants des faubourgs ne pouvaient plus songer à se rendre à pied dans les marchés du centre. Une limite civilisationnelle était ainsi franchie : il ne s'agissait plus d'une simple négligence, mais d'une stigmatisation officielle et explicite de toute une partie de la population. L'affaire fit scandale, et les censeurs eurent beau se démener pour prévenir tout débat[4], elle atterrit devant le Parlement de Vienne.

Mais la remise en cause de la condition des Juifs vint aussi d'un tout autre côté, les obligeant à repenser leur rôle de fond en comble. En novembre 1917 parut l'engagement solennel d'Arthur Balfour, secrétaire d'État britannique, à favoriser la naissance d'un « *foyer national* » juif en Palestine. C'était la première fois qu'une grande puissance se disait en accord aussi explicitement avec les objectifs du sionisme, qui passait ainsi du rang d'idéologie marginale à celui de force politique – comme Herzl l'avait rêvé à l'origine. Des semaines durant, un grand souffle passa dans la forêt des publications juives ; toutes reproduisirent cette « déclaration Balfour » ; à Prague, la *Selbstwehr* s'offrit même un supplément pour l'occasion.

Pourtant, cette percée inespérée n'inspira à personne de cri d'exultation. Certes, nul ne doutait qu'une prise de position aussi concrète, émise officiellement par un cabinet britannique, serait suivie de certains effets. Mais les Britanniques parlaient comme s'ils avaient déjà gagné la guerre ; ils péroraient d'un ton paternaliste sur les droits de la population palestinienne sans dire un mot des Turcs, alors *seuls* maîtres de la Palestine[5]. Cela ne pouvait signifier qu'une chose :

l'offre faite aux Juifs n'était valable qu'à la condition tacite d'une défaite intégrale des Empires centraux, défaite dont presque personne ne voulait ni en Allemagne ni en Autriche, même parmi les sionistes les plus radicaux – pour ne rien dire de la majorité des Juifs, qui restaient loyalistes.

La déclaration Balfour posait implicitement à la conscience de millions d'individus une question qui engageait leur sort : la question de leur identité. Qui ne pouvait se défaire de sa loyauté envers l'État et de la stratégie existentielle de l'assimilation – et la majorité des Juifs allemands et autrichiens en étaient incapables – se devait de repousser l'offre des Britanniques, et ce aussi énergiquement que possible, sans la moindre réserve : « *L'Allemagne est notre seule patrie et elle le restera* », proclama ainsi l'*Allgemeine Zeitung des Judentums*. Mais quelle posture devaient choisir tous ceux auxquels le dernier « comptage des Juifs » avait un peu fait passer le goût du mot « patrie » ? Et quel choix restait-il à ceux qui prenaient au sérieux l'idée d'une nation juive ? Pour retarder l'heure de la décision, ils pouvaient voir dans la déclaration Balfour un acte de propagande britannique : c'est ce que fit l'organe de presse de la grande communauté cultuelle de Vienne, le *Dr Bloch's Österreichische Wochenschrift*. Ou ils pouvaient continuer de miser sur une collaboration fructueuse avec les Turcs – que Max Brod avait tâché de justifier peu de temps auparavant dans la *Neue Rundschau* – et, partant, qualifier la Déclaration de superfétatoire[6]. Ou bien ils pouvaient rompre leurs filets de sécurité psychiques, renoncer à s'identifier à leur « peuple-hôte », miser sur la défaite militaire et sur l'effondrement de leur propre pays. Si douloureux que ce fût : dès lors qu'on cessait de croire à l'assimilation, *cette* voie était au fond la seule possible à long terme, et ceux qui hésitaient encore furent instruits par les événements. Le 7 décembre 1917, les États-Unis déclarèrent la guerre à la monarchie autrichienne. Deux jours plus tard, un mois après la déclaration Balfour, les Britanniques entraient à Jérusalem, mettant les troupes turques en déroute. Les Juifs savaient maintenant quel camp ils avaient à choisir, et même le soulagement bien trop tardif de ce CESSEZ-LE-FEU AVEC LA RUSSIE n'y changea rien.

« *Le docteur est un homme de bien, Dieu le comptera parmi les siens.* » Hommage d'un poète anonyme de Zürau. Le docteur en question : Kafka. Aurait-il signalé un tel éloge à ses amis avant d'être malade ? Il y a lieu d'en douter. Alors pourquoi le faire maintenant[7] ?

Même s'il n'en prit conscience que peu à peu, au fil des mois, le pôle magnétique qui orientait sa vie avait changé de place. Cette dynamique s'était engagée dans l'Alchimistengasse, de façon d'abord insensible, et son résultat insolite n'apparut sans doute clairement qu'à Zürau, ou au plus tard début 1918 : Kafka ne se sentait, ne se pensait plus écrivain. Il écrivait, mais l'écriture était devenue un moyen, il l'avait mise au service d'autre chose.

On en trouve de premiers indices dans les textes d'*Un médecin de campagne* et dans ses écrits parallèles. Ce sont des textes difficiles, écrits dans une prose partant sans cesse dans l'analyse, où le plaisir de la mise en scène ne transparaît plus que par éclairs. Rien d'étonnant à ce que Kafka ait d'abord songé à un titre digne d'un recueil d'essais : *Responsabilité*. Sans doute, la densité imaginaire des textes d'*Un médecin de campagne*, leur foisonnement de trouvailles sidérantes, l'aisance somnambulique avec laquelle ils enchevêtrent passé et présent – c'étaient là des conquêtes de nature *poétique*, qui faisaient entrer l'écriture de Kafka dans une nouvelle dimension. Mais en même temps, il visait à l'universel, y compris au-delà de la littérature. On lit ainsi dans *Le Nouvel Avocat* :

> « Aujourd'hui – personne ne peut le nier – il n'y a plus de grand Alexandre. Plus d'un s'entend à tuer […] mais personne, personne ne sait mener aux Indes. Alors déjà les portes des Indes étaient inaccessibles, mais le glaive du roi pointait leur direction. Aujourd'hui les portes sont déplacées tout à fait ailleurs, et plus loin, et plus haut ; personne n'indique la direction ; beaucoup brandissent des glaives, mais seulement pour ferrailler ; et le regard qui veut les suivre s'égare. »

Images puissantes, mais également programmatiques, qui semblent plutôt relever d'un essai-diagnostic que de la littérature. Même quand les mois passés à attendre les épreuves lui eurent fait oublier l'ordre de succession qu'il avait fixé pour ses textes, Kafka se souvenait très bien que cette pièce, avec ses phrases en forme de thèses, devait figurer *au début* de son *Médecin de campagne*. Mais il ne pouvait pressentir que le mouvement réflexif qui s'était déposé dans chaque page ou presque de ce petit livre, nourrissant ses jeux littéraires[8], était appelé à devenir la dynamique dominante de son existence. La cause en fut l'hémoptysie.

« *Tu écris ?* » Brod ne put s'empêcher de poser la question. Somme toute, trois ans ne s'étaient pas passés depuis l'époque où Kafka défendait pied à pied chaque heure qu'il pouvait sacrifier à la littérature ; et pour écrire les récits d'*Un médecin de campagne*, il avait encore enduré un inconfort qui témoignait d'un dévouement total à son travail. Mais maintenant ? Kafka était peut-être amoindri physiquement, mais on s'occupait de lui à Zürau, le bureau l'avait laissé filer pour plusieurs mois, il était libre. Et il ne donnait pas l'impression de vouloir consacrer cette liberté à la littérature. « *Je n'écris pas*, répondit-il presque sèchement. *Ma volonté ne tend d'ailleurs pas tout à fait vers l'écriture*[9]. » *Pas tout à fait*.

Ses amis de Prague avaient soin de ne pas insister : pas une seule lettre où ils l'exhortent à mettre à profit ses mois de chaise longue. Brod et Weltsch savaient maintenant que Kafka n'avait guère de prise, et les autres encore moins, sur le flux et le reflux de sa productivité, et s'ils repensaient à toutes les fois où il avait préféré l'écriture aux besoins de son corps, ils devaient être soulagés qu'il ne se lance pas dans un autre projet éreintant maintenant qu'il était malade.

Kafka n'était pourtant pas, tant s'en faut, aussi inactif qu'il aimait à le faire croire. Peu après son arrivée au village, il avait compris quelle chance rare, miraculeuse lui était offerte de « *prendre un nouveau départ* », et ce renouveau incluait l'écriture. Pas le récit, il est vrai. Ses amis pragois auraient été fort étonnés s'ils avaient pu voir ce qui se passait dans ces cahiers bleus d'écolier (aujourd'hui dénommés « cahiers in-octavo G » et « H ») que Kafka avait emportés à tout hasard. On y trouve certes des échos isolés de l'hiver précédent, des résonances de cette prose traversée d'onirisme qu'il avait inventée dans l'Alchimistengasse – et le démontage de grands mythes culturels auquel il se livra dans *Le Silence des sirènes* et *La Vérité sur Sancho Pança* n'aurait pas détonné dans *Un médecin de campagne*[10]. Mais même ces textes ne sont plus narratifs à proprement parler, ce sont des protocoles d'expérience, des mouvements de pensée surgis de l'image et qui retournent à l'image – et aussi le résultat d'un problème posé en termes radicalement nouveaux. Problème plus *tout à fait* littéraire, mais bien plutôt moral, comme il l'avait assuré à Brod dans leurs conversations de la fin 1917. « *Ce que j'ai à faire, je ne peux le faire que seul. Me mettre au clair avec les choses dernières.* » Formule d'un pathétique inhabituel mais tout à fait sincère, et qui, en dernière analyse, signifiaient un adieu au milieu de la littérature. Trois mois plus tard, Kafka rappelait déjà à Brod au détour d'une phrase, presque en passant, qu'*Un médecin de campagne* était « *probablement mon dernier livre*[11]. »

Ce ne fut pas le cas, il en alla autrement. Mais cette certitude que le contenu des cahiers de Zürau servait uniquement son propre éclaircissement et ne se prêtait pas à une publication – surtout pas sous forme de livre – était appelée à se confirmer de façon ironique. Ce sont pour l'essentiel des notes compactes qui se concentrent sur des questions philosophiques et religieuses, sur le bien et le mal, la vérité et le mensonge, l'aliénation et la rédemption ; des notes – et ce n'est pas surprenant de la part d'un auteur qui tremblait encore sous le choc d'un réveil ensanglanté –, des notes qui mènent chaque fois au bord d'un abîme où la pensée fait face à sa propre extinction. La plupart restent fragmentaires : phrases isolées qui s'arrêtent dans le vide, tournures aphoristiques imagées, lumineuses, étincelantes, recherches diffuses et brutalement interrompues, toutes séparées les unes des autres par des lignes horizontales. Elles trouvent peu d'équivalents dans la littérature mondiale, en tout cas sur le plan formel : les cahiers de Paul Valéry (immense chantier qui ne fut cependant révélé qu'après 1945) et, bien sûr, les *Pensées* de Pascal. Ce n'est sûrement pas un hasard si Kafka avait feuilleté ces notes chaotiques quelques jours avant de tomber malade : peu de temps *après* cet événement catastrophique, il semble y avoir vu une forme d'écriture suffisamment ouverte pour lui permettre de s'aventurer en territoire presque vierge :

« Je m'égare. Le vrai chemin passe par un câble d'acier qui n'est pas tendu en hauteur, mais juste au-dessus du sol. Il semble plutôt destiné à faire trébucher qu'à être parcouru. »

« Une cage s'en alla capturer un oiseau. »

« Sa lassitude est celle du gladiateur après le combat, sa tâche était de badigeonner le coin d'un bureau de fonctionnaire. »

« Le fait qu'il n'y a rien d'autre qu'un monde spirituel nous enlève l'espoir et nous donne la certitude. »

« Il court après les faits comme un patineur débutant qui de surcroît s'exerce là où c'est défendu. »

« Ce sentiment : "Ici je ne jette pas l'ancre" et aussitôt sentir le flot porteur affluer contre soi. »

« Si nous n'avions pas été chassés du Paradis, le Paradis aurait dû être détruit. »

« Toujours prêt, sa maison est portable, il vit toujours dans son lieu natal. »

« Les déplorations autour du lit de mort sont en réalité déplorations du fait qu'on n'y est pas mort dans le vrai sens du terme, nous en sommes toujours à nous contenter de cette mort, toujours à jouer ce jeu[12]. »

Quel flot, quelle maison, quel jeu ? Espoir et certitude de quoi ? Et ce câble tendu à deux doigts au-dessus du sol – image pénétrante, sans doute, mais quel est ce chemin qui est censé passer par lui, et en quoi est-ce le *vrai* chemin ?

Les méditations de Zürau (on peut douter que Kafka aurait accepté le terme d'« aphorismes ») sont nettement moins connues de la plupart des lecteurs que l'œuvre narratif. Ces textes suscitent le malaise, leur contenu et leur esthétique résistent au jugement, ils évoquent plutôt un recueil d'énigmes que de la littérature. Sans doute, ils constituent l'étonnant témoignage d'un travail de réflexion qui taille le minerai le plus dur ; et les formulations de Kafka, qui semblent opérer aux confins de l'entendement humain, et même quelques pas au-delà, atteignent parfois cette zone limpide à l'atmosphère raréfiée qui se situe entre le savoir et la *sagesse*. Mais il n'en vient jamais aux conclusions, chaque phrase, chaque image invite à poursuivre l'interprétation et, plutôt que des thèses, Kafka avance des paradoxes et des images de pensée qui se réfèrent les uns aux autres en plus d'être polysémiques : la cage qui capture l'oiseau, par exemple, reste purement énigmatique hors contexte, alors que ce fragment est clairement isolé dans le manuscrit. On dirait que Kafka expérimente et interrompt ses expériences à différents stades de leur déroulement. De ce fait, on s'est maintes fois demandé où et comment classer les notes de Zürau dans les écrits de Kafka. Pas dans l'œuvre proprement dit – c'est du moins l'intuition de la plupart des lecteurs.

Étonnamment, des indices solides portent à croire que Kafka lui-même voyait la chose d'un tout autre œil. Dès février 1918, il se mit à chercher dans ces notes celles qui semblaient utilisables, valables. Prenant un bloc de papier à lettres (un luxe à ce stade de la guerre), il plia et déchira les feuillets verticalement et horizontalement pour obtenir plus d'une centaine de fiches, puis il les numérota et les remplit avec les notes retenues – à raison d'un « aphorisme » par fiche, dans l'ordre chronologique –, tout en procédant à des corrections ponctuelles (et quelquefois considérables). Autrement dit : Kafka fit sa récolte, il filtra les pensées et les images qui lui parurent situées au degré maximal de lucidité alors accessible pour lui et en même temps saisies dans une langue assez précise pour être conservées. *Pourquoi* Kafka se donna la peine de constituer cette liasse, on ne peut que le supposer ; des mois plus tard, il se plaignait encore à Brod de sa « *fainéantise* » à Zürau ; il est donc peu vraisemblable qu'il ait montré ces fiches[13] et encore moins qu'il ait songé à les faire publier. D'un autre côté, il n'aurait certainement pas recopié et numéroté de simples esquisses, études ou ébauches. Et il y a plus : Kafka dut revoir cette liasse par la suite, car une vingtaine des notes retenues sont barrées au crayon. Et presque trois ans plus tard, fin 1920, il ajouta à cette collecte huit nouveaux aphorismes. Il s'agirait donc d'un réservoir de découvertes qu'il cherchait à faire correspondre à chaque étape de son développement intellectuel en l'accroissant ou en le restreignant.

Kafka ne s'inquiétait pas de savoir s'il écrivait encore de la *littérature* : il *écrivait*, voilà tout, bien qu'à un autre niveau.

« *Je peux encore connaître une satisfaction passagère avec des travaux comme le "Médecin de campagne"*, écrivit-il dans son journal de Zürau, *à supposer que je réussisse encore quelque chose de ce genre (très improbable) mais le bonheur seulement si j'arrive à élever le monde jusqu'au pur, au vrai, à l'immuable*[14]. » C'est l'un des commentaires les plus connus et les plus percutants de Kafka sur le sens et le but de son travail d'écrivain. Il cerne les contours du travail « *immense* » qui se profile devant lui après son renoncement au mariage, et il indique qu'il compte bien s'essayer à d'autres textes *narratifs* pour s'acquitter de cette tâche. Mais ce qui est proprement démesuré, c'est l'exigence ici formulée par Kafka – même la perfection artistique lui semble peu de chose –, et plus encore l'assurance qu'il mobilise au moment même où il envisage comme une possibilité réelle la saisie d'une vérité transcendante. Dorénavant, Kafka veut *tout* : la réussite, la connaissance, la justification de son existence, le bonheur.

Max Brod fit paraître les réflexions de Zürau à titre posthume en 1931, et comme Kafka avait lui-même effectué une sélection, c'est-à-dire franchi en quelque sorte le premier pas vers la publication, il lui sembla légitime de ne pas tenir compte de ses cahiers de notes dans un premier temps. Brod se crut toutefois obligé de rehausser l'ensemble d'un titre des plus ésotériques : *Réflexions sur le péché, la souffrance, l'espérance et le vrai chemin*[15]. Les lecteurs qui n'étaient pas encore familiarisés avec l'univers de Kafka – et qui l'était au début des années 1930 ? – crurent découvrir dans ces textes la voix d'un des nombreux prophètes-idéologues du xxe siècle. Comment cela s'accordait-il avec les coups de pinceau gracieux de *Contemplation*, avec la prose classique et pure du *Chauffeur*, avec les fantasmes sadiques de la *Colonie pénitentiaire* ? Cet auteur de récits avait-il voulu tâter d'un autre genre ? Était-ce peut-être un de ces cas (souvent embarrassants) où un auteur succombait à la tentation de quintessencier *lui-même* la « vision du monde » contenue dans ses œuvres ?

Si Brod ne pouvait justifier cette incongruité sur le plan littéraire, il tenait en revanche une explication biographique. Kafka était un auteur *juif*, remarqua-t-il, ses thématiques l'attestaient d'ailleurs suffisamment : rejet, isolement, aliénation vis-à-vis de la famille, aspiration à la communauté et à la rédemption. Dans ses notes de Zürau, Kafka était parvenu à un judaïsme *explicite*, il avait déployé à un autre niveau ce qui était déjà contenu depuis longtemps dans ses récits. Thèse au moins digne de considération, et que Brod avançait avec l'autorité du plus vieil ami de Kafka. Mais il mina grandement sa crédibilité quand il prolongea cette lecture juive d'une lecture *théologique*, pensant découvrir chez Kafka une « *croyance* » positive et même un « *enseignement* » religieux[16]. Tout lecteur attentif et un peu impartial dut s'apercevoir aussitôt que c'était faire fausse route.

D'un autre côté, même une lecture superficielle révèle sans conteste que les « aphorismes » de Kafka puisent à pleines mains dans la tradition juive : textes et thèmes bibliques, gnose judaïque, échos de mythes kabbalistiques et de récits hassidiques. Ce n'est donc pas sans raison que les méditations de Zürau devinrent le terrain privilégié d'une interprétation ouvertement *juive*, y compris dans des cercles où les théories de Brod passaient pour des divagations. Walter Benjamin et Gershom Scholem, par exemple, menèrent dans leur correspondance un débat de plusieurs années sur les rapports de Kafka à la tradition juive, et cet échange de lettres recèle tant d'intuitions étonnantes qu'il est lui-même devenu un objet de commentaires et d'interprétations. *A contrario*, les critiques et les spécialistes moins informés de la tradition judaïque eurent tendance à esquiver largement le problème : comme si l'intérêt de Kafka pour le judaïsme avait été un bras annexe et particulièrement méandreux de son œuvre qu'il valait mieux laisser aux départements d'études juives.

Cette curieuse répartition des tâches ne pouvait convenir à un auteur de l'importance de Kafka, on s'en aperçut clairement à mesure que notre regard s'affinait sur sa vie et sur son époque. De fait, les rapports entre judaïsme, littérature et modernité sont, dans ce cas précis, bien plus vastes, plus politiques surtout, et ils excèdent de loin le cadre d'un jeu de pistes pour chercheurs en littérature. Car les crises mondiales successives dont Kafka était témoin et qui, depuis la mort de l'empereur au plus tard, éveillaient le vertige d'une perte de repères, l'angoisse de foncer droit dans le mur – ces crises frappaient les Juifs, et les écrivains juifs à plus forte raison, d'une façon *toute particulière*, quel que fût leur lien (ou leur absence de lien) avec la tradition. Ce n'était pas la terre qui tremblait sous leur pied, mais bel et bien *une corde*. Et à l'heure où tous les autres habitants de l'Autriche-Hongrie se raccrochaient à leurs diverses identités nationales, la presse juive, elle, continuait de se demander ce que pouvait bien être l'« identité juive », la « nation juive », et si ces mots recouvraient autre chose qu'une forme particulière de religion.

Cette sommation à reconsidérer une position historiquement précaire, ce subtil impératif de justification, de plus en plus sensible y compris pour les Juifs les mieux assimilés, gagna le cœur même du cocon où s'était isolé Kafka. Nous ne connaissons que par fragments ses lectures et ses préoccupations pendant l'année qui précéda sa maladie ; mais il est clair qu'il se pencha sur la tradition juive avec un intérêt renouvelé, un intérêt pour ainsi dire mieux aguerri, plus mûr. Il aurait eu du mal à ranimer en lui cet enthousiasme aussi peu informé qu'ardent qui, cinq années plus tôt, l'avait porté vers la « culture populaire » juive – alors que la vie culturelle de Prague lui en aurait donné bien assez d'occasions[17]. Il s'intéressa plutôt à la presse juive, il rouvrit l'Ancien Testament, et, pendant une période, voir paraître un de ses textes dans *Der Jude*, la revue de Buber, lui importa autant que le projet d'un nouveau livre.

Surtout – et c'est l'indice le plus net du renouveau de sa conscience juive –, Kafka s'était mis à apprendre l'hébreu moderne. Le manuel déjà classique du professeur Moses Rath avait reparu en mars 1917 dans une version améliorée, on en faisait partout la réclame et l'éloge[18]. Occasion dont Kafka voulut non seulement profiter, mais aussi retirer un plaisir très spécial. Car il était résolu à apprendre *en cachette*. Il n'ignorait pas que ses amis sionistes préféraient parler *de* l'hébreu ; c'était même le cas de Brod, qui affichait alors un zèle missionnaire croissant. Kafka se mit à lui poser des questions de vocabulaire, lui demanda d'un air innocent comment on prononçait les chiffres. Brod tomba des nues lorsqu'il apprit, peu avant le départ de Kafka pour Zürau, que celui-ci avait potassé quarante-cinq leçons en l'espace de six mois sans rien dire à personne. « *Ces cachotteries de solitaire !* » déplora-t-il dans son journal, tout en concédant qu'il y avait autant de « *bon* » que de « *mauvais* » dans cet étrange quant-à-soi.

Même Brod dut sentir que le caractère « *solitaire* » de cette décision, cette liberté à l'égard des injonctions excessives des sionistes, était précisément ce que Kafka trouvait « *bon* ». Il voulait apprendre l'hébreu pour lui-même, pas pour la Palestine; et s'il était conscient que cette idée ne lui serait jamais venue sans l'influence de ses amis, il ne lui importait pas moins de prendre cette décision en toute autonomie, et non dans le cadre d'un projet de renouveau politique ou culturel. Peut-être Brod comprit-il pour la première fois – l'ambivalence de son entrée de journal le laisse entendre – que l'étonnante indépendance de Kafka (qu'il louait d'ailleurs lui-même) ne pouvait s'acheter qu'au prix d'une profonde réserve sociale, d'une immunité à toute forme de suggestion. Et que seules des décisions réellement libres pouvaient l'aider à façonner et à consolider son image précaire de lui-même. Ce qui ne l'empêchait certes pas de se mesurer ensuite aux actes moins indépendants des autres, non sans satisfaction parfois : les sionistes pragois, nota-t-il ainsi malicieusement, étaient condamnés à reprendre à l'infini la première leçon du manuel, car ils passaient leurs vacances d'été à oublier tout ce qu'ils avaient appris[19].

Sa propre décision se révéla plus durable; même après l'hémoptysie, Kafka continua ses exercices de vocabulaire et, fin 1918 au plus tard, il était capable de mener une conversation simple en hébreu. Il suivit un cours à Prague et prit des leçons particulières tantôt avec Friedrich Thieberger (professeur de lycée et ancien militant de l'association « Bar-Kochba »), tantôt avec Georg Langer, que ses convictions religieuses bornées n'empêchaient pas d'être très compétent. Pendant un temps, Brod et Weltsch se joignirent à ses efforts, ils apprirent en petit groupe et, dès leurs premières tentatives de correspondre en *ivritt*, Kafka tira gentiment son épingle du jeu : « *Ton hébreu n'est pas mauvais, il y a quelques fautes au début ; mais une fois que c'est parti, il devient impeccable*[20]. »

Pourtant, malgré toute l'énergie investie par Kafka, et malgré la fierté qui le lui fit compter parmi les rares points positifs de sa vie à Prague (comme le note Brod dans son journal), ce projet demeura longtemps une simple tentative, ou un moyen, de se définir, qui n'avait rien d'exclusif et qui ne restreignit pas plus ses autres centres d'intérêt qu'il n'exerça sur eux d'influence visible. « *Tous livrent un seul et même combat*, nota-t-il quelques jours après son arrivée à Zürau. *Si, attaqué par la question dernière, je cherche des armes dans mon dos, je ne peux pas choisir parmi ces armes et même si je pouvais choisir, je devrais prendre "celles des autres", car nous n'avons tous qu'une seule et même réserve d'armes*[21]. » Autrement dit : on ne choisit *pas* comment on surmontera une crise potentiellement fatale ; et Kafka confirma cette thèse d'étonnante façon par les lectures apparemment « peu choisies » qu'il fit à Zürau. Felix Weltsch, qui était bibliothécaire, dut être fort surpris le jour où Kafka lui demanda non pas des biographies ou autobiographies de Juifs ou d'écrivains, mais *n'importe lesquelles* du moment qu'elles étaient écrites en français ou en tchèque. Il fit aussi venir à Zürau des paquets entiers de revues : *Die neue Rundschau, Die Aktion, Der Jude, Jüdische Rundschau, Selbstwehr*, la revue théâtrale *Proszenium*, la publication pacifique *Les Tablettes*… Kafka avalait tout. Et puis Dickens, Herzen, le journal de Tolstoï, probablement Schopenhauer, la correspondance de J. M. R. Lenz et des essais-diagnostics signés R. M. Holzapfel, Max Scheler, Hans Blüher et Theodor Tagger. À croire que Kafka, guéri de l'embarras du choix, se laissait présenter toute la « *provision d'armes* ».

Les influences intellectuelles auxquelles s'exposa Kafka pendant l'hiver 1917-1918 n'autorisent donc en rien à lire ses méditations sous l'angle exclusif du judaïsme, et la liste de ses lectures ne témoigne pas non plus de préoccupations proprement *religieuses*. La seule exception à cet égard est Kierkegaard, auquel il s'intéressa plus systématiquement à partir de novembre : il lut *L'Instant, Crainte et tremblement* et *La Reprise*, se pencha à nouveau sur les extraits de son journal (le *Livre du Juge* [*Buch des Richters*]) et échangea à son propos de longues lettres avec Brod. Or, même dans ces lettres, il est évident que Kafka – comme toujours – ne s'intéresse pas particulièrement aux finesses de la théologie ou de l'histoire intellectuelle, que c'est bien plutôt l'*affaire* Kierkegaard qu'il suit le souffle court : ces fiançailles dramatiques qui ressemblent si étrangement aux siennes, ce refus rigoureux et acheté à haut prix de prendre la vie « comme elle est ». Ce qui impressionne Kafka chez Kierkegaard, c'est son sérieux existentiel, sa radicale valorisation de l'expérience individuelle. Ce qui implique d'une part une disposition à s'investir sans cesse personnellement dans le discours philosophique même le plus abstrait et, d'autre part, jusque dans les instants de plus profond tourment, une aptitude à nommer un clivage à première vue intime, à reconnaître en lui quelque chose de paradigmatique, et enfin à l'exposer à cette lumière crue qu'irradie la question de savoir ce qui est *légitime*.

Kafka retrouve là l'écho de ses propres interrogations. Est-il justifiable, d'une façon ou d'une autre, de se borner à observer et à décrire la vie au lieu de la vivre soi-même ? Peut-on imaginer, par-delà tous les liens sociaux, une instance qui non seulement permette mais exige qu'on défie la collectivité ? Questions qui attentent au fondement de toute communauté sociale, qui ne trouvent jamais de solution définitive et qui reviennent avec insistance dans les contextes les plus divers. Les juristes et les censeurs ne connaissent que trop ce problème : celui du degré d'« inconvenance morale » qu'une société peut tolérer dans l'art. Pour l'écrivain, c'est la question de sa survie ; il sait que son imagination est tout sauf soluble dans la société et qu'elle se vide de sa substance sitôt qu'elle cède à l'injonction de se plier au monde extérieur. Enfin, les théologiens connaissent le problème sous la forme du scandale biblique par excellence, l'épreuve de l'obéissance à Dieu : l'ordre donné à Abraham de tuer son propre fils et donc de contrevenir à une règle fondamentale de la communauté – au profit d'une règle « supérieure ». Dans *Crainte et tremblement*, Kierkegaard choisit précisément cet épisode pour démontrer que la croyance en un ordre suprême (que ce soit Dieu, l'art ou la morale) ne garantit ni confort ni tranquillité d'esprit, mais qu'elle est bien plutôt impossible sans angoisse : l'angoisse du saut irréversible, de l'absurde, du néant.

Kafka connaissait très bien cette angoisse, et une lettre bien ultérieure adressée à Robert Klopstock suggère d'impressionnante façon que l'histoire d'Abraham dut le hanter pendant des années, jusqu'à l'identification totale. Dans cette lettre, Kafka invente des variations contemporaines sur Abraham qui semblent sorties tout droit de son univers littéraire. Voici un Abraham, par exemple,

« qui serait prêt à répondre sur-le-champ à l'exigence du sacrifice, avec un empressement de garçon de café, mais qui pourtant n'arriverait pas à accomplir le sacrifice parce qu'il ne peut partir de chez lui, il est indispensable, son ménage le requiert, toujours il reste quelque chose à régler, la maison n'est pas finie et, sans que sa maison soit finie, sans cet appui il ne peut pas partir, d'ailleurs la Bible le voit bien, car elle dit : "il mit ordre à sa maison". »

Jeu souverain, drôle, subversif avec le mythe. Mais en coulisses guette un autre fantôme d'Abraham qui, lui, n'a plus rien d'amusant.

« Un qui veut sacrifier tout à fait comme il faut et qui de façon générale a tout l'instinct qu'il faut pour cette affaire, mais qui ne peut pas croire que ce soit lui qu'on choisit, lui, le vieillard dégoûtant, et son fils, ce garçon crasseux. À celui-là, ce n'est pas la vraie croyance qui manque, cette croyance, il l'a, il sacrifierait dans la disposition d'esprit qu'il faut si seulement il pouvait croire que c'est lui qu'on choisit. Il redoute que, partant bien avec son âne sous la forme d'Abraham et son fils, il se métamorphose en Don Quichotte chemin faisant. [...] Un Abraham qui vient sans être appelé ! C'est comme quand le meilleur élève doit recevoir solennellement un prix à la fin de l'année et que, dans le silence plein d'expectative, le plus mauvais élève, qui a mal entendu, sort de son banc crasseux du dernier rang, et toute la classe éclate de rire. Et il n'a peut-être même pas mal entendu, son nom a vraiment été appelé, il est dans l'intention du maître que la récompense du meilleur soit en même temps la punition du plus mauvais. Choses terribles – assez[22]. »

Terribles, assurément, mais non parce que l'enjeu de la discussion est un problème théologique ou existentiel : avant

toute chose, ce que le mythe d'Abraham rappelle douloureusement à sa mémoire est un épisode de sa vie, une blessure. La question de savoir si l'on est *appelé* (à connaître un
bonheur, à jouir d'un don, à accomplir une tâche, à assumer une obligation…), à quoi l'on *sait* qu'on est appelé, et si
l'on peut jamais en être sûr – cette question n'est pas pour
Kafka une affaire de conviction religieuse, et même là où il
convoque des images religieuses, des mythes ou des théories,
rien ne dit qu'il parle de religion.

De là aussi la résistance qu'opposent les journaux de Kafka
autant que les méditations de Zürau à toute tentative d'en
extraire les éléments d'une croyance positive. Jamais Kafka
n'établit de relation immédiate à Dieu[23], il le pense presque
exclusivement comme un acteur des mythes bibliques, et
surtout de l'histoire du paradis perdu. Et même dans ce cas,
Dieu reste un rôle, un personnage de la pensée, loin de la
perfection[24]. Aucune de ces réflexions exégétiques n'est d'ailleurs reprise dans ses fiches. En revanche, quand Kafka sort
de la perspective littéraire, quand il renonce aux images,
aux paraboles et qu'il s'exprime directement sur la religion,
il se place d'emblée à une certaine distance intellectuelle :

« L'homme ne peut vivre sans une confiance durable en
quelque chose d'indestructible en lui, même si tant cet
indestructible que cette confiance peuvent lui rester durablement dissimulés. Une des expressions possibles de cette
dissimulation est la croyance en un dieu personnel[25]. »

Pensée merveilleusement profonde malgré son extrême
concision. Mais ce n'est pas ainsi qu'on parle quand on croit
à un dieu. Sans compter que cet aphorisme (c'en est un, en

l'occurrence) a ensuite été éliminé par Kafka. Si l'on considérait vraiment la dernière version des fiches assumée par l'auteur comme un texte voué à la publication, on se retrouverait face à une œuvre dans laquelle le mot « dieu » ne figure pas une seule fois.

Or il en va exactement de même dans les œuvres les plus connues, et, en ce sens, l'affirmation de Brod selon laquelle les « aphorismes » déploieraient une dimension depuis longtemps présente chez Kafka n'est pas entièrement erronée. Car, plus on s'enfonce dans le réseau de correspondances que trament les réflexions de Zürau, plus s'impose l'impression que Kafka, dans ces textes, ne s'éloigne pas autant de son univers narratif qu'on peut le croire de prime abord. Avec tous les moyens rhétoriques à sa disposition, il invoque une transcendance (la loi, la vérité, l'« indestructible »…) qui englobe tout, tient tout sous son emprise; et, d'un même mouvement, il situe cette transcendance à une distance désespérante. Comme s'il invitait tous ses lecteurs à regarder dans une seule et même direction pour ensuite leur dire : « La direction est la bonne, *c'est là-bas*, mais vos yeux ne peuvent pas et ne pourront jamais voir. » Constat accablant, mais qui n'a rien de neuf : ce geste d'indiquer le vide domine déjà tout *Le Procès*.

Et ce n'est pas un geste religieux. Kafka condamne toutes les issues, comble le moindre jour. Il montre des ombres, pas la lumière qui les projette. Il lui arrive bien, par mégarde, de laisser entrer un rayon de soleil, et celui-ci alors diffuse un instant sa chaleur – mais alors il se hâte de rectifier cette négligence. D'abord, il parle d'une « *confiance durable en quelque chose d'indestructible* »; mais, recopiant sur une fiche, il ne laisse subsister qu'une « *confiance durable en quelque chose d'indestructible* en lui ». Dans le cahier in-octavo H, il est dit : « *Nous nous développons (reliés non moins profondément à l'humanité qu'à nous-mêmes) à travers toutes les souffrances de ce monde jusqu'à la rédemption commune* ». Cela aussi évoque une promesse religieuse, une attente peut-être incertaine mais absolument positive. Malentendu que Kafka élimine aussitôt. Il raye les mots « *jusqu'à la rédemption commune* » et écrit au-dessus : « *de concert avec tous nos semblables* ». D'un seul trait de plume, il élimine la moindre espérance, replie l'histoire de l'humanité sur elle-même, l'émonde de son dernier lien avec l'extérieur : seule demeure une communauté *terrestre*, évoquée par deux fois. Mais du même coup, la mort aussi cesse d'être délivrance. Et ce pour une raison d'une simplicité saisissante : « *L'ici-bas ne peut être suivi d'un au-delà, car l'au-delà, étant éternel, ne peut avoir avec l'ici-bas de rapport temporel.* » Ainsi se referme la dernière, l'ultime porte[26].

Dans ses conversations, Kafka semble s'être maintenu sous l'emprise de ces motifs, qui trahissent plutôt l'influence pérenne de Platon que celle des écrits judaïques. Et ce faisant, il ne cessa de décevoir Brod, qui le croyait toujours sur le point de se convertir à une forme de religiosité juive. Certes, il était impressionné par le sérieux avec lequel Kafka envisageait la vérité, le bien, l'« indestructible »; d'ailleurs, il employait souvent des termes religieux ou à consonance religieuse pour mettre celles de ses pensées qu'il croyait décisives sous la plus haute tension possible. « *L'écriture en tant que forme de la prière* » : c'était une formule puissante, qui semblait à mille lieues de toute métaphysique exsangue[27].

Mais dès que Brod tentait d'amener son ami à fixer le vrai sens, le sens religieux de pareilles expressions, il se heurtait à une résistance. Kafka ne cherchait pas un credo, et quand il parlait du garant supposé de ce monde spirituel qu'il tenait lui-même pour le seul existant, il était capable de déclarations tout bonnement blasphématoires. À plusieurs reprises, et avec un plaisir sensible, il balaya l'idée que sa tuberculose pouvait être un châtiment divin en détournant un passage des *Maîtres-chanteurs* de Wagner : « *Je l'aurais cru plus fin*[28]. » Et un jour, dans une conversation avec Brod, il qualifia les hommes de « *pensées nihilistes qui montent à la tête de Dieu* »; ce n'était pas, ajoutait-il, la preuve de l'existence d'un mauvais démiurge, comme le prétendaient certains gnostiques, simplement « *un de ses accès de mauvaise humeur* ». Mais alors, demanda Brod inquiet, y avait-il un quelconque espoir pour nous en dehors de ce monde ? Et Kafka, en souriant : « *Beaucoup d'espoir – pour Dieu – une infinité d'espoirs –, mais pas pour nous*[29]. »

Le cas paraît étrange : à l'heure où tout s'effondre, où l'histoire mondiale s'accélère, où des millions d'individus pris dans le maelstrom se voient livrés au pur hasard, à l'heure où l'histoire se répand en un nombre inimaginable d'*histoires* hallucinantes, voici un écrivain qui décide de ne plus raconter et de se consacrer à ce qui semble atemporel, aux « *choses dernières* » : le bien et le mal, la vérité et le mensonge, la vie et la mort. Il se peut que, dans ces notions, Kafka ait cherché un ultime repère. Et on peut comprendre qu'il n'ait pas toujours su lui-même s'il y allait d'une forme de connaissance dernière ou d'une dernière tentative pour se sauver lui-même. Il assistait à une crise universelle qui défiait l'imagination, à une guerre mondiale, au délitement de la société et de ses valeurs, à la déliquescence de son propre pays. Il y assistait, en outre, depuis une position exposée – celle des Juifs – qui s'était mise à trembler sur ses bases alors que le reste du monde se croyait encore sur un sol ferme. Enfin, il subissait au même moment l'irruption d'une autre crise, tout aussi menaçante, mais absolument *intime* celle-là, une atteinte à son corps, qui, tout à coup, s'était mis à saigner.

Autant que ses lettres de Zürau, les méditations de Kafka nous montrent qu'il était bien conscient de ce double choc. Il savait qu'il ne suffisait plus, dans de telles circonstances, de se justifier face à son tribunal intérieur, face à sa fiancée ou à quelques amis bienveillants. Car même les métaphores les plus puissantes et les plus persuasives – notamment le vocabulaire du combat dans ses dernières lettres à Felice –, ces métaphores sonnaient faux, d'une façon presque imperceptible et pourtant indéniable, dès lors qu'elles débouchaient sur une mythologie exclusivement privée, une mythologie purement intérieure. Kafka comprenait que le travail de la réflexion, s'il le prenait au sérieux, le déportait inévitablement hors du système de référence de son destin individuel. Il devait s'abandonner à cette force centrifuge. Il ne voulait plus seulement savoir qui il était, comment il était et pourquoi. Il voulait savoir où était sa *place* dans ce maelstrom qui désintégrait tout.

Cette fois encore, Max Brod fut le premier à faire face à cette nouvelle et surprenante dimension de la pensée de Kafka. Tout partit d'une remarque assez bénigne sur l'étrange sérénité, voire la gaieté avec laquelle Kafka semblait accueillir sa maladie, comportement auquel personne à Prague ne comprenait rien. « *Si je ne craignais pas de te troubler*, écrivit Brod à Zürau, *je dirais que tes lettres témoignent d'un grand calme. Voilà, c'est dit – preuve que je ne crains même pas vraiment que tu puisses te troubler de ça ou d'autre chose. Tu es heureux dans ton malheur*[30]. »

Ce n'était pas la première fois que Kafka entendait ou *pensait* (à juste titre) entendre cette semonce ; et, quelques mois plus tôt seulement, il y aurait sans doute répondu en se dénigrant, comme toujours, avec cette défense bien éprouvée qui consistait à endosser le rôle du juge le plus impitoyable pour pratiquer l'*autojustice*. Or, cette fois, pas de plaintes ; Kafka contre-attaqua :

« Cher Max, à vrai dire je me suis toujours étonné que tu portes en toi cette parole pour moi et pour d'autres : "heureux dans le malheur", et ce non pas à titre de constat ou de regret ou, à l'extrême rigueur, de mise en garde, mais à titre de reproche. Tu ne sais donc pas ce qu'elle signifie ? C'est probablement avec cette arrière-pensée, qui contient bien sûr en même temps un "malheureux dans le bonheur", qu'on a apposé sa marque à Caïn. Lorsque quelqu'un est "heureux dans le malheur", cela signifie d'abord qu'il a cessé de marcher du même pas que le monde, et cela signifie ensuite que tout pour lui s'écroule ou s'est écroulé, qu'aucune voix ne l'atteint plus sans se briser et donc qu'il ne peut plus en suivre aucune sincèrement. Mon cas n'est pas tout à fait aussi grave ou du moins ne l'a pas été jusqu'ici ; j'ai déjà été pleinement atteint par le bonheur et le malheur ; mais s'agissant de ma moyenne, là, tu as raison, et aussi en très grande partie s'agissant de la période actuelle, seulement il faut que tu le dises sur un autre ton[31]. »

Brod fut si frappé qu'il ne trouva rien à répondre. Jamais encore Kafka n'avait tenté, sur un ton à ce point offensif, de présenter son attitude comme un trait typique de l'époque, comme un symptôme, avec de plus un calme et une maîtrise qui balayaient d'avance l'idée qu'il s'agissait d'un faux-fuyant. Non, Kafka était sincère, il avait à présent une pure et simple aversion contre tout ce qui ressemblait à des finesses psychologiques[32]; et comme il soupçonnait depuis longtemps Felice de commettre la même méprise, il s'efforça de la désamorcer *préventivement*. Il lui cita le reproche « *grossier* » de Brod, lui demanda si, au fond, elle ne pensait pas la même chose, et il reformula sa réponse sans rien omettre, allant jusqu'à intensifier l'image : celui qui est heureux dans son malheur, écrit-il, est quelqu'un qui « *a fracassé le monde et qui, incapable de le relever vivant, est chassé à travers ses ruines*[33] ».

Ce n'était pas l'inspiration d'un instant. Avec leur ton laconique, les écrits d'août 1917 – tant ceux qui précèdent que ceux qui suivent l'hémoptysie – marquent déjà ce point où les lamentations de Kafka sur son manque de repères laissent place à un diagnostic nettement plus général. « *Crois-tu? Je ne sais pas* », lit-on en termes encore vagues; puis, plus incisif : « *Ce que je touche s'écroule.* » Et sur le mode poétique : « *Le bois et la rivière – c'est ainsi qu'ils passaient devant moi pendant que je nageais*[34]. »

Plus tard, dans les méditations de Zürau, nombre de fragments signalent en toute clarté que ce qui motive Kafka est tout sauf une quête de connaissance abstraite et impersonnelle. Il veut penser conjointement l'intime et l'actuel, il cherche à se situer dans son temps, recherche un lieu où il pourra spirituellement survivre. Kafka agit comme un homme vêtu de guenilles qui, las de cacher sa nudité à gestes maladroits, décide de monter sur scène : là où la nudité cesse d'être honteuse pour devenir *signifiante*. C'est la tuberculose, explique-t-il, qui lui a ouvert cette « *issue que je n'aurais pas crue possible de façon aussi complète jusqu'à présent* » ; issue qui

> « consisterait à avouer, non seulement en privé, non seulement en aparté, mais franchement, par mon attitude, que je ne peux pas faire mes preuves ici. Je n'ai d'ailleurs rien d'autre à faire dans ce but que de repasser avec une pleine résolution sur les contours de la vie que j'ai menée jusqu'à présent. La conséquence la plus directe serait que je me tienne, que je ne m'éparpille pas dans l'absurde, que je garde le regard libre[35]. »

C'est dans ces phrases que Kafka vire de bord. Il n'a pas fait « *ses preuves* », d'accord, c'est le vieux refrain de toujours. Mais il s'agit maintenant d'en tirer des conséquences pratiques autant qu'intellectuelles. Et, rendu là, il ne lui reste plus qu'un seul petit pas à franchir pour décider qu'il ne *veut plus* faire ses preuves coûte que coûte et qu'il s'en tiendra désormais à ses propres critères, comme vient de le lui apprendre le journal de Kierkegaard : « *Dès que survient un homme [...] qui dit : quel que soit le monde, je m'en tiens à une primordialité que je ne songe pas à modifier à l'agrément du monde – à l'instant même où cette parole est entendue, il se produit une métamorphose dans l'existence entière[36].* »

À Zürau, Kafka franchit ce pas. Ce qui lui semblait une issue déboucha sur une vision nouvelle et bouleversée de sa propre existence. L'assurance qu'il en retira fut énorme, et ce « *regard libre* », inespéré, lui permit d'entrevoir une indépendance qui lui sembla miraculeuse après son « combat » perdu pour Felice, après toutes ces années d'autosujétion névrotique. D'un coup, il avait ouvert une fenêtre. L'air qui s'y engouffra fut glacial, trop froid peut-être pour qu'il puisse le supporter et y vivre longtemps. Mais pour l'heure, il n'y songeait pas. C'était le temps de la connaissance.

« Ce n'est pas de l'indolence, de la mauvaise volonté, de la maladresse […] qui me fait échouer ou même pas échouer en tout : vie de famille, amitié, mariage, métier, littérature, c'est le manque de sol, d'air, de commandement. Les créer est ma tâche, non pas pour que je puisse ensuite rattraper ce que j'ai négligé, mais pour que je n'aie rien négligé, car cette tâche en vaut bien une autre. C'est même la tâche la plus primordiale ou du moins son reflet, de même qu'en gravissant une hauteur où l'air est rare on peut prendre pied tout à coup dans la lumière d'un soleil lointain. Et ce n'est pas non plus une tâche exceptionnelle, elle a sûrement déjà été imposée bien souvent, mais dans de telles proportions je ne sais pas. Je n'ai rien apporté de ce qu'il faut pour vivre, pas que je sache, seulement la faiblesse humaine ordinaire et par celle-ci – à cet égard c'est une force gigantesque – j'ai absorbé vigoureusement le négatif dans mon époque, époque dont je suis très proche et que j'ai le droit non pas de combattre, jamais, mais de représenter dans une certaine mesure, quant au peu de positif et à l'extrême négatif qui se renverse en positif je n'en ai hérité aucune part. Je n'ai pas été introduit dans la vie par la main certes déjà lourde et déclinante du christianisme, comme Kierkegaard, et je n'ai pas saisi tout juste la dernière frange du châle de prière juif en train de s'envoler, comme les sionistes. Je suis fin ou commencement[37]. »

GRIPPE ESPAGNOLE, RÉVOLTE TCHÈQUE, PEURS JUIVES

Je crains qu'un quelconque créateur n'ait présumé de ses forces.
Hans Henny Jahnn, *Fleuve sans rives*

« *Franz Kafka, qui a reçu le prix Fontane pour ses récits* Le Chauffeur *et* La Métamorphose, *a fait retraite pour ménager sa grande sensibilité et s'est acheté, quelque part en Bohême allemande, un jardin où il cherche un retour à la nature, végétarien par son régime alimentaire autant que par ses occupations.* » *Dixit* le *Prager Tagblatt* à la fin du printemps 1918[1]. Si la légendaire « Radio Erevan » n'existait pas encore, ses procédés éditoriaux, eux, étaient déjà en vogue[*]. En principe, tout était vrai. Sauf que Kafka n'avait pas reçu le prix Fontane, mais uniquement sa dotation. Et le jardin où il travaillait n'était pas à lui, il appartenait au domaine de sa sœur, qui ne l'avait pas non plus acheté mais l'affermait au profit de son beau-frère. Et Kafka ne s'était pas mis à l'écart « *pour ménager sa grande sensibilité* », mais pour soigner sa tuberculose. Enfin, il était de

---

[*] « Radio Erevan » est une station de radio fictive qui apparaît dans nombre de plaisanteries de l'ère soviétique, en URSS et en Europe de l'Est. Souvent porteuses d'une charge politique, ces plaisanteries prenaient la forme d'une question adressée à la station, qui répondait alors : « En principe, oui », ou « En principe, non », avant d'introduire une restriction. Exemple : « Est-il possible d'introduire le socialisme dans un grand pays industriel ? — En principe, oui. Mais ce serait dommage pour l'industrie. »

retour depuis six semaines à son bureau de l'Office d'assurances. Ce tissu d'inepties, auquel l'*insider* Max Brod n'était sûrement pas étranger, avait été mitonné à une table du Café Arco, et c'était peine perdue de demander un erratum.

Dès le début du mois d'avril, Kafka s'était résolu à ne pas demander de nouveau congé au directeur Marschner. Les mois de repos qu'on lui avait accordés étaient passés de trois à presque huit sans que l'Office exerce jamais la plus petite pression. C'était la meilleure politique possible, reconnut Kafka : « *on ne dit rien, on tolère, on paie, on attend. Ce n'est pas facile à supporter[2]* ». Le 27 avril, il mit bon ordre au potager ; trois jours plus tard, Ottla le conduisit en calèche à la gare de Michelob ; le matin du 2 mai, il était dans le bureau de son supérieur Pfohl – toussotant, mais plus en forme et mieux en chair que depuis des années.

Kafka dut vite s'apercevoir que la subtile « *politique* » de l'Office ne découlait en rien de considérations stratégiques ou humanitaires. Si l'administration ne se souciait plus de lui depuis près de huit mois, c'était plutôt grâce au chaos entraîné par les tensions de plus en plus vives entre Allemands et Tchèques. Deux jours avant le départ de Kafka pour Zürau, Otto Přibram, honorable président de l'Office d'assurances (un Allemand, malgré son patronyme), était mort brusquement, et les membres tchèques du directoire, soudain majoritaires, avaient fait savoir que seul un de leurs nationaux pourrait lui succéder. Les Allemands refusèrent ; et comme ils ne pouvaient s'imposer par suffrages, ils décidèrent de boycotter toutes les réunions. L'Office se retrouva donc acéphale, et toutes les tentatives de médiation restèrent vaines des mois durant, jusqu'à ce que le récent « ministère des Affaires sociales » renvoie le directoire à la niche et nomme un gestionnaire. Or, sous une direction aux prises avec elle-même, le directeur Marschner pouvait (et devait) répondre à discrétion et presque sans aucun contrôle aux demandes de congés – heureux concours de circonstances pour Kafka, l'une de ces rares occurrences où le hasard et le contexte jouèrent en sa faveur.

Ce qui se passait dans l'administration de Kafka n'était toutefois que le reflet, anodin par comparaison, d'un changement d'atmosphère qui avait gagné toute la ville. Prague ne pouvant plus assurer l'approvisionnement de sa population – on ne trouvait pas un quart des maigres rations de pain officiellement prescrites –, la « débrouille » s'était imposée, mentalité qui consistait à se procurer le nécessaire sans plus se soucier des lois ni des règles de civisme. La seule institution encore fiable était la « contrebande », et ceux qui avaient les moyens ne manquaient de rien. Mais d'où venaient, où allaient tous ces biens vendus « sous le manteau » ? Et qui bénéficiait de ces prix exorbitants ? Ces questions se chargeaient de tensions nationalistes. C'étaient les paysans tchèques qui se remplissaient les poches, disait-on dans un camp ; la nourriture était envoyée à Vienne, peut-être même dans le Reich allemand, répliquait l'autre. Et le reste était censé disparaître dans les caves de trafiquants juifs qui avaient en plus le culot de dénoncer les concurrents qui leur faisaient de l'ombre, surtout s'ils étaient tchèques – tout le monde le savait[3].

De telles rumeurs devaient finir par rejaillir sur la politique de la rue. Si les grèves et les protestations motivées par la faim étaient depuis longtemps devenues le lot quotidien de la Bohême, l'an 1917 avait amené une suite d'attaques dont les cibles n'étaient plus le « système » ou les « riches », mais absolument tous ceux qui se revendiquaient d'une des nationalités en concurrence. Lors des rassemblements massifs qui réunirent près de 150 000 personnes à Prague en janvier 1918, cette lame de fond resta largement invisible. Mais deux mois plus tard eurent lieu des « émeutes de la faim » clairement dirigées contre les Allemands et les Juifs, et que les pouvoirs publics ne réduisirent qu'à grand-peine. Il s'avéra que la fureur antisémite n'avait pas besoin de la présence des Juifs de l'Est pour s'exacerber. Alors même que leur nombre ne cessait de décroître et que toujours plus d'exilés étaient renvoyés de force dans leurs villages natals de Galicie et de Pologne – avec l'assistance zélée du culte juif, qui entendait se débarrasser enfin de ces « *nuisibles*[4] » –, le ressentiment antijuif se faisait toujours plus explicite et menaçant. La situation à Prague était devenue intolérable, déplora la *Selbstwehr* à l'été 1918, on ne pouvait littéralement plus sortir de chez soi « *sans se heurter à ces répugnantes manifestations de haine nationaliste*[5] ».

On peut comprendre que les Kafka, dans de telles circonstances, aient décidé de mettre à l'abri avant qu'il soit trop tard ce qu'ils avaient acquis en trois décennies de labeur. Depuis toujours, le souci de leurs biens les maintenait dans un état de tension perpétuelle ; ils aimaient mieux renoncer au repos dont ils avaient grand besoin que d'exposer le magasin à la gabegie ou aux malversations, ne serait-ce qu'un seul jour. Et maintenant que leur propre personnel se joignait aux grandes grèves[6] et qu'une foule sans cesse plus nombreuse s'ameutait toujours plus souvent juste sous leurs fenêtres, sur l'Altstädter Ring, cette inquiétude redoublait. Qui leur garantissait que les pillages, qui ne concernaient encore que la nourriture et le charbon, ne finiraient pas par se propager à d'autres branches ? Les commerçants juifs seraient alors les premières victimes – prédiction tellement naturelle et si nourrie de précédents historiques qu'on n'avait pas besoin de l'expliquer.

Hermann et Julie Kafka décidèrent donc de mettre un terme à leur carrière de commerçants, de se défaire au plus vite de leur magasin d'articles de mode et d'investir le capital accumulé de façon plus sûre, c'est-à-dire moins voyante. En janvier 1918, ils achetèrent au 4, Bilekgasse un grand immeuble de rapport moderne peuplé essentiellement de Tchèques. Coût total de l'opération, un demi-million de couronnes – et la fierté des nouveaux propriétaires fut à l'avenant : pendant des semaines, ils ne parlèrent plus de rien d'autre et peaufinèrent avec un zèle passionné un vaste règlement à l'adresse des locataires. Ces frais énormes furent couverts par la vente du magasin à un certain Bedřich Löwy, parent de Julie qui croyait visiblement pouvoir se fondre dans le décor grâce à son prénom tchèque et était donc un peu moins pessimiste. Les anciens propriétaires eurent quelques mois pour dire adieu à l'œuvre de leur vie ; le 15 juillet, Löwy reprit les rênes.

À son retour de Zürau, Kafka, pourtant bien informé des événements à Prague, dut être surpris de voir à quel point l'érosion sociale avait déjà entamé le quotidien : bagarres jour après jour entre des lycéens allemands et tchèques, défilés de restaurateurs furieux de n'avoir rien à mettre dans l'assiette de leurs clients, évacuations d'enfants sous-alimentés, suppression des tramways et des trains des jours durant, altercations devant les kiosques vendant des « coupons de tabac », pluies de caillasse dans les faubourgs contre de pauvres fonctionnaires… Sur le plan social, c'était une caricature de la ville qu'il avait quittée huit mois plus tôt. Mais tant qu'il pouvait travailler, impossible de fuir. Prendre ses dispositions, attendre stoïquement la fin de la guerre – il n'avait aucune autre option ; même une parution rapide du *Médecin de campagne*, même un improbable succès n'auraient plus rien changé. Kafka dut aussi renoncer à chercher un nouveau logement et à garder un minimum d'indépendance : trop grande la crainte de passer un nouvel hiver sans chauffage – où trouver du charbon ? –, trop grand le risque d'affronter seul une nouvelle hémoptysie. Ne restait plus qu'à retourner chez ses parents, si difficile que fût cette décision après leurs récentes disputes. Pour préparer le terrain, Kafka décida d'écrire une lettre à son père (malheureusement perdue) ; mais dans cette famille, parler franchement était le meilleur moyen d'envenimer l'atmosphère. Cette fois encore, le patriarche passa des jours à hurler dans son magasin, déversant sur les employés ce qu'il n'osait plus imposer à son fils[7].

À Prague, Kafka regrettait surtout sa sœur, leur complicité sans façon, le réconfort de cette régression en toute impunité. Ottla n'était pour rien dans l'acuité analytique et la morbidité de ses méditations, au contraire : avec elle, il pouvait se laisser aller à une exubérance puérile, il la taquinait, s'amusait à la déranger dans ses rares minutes de loisir[8] – choses qu'il ne pouvait se permettre même avec ses intimes de Prague, envers lesquels il adopta un ton bien différent. Max Brod fut durement affecté le jour où Kafka lui confia que l'amitié n'était en rien une composante indispensable de sa vie et qu'il était donc résolu à se retirer *encore plus*, en coupant les quelques ponts restants. C'était une nouvelle gradation de son purisme, purisme qui, jugea Brod, prenait progressivement des formes mortifères.

À terme, Kafka n'appliqua pas cette décision d'une *tabula rasa* sociale – pour justifier durablement à ses propres yeux un geste aussi extrême, il lui aurait probablement fallu un espoir concret, une perspective encourageante. Il reprit donc les habituelles promenades, les rares sorties en groupe, les baignades dans la Moldau. Kafka parvint toutefois à rapporter à Prague ce ferment « campagnard » qui était devenu pour lui le symbole d'une vie authentique : il se mit à passer ses après-midi libres dans un « Institut de pomologie, d'œnologie et de maraîchage » situé dans le nord de Prague, tout près du château de Troja, avec une belle vue sur la ville. On y dispensait depuis peu des cours de maraîchage – choix qui demandait certes une petite explication de la part d'un fonctionnaire de 35 ans. Mais après tout, il n'y avait rien de déshonorant à vouloir bien cultiver son potager du dimanche – la faim donnait la même idée à beaucoup de gens –, et ce prétexte avait déjà rendu de bons services à Kafka quelques années plus tôt, chez le jardinier Dvorský.

À cette époque, toutefois, il avait vu dans le jardinage une forme de thérapie – le mot magique de « nervosité » justifiait alors les habitudes les plus excentriques –, et il n'avait fait en cela que suivre les préceptes de la naturopathie, qui approuvait presque n'importe quelle activité physique dès lors qu'on la pratiquait à l'air libre. Depuis, visiblement sous l'influence de ses lectures sionistes, le travail corporel était devenu pour lui une fin morale en soi, une affaire de style existentiel, et l'attention recueillie qu'exige le travail avec les végétaux était un des acquis qu'il souhaitait perpétuer à l'état le plus pur possible. Et ce avec la dernière conséquence. Même les deux semaines de congé auxquelles il avait encore droit, Kafka ne s'en servit pas pour une cure pourtant urgente, mais bien pour prolonger sa formation : en septembre 1918, il travailla dans la pépinière d'une grande jardinerie commerciale à Turnau (Turnov), en Bohême du Nord, sans avoir l'impression de manquer de quoi que ce soit.

Cette étrange décision ne dut pas aller sans commentaire de ses parents et de ses amis. Et encore : ils pouvaient s'estimer heureux que Kafka ne se pique pas de retourner à Zürau. Cet avant-poste-là s'était révélé intenable, et lorsque Ottla passait pour quelques heures à Prague – de plus en plus rarement –, elle apparaissait à sa famille et, peu à peu, à son frère lui-même, comme l'incarnation d'une lutte perdue d'avance. Ottla avait maigri, elle était surmenée, déçue. Les semences et le fourrage ne s'obtenaient plus par voie légale, et personne au village ne comptait plus sur un quelconque soutien de l'administration depuis qu'une terrible crise alimentaire avait vidé les ultimes réserves de l'État dans les cités industrielles de la Bohême, toutes proches. Il avait même fallu demander de l'aide au Reich allemand pour éviter que les masses ne meurent de faim. Les Allemands avaient topé là : de la farine contre des renforts, c'était le nouveau mot d'ordre. Mais ces livraisons-là, bien sûr, n'atteignirent jamais Zürau, car là vivaient des gens qui assuraient encore leur propre subsistance, *on ne savait trop comment.*

L'opération Zürau était devenue absurde, et même Irma, sympathisante et admiratrice de la première heure, conseillait à Ottla de mettre au plus vite un terme à cette expérience sans avenir. Il n'y avait plus rien à en tirer, Karl Hermann dut en convenir lorsqu'il vint voir sa ferme en août, et Ottla et lui tombèrent vite d'accord pour démanteler le domaine un ou deux mois plus tard. Soulagement chez les Kafka : c'était le signal qu'ils attendaient depuis des mois, et aussi, croyaient-ils, l'occasion de remettre Ottla sur les rails – retour à Prague, inscription immédiate dans une école ménagère, convocation de la marieuse. Mais ils se trompaient. Ce qui avait désespéré Ottla n'était pas la dureté du travail à la ferme, ni la pénurie, qui ne pouvait durer éternellement, mais cette misérable gestion au jour le jour, cette absence de perspective, l'impossibilité d'*avancer*, d'apprendre, de se forger des options pour l'avenir. Non, son chemin ne repassait pas par Prague, ce n'était même pas négociable. Ce qui l'appelait dorénavant, ce qui devait enfin lui procurer le statut tant désiré, c'était cette formation en agriculture qu'elle projetait depuis longtemps et qu'elle n'avait cessé de remettre à plus tard. C'était aussi l'avis de son frère, qui se renseigna aussitôt par le biais de l'Office et écrivit aux directeurs de différentes écoles. Budweis, Tetschen, la grande école de maraîchage de Klosterneuburg… : le choix était restreint, car tantôt ces établissements exigeaient des diplômes ou un vaste bagage qu'Ottla ne pouvait faire valoir, tantôt ils n'admettaient les femmes qu'à titre d'auditeurs libres, sans leur permettre de passer l'examen. Pour finir, Kafka lui conseilla de postuler – elle serait la première femme à le faire – à l'école hivernale d'agriculture de Friedland ; et, pour épargner à Ottla la crainte de perdre son indépendance, il lui offrit d'assumer temporairement le coût de la formation – ce qui ôterait au moins *un* argument à leurs parents. Les disputes provoquées par l'entêtement d'Ottla et par l'irresponsable complicité de Franz n'en reprirent pas moins de plus belle, et elles auraient très bien pu amener une rupture durable si un événement d'une tout autre ampleur ne s'était pas interposé, un événement qui imposa une trêve au moins en apparence et qui ressouda la famille pour quelques semaines dans une peur commune.

> « Des personnes jusqu'alors solides et en très bonne santé se plaignent tout à coup de maux de tête accablants, de douleurs dans tous les membres, d'une congestion nasale, d'une inflammation des muqueuses, d'une perte d'appétit, de bouffées de chaleur accompagnées de frissons et surtout d'un état d'abattement extrême. Bientôt après s'installent une sensation de sécheresse dans la gorge, une démangeaison accompagnée de difficultés à déglutir et d'un léger enrouement, en même temps que des quintes de toux tenaces qui fatiguent, voire épuisent le malade[9]. »

Ce n'était pas une grippe ordinaire, mais les symptômes d'une maladie appelée à devenir une pandémie mondiale dévastatrice. Et ce à une telle vitesse que la contagion de masse s'assimila à une catastrophe naturelle, saturant aussitôt le système sanitaire et social. Fin septembre, les premiers cas furent constatés ; la première semaine d'octobre, 200 personnes moururent à Vienne et à Berlin ; mi-octobre, on dénombrait déjà 200 décès *par jour*. On ferma les écoles, les théâtres et les cinémas, le début du semestre d'hiver fut repoussé dans toutes les universités, les pouvoirs publics incitèrent leurs sujets à éviter autant que possible les rassemblements. Trop tard. Plus de 15 % de la population furent touchés par la grippe dite « espagnole[10] » ; et tandis que les morgues débordaient, des services entiers durent fermer dans les hôpitaux, faute de médecins et de soignants en bonne santé.

L'effroi ne provenait pas seulement du risque incontrôlable de contamination (la période d'incubation était d'un ou
deux jours) et de la vitesse fulgurante à laquelle l'épidémie
se propageait d'un quartier et d'une région à l'autre – plus
angoissantes encore étaient la soudaineté et la violence avec
laquelle la maladie emportait ses victimes. Les douleurs arti-
culaires s'installaient très vite, la langue devenait grise, la
température atteignait des chiffres extrêmes en l'espace d'une
ou deux heures. On racontait comment des gens qu'on avait
vus d'humeur guillerette encore la veille au soir gisaient le
lendemain midi dans un cercueil menuisé à la hâte.

En elle-même, pourtant, la grippe espagnole n'était pas mortelle. Ceux qui pouvaient se permettre de se reposer dès
les premiers symptômes et de se ménager ensuite pendant
assez longtemps avaient environ 97 % de chances de survie – à condition de ne développer aucune complication,
et surtout pas de surinfection pulmonaire. Or nulle épidémie de grippe n'avait jamais causé des pneumonies si nombreuses et si graves, et ce dès le troisième ou le quatrième
jour après la contamination. Les hôpitaux déclaraient des
nombres de morts dramatiques ; les patients se noyaient dans
leur sang. Et les plus touchés étaient apparemment les plus
robustes, les plus vigoureux : c'est entre 20 et 40 ans qu'on
risquait le pire[11].

Kafka fut touché au pic de la vague, le lundi 14 octobre.
Appelé à l'aide, le Dr Heinrich Kral lui trouva dès midi
plus de 40 degrés de fièvre. Il lui ausculta les poumons
sans rien leur trouver d'inquiétant, et dans la mesure où
son patient avait commencé par lui cacher son « catarrhe
de l'apex pulmonaire », alors à peine guéri, ce diagnostic
parut doublement réjouissant. Il n'est pas exclu que Kafka

ait voulu mettre ce médecin à l'épreuve, mais il se peut également qu'il ait sous-estimé le danger. Car les symptômes de la tuberculose – surtout la gêne respiratoire, les quintes de toux persistantes et les sueurs nocturnes – avaient disparu peu à peu dans le courant de l'été, le professeur Pick lui-même avait trouvé ses poumons en « *très bon* » état, et le jardinage à Turnau avait fait du bien à Kafka. Le pire semblait derrière lui.

Mais dans cette situation critique, une telle annonce ne pouvait tranquilliser personne, et surtout pas sa mère, qui se consuma d'angoisse dès le premier jour et ne cessa d'éclater en sanglots. Par un heureux hasard, Ottla – qui avait déjà fait ses adieux à Zürau – se trouvait à Prague pour quelques semaines en attendant le début de son cursus agricole. Elle fut apparemment la seule à garder la tête froide et à se montrer capable de prendre en main énergiquement les affaires de son frère. Elle informa ses supérieurs, et ce fut sans doute elle qui donna des nouvelles à ses intimes au cours des semaines qui suivirent, Kafka ne pouvant bien entendu recevoir de visite. Il dut aussi renoncer à tenir son crayon. Il était au lit avec « *un peu de fièvre* », écrivit-il à Brod peu après les premiers symptômes ; il faudrait sûrement annuler leur prochain cours d'hébreu[12]. Ce fut sa dernière lettre pendant près d'un mois.

Car alors survint ce que tous redoutaient : l'infection pulmonaire. Si nous en savons peu sur son évolution – personne dans la famille n'eut de motif ni d'occasion de tenir la minute de cette catastrophe –, il est probable que Kafka, comme presque tous les patients dans sa situation, se soit remis à tousser du sang, et cette fois pendant des semaines. Le niveau atteint par la fièvre dut même surprendre son médecin, qui courait d'un malade à l'autre : plus de 41 degrés, raconta ensuite Kafka[13]. Il pénétrait ainsi dans la zone du délire, où une défaillance viscérale le guettait à chaque instant. Brod apprit avec horreur que son ami était un cas « *presque désespéré* » : à l'évidence, un point de crise était atteint, où l'optimisme médical habituellement de mise envers la famille aurait été irresponsable.

De fait, la médecine académique n'était pas seulement désarmée face à la grippe espagnole – dont l'agent, le virus H1N1, ne fut identifié que huit décennies plus tard –, elle n'avait presque rien non plus à opposer à la vague de pneumonies. On administrait surtout des antipyrétiques comme l'aspirine, le pyramidon ou la quinine ; en cas de détresse respiratoire, on injectait du camphre ; et chaque hôpital expérimentait ses remèdes maison (adrénaline, électrargol, néosalvarsan, chlorure de mercure…) sans obtenir de résultat notable. Ce que le Dr Kral inscrivit sur son ordonnance ne dut donc pas changer grand-chose pour son patient. Il est néanmoins évident que la moindre épreuve supplémentaire – comme un transfert dans un hôpital – aurait été fatale à Kafka, et que le seul remède efficace à sa disposition était les soins constants qu'on lui portait chez lui. On l'installa bientôt dans la chambre des parents, beaucoup plus confortable ; le marché noir fournit ce dont le malade avait besoin ; des bonnes sans peur et sans reproche s'occupèrent de sa toilette ; et le médecin rendit son verdict chaque jour. Ce fut le statut social privilégié de sa famille qui lui permit d'en réchapper de peu – et Kafka dut bientôt mesurer avec effroi de quel poste accablant sa dette morale de *fils* s'était une fois de plus alourdie au cours de ce terrible automne 1918. Unique consolation : il n'avait contaminé personne. À bien y regarder, c'était déjà un petit miracle.

La pandémie de grippe espagnole, dont la seconde vague, bien plus forte, reflua au printemps 1919 tout aussi brusquement qu'elle était survenue, est aujourd'hui considérée comme un événement de l'histoire universelle. D'une part à cause du nombre immense de victimes : plus de 20 millions de personnes succombèrent à la maladie. Les populations d'Asie et d'Afrique furent certes les plus lourdement touchées en proportion ; mais aux États-Unis et en Europe aussi, le virus prit l'ampleur d'une catastrophe sociale et démographique.

D'autre part, la grippe était apparue à un *moment historique* important et, dans le dos des contemporains pour ainsi dire, la maladie et la politique développèrent des interactions que nul ne put percevoir faute d'être informé de façon assez fiable. Il paraît aujourd'hui étrange que beaucoup de journaux n'aient évoqué des morts aussi massives qu'à la page trois ; incompréhensible qu'on n'ait pas décrété l'obligation de déclarer les nouveaux cas ; sidérant que le ministre autrichien de la Santé ait pu croire apaiser la population en fournissant trois tonnes d'aspirine[14]. Mais qu'aurait-il pu faire d'autre ? L'épidémie était affreuse, sans doute, mais elle pouvait fort bien s'arrêter la semaine suivante. L'effondrement des fronts militaires, l'épuisement des ressources économiques, les troubles causés par la faim, les risques de guerre civile – tout cela était infiniment plus grave, car imprévisible dans ses conséquences à long terme. D'autant que des mesures sanitaires à grande échelle supposent un monopole incontesté de la violence, ou tout au moins l'autorité intacte des pouvoirs publics. Or, à l'heure même où l'on aurait enfin pu interdire les grands rassemblements pour des motifs *raisonnables*, l'espace public échappait au contrôle de l'État. Les manifestations et les défilés nationaux étaient devenus des *hot spots*, des points chauds où s'écrivait l'histoire – sans masque sur la bouche.

La grippe espagnole fut perçue comme une catastrophe limitée sur l'arrière-plan d'un autre cataclysme beaucoup plus vaste, et devint donc quantité négligeable au premier signe d'amélioration. Endurer la mort des autres sans pouvoir l'empêcher, sans même pouvoir vraiment en prendre la mesure, n'avait plus rien d'exceptionnel. Les gens ne mouraient-ils pas bien plus de la faim que de la grippe ? Les politiques le contestaient vigoureusement, la censure occultait tout chiffre réaliste – et pourtant, c'était vrai. Et quelle différence, si la combativité et la persévérance des soldats étaient minées par la faim, par la grippe ou par les deux ensemble, si les hôpitaux militaires étaient seulement pleins ou s'ils débordaient déjà de façon lamentable ? Les armées des Empires centraux n'étaient pas seulement affaiblies, elles étaient à bout de forces : plus d'armes utilisables, plus de véhicules, plus de carburant, plus de nourriture. Depuis avril déjà, des mutineries éclataient parmi les prisonniers de guerre revenus de détention, qui ne voulaient pas repartir pour les tranchées ; sur le front de l'Ouest, les soldats ne montaient plus à l'assaut. La marine allemande refusait d'obéir aux ordres. Ces mêmes soldats autrichiens, hongrois et tchèques qui avaient enfoncé les lignes italiennes un an plus tôt, lors de la douzième et dernière bataille de l'Isonzo, prenaient par leurs propres moyens le chemin du retour.

Dans ces circonstances, les recoupements de l'épidémie et de la crise pouvaient prendre les formes les plus singulières. La grippe, qui frappait sans distinction, freina pour ainsi dire le cours de l'histoire et devint de la sorte elle-même un agent historique. Martin Buber, par exemple, fut atteint d'une pneumonie au moment même où l'attention de toute la scène sioniste était braquée sur lui, où nombre de ses adeptes s'attendaient à ce qu'il s'empare, sitôt la paix conclue, des problèmes pratiques de la Palestine libérée. Mais Buber, averti par cette expérience et poussé par son médecin, décida de se ménager et de se mettre pour quelque temps en retrait de la vie publique. Son vieil ami Gustav Landauer fut frappé lui aussi : ce pacifiste et socialiste qui espérait l'effondrement du régime de Guillaume II depuis le tout début de la guerre se retrouva cloué au lit aux premiers jours, cruciaux, de ce bouleversement; affligé de douleurs aux articulations, il ne put que se traîner dans les rues disputées de Munich, capitale de la toute nouvelle république de Bavière.

Nombre de ceux qui voulaient vivre cet instant historique, la fin d'un enfer de quatre ans, la chute d'un régime aux mains ensanglantées, l'éclosion d'une nouvelle ère, furent condamnés à demeurer de simples spectateurs. Mais dans l'existence de Kafka, cette tension entre les réalités du corps et celles de l'histoire s'éleva aux dimensions d'un paradoxe quasi insurpassable. Car à l'automne 1918, ce fut au tour de l'Alstädter Ring – ce carré de façades bourgeoises où il connaissait chaque pavé et presque tous les visages des passants – de devenir une scène de la politique mondiale. Et Kafka était aux premières loges. Peut-être se souvint-il de l'été 1914, où il avait braqué son « *mauvais œil* » sur des cortèges de va-t-en-guerre démagogues. Mais cette fois, c'était différent. Pas de cri de triomphe, pas de discours grandiloquents. Sous ses fenêtres, on prit des *décisions*.

Et ce dès le premier jour de sa grippe. Ce matin-là, la famille fut tirée du sommeil par des bruits inaccoutumés, un cliquètement d'armes, des cris, des ordres. Quand ils ouvrirent leurs volets, un spectacle effrayant s'offrit à leurs regards : des compagnies entières en tenues de combat surgissaient de la pénombre des rues adjacentes, barricadaient méthodiquement l'Altstädter Ring. Avec eux, des gendarmes, en nombre inhabituel. En se penchant par les fenêtres tournées vers la Niklasstrasse, on distinguait dans une lumière trouble les silhouettes de soldats qui s'abritaient derrière des mitrailleuses et des caisses de munitions. Les gueules de leurs armes étaient braquées vers le reste de la ville, sur tous ceux qui s'approchaient du Ring. Que s'était-il passé ?

C'était la peur d'une révolution qui avait mis en branle la chaîne de commandement, et cette peur était justifiée. Car le *Národní Výbor*, la « Délégation nationale » qui regroupait l'ensemble des partis tchèques, avait décidé de lancer des manifestations massives dans toute la Bohême le 14 octobre. Ces protestations devaient concerner au premier chef la catastrophe de l'approvisionnement, qu'on imputait à Vienne et au favoritisme notoire dont faisaient l'objet les régions allemandes. Et les deux partis de gauche représentés dans le *Národní Výbor* n'entendaient plus se contenter d'une fronde verbale. Ils prévoyaient une grève générale et engageaient les travailleurs des banlieues de Prague à se rassembler dans le centre. « *À en juger par certains tracts*, avait signalé un informateur du commandement militaire, *l'objectif serait de proclamer l'indépendance de l'État tchèque depuis le balcon de l'hôtel de ville de Prague et des maisons communales des faubourgs*[15]. » C'était de la haute trahison. On avait beau savoir que telle n'était pas (ou pas encore) la ligne officielle de la Délégation nationale : il existait un risque de coup d'État qui, une fois lancé, entraînerait dans son sillage jusqu'aux

Tchèques de la bourgeoisie modérée. On dépêcha en hâte des bataillons de réserve, et alors même que les faubourgs, optimistes, avaient déjà sorti les drapeaux rouges, cet énorme déploiement militaire dispersa sans efforts les groupes de manifestants et de badauds qui s'étaient risqués malgré tout sur la Wenzelsplatz et sur l'Altstädter Ring. La situation fut désamorcée tout aussi vite dans les villes de province. Il n'y a qu'à Strakonitz (Strakonice), en Bohême du Sud, qu'un agent de police auxiliaire du nom de Karl Kraus avait proclamé la République tchécoslovaque – par mégarde, comme il le prétendit le lendemain devant les tribunaux.

Nul doute que Kafka, tant qu'il tint sur ses jambes ce matin-là, suivit les événements de l'Altstädter Ring avec la plus grande attention. Il vit que tous les magasins restaient fermés, et l'on n'entendait pas non plus le bruit familier du tram. Silence menaçant, tout sauf dominical. On s'attendait à des coups de feu, les rumeurs les plus folles circulaient. Mais le soir même, ce cordon fut dispersé tout aussi vite, et derrière les soldats qui partaient s'élevèrent des rires de soulagement. Les Tchèques savaient que ces démonstrations de force austro-hongroises ne dureraient pas, et même le *Prager Tagblatt* put parler le lendemain sans être censuré de la « *liquidation du vieil État* » – qui devait « *avoir lieu dans le calme* », s'il vous plaît[16].

Ce fut chose faite deux semaines plus tard, et il n'y eut pas besoin cette fois de tracts ni de directives politiques. Il suffit d'une étincelle rhétorique, moins encore : d'un infime malentendu, pour mettre un terme définitif à presque quatre siècles de domination habsbourgeoise sur Prague et la Bohême. Entre-temps, l'ultime tentative de l'empereur Charles pour éviter la ruine de l'Autriche-Hongrie avait échoué : son pitoyable manifeste du 16 octobre, où il promettait « *à tous Mes peuples* » l'avènement d'un État national où chaque nationalité jouirait d'une vaste autonomie, rappelait trop les aveux tardifs d'un accusé au désespoir qui espère bénéficier de circonstances atténuantes. Les faits rendaient d'avance caduque l'offre de Charles Ier, et le président américain Wilson, destinataire officiel de cette déclaration, n'avait plus aucun intérêt à prendre langue avec un régime évidemment voué au déclin. Et comme des divisions austro-hongroises entières refusaient d'obéir aux ordres, et que même des soldats stationnés dans la capitale de l'Empire commençaient à se revendiquer de « leurs » États nationaux, Charles n'eut d'autre choix que de proposer aux Alliés des tractations sans condition en vue d'un armistice – sans condition, c'est-à-dire sans se demander si les « frères d'armes » allemands souhaitaient ou non continuer le combat.

Le 28 octobre 1918, aux alentours de 10 h 30, un attroupement se forma à grande vitesse devant la rédaction du *Národní Politika* (« Politique nationale »), le plus considérable des quotidiens tchèques. En cause : une affiche sur laquelle on lisait en grosses lettres rouges un mot unique : *příměří* – armistice. C'était le mot que des millions de gens appelaient de leurs vœux. *Armistice.* La fin du cauchemar. Mais cette nouvelle était-elle fiable ? Pendant vingt minutes, les passants réunis par le hasard discutèrent avec agitation sans quitter l'affiche des yeux. Puis un employé du journal sortit et la recouvrit d'un autre texte, plus long, que les gens du premier rang lurent aussitôt à voix haute. C'était une déclaration du ministère autrichien des Affaires étrangères, le libellé de la « note Andrássy* », adressée la veille au président Wilson via la Suède, pays neutre. Et en effet : il y était question d'armistice et même, en filigrane, du droit des Tchèques à l'autonomie. Il n'en fallut pas plus. Une rumeur énorme s'éleva, des chants retentirent, d'autres gens accoururent de toutes les rues environnantes, et, pour finir, on déploya par les fenêtres de la rédaction un drapeau blanc et rouge préparé de longue date. Sans doute, les plus réfléchis devinèrent que cette exaltation était un peu prématurée ; c'était un malentendu, la guerre continuait, la distinction subtile entre un armistice proposé et un armistice conclu marquait encore la différence entre la vie et la mort pour les soldats du front. Mais à Prague, plus personne n'y songeait. *Kde domov můj ?* demandait la chanson des Tchèques – leur futur hymne national, qui résonnerait maintes et maintes fois en ce jour mémorable. *Où est ma patrie, mon chez-moi ?* Cette question avait enfin trouvé une réponse.

Chez les Kafka – où un individu, de tout autre façon, luttait lui aussi pour son existence –, les événements du jour s'annoncèrent d'abord par un bruit lointain, indistinct. C'était la foule qui gagnait la Wenzelsplatz comme un seul homme. Quelques groupes traversèrent l'Altstädter Ring, des cris se firent entendre : « *Vive Masaryk !* », « *Vive Wilson !* », « *À bas les Habsbourg !* », et – on croyait rêver – à cette masse qui enflait se joignaient des soldats et même des officiers, jetant leur porte-épée sur le pavé, arrachant les rosettes de leur couvre-chef. La digue était rompue, l'armée tchèque fraternisait avec le peuple : pour les Juifs allemands, un moment de danger qu'il valait mieux passer derrière des portes closes. Ils

---

* Du nom de Gyula Andrássy, dit « le Jeune », nommé ministre des Affaires étrangères par Charles Ier quelques jours plus tôt, le 24 octobre.

pouvaient tout au plus envoyer leurs domestiques tchèques sur la Wenzelsplatz, afin d'apprendre si un pogrom menaçait. Mais non, tout se passait presque pacifiquement ; sous les rires et les chants, on démontait les aigles à deux têtes pour les remplacer par des drapeaux tchèques et américains ; des enseignes de magasins allemands étaient arrachées ou repeintes ; on injuriait les officiers récalcitrants, ou on les entraînait dans la danse ; et plus personne ne craignait les mitrailleuses montées en toute hâte devant le Café Rokoko. En l'espace d'une ou deux heures, des milliers de personnes s'assemblèrent sur la place, il ne fallait même plus songer à les chasser. Et la Délégation nationale, presque aussi prise de court que le peuple en liesse, proclama sans heurt l'autonomie de l'État tchécoslovaque.

Ce soir-là, pour la première fois depuis des mois, on alluma tous les becs de gaz, Prague resplendit comme en temps de paix, des cortèges de lampions passèrent de place en place sous la bruine, et la famille Kafka – qui dut sans doute rester des heures à ses fenêtres – observa sur l'Altstädter Ring, comme en accéléré, l'effondrement d'une grande puissance devenue impuissante : l'après-midi encore, des baïonnettes, des coups de clairons, des passants indignés hurlant sur les soldats hongrois et roumains appelés en renfort qui commençaient déjà à hausser les épaules ; ensuite, de lourds trépieds, de gigantesques bobines de films, des cameramen capturant les images du jour, illustrations du futur mythe fondateur tchèque ; enfin ce cri bien connu qui avait si souvent fait sursauter les Pragois pendant quatre ans, et qui annonçait désormais quelque chose de tout autre, quelque chose d'inimaginable : *Édition spéciale !*

Le fait que la révolution du 28 octobre et la naissance de l'État tchécoslovaque se soient produites sans effusion de sang fut un miracle presque dénué de précédent historique, et Prague le dut aux membres dirigeants de la Délégation nationale. Ou plutôt : à ceux de ses membres *présents sur place*. Car les vrais architectes de ce nouvel État, qui avaient déjà imposé la reconnaissance de la nation tchèque sur la scène politique globale, se trouvaient encore en exil – Beneš en Suisse, Masaryk aux États-Unis –, et les moyens de communication étaient alors beaucoup trop lents pour qu'on puisse établir avec eux une liste des procédures administratives les plus urgentes, ou recevoir de leur part des instructions concrètes. Du même coup manquait à Prague une grande figure charismatique capable de prendre la place de l'empereur en cas de crise, une figure d'autorité qui appellerait les vainqueurs du jour à la modération et susciterait un regain de confiance chez tous les autres – surtout les Allemands et les Juifs.

Certes, la chance aussi joua en faveur des Pragois, et une attaque irréfléchie de la foule exaltée aurait facilement pu entraîner un massacre[17]. Mais ce furent surtout les mesures rapides et efficaces des politiciens tchèques, entièrement livrés à eux-mêmes, qui débouchèrent sur cette victoire largement pacifique : en quelques heures, ils prirent possession de la police, des postes, des télégraphes et du gouvernement de la ville, et surent convaincre personnellement les donneurs d'ordres de l'armée habsbourgeoise de se retirer de toutes les places publiques (y compris de l'Altstädter Ring). Pour maintenir l'ordre, on dépêcha des membres de l'organisation nationale tchèque Sokol reconnaissables de loin à leurs chemises rouges ; et là où les esprits s'échauffaient, des orchestres furent chargés d'inviter à la fête pour dissiper toute idée de revanche. En l'espace de seulement vingt-quatre heures, on réussit à constituer des compagnies de volontaires tchèques qui prêtèrent serment à leur nouvel État, et, dès le lendemain, le commandement militaire autrichien basé sur le « Petit Côté » de Prague n'eut plus rien à opposer à ce potentiel de frappe : il fut déposé, et on arrêta les derniers généraux qui se réclamaient encore aveuglément de leur empereur.

Les politiciens tchèques avaient toutefois conscience que la plus grande menace pour la paix civile provenait de *leurs* rangs. Que se passerait-il quand la musique s'arrêterait ? Que faire si les sentiments nationaux si soudainement aiguillonnés se déchaînaient sans frein contre les Allemands et les Juifs ? Cette question leur fut posée de but en blanc par les politiques juifs, qui se démenaient eux aussi fiévreusement pour mobiliser toutes les forces dont ils disposaient. Six jours seulement avant le changement de régime, ils étaient parvenus à fonder un « Conseil national juif », suivant l'exemple des autres nationalités. Ce fut probablement la peur d'un pogrom qui rendit possible cette alliance entre les partisans de l'assimilation, les religieux et les sionistes, jusqu'alors brouillés[18], et ce fut la renommée internationale considérablement accrue de la minorité sioniste (grâce à la déclaration Balfour) qui lui valut le rôle de meneuse – du moins dans l'opinion publique. Max Brod devint l'un des deux vice-présidents élus de ce Conseil national, et la tâche lui revint d'enrôler d'autres associations juives encore hésitantes en Bohême, de négocier avec les dignitaires hostiles des organisations cultuelles, et de prendre la parole à Prague devant les rassemblements juifs les plus massifs que la ville avait jamais vus. Un mémorandum établit les revendications des Juifs envers la future République tchèque, et la présidence du Conseil national le remit en personne aux nouveaux maîtres du pays presque à l'instant où la révolution commença : il demandait la reconnaissance d'une nationalité juive, l'égalité des droits civils et publics, l'autodétermination du culte[19]. Tout cela exposé non pas sur le ton de déférence habituel, mais avec un rappel explicite du fait que les Tchèques agissaient sous le regard du monde. Après tout, le crédit que leur accordait Wilson reposait pour une bonne part sur le présupposé qu'ils traiteraient les minorités nationales de leur pays autrement que les Habsbourg, et cette question était appelée à jouer un rôle déterminant dans le tracé des futures frontières. C'était pour l'heure l'unique atout, certes fort efficace, que pouvaient jouer les Allemands et les Juifs dans leur situation d'infériorité politique.

Pour la première fois de sa vie, Max Brod se retrouva dans une position où il n'y allait plus de « combats spirituels » sans risque ni conséquence, livrés de préférence à une table de café, ni de la défense livresque d'une quelconque « vision du monde », mais de décisions dont dépendait le salut d'un immense collectif. On l'avait bombardé politicien, représentant. Et il entrait là-dedans une logique à laquelle lui-même ne pouvait se fermer. Car, grâce précisément à ses multiples activités de passeur entre les deux cultures, Brod était une figure qui inspirait un certain respect du côté tchèque : il avait pris des auteurs tchèques sous son aile, il avait traduit ou initié des traductions, et il aidait le compositeur Leoš Janáček, alors âgé de 64 ans, à accéder à ce qui deviendrait une gloire internationale – contre la résistance de la critique musicale tchèque[20]. Tout cela lui valait les broncas des chauvinistes allemands, mais faisait de lui un interlocuteur sérieux aux yeux du Conseil national tchèque, y compris parmi des antisémites notoires[21].

Avec des contacts aussi éminents, Brod devint évidemment une source d'information très demandée : sur la situation des Juifs, on pouvait obtenir de lui des renseignements bien plus fiables que dans tous les journaux. Si les sources n'en disent rien, il est très probable que les Kafka eux-mêmes se firent par ce biais un tableau sans fard de la situation – et vu ce qu'on racontait, ils pouvaient s'estimer heureux de s'être débarrassés de leur magasin à temps. Le bruit courait que les Juifs étaient boycottés, que les Allemands, et surtout les Juifs parmi eux, étaient renvoyés de leur poste sous des prétextes cousus de fil blanc, et il arrivait même que des négociants juifs mettent dehors leurs employés, juifs eux aussi, pour ne pas se brouiller avec leurs clients tchèques. L'ancien grossiste en articles de mode dut se réjouir que ce genre d'épreuves lui soient épargnées. Être propriétaire, c'était une sinécure, en comparaison ; personne ne se demandait à qui appartenait un immeuble de rapport.

Affaibli à l'extrême, Kafka n'assimila que peu à peu les changements survenus à Prague, mais ce qu'il vit de sa fenêtre suffit à lui faire comprendre que le monde qu'il avait connu disparaissait irrévocablement. Sombrer dans la fièvre en sujet de la monarchie des Habsbourg et se réveiller citoyen d'une démocratie tchèque : c'était déjà perturbant, presque comique. Mais il y eut d'autres événements encore plus frappants, plus choquants : comme ce jour où certains manifestants tchèques, encore sous le coup de leur ivresse nationaliste, renversèrent sous ses yeux la colonne mariale de l'Altstädter Ring, vieille de plusieurs siècles et haute de 16 mètres, portant une atteinte douloureuse à la topographie de son enfance. En temps normal, il se serait peut-être mêlé à la foule afin de comprendre *pourquoi*. Mais il fallut encore deux semaines pour qu'il se sente assez remis et se risque dehors.

Il prit pied dans un monde qui, ayant mis un terme formel à la guerre, était encore loin d'avoir renoué avec la paix. Dans la rue, les ennemis d'hier : les prisonniers de guerre français, italiens, russes. Les panneaux en allemand, supprimés ; de nouveaux drapeaux à tous les coins de rue. La Franz-Joseph-Bahnhof n'existait plus, elle s'appelait maintenant *Nádraži Wilsonovo* (gare Wilson), la Staatsbahnhof était devenue la *Nádraži Masarykovo* (gare Masaryk), et le Franzenskai avait pris le nom de *Masarykova nábřeži* (quai Masaryk). Il y avait déjà une rue du 28-Octobre. Disparu, le kitsch guerrier qui avait enlaidi les vitrines pendant quatre ans. À la place, on proposait des cartes postales qui caricaturaient les Allemands et les Juifs.

Un monde nouveau, qu'il n'avait pu s'imaginer. Dans combien de lettres, dans combien de ses notes avait-il évoqué un avenir hypothétique d'« *après la guerre* » où il pourrait démissionner, partir, se marier, devenir écrivain. L'heure de la décision était venue, et Kafka n'en fit rien. Il était malade. La tuberculose, guérie en apparence, était revenue à la faveur des assauts de la fièvre, Kafka avait maigri, il toussait et peinait quelquefois à reprendre son souffle. Et s'il ne pouvait savoir que la grippe espagnole lui avait asséné un coup fatal, il sentait nettement les signes d'un déclin physique qui renvoyait une fois encore tous ses projets à des jours plus propices[22].

Du reste, certaines décisions semblaient se prendre d'elles-mêmes. À en croire les rumeurs, l'Office d'assurances, dorénavant placé sous une direction tchèque qui avait aboli l'usage de l'allemand, risquait de toute façon de le mettre dehors – à supposer d'ailleurs que cette administration au bord de la faillite, avec ses 82 millions de couronnes d'emprunts de guerre, eût encore un avenir. Affamée, pâtissant lourdement du blocus commercial qui restait en vigueur, Berlin était certes libérée sur le plan politique, mais les conflits sociaux accumulés s'y dénouaient avec une brutalité glaçante : plus de quoi faire rêver Kafka. Et projeter une vie d'écrivain semblait parfaitement illusoire depuis que Kurt Wolff avait oublié ses promesses. Sans compter que Kafka avait placé dans des emprunts de guerre la plus grande partie de son épargne patiemment constituée : 18 000 couronnes qui devaient lui permettre un jour de tenter le saut vers l'indépendance – et qui étaient sans doute perdues à tout jamais.

« *D'homme des villes que j'étais, je suis devenu l'air de rien, sans le remarquer, au fil des ans, un homme des campagnes ou du moins quelque chose qui s'en rapproche beaucoup*[23] » : il l'avait formulé si prudemment deux ans plus tôt, ç'avait alors été une simple intuition ; mais elle s'était muée en conviction depuis son séjour à Zürau. Il voulait retourner à la campagne, seule cette impulsion était maintenant assez forte pour le pousser à agir. Et il s'avéra une fois de plus que, sorti de la défensive, Kafka était capable de manœuvres qui témoignaient de tout sauf d'une inertie de fonctionnaire. Car s'il se rendit bravement au bureau le 19 novembre – après cinq semaines d'absence, et visiblement en mauvaise forme –, sa première visite ne fut pas pour le directeur Marschner, en vue de parler de ses futures missions et d'un possible congé maladie, mais pour le Dr Kral, dont l'aimable certificat lui permit de s'offrir *lui-même* des vacances. C'est avec joie qu'il aurait continué d'accomplir son devoir, écrivit-il à un Pfohl stupéfait, mais le médecin était contre et, qui plus est, « *la période de transition actuelle* » rendait son « *absence au bureau relativement facile à excuser* » – en d'autres termes : vu la guéguerre de compétences en cours dans cette administration, je ne manquerai à personne. Le chef de service Pfohl, qui avait reçu des perdrix et du gibier de Zürau pendant des mois, n'eut guère d'autre choix que d'avaler cette pilule et, comme Kafka l'en priait, de la faire passer auprès du directeur[24].

Mais où aller? Ottla était déjà partie pour Friedland, à la pointe nord de la Bohême, dans une région que Kafka connaissait bien par ses déplacements professionnels : « *une ville étrangement belle et triste dans mon souvenir*[25] ». Il l'aurait volontiers rejointe pour quelques semaines – mais c'était impossible. Même sa sœur avait ses limites; pour réduire au maximum le temps de sa formation, elle suivait deux cursus d'agriculture en parallèle, et devoir s'occuper de Franz l'aurait surchargée. Surtout, Friedland était située en Bohême allemande, région en plein bouillonnement politique dont la population souhaitait se rallier soit à l'Allemagne, soit à la nouvelle « république d'Autriche allemande », rejetant à grands cris le gouvernement de Prague. Et comme les Tchèques n'avaient pas la moindre intention de renoncer aux frontières « historiques » de la Bohême, il était clair que des conflits éclateraient sous peu – ce n'était pas là qu'un Juif convalescent serait au calme et en sûreté[26].

Ce fut apparemment la mère de Kafka qui suggéra le village de Schelesen (Želízy), à une bonne trentaine de kilomètres au nord de Prague, près de la confluence de l'Elbe et de la Moldau, donc dans une zone contrôlée par les Tchèques. En temps de paix, c'était un saut de puce, beaucoup de Pragois passaient l'été dans cette région boisée, les Kafka eux-mêmes y étaient allés en vacances[27]. Maintenant, se rendre à Schelesen était plus fastidieux ; les trains restaient rares, donc bondés. Mais d'un autre côté, il y avait là-bas une adresse digne de confiance : une certaine mademoiselle Stüdl, Pragoise d'à peu près 40 ans que les Kafka connaissaient en personne, tenait une petite pension qui accueillait presque exclusivement des malades de la tuberculose. Un compromis acceptable, et une bonne occasion de disparaître de Prague sans longues correspondances ni demande de laissez-passer. Kafka fut d'accord, et Julie, encore inquiète pour la vie de son fils, insista pour faire le trajet avec lui. Elle se chargerait d'expliquer à cette mademoiselle Stüdl comment s'occuper de son fils, et elle en profiterait pour lui demander des bulletins de santé discrets et réguliers.

Mais peu avant le départ – rechute, nouvel accès de fièvre pendant plusieurs jours ; Kafka fut incapable de se charger lui-même des derniers préparatifs, et il dut envoyer sa mère à l'Office d'assurances pour expliquer la nouvelle donne à Pfohl. Enfin, le jour du départ fut fixé au 30 novembre. Kafka s'était relevé la veille ; il avait survécu, et il était content de partir. Il n'avait plus le temps de dire au revoir à ses amis, mais il voulait au moins saluer Brod, ce Brod fougueux qui courait de rendez-vous en meeting, qui serrait des centaines de mains, qui écrivait, discourait et écrivait encore et qui, toutes les semaines précédentes, lui était apparu comme un vrai « *garant de la vie*[28] ». Pourtant, ils se ratèrent.

Quelques heures après le départ de Kafka, Max Brod trouva chez lui quelques lignes de son ami revenu des limbes. Ils pourraient enfin, écrivait-il, reprendre leurs exercices d'hébreu, peut-être même par lettre[29]. Réjouissante perspective. Mais pour l'heure, Brod alla se coucher. Il avait de la fièvre. Il avait la grippe espagnole.

LA PARIA

Just when you least expect it
Just when you feel at ease
That's when you get selected
Devo, *Pink Jazz Trancers*

Kafka riait. Il ne pouvait plus s'arrêter de rire. Au bout de quelques semaines, ce rire cessa d'être drôle. C'était troublant, quasi embarrassant. Il n'avait rien contre les enfantillages, mais ce rire-là était chargé d'arrière-pensées, c'était un rire qu'il partageait avec une femme dont il ne savait presque rien, un rire qui ne naissait pas de l'intimité, mais qui prenait sa place de façon oblique. Ce rire n'était pas justifiable.

Il en était déjà à son deuxième séjour à Schelesen. Le premier n'avait duré que trois semaines, Kafka était retourné à Prague dès avant Noël, mais ses perpétuelles quintes de toux et sa température, souvent élevée le soir, avaient déplu au médecin de l'Office. Son congé maladie devait être prolongé, inscrivit celui-ci sur son certificat, et cette fois pour trois mois minimum[1]. Comme l'administration de Kafka (rebaptisée *Úrazová pojišťovna dělnická pro Čechy v Praze*) voulait montrer qu'elle serrait la vis à ses employés, elle fit un peu lanterner Kafka, lui accordant ce nouveau congé par bribes, et chaque fois sous condition. Mais il s'avéra peu à peu qu'on n'avait nullement l'intention de le chasser de son poste. Kafka maîtrisait assez bien le tchèque administratif[2], il s'était toujours tenu à l'écart des brouilles nationalistes, et sa position n'était pas assez exposée pour offrir longtemps une cible digne de ce nom aux chauvinistes tchèques – tout au contraire du domaine de compétences de ses supérieurs allemands, qui se virent reprocher des années d'incurie et de « *copinage* », furent discrédités en public et eurent même à craindre pour leur pension. Comme dans toutes les administrations pragoises où se jouaient à présent des drames similaires, la justice, à l'Office d'assurances, fut expéditive : Eugen Pfohl fut renvoyé et remplacé par un collègue de Kafka plus âgé que lui, Jindřich Valenta (ce qui marqua la fin de la carrière de Pfohl, car il mourut quelques mois plus tard à l'âge de 51 ans), et le directeur Marschner fut démis de ses fonctions et mis de force à la retraite en mars 1919[3]. Ce boulet de canon frôla Kafka de très près, et ce furent probablement ses bons rapports avec Valenta et le nouveau directeur, Bedřich Odstrčil, qui le préservèrent du lynchage réservé aux Allemands pendant cette phase critique[4].

Le 22 janvier 1919, Kafka reprit ses quartiers à la pension Stüdl, sans savoir combien de temps il pourrait y rester. Une seule chose était sûre : il ne serait pas aussi isolé et tranquille que pendant son premier séjour. Une Pragoise de 19 ans prénommée Hermine, timide et atteinte elle aussi d'un « catarrhe de l'apex pulmonaire », s'y était installée ; et même si Kafka prenait ses repas dans sa chambre, la politesse exigeait de faire au moins un brin de conversation pendant leurs séances de chaise longue – sur un balcon couvert, emmitouflés dans des couvertures, avec vue sur les bois et les champs. Quand leurs rares sujets de conversation se furent épuisés, Kafka demanda à Hermine de lui faire réciter le vocabulaire hébreu qu'il potassait chaque jour. Au moins, elle connaissait l'alphabet. Mais Kafka ne lui dit pas pourquoi cette langue lui importait tellement[5].

Environ dix jours plus tard, nouvelle pensionnaire, encore une jeune Pragoise, menue, gracieuse, tuberculeuse aussi, hélas, mais irradiant la vie beaucoup plus que la maladie, et sans affectation. Elle s'appelait Julie, comme la mère de Kafka, et son patronyme, Wohryzek, nom assez répandu à Prague, devait déjà souvent lui être venu aux oreilles. Elle n'avait pas ce masque de coquetterie qu'arboraient sans même y penser les filles de la bourgeoisie. Ce n'était plus une adolescente, mais pas encore une dame, comme Kafka le comprit très vite. Il l'observait en souriant. Ils se mirent à parler, sur le balcon d'abord, à portée d'oreille de Hermine, qui fut légèrement vexée, puis dans la salle à manger exiguë, où Kafka consentit finalement à manger afin de passer plus de temps avec elle. Il avait du mal à la lâcher des yeux. Et quand il la regardait, elle se mettait à rire. Alors il riait lui aussi. Ensemble, ils sortaient piétiner dans la neige le temps de courtes promenades; ils commencèrent à se raconter, tantôt en allemand, tantôt en tchèque, s'interrompant à tout bout de champ pour rire. Et quand ils se croisaient par hasard, ils riaient encore, sans un mot.

« Une figure à la fois ordinaire et étonnante. Pas juive, pas non-juive, et surtout pas non-juive, pas allemande, pas non-allemande, amoureuse du cinéma, des opérettes et des comédies, de la poudre et des voilettes, en possession d'une quantité inépuisable d'expressions de jargon des plus crues qui ne demandent qu'à sortir, très ignorante dans l'ensemble, plus gaie que triste – la voilà à peu près. Si on veut circonscrire exactement son appartenance nationale, il faut dire qu'elle appartient au peuple des demoiselles de comptoir. Avec cela le cœur vaillant, honnête, plein d'abnégation – de si grandes qualités dans une créature qui, au physique, n'est certes pas sans beauté, mais à peu près aussi insignifiante que cette mouche par exemple qui vole vers la lumière de ma lampe[6]. »

Ce réflexe nous est connu, Kafka n'y cède pas pour la première fois : Felice Bauer déjà lui avait évoqué une bonne, comme il l'avait noté sous le coup de la première impression et d'une agitation extrême[7]. Julie Wohryzek, remarque-t-il maintenant – maintenant qu'il veut la décrire –, est une « *créature insignifiante* » en regard des qualités qui sommeillent en elle. Car ces qualités n'ont rien de banal, elles distinguent Julie, font d'elle un individu original et même incomparable. Mais comme femme, lui semble-t-il, elle est interchangeable ; comme femme, elle représente ce que tout le monde désire. Elle est une tentation.

Ce tour de passe-passe défensif était bien connu de Max Brod ; pour lui aussi, les femmes étaient de simples « spécimens » et, pas plus qu'à Kafka, il ne lui serait venu à l'idée de qualifier un homme de « *créature* ». Brod idéalisait le sexe, Kafka le redoutait, mais l'un et l'autre piochaient leurs mots et leurs images dans le même réservoir discursif. Peut-être est-ce pour cela que Max Brod cédait à l'illusion qu'il « connaissait » Kafka : il confondait la connivence et la compréhension. Et ce dut encore être le cas cette fois-ci. « *Les jolies filles ne l'intéressent pas autant que moi* », avait-il noté l'année précédente après une conversation entre amis. Y croyait-il vraiment ?

Nous savons peu de chose sur Julie Wohryzek, à peine davantage sur sa relation avec Kafka, et seuls le fichier de la police et les souvenirs tardifs de quelques-uns de ses parents ont permis de réunir les éléments de sa biographie[8]. Qu'elle n'était pas issue d'une famille prospère ou bourgeoise, Kafka dut le remarquer dès leurs premiers échanges. Poudre et voilettes ou non : quand on avait si vite des mots de « jargon » à la bouche, on ne faisait sûrement pas partie de l'*establishment* juif, qui voyait justement dans l'*oubli* volontaire et total du yiddish le signe d'une assimilation réussie. Julie avait plutôt grandi dans un milieu petit-bourgeois. D'abord épicier à Zájezdec (à l'est de Prague, non loin de Pardubitz), son père Eduard s'était installé en 1888 avec sa femme Mina dans la Josefstadt, l'ancien ghetto de Prague, certainement dans l'espoir de gravir les échelons. Mais contrairement à Hermann Kafka, il n'avait pas su se hisser jusqu'à l'indépendance du commerçant ; d'abord cordonnier, il devint *schammes* (c'est-à-dire clerc de synagogue) dans le faubourg de Königliche Weinberge, poste mal payé qui contraignit sans doute ses quatre enfants, trois filles et un garçon, nés dans les quartiers pauvres, à pourvoir dès leur jeunesse aux besoins de la famille.

Julie en prit sa part. Après la scolarité de base réservée aux jeunes filles, elle travailla comme secrétaire de bureau en bureau, dont pas moins de cinq cabinets d'avocat. Elle quitta son dernier poste en mai 1918, puis continua d'aider de temps à autre au magasin de vêtements de sa sœur cadette Růžena, sans plus être capable des cinquante heures par semaine d'un travail à plein temps. On lui avait diagnostiqué un catarrhe chronique des deux apex pulmonaires, son cas était sérieux, une cure s'imposait. L'entourage de ses frère et sœurs s'étant cotisé, selon toute apparence, Julie, très amaigrie, demanda un passeport pour la Suisse afin de se faire admettre dans un sanatorium à Davos. C'était la guerre, la police habsbourgeoise faisait encore la loi, sa demande fut rejetée. Elle n'eut plus – comme Kafka – qu'à chercher d'autres solutions aux alentours de Prague. Et elle opta pour Schelesen.

Elle réservait toute une série de surprises à son nouvel ami. Il l'avait crue très jeune, mais elle fêta ses 28 ans quelques semaines plus tard. Kafka tâcha de cerner les contours de sa judéité, glissant ici et là le mot « sionisme » dans la conversation – et apprit qu'elle avait voulu, peu de temps auparavant, épouser un sioniste convaincu qui avait fini par mourir à la guerre. Sa sœur aînée Käthe, déjà mariée, prenait part à des événements réservés aux Juifs; sa meilleure amie était même membre des jeunesses juives « Blau-Weiss » et avait déjà vu des conférences de Max Brod. Rien d'étonnant si Julie lut et comprit, mieux que ne le laissaient attendre son air d'ignorance et ses passions de femme, un ouvrage sioniste que Kafka se fit envoyer exprès par Brod. Médusé, Kafka eut quelque peine à expliquer que cette demoiselle de comptoir était peut-être plus intéressante qu'il ne l'avait cru.

Mais Brod ne sut pas l'entière vérité, et les rares allusions qu'il put soutirer à Kafka ne l'auront guère aidé à l'entrevoir. On riait beaucoup à Schelesen, lut-il dans une de ses lettres, « *mais c'est aussi une période difficile. Soit, pour l'instant je la supporte, mais ce n'est pas sans raison que ma santé n'est pas très bonne. Du reste cette période, du moins sous sa forme actuelle, s'achève dans les prochains jours*[9]. » En d'autres termes : Julie pliait bagage, et Kafka allait se retrouver tout seul. Qu'il avait déjà passé à cause d'elle quelques nuits d'insomnie – les premières depuis un an –, il le garda pour lui, et Brod n'aurait sans doute pas cru que c'était un émoi contrarié qui le tenait en éveil.

Kafka était amoureux, et il savait qu'il éveillait de la sympathie, plus que de la sympathie. La tension sexuelle croissante, l'envie de franchir le pas n'effrayaient pas que lui, Julie aussi semblait battre en retraite ; ils commencèrent à s'éviter, arrêtèrent de prendre leurs repas ensemble, se contentèrent de petits mots qu'ils glissaient sous leur porte. Le désir torturait Kafka, c'était comme si une plaie à peine guérie s'était rouverte. Et il devait se demander si tout cela était bien réel : un homme et une femme dans une pension isolée, loin de leur famille et de leurs amis, livrés à eux-mêmes dans le silence et la neige, gravement malades et donc assoiffés de vie – c'était un vieux scénario, de la littérature pour ainsi dire, même si la douleur était vraie. On savait comment finissaient ce genre d'histoires : dans quatre-vingt-dix-neuf pourcents des cas, tout était terminé dès que l'un des deux repartait. Et Kafka était convaincu que c'était la seule issue possible, que cette rencontre devait s'achever comme son joli flirt de Riva. Le plaisir, les cachotteries, l'adieu, le chagrin, les souvenirs douloureux : tout cela valait-il la peine ? Sans oublier les questions pressantes des parents, qui sauraient *aussitôt*. Non, mieux valait résister. Et Kafka tint bon jusqu'au dernier jour. Quand la jeune femme partit, ils se vouvoyaient encore : monsieur le docteur, mademoiselle Wohryzek. Pendant trois semaines, jusqu'à fin mars, il resta seul à Schelesen. Il ne céda pas à l'envie de lui écrire. Il attendit en vain un mot de la ville. Mais de la douleur de ce brusque silence, la conviction émergea peu à peu que ce ne pouvait être la fin. Et la suite lui donna raison.

« Mais quand je suis revenu à Prague, nous avons comme volé dans les bras l'un de l'autre. Il n'y avait rien d'autre à faire, ni pour elle ni pour moi. Mais il est vrai que c'est moi qui ai concrétisé la chose.

S'est alors ensuivie une période relativement calme et heureuse. Puisque ne pas nous voir était au-dessus de nos forces, nous avons cessé d'essayer. [...] On pouvait nous voir au fond des bois, tard le soir dans les rues, ou nous baignant à Černošice, et si l'on nous avait demandé à n'importe quel moment si nous comptions nous marier, nous aurions tous les deux dit : Non. »

Extrait d'une longue lettre, d'un plaidoyer adressé fin 1919 à Käthe, la sœur de Julie – seul document, retrouvé par d'obscurs détours, qui donne un aperçu de cette nouvelle passion de Kafka[10]. Pour le reste, il garda le silence ; il ne raconta que le strict nécessaire à ses parents et même, semble-t-il, à ses amis, et il maintint Julie à l'écart de toutes les relations qui avaient jusqu'alors compté pour lui – à l'exception d'Ottla[11].

Quiconque croisait Kafka à cette époque se trouvait face à un camouflage social difficile à interpréter : toujours obligeant, secourable, n'esquivant pas la moindre sollicitation, mais d'une réserve glaciale sitôt qu'on évoquait ses problèmes personnels ou même son statut d'écrivain. Du reste, il veillait à ce qu'on frappe le moins possible à cette porte. Car Kafka privilégiait de plus en plus visiblement les relations où il pouvait guider, instruire, aider – non pour maintenir les autres dans sa dépendance, et encore moins sous son contrôle, mais avec l'espoir instinctif que donner le rendrait intouchable. En sacrifiant son temps, qui lui était précieux, en donnant des conseils, de l'argent ou des livres, il n'avait pas besoin de se donner lui-même, et cette manœuvre était d'autant plus difficile à cerner que les attentions de Kafka étaient en général *moins* superficielles et plus fiables que ne l'exigeaient les conventions. Ses avis n'étaient pas seulement utiles, mais empreints d'une empathie exceptionnelle. Kafka partait chaque fois de la perspective et des besoins de l'autre, besoins qu'il arrivait à concevoir même quand il s'agissait d'une femme, d'un jeune homme ou de quelqu'un d'issu d'un tout autre contexte social et religieux. Il inspirait ainsi confiance, et on lui confiait bien des choses. On était d'autant plus surpris de voir que Kafka ne se laissait tirer de sa réserve par *personne*.

Ainsi des frères Klaus, deux Pragois. Kafka avait rencontré Victor Klaus, chimiste atteint de tuberculose – et cousin de Felix Weltsch –, pendant ses cours d'hébreu ; à Schelesen, ils se retrouvèrent. Ils furent voisins de chambre pendant quelque temps ; ensemble ils passèrent en revue la vaste bibliothèque de la pension Stüdl ; ensemble, ils lurent Dickens. Mais quand le frère de Victor, Hans, littérateur cultivé et ambitieux de 17 ans, venait lui rendre visite en fin de semaine, on lui recommandait d'éviter toute question touchant la maladie ou même les œuvres de Kafka : restriction difficilement compréhensible pour ce lycéen et futur écrivain qui était habitué à frayer avec ses pairs, qui plaça ses premiers textes quelques mois plus tard et pour qui la littérature était une source d'exaltation inépuisable. Sans doute : même taciturne, Kafka restait une autorité pour ce novice ; à partir de fin 1919, celui-ci vint le voir une dizaine de fois à son bureau de l'Office, lui parlant du groupe littéraire « Protest », qu'il avait cofondé, laissant sur son bureau certaines de ses tentatives littéraires pour recevoir des encouragements. Et Kafka l'écouta, lui donna des conseils, lui offrit des livres, lui transmit des contacts susceptibles de l'aider. Mais la distance entre le mentor et le disciple resta inentamée ; et dès que la conversation se portait sur Kafka lui-même, il se montrait « *fermé comme une montagne*[12] ».

Kafka suivit le même schéma dans sa relation avec Gustav Janouch, encore plus jeune que Hans Klaus, mais tout aussi féru de littérature. Ce fut son père, un collègue de Kafka, qui fit les présentations – dans l'espoir visiblement que l'influence de l'écrivain aiderait ce rêveur de 16 ans à se stabiliser. Car le ménage des Janouch était en mille morceaux ; face aux disputes perpétuelles de ses parents, le jeune homme se réfugiait dans des fantasmes littéraires de toute-puissance et des fanfaronnades bénignes et, au lieu d'aller à l'école, il traînait les cafés et les bibliothèques, déguisé en « artiste », avec un châle coloré et un chapeau à larges bords.

Janouch, qui se faisait appeler « Axel », impressionnait surtout par sa culture – Thackeray, Whitman, Laforgue, Strindberg, il avait tout lu –, était de surcroît bon pianiste et s'essayait à la linogravure. Mais sa soif évidente de reconnaissance, reconnaissance qu'il essayait parfois de s'attirer par une productivité poétique torrentielle, formait un contraste curieux avec son manque de maturité et ses mises en scène pubertaires, qui tapaient même sur les nerfs du patient secrétaire de l'Office d'assurances. « *Il est venu me voir au bureau*, écrivit Kafka par la suite, *pleurant, riant, criant, m'a*

*apporté un tas de livres que je suis censé lire, et puis des pommes et
enfin son amie, une gentille petite, fille de garde-forestier, il vit chez
ses parents en dehors de la ville. Il se dit heureux mais fait parfois
une impression de confusion effrayante, a d'ailleurs mauvaise mine,
veut passer sa maturité puis faire des études de médecine ("parce que
c'est un travail paisible et modeste") ou de droit ("parce que ça mène
à la politique"). Quel diable attise ce feu-là?* » Janouch avait alors
18 ans ; on imagine les scènes qu'il faisait dans le bureau de
Kafka depuis plus de deux années[13].

Malgré tout, même les fameuses *Conversations avec Kafka*
– cet agrégat de fragments de discussions authentiques, à
demi vraies, stylisées ou inventées de toutes pièces que
Janouch publia des décennies plus tard dans deux versions
différentes avec l'aide de Max Brod[14] –, même cet éche-
veau inextricable de vérité et de mensonge porte nettement
la trace des manœuvres défensives qu'utilisait Kafka pour
dérober son existence intime aux regards de ses jeunes amis.
Les propos « rapportés » de Kafka qui esquissent un autoportrait ou peuvent même être lus comme des confidences
– c'est-à-dire les phrases qui débutent par « je » – sont justement les moins crédibles, et ils déforment sa façon de
parler d'une manière parfois absolument grotesque. Dans
ces *Conversations*, le nom d'Ottla n'est pas évoqué une seule
fois, pas plus que celui de Julie Wohryzek, et même Milena
Jesenská ne semble connue de Janouch qu'en sa qualité de
traductrice – à l'évidence, toutes les portes lui restèrent fermées. Et Kafka ne se laissait pas non plus entraîner dans des
discussions sur ses œuvres déjà publiées ; Janouch put tout
au plus lui soutirer des remarques sans suite sur les relations entre la vie et la littérature ; et s'il insistait trop, Kafka
abrégeait la conversation[15].

Il garda toutefois sa sympathie à ce garçon égaré, repro-
duisant à l'évidence le type de comportement qui avait
caractérisé son amitié (elle aussi étonnante) avec Jizchak
Löwy : c'est justement la naïveté avec laquelle Janouch éta-
lait ses problèmes psychiques, se rendant ainsi vulnérable à
l'extrême, qui éveillait en Kafka un instinct de protection et
aussi, semble-t-il, d'identification : « Voilà comment je serais
si j'étais moins calculateur. » On croirait presque que Kafka
voulait régler une dette morale dans ses rapports avec ce
jeune homme fragile. Il aida Janouch à décrocher une première petite publication, excusa ses poses et demanda même
au groupe littéraire de Hans Klaus de se montrer indulgent,
de l'intégrer et de lui offrir ainsi un soutien social et moral.
En vain. Janouch n'écrivit jamais plus que des exercices de
débutant, il alla son chemin et tomba bientôt dans l'oubli[16].

Les témoignages de satisfaction, de réussite, d'assurance
sont d'une rareté frappante dans les écrits personnels de
Kafka : non seulement parce qu'il cherchait un exutoire dans
la plainte écrite et consacrait donc au malheur une quantité
d'encre et de temps largement disproportionnée – comme
presque tous ceux qui tiennent un journal intime –, mais
aussi parce qu'il éprouvait une crainte atavique d'appeler le
bonheur par son nom. Il ne voulait pas « tout gâcher ». Il
redoutait que le constat écrit d'un gain, ou ne serait-ce que
l'expression trop nette de son attente, n'amène fatalement un
retour de bâton. Kafka se comportait comme s'il faisait face à
un mauvais démiurge, aux yeux duquel il valait mieux calfeutrer ses fenêtres. Et maintenant qu'il pouvait se considérer comme un miraculé de la grippe espagnole, il se montrait

encore plus circonspect. Kafka renonçait de plus en plus à fixer par écrit l'essentiel de ce qu'il vivait; il prit l'habitude de parler par allusions, comme s'il craignait d'être écouté par une instance supérieure. Pour finir, il adopta même un système d'abréviations dont le déchiffrement place le lecteur posthume face à d'épineuses décisions.

> « Nouveau journal, à vrai dire uniquement parce que j'ai relu des pages de l'ancien. Diverses raisons et intentions qu'il n'est plus temps de fixer maintenant, à minuit moins le quart. »

> « Allé au Riegenpark. Marché de long en large avec J. près des buissons de jasmin. Menteur et sincère, menteur par les soupirs, sincère par l'attachement, la confiance, l'intimité, l'impression d'être en sûreté. Cœur intranquille. »

> « Toujours la même pensée, le désir, la peur. Mais tout de même plus calme que d'habitude, comme si une grande évolution s'accomplissait dont je sens le frémissement au loin. J'en ai trop dit[17]. »

Rien de plus. Ce sont les seules notes personnelles que nous connaissions pour la période comprise entre le début de 1919 – moment de sa rencontre avec Julie Wohryzek – et le mois de décembre de la même année : maigre épanchement en regard des cascades de mots qui avaient d'emblée submergé sa relation avec Felice Bauer. Mais le mot *intimité* reluit; Kafka, que nous sachions, ne l'a jamais employé avant et n'osera plus jamais l'utiliser à l'avenir; et même le peu qu'il dévoile dans ce face-à-face avec lui-même est « *trop dit* ».

Pourtant, il ne nomme même pas son « *désir* », cette « *pensée* » sans cesse palpitante qui le plonge dans l'angoisse. Quel est l'objet de cette pensée ? Les privautés de Julie ? C'est peu probable : cet amour ne fut jamais platonique, la lettre que Kafka écrivit plus tard à la sœur de Julie révèle assez l'intensité de leur passion. Le fait que Kafka, pour la première fois depuis des années – nous ignorons combien –, ait entretenu une relation de nature sexuelle au-delà d'une nuit dut beaucoup contribuer à dénouer ses douloureuses tensions psychiques et à lui faire envisager l'avenir d'un œil plus serein. À l'exception toutefois d'une question : celle du mariage et de la famille. C'est *cette* pensée qui assaillait perpétuellement Kafka, parce qu'elle réveillait un désir ancien, et une peur plus ancienne encore.

Sur ce problème du mariage, le docteur Kafka et mademoiselle Wohryzek s'étaient accordés dès leur séjour à Schelesen. Tous deux sentaient qu'il y avait lieu de l'aborder, et ils parlèrent aussi franchement qu'ils pouvaient s'y risquer dans le cadre d'une rencontre entre curistes. Julie, qui avait porté du noir comme une veuve après la mort brutale de son fiancé, assura qu'elle ne *comptait* pas se marier et que son désir d'enfants n'était pas assez fort pour ébranler cette décision. Kafka répondit qu'il ne *pouvait* pas se marier et qu'il l'avait assez prouvé en faisant languir une femme pendant cinq ans, en la poussant au mariage et en se fiançant par deux fois avec elle avant d'anéantir tous ses espoirs. Toutefois – là s'arrêtait ce surprenant accord –, il considérait « *le mariage et les enfants comme la plus haute aspiration possible sur terre d'une certaine façon*[18] », et cela n'avait pas changé, même s'il devait admettre qu'il ne s'était pas rapproché le moins du monde de ce but en tant d'années.

Ils auraient pu en rester là. Kafka lui-même parle de l'été 1919 comme d'une période « *relativement calme et heureuse* », pleine d'un « *bonheur relativement paisible* ». Comprendre : relativement à tout ce qu'il avait vécu avec des femmes, y compris les quelques jours miraculeux de Marienbad. Mais l'idée de rester dans cette situation, de camper à deux devant les portes du mariage et de regarder le reste de l'humanité les franchir sans effort devint de plus en plus insoutenable pour Kafka. « *Je ne pouvais pas [...] me contenter de cette vie, ce qu'elle avait de bon n'était qu'une demi-mesure et même ce qu'elle avait de mauvais n'était pas entier.* » Un faux-fuyant, donc, et pas uniquement au sens moral. Car le cadre social et familial où se concrétisait le nouveau bonheur de Kafka se distinguait à peine des limites strictes d'une amourette de lycéen. Julie et lui habitaient chez leurs parents, vivaient sous surveillance, n'avaient pas d'endroit à eux, en étaient réduits à se retrouver dans la nature et (on le suppose) dans des auberges loin à l'écart de la ville. Il ne pouvait présenter Julie aux femmes de ses amis, pas plus qu'à ses collègues ; et quand, se promenant bras dessus bras dessous avec elle, il croisait une de ses connaissances, l'embarras était grand. Même s'il avait été capable – à l'encontre des bonnes mœurs qu'il avait intériorisées comme tous les bourgeois de sa génération – de se convaincre qu'il pouvait vivre en « concubinage » au nez et à la barbe de ses parents et du reste du monde, ce projet se serait sans aucun doute heurté aux proches de Julie. Ceux-ci n'auraient certainement pas laissé leur « demoiselle », si « expérimentée » qu'elle fût, entre les mains d'un fonctionnaire qui se refusait à prendre le moindre engagement.

Situation indigne, trouvait Kafka. Il se remit à parler mariage, mais cette fois sérieusement : il demanda, il insista.

Après tout, les circonstances lui semblaient « *tellement plus favorables qu'avant, et même telles qu'on n'aurait pu en imaginer de plus favorables* ». Car Julie aussi était amoureuse, elle n'exerçait aucune pression sur lui, et elle comprenait visiblement ses complexités, la singulière rigueur de sa morale, sa logique obstinée, tous ces traits non conventionnels qui à la fois enrichissaient et compliquaient sa vie. Kafka, lui, connaissait désormais la « *nature presque enchanteresse* » de Julie, se sentait avec elle dans une proximité et un accord profonds, découvrait une dimension érotique qui lui était toujours restée fermée : une intimité sur laquelle il pouvait compter. Ce serait un « *mariage d'amour, s'enflamma-t-il, mais plus encore un mariage de raison au sens supérieur du terme* ». Julie prit peur. Plus que tout, la perspective d'avoir des enfants, dont Kafka parlait beaucoup, éveillait chez elle une résistance timide ; puis il était un peu troublant de voir ce célibataire endurci qui avait déjà des cheveux blancs rêver de fonder une famille, nombreuse comme de bien entendu. Mais elle ne voulait pas le perdre ; elle finit par céder, et elle se fit bientôt à cette perspective. Ils se fiancèrent en toute discrétion et probablement sans témoins.

« À tous les coups, elle a enfilé un de ces chemisiers seyants, comme une bonne Juive de Prague, et là-dessus, bien entendu, tu as décidé de l'épouser. Et le plus vite possible, dans la semaine, demain, aujourd'hui même. Je ne te comprends pas, tu es un adulte, tu vis à la ville, et tu ne trouves rien de mieux à faire qu'épouser la première qui passe. Il n'y a pas d'autres moyens ? Si ça te fait peur, je t'accompagne[19]. »

La voix de son maître. Ce dont il se souvenait, Kafka le nota plus tard sous forme littéraire, dans une langue châtiée, ramenée à l'essentiel. Il ne pouvait faire plus. Car au moment où les injures de Hermann frappèrent ses tympans, Kafka eut l'impression de vivre un de ces cauchemars horribles qui, avant même leur paroxysme, vous donnent la certitude que *ça ne peut pas être vrai*. Il n'écoutait plus. Son père avait parlé du bordel, de sexe contre rétribution, et ce non pas en tête à tête, la main devant la bouche, d'homme à homme ou de père à fils, non, mais à voix haute, au milieu du paisible salon des Kafka, en présence de sa femme. Kafka leva les yeux et, l'espace d'un instant, il éprouva la honte de sa mère plus que la sienne propre. Julie se leva sans un mot, prit quelque chose sur la table, quitta la pièce.

Une scène fondatrice, Kafka le sut tout de suite. Il eut un *déjà-vu**, le sentiment d'avoir déjà vécu cette même humiliation. Jadis, dans son adolescence, il avait joué les fiers-à-bras et reproché à ses parents de l'avoir exposé à de grands dangers en le laissant dans l'ignorance du sexe ; sur quoi le père lui avait proposé des recettes éprouvées pour « *faire ces choses-là sans risque* ». Certes, Hermann était comme ça ; et à tout prendre, ce jour-là, le jeune fanfaron avait peut-être mérité que le sang lui monte aux oreilles. Mais vingt ans plus tard, le *pater familias* se comportait encore comme s'il avait affaire à un gamin pubère, comme si un bête préservatif suffisait à résoudre les problèmes de son fils. Cette redite avait été « *cruelle* », lui reprocha Kafka. « *Jamais sans doute tu ne m'as humilié aussi profondément par des paroles ni témoigné plus clairement ton mépris*[20]. »

Ce fut le point d'orgue de disputes qui duraient depuis des jours. Hermann Kafka ne se tenait plus depuis qu'il avait entendu parler des fiançailles de son fils, et sa femme, bien que plus accommodante et soucieuse de maintenir au moins une paix de façade, lui donnait raison en tout point. La fille d'une famille totalement démunie, une fille de *schammes* : si ce mariage scandaleux se faisait, vociféra le père, il quitterait le pays. D'autant qu'il passerait pour un menteur auprès de toute la famille. À peine deux ans plus tôt, il avait fallu expliquer pourquoi Franz, après tant d'années, avait fini par envoyer promener sa fameuse, son élégante fiancée berlinoise : « tuberculose », c'était la version officielle. Et maintenant, alors même que monsieur était encore plus mal en point, un nouveau projet de mariage ? Avec quelqu'un de malade ? C'était se couvrir de honte.

Cette confrontation ne peut avoir pris Kafka totalement au dépourvu : cent fois déjà, on lui avait reproché son mode de vie erratique. Puisqu'il était, croyait son père, incapable de choisir en toute conscience, en toute responsabilité une femme de même rang social, le jour viendrait forcément où une femme quelconque *le* choisirait : prophétie dégradante, si bien connue de Kafka qu'il l'avait intériorisée depuis longtemps, en avait même fait un trait constitutif de l'imago paternel.

Le lecteur de Kafka rencontre ici une des anticipations les plus troublantes de l'histoire de la littérature, en même temps qu'un signe net que l'irrespect de ce père ne s'expliquait pas uniquement par une faiblesse de caractère. Il s'agissait en fait d'une manœuvre patriarcale classique qui s'observait autant dans les autres familles : quand on ne pouvait plus éviter que les enfants devenus adultes prennent leurs propres décisions, on pouvait toujours les frapper en un point très sensible, en contestant haut et fort qu'il s'agissait de décisions *libres*. C'était précisément le scénario que

Kafka, avec une précision sidérante, avait décrit sept ans plus tôt dans *Le Verdict*. Là aussi, on voit un vieux commerçant chercher à rabaisser son fils en faisant de sa lubricité le seul motif de son mariage : « *"Parce qu'elle a retroussé ses jupes", commença le père d'une voix fluette, "parce qu'elle a retroussé ses jupes comme ça, cette répugnante petite oie", et pour représenter la chose il retroussait sa chemise si haut qu'on voyait sur sa cuisse la cicatrice de ses années de guerre, "parce qu'elle a retroussé ses jupes comme ça et comme ça et comme ça, tu t'es collé à elle".* » Ces phrases vénéneuses venaient tout juste d'être réimprimées, et Kafka dut y voir un signe[21]. Sans doute, le vrai Hermann était loin de se livrer à de telles obscénités, et il n'aurait certainement pas retroussé sa chemise de nuit devant Kafka. Mais dans cette volonté de soumettre moralement leur fils, le père fictif et le père véritable se ressemblaient. Ils se ressemblaient même *trop*. Car ce qui semble tout à fait convaincant comme expression gestuelle d'une logique relationnelle dans la scène conçue par Kafka, apparaissait dans la réalité de cette année 1919 comme une agression théâtrale, quasi invraisemblable.

Kafka dut s'apercevoir que quelque chose n'allait pas, que la colère de ses parents était sans commune mesure avec leurs objections, somme toute assez pauvres. Quitter le pays parce que votre fils se marie avec une femme pauvre ? À l'heure où tout le monde se réjouissait d'avoir survécu, où les familles s'estimaient heureuses quand leurs fils n'étaient pas morts, blessés ou prisonniers ? Non, Hermann exagérait. Les années de guerre avaient balayé une fois pour toutes l'optimisme des bourgeois juifs qui prétendaient organiser une dynastie sur plusieurs générations ; même les parents de Kafka s'en étaient forcément rendu compte. Tout ce raffut pour une pareille broutille ?

Kafka ne tarderait pas à découvrir la clef de cette énigme, et c'est à un heureux hasard – ainsi qu'à une nouvelle intervention de Max Brod – que la postérité doit de la connaître. Car l'entêtement avec lequel Kafka cachait sa compagne à son cercle d'amis avait aussi éveillé la curiosité et l'inquiétude de Max Brod, qui trouva non moins étrange d'être mis au courant de ce nouveau projet de mariage du jour au lendemain, mi-septembre, alors que tout était déjà conclu, et sans que Kafka lui ait demandé conseil. Quelques jours plus tard, Brod croisa une de ses anciennes amantes, qui s'avéra connaître les Wohryzek. Son récit fut accablant : « *St. dénigre les W.*, nota Brod, *toutes des putains – [...]. Comment lui dire? – Peut-être que ses parents le savent*[22] ? »

Nous pouvons allègrement écarter ce « *peut-être* ». Quand ils ne savaient rien de leurs origines, les Kafka traitaient les partenaires potentiels de leurs enfants comme de possibles associés, ni plus ni moins, et il était on ne peut plus simple d'obtenir un « dossier » par le biais d'une quelconque officine de détectives. Dans le cas de la famille Bauer, quelques années plus tôt, les Kafka avaient demandé son avis à leur fils au prix de semaines de discussions ; cette fois, il n'avait *pas* fait cette erreur, l'enquête sur les Wohryzek eut lieu à son insu. Et ils n'osèrent même pas lui présenter le résultat – peut-être par lâcheté, peut-être parce qu'ils savaient que Franz réagirait au mieux par une bravade.

Kafka découvrit après coup que sa dispute humiliante avec ses parents ne concernait pas tant la pauvreté de sa fiancée que la prétendue licence de ses mœurs sexuelles – rien d'étonnant si le père s'était imaginé tout de suite que son faiblard de fils avait été séduit. Un autre indice tend à le confirmer. Lorsque Kafka, de retour à Schelesen pour un troisième séjour, dut décider s'il supporterait d'accueillir Oskar Baum pendant plusieurs jours, son principal contre-argument fut le suivant : « *Il m'apporterait un "dossier" abominable dont Max m'a déjà un peu parlé.* » Et même s'il faisait taire toutes ses autres hésitations : « *Le dossier, il l'apportera de toute façon[23].* »

L'arrière-plan reste dans l'ombre, mais deux conclusions s'imposent. La première : Brod avait déjà lu ce dossier, Kafka pas encore – il s'agissait donc d'un document assez récent. La seconde : il n'y avait rien à faire pour empêcher qu'Oskar Baum, qui ne s'était jamais mêlé des histoires de famille de Kafka, lui apporte sous forme écrite ces nouvelles tout sauf réjouissantes. Autrement dit : le dossier était *destiné* à Kafka. Même en l'absence d'autres détails et du « *dossier* » lui-même, seuls deux scénarios semblent plausibles. Ou bien Julie Kafka alla demander au couple Baum de remettre ces informations à Franz et de le détourner amicalement de ses projets de mariage – manœuvre dont elle était capable. Ou bien Max Brod avait révélé la mauvaise réputation des Wohryzek à son ami (« *Comment lui dire?* ») et le pressait maintenant de se renseigner lui-même – ou via une personne de confiance – pour ne pas être en reste vis-à-vis de ses parents. Cela aurait eu lieu par l'intermédiaire des Baum, avec l'accord de Kafka. Et un quelconque fouineur professionnel aurait conclu que les sœurs Wohryzek et leur famille étaient des parias.

Kafka trouvait toutefois insupportable la simple idée de lire les rumeurs colportées sur la vie de « putain » qu'était censée mener Julie. Il n'en avait pas besoin, il se fiait à son intuition; sa longue lettre à sa belle-sœur potentielle, Käthe Nettel, elle aussi frappée par cette calomnie, est empreinte de respect, dénuée de la moindre trace de condescendance.

Quant à Julie, elle avait gardé ses distances lors de leur rencontre à Schelesen, et elle lui témoignait depuis un tendre dévouement qui excluait tout soupçon de mensonge et d'infidélité. Et quand bien même il aurait eu des doutes : Kafka était préservé des tourments de la jalousie – à plus forte raison envers le prétendu « passé » de sa bien-aimée – par la certitude écrasante qu'il ne méritait pas un bonheur durable, qu'il en jouissait au mieux par grâce, « malgré tout ». D'autres pouvaient « posséder » une femme, lui jamais : Kafka utilisait comme tout le monde cette expression de l'époque, mais le sentiment correspondant lui demeurait inaccessible.

Une fois de plus, Hermann Kafka fut rappelé au fait que son fils était un juriste, parfaitement capable de riposter au bon moment dans une joute verbale. *Alors vas-y, interdis-moi de me marier*, répliqua-t-il avec sang-froid à son père. En plein dans le mille. Car le paternel n'oserait pas proférer une vraie malédiction, on pouvait en être sûr; il craignait d'endosser une telle responsabilité, de faire imploser la famille une fois pour toutes, qui plus est sous les yeux de sa femme, instance suprême dans les affaires du cœur. « *Fais ce que tu veux*, répondait-il en pareil cas, *tu es libre, je ne dis pas le contraire; tu es majeur; je n'ai pas de conseils à te donner* » : les vieilles formules toujours les mêmes, qui ne visaient qu'à déguiser son impuissance[24]. De fait, Hermann battit en retraite cette fois encore, il cessa d'opposer une résistance active, et la famille évita bientôt le sujet. Toutes les décisions qui suivirent furent prises hors de chez les Kafka.

Certains indices laissent à penser que les Wohryzek aussi avaient certaines réserves, tout en se gardant de les exprimer devant Kafka. À coup sûr, ils se réjouissaient de voir Julie épouser un fonctionnaire juif doté d'une bonne situation, qui plus est un écrivain dont la culture colorerait le quotidien – un homme extrêmement obligeant, bien fait de sa personne, rieur. Mais d'un autre côté, ce fonctionnaire était malade, ses perpétuelles quintes de toux étaient de mauvais augure, une légère fièvre l'empêchait régulièrement de se rendre au travail, et tout portait à croire que seules des cures longues et coûteuses pourraient vraiment le soigner. Il y avait mieux pour fonder une famille.

Bien entendu, Kafka lui-même savait depuis longtemps que le médecin aurait son mot à dire. En septembre, il retourna voir le professeur Pick pour un examen intégral, et le résultat fut mitigé : rien n'empêchait un mariage sur le plan physique, concéda le pneumologue, mais il faudrait que Kafka reprenne enfin du poids. Un « régime hypercalorique », donc : cette seule expression lui inspirait du dégoût, et il confia à Brod qu'il était incapable d'avaler les quantités prescrites. Mais il refusait d'abandonner le plan qu'il avait imposé de haute lutte chez lui, et, pendant un temps, il fut suffisamment distrait de ses doutes et de ses peurs par des difficultés pratiques.

Plus que tout, la pénurie de logements à Prague constituait un sérieux obstacle. On n'avait presque rien construit pendant la guerre, beaucoup d'appartements étaient dans un état sordide, et le prix des logements acceptables s'en ressentait. Kafka avait sous les yeux l'exemple proprement tragique d'un de ses collègues, le père de Gustav Janouch, qui continuait de partager non seulement un appartement, mais même la chambre à coucher avec son ex-épouse malgré leur divorce : ni l'un ni l'autre ne savaient où aller et, dans cette cage conjugale, la présence du garçon leur pesait plus qu'elle ne détendait l'atmosphère. Kafka, qui n'avait encore jamais connu de gêne financière, fit à son tour la douloureuse découverte que l'objet de ses vœux était inaccessible : même le traitement d'un fonctionnaire de grade moyen ne suffisait plus à payer un appartement tant soit peu confortable dans le centre-ville. Les parts qu'il avait acquises dans une coopérative de construction avant la guerre ne valaient plus rien depuis longtemps, et, après leur dernier accrochage, il était absolument exclu de demander à ses parents une de leurs locations de la Bilekgasse. Après des semaines de recherche, Julie finit par dénicher une offre dans le quartier récent de Wrschowitz (Vršovice), près de sa famille, mais à beaucoup de stations de tramway du centre. Ce n'était vraiment pas l'appartement de leur rêve : un meublé d'une pièce aux cloisons minces, qui engloutirait presque la moitié du traitement annuel de Kafka – encore une solution provisoire, donc, mais aussi une aubaine. Kafka fut d'accord. Et il annonça son mariage au bureau d'état-civil pour un des dimanches suivants – fin octobre 1919.

Un pas infime le séparait du mariage, il n'était plus qu'à quelques petits jours de ce premier réveil aux côtés d'une femme, d'une compagne, objet de ses fantasmes depuis tant et tant d'années. Jours étranges, vertigineux – Kafka dira ensuite qu'il les a passés dans un « *aveuglement* » total[25], et l'abondance des démarches et des formalités contribuèrent à accélérer le temps et à faire taire le chœur de ses voix intérieures. Deux jours encore. C'est alors qu'ils apprirent que l'appartement, qu'on leur avait pourtant promis, était donné à d'autres.

« Mais l'obstacle essentiel, indépendant hélas de chaque cas particulier, a été mon évidente inaptitude mentale à me marier. Elle se manifeste en ceci que, dès l'instant où je décide de me marier, je ne dors plus, la tête me brûle nuit et jour, ce n'est plus une vie, je vacille désespérément. Ce ne sont pas vraiment des inquiétudes qui sont en cause, ma lourdeur et ma mesquinerie font certes que des inquiétudes innombrables y contribuent [...] mais le coup décisif vient d'autre chose. C'est le poids général de la peur, de la faiblesse, d'un manque d'estime de soi[26]. »

Le mariage était annulé, reporté, remis à un avenir incertain. Kafka, qui avait poussé Julie à prendre cette grande décision, dut lui avouer qu'il avait présumé de ses forces. Nous ignorons si elle accueillit cette nouvelle avec tristesse ou avec soulagement – mais sa sœur Käthe, aussitôt mise dans la confidence, lui conseilla logiquement de rompre avec Kafka. Tout portait à croire qu'un homme qui se laissait démonter aussi vite n'était pas réellement sérieux.

Si, il l'était, répondit Kafka – qui n'avait pas l'intention de se dérober aussi muettement que cinq ans plus tôt, à Berlin, face au nouveau tribunal féminin qui s'érigeait devant lui. Il n'avait *pas* menti, assura-t-il, sa décision avait été sincère. Ce qui était pour Julie une simple calamité d'ordre pratique, la perte de ce logement qu'ils avaient cru à eux, avait été pour lui « *le point de bascule, ensuite c'est devenu intenable, le délai qui m'était accordé pour cette fois avait expiré, ce qui m'avait jusqu'alors mis en garde de loin me tonnait désormais vraiment jour et nuit aux oreilles* ». Et pour faire comprendre à cette inconnue dangereusement influente à quoi pouvait ressembler un tel orage, il lui restitua un des innombrables sermons que son cerveau au supplice s'adressait à lui-même, un discours intérieur concis, la quintessence de l'angoisse.

« Toi qui dois lutter sans arrêt pour ton existence intérieure, de toutes tes forces et elles ne suffisent même pas, tu voudrais fonder ton foyer, acte peut-être le plus nécessaire, et assurément le plus positif et le plus audacieux qui soit? Avec quel excédent de forces comptes-tu le faire? Toi qui portes tout juste d'instant en instant la responsabilité de toi-même, tu veux porter en plus la responsabilité d'une famille? Avec quelles forces vas-tu t'y prendre? Et tu veux autant d'enfants qu'il t'en sera donné, car si tu te maries, c'est pour devenir meilleur que tu n'es, et tu frémis à l'idée de la moindre limitation du nombre d'enfants dans le mariage. Mais tu n'es pas un paysan dont la terre nourrit les enfants et, pour descendre tout en bas, pas même un commerçant, je veux dire par ta complexion intérieure, tu es un fonctionnaire (classe-rebut des travailleurs européens), qui plus est un fonctionnaire hypernerveux, profondément livré à tous les périls de la littérature, poitrinaire, qui se défile tant bien que mal face à son petit travail d'écriture au bureau. Et c'est avec ces conditions de départ que tu veux te marier (en admettant que ce mariage soit nécessaire)? Et tu as encore l'audace, avec de pareilles intentions, de demander à dormir la nuit et à ne pas passer les lendemains à courir en tous sens à demi fou de douleur comme quelqu'un qui brûle vif? Et c'est avec cette offrande nuptiale que tu veux rendre heureuse une jeune femme qui néglige son propre intérêt, te fait confiance et s'abandonne à toi de façon incompréhensible[27]? »

Il est douteux que les sœurs Wohryzek aient pu le suivre dans cette logique. C'est la même pensée, à la fois symbolique et fataliste dans ses conséquences pratiques, qui marquait déjà le rapport de Kafka à sa maladie : si la tuberculose a une signification existentielle, alors elle ne peut pas *vraiment* guérir. De même, si le célibataire passe le « *délai* » qui lui est accordé, s'il n'écoute pas les « mises en garde » qui lui parviennent de loin, il provoque un effondrement général qui entraîne fatalement sa future épouse dans sa chute. Car, même marié, Kafka ne serait pas un époux au *vrai* sens de ce terme : son aspiration et son inaptitude à réaliser l'idéal sublime d'un mariage authentique subsisteraient, intactes. Or, pour s'en justifier, Kafka doit recourir à des hyperboles qui minent la crédibilité de ses explications. Les Wohryzek savent bien que Kafka, loin de se « défiler » face à ses travaux d'écriture, est un fonctionnaire accompli, hautement respecté, et justement promis à une nouvelle promotion fin 1919. Tout cela ressemble à des faux-fuyants, comme ces prétendus « *périls de la littérature* » que Kafka ne précise pas et dont personne n'a rien remarqué au cours des mois précédents. Enfin, ce qui ne s'accorde pas non plus à ce tribunal intérieur, c'est le désir pressant qu'a Kafka de poursuivre sa relation avec Julie. Il demande à Käthe de ne pas en empêcher sa sœur, affirme même que Julie continue de faire partie de son « *seul avenir imaginable* », et ce « *inconditionnellement* ». Mais que s'imagine ce bonhomme ?

La réponse reste obscure, et nous ignorons si Kafka espérait véritablement qu'un mariage soit possible en d'autres temps ou en un autre lieu. Julie, elle, s'abandonna de nouveau à ses sentiments, et elle ne s'effraya pas non plus de l'humeur toujours plus sombre de Kafka. À quoi bon toute cette morale ? Qui parlait de défaite ? Ils avaient passé un bel été, mariage ou non, et un autre été suivrait. Julie s'était déjà remise de la mort bien réelle de son amant ; Kafka, lui, vivait, et ils étaient ensemble.

Les rares notes de Max Brod que nous connaissions pour cette période recèlent un autre petit secret. Elles révèlent que Kafka, l'écrivain qui n'écrivait pas, était bel et bien exposé à certains « *périls de la littérature* », quoique tout autrement qu'il ne le laissât entendre dans sa lettre aux deux sœurs Wohryzek – à savoir en tant que lecteur. Il avait dévoré avec ébahissement le chef-d'œuvre tout juste paru de Knut Hamsun, *L'Éveil de la glèbe*, saga paysanne d'une intensité époustouflante où il croyait même se reconnaître : dans le personnage d'Eleseus, fils aîné du majestueux fermier Isak, garçon en proie au doute qui, physiquement et moralement incapable d'assumer l'héritage de son père, préfère vivre en ville aux crochets de sa famille et finit par émigrer en Amérique. Un personnage aliéné à ses propres origines, un raté selon l'échelle de valeurs de sa communauté et, finalement, selon la sienne propre. Aliment tout trouvé pour le mythe personnel de Kafka ; dans son journal, il utilise le nom d'Eleseus comme une abréviation pour se qualifier lui-même. Mais pourquoi les gens se fourvoient-ils dans ce roman ? Pourquoi sont-ils si faillibles, pourquoi ne peuvent-ils pas se contenter de choses simples ? Kafka y voyait très clair et, laconique, il l'expliqua à son ami : « *Les femmes gâchent tout.* »

HERMANN KAFKA, POSTE RESTANTE

Ce qui afflige, ce sont les possibilités perdues.
Être sûr d'une impossibilité est un gain.
Karl Kraus, *Dits et contredits*

Olga Stüdl était ravie. Un de ses clients revenait, quelqu'un dont elle connaissait les parents à Prague, un homme humble, poli, plein d'humour, plus jeune qu'elle de quelques années et qui avait déjà passé quelques mois dans sa pension l'hiver précédent. Une familiarité s'était d'ailleurs nouée entre eux : elle lui avait raconté sa solitude après l'échec de ses fiançailles, il lui avait fait la lecture ; un jour, il lui avait même confié une liasse d'épreuves, un petit livre de lui à paraître bientôt sur lequel il voulait son avis. Il avait aussi passé beaucoup de temps avec une autre pensionnaire, une jeune femme, également malade, et mademoiselle Stüdl les avait vus se rapprocher. Le seul problème, c'était que son pensionnaire ne s'était pas vraiment reposé. Il s'était plaint de maux de tête et d'insomnie et, à son retour, il toussait davantage qu'un an auparavant. Ça n'avait rien d'extraordinaire, du reste ; on toussait beaucoup, à la pension Stüdl[1].

Cette fois, Kafka avait réservé pour deux semaines, temps bien trop court pour une cure. Il venait dans un autre but, annonça-t-il bientôt à mademoiselle Stüdl, et il était accompagné d'un ami prestigieux. Max Brod voulait en effet profiter de l'occasion pour se reposer un peu et discuter enfin tout à loisir avec Kafka, qui était resté invisible pendant longtemps et qui, cette année-là, avait passé les beaux jours en compagnie d'une femme. Brod était à bout de forces ; comparées aux affaires courantes du sionisme, aux conflits avec des politiciens tchèques, aux débats stériles, à tous les déplacements, conférences et discours de campagne qu'il avait derrière lui et à tous ceux qui l'attendaient encore, la présence calme et intense de Kafka et les promenades au milieu des forêts saupoudrées de neige lui firent l'effet d'une vraie cure de jouvence. Il n'avait pas été loin de devenir politicien professionnel : sur la « liste des candidats de la judéité consciente » qui avait concouru aux élections municipales de Prague le 15 juin 1919, son nom avait figuré à la cinquième place, et seuls les trois premiers avaient été élus. Il ne devait pas le regretter beaucoup. Le privilège d'être reçu de temps à autre dans le bureau du président Masaryk, cet humaniste cultivé, et d'accueillir chez soi les émissaires d'autres pays, dédommageait à peine des injures publiques que les politiques juifs essuyaient régulièrement[2].

Brod ne put rester que quelques jours, après quoi il laissa Kafka tout seul à Schelesen. « *Ç'a été tellement merveilleux (pour moi) de passer du temps avec toi* », lui écrivit-il ensuite. Cette parenthèse l'indique : il savait que son ami avait d'autres besoins. « *Dans la mesure où on ne me sollicite pas, je vais relativement bien*, fit en effet savoir Kafka à Ottla, *même si Max a été là jusqu'à maintenant*[3]. » Et voilà qu'Oskar Baum menaçait de venir à son tour. C'était déjà trop de sollicitations. Car Kafka était requis par un projet qui exigerait toute sa concentration dans le peu de temps de solitude qui lui restait.

Plusieurs fois déjà, il avait tenté de passer par l'écrit pour trouver un terrain d'entente avec son père, qui balayait toute critique dans la conversation. Si nous ignorons le nombre exact de ces tentatives, les sources attestent que Kafka avait envoyé à son père depuis Zürau au moins deux lettres qui avaient semé la zizanie pendant des jours, plus une troisième que sa mère avait refusé de transmettre. S'est conservé en outre un fragment daté de début 1918, brouillon d'une missive qui aurait dû trouver Hermann Kafka à la station thermale de Franzensbad. Cette tentative faisait suite à de nouveaux reproches selon lesquels Franz montrait une totale indifférence aux affaires de la famille, et surtout aux questions d'argent – point sensible de Kafka depuis la débâcle de la fabrique d'amiante. Il s'était logiquement mis sur la défensive : « *Je commence donc cette lettre sans aucune confiance en moi et uniquement dans l'espoir, père, que tu m'aimes encore malgré tout et que tu liras mieux que je n'écris*[4]. » Mais Kafka perdit vite le goût de pareils gages de soumission – ils amèneraient dans le meilleur des cas une réconciliation de façade, et ça n'en valait pas la peine. Après ce qui s'était passé dans la famille cette année-là, et en particulier après les sorties méprisantes du père contre son projet de mariage, une telle lettre devait avoir une tout autre allure, elle devait, plus que tout, susciter de la *clarté*, clarté qui jetterait les fondations d'une coexistence plus humaine. Sur ce point, Kafka agissait en accord avec Ottla, la seule qu'il informa de ce nouveau projet. Revenue vivre une nouvelle fois chez ses parents, elle avait quelques raisons d'anticiper, le souffle court, mais aussi avec quelque espoir, le duel qui s'annonçait entre son frère et son père.

La situation d'Ottla s'était de nouveau aggravée fin 1918, et la faute en revenait à son ami Josef David. Sans s'annoncer, et apparemment contre la volonté d'Ottla, il était venu se présenter aux Kafka consternés comme leur futur gendre. On l'invita à entrer, on le scruta attentivement – en présence de Franz, mis dans le secret depuis longtemps – et Ottla, bloquée à Friedland, n'eut plus qu'à attendre le résultat de cette confrontation. Ses parents savaient depuis longtemps qu'elle refusait d'être mise aux enchères sur le marché des marieurs, contrairement à ses sœurs aînées. Elle voulait faire son choix elle-même. Mais que ce choix tomberait sur *ce prétendant-là*, c'était une surprise à laquelle nul n'était préparé.

Josef David, 27 ans, était issu d'une famille catholique – son père était sacristain à la cathédrale Saint-Guy –, n'avait aucun héritage en vue et se définissait comme un national-démocrate tchèque : trois qualités qui lui auraient sûrement fermé la porte des Kafka à peine quelques années plus tôt. Mais depuis la naissance euphorique de l'État tchèque quelques semaines auparavant, l'équilibre social s'était modifié : les jeunes Tchèques ambitieux qui revenaient sains et saufs de la guerre, comme David, pouvaient à bon droit se considérer comme des vainqueurs, tandis que la bourgeoisie juive-allemande, dont la prospérité passait tout à coup pour un vice, se retrouvait sur la défensive. Ottla savait très bien que la rencontre entre son ami et ses parents recelait un potentiel explosif non seulement sur le plan personnel, mais aussi, tacitement, d'un point de vue social. Josef David n'était en rien immunisé contre la montée d'antisémitisme alors en cours, et Ottla avait déjà dû le rappeler à l'ordre : elle ne voulait pas, lui avait-elle écrit avec une clarté inhabituelle, qu'il peste contre les Juifs de façon générale et se contente de faire une exception pour elle[5].

La première visite de David se déroula pourtant « *de façon merveilleusement simple et naturelle*, affirma Kafka à sa sœur alarmée, *aucun poids ne semblait peser sur les cœurs[6]* ». Il exagérait, comme souvent. Si les Kafka se donnaient toutes les peines du monde pour ne témoigner aucun mépris social à ce téméraire prétendant (qui n'était pas vraiment venu demander leur « bénédiction »), il y avait à cela des raisons que Franz connaissait aussi bien que sa sœur. Des semaines plus tard, les parents furent bien contrariés que David les surprenne au moment de déguster une oie qu'ils ne pouvaient avoir trouvée nulle part ailleurs que chez un contrebandier juif en ces temps de disette. On respira lorsque David accepta de se joindre au repas.

Cela étant, une fois passée la première gêne, il s'avéra qu'on n'avait pas grand-chose à reprocher *personnellement* à ce jeune Tchèque : ambitieux, avide de se former, il avait décroché un poste dans une caisse d'épargne, suivait en parallèle un cursus de droit qu'il se payait lui-même et passerait sa thèse sous peu. Il jouait du piano, savait le français et mieux encore l'anglais – il avait incité Ottla à apprendre cette langue quelques années plus tôt – et quand il ne parlait pas de sa carrière ou de son séjour en Angleterre, c'était pour discuter football ou collection de timbres. Ce bonhomme savait ce qu'il voulait, et même le vieux Kafka reconnut qu'on pouvait causer avec lui. En tchèque uniquement, il est vrai. Car David répugnait à passer d'une langue à l'autre avec la même simplicité que les Kafka[7], il refusait même purement et simplement de parler l'allemand, alors qu'il le maîtrisait bien. Quand ils l'interrogeaient en allemand, il répondait dans un tchèque châtié – l'évidence même pour tout bon citoyen de la nouvelle république. Si les Kafka n'osèrent pas objecter frontalement, ils demandèrent à Ottla de lui faire renoncer à cet entêtement pénible et fort peu convivial. Mais le jour où David fit savoir qu'il lisait le *Národní listy*, un bulletin officiel à tendance patriotique – alors que, chez les Kafka, c'était encore le *Prager Tagblatt* qui traînait sur la table du salon –, ils durent comprendre qu'il fallait ou bien s'accommoder de cet individu, ou bien le mettre à la porte.

> « Il nous a fait une excellente impression, mais je ne te cache pas qu'il nous a paru très différent et qu'il faut s'habituer à lui. C'est assurément quelqu'un de très bien & de très intelligent, mais ton père a quelques réserves, d'abord son petit salaire, ensuite sa religion. Enfin, espérons que tout ira pour le mieux[8]. »

Là, Ottla ne pouvait pas grand-chose pour ses parents : son amant n'était pas du sérail, et toute son ambition et son charme ne suffiraient jamais à compenser. Toujours est-il qu'elle n'avait pas reçu de Prague les lourds reproches qu'elle attendait, mais seulement des réserves pour ainsi dire routinières, inévitables dans le cas d'un tel choc des cultures. Pas de quoi s'inquiéter. Quand le père avait des réticences et la mère de la sympathie, c'était le plus souvent la mère qui l'emportait. Dont acte. Les Kafka rencontrèrent les David ; les parents et la sœur de Josef furent introduits chez les Kafka ; une bonne vieille partie de cartes assura le rapprochement, et le gendre potentiel subit un ultime test qui scella cette nouvelle alliance : on le présenta à l'avocat Robert Kafka, originaire de Kolin, et à sa femme Elsa, deux parents avertis qui occupaient une place de choix dans le clan du fait de leurs multiples relations avec le monde de la culture et de la politique. Leur avis fut unanime : David était doué et irait loin, assurèrent-ils – il y avait même longtemps que personne ne leur avait tant plu[9]. Il n'en fallut pas davantage. Quelques jours plus tard, le Dr Josef David s'appelait soudain « Pepa » et même « Pepíček »; pour sa fête, il reçut des Kafka six paires de chaussettes brodées à son nom; et Julie, s'il vous plaît, l'invita à ne plus l'appeler *milostivá paní* (chère madame), mais *maminka* (maman). Affaire conclue[10].

Pourquoi plus d'une année passa ensuite avant le mariage, on ne peut que le supposer. Ce qui est certain, c'est que 1919 amena de nouvelles grandes disputes entre Ottla et ses parents, qui se liguèrent visiblement avec « Pepa » contre leur propre fille. Ils étaient contents de voir cette petite insolente en laisse. Mais contrairement à ce que ses proches attendaient d'elle, Ottla n'avait pas l'intention de se consacrer tout entière aux préparatifs de son mariage avec David, homme dominateur, ambitieux à l'extrême et parfois colérique. Il montrait de toute façon si peu de respect pour ses centres d'intérêt, restait si souvent tard à son bureau (chose qu'elle jugeait « *contre-nature* »), passait tellement de temps avec ses camarades tchèques du Sokol – elle en venait à penser qu'il n'avait pas du tout besoin d'elle, qu'il se portait même mieux sans son amante juive[11].

Après avoir réussi en mars ses examens à l'école d'agriculture, Ottla revint chez ses parents à Prague, mais seulement dans l'idée de chercher un poste assorti à ses compétences, comme gestionnaire d'un domaine, d'une jardinerie, ou autre. Pourtant, malgré des mois d'efforts, tous ces projets échouèrent, et la déception d'Ottla ramena une fois de plus ses pensées vers la Palestine, où l'on avait grand besoin de femmes dotées de ses talents. Quelques-unes de ses amies du « Club des femmes et des filles juives » s'apprêtaient sérieusement à émigrer – l'ambiance de plus en plus hostile à Prague leur facilitait le départ –, et la perspective de dire adieu à ces heureuses mortelles tout en restant elle-même coincée à Prague, sans emploi, dans le rôle de la fiancée, dut être dure à supporter. Mais à qui demander conseil? Qui pouvait lui offrir le soutien nécessaire à une décision aussi grave? L'appel de la campagne, et plus encore les idées du sionisme, restaient parfaitement étrangers à son fiancé, qui ne voulait rien savoir. Avec ses parents, impossible d'évoquer des projets impliquant une rupture. Irma Kafka, sa cousine, la seule à qui Ottla pouvait *tout* dire, mourut soudain en mai 1919 (probablement de la grippe espagnole). Et son frère passa l'été suivant avec une autre femme, se débattant avec des décisions non moins lourdes de conséquences. Ottla n'en poursuivit pas moins ses efforts; début 1920, elle postula à un cours préparatoire en vue de la Palestine, à Opladen, près de Cologne; même Max Brod fut sollicité pour l'aider à décrocher une place – en vain[12].

Étant donné qu'Ottla et Josef David vivaient de nouveau dans la même ville, et Kafka et sa sœur tout bonnement sous le même toit, nous ne disposons d'aucune lettre datée de cette période critique. Nous ignorons à quel point Ottla fut livrée à elle-même, et nous ne savons pas non plus pourquoi elle ne réussit pas – malgré toute l'expérience acquise à Zürau, malgré sa réussite à l'école d'agriculture – à réaliser son rêve d'indépendance. Les dernières lettres que Kafka lui adressa à Friedland montrent toutefois où passe la ligne de front dans la famille : il conjure Ottla de suivre sa propre voie et devient carrément rude lorsqu'elle décide, minée par sa mauvaise conscience, de faire le déplacement à Prague dans le seul but de discuter de son avenir professionnel avec sa mère – cette mère qui répète vouloir le meilleur pour ses enfants sans avoir la moindre idée de leurs besoins, cette mère qui envoie de généreux colis de nourriture et demande en échange qu'on lui obéisse[13]. Les concessions d'Ottla, sa tendance conciliante à demander conseil et même à avouer ses erreurs n'étaient que peu payées de retour par leur mère, pas du tout par leur père, et cela ne révoltait pas moins Kafka que les immixtions brutales des parents dans sa propre existence. Ces disputes usantes dont il était le témoin amer sans pouvoir les influencer expliquent largement – voire rendent seules compréhensible – qu'il ait éprouvé le besoin de dresser un inventaire détaillé et impitoyable à l'automne 1919, qu'Ottla y apparaisse comme un personnage central, et qu'elle ait été son alliée naturelle dans cette entreprise. Ottla est coplaignante, la procédure s'ouvre en accord avec elle, et elle obtient un droit de regard dans le dossier.

« Très cher père,
Tu m'as demandé dernièrement pourquoi j'affirme que je te crains. Je n'ai rien su te répondre, comme d'habitude, en partie justement à cause de la crainte que j'ai de toi, en partie parce que la justification de cette crainte comporte trop de détails pour que je puisse tant soit peu les tenir ensemble à l'oral. Et si je tente ici de te répondre par écrit, ce ne sera encore que de façon très incomplète, parce qu'à l'écrit aussi la crainte et ses suites m'entravent vis-à-vis de toi, et plus généralement parce que l'ampleur du sujet excède de loin ma mémoire et mon entendement. [...]
Curieusement, tu as une sorte d'intuition de ce que je veux dire. Tu m'as dit par exemple il y a peu : "Je t'ai toujours

aimé, même si extérieurement je n'ai pas été avec toi ce que les autres pères sont d'habitude, justement parce que je ne sais pas feindre comme les autres." Or si je n'ai jamais, père, douté de ta bonté envers moi dans l'ensemble, je trouve cette remarque inexacte. Tu ne sais pas feindre, c'est vrai, mais vouloir affirmer pour autant que les autres pères feignent est ou bien de la pure chicanerie qu'il n'y a pas lieu de discuter plus avant, ou bien – et voilà la réalité à mon avis – l'expression à mots couverts que quelque chose ne va pas entre nous et que tu y as contribué, mais sans être coupable. Si c'est bien ce que tu veux dire, alors nous sommes d'accord[14]. »

Début qui n'augure rien de bon. La crainte qu'il a de son père l'empêche d'expliquer la crainte qu'il a de son père ? Qui avalerait une chose pareille ? Et ce même père est censé avoir déjà admis sa responsabilité, mais « *à mots couverts* », et comme à son insu ? Il a besoin que son fils lui explique ce qu'il a *vraiment* voulu dire ? C'était de la condescendance, au mieux.

La *Lettre au père* de Kafka jouit d'une renommée aussi durable qu'ambivalente : comme écrit fondateur de la littérature moderne, et comme texte manipulateur qui appelle une déconstruction et un commentaire moral. Nul ne conteste qu'il s'agit d'une des analyses les plus pénétrantes de la psychogenèse bourgeoise, et particulièrement des racines psychiques du pouvoir et de la dépendance. Par son caractère suggestif et la clarté de ses développements, par sa captation intuitive d'une exemplarité dont la portée dépasse de loin le destin individuel, la lettre de Kafka ne peut se comparer qu'aux études de cas de Freud. Et s'il est patent que des lectures psychanalytiques l'ont influencée,

Kafka ne s'appuie nulle part sur des hypothèses générales, nulle part il ne cède à la facilité de raccourcir l'administration de la preuve grâce à des élaborations psychologiques, pas plus qu'il ne la remplace par de simples concepts. Il se trouve au sommet de ses facultés intellectuelles et expressives, et sa lettre, si on la lit comme un document autobiographique, compte parmi les plus saisissants qui aient jamais paru.

D'un autre côté, cette lettre a plongé maint lecteur posthume dans un certain malaise, et il n'y a guère de commentateur qui n'ait opposé à ce document un grand « Oui, mais… ». Avant même sa parution intégrale, Max Brod a cru devoir armer ses lecteurs contre ses exagérations, ses « *constructions* »; Klaus Wagenbach l'a déclarée douteuse en tant que source; Heinz Politzer l'a analysée comme une prose pleine de subtilités, donc comme une part de l'œuvre littéraire; et les essais biographiques marqués par la psychanalyse y ont vu un « *meurtre symbolique du père*[15] ». Le soupçon, surtout, que Kafka vise moins le récit objectif d'une histoire commune que le matraquage rhétorique du destinataire a nui à la crédibilité de cette lettre. Sa longueur inhabituelle – plus de cent pages manuscrites – paraît suspecte à elle seule. On est plus proche de la nouvelle que du courrier. Et Kafka ne s'est-il pas reproché lui-même certains tours de passe-passe argumentatifs? N'a-t-il pas dénoncé dans ce document une « *lettre d'avocat*[16] »? L'impressionnant renversement de perspective de la fin, que chaque lecteur garde en mémoire, semble le confirmer : Kafka se met soudain à faire parler son père de 67 ans, il anticipe au discours direct les objections de celui-ci au réquisitoire condensé du fils – c'est pousser trop loin l'artifice et le jeu. De fait, Kafka semble alors perdre totalement le destinataire de vue : il sait d'avance ce que l'autre dira, peut le formuler avec plus d'élégance et d'acuité que lui, n'a pas besoin d'une *vraie* réplique. Force est de se demander si la lettre, *dès le début*, a été écrite dans l'espoir d'une réponse.

L'entreprise héroïque de Kafka – rendre plus tolérable une relation intolérable grâce à un seul grand effort de verbalisation – s'inscrit dans un travail d'éclaircissement biographique qui remonte probablement à ses années de jeunesse. Il avait déjà rassemblé dans ses journaux bon nombre d'observations et de souvenirs propres à expliquer son statut pour ainsi dire extraterritorial, cette aliénation apparemment inouïe vis-à-vis de sa famille, et tout porte à supposer qu'il passa ce matériau en revue (voire qu'il l'emporta à Schelesen) avant de se risquer dans ce projet de lettre : certaines notes bien antérieures sont clairement reprises mot pour mot[17].

Jadis, Kafka avait rêvé d'écrire son autobiographie ; plus tard, après des revers douloureux, il avait mis son énergie à compenser les failles ainsi mises à nu et à atteindre une forme de normalité socialement acceptable. Pour finir, sa maladie l'avait convaincu que de telles tentatives étaient absurdes ; l'unique solution, croyait-il, consistait dorénavant « *à avouer, non seulement en privé, non seulement en aparté, mais franchement, par mon attitude, que je ne peux pas faire mes preuves ici. Je n'ai d'ailleurs rien d'autre à faire dans ce but que de repasser avec une pleine résolution sur les contours de la vie que j'ai menée jusqu'à présent. La conséquence la plus directe serait que je me tienne, que je ne m'éparpille pas dans l'absurde, que je garde le regard libre*[18]. » Cet acte de repasser sur ses propres contours possède d'abord un sens pratique : Kafka veut se retrouver, il veut assumer comme une destinée les formes dégradées de vie sociale dont il s'est toujours plaint – son isolement, son célibat, son statut d'observateur – et ainsi parvenir à une paix relative. « Se faire ce que l'on est » : c'est ainsi que Sartre a qualifié cette stratégie, qu'il ne faut pas confondre avec une pure résignation, ni avec le fait de se reposer sur ses acquis. S'identifier volontairement à des caractéristiques que la communauté considère comme étranges, folles, asociales, exige un haut degré de réflexivité que Kafka cherche à atteindre par le biais du langage, de la littérature, à la fois comme lecteur et comme auteur : ce qui explique ses nombreuses lectures biographiques de Zürau et le style méditatif de ses notes à la même période.

Mais repasser sur ses contours implique également de s'en tenir aux faits. On fait fausse route en imaginant que Kafka a déformé les événements en son sens et que la *Lettre au père* est de ce fait une source inutilisable. Le père était présent, il a été le témoin direct de tous les événements que son accusateur étale sous ses yeux comme autant de preuves, et la moindre erreur factuelle, la moindre citation fautive aurait couvert Kafka de ridicule, privé sa lettre de tout effet. Les remarques inhumaines du marchand d'articles de mode sur ses propres employés (« *Qu'il crève, ce chien malade!* »), sur les amis de son fils (il voyait dans Jizchak Löwy une sorte de vermine) et même sur une femme de sa propre famille qui avait travaillé pour lui avec abnégation jusqu'à sa mort précoce (« *La folle de Dieu* – à savoir Irma – *m'a laissé une belle pagaille* ») – tout cela est vrai, tout cela a été dit, ou plutôt craché, dans ces termes.

Que Kafka a choisi ces souvenirs en fonction de critères stratégiques et didactiques, qu'il les a agencés d'une façon qu'on est en droit de nommer littéraire, cela apparaît clairement dès les premières pages – et l'auteur de cette lettre était conscient que son père, si étranger qu'il fût à la littérature, relèverait sûrement son aspect artistique. Mais à cet égard, la plus longue lettre que Kafka ait jamais écrite se distingue-t-elle substantiellement de n'importe quelle autre ? On peut en douter, et la question de savoir jusqu'où les lettres de Kafka doivent être prises au mot se pose pour *toute* la correspondance ou pas du tout. Jamais il ne se borne à livrer des « informations »; la moindre observation, le moindre événement subit une élaboration verbale et imaginaire, devient récit *en miniature**, petite tragédie ou, plus souvent encore, anecdote. Kafka joue, il retire un plaisir de sa maîtrise du langage. Par ailleurs, son œil est exercé à filtrer l'essentiel, les traits typiques ou instructifs d'une situation. Pour transmettre à autrui cette impression, qui est aussi un acte de connaissance, il lui faut orienter habilement son attention, et la littérature offre à Kafka les instruments les plus efficaces qui soient en la matière : écarter l'accessoire, souligner ou « exagérer » le significatif, jouer avec les attentes du lecteur, déployer une dynamique narrative, séduire grâce à une chute.

Ces techniques narratives en quelque sorte « propagandistes » – qu'il avait dû aussi apprendre au cinéma – s'imposèrent sûrement à Kafka dans l'écriture de sa *Lettre au père*. Car il n'y allait pas d'une chronologie des événements aussi exhaustive que possible, d'un protocole autobiographique qui devait rendre justice au père à tout point de vue. En fait, Kafka cherche à montrer que la question n'est pas de savoir si l'attitude d'un père envers son fils est objectivement et systématiquement cruelle : même des faits relativement bénins, comme l'usage perpétuel de l'ironie, des ordres contradictoires, des témoignages de mépris ou des menaces de punitions peuvent être d'un effet dévastateur s'ils rencontrent chez leur « victime » un « complexe » préexistant, comme un sentiment profond d'insuffisance, d'insignifiance. Qu'une prédisposition de cet ordre ait dû être présente chez lui, Kafka le concède d'emblée. Mais il veut comprendre – et en même temps rendre compréhensible – comment la rencontre de deux êtres aussi essentiellement différents, de *ce* père et de *ce* fils, a pu aboutir à un écrasement aussi durable et peut-être irréversible, à une inhibition vitale sans précédent – et donc à un éloignement toujours plus grave, à de nouvelles et incessantes vexations et mésententes, à des méprises réciproques.

Le sujet de Kafka est donc l'imaginaire : l'écho que trouve chez l'enfant la nature du père, le recouvrement de la réalité par des images chargées de peur. Dans des passages entiers, la lettre distingue méticuleusement entre le « véritable » caractère du père – « *au fond un être bon et tendre* » – et l'imago paternel surpuissant : « *comme père, tu étais trop fort pour moi* ». Kafka tient à cette distinction parce qu'il veut enfin s'extirper du problème de la faute, aussi torturant que stérile. Personne ne peut rien à ce qu'il est. Personne n'y peut rien si quelqu'un l'influence de telle façon et pas d'une autre. Kafka supplie littéralement que son père et lui cessent de s'accuser l'un l'autre : « *Tu as produit sur moi l'action que tu devais produire, mais il faut que tu cesses de tenir le fait que j'ai succombé à cette action pour une méchanceté particulière de ma part.* » C'est cette *action* que Kafka cherche à expliquer. Et cette part d'imaginaire ne se laisse pas décrire dans le seul langage que connaisse le père, celui des faits. Kafka invente donc des images puissantes, comme dans ses textes littéraires :

« C'est comme quand quelqu'un doit grimper cinq petites marches et un autre une seule marche, mais qui est aussi haute que ces cinq ensemble; le premier ne va pas seulement venir à bout de ces cinq-là, mais de centaines et de milliers d'autres, il aura mené une grande vie très fatigante, mais aucune des marches qu'il aura montées n'aura eu pour lui une importance telle que pour le second cette unique, première et haute marche qu'il ne peut pas monter même de toutes ses forces, qu'il n'atteint pas et que bien sûr il ne dépasse pas non plus. »

« Mais tels que nous sommes, le mariage m'est fermé du fait même qu'il est ton terrain le plus propre. Parfois je me représente la carte du monde déployée et toi allongé en travers. Et c'est alors comme si n'étaient possibles pour ma vie que les régions, ou bien que tu ne recouvres pas, ou bien qui ne se trouvent pas à ta portée. Et compte tenu de la représentation que j'ai de ta grandeur, ces régions ne sont pas très nombreuses ni très consolantes et le mariage en particulier n'est pas l'une d'elles. »

Kafka ne dit pas qu'il s'agisse de véritables descriptions de la réalité. Il ne prétend même pas s'être réellement figuré, dans son enfance, dans sa jeunesse, son père couché sur la carte du monde. Ce sont des imaginations qui fonctionnent comme autant de modèles heuristiques : *c'est comme si...* Seule une image, seule une comparaison permet de dire pourquoi l'imaginaire prend un tel empire sur la vie. Kafka connaît bien ce procédé (et si son père avait lu les petits livres publiés par Kurt Wolff, il pourrait les reconnaître aussi) : c'est *comme si* un gros insecte vivait au milieu d'une famille, *comme si* un père puisait dans la mort de son fils la force de se relever. Ces scènes répondent à la logique de certains rêves, elles émanent de ce même royaume des ombres du préconscient, elles sont tout aussi hermétiques, inquiétantes, « surcodées ». Mais Kafka se garde bien de parler ouvertement de rêves et de fournir ainsi à son père une nouvelle preuve de son manque de sens des réalités. Il cherche à s'attirer son empathie. Il veut remplacer des images fausses par des images justes. Il écrit *comme si* ces images justes pouvaient les délivrer du rôle qu'ils s'assignent mutuellement chaque jour depuis des décennies, et leur permettre d'entamer une entente à un *autre* niveau, situé au-delà des simples faits, à un niveau que Kafka pense plus profond et donc plus vrai.

Ce projet est voué à l'échec. Car ce que Kafka exige ici de lui-même – et donc aussi du destinataire de sa lettre – est un détachement violent vis-à-vis de sa propre histoire, un degré de maîtrise autothérapeutique qui n'est accordé à personne. On remarque littéralement dans chaque paragraphe un effort pour rester objectif, ou au moins juste. Plus que tout, ce style neutre qui relate le saccage d'une âme, qui refuse toute posture expressionniste malgré la force de ses images – ce style exprime une tension extrême. Même quand Kafka avoue que certaines de ses phrases sont écrites dans les larmes, le ton demeure aussi impersonnel que possible : « *on pleure* ».

Kafka maintient le cap jusqu'à la dernière page, mais son texte se charge, s'encombre, sort de son lit. *Aucun* père n'aurait pu voir autre chose, dans une telle lettre, qu'une remontrance frontale, une mise en accusation, une énorme accumulation de pièces à conviction morales – même si l'accusateur répète tant et plus que la question de la faute ne l'intéresse pas. Et encore : le pire n'est pas dans ces impressions enfantines qui sont décrites comme autant de traumatismes. Sans aucun doute, l'épisode de la « *pawlatsche* », dépeint par Kafka en termes si vivaces (et commenté des milliers de fois depuis), a pu être grave pour l'enfant : être emmené et enfermé sur le balcon par son père au beau milieu de la nuit, voilà qui aurait pu marquer à vie des natures moins sensibles. Mais le vieux Kafka ne pouvait rien au sentiment de profonde insignifiance que ce choc avait provoqué chez son fils, là n'était pas son intention, et d'autres pères faisaient subir des choses autrement graves à leur progéniture. Et rien de vraiment tragique non plus dans le déficit corporel qui avait été (et restait) pour le fils une source perpétuelle de honte, dans cette image du garçon gracile et comme fragile aux côtés de son père robuste et musculeux ; à bien y regarder, il y entrait même du comique. Ces passages-là auraient pu faire sourire le destinataire de la lettre – du même sourire que son auteur, peut-être.

Mais Hermann Kafka n'aurait pas ri longtemps. À en croire cette lettre, il mangeait comme un porc. Il aimait l'humour gras. Il était toujours exécrable. Il usait tout le monde en se lamentant sur la rudesse de son enfance. Il transgressait les règles qu'il imposait aux autres. Il chicanait ses employés, ne laissait parler personne, était incapable de discuter posément, pestait contre tout et tout le monde. Il tournait en ridicule les réussites de ses enfants. Quand il était à court d'arguments, il haussait le ton ou s'apitoyait sur son sort. Mais le plus embarrassant était son opportunisme social, sa révérence aveugle pour les gens qui avaient un gros compte en banque, ou bien un titre nobiliaire. Quant à ce sens de la famille qu'il invoquait à tout bout de champ, il fallait voir comment il harcelait sa propre fille. Et c'étaient là des faits, pas de simples impressions, ni de pures réactions psychiques. C'était le portrait d'un tyran domestique.

Cette fois, Kafka vidait son sac, et il en retira une évidente satisfaction. Il avait trop besoin de lâcher de la vapeur après toutes les humiliations des semaines précédentes, et les âpres disputes à propos d'Ottla le mettaient dans son droit aux yeux de sa propre conscience : le père tourmentait aussi des gens *qui ne le méritaient pas*. Puis cette concentration exclusive sur sa biographie, jour après jour, libéra des couches de souvenirs de plus en plus profondes, d'une intensité à laquelle Kafka n'arrivait plus à se soustraire – jusqu'aux racines d'une haine taboue qu'il ne s'avoua qu'à grand-peine.

Jusqu'alors, il ne lui était arrivé qu'une seule fois de nommer en toutes lettres cette colère irrépressible et de la reconnaître en même temps comme une réalité psychique incontournable : « *Je suis […] trahi par eux et cependant je ne peux pas sans devenir fou me révolter contre la loi de nature. Donc encore de la haine et presque rien que de la haine.* » Cet aveu à Felice Bauer avait trois ans. Kafka avait essayé de lui expliquer pourquoi, bien qu'excédé de vivre au sein de la « *meute natale* », il restait incapable de s'opposer franchement à ses parents : cette lettre-là aussi avait fini par prendre l'allure et l'ampleur d'un manifeste, et elle lui importait tellement qu'il l'avait d'abord formulée dans son journal[19]. Ç'avait été une tentative pour élucider un tiraillement en apparence irrémédiable, un nœud. Mais cette tentative s'adressait à sa fiancée, à une tierce partie qui ne portait aucune responsabilité dans les événements ; et en adoptant son point de vue, Kafka avait réussi à se hisser à une position d'observateur, à s'en « tenir aux faits » et à éviter toute sortie susceptible de déshonorer ses parents. La *Lettre au père*, en revanche, était un courrier interne ; l'expéditeur mangeait à la même table que le destinataire, l'ennemi, le fautif, ce qui empêcha Kafka de se borner au rôle d'arbitre impartial de sa propre cause. Cette lettre est contaminée par la haine, elle n'est pas, tant s'en faut, aussi maîtrisée, aussi strictement orientée vers son but que Kafka voulut le croire par la suite. Le passé conserve une présence écrasante, les plaies n'en finissent pas de saigner, l'imaginaire est hors du temps. Pour en rendre compte, Kafka est même prêt à compromettre sa littérature : « *Ce que j'écrivais parlait de toi, n'était qu'une façon de me plaindre de ce dont je ne pouvais me plaindre contre ta poitrine. C'était un adieu que je t'adressais, volontairement étiré en longueur.* » Par le passé, vingt ans, peut-être quinze ans plus tôt, cela avait pu être vrai, vrai pour l'essentiel tout au moins ; mais c'était faux, sans le moindre doute, en ce qui concernait les années de guerre et d'après-guerre. Max Brod, qui ne découvrit cette lettre qu'à titre posthume, éprouvait un malaise tout particulier face à ce passage : Kafka, jugeait-il, y dégradait le bonheur que lui avait procuré l'acte de création[20].

De fait, c'est une fois de plus à la logique de l'imaginaire, à la logique d'un mythe personnel que Kafka obéit, et il y soumet largement les événements réels. Il vise les linéaments cachés de cette réalité, et ces linéaments sont à ses yeux aussi inamovibles que les fondations d'une maison – peu importe ce qui change dans les étages supérieurs au fil des ans. D'où cette impression saisissante que Kafka, même quand il est question d'épisodes datables, situés dans son enfance, ne parle pas d'un passé remontant à plusieurs décennies, mais d'une situation éternelle qu'on ne peut *d'aucune façon* classer chronologiquement. Comme si les époques les plus distantes les unes des autres pouvaient être reliées par un seul petit pas – ou par une « *marche sur place* », selon l'expression par laquelle Kafka chercha à formuler plus tard la loi de son existence[21].

Mais s'il n'y a pas de réelle évolution, s'il n'y a que les formes changeantes d'un même malheur originel, alors il n'y a pas non plus moyen de mettre fin à la procédure en suspens : ni par une compensation négociée justement, qui permettrait enfin de souffler, ni, à plus forte raison, par un acquittement. De fait, Kafka – contre l'intention déclarée de sa lettre – nie qu'il existe la moindre amorce de compréhension ; il dépeint une famille où seuls les enfants devenus adultes réfléchissent tandis que les parents agissent à l'aveugle, une famille où tout ce qui ne sert pas la survie matérielle ou sociale est accueilli par un silence ou des critiques, aujourd'hui comme hier. Et pourtant le père – nous l'apprenons au passage – a questionné son fils sur les raisons de sa crainte ; il lui a dit qu'il l'aime ; sur les conseils de Franz, il a lu un livre qui traite de l'éducation et de la famille[22]. Certaines conversations ont au moins effleuré ce conflit lancinant. Ce sont là des contradictions, et Kafka ne donne pas vraiment l'impression de s'en apercevoir.

Nous ignorons à quel point il hypothéquait ainsi la vérité intérieure, la force de persuasion et l'effet escompté de cette « *lettre d'avocat* » – il faudrait d'autres témoignages, indépendants, pour savoir dans quelle mesure Kafka a la mémoire sélective, jusqu'où son portrait de famille est authentique. On ne sait pas exactement non plus ce qu'il espérait d'un discours aussi stylisé et aussi ample, au-delà d'un soulagement momentané : « *cela pourra nous apaiser un peu et nous rendre plus facile de vivre et de mourir* », disent les derniers mots de la lettre, lapidaires, et sur un léger ton de prêche. Il n'est pas question de réconciliation. Celle-ci, Kafka le sait très bien, ne s'obtient pas grâce à une simple explication, elle n'est même pas souhaitable tant que les opposants ne traitent pas d'égal à égal. C'est se soumettre que se réconcilier avec un oppresseur dont le régime se perpétue intact. Il est vain de se réconcilier avec quelqu'un de radicalement différent dont on ne supporte qu'à contrecœur la proximité et l'influence. Tant que Kafka porte ce joug, sa lettre reste soumise à une contradiction en acte qui la désamorce. Il prolonge l'adieu et n'en vient pas à bout. Avec une franchise inouïe, il nomme son ennemi en toutes lettres, mais il ne parvient pas à s'éloigner.

Cette ambivalence était depuis toujours une de ses singularités les plus indéchiffrables, et on devait souvent demander à Kafka ce que pouvaient lui faire l'approbation ou même les compliments d'un père inculte – surtout depuis qu'il avait décidé d'orner son dernier livre, *Un médecin de campagne,* d'une dédicace à cet adversaire surpuissant. Cette décision, prétendait Kafka, était sa seule raison de vouloir que le recueil paraisse le plus vite possible. « *Non que je puisse par là me concilier mon père,* assura-t-il à Brod, *les racines de cette hostilité sont inextirpables, mais j'aurais du moins fait quelque chose, je serais, sinon parti pour la Palestine, du moins allé là-bas du bout du doigt sur la carte du monde*[23]. » Ce n'était pas très convaincant, et n'expliquait en rien l'obstination avec laquelle il s'occupa de cette affaire[24]. Bien plus probablement – et son ami aussi le devina peut-être –, Kafka devait se délecter d'imaginer une scène où son père, ayant passé la soirée à jouer aux cartes, condescendrait enfin à feuilleter au lit la toute dernière production littéraire de son fils, et tomberait alors sur une page qui ne portait que trois mots : « *À mon père* ». Délicieuse perspective. Et coup particulièrement retors. Car son père ne pourrait s'empêcher de ressentir une sorte de fierté, il se fendrait peut-être même de quelques mots de remerciement ; et quand un quelconque parent passerait, il laisserait traîner le livre sur la table, comme par hasard. Nous ignorons si ce fantasme devint réalité. Plus tard, Kafka déclara que la dédicace à son père était ironique. Mais il avait l'air très grave en le disant[25].

« Nous ne pouvons nous figurer toute la puissance de l'impression que le père, avec son allure de géant, produit sur ce petit être dépendant. […] C'est à lui qu'appartient tout entier ce que l'enfant demande et reçoit, lui l'instance ultime vers laquelle l'enfant se tourne, contre sa volonté que se brise la résistance égoïste et obstinée de l'enfant. C'est de lui que viennent punition et récompense. C'est lui qu'il faut se concilier quand il gronde, à lui que l'éducation et l'intelligence naissante commandent d'obéir[26]. »

Ces phrases de Paul Federn, un disciple de Freud, parurent un peu moins d'un an avant que Kafka ne se lance à son tour dans une phénoménologie de la domination paternelle. Les recoupements entre les deux textes sont frappants jusque dans leur lexique, même si rien ne prouve que Kafka ait seulement entendu parler de ce texte sur la « société sans père ». Le sujet était brûlant : effondrement de grands régimes de pouvoir, renversement ou meurtre de figures politiques paternelles, tentatives désespérées pour retrouver au plus vite des substituts d'autorité – toutes ces catastrophes semblaient régies par une loi profondément ancrée dans le destin psychologique de l'individu. La théorie psychanalytique avait déjà expliqué de façon crédible pourquoi le pouvoir du père, dans le microcosme familial, se condensait en une *disposition* inhibante, en une inhibition qui persistait toute la vie et survivait de loin à la présence du père : selon Freud, on pouvait prendre conscience de ce mécanisme, mais en aucun cas l'abolir.

Ce dernier point avait été vigoureusement contesté par Otto Gross dès l'avant-guerre : la fixation sur l'autorité paternelle, argumentait-il, avait des conséquences fatales sur la vie sociale, et cette sphère sociale – bien plus que le divan de l'analyste – était le meilleur endroit pour l'éradiquer. Tout projet d'émancipation sociale et politique devait tenir compte de certains facteurs psychologiques puissants qui rejetaient les individus dans la sujétion. Si « *le révolutionnaire d'hier* » avait toujours échoué, écrivait Gross dans la revue *Die Aktion*, c'était parce qu'il « *portait l'autorité en lui-même. Aujourd'hui, on est enfin à même de percevoir que le foyer de toute autorité réside dans la famille.* » « Le révolutionnaire d'aujourd'hui » ne pouvait donc se contenter de combattre le père, il lui fallait s'en prendre au principe même du pouvoir, c'est-à-dire au *patriarcat*[7].

En observateur attentif de la scène berlinoise, Kafka se souvenait sans aucun doute des premières publications de Gross. Quand celui-ci, à l'été 1917, lui avait présenté le projet d'une revue consacrée au problème de l'autorité, Kafka avait notamment dû être frappé par son titre : *Blätter zur Bekämpfung des Macht*willens, c'est-à-dire « Revue de lutte contre la *volonté* de domination », et non « contre la domination » tout court. Il ne s'agissait pas de lever la main contre le père – même si la littérature expressionniste, en particulier dans *Le Fils* [*Der Sohn*], pièce déjà classique de Walter Hasenclever (1915), dans *Le coupable, c'est la victime*, nouvelle de Franz Werfel (1920), et dans *Parricide* [*Vatermord*] d'Arnolt Bronnen (1920), montra pendant un temps une prédilection pour ce geste archaïque. Il fallait comprendre que l'ennemi était à l'intérieur, que la victime n'était pas moins obsédée par le pouvoir que le bourreau. L'étrange paralysie qui empêche les héros de Kafka de s'en aller et de prendre un nouveau départ émane précisément de là : où qu'ils se tournent, le poison est en eux, ils restent pris dans le champ de forces d'une instance surpuissante et ne peuvent détourner le regard de son image – y compris quand ils se révoltent, comme le fait d'abord sérieusement l'accusé du *Procès*. L'imago paternel reste vivace même quand le père réel décline ou disparaît. Et ce fut justement Kafka qui trouva l'expression littéraire appropriée à cette image du père, en la faisant agir *en chair et en os*. Il est fort possible que Gross ait vu en Kafka un compagnon de lutte précisément parce qu'il avait compris le réalisme psychologique du *Verdict* et de *La Métamorphose*.

Kafka s'intéressait toutefois moins aux modèles théoriques et aux utopies sociopolitiques qu'aux remèdes concrets. Que fallait-il faire, à quoi pourrait ressembler une éducation qui briserait le cercle vicieux de l'oppression et de l'auto-oppression ? Certains pédagogues issus de la bourgeoisie libérale se mettaient à l'œuvre avec une naïveté infiniment plus grande qu'Otto Gross, passé quant à lui sur les fonts baptismaux de la psychanalyse, et proposaient pourtant des solutions qui, prises au pied de la lettre, auraient provoqué une révolution dans les chambres d'enfants. Dans des écrits de vulgarisation largement diffusés, Friedrich Wilhelm Foerster défendait ainsi une éducation exempte autant que possible non seulement de violence, mais même de toute démonstration d'autorité parentale. Quand *L'Instruction de la jeunesse* de Foerster (1904) fut inscrite au programme de lecture de toutes les éducatrices du Foyer populaire juif de Berlin – dont Felice Bauer –, Kafka s'y intéressa de plus près. La pensée de Foerster, inductive, littéralement hostile à l'abstraction et toujours soucieuse de la « réalité de la vie », dut d'emblée lui être sympathique. Mais il fut impressionné de voir que la pédagogie de Foerster misait sur l'épanouissement de capacités préexistantes et prêtait à l'enfant une personnalité qu'il s'agissait de traiter avec respect. D'après Foerster, il fallait combattre les tendances amorales et destructrices qui sommeillaient en chaque enfant non en les réprimant, mais en récompensant et donc en renforçant les forces positives contraires.

Tout cela semblait raisonnable et humain. Mais Kafka saisit dès le premier coup d'œil la face obscure de cette ingénuité philanthropique. Les enfants et les adolescents, disait Foerster, ne devaient pas faire le bien pour obéir, mais parce qu'ils le *voulaient*. Ils devaient faire par eux-mêmes ce que les éducateurs jugeaient bon, apprendre à maîtriser leurs faiblesses et leurs impulsions égoïstes, et même prendre plaisir à cette maîtrise de soi. Mais du même coup, la pédagogie de Foerster se mettait au service d'une dynamique psychique qui était déjà la règle dans les familles bourgeoises : la volonté de l'éducateur devient intégralement la volonté de l'éduqué ; l'enfant se fait l'exécutant d'une instance implantée en lui consciemment ou inconsciemment, par la force ou par les moyens plus subtils d'une formation du caractère, instance qu'il aime ou qu'il déteste, mais dont il ne peut plus s'affranchir. « *L'éducation en tant que complot des grandes personnes* » : tel est le nom que Kafka donna à cette technique quand il eut fini de lire la section théorique de *L'Instruction de la jeunesse*. « *Avec des leurres auxquels nous croyons nous-mêmes, mais pas au sens où nous le prétendons, nous attirons ceux qui batifolent à l'air libre dans notre maison exiguë. (Qui ne veut pas être un gentilhomme ? Fermer la porte.)* » Et quelques jours plus tard, sur le mode ironique : « *On nous permet de faire claquer nous-mêmes le fouet de la volonté au-dessus de nos têtes*[28]. »

Après ses méditations de Zürau et les excavations autobiographiques de la *Lettre au père*, Kafka parvint à des idées encore plus radicales sur ce que pourrait être une éducation respectueuse de la dignité humaine. Il remit totalement en cause la compétence pédagogique de la famille et, dans une série de longues lettres, il exhorta sa sœur Elli à ne plus laisser son fils – Felix, le neveu de Kafka, alors âgé d'à peine 10 ans – dans la solitude de sa chambre, mais à confier son éducation à une communauté d'enfants du même âge[29]. Avec son climat favorable, la cité-jardin de Hellerau, qui avait été un centre de la *Lebensreform* avant la guerre et qui continuait d'intéresser Kafka, lui paraissait le lieu le plus propice : en 1920, on y avait fondé la « Neue Schule Hellerau », foyer éducatif inspiré du renouveau pédagogique de l'Odenwaldschule* et hébergé dans les locaux vastes et lumineux du légendaire Festspielhaus d'Émile Jaques-Dalcroze. La mixité y était un principe, de même que le droit de regard (très étendu) accordé aux jeunes « camarades » sur toutes les décisions les concernant. Surtout, ce projet éducatif suivait le modèle

---

* Foyer éducatif fondé en 1910 au milieu de la campagne de la Hesse par le couple de pédagogues Edith et Paul Geheeb.

des « écoles du travail », dotées d'une cuisine, d'un jardin, d'un atelier de menuiserie et de métallurgie, d'une aire de jeu et d'un terrain de sport. Les aptitudes physiques et intellectuelles devaient être encouragées à parts égales jusqu'à ce que les dons individuels s'affirment nettement; la spécialisation en vue d'un travail manuel ou d'un cursus d'études supérieures n'intervenait que dans les plus hautes classes, à partir de la quatorzième année, et toujours avec un accompagnement très personnalisé des pédagogues. L'ensemble de l'éducation et de la formation – disait la brochure de l'école, que Kafka se fit envoyer – se déroulait dans le cadre sécurisant d'une petite communauté : « *Les enfants se lient à leur gré aux éducateurs et aux éducatrices qui vivent avec eux, formant ainsi le cercle étroit de communautés humaines que nous nommons familles pédagogiques et qui sont destinées à résoudre les questions humaines et éducatives soulevées par le travail et la vie en commun*[30]. »

Famille pédagogique : aux oreilles de Kafka, cette expression dut retentir comme une promesse religieuse, une utopie opposée en tout point à l'enfer familial petit-bourgeois, étriqué et brûlant de conflits œdipiens sur lequel sa *Lettre au père* jette une lumière crue. Sans doute, cette brochure, qu'il transmit aussitôt à Elli, contenait surtout des déclarations de principes, et Kafka se rappela peut-être les débuts du Foyer populaire juif, qui était loin d'avoir tenu toutes ses promesses et avait dû céder à d'innombrables compromis. Mais il émanait de tout cela un indéniable parfum de liberté, et, en la matière, le flair de Kafka le trompait rarement. « *J'appris comme au passage ce qu'est la liberté*, écrivit cinquante ans plus tard Peter de Mendelssohn, ancien élève de la Neue Schule, *et rien ne pourrait me le faire oublier.* » « *Mais si on lui demande ce qu'il veut vraiment*, nota en revanche Kafka

sur son propre compte, *il ne peut pas répondre, car il n'a [...]
aucune idée de ce qu'est la liberté*[31]. »

L'idée d'un foyer éducatif à la campagne était tout aussi
sympathique à Elli et à Karl Hermann ; ils songeaient depuis
longtemps à faire sortir leur fils de leur milieu étriqué de
Prague, peut-être aussi à cause des manifestations quotidiennes d'antisémitisme, qu'ils lui auraient volontiers épargnées. Mais Felix n'était-il pas trop jeune pour ce genre
d'expériences ? demanda Elli. Kafka ne fit aucun cas de cet
argument :

> « On peut être trop jeune pour entrer dans la vie active, pour
> se marier, pour mourir, mais trop jeune pour une éducation
> en douceur, sans contrainte, qui fait s'épanouir tout ce qu'il
> y a de bon en chacun ? 10 ans, c'est peu, mais dans certaines
> circonstances c'est un âge avancé, 10 ans sans exercice cor-
> porel, sans soin du corps, dans l'aisance, dans l'aisance sur-
> tout, sans exercice des yeux, des oreilles ni des mains (sauf en
> triant l'argent pour l'ascenseur), dans la cage des adultes qui,
> au fond, ce n'est pas possible autrement dans l'ordinaire de
> la vie, ne font jamais que se défouler sur les enfants – 10 ans
> à ce régime, ce n'est pas peu de chose[32]. »

Elli fut impressionnée. Mais elle avait peur des longues
séparations ; et puis, Felix serait-il bien préparé aux aspects
pratiques d'un travail d'homme ?... Des doutes subsistaient.
Mais peut-être était-ce l'endroit idéal pour éduquer une fille ?
Quand leur deuxième enfant, Gerti, eut 10 ans à son tour, Elli
et Karl Hermann allèrent à Hellerau pour se faire une opinion.
Ils rencontrèrent l'institutrice Lilian Neustätter, compagne
et bientôt épouse du nouveau directeur, Alexander S. Neill.

Madame Neustätter les dissuada. La « famille pédagogique » demeura donc un rêve, un rêve commun à Kafka frère et sœur[33].

Les fonctionnaires de l'Office d'assurances contre les accidents du travail auraient été fort étonnés d'apprendre que leur collègue, le Dr Kafka, lui qui passait l'essentiel de ses heures de bureau à traiter des correspondances, avait pris deux semaines de congé réglementaires *pour rédiger une lettre* – une lettre à quelqu'un qui vivait sous le même toit que lui. Et le chef de service Jindřich Valenta ne se douta de rien non plus lorsque Kafka lui écrivit qu'il souhaitait rester encore trois jours à Schelesen si le beau temps persistait.

De fait, Kafka avait consacré presque toute la première semaine à élaborer un plan viable, à mettre de l'ordre dans les souvenirs qui l'assaillaient et à noter des formulations possibles (la version manuscrite que nous connaissons ne peut être qu'une mise au propre). Le calme régnait dans la pension depuis le départ de Brod et, mis à part mademoiselle Stüdl et une jeune femme de 18 ans qui disait s'appeler Minze et s'intéressait à l'agriculture, Kafka ne parlait à personne. Le temps imparti s'avéra néanmoins trop court pour une tâche de cette ampleur. Puis la lettre ne pouvait pas partir avant qu'Ottla l'ait vue. Kafka avait un jour demandé à son père s'il pensait vraiment qu'Ottla faisait exprès de le contrarier en permanence et y prenait plaisir. Exactement, répondit Hermann. Il y avait donc deux ou trois choses à dire là-dessus : même à son fils, le père ne prêtait pas une pareille méchanceté. Mais comment aborder la question ? Kafka passa des nuits à se creuser les méninges. « *Quant à*

Ottla, j'ose à peine en parler, finit-il par admettre, *je sais que je compromets par là tout l'effet que j'espère de cette lettre*[34]. »

Pour Ottla, qui vint passer une fin de semaine à Schelesen, la lecture de cette lettre dut être un choc, et pas seulement à cause des passages qui la concernaient. D'aussi loin qu'elle se souvenait, personne n'avait jamais parlé à son père sur ce ton, avec une telle franchise, et ni le rappel constant de l'« innocence » des deux parties, ni le fait que l'auteur de la lettre ne se ménageait pas non plus, ne pouvait faire oublier qu'il s'agissait d'un règlement de compte impitoyable. Il n'y avait prescription sur rien; c'était un apurement en bonne et due forme, intérêt et principal, tel qu'aucun père sans doute n'en avait reçu. On ignore quelle fut la réaction d'Ottla, mais contrairement à son frère, qui vivait enveloppé dans ces souvenirs douloureux depuis des semaines, elle dut surtout anticiper l'effet que produirait la lettre. Et ce ne pourrait être que celui d'une bombe, si on faisait preuve d'un peu de réalisme. Après une telle attaque, la vie au sein de cette famille, dont la cohésion reposait en bonne partie sur la mécanique du refoulement, deviendrait sans doute intolérable; le cas d'Ottla, précisément, avait plus qu'assez démontré que le père ne savait pas faire la différence entre une contradiction, une critique et une insulte. Sans compter que le moment était très mal choisi : quelques heures avant le départ de Kafka pour Schelesen, Elli avait accouché de son troisième enfant, une fille, et il était très improbable que Hermann et Julie seraient prêts à changer les règles du jeu maintenant, dans l'émotion de la naissance de leur dernier petit-enfant. Ottla ne dut pas avoir de mal à dépeindre à son frère l'explosion qui s'ensuivrait, et Kafka se vit contraint de modifier ses plans.

Il n'en acheva pas moins sa lettre ; ce qu'elle devint ensuite est peu clair. À en croire Brod, Kafka était décidé à la faire lire à son père, mais, au lieu de la lui donner directement, il la confia à sa mère pour qu'elle la transmette. Celle-ci toutefois la rendit à Kafka – Brod ne précise pas si elle eut l'occasion d'en prendre connaissance elle-même –, après quoi il n'en fut plus question[35]. Si cette version est vraie, Kafka lui-même fit donc en sorte que ce grand déballage soigneusement préparé reste épargné à sa famille. Car même si l'enveloppe qu'il remit à sa mère était scellée, il n'y avait qu'à la *palper* pour pressentir la catastrophe. Et sa mère pouvait se montrer très énergique quand il s'agissait d'éviter toute « agitation » à son mari, Kafka ne le savait que trop.

D'un autre côté, certaines déclarations plus tardives laissent entendre que c'est lui qui reporta la remise de la lettre : il parle d'une « *lettre-fleuve que j'ai écrite à mon père il y a environ six mois mais que je ne lui ai pas encore donnée* », et il ajoute : « *je pourrais bien avoir envie de la donner à mon père un jour*[36] ». Une erreur de Brod n'est donc pas à exclure : en fait, Kafka semble avoir d'abord hésité, puis songé longtemps à dégainer cette arme en faisant fi de tout scrupule moral et pragmatique.

Ce fut probablement l'effet cathartique de ce grand travail autobiographique qui empêcha Kafka de le considérer comme un échec pur et simple, ainsi que la satisfaction d'avoir fait la lumière sur une région aussi inaccessible de la psyché, d'être venu à bout d'un problème à ce point complexe et douloureux. Que son épître ait déjà ou non été rejetée à ce stade : en novembre 1919, Kafka n'était pas encore prêt à la remiser dans un tiroir sans piper mot. Et après un tel acte d'élucidation, il s'imaginait encore moins mettre un terme à la procédure. Il continua sur sa lancée. À peine eut-il fini sa *Lettre au père* qu'il entama un autre long plaidoyer, celui-ci adressé à la sœur de Julie Wohryzek. Et peu de temps après, il ressortit son journal, auquel il n'avait pas touché depuis des mois. Il se remit à accumuler de petites notes réflexives, comparables aux méditations de Zürau par leur caractère imagé.

Mais Kafka n'écrit plus sur l'éthique et la religion, sur le mal et la vérité. Il se concentre sur sa propre vie, dont les « contours » lui apparaissent de plus en plus étrangers à mesure qu'il les repasse. Il tourne autour, comme on examine une maison. Se débarrassant du petit mot « je », il parle de lui-même à la troisième personne. Il l'a déjà fait dans des lettres par le passé, en jouant sur cette distanciation, mais désormais ce point de vue lui paraît être le seul possible, et il s'y tient pendant quelque deux mois. On désigne ces notations sous le nom d'« aphorismes de la série "il" », certaines de leurs formulations sont devenues célèbres et ont été commentées maintes fois. Mais ce qu'elles ont de plus impressionnant – et il ne fait nul doute qu'il s'agit là d'un dérivé de sa lettre à son père, du fruit de cette autoanalyse de plusieurs semaines –, c'est peut-être l'intuition de Kafka que, si l'*aptitude* à la liberté se construit dans l'enfance, la libération elle-même ne peut provenir de l'extérieur. La liberté exige une anticipation spirituelle : si les portes, malgré tout, finissent par s'ouvrir un jour, il faut que Kafka sache dans quelle direction aller. S'il l'ignore, il ne fera que *s'en* aller, loin de lui-même, troquant la captivité d'un quant-à-soi pour la liberté d'un nulle part – et cela n'est pas une promesse, c'est une menace. Kafka comprend que c'est lui qui se surveille, que la clef de la porte est dans sa poche.

« Il aurait pu s'accommoder d'une prison. Finir prisonnier – ce serait un but possible. Mais c'était une cage. Indifférent, despotique, comme chez lui, le bruit du monde affluait, refluait par la grille, le prisonnier était libre, il pouvait prendre part à tout, rien du dehors ne lui échappait, il aurait même pu sortir de la cage, les barreaux étaient espacés de plusieurs mètres, il n'était même pas prisonnier[37]. »

Belle image, image terrible. Kafka y reviendra.

MERAN, 2ᵉ CLASSE

Ce n'est pas encore la véritable solitude
que celle où l'on est occupé de soi.
Karl Kraus, *Dits et contredits*

Le directeur Bedřich Odstrčil était consterné. Il avait
entre les mains un certificat médical signé par le Dr Kodym,
médecin de l'Office, et ce document disait que le Dr Kafka,
un de ses subordonnés directs, sur le point de passer « secrétaire », était en très mauvaise forme et montrait les « *signes
d'une infiltration pulmonaire avancée* ». Une inflammation des
tissus, donc. Ce pouvait être tout et rien, Kafka avait déjà
souffert d'une pneumonie. Mais ce mot d''« *avancée* », lui, ne
présageait rien de bon.

Odstrčil, successeur du directeur Marschner et proche de
Masaryk, estimait Kafka depuis toujours ; il était clair pour
lui que l'Office d'assurances ne pouvait se passer d'un fonctionnaire si qualifié, fût-il allemand ou juif, et même après
les récents changements politiques. Début 1920, lorsque cette
administration fut réorganisée et que les affaires juridiques
furent dévolues à un service central, nul ne contesta que
Kafka, juriste plein d'expérience, était le seul candidat possible à ces nouvelles fonctions. Bien sûr, tout le monde avait
conscience du risque qui en découlait pour l'Office : en 1919,

Kafka n'avait tenu son poste que pendant sept mois, et tout portait à croire qu'il ne se remettrait jamais complètement. Mais d'un autre côté, cette nouvelle place représentait un allègement de sa charge de travail. Il n'était plus sous-directeur d'un service obèse où il devait s'occuper à la fois de la prévention des accidents, des questions de rééducation et des publications administratives, sans même parler de l'épineux classement de milliers d'entreprises dans différentes catégories de risques; désormais chef de la « division générale des rédactions », il pourrait se consacrer tout entier aux importantes correspondances juridiques qui s'abattaient sur les autres services. Et puisque ce fameux « classement », qui entraînait chaque fois une avalanche de réclamations et de procès, avait cette fois été repoussé de plusieurs années (de fait, Kafka n'assista plus jamais à cette procédure), un calme relatif régnait sur le front juridique. Seule sa nouvelle place dans l'organigramme dut faire causer. Car là où les nouveaux services plus petits qu'il devait seconder continuaient d'employer des dizaines de fonctionnaires, la « division générale des rédactions », elle-même un service d'un point de vue formel, ne comportait qu'un seul poste. Kafka dirigeait une division monocéphale, et n'était donc le supérieur de *personne*.

Si conciliant qu'il fût, Odstrčil pouvait réagir vivement quand il se sentait doublé. Âgé de seulement 41 ans, il n'avait pas encore bien assis son autorité et tenait donc à un strict respect de la chaîne hiérarchique. Il l'avait déjà fait comprendre à son juriste le jour où celui-ci – pour la deuxième fois – s'était lui-même offert quelques jours de congé en plus. Mais tout fut oublié en ce jour de la fin février 1920 où Kafka, qui venait encore de passer quelques jours de fièvre au lit, se présenta au bureau de son directeur pour évoquer les suites de ce funeste certificat médical. Le Dr Kodym avait préconisé une longue cure en sanatorium ; Odstrčil, lui, se dit prêt à consentir deux mois de congé à Kafka. Et il ajouta : « Si vous êtes bien là-bas, écrivez à l'Office, vous pourrez rester plus longtemps[1]. » Le lendemain, Kafka reçut une confirmation écrite et, le surlendemain, les détails de son augmentation. On était bien traité dans cette maison quand on avait un protecteur ; voilà une chose qui n'avait pas beaucoup changé.

Kafka ne passerait pas le début de l'année à Prague, il l'avait décidé depuis des mois, probablement peu après l'échec de son mariage et ses conversations avec Brod à Schelesen. « *En février, j'ai quelque espoir de partir à Munich pour peut-être trois mois* », avait-il annoncé, proposant même à Julie Wohryzek de l'accompagner[2]. Décision étonnante à plus d'un titre. Car si la fièvre le laissait tranquille en décembre et en janvier, il devrait prendre ses cinq semaines de congé réglementaires et demander ensuite un congé sans solde pour se rendre à Munich. Et si son état physique s'aggravait au contraire, le médecin de l'Office ne l'enverrait certainement pas en « cure » dans une ville de 630 000 habitants.

Et puis, pourquoi Munich ? Quel « *espoir* » pouvait bien s'associer à cette ville secouée par des assassinats politiques et des révoltes réprimées dans le sang, avec laquelle Kafka n'avait plus le moindre lien digne de ce nom depuis sa lecture, trois ans plus tôt ? Il ne pouvait avoir en vue que la Kurt Wolff Verlag, qui venait tout juste, en octobre 1919, de déménager de Leipzig à Munich avec la plus grande partie de ses soixante employés. Après plusieurs années à faire la navette entre Darmstadt et Leipzig, Wolff voulait enfin vivre et travailler au même endroit; il voulait jouir tout à la fois de l'excellence du public munichois, qui passait pour particulièrement « artiste » par rapport aux boutiquiers de Leipzig, et des agréments climatiques et culturels de ce nouveau cadre; et cette fois-ci, il n'écouta *pas* les conseils de son gestionnaire Meyer, évidemment attiré par Berlin, ville des médias. Or ce déménagement paralysa la maison d'édition pendant des mois; on ne trouvait plus de logements chauffés à Munich, l'approvisionnement était catastrophique, une grève des libraires ajouta encore à cette stagnation – dans de telles circonstances, Kafka comprit sûrement qu'il était vain de s'informer du devenir de son *Médecin de campagne*. Il annonça néanmoins sa visite à Wolff – visiblement encore sur les instances de Brod – et maintint ses projets munichois jusqu'à ce que de nouveaux accès de fièvre le convainquent qu'il avait besoin non de vacances, mais d'une véritable cure.

Wolff, semble-t-il, voyait aussi un intérêt à connaître enfin son auteur de plus près; car, sans motif apparent, il s'informa des projets de Kafka – ce qui n'était jamais arrivé – et lui proposa une aide concrète. Il n'apprit qu'ensuite de Brod ce qu'il en était de sa maladie – et lui déconseilla alors sincèrement de venir à Munich. Pendant ce temps, Kafka cherchait à se loger à Partenkirchen, dans les Alpes bavaroises, lieu particulièrement recommandé pour un « *début de tuberculose* » et à seulement deux heures de Munich en train[3]. Mais à peine eut-il trouvé une chambre qu'une nouvelle tomba : du fait de la pénurie qui régnait dans toutes les stations thermales de Bavière, les étrangers étaient frappés d'« interdiction de séjour » et ne recevraient donc plus d'autorisation d'entrer sur le territoire. Sans ce papier, pas de visa pour l'Allemagne. La patience de Kafka atteignit ses limites, et il fit quelque chose de tout à fait inhabituel : il suivit les conseils de ses amis et de son médecin.

Il attendit encore sa nomination officielle au poste de secrétaire. Le 1ᵉʳ avril 1920, il s'installa à son bureau, chez lui, pour répondre en hâte à « Minze », cette jeune femme tentée par l'agriculture qu'il avait rencontrée à Schelesen et à laquelle il dispensait depuis quelques conseils de temps à autre, comme un vieil oncle. « *Demain, je pars pour Meran,* écrivit-il. *Le mieux [...] est que j'y pars seul, mais, en l'espèce, même le mieux est loin d'être bon*[1]. » Le lendemain soir, Ottla l'accompagna jusqu'à son train de nuit. Nous ignorons si Julie Wohryzek aussi vint à la gare. Il y a lieu d'en douter.

Meran, ville thermale la plus privilégiée des Alpes orientales par sa situation et son climat, avait connu des jours meilleurs. Après l'ouverture de la ligne ferroviaire sur le col du Brenner (en 1868), et plus encore depuis le tournant du siècle, cette petite ville autrichienne avait connu un développement touristique proprement explosif : tout au long de la dernière année d'avant-guerre, elle avait hébergé plus de visiteurs que d'habitants, et la majorité de ces touristes – dont nombre de patients et de convalescents fortunés venus tout droit d'Europe de l'Est – y restaient plus d'un mois. Logée dans une cuvette montagneuse ouverte vers le sud, et protégée au nord par des kilomètres de falaises, Meran passait pour une sorte d'avant-poste des tropiques et était desservie par des voitures directes en provenance de Paris, de Berlin et de Vienne. Dans ses halls d'hôtel, dans ses petits parcs et sur ses promenades dépoussiérées et bien entretenues, on saisissait au vol des conversations en anglais,

en français et en russe, le trafic était dominé par des auto-
mobiles et des fiacres loués à prix d'or, et le quotidien de
la ville se présentait comme une « saison » réglée dans le
moindre détail, comme une suite incessante de cours de tennis, d'excursions, de pique-nique, de concerts, de soirées, de
garden-parties et de courses de chevaux.

Dans de telles conditions, il était facile d'oublier que cette
ville prospère se trouvait dans une région politiquement brûlante ; même après l'entrée en guerre de l'Italie, même après
le départ précipité de presque tous les curistes, personne ne
pensait sérieusement que la main de l'histoire atteindrait le
Tyrol du Sud et ses tendres vallées. Mais en novembre 1918,
Meran fut investie par les troupes italiennes, durablement.
Car l'Italie, rangée du côté des vainqueurs, tenait à ce que
son territoire soit protégé par une frontière nord « stratégique », et ce ne pouvait être que cette ligne des partages
des eaux passant par le Brenner, très au nord de Meran.
Cela se fit par-dessus la tête de la population, essentiellement allemande, et, après le traité de Saint-Germain-en-
Laye*, les Tyroliens du Sud comprirent qu'ils étaient du
mauvais côté : l'irrédentisme italien avait saisi une chance
historique, Meran resta sous domination italienne, prit le
nom de Merano et fut intégrée à la région du Haut-Adige
(anciennement « Hoch-Etsch »).

Nous ignorons comment Kafka parvint à obtenir un laissez-
passer pour cette zone instable et annexée par les ennemis d'hier – peut-être son habitude des formulaires et des
bureaux joua-t-elle en sa faveur. Que l'ombre de la guerre
planait encore sur cette ville thermale, il dut s'en rendre
compte dès l'instant de son arrivée, après vingt-quatre heures

---

* Le 10 septembre 1919.

de voyage et deux fouilles de sa valise, lorsqu'il déboucha enfin sur l'esplanade de la gare de Meran. Sous l'œil nerveux des *alpini* et des *carabinieri*, une foule de patriotes tyroliens agités s'était réunie pour inaugurer un monument dédié à la mémoire du héros local et « combattant de la liberté » Andreas Hofer*, statue aux dimensions bien dignes de l'époque et d'une emphase significative dans ce contexte politique. « *Pour Dieu, l'Empereur et la Patrie* », lisait-on sur le piédestal. Une provocation.

Kafka dut savoir avant même son départ que Meran ne disposait plus que d'un seul établissement de prestige – l'hôtel « Frau Emma », près de la gare justement. Ce qui était plus surprenant, c'est que la ville vivait encore sous le règne de la pénurie presque un an et demi après la fin de la guerre, et de façon si criante qu'on s'y sentait ramené à la misère de 1918 : files d'attente devant les boulangeries, cartes de rationnement et « jours sans viande »; rues sales et parcs à l'abandon; églises pillées et dépouillées de leurs cloches; théâtre, thermes et toilettes publiques fermés. Endettée sans remède, assise sur un monceau de bons du Trésor devenus inutiles, livrée au bon vouloir de l'occupant, la ville accueillait avec joie le moindre visiteur qui voudrait bien dépenser quelques lires.

Fût-il aussi parcimonieux que cet homme de Prague qui se déclara « fonctionnaire » dans le registre du « Frau Emma ». Mais Kafka eut beau être aussitôt séduit par l'anonymat protecteur de ce grand hôtel, et savoir qu'il pouvait y compter sur le meilleur service possible, il ne put prendre sur

---

* Né en 1767 à Sankt Leonhard in Passeier, mort à Mantoue en 1810, Hofer, aubergiste de profession, mena en 1809 la rébellion du Tyrol contre l'Empire français et le royaume de Bavière en vue de son rattachement à l'Autriche. Défait, trahi, exécuté, il demeure un symbole d'indépendance pour les populations germanophones de la région.

lui d'ignorer le prix des chambres et de se mêler pendant
au moins une ou deux semaines à cette clientèle de riches
Italiens. Tout de suite après son premier petit déjeuner
– c'était le dimanche de Pâques –, sous la pluie et par un
froid inhabituel, il se mit à errer dans la ville à la recherche
d'un hébergement tranquille et moins coûteux. Hors de question d'aller dans un sanatorium, il voulait se tenir à cette
résolution ; mais il y avait bien assez de chambres d'hôtes, on
était le bienvenu partout. Enfin, parmi les villas de Meran-
Untermais (alors une localité à part), il dénicha une pension
entourée de hauts arbres, se fit montrer les lieux, visita les
chambres et la salle à manger ; et puisque la propriétaire, une
femme aimable et corpulente, ne se laissait pas intimider par
son régime végétarien ni par ses autres exigences, il s'installa. Quinze lires par jour, cela faisait à peu près 4,50 couronnes tchèques. Pas trop pour un fonctionnaire de l'Office.

Sa chambre était presque de plain-pied, les portes donnaient sur un jardin plein de grandes haies en fleurs. Il faisait encore froid, la pension « Ottoburg » était chauffée le
soir. Mais en journée, le moindre rayon de soleil se déversait sur le confortable balcon et, si Kafka se tenait immobile,
il voyait s'approcher les oiseaux, les lézards.

Il se réjouissait d'être à l'étranger, et après les bras-de-
fer familiaux de l'année précédente, il était plus résolu que
jamais à repousser loin de lui tout ce qui lui rappelait sa
ville natale et cette promiscuité contrainte. Il regrettait donc
un peu de ne pas être resté à l'hôtel. Dans ce genre de
petite pension, écrivit-il à Ottla, il se sentait comme dans un
« *caveau de famille* », voire dans une « *fosse commune* », même

si Meran était « *incomparablement plus libre, vaste, divers, gran-diose, aéré et ensoleillé que Schelesen*⁵ ». Il essaya d'abord d'évi-ter les autres clients (la pension comptait seize chambres) ; tandis qu'eux s'attardaient après le repas du soir, il disparais-sait dans sa chambre, immédiatement attenante ; les premiers jours, il insista même pour manger à une petite table à part. Il voulait pouvoir mâcher tranquillement selon la « méthode Fletcher », expliqua-t-il à sa logeuse, qui se montra compré-hensive, et qui avait sans doute connu des hypocondriaques plus pénibles. Les autres pensionnaires, eux, étaient moins à l'aise en voyant ce solitaire qui mastiquait méthodique-ment la moindre bouchée dans son coin. Pour finir, un ancien colonel du Reich allemand qui s'ennuyait au milieu de ces dames l'invita d'un geste désarmant à se joindre à la compagnie.

Kafka cède. Il sait d'avance qu'il sera le seul Juif à cette table. Il y en a beaucoup à Meran ; au « Frau Emma », il en a croisé quelques-uns et même parlé avec eux ; et à deux pas de l'« Ottoburg » se trouve un « Foyer de convales-cence pour les Israélites nécessiteux ». Mais là, il est le seul, et il pressent sûrement que cela lui vaudra une expérience cuisante.

Que sa chambre tranquille, avec son balcon sur jardin, deviendra très bientôt le théâtre d'une extase jusqu'alors incon-nue, voilà qui excède en revanche toutes ses prévisions. Et il ne peut savoir non plus qu'il respire pour la dernière fois la douceur de l'air du Sud, que ces palmiers, ces cyprès et ces pins qui poussent partout à Meran sont les derniers qu'il verra de sa vie. Il est content d'être *loin*, content aussi sans doute de ne pas être allé à Munich ; il observe, comme toujours en voyage ; il lit les journaux en savourant ces limonades dont il a été privé pendant si longtemps. De temps à autre, il donne des nouvelles à Ottla et à Brod ; en bon fils, il écrit à ses parents ce qu'il mange à la pension. Il ne se sent aucune obligation vis-à-vis de son vrai *travail* ; il n'écrit pas, n'a rien écrit depuis longtemps en dehors de ses méditations privées ; et les histoires passionnantes qu'il a inventées autrefois semblent pour le moment l'intéresser moins que d'autres.

Par exemple une jeune Tchèque, madame Milena Jesenská-Pollak. L'année précédente, elle lui a écrit de Vienne pour lui demander la permission de traduire un de ses textes en tchèque. Il n'a rien contre, il est même assez fier, il a montré cette lettre à Julie, sa fiancée, quelques jours avant la date prévue pour leur mariage. L'hiver suivant, il a croisé cette madame Pollak dans un café de Prague, qui est aussi sa ville natale ; il se souvient à peine de son visage ; plus tard est arrivée une lettre dans laquelle elle s'est plainte de manquer d'air à Vienne. Voilà qui est intéressant. Elle n'a pas l'air d'une correspondante fiable, elle le laisse sans réponse quand il demande des précisions. Mais Kafka est trop curieux de savoir ce que devient sa traduction, puis il a du temps à Meran, y compris pour parler dans le vide, rien ne s'oppose à ce qu'il frappe encore une fois à la porte. « *Je vis très bien ici*, lui dit-il, *un corps mortel pourrait à peine supporter plus de sollicitude [...] : j'aimerais tant vous proposer Meran*[6] ».

Cette fois non plus, elle ne répond pas. A-t-il été trop familier ? Ou bien s'est-il passé quelque chose à Vienne ? Il sait que la jeune femme a la vie dure, là-bas, malgré son mariage. Il se sent obligé de demander encore une fois de ses nouvelles, avec un peu plus d'insistance cette fois. Pourquoi ne quitte-t-elle pas Vienne pour quelque temps si elle s'y sent mal ?

La réponse est toute simple. Il faut qu'elle travaille, écrit enfin madame Pollak, car son mari ne lui donne pas un sou. Elle écrit pour les journaux, de mauvais feuilletons en général ; et la nuit, elle traduit, par exemple *Le Chauffeur* de Kafka.

Ah, et aussi : elle est tuberculeuse.

MILENA

Je suis de ces machines qui peuvent exploser.
Friedrich Nietzsche, lettre à Peter Gast, 1881

« L'ordre du monde n'était pas le même pour elle et pour nous. Elle le transgressait chaque jour, à chaque minute. Elle prenait ce qui lui revenait, même si les bourgeois appelaient ça du vol, et elle donnait des deux mains. Pour elle, rien n'était impossible : ceux qu'elle aimait, ceux qu'elle abritait de sa main pouvaient suivre leur route sans crainte, sans un regard de côté – ce dont ils avaient besoin, elle le leur procurait : l'argent, les charmes de l'amour, la séduction, l'élégance, les intrigues. Milena faisait pleuvoir les bienfaits du ciel de ses deux poings fermés. Par pure amitié, elle aurait été capable de meurtre[1]. »

Comme Felice Bauer, Milena Jesenská ne fut pendant des décennies que le nom d'une rumeur : une de ces ombres sans consistance qui apparaissent à la lumière du génie avant de s'évanouir à nouveau, comme les personnages d'un théâtre intérieur. Sur cette scène, son passage à elle aussi était nimbé d'une aura de fiction littéraire, il avait lieu dans la chambre d'écho d'une correspondance, de lettres bouleversantes, passionnées, dont les enveloppes portaient son nom. Milena était une adresse.

Après la Seconde Guerre mondiale, il n'y eut qu'à Prague que son souvenir continua de circuler, mince ruisseau alimenté par des réminiscences de rencontres, par des légendes et par les rares écrits encore trouvables de sa main : rappel qu'elle avait été une femme étonnante, et une journaliste plus étonnante encore. Il fallut que ses textes et certaines traces de sa vie soient publiés dans d'autres langues pour qu'on comprenne *quel destin* avait jadis croisé la route de Kafka. Contrairement à Felice Bauer, contrairement à Julie Wohryzek, elle avait été la plus forte. On peut imaginer Kafka adopter ses choix de vie, se rallier à la personne de Milena ; mais qu'*elle* le suive dans son monde, non. Elle le savait, elle s'en est expliquée.

Kafka dut connaître Milena Jesenská longtemps avant leurs premières lettres. Peu de temps sans doute après le début de la guerre, la bachelière et deux de ses amies se mirent à pousser régulièrement les portes du Café Arco : jeunes Tchèques extravagantes parmi des gens de lettres allemands, en robes ondoyantes, sans corsets ni collants, assoiffées de vie, effrontées, audacieuses. Que Kafka a posé les yeux sur ces piquantes *groupies*, on peut en être sûr ; qu'il ait vu davantage en elles qu'un penchant pubertaire à la mise en scène de soi, il y a lieu d'en douter. Leur présence apportait une touche d'érotisme bienvenue ; malgré toute leur culture, personne ne voyait en elles les journalistes et traductrices qu'elles finiraient par devenir. Les folles histoires qui coururent bientôt sur le compte de Milena, Jarmila et Staša suscitèrent des fantasmes – même si on ignorait combien de ces bruits étaient vrais.

Au fil de la guerre, ces trois jeunes femmes se montrèrent de moins en moins souvent, et Kafka plus du tout. Jarmila

et Staša épousèrent des Tchèques, et Milena un des littérateurs en chef de l'Arco, Ernst Pollak, avec qui elle partit
pour Vienne. Lorsqu'elle écrivit à Kafka, elle avait 24 ans.
Mais ce qu'elle avait derrière elle excédait déjà de beaucoup les rumeurs pragoises les plus folles, et ne s'accordait
même plus avec la vague idée qu'on se faisait alors d'un
libertinage « bohème ». Deux avortements. Deux tentatives
de suicide. Vol à l'étalage et usage de faux. Liaison homo-
sexuelle. Drogues. Séjour de presque un an dans un institut psychiatrique. Quelques jours de prison, encore à cause
d'un vol. Travail comme porteuse de bagages. Vie aux côtés
de la maîtresse de son mari. À croire vraiment qu'elle abro-
geait l'ordre du monde, économique autant que moral. Elle
était sans scrupule, prodigue, elle prenait et donnait. Restait
toujours un déficit, elle en était consciente. *Já jsem ten který*
platí, ainsi formula-t-elle bientôt la loi de son existence : *Je*
suis celle qui paie[2].

Milena Jesenská naquit le 10 août 1896 dans le quartier
pragois de Žižkov. Elle sut dès son enfance que l'argent et
l'amour, la réussite sociale et le malheur intime peuvent
s'amalgamer pour le pire : issu d'une famille pragoise respectée mais appauvrie, son père, Jan Jesenský, fonda sa carrière de dentiste sur la dot de sa femme Milena Hejzlarová,
mais garda pour lui seul la liberté qu'il retira de sa prospérité croissante. Il était encore étudiant à la naissance de sa
fille ; mais dès 1902, la famille put se permettre d'emménager dans l'Obstgasse, à deux pas de la Wenzelsplatz, dans
un immeuble moderne où Jesenský installa du même coup
son confortable cabinet. Un an plus tard, il fut habilité et,

dès lors, il jongla chaque jour ou presque entre ses cours magistraux, le dispensaire de la Karlsuniversität et sa propre patientèle, sans doute composée exclusivement de Tchèques.

Le Dr Jesenský était un homme vif et ambitieux, un médecin capable, spécialisé dans les maladies de la mâchoire, et un nationaliste convaincu – un de ces nombreux universitaires tchèques qui vivaient dans une concurrence permanente avec leurs pairs allemands et leurs institutions. Chez lui, il tenait le rôle du despote aimant; le programme de chaque jour devait se plier à ses besoins, sous peine de crises de colère. Le soir, il retrouvait ses amis du Sokol, s'adonnait à diverses liaisons (y compris avec ses patientes, semble-t-il) ou bien il jouait ses honoraires dans des parties de cartes au club. En fin de semaine, il lui restait assez d'énergie pour des sorties dans les parages de Prague et pour des marches qu'il trouvait chaque fois trop courtes. Un homme dont les humeurs contenues avec ostentation pouvaient être aussi accablantes que ses accès de fureur.

Difficile d'imaginer que la mère de Milena ait trouvé dans ce mariage l'accomplissement de ses désirs. Fille d'un pédagogue, elle possédait une vaste culture et était sans nul doute capable de paraître en société et de faire la conversation[3]. Mais ses passions se portaient ailleurs, elle aimait les belles étoffes et les beaux meubles, s'essaya au tournage sur bois, à la pyrogravure, et s'occupa elle-même de l'éducation de sa fille, à tous points de vue. Le Dr Jesenský s'impliquait peu dans ce gynécée, et s'en éloigna plus encore après que le second enfant du couple – un fils prénommé Jan, comme de juste – mourut à seulement quelques mois.

Le fait que Milena soit restée fille unique et n'ait pas eu à se dévouer à un prince-héritier plus jeune dut jouer un rôle déterminant dans son destin. Si Jesenský voulait projeter dans l'avenir sa propre carrière scientifique, s'il voulait perpétuer le rang qu'il avait conquis grâce à son savoir, le *nom* de sa famille, il n'avait d'autre choix que d'offrir à son seul enfant la meilleure des éducations. Milena deviendrait médecin. Et pour ce faire, elle devait passer son baccalauréat. En 1907, la décision tomba : à 11 ans, elle fut confiée aux soins du « Minerva », un lycée tchèque pour filles.

Excellent choix, pas de doute. Car le Minerva était bien plus qu'une école : c'était une des rares institutions qui valaient aux Tchèques – au terme d'un bras-de-fer de plusieurs années avec les autorités de Vienne – un avantage dans la course à l'émancipation. Un lieu qui dispensait aux filles une éducation classique et exhaustive, y compris en langues vivantes[4], et qui les qualifiait pour tous les postes universitaires – si cultivés qu'ils fussent, les Allemands n'avaient rien de tel. Les professeurs comme les élèves n'en étaient que plus conscients d'appartenir à une élite, à l'avant-garde d'un mouvement. Le Minerva avait été fondé en 1890 ; quand Milena y fut admise, les premières diplômées y enseignaient déjà, renforçant celles qui les suivaient dans l'ambition de montrer aux femmes de la bourgeoisie allemande de quoi les Tchèques étaient capables. Le Minerva devint peu à peu l'emblème d'une identité, le creuset d'un renouveau qui gommait les limites entre générations. Les enseignantes, engagées, emmenaient leurs élèves à des expositions, des concerts et des pièces de théâtre, et incitaient les jeunes « minervistes » à faire du sport : on leur offrait un accès privilégié aux bains et aux courts de tennis, des randonnées étaient organisées pour elles et, en hiver, elles s'entraînaient au patinage. Programme convaincant aux yeux du

Dr Jesenský : comme la plupart des nationalistes tchèques, il avait intégré l'idée que l'ascension d'une jeune nation avait à voir avec la discipline du corps.

La fierté inspirée par les dons de leur fille dut être l'ultime lien entre les époux Jesenský. Ce triangle fragile fut toutefois de courte vie, car la mère de Milena contracta une maladie chronique – probablement une anémie pernicieuse – et mourut en 1913 au terme d'un long dépérissement. Sur les instances de son père, Milena se chargea d'une part considérable des soins domestiques : elle passait ses après-midi dans la chambre de sa mère et, au cours des derniers mois, elle dut même veiller à ce que la malade, devenue presque impotente, prenne son traitement aux heures prescrites pendant la nuit. Un désenchantement radical. Pour l'adolescente, c'était une sorte d'incarcération qui nourrissait fatalement sa colère et sa haine : contre son père insensible, qui fuyait ses responsabilités sans modérer son train de vie le moins du monde, mais aussi contre sa mère innocente, dont elle dut attendre la mort comme une délivrance.

Ce qui s'ensuivit dut apparaître au Dr Jesenský, moyennement endeuillé, comme un châtiment incompréhensible. En quelques mois, sa fille belle et docile, en qui il avait toujours vu une jeune dame réservée, rêvassant au piano, absorbée dans la lecture de romans et la contemplation de livres d'art, se transforma en un démon. Il faut croire qu'elle avait une revanche à prendre. Elle voulait se défaire de l'odeur et des remords de cette chambre de malade. Après un pareil coup du sort, on ne pouvait certes en vouloir à une jeune femme de 17 ans de perdre la mesure et de passer les bornes. Mais la manière dont Milena usa de sa liberté reconquise et réclama une attention de tous les instants équivalait à une déclaration de guerre : elle pilla le compte en banque de son père, contrefit sa signature, contracta en son nom des dettes insensées, vola ses vêtements pour les offrir à des amis dans le besoin, et alla jusqu'à se servir dans les flacons de morphine du cabinet de Jesenský, sur lesquels il devait rendre des comptes. Elle développa une obsession pour les fleurs, acheta des bouquets aux frais de son père, se fit prendre en train d'en cueillir dans les parcs à 5 heures du matin. Elle eut des liaisons, tomba enceinte, et de nouveau c'est son père qui paya. Mais surtout – et elle savait que c'était la plus cuisante des provocations pour un patriote comme lui –, surtout, elle se mit à frayer avec des Allemands, s'afficha avec ses amis sur le corso germanique, fit parler d'elle par-delà les barrières nationales à la moindre occasion. C'était comme si elle cherchait fiévreusement ses limites, des repères, l'autorité peut-être, comme si elle cognait du poing contre la poitrine de son père, sans vraiment lui faire mal ailleurs qu'au portefeuille.

Dans son espoir que la discipline propre aux études de médecine calmerait le jeu et ferait rencontrer à sa fille des gens plus fréquentables, Jesenský fut encore déçu : cette expérience absurde ne dura que deux semestres. Milena se donnait moins à ce qu'elle faisait qu'aux gens ; elle ne savait pas structurer son savoir, et encore moins disséquer des cadavres. Mais ce qui lui répugnait sans doute plus que tout, dans la médecine comme dans n'importe quel cursus, c'était l'inévitable spécialisation : ses goûts intellectuels et esthétiques étaient vagabonds et folâtres, ils procédaient d'une identification. Elle engloutissait tout ce qui l'impressionnait, littérature, musique, art. Pour assister à un concert, elle était prête à rester debout ; si elle obtenait une place assise, elle apportait ses partitions. Mais la musique comme matière, comme science, ou même comme métier, était aussi loin d'elle qu'une carrière de médecin. Les cours du conservatoire de Prague, auxquels elle s'inscrivit après l'interruption de ses études de médecine, restèrent donc eux aussi les jalons d'une éducation culturelle, non ceux d'une formation à un métier.

Pendant un temps, il semble que Jesenský ait joué le jeu ; il rechignait à exercer une contrainte immédiate, et demandait plutôt à des familles amies de s'occuper de Milena. Mais il ne put empêcher un scandale public. Un jour, il entendit que sa fille s'était acoquinée avec un littérateur qu'elle comptait épouser. Un Allemand, bien entendu, et pire encore : un Juif connu pour ses multiples « histoires de femmes ». La coupe fut pleine. Milena avait 20 ans, elle n'était pas encore majeure. Usant de ses droits légaux, le Dr Jesenský dit non.

Ernst Pollak, né en 1886, et donc de dix années plus vieux que Milena, était un inconnu dans la littérature allemande ; mais dans les *cercles* littéraires, il appartenait à la fine fleur pragoise – cas remarquable de « littérateur sans œuvre[5] ». Comme Brod, Kafka et Pick, il avait opté pour un métier profane – correspondant en langues étrangères à l'Österreichische Länderbank –, mais sa vaste culture, son éloquence et la subtilité de ses jugements littéraires faisaient de lui le conseiller de toute une génération d'auteurs pragois. C'est à Werfel qu'il était le plus lié, même s'il connaissait aussi Willy Haas depuis l'école. Ses contacts avec Brod étaient en revanche sporadiques (Pollak ne s'intéressant pas au sionisme), mais tous deux se rencontraient évidemment dans les cafés depuis des années.

Pollak était tout sauf imposant; les tenues recherchées dont il rehaussait tant bien que mal son physique gracile étaient parfois comiques; et sur une photo de lui à 27 ans, en 1913, il ressemble à un triste commis de magasin. Les témoins de l'époque lui prêtent néanmoins un magnétisme singulier, captivant, qui le plaçait souvent au centre de la discussion – même en présence d'écrivains de premier rang. Pollak était conscient de ce charisme énigmatique, il le soignait, le renforçait d'une touche d'arrogance et parvenait ainsi à faire oublier sa totale stérilité littéraire – un blocage presque insurmontable face à l'écriture – et à vivre son talent dans la conversation. Sa tendance compulsive à nouer des liaisons était elle aussi de nature compensatoire, mais c'était un comportement répandu dans la bohème littéraire, qui inspirait au pire des plaisanteries teintées de psychanalyse et qui, pour le reste, jouait tout à fait en faveur de Pollak.

Tel était donc l'individu que la fille de l'estimable Dr Jesenský avait décidé d'épouser. Nous ignorons s'il prit des renseignements par le biais d'un professionnel, mais Jesenský n'en avait pas besoin : sa répugnance s'enracinait dans des préventions idéologiques, il ne supportait pas l'idée d'avoir pour gendre cet hurluberlu juif, ce dom Juan de café. Après avoir, avec une vraie sollicitude, soutenu Milena dans un avortement qui lui coûta presque la vie, il reprit espoir : peut-être que ce choc sanglant la ramènerait à la raison. Mais Milena déclara qu'elle s'installerait avec Pollak, sans acte de mariage si nécessaire.

Toutes ses remontrances restant sans effet, Jesenský recourut à la force : en juin 1917, avec l'aide d'un médecin – le Dr Procházka, père de Staša, la meilleure amie de

Milena –, il fit interner sa fille dans l'institut psychiatrique de Veleslavín, un faubourg de Prague. « *Absence pathologique de notions et de sentiments moraux* », tel fut le diagnostic : au temps de la médecine austro-hongroise, c'était un motif suffisant pour enfermer une jeune femme célibataire pendant neuf mois. Pollak tenta d'exercer une pression sur Jesenský en le provoquant en duel – ce qui fit évidemment parler dans les cafés tchèques et allemands –, mais cette manœuvre désespérée et tant soit peu anachronique resta entièrement sans effet : Jesenský avait déjà quelques duels à son compteur et savait reconnaître un adversaire digne de lui.

Le temps toutefois jouait en faveur de sa fille. Alors que Milena, passé le choc, trouvait des moyens de prendre contact avec l'extérieur et même de revoir Pollak régulièrement, Jesenský comprit peu à peu que, à moins de trouver un terrain d'entente avec elle, le vide risquait de s'ouvrir sous ses pieds le jour où elle serait majeure. Comme elle refusait toujours de suivre un cursus en bonne et due forme et que ses scandales quasi publics n'étaient plus conciliables avec le statut social d'un médecin de renom qui, de surcroît, avait le vent du nationalisme en poupe, il ne restait qu'une solution : il fallait l'éloigner, elle devait disparaître de Prague, après quoi les commérages cesseraient d'eux-mêmes. Jesenský était prêt à acheter sa liberté : règlement de toutes les dettes, trousseau, dot, rente mensuelle – peu importe. Le 14 mars 1918, Milena épousa son lettreux infidèle, le roitelet du « *Café Pollak*[6] ». Quelques jours plus tard, ils étaient à Vienne.

« Rien pour se chauffer, pas de bois, pas de charbon, pas de coke. Dans l'ensemble du pays, les trains ne circulent pas, les usines s'arrêtent à tout instant, les boutiques ferment à dix-sept heures et, à partir de vingt heures, restaurants et cafés ne sont plus éclairés que par la lumière vacillante des petites lampes à acétylène. On parle de couper le courant aux parti-culiers, peut-être même en sera-t-on réduit à s'éclairer avec des bougies, au demeurant introuvables dans les boutiques! Rien pour se chauffer, rien pour se nourrir. […]

À condition d'être d'une modestie extrême – tant pour la quantité que pour la qualité – la ration hebdomadaire suffit à un seul et maigre dîner. Une miche de pain par personne, et j'ai beau être depuis deux ans à l'école de la mouise vien-noise, je n'ai pas encore réussi à avaler ce "don de Dieu", jaune, dur, rassis, moisi[7]. »

Milena avait espéré mieux. Mais bien avant la fin de la guerre, certains signes avaient annoncé que la catastrophe d'une défaite frapperait bien plus durement le centre poli-tique que la périphérie : à mesure que la Bohême et la Hongrie restreignaient leurs livraisons de nourriture et de charbon à la capitale, jusqu'à les interrompre par périodes après l'avènement des nouveaux États nationaux, la ville de Vienne, avec ses millions d'habitants, ressemblait de plus en plus à un colosse impuissant à qui l'on tranchait les artères. Un rapport de force vieux de plusieurs siècles s'était inversé : là où les Tchèques, les Slovaques et les Hongrois avaient toujours dû se battre à Vienne pour *garder* une part équitable de leurs propres ressources, c'était au tour de l'« Autriche allemande », cet État croupion, de mendier du grain auprès de Prague et Budapest. Et puisqu'elle n'avait rien à offrir en échange, les gouvernants faisaient valoir des « considérations humanitaires ».

Milena Pollak fut d'abord incapable de s'adapter à cette situation d'une gravité inattendue. Son mari touchait bien un salaire fixe – il s'était fait muter dans la filiale viennoise de sa banque, où on l'avait promu cambiste –, mais qui était loin de suffire à perpétuer leur ancien train de vie. La dot fut engloutie en quelques mois, le trousseau de Milena fut ou vendu ou mis au clou, puis Pollak refusa de confier de l'argent à sa femme. Elle dépenserait tout en vêtements, en bijoux, en fleurs, en cocaïne, disait-il – il était temps qu'elle gagne sa vie elle-même. Milena trouva qu'il n'avait pas complètement tort, surtout au vu des dettes qu'elle avait déjà contractées à Vienne et qui ne contribuaient pas à la rendre populaire auprès des rares personnes qui pouvaient la soutenir. (L'endettement de Pollak, lui, ne nuisit apparemment pas à sa réputation.)

Compte tenu de la misère qui régnait à Vienne après la guerre, il est tout à fait vraisemblable que Milena – comme elle le suggéra plus tard – n'ait pas été loin d'opter pour la prostitution[8]. À ce stade, elle avait déjà franchi toutes les limites qui définissaient l'univers social et moral d'une fille de la bourgeoisie, et elle aurait peut-être préféré s'avilir dans l'anonymat plutôt que de s'humilier en appelant encore une fois son père à l'aide. Au bout du compte, elle vécut des pourboires que lui donnaient des voyageurs pour porter leurs valises de la gare à l'hôtel, ou des Viennois frigorifiés qui passaient l'hiver sans charbon et auxquels elle montait du bois[9]. Elle trouva un autre expédient en proposant des cours dans des écoles tchèques où son statut de « minerviste » lui valut probablement d'être accueillie à bras ouverts – quelque 5 % des Viennois parlaient le tchèque au quotidien –, et les demandes de leçons particulières de langue ne manquaient pas non plus. Mais elle se refit bientôt prendre en train de voler et se retrouva face à un juge autrichien. Sa défense est devenue légendaire : « *J'avais une crise érotique*[10] ».

Milena Pollak manquait de tout appui à Prague. Le prestige de son patronyme, son réseau de femmes tchèques émancipées, la gloire locale qu'elle avait connue sur les scènes allemande et tchèque – tout cela ne comptait pour rien. Elle dut se contenter de suivre de loin la libération nationale tant attendue, la fondation de la république tchécoslovaque, qu'elle accueillit avec le même enthousiasme que son père. Cet événement ne lui valut d'ailleurs que de nouveaux ennuis, car Prague était dorénavant située à l'étranger ; les frontières restèrent fermées pendant des mois, même pour les envois d'argent et pour les colis de nourriture dont elle avait le plus grand besoin.

Elle ne pouvait compter sur aucune forme de solidarité conjugale, et elle l'avait compris au bout de quelques semaines. Pollak ne faisait pas assez cas de l'intelligence de sa femme pour comprendre qu'elle se sentait déracinée. Bien entendu, il conservait aussi ses habitudes polygames, en se réclamant de leurs vieux arrangements de Prague, et il n'hésitait pas à ramener ses favorites dans leur spacieux appartement du VIIe arrondissement. Sans grande conviction, Milena fit à son tour quelques tentatives pour vivre un « mariage libre » – dont une brève liaison avec l'écrivain Hermann Broch –, mais le caractère maniaque et addictif qui marquait depuis toujours la sexualité de Pollak lui restait étranger, comme cette idéologie de la promiscuité que certains cultivaient à grand renfort de citations d'Otto Gross. Elle endurait plus qu'elle n'acceptait, parfois plus qu'elle ne pouvait supporter – sans doute par crainte de passer pour conventionnelle ou prude aux yeux des amis de Pollak, qui donnaient le « *la* » à Vienne tant en littérature que sur le plan des mœurs. Au tout dernier étage du 113, Lerchenfelder Strasse, elle dut connaître bien des heures sombres dont nous savons peu de chose, et l'une d'entre elles au moins la poussa dans les ultimes retranchements de sa psyché – elle tenta de s'empoisonner, et ne se rétablit qu'avec l'aide d'une fidèle concierge hongroise[11].

Ce sentiment désespéré de toucher ses limites n'était pas infondé. Car, tandis que Pollak se trouva tout de suite comme chez lui sur la scène littéraire viennoise et acquit bientôt au « Café Central », et plus tard au « Herrenhof », le même statut d'autorité qu'à Prague, Milena peinait à sortir du statut d'intéressante escorte. Si son apparence y était sûrement pour quelque chose – aux yeux des Viennois, elle incarnait une beauté résolument slave, « corsée », ce qu'accentuait encore son refus de toute coquetterie –, c'était surtout la barrière de la langue qui lui compliquait l'existence. Avec Pollak, elle parlait tchèque, de même qu'avec ceux de leurs amis pragois qui séjournaient parfois à Vienne, comme Egon Erwin Kisch ou Otto Pick. Mais la seule langue de culture dans les cafés était l'allemand, de sorte que Milena – en cette première année qui fut aussi la pire – resta non seulement cantonnée au rôle de spectatrice, mais entachée de la tare de la provincialité. Franz Blei, Egon Friedell, Anton Kuh, Alfred Polgar, Robert Musil, Franz Werfel… : dans ce cercle d'hommes du monde, les opinions baragouinées d'une fille de dentiste débarquée de Bohême trouvaient un écho limité. D'autant qu'il y avait un monde entre leur perception des événements politiques : là où Milena, encore sous l'impression de la « libération » des Tchèques, peinait à réfréner son enthousiasme, les questions d'identité et de redistribution des territoires ne soulevaient qu'un intérêt tiède chez ses nouvelles connaissances. Ce qui importait, c'était la constitution du pays où l'on vivait, pas sa taille – lui rétorqua la célèbre autrice Gina Kaus, une des rares femmes qui la prenaient au sérieux[12]. Non, la question des nationalités, c'était de la propagande de seconde zone, tout le monde au « Herrenhof » était d'accord là-dessus ; et si les Autrichiens se sentaient tout à coup l'envie d'être allemands, c'était moins par un bel élan national que par peur de mourir de faim[13]. La seule question vraiment brûlante était celle de l'ordre *social*, la question de savoir si un renouveau politique et culturel était possible sans révolution. Facile à échauffer, Werfel alla jusqu'à se déclarer bolchévique pendant quelques semaines ; et à la suite de Kisch, non moins désorienté que lui, il prit part à la tentative de putsch des Gardes rouges en novembre 1918 – journées palpitantes, que ces messieurs purent suivre comme au théâtre depuis le Herrenhof.

Nul doute pourtant que Milena Pollak se fit des abîmes et des failles de la vie quotidienne viennoise une impression bien plus vivace que ses censeurs, et que sa sympathie naissante pour la gauche fut nourrie d'expérience. Ses petits boulots, ses cours de langue, mais aussi ses heures d'errance en quête de nourriture, les files d'attente et les négociations du marché noir lui valurent de faire d'innombrables rencontres avec des gens de toutes les couches sociales et lui donnèrent peu à peu une vision kaléidoscopique de la situation – ainsi qu'un riche vocabulaire viennois. Même hors des cafés, elle était souvent reléguée au rôle de visiteuse, d'observatrice, ne serait-ce qu'à cause de son fort accent. Mais elle dut vite s'apercevoir que cette même distance sociale et culturelle qui empêchait le dialogue sur un pied d'égalité au Herrenhof favorisait l'exploration de la « vraie vie » et possédait aussi un caractère libérateur. Milena se mit à observer ce qui l'entourait avec le regard d'une documentariste, d'une journaliste. Et fin 1919, pour la première fois, elle coucha sur le papier ce qu'elle avait vu. Il en sortit toute une série de reportages viennois qui impressionna tant le vice-rédacteur en chef du *Tribuna*, un quotidien libéral de Prague, qu'il versa aussitôt des honoraires à Milena pour tout ce qui sortait de sa plume. Premier salaire gagné par un travail intellectuel, à 23 ans. Pollak se moqua d'elle quand il vit ces articles en tchèque. Milena, elle, signala sans attendre ce triomphe à son père : signé « *M. P.* ».

Vers cette époque, elle découvrit Prague sous le nouveau régime tchèque – probablement lors de cette même visite qui lui permit de s'entretenir brièvement avec Kafka et, rencontre d'abord plus importante pour elle, de faire la connaissance d'Arne Laurin, du *Tribuna* (qui avait lui-même connu la faim à Vienne pendant la guerre). Qu'elle ait osé s'adresser en allemand à Kafka, alors une éminence locale, est la preuve non seulement d'un gain de confiance en elle, mais aussi d'une connaissance croissante de la littérature allemande de l'époque, et d'une compétence linguistique acquise à une vitesse exceptionnelle. Certes, elle commettait encore des fautes, certaines subtilités et allusions lui échappaient. Mais Kafka eut la nette impression que ses textes, avec elle, seraient entre de bonnes mains. Et comme il ignorait encore ce qu'il en était du mariage des Pollak, il se rassura peut-être en imaginant que les traductions de madame Milena seraient revues par un connaisseur bilingue – même s'il garda évidemment cette arrière-pensée pour lui.

Début mai 1920, Kafka reçut un numéro de l'hebdomadaire littéraire pragois *Kmen* (« La Souche »). À la une, son nom : *Franz Kafka : Topič. Fragment. Se svolení autorovým přeložila Milena Jesenská* (« Le Chauffeur. Fragment. Traduit par Milena Jesenská avec l'autorisation de l'auteur »). Il fut « *presque déçu* », écrivit-il à Milena, de ne pas trouver une lettre d'elle dans cette enveloppe qu'il reçut à la pension Ottoburg, mais seulement sa propre histoire, « *voix trop connue sortie du vieux tombeau* ». Mais c'était de la pure coquetterie. Même si elle ne pouvait deviner que Kafka avait aussitôt demandé à Ottla de commander vingt exemplaires de la revue, Milena savait qu'il s'agissait de la première traduction d'un de ses textes, et elle pouvait être fière d'avoir convaincu le rédacteur en chef de *Kmen*, Stanislav K. Neumann, un communiste, de publier *Le Chauffeur* en intégralité, sur douze pages de deux colonnes.

Alors seulement – indice supplémentaire de la brièveté de son échange avec l'auteur –, elle songea à lui demander s'il pouvait lire sa traduction. Mais certainement, répondit Kafka, il comprenait très bien le tchèque, et il faudrait d'ailleurs qu'elle utilise sa langue maternelle quand elle *lui* écrirait. Ainsi seulement se montrerait « *Milena tout entière* », et sa traduction en était justement la meilleure preuve : « *je trouve incompréhensible que vous vous soyez donné tant de peine, et profondément touchant que vous l'ayez fait avec une telle fidélité d'un bout à l'autre de ces petites phrases, une fidélité dont je ne soupçonnais pas en tchèque la possibilité, ni la belle légitimité naturelle avec laquelle vous l'exercez. Si proches, l'allemand et le tchèque*[14] *?* » Et quelques jours plus tard : « *la vérité comme évidente de cette traduction, quand je chasse de moi l'évidence, ne cesse de m'étonner, presque aucune mécompréhension, ce serait encore peu de chose, mais* *une compréhension toujours forte et résolue*[15] ». C'était le compliment d'un maître, et elle le savait. Reste qu'elle fut soulagée de pouvoir lui écrire dans sa langue *à elle*, tandis que lui continuerait à se servir de la sienne.

Fini de traîner des valises. Malgré la disette persistante – ses repas se limitaient parfois à des pommes et du thé –, Milena Pollak s'habitua à travailler à un rythme constant et à rendre ponctuellement des manuscrits. Elle prit largement ses distances avec le cercle d'amis de son mari et passa le temps ainsi gagné à son bureau. En 1920, elle publia en moyenne trois feuilletons par mois dans *Tribuna*, et nombre de traductions de sa plume parurent dans *Kmen*, dont des textes de Franz Werfel, Alfred Döblin, Gustav Meyrink, Gustav Landauer, Rosa Luxemburg et Upton Sinclair. De Kafka, elle avait lu tout ce qu'on trouvait en librairie, et semblait aimer particulièrement les pièces de *Contemplation*, qu'elle traduisit toutes et fit en partie publier. L'automne suivant, elle parvint même à placer l'intégralité du *Rapport pour une académie* dans *Tribuna*[16]. « *Tout ce que vous ferez avec les livres et les traductions sera bien* », écrivit Kafka après avoir vu son travail, et il n'eut jamais à se repentir de cette procuration. Milena Jesenská – là seulement, elle continuait de signer sous son nom de jeune fille – Milena Jesenská devint *sa* traductrice, et Kafka s'y habitua très vite. Il s'agaça le jour où quelqu'un d'autre s'essaya à cette tâche, qui plus est sans le consulter. Il parla d'une « *ingérence dans nos affaires* ». Dans *nos* affaires[17].

FEUX VIVANTS

Cela fait si mal, puis tant de bien,
Qui donc résisterait ?
Goethe, *Divan d'Orient et d'Occident*

« *Êtes-vous juif ?* » Pour un instant, il crut à une plaisanterie. Elle en savait tant sur son compte, connaissait même la
longue et douloureuse histoire de ses fiançailles, sans doute
par le biais de Pollak. Et elle ignorait qu'il était juif ?

Le lecteur posthume s'étonne lui aussi : a-t-on déjà posé à
Kafka une question aussi directe ? Huit ans plus tôt, il avait
fallu des mois de tâtonnements pour que Felice Bauer et
lui dépassent la phase rituelle du flirt et les comptes rendus
d'états d'âme passagers. Les questions d'argent étaient res-
tées dans l'ombre jusqu'à la fin, de même les conflits familiaux, et ce qu'être juif et juive voulait dire, c'était un point
sensible qu'ils avaient parfois effleuré, mais jamais abordé
franchement. Dans ces centaines de lettres, pas une seule
référence à l'antisémitisme.

Par comparaison, la relation avec Milena se déploie de
façon proprement explosive – comme si les deux protagonistes voulaient sauter la phase des préliminaires sociaux.
Cette fois, c'est la jeune femme qui force et encourage Kafka
à une franchise sans précédent. Alors qu'il se contente dans

ses premières lettres de susciter de la chaleur pour en jouir, selon un modèle éprouvé, il se trouve confronté au bout de quelques semaines seulement à des aveux inattendus et des questions non moins hardies qui touchent le cœur de son existence. De même qu'elle n'hésite pas à lui parler de Pollak – qu'elle aime, qui la maltraite –, elle veut savoir si Kafka a une amante. Elle ne se « confesse » pas lorsqu'elle lui dit qu'elle vit au jour le jour et grâce aux rares colis qui lui parviennent de Prague, et ce n'est pas de la coquetterie quand elle se met, au bout de quelques lettres, à lui parler de son état physique et de sa tuberculose. Elle suppose peut-être que cet écrivain, client occasionnel du Café Arco, se rappelle les rumeurs qui circulent sur les filles du Minerva, et elle a depuis longtemps l'habitude de fréquenter (volontairement ou non) des gens qui la connaissent de réputation. Mais il y a autre chose. Par son refus de s'en tenir aux règles de la décence bourgeoise, elle place Kafka face à une tâche entièrement inédite – elle ne se conforme pas à la diplomatie sociale, ni à la rhétorique fastidieuse d'un double langage. Que Kafka laisse échapper une phrase trop prudente ou trop vague – elle creuse, dit même son mécontentement.

Sans doute, la tendresse qui s'exprime dès les premières lettres de Kafka ne la laisse pas indifférente – cela lui fait du bien qu'un homme se soucie d'elle en dehors de toute attirance sexuelle manifeste. « *Qu'allez-vous faire maintenant ?* lui demande Kafka en apprenant qu'elle est malade. *Cela ne change sûrement rien si l'on vous couve un peu. Mais qu'il faille un peu vous couver, quiconque vous aime doit bien s'en rendre compte, tout le reste doit se taire*[1]. » Phrases d'où émane une douce chaleur, à mille lieues du calvaire quotidien de Milena. Mais phrases aussi qui n'engagent à rien, pense-t-elle. Ce n'est pas l'avis de Kafka.

« Vous aviez, si l'on considère l'ensemble comme un devoir d'écolier, trois possibilités à mon égard. Vous auriez pu par exemple ne me dire strictement rien de vous, mais alors vous m'auriez privé du bonheur de vous connaître et, ce qui est encore plus grand que ce bonheur, de la possibilité de m'y éprouver moi-même. Donc vous n'aviez pas le droit de garder tout cela pour vous. Ensuite, vous auriez pu taire ou enjoliver certaines choses et vous le pourriez encore, mais à ce stade je le sentirais, même si je ne le disais pas, et cela me ferait deux fois plus mal. Donc vous n'avez pas le droit de faire cela non plus. Reste alors pour troisième et seule possibilité : chercher à se sauver un peu. [...]
Ce que vous dites de votre santé (la mienne est bonne, seul mon sommeil est mauvais à l'air de la montagne) ne me suffit pas[2]. »

C'est aller un peu vite en besogne, même pour elle. Kafka n'écrit pas uniquement des lettres, il écrit *au sujet* des lettres, comme s'ils avaient derrière eux une correspondance digne de ce nom. Et puis, « *bonheur de vous connaître* » ? Et « *à ce stade* » ? Elle ne comprend pas ; on « *sent* » quand même très peu de chose au bout d'une demi-douzaine de lettres, et ce n'est sûrement pas comme ça qu'on apprend à « *connaître* » quelqu'un. Ce sont des tournures comme celles-là qui la font douter quelque temps du sérieux de Kafka. Elle le soupçonne d'écrire en tacticien et de se censurer, ne trouve « *pas un mot qui ne soit bien pesé* » dans ses lettres : rien de spontané chez cet homme, il maintient une réserve, pas de doute. Elle ne peut pas deviner que cette vigilance morale sans relâche, ce refus de se pardonner ne serait-ce que l'ombre d'une arrière-pensée comptent parmi ses traits fondamentaux. Et c'est ainsi qu'elle lui inflige une première vexation, non négligeable, le jour où elle lui demande expressément *de la sincérité*[3].

Malgré ces doutes, elle sent ce courant chaud qui lui arrive de Meran, elle en a besoin, et elle s'y habitue. Fin mai débute une averse de lettres presque quotidiennes auxquelles elle répond non moins longuement et régulièrement. Les lettres de Milena Pollak ne nous sont pas parvenues[4], mais elles étaient visiblement marquées par des oscillations d'humeur que Kafka peine à suivre : il est question de sentiments d'insignifiance, voire de haine de soi, Milena annonce des révélations terribles ou se plaint des gens ridicules dont s'entoure son mari. Vis-à-vis de Kafka, elle reste susceptible, craint qu'il ne la prenne pas au sérieux, ne comprend pas toutes ses étranges plaisanteries et refuse de lui montrer ses articles. Mais elle ne veut pas le perdre – « *jen strach o Vás* », cite Kafka, « *peur pour vous* », un jour que l'afflux des lettres s'interrompt[5]. Quand des mots trop durs lui échappent, elle les fait suivre d'un télégramme ; et mi-juin – quelques jours après qu'il est soudain passé au tutoiement –, elle lui envoie des fleurs.

La tentation est forte : des lettres qui prennent la place de l'expérience sensible ; des lettres qui créent un univers parallèle, qui circonscrivent un espace imaginaire comme n'en connaît que la littérature ; des lettres dont l'intensité surpasse l'existence physique. Cette tentation, Kafka ne la connaît que trop, il sait ce qu'il coûte d'y céder, et depuis la solitude des méditations de Zürau, depuis ses dernières retrouvailles mutiques avec Felice, il sait aussi quel potentiel

24

de malheur elle recèle. Et pourtant, il succombe. Quelques semaines durant, il n'a pas l'impression de reprendre du début une leçon déjà apprise. Cette chance à la fois manifeste et tout à fait inespérée qui s'offre à lui pour la première fois, cette chance de se lier à une femme qui l'égale par sa sensibilité, sa vie intérieure, son intelligence – cette part de réalité lui fait oublier qu'il joue avec la même vieille drogue. Il se remet à « *boire* » les lettres. Il les lit, les relit, prête l'oreille au ton de leurs phrases, en surface et en profondeur. Il les étale devant lui, y plonge le visage. Tout en sachant que cette jouissance qui le prive de sommeil est « *insensée*[6] ».

Milena a du mal à comprendre ces débauches imaginaires. Elle n'a pas la vie insouciante d'un curiste qui peut fuir toute source de dérangement dès que l'envie le prend de rêvasser. Et surtout, elle a d'autres idées sur ce à quoi les lettres peuvent et ne peuvent pas servir. Cette soif d'une pure intensité symbiotique ne lui est pas étrangère – pendant des années, elle a elle-même assailli de lettres une professeure qu'elle aimait –, mais son adolescence l'a assagie ; maintenant, c'est le contenu qui lui importe, elle prend les lettres au mot et, au-delà des rêves, des métaphores et des mots tendres, elle attend des questions et des réponses remplies d'une vie bien réelle. « *Vous vous plaignez de certaines lettres*, écrit Kafka, qui sent tout de suite cette différence entre eux, *on les tourne en tous sens et il n'en ressort rien, et cependant ce sont, si je ne trompe pas, justement celles où j'étais si près de vous, si dompté dans mon sang, si dompteur du vôtre, si loin dans la forêt, si calme dans le calme*[7] ». Ce n'est pas assez pour Milena. On ne guérit pas sa solitude en écoutant une voix lointaine et désincarnée, elle le sait d'expérience. Dans le meilleur des cas, les lettres préludent à la réalité, et elles aident à garder des souvenirs. Mais la réalité a priorité sur l'imaginaire, et cette priorité est *absolue*, indépendante des circonstances. La correspondance la plus intense et la plus passionnée reste en deçà d'une relation amoureuse douloureusement imparfaite mais bien réelle. Deux heures de vie, résume-t-elle presque avec froideur, valent plus que deux pages d'écrit. « *L'écrit est plus pauvre*, répond Kafka, *mais plus clair*[8]. » C'est dire que la paix qu'ils cherchent l'un et l'autre n'est pas la même.

Il est facile d'arracher un épistolier à ses rêveries, il suffit parfois de quelques petits mots : « Êtes-vous juif? », par exemple, ou bien : « Quand venez-vous à Vienne? ». Questions qui invitent énergiquement à sortir du papier, qui ne réclament pas des mots vides mais une vraie réponse. Milena ne sait pas encore à quels gouffres elles acculent Kafka.

« Il s'est produit une drôle d'histoire que je vais te "rapporter" au moins sommairement. Le jeune rédacteur du Tribuna, Reiner (quelqu'un de très bien et d'excessivement jeune, à ce qu'on dit – 20 ans peut-être), s'est empoisonné. Tu étais encore à Prague – du moins je crois. On sait maintenant pourquoi : Willy Haas avait avec sa femme (née Ambrožová, une chrétienne, une amie de Milena Jesenská qui d'ailleurs lui ressemble, paraît-il) une relation qui est soi-disant restée platonique. Ils n'ont pas été pris sur le fait, ni rien de ce genre, mais cette femme, qui avait rencontré son mari des années avant leur mariage, l'a tellement tourmenté, surtout par ses paroles et sa conduite, qu'il s'est tué

à la rédaction. Elle est venue de bonne heure à la rédaction avec ce monsieur Haas afin de lui demander pourquoi
il n'était pas revenu de son service de nuit. Il était déjà à
l'hôpital et il est mort avant leur arrivée. – Haas, qui était
sur le point de passer son dernier examen, a mis un terme
à ses études, s'est brouillé avec son père et est parti diriger
une revue de cinéma à Berlin. On dit qu'il va mal. La femme
vit aussi à Berlin et on pense qu'il pourrait l'épouser. – Je ne
sais pas pourquoi je te raconte cette histoire atroce. Peut-
être simplement parce que nous sommes tourmentés par le
même démon, ce qui fait que l'histoire nous appartient, tout
comme nous lui appartenons… »

Kafka reçut ces lignes de Max Brod le 12 juin 1920. Le
jour même, il les recopia presque mot pour mot dans une
lettre à Milena ; par politesse, il omit seulement la référence
au fait que celle qui avait poussé au suicide son jeune époux,
Josef Reiner, était une « *chrétienne* » qui lui « ressemblait ».
Mais pourquoi se donner tant de mal ? Cette tragédie avait
eu lieu des mois plus tôt – le 19 février, donc bien à une
période où Kafka se trouvait à Prague –, et il devait se douter que Milena était informée depuis longtemps du sort de
son amie Jarmila, de source sûre et bien plus détail. À quoi
bon un tel colportage[9] ?

Or Kafka fit quelque chose d'encore plus inexplicable.
Il inséra cet épisode entre une introduction et une conclusion non moins choquantes. « *Tu fais partie de moi*, assura-t-il en soulignant ces mots, *même si je devais ne plus jamais
te revoir […]. Comment allons-nous faire pour vivre maintenant ?
Si tu dis "Oui" à mes dernières lettres, tu ne peux pas vivre à
Vienne, c'est impossible.* » Et à la fin : « *Je répète que tu ne peux*

pas rester à Vienne. Quelle histoire terrible. » Il y a lieu de croire que même une femme comme Milena Pollak, d'autant plus habituée aux coups de théâtre qu'elle s'y livrait parfois elle-même, eut le souffle coupé à la lecture de *cette* composition. Si elle comprenait bien – et comment le comprendre autrement –, c'était une invitation à quitter son mari pour entamer une nouvelle vie avec un homme qu'elle avait croisé une seule fois et qu'elle ne connaissait que par ses textes et ses lettres. Une invitation *répétée*, entrecoupée d'une histoire de suicide sans rapport apparent avec la décision qu'il lui demandait. Cette frayeur passée, nous ignorons si elle se posa des questions sur la santé mentale de Kafka – elle en aurait eu le droit. Elle commença par donner à Kafka quelques détails qu'elle tenait de Jarmila elle-même, puis, bien évidemment, elle lui demanda d'expliquer en quoi cette tragédie le touchait au point de la rapporter à ses affaires les plus intimes. Car, à l'évidence, il ne connaissait pas du tout Jarmila, et « *ce monsieur Haas* » n'était pas non plus de ses amis.

Cette explication qu'elle brûlait de connaître, elle aurait pu la découvrir elle-même si Kafka n'avait pas eu soin de garder la clef du mystère. Car les indices les plus déterminants étaient justement ceux qu'il avait passés sous silence. La lettre de Brod l'avait atteint à un moment critique, presque à l'instant où il avait décidé de jouer cartes sur table avec Milena et de la mettre au défi : moment d'extrême tension où il lui fut tout bonnement impossible de ne pas lire l'histoire de cette catastrophe – dans laquelle, comble de malheur, apparaissait le nom de *Jesenská* – comme un commentaire de son propre destin. Aussitôt, son regard passa outre la folie de Jarmila pour se porter sur Willy Haas, qui avait visiblement agi en toute conscience : un Juif qui avait brisé le mariage d'une chrétienne. Cette histoire – Kafka en était persuadé comme s'il s'agissait d'une révélation –, *cette histoire lui était adressée*. Et cette certitude l'entraîna à lever un instant le rideau sur une peur juive que Milena, prise de court, ne découvrit sûrement pas sans frémir :

« Ce qu'il y a d'abord de plus horrible pour moi dans cette histoire, c'est la conviction que les Juifs doivent nécessairement tuer comme des bêtes de proie, qu'ils ont dû se jeter sur vous, avec horreur, étant donné que ce ne sont pas des bêtes et qu'ils sont au contraire hyperconscients. Tu ne peux pas connaître cette impression dans toute sa plénitude et sa force, même si tu comprends mieux que moi tout le reste de l'histoire. Je ne saisis pas du tout comment les peuples ont pu former l'idée des meurtres rituels avant que se soient produits des phénomènes comme ceux de ces derniers temps (autrefois il s'agissait tout au plus d'une peur et d'une jalousie globales, mais ici le spectacle est clair, ici on voit "Hilsner" commettre son forfait pas à pas ; et qu'importe si la jeune vierge l'enlace), mais je ne comprends pas non plus comment les peuples ont pu croire que le Juif tue sans se saigner lui-même, car c'est ce qu'il fait, même s'il est vrai que les peuples n'ont pas à s'en soucier.

J'exagère une fois de plus, ce ne sont que des exagérations. Ce sont des exagérations parce que ceux qui cherchent le salut se jettent toujours sur les femmes, et que ces femmes peuvent être aussi bien des chrétiennes que des Juives[10]. »

Voilà donc pourquoi Brod avait dit que cette histoire les concernait tous, pourquoi Kafka l'avait « *lue dix fois* » et avait « *dix fois frémi en la lisant*[11] ». Tous deux s'identifient au « coupable » juif, tous deux voient en Haas un cas emblématique. Mais seul Kafka se sent forcé de filer cette histoire ; en cet instant décisif, les images exercent un pouvoir d'autant plus grand sur lui, il les suit tel un somnambule, et il ne voit pas venir le moment où elles font dérailler sa pensée. Il parle de meurtre, et évoque même ce malheureux Leopold Hilsner, auteur prétendu du « meurtre rituel » d'une petite chrétienne innocente, et dont la presse avait vingt ans plus tôt fait le symbole d'une race honnie.

Kafka n'aurait pas pu choisir des concepts plus chargés d'émotions collectives ; et après une telle sortie, qui assimilait l'histoire de son amie à un fait politique, Milena comprit encore moins où il voulait en venir. Ce n'étaient pas des « *exagérations* » : c'était une condamnation morale dévastatrice que seuls des antisémites convaincus auraient pu approuver. La soupçonnait-il peut-être de pensées anti-juives, elle, Milena ? Après tout, il avait déjà dit sur un ton étrangement sarcastique que le son des mots tchèques dont elle s'était servie pour lui demander s'il était Juif (*Jste žid ?*) évoquait un coup de poing, après quoi elle avait évidemment tenté de le rassurer sur cette question. Mais Kafka répondit que ç'avait été une « *plaisanterie stupide* », qu'il avait simplement voulu la faire rire avec ce petit jeu phonétique ; et, pour qu'aucun doute ne subsiste, il poussa la plaisanterie encore plus loin, partit à bride abattue et oublia une fois de plus à qui il s'adressait :

> « Je pourrais plutôt te reprocher d'avoir des Juifs que tu
> connais (moi y compris) – il y en a d'autres ! – une opinion
> beaucoup trop bonne, parfois j'aimerais précisément parce

qu'ils sont Juifs (moi y compris) tous les fourrer dans le tiroir de la penderie, puis attendre, puis tirer un peu le tiroir pour voir s'ils ont déjà tous étouffé, sinon repousser le tiroir et continuer ainsi jusqu'à la fin[12]. »

Milena était l'amante et l'épouse d'un Juif. Au nom de sa relation avec un Juif, elle avait quitté sa ville natale. On peut douter que ce coup de sang l'ait amusée.

Mais la colère pouvait la faire céder à ces mêmes spectres idéologiques que Kafka faisait danser comme des marionnettes, et elle en donna la preuve un an plus tard lors d'une conversation avec Max Brod. Quand celui-ci évoqua une de ses rivales, Milena riposta sans ciller : toutes les Juives, dit-elle, étaient « *malheureuses, porteuses de malheur, vouées à la mort* ». Et elle *savait* qu'elle disait cela au compagnon juif d'une femme juive[13].

Il est certaines phrases pénétrantes de Kafka qui sont en même temps quasi indéchiffrables, qui apparaissent d'emblée obscures – les notes de Zürau en livrent d'étonnants exemples. Ses propos sur le judaïsme n'en font *pas* partie : dans ce cas, c'est l'histoire sanglante que nous portons en héritage, la déformation des concepts et la rupture des traditions discursives qui compliquent à l'extrême la compréhension – ou l'empathie, pour être exact. Après les crimes antisémites des années 1930 et 1940, l'idée de tuer collectivement des Juifs ne peut plus faire l'objet de plaisanteries, et on ne peut plus se projeter dans la conscience d'un individu pour qui des crimes d'une telle ampleur sont non seulement plongés dans les ténèbres de l'avenir, mais littéralement inconcevables ;

autrement dit, dans une conscience pour laquelle l'image de Juifs asphyxiés ne s'associe pas fatalement à l'idée de *gaz*. Que ce soit dans son jeu imaginaire avec la mort – jeu rare dans la correspondance – ou dans ses réflexions sur le fond d'antisémitisme du monde dans lequel il vivait, Kafka ne pouvait imaginer qu'un tel destin finirait bel et bien par s'abattre sur la population juive ; et l'idée qu'on priverait un jour ses propres sœurs de leur droit à la vie, qu'elles finiraient par être éliminées comme de la vermine, dépassait de très loin même une imagination infectée par le souvenir de la guerre des gaz. Kafka poussait la plaisanterie à la limite de l'inhumanité, et il pouvait le faire parce que celle-ci lui paraissait aussi inimaginable, aussi fantastique que les fantasmes sadiques du *Struwwelpeter**. Une pareille inconscience nous fait frémir. Or cette transgression des frontières de la civilisation, que Kafka ne pouvait concevoir, est *demeurée* inconcevable au sens strict du terme, et tel est bien le seul chemin que puisse encore emprunter l'empathie historique.

Pour comprendre les propos de Kafka sur le judaïsme dans les années qui suivent la guerre, il faut garder à l'esprit que le reproche d'antisémitisme, *pour les Juifs de l'Ouest*, ne portait pas encore l'odeur de sang qu'il dégage aujourd'hui, ni même des connotations absolument négatives. On ne peut expliquer autrement que Kafka qualifie un feuilleton de Milena de « *mordant et méchant et antisémite* » et, en même temps, de « *splendide*[14] ». D'un autre côté, à cette époque, on le voit évoquer bien plus souvent des expériences de stigmatisation et de haine antisémite. Il se sent tenu de regarder au-del

---

* *Struwwelpeter* est un faux manuel de bonne conduite à l'adresse des enfants, d'un humour très noir, œuvre du psychiatre et écrivain Heinrich Hoffmann (1809-1894). En France, on le connaît sous le titre de *Pierre l'ébouriffé* (traduction de Louis Ratisbonne *alias* Trim, en 1860) ou de *Crasse-Tignasse* (adaptation de François Cavanna, 1979).

de la question de son identité juive, de devenir plus vigilant sur le plan politique ; il comprend que l'époque où la sécurité juridique des Juifs était largement assurée touche à sa fin, et il réagit comme tous ceux à qui on retire une telle sécurité : il devient plus sensible, et son regard sur autrui se fait plus acéré.

Cela apparaît notamment pendant son séjour à Meran. Ce n'était pas la première fois que Kafka passait des semaines avec des gens qui dénigraient les Juifs ou voyaient un problème dans le fait de les fréquenter. Huit ans plus tôt, il avait dû observer des réactions de ce genre dans le sanatorium naturopathe chrétien « Jungborn », sans toutefois juger digne de les mentionner dans son journal ou dans ses lettres. Il en alla tout autrement à la pension Ottoburg.

« La compagnie donc est tout entière allemande-chrétienne, se distinguent : quelques vieilles dames, un général, à la retraite ou en activité, ça revient de toute façon au même, et un colonel dans le même cas, tous deux des hommes intelligents et agréables. [...] Or aujourd'hui, quand je suis entré dans la salle à manger, le colonel (le général n'était pas encore là) m'a invité si cordialement à la table commune que j'ai été contraint de céder. Les choses ont suivi leur cours. Dès les premiers mots, il est apparu que j'étais de Prague, le général (assis en face de moi) et le colonel connaissaient Prague l'un et l'autre. Tchèque ? Non. Et maintenant va expliquer à ces bons yeux de militaire allemand ce que tu es au juste. Quelqu'un dit : "Allemand de Bohême", un autre : "Petit Côté". Puis l'affaire se tasse et on continue à manger, mais avec son oreille fine formée à la philologie dans l'armée autrichienne, le général n'est toujours pas satisfait, après le repas il se remet à douter des sonorités de mon allemand, peut-être est-ce d'ailleurs plutôt l'œil que l'oreille qui doute. À ce stade, je peux tenter d'expliquer la chose par ma qualité de Juif. Scientifiquement le voilà satisfait, mais pas humainement. Au même instant, sans doute par hasard car ils n'ont pas pu entendre tous cette conversation, mais peut-être tout de même sous l'effet d'un certain enchaînement, toute la compagnie se lève et part (hier en tout cas ils sont restés longtemps ensemble, je les ai entendus puisque ma porte est juste à côté de la salle à manger). Le général aussi est très nerveux, par politesse il mène quand même la conversation à une sorte de fin, puis il s'éloigne à grands pas. Humainement, ce n'est pas très satisfaisant pour moi non plus, pourquoi faut-il que je les tourmente?, mais pour le reste c'est une bonne solution, je vais de nouveau être seul sans devoir me tenir bizarrement à l'écart, à condition qu'ils ne prennent pas je ne sais quelles mesures[15]. »

Ce ton badin ne trompe personne, la douleur est bien là, assourdie seulement en surface. Kafka le sait : *c'est* par hasard que tout le monde se lève au moment où il révèle qu'il est juif; mais l'impression qu'il a du contraire, cette attente profondément enracinée est si forte qu'il suppute malgré tout « *un certain enchaînement* ». Malgré toute sa politesse, le général aussi lui semble bien pressé de partir; et pour conclure, Kafka convoque même la vision d'une assemblée qui bannira le Juif indésirable de la tablée commune.

Il faudra des semaines à Kafka pour se défaire de cette raideur soudaine et pour y voir clair à nouveau. Rien de grave, concède-t-il, il a sûrement exagéré. Le général apprécie son écoute et se montre plus chaleureux avec lui qu'avec quiconque, le colonel qualifie même l'antisémitisme de « *stupide* », et quand il est question à table de la « *canaillerie* » et de l'« *impudence* » des Juifs, tout le monde en rit et lui présente des excuses. Bref : « *à table, l'antisémitisme montre son innocence typique* », innocence qui consistait à absoudre d'un clin d'œil complice les individus discrets et nettement assimilés avec lesquels on arrivait à peu près à s'entendre, tout en se réjouissant de voir par exemple les meneurs juifs de la république des conseils de Munich – croque-mitaines de la bourgeoisie allemande – devant les pelotons d'exécution[16]. À cette table, Kafka dut comprendre très vite combien son projet initial de partir en Bavière avait été naïf : là-bas, on n'accueillait les Juifs que pour mieux les occire, comme il le dit plus tard en forçant le trait[17].

Brod ne savait que trop bien de quoi parlait Kafka. « *Juiverie!* » : ce mot lui avait retenti aux oreilles tout juste quelques jours plus tôt, dans une situation bien plus dangereuse, et en public. Aux côtés de Kurt Wolff et de son gérant Meyer, il était dans une loge des Kammerspiele de Munich pour se faire applaudir selon la coutume à la fin de *Sommet du sentiment* [*Die Höhe des Gefühls*] – pièce bénigne et apolitique que le public avait toujours accueillie avec émotion dans d'autres villes. Mais cette fois, il y avait eu des rires, du chahut, une pluie de sifflets, des huées. À Munich, on ne plaisantait pas : depuis l'écrasement du régime des conseils, tout Juif qui prenait la parole en public s'exposait à une mentalité de pogrom, et l'élimination sans autre forme de procès d'une figure aussi dénuée de pouvoir politique que Gustav Landauer recevait sans aucun doute l'approbation de la plupart de ceux qui pouffaient et beuglaient dans ce théâtre. Peut-être tel ou tel de ces spectateurs avait-il d'ailleurs assisté à cette soirée de février 1920 – un peu plus de deux mois avant – où un nouvel agitateur du nom d'Adolf Hitler avait proposé une solution administrative toute simple à ce problème, à savoir la déchéance de nationalité de tous les Juifs allemands, et promis en cette même occasion – la fondation du NSDAP à la Hofbräuhaus de Munich face à un public de 2 000 enthousiastes – de s'engager pour cette cause « *impitoyablement* » et « *si nécessaire au péril de ma propre vie*[18] ».

Kafka se sentit confirmé lorsqu'il lut ces nouvelles de Munich, mais en un autre sens que Brod l'avait escompté. Si les Juifs, comme le prétendait le sionisme culturel, étaient bel et bien, par leur histoire, leur culture et leur race, un peuple à part entière qui n'avait plus qu'à prendre conscience de cette spécificité, alors il était injustifiable que des Juifs s'ingèrent massivement dans l'histoire politique d'un *autre* peuple, même pour des motifs hautement idéalistes. Cette conclusion était funeste, mais elle s'imposait, et Martin Buber l'avait ouvertement corroborée en invitant les Juifs à la retenue seulement quelques semaines plus tôt – précisément dans un discours à la mémoire de Gustav Landauer. « *Il a totalement ignoré*, dit Buber de son ami assassiné, *que le système sanguin de cet organisme étranger diffère en tout point du sien et du nôtre. Avec quelques autres Juifs, il a cherché à imposer la cadence de son sang, le rythme de son sang à cet organisme étranger*[19]. » C'était l'argumentaire des antisémites, ni plus ni moins. Mais les vues de Buber – dont l'aveuglement idéologique crève les yeux aujourd'hui – parlèrent aussitôt à Kafka, qui les fit siennes. Il écrivit à Brod que la réaction des spectateurs munichois était bien compréhensible :

« Peut-être que les Juifs ne ruinent pas l'avenir de l'Allemagne, mais le présent de l'Allemagne peut se croire ruiné par eux. Ils ont depuis toujours imposé à l'Allemagne des choses auxquelles elle serait peut-être venue d'elle-même lentement, à sa façon, mais auxquelles elle s'est opposée parce qu'elles provenaient d'étrangers. Occupation terriblement stérile que l'antisémitisme et tout ce qui s'y rattache, et c'est aux Juifs que l'Allemagne le doit[20]. »

Pourquoi Kafka n'est-il pas en colère? Pourquoi cette compréhension si frappante? Pourquoi rend-il les Juifs coupables de l'antisémitisme? Cette attitude est d'autant plus énigmatique que la Prague de l'après-guerre offrait assez d'exemples prouvant que les antisémites trouvaient *toujours* des raisons et des prétextes. Via la presse, et plus encore par Brod, Kafka savait très bien que les Juifs germanophones subissaient souvent des attaques, et à quel point le nouveau gouvernement était impuissant à résoudre ce problème. Il ne fait guère de doute qu'il avait déjà assisté à de tels incidents et que la menace d'un pogrom généralisé, tel qu'il fut évité de peu à la fin de 1920, n'avait pour lui rien de vraiment nouveau :

« Je passe tous les après-midi dans les rues à baigner dans la haine des Juifs. "Prašive plemeno" [engeance galeuse], voilà comment je viens de les entendre nommés. N'est-il pas naturel de quitter un endroit où l'on vous hait à ce point (nul besoin pour ça de sionisme ou de sentiment national)? L'héroïsme qui consiste à rester malgré tout est celui des cafards qu'on n'arrive pas à décrotter d'une salle de bains. Je viens de regarder par la fenêtre : police montée, gendarmerie baïonnette au canon, foule qui se disperse en hurlant, et ici en haut à la fenêtre cette honte écœurante de toujours vivre sous protection[21]. »

À Munich : des Allemands qui s'en prennent aux Juifs. À Prague : des Tchèques qui s'en prennent aux Allemands *et* aux Juifs. C'était du pareil au même. Une chose ressort toutefois clairement du résumé de Kafka : son attention ne se porte pas sur le bon droit indubitable des victimes, mais sur leur position morale, qui lui semble douteuse. Il est honteux de passer sa vie derrière un mur de baïonnettes ; vouloir vivre quelque part où l'on n'est pas le bienvenu n'est pas une preuve de courage, mais d'obstination répugnante. Sans doute, la volonté d'adaptation de beaucoup de Juifs pragois alimentait en partie la révolte de Kafka et ses remarques d'une dureté inhabituelle : certains transcrivaient leur nom allemand en tchèque, des enfants germanophones changeaient soudain d'école, on ne voulait plus se montrer au « Casino allemand[22] ». Mais c'était plus encore la sensibilité rigide de Kafka aux questions d'amour-propre qui l'empêchait de témoigner une haine intégrale aux bourreaux et une sympathie sans mélange aux victimes. Tandis que les antisémites tchèques savaient ce qu'ils voulaient, les Juifs allemands se contentaient d'appeler la police. D'où un dilemme moral : si les victimes avaient bien entendu le droit pour elles, le *rôle* social de la victime juive devenait quasi inconciliable avec sa dignité. Et ce dilemme était contagieux ; il gagnait l'observateur, qui, tout Juif qu'il était, n'éprouvait aucune joie à se compter parmi les innocents.

Milena Pollak, qui n'avait pas une idée aussi nette de l'atmosphère qui régnait à Prague, eut du mal à comprendre pourquoi la question de sa judéité devenait soudain aussi urgente aux yeux de Kafka. À quoi bon prendre tout cela aussi personnellement ? Avait-il peur d'enjamber des barrières ? Mais il le faisait déjà ; il s'était confié à une femme d'une autre langue, d'une autre confession, d'une autre sorte de moralité, et rien ne portait à croire qu'il avait eu à surmonter la plus petite réserve. Personne n'appelait plus Milena « chrétienne » depuis longtemps, elle s'intéressait aussi peu que Pollak aux questions religieuses, et la différence de confessions ne provoquait aucune friction *au sein même* de son mariage. Kafka voyait des fantômes, il se débattait avec des questions qu'une simple mise au point pouvait suffire à écarter. Au bout de seulement quelques lettres, fin mai, elle l'avait invité à Vienne. Maintenant qu'elle connaissait les scénarios délirants qui le tourmentaient, elle y tenait d'autant plus. Il ne dépendait que de lui de trouver un peu de repos. Alors : pourquoi ne venait-il pas ?

Le directeur Odstrčil avait tenu parole. Et le Dr Kafka lui avait facilité la tâche. L'Office ne s'était pas vraiment attendu à ce que son nouveau secrétaire et directeur de service pointe au bureau dès la fin du mois de mai. Or, étonnamment, Kafka ne demanda pas à prolonger son congé maladie, mais à le faire suivre sans transition de ses cinq semaines de vacances réglementaires, pour pouvoir rester à Meran. Il avait même chargé sa sœur Ottla d'aller appuyer cette requête en personne. Et vu les derniers résultats médicaux de Kafka, on ne pouvait guère lui dire non.

Kafka ne pouvait évidemment promettre qu'il guérirait, même si le traitement auquel il s'astreignait lui-même ne le cédait presque en rien à une cure en sanatorium. L'essentiel était de passer plusieurs heures chaque jour étendu en plein air, posture de rêvasseur qu'il n'eut pas besoin de se faire expliquer. Ensuite venait la nourriture, que la pension Ottoburg adaptait largement à ses désirs – Kafka pouvait se vanter d'avoir bien pris du poids, pas moins de sept livres depuis son arrivée. « *Je ne retrouverai pas de sitôt une pension et un traitement aussi bons* », écrivit-il à sa sœur, qui dut être étonnée de le voir aussi satisfait[23]. Kafka avait aussi trouvé un camarade, un ingénieur et propriétaire d'usine bavarois avec lequel il partait en promenade ou pour de petites excursions, et, à Meran, il eut même l'occasion de faire un peu de jardinage.

Mais tout cela se doublait d'insomnies de plus en plus sévères, qui plongeaient Kafka dans un état de vaine nervosité. Rien d'inhabituel, disait le guide Baedeker, ce pouvait être dû à l'air de la montagne. Mais à Prague, où on l'examinerait minutieusement à son retour, il ne s'en tirerait pas avec de telles excuses. De fait, ce déficit perpétuel de sommeil menaçait de réduire à néant tout le bénéfice de la cure; s'il voulait rester à Meran, il lui fallait trouver une parade efficace. Kafka se mit à boire de la bière, se laissa convaincre d'essayer la valériane, et surmonta même son aversion pour le bromure, qui anesthésiait plus qu'il ne faisait dormir. Ce n'était pas s'attaquer à la racine du mal; et cette racine, il la connaissait pertinemment, sans pouvoir en parler à quiconque.

Avec Julie Wohryzek, qui, en principe, était encore sa fiancée, Kafka était convenu de faire suivre son séjour à Meran de quelques jours à Karlsbad. En attendant, il devait lui donner de ses nouvelles régulièrement – Julie était inquiète, et il lui arrivait de faire appel à Ottla pour obtenir plus de détails. Kafka menait donc *deux* correspondances en parallèle et à peu près à la même fréquence, sans d'abord avoir l'impression de faire quoi que ce soit de contradictoire ou de répréhensible. Car ces lettres étaient de natures entièrement différentes : tandis qu'il n'avait plus avec Julie de discussions de fond et omettait sans doute tout ce qui pouvait l'alarmer dans ses cartes postales (aujourd'hui perdues), la correspondance avec Milena évoluait dans des soubassements psychiques qu'il maintenait fermés à double tour depuis des années. À s'en tenir au seul critère de l'intensité et de la richesse imaginaire – et c'était pour Kafka le critère le plus valable –, il n'y avait aucune raison d'établir un rapport entre les lettres bouleversantes de Vienne et les lettres inquiètes de Prague, et encore moins de se laisser priver de sommeil par le remords. Milena était présente, Julie était loin ; l'une était un miracle, l'autre, plus âgée de cinq ans, restait « *la fille* ».

Ce cadre mental apparut néanmoins sous un tout autre jour dès que Milena l'invita à venir à Vienne. Pour elle, c'était la suite logique : on s'écrit, on se voit. Pour Kafka, en revanche, ce fut un réveil brutal qui le rejeta de la sphère de l'imaginaire dans la logique des relations sociales. Impossible d'aller d'abord à Vienne et ensuite à Karlsbad. Impossible d'annuler Karlsbad sans évoquer Vienne. Ces deux villes se trouvaient *sur le même continent*, et non loin l'une de l'autre.

À quoi s'ajoutaient les périls d'un triangle ou même d'un carré amoureux, situation que Kafka n'avait jamais vécue. Il lui semblait tout bonnement impensable de voir ensemble Pollak mari et femme : après *ces lettres-là*, en revenir à des conversations polies ou calculées aurait été la fin de tout, ou en tout cas un mensonge abyssal qui aurait vidé l'aventure de son sens. Et même s'il voyait Milena seul à seul, cela n'irait pas sans une partie de cache-cache : ils auraient de grandes chances d'être reconnus dans le centre de Vienne, et une fois que la nouvelle de sa venue arriverait au Café Herrenhof, Kafka ne pourrait plus se défiler sans se mettre à dos toute une bande de connaissances, dont Ernst Pollak. De quelque côté qu'on la prenne, la situation restait incontrôlable, son issue incertaine. Kafka, que l'angoisse empêchait maintenant de dormir pour de bon, écrivit qu'il était quelqu'un de perturbé et ne pouvait la retrouver à Vienne : « *mon esprit ne supporterait pas cet effort* ». Pourtant, quelques heures après, il envoya un télégramme à Julie : pas de vacances à Karlsbad, explications suivent.

Si Milena Pollak avait eu l'occasion de lire les lettres de Kafka à Felice Bauer – mais elle mourut longtemps avant leur parution –, elle aurait sans nul doute reconnu ce motif. C'était le passage du vol plané de l'imagination aux fatigues du réel que Kafka trouvait si pénible ; c'était une *peur d'atterrir*, la peur de l'*après*, quand il lâcherait la barre, qui le poussait à ces manœuvres erratiques. Je viens, je ne viens pas, je viendrai plus tard – Felice avait entendu cette rengaine un nombre de fois incalculable. À Berlin, certes, il y avait eu la question du mariage, la crainte de ne pas pouvoir prendre de décision vraiment libre dans cette ville étrangère, au milieu d'étrangers qui seraient aussi des proches. Ce qui l'appelait à Vienne, en revanche, c'était une équipée érotique et existentielle qui recelait un potentiel de destruction loin d'être purement imaginaire. À Vienne, il risquait de se rendre coupable – l'histoire de Jarmila, comme par un fait exprès, lui en avait donné conscience –, et de se rendre coupable envers des gens dont il ne pouvait qu'admirer humblement toute la force vitale. L'appel était inéluctable, mais son sens des responsabilités ne l'était pas moins : « *Je ne viendrai très certainement pas, mais si jamais*[24]... »

Il fallut plus de trois semaines et une vingtaine de lettres pour que Kafka apaise cette tempête intérieure et puisse prendre une décision concrète. Il comprit peu à peu que l'imagination ne pouvait pas devancer *infiniment* la vie réelle. Il était en confiance, plus peut-être que jamais auparavant. Il avait dévoilé la plaie de sa judéité à une non-Juive. Il avait parlé de sa peur à Milena, sa peur de nourrir des attentes, sa peur de cette « *conjuration intérieure contre moi* » qui contrecarrait chacun de ses espoirs, et il lui avait promis sa *Lettre au père*, qui dormait encore dans un tiroir, pour qu'elle puisse se faire elle-même une idée de l'origine de cette peur. Il l'avait encouragée à quitter Vienne et, pour souligner le sérieux de ses propos, il était allé encore un pas plus loin : « *je ne gagne pas beaucoup, mais cela pourrait suffire largement pour nous deux*[25] ». Il avait pris son élan, il s'était engagé très loin dans le domaine du presque impossible. Et s'il ne voulait pas contredire toutes ces lettres – les siennes comme celles de Milena –, il n'avait plus qu'à se rendre à Vienne : dans cette métropole haïe dont il avait prophétisé le déclin plusieurs années auparavant, et sur laquelle s'étendait soudain, vue de l'ouest, une tout autre lumière, de bien meilleur augure[26].

Le lundi 28 juin, Kafka fit ses bagages à gestes las, s'examina une dernière fois dans le miroir de la penderie, salua les aux gens qui avaient pris soin de lui pendant presque trois mois, distribua des pourboires, reçut les vœux formels ou cordiaux de quelques-uns de ses compagnons, glissa en vitesse une dernière carte à Ottla dans la boîte aux lettres, et monta vers midi dans un train, direction Vienne. Il regarda sans doute s'éloigner par la fenêtre cette vaste cuvette ornée de places fortes, ces pentes qu'il avait explorées au fil d'innombrables promenades. Elles durent lui sembler très lointaines, image figée d'une vie révolue. En fin d'après-midi, fastidieux contrôle des bagages sur le col du Brenner. Présentation d'un visa autrichien depuis longtemps expiré que les garde-frontières ignorent charitablement. Après Innsbruck, le crépuscule. Puis les gares de Salzbourg et de Linz plongées dans la nuit. Kafka ne s'endort pas.

« Quand il ressentait cette peur, il me regardait dans les yeux, nous attendions un moment, comme si nous ne pouvions pas reprendre notre souffle ou comme si les pieds nous faisaient mal et, au bout d'un moment, c'était fini. Cela ne demandait pas le moindre effort, tout était simple et clair, je l'ai traîné sur les collines qui se trouvent derrière Vienne, je marchais la première car il avançait lentement, il piétinait derrière moi et, si je ferme les yeux, je revois sa chemise blanche et sa nuque bronzée, la façon dont il peine. Il a marché toute la journée, par monts, par vaux, il est resté au soleil, pas une seule fois il n'a toussé, il a mangé comme quatre et dormi comme une souche, il allait bien, tout simplement, et sa maladie, ces jours-là, n'était pour nous qu'une sorte de petit rhume[27]. »

Elle l'appelait Frank. On ne l'avait sans doute jamais appelé que par son vrai prénom, et cependant ce drôle de sobriquet venait de lui. C'est ainsi qu'il avait signé ses lettres pendant quelque temps, il fallait y regarder de plus près pour lire « *FranzK* », d'abord avec, puis sans point à la suite, avant qu'il se rapproche encore un peu en paraphant par « *Votre F* », ou « *F* » tout court. Milena, elle, continua de dire « Frank », jusqu'à la mort de Kafka.

Cette description qu'elle donne de leurs quatre jours à Vienne est la seule dont nous disposions. Dans les lettres de Kafka, on ne trouve que des allusions, l'évocation d'heureux instants de relâche tels qu'il n'en avait probablement jamais connu. Sa peur de s'abandonner à quelqu'un d'autre et, du même coup, à la plénitude chaotique de la vie, s'était révélée surmontable, et il savoura pendant des mois ce souvenir dans ses rêveries solitaires : pour quelques heures, il lui avait été donné d'entrer dans la zone défendue du bonheur symbiotique. Bien sûr, même ce séjour à Vienne n'avait pas été sans un peu de désenchantement. Le mardi matin, Kafka était descendu dans un hôtel miteux près de la gare Südbahnhof, dans un tel état d'épuisement qu'il avait remis au lendemain leur premier rendez-vous. Ils se retrouvèrent devant l'hôtel, dans le vacarme de la rue, et quand ils allèrent sur les lieux autour desquels son imagination voletait depuis des semaines – la morne Lerchenfelder Strasse, qu'elle habitait, le bureau de poste de la Bennogasse, où elle récupérait ses lettres –, ce fut avec des regards inquiets à la ronde et la crainte d'une rencontre indésirable. Mais là-haut, sur les pentes de la Wienerwald, ils se retrouvèrent seuls, et la gêne se dissipa vite. Le premier jour, écrivit Kafka, avait été « *celui de l'incertitude* », le quatrième et dernier avait été « *le bon*[28] ».

Pourtant, la décision rapide que Kafka espérait en secret n'eut pas lieu. Milena était encore loin de savoir ce qu'elle attendait de lui, et encore moins à quoi pourrait ressembler une vie à Prague aux côtés de cet homme à la présence mentale impressionnante mais à la sensualité timide, retenue et

513

quasi innocente. Ce dernier jour dans la forêt – le 37ᵉ anniversaire de Kafka – fut le jour du plus grand rapprochement, et presque de l'union. Or, si la *peur* était son véritable, son plus profond problème, comment se pouvait-il que ce jour-là reste comme le meilleur dans son souvenir ?

Impossible de répondre à cette question sans donner un langage au mutisme du sexe. On peine aujourd'hui à mesurer quel défi angoissant, quels blocages discursifs, scrupules et assignations un homme de 1920 devait dépasser pour définir sa sexualité face à une femme – *a fortiori* face à une femme plus jeune que lui – sans s'appuyer sur le double fond du flirt, en dehors des jeux de langage d'une cour amoureuse. Il y avait là quelque chose d'utopique, la promesse d'un bonheur inconnu, insoupçonné. Felice avait toujours esquivé les maigres tentatives de Kafka pour passer des affaires du cœur à celles du sexe. Milena, elle, posait des questions, elle était expérimentée, elle savait que des instants de bonheur muet présupposent des instants de confiance *explicite*. Et cette confiance, Kafka l'éprouvait. Il ne distinguait plus entre la fille, la femme et la semblable. Il se mit à leur parler à toutes trois en même temps.

> « Les plus belles de tes lettres (et c'est beaucoup dire, car elles sont dans l'ensemble, presque à chacune de leurs lignes, ce qui m'est arrivé de plus beau dans la vie) sont celles où tu donnes raison à ma "peur" et où tu cherches en même temps à expliquer que je ne dois pas la ressentir. Car moi aussi, même si je peux ressembler quelquefois à un avocat soudoyé de ma "peur", je lui donne probablement raison au plus profond de moi, je suis même constitué d'elle et elle est peut-être ce que j'ai de meilleur. Et puisqu'elle est ce que

j'ai de meilleur, elle est peut-être aussi la seule chose que tu aimes. Car qu'y aurait-il sinon en moi de si digne d'être aimé. Mais cela est digne de l'être.

Et si tu demandais un jour comment j'ai pu dire "bon" ce samedi avec la peur au cœur, ce n'est pas dur à expliquer. Puisque je t'aime (et donc je t'aime, bêta, comme la mer aime un minuscule galet sur ses fonds, voilà exactement comment mon amour te submerge – et que je sois aussi ce galet pour toi si les cieux le permettent) j'aime le monde entier et donc aussi ton épaule gauche, non ç'a d'abord été la droite et c'est pour ça que je l'embrasse s'il me plaît (et si tu veux bien ouvrir ton chemisier à cet endroit) et donc aussi ton épaule gauche et ton visage au-dessus de moi dans la forêt et ton visage en dessous de moi dans la forêt et le repos sur ton sein presque nu. Et c'est pour ça que tu as raison de dire que nous n'avons déjà fait qu'un et je n'ai pas du tout peur, c'est mon unique bonheur et mon unique orgueil et je ne le limite pas du tout à la forêt.

Mais justement, entre ce monde du jour et cette "demi-heure au lit" dont tu as parlé avec mépris comme d'une affaire d'hommes dans une de tes lettres, il y a pour moi un abîme que je ne peux pas franchir, sans doute parce que je ne le veux pas. Là-bas en face, c'est une affaire de la nuit, absolument dans tous les sens une affaire de la nuit ; ici, c'est le monde et je le possède et il faudrait maintenant que je saute dans la nuit pour en reprendre possession. Peut-on reprendre possession d'une chose ? Est-ce que ça ne veut pas dire : la perdre. [...]

Vouloir saisir par sortilège en une nuit, en hâte, le souffle lourd, désemparé, possédé, vouloir saisir par sortilège ce que chaque jour accorde aux yeux ouverts ! ("Peut-être" qu'on ne peut pas avoir des enfants autrement, "peut-être" que les enfants aussi sont un sortilège. Laissons cette question pour l'instant.) C'est pour ça que j'ai tant de gratitude (envers toi et envers tout) et c'est donc samozřejmé [tout naturel] que je sois auprès de toi dans la plus grande quiétude et la plus grande inquiétude, dans la plus grande contrainte et la plus grande liberté, et voilà pourquoi, encore d'après cette conviction, j'ai renoncé, à tout autre vie [29]. »

On peut douter que Milena ait saisi l'entière signification de cette dernière phrase, avec sa virgule placée fautivement à l'endroit décisif. Car elle annonce, ni plus ni moins, que Kafka dit adieu à la sexualité. Non qu'il y voie une tare personnelle ; mais il ne peut pas l'intégrer, elle n'a rien à voir avec son aspiration au bonheur, elle est et elle demeure une force étrangère qui s'impose à son psychisme de façon insaisissable, incontrôlable. Le bien invite au mal comme la femme invite au lit, avait laconiquement noté Kafka à Zürau. Il n'avait pas su appliquer ce rigorisme éthique à la conduite de sa vie : Julie Wohryzek était devenue son amante, le désir restait présent − même à Meran, où ses pensées avaient tourné des semaines durant autour d'une femme de chambre qu'il aurait certainement étreinte si l'attirance avait été mutuelle. Et tout cela « *contre ma volonté expresse* », comme il l'avoua à Milena. Car le sexe lui apparaît comme un détour, comme une fausse route qui mène, sinon au mal, du moins dans une obscurité où l'homme et la femme se livrent à une tempête qui finit par leur arracher ce qu'ils pensaient acquis. Kafka ne peut se figurer le bonheur que dans des images de paix, de calme, de parfait relâchement. Pouvoir oublier juste une fois qu'on « cherche à se sauver »; ne plus devoir être en alarme, laisser les portes ouvertes. Poser sa tête sur la poitrine, sur les genoux d'une femme. Sentir sa main fraîche sur son front. « *Plus rien, silence, forêt profonde*[30]. »

Kafka trouva le grand appartement de l'Altstädter Ring presque désert; ses parents ne reviendraient de leurs traditionnelles vacances d'été à Franzensbad que quelques jours plus tard. Il n'y avait qu'Ottla, toute aux préparatifs de son mariage. Elle fut la première à entendre ce qui s'était passé. En retour, il apprit ce qu'avait traversé Julie, dans quel état il la trouverait. Kafka avait devant lui un moment difficile, et ils le savaient tous les deux.

Et une surprise l'attendait. Bien entendu, il avait déjà dit à Brod que sa vie était bouleversée, que Meran avait été un tournant, peut-être pas pour sa santé, mais dans un tout autre sens. Un amour qui, cette fois encore, s'était épanoui dans des lettres et non dans le contact physique, une nouvelle tentative de concrétiser et de soutenir une fantasmagorie érotique débordante. « *Elle est un feu vivant comme je n'en ai jamais vu*, avait-il confié avec exaltation à Brod, *un feu qui malgré tout ne brûle que pour lui*[31]. » Pour *lui* : Ernst Pollak. S'il ne pouvait citer son nom – par crainte des regards indiscrets –, Kafka pensait avoir semé suffisamment d'indices pour que Brod comprenne de quel fameux couple il parlait.

Il s'avéra que son ami n'en savait rien. Il s'était creusé les méninges sans réussir à deviner qui était cette mystérieuse Viennoise, et il n'avait pas non plus compris qu'il s'agissait d'une « chrétienne ». Découverte étonnante, sidérante pour Kafka. Car cela signifiait que Brod avait raconté l'histoire tragique de Jarmila et de son amant (et futur époux) juif-allemand Willy Haas sans intention particulière, et sûrement pas pour édifier Kafka; et cela signifiait aussi qu'il avait cité *complètement par hasard* le nom de Milena Jesenská dans sa lettre.

« Cette histoire a-t-elle un quelconque rapport avec nous? avait demandé Milena sans ambages depuis Vienne. Est-ce une mise en garde? » Non, non, l'avait rassurée Kafka, après s'être aperçu à quelles généralisations il s'était laissé entraîner – non, aucun rapport, pas de mise en garde. Et il avait dit vrai, comme il l'apprenait *maintenant*. Les voies de son tribunal intérieur étaient impénétrables. Max Brod, qui n'avait jamais vu son ami dans un tel enthousiasme, n'en fut pas moins effrayé. « *Il est très heureux,* nota-t-il dans son journal le soir d'après leurs retrouvailles. *Mais est-il prêt pour ces tempêtes?* » Au même moment, Kafka aussi était à son bureau : « *si l'on peut périr de bonheur, alors cela doit m'arriver. Et si un condamné à mort peut rester en vie par bonheur, alors je resterai en vie*[32]. »

LE GRAND « MALGRÉ TOUT »

Les ruisseaux avancent; mais la mer, non.
Henri Michaux, *Je vous écris d'un pays lointain*

Ils avaient beaucoup ri, surtout les premières semaines, dans la petite pension de Schelesen. Puis ils étaient devenus plus raisonnables, ils avaient rêvé de fonder une famille, cherché un petit appartement à Prague, fixé le jour de leur mariage. Mais tout cela n'avait rien donné. Les rires se turent l'après-midi du 5 juillet 1920, sur la Karlsplatz, sorte de parc tout en longueur dans le quartier de la Neustadt à Prague. Kafka accourut en sortant du travail, et Julie Wohryzek vint du magasin de mode de sa sœur, un peu plus loin.

La jeune femme tremblait de tout son corps. Elle avait une rivale et le savait depuis des semaines; elle avait attendu en vain le retour de Kafka fin mai, en vain espéré les retrouvailles prévues à Karlsbad. C'est qu'il avait une correspondante tchèque, disait-il – excuse peu convaincante. Comment l'écriture d'une inconnue pouvait-elle lui importer plus que les tendresses d'une compagne? Maintenant, Julie apprenait que Franz était allé voir cette femme pendant plusieurs jours, et on voyait tout de suite qu'il était transformé. Il souligna plusieurs fois que rien n'avait changé entre eux – seulement, ces jours à Vienne l'avaient tant bouleversé que tout le reste, par contraste, pâlissait et s'effaçait. Il fallait rompre. Il le répéta plusieurs fois, c'était dur à comprendre : maintenant qu'il n'était plus question d'argent ni de logement, mais de rien d'autre que leur vie à tous les deux, il affichait une résolution inhabituelle, une dureté inaccessible à toutes les objections. Enfin, elle dit qu'elle ne pouvait partir d'elle-même. « *Mais si tu veux que je parte, je m'en vais. Tu veux que je parte?* » « *Oui* », répondit Kafka, qui devait s'attendre à une crise sans pouvoir faire machine arrière. « *Je ne peux pas* », fit Julie[1].

Cette triste saynète sur la Karlsplatz – et ces phrases, les seules que nous connaissions de Julie Wohryzek – nous montre Kafka dans un rôle inédit, curieusement prosaïque : celui de l'amant qui quitte une femme pour une autre. Nul doute qu'il percevait le caractère conventionnel de cette scène : s'il avait été assez extraordinaire de défendre cette « fille » contre les réticences de ses parents et contre la calomnie, il y avait quelque chose de banal dans le fait de la laisser tomber. Mais ni dans un cas ni dans l'autre, Kafka n'eut le sentiment de prendre une décision vraiment libre : il suivit bien plutôt un besoin tout-puissant de faire ce qui lui semblait juste.

Ses scrupules n'en étaient pas apaisés pour autant. « *Abstraction faite de la douleur du moment, vous avez rendu à cette fille le plus grand des services*, avait-il écrit des semaines avant Vienne à une Milena sans doute surprise. *Je ne vois pas comment elle se serait débarrassée de moi sinon.* » À croire que cette affaire était déjà réglée – escamotage convenu qui ne le convainquit même pas lui-même. « *Je lui ai peut-être fait ce qu'il y a de pire*, avoua-t-il quelques heures plus tard à sa sœur, *et c'est certainement fini. Voilà comment je joue avec un être vivant*[2]. » C'était déjà plus proche de la vérité. Cette fois, pourtant, les fustigations de Kafka restèrent loin de l'intensité panique de la rupture avec Felice Bauer. Alors – trois ans plus tôt –, il s'était enferré dans l'idée qu'il avait détruit la vie d'une innocente, qu'il l'avait coupée à jamais de son possible destin de femme ; et lorsqu'il avait appris de Brod que Felice s'était mariée en avril 1919, ç'avait été comme une tardive amnistie. L'acquittement définitif avait eu lieu début 1920, avant son départ pour Meran : Felice avait un fils ; et si Kafka évita sagement de la féliciter, il rappela plusieurs fois à Ottla de le faire à sa place. Enfin, dans ses lettres à Milena, qui avait entendu parler de Felice mais ne pouvait connaître ces événements récents, il en parla avec une ironie clémente qui marqua la fin de son calvaire : « *J'ai cogné sur elle (ou sur moi, si vous préférez) pendant presque cinq ans, mais heureusement elle était incassable, un alliage prusso-juif, alliage robuste et triomphant*[3]. »

Cette découverte que les femmes étaient fortes, qu'elles pouvaient surmonter le chagrin et l'abandon sans trop de dommage, dut également influencer la conduite de Kafka à l'égard de Julie. Il ne doutait plus que cette rupture était le mieux pour elle ; nulle part il n'exprime de souci pour l'avenir de cette femme dévouée qui avait accepté sans se plaindre toutes ses tergiversations. Reste qu'elle était sensible aux vexations. Là où Felice s'était contenue au moment des adieux avant de donner libre cours à ses sentiments dans une lettre, Julie manifesta son désespoir en pleine rue. Il y avait de quoi s'inquiéter ; et même si Kafka, bras dessus bras dessous avec elle, éprouvait moins de la compassion qu'une agitation plus globale, il n'osa pas la priver d'un tout dernier espoir. Elle ne voyait vraiment pas, dit-elle, en quoi cette Tchèque de Vienne, qui disait aimer son mari, avait besoin en plus d'une liaison clandestine. Elle allait lui écrire, à cette Milena.

Kafka prit peur, puis il se dit que c'était peut-être un bon moyen de gagner quelques jours, des jours pendant lesquels il n'aurait pas à redouter un malheur. Ce fut assez pour qu'il donne son accord à cette idée absurde. Mais à peine eut-il raccompagné Julie, un peu rassérénée malgré son abattement, qu'il passa à la poste et envoya un télégramme à Vienne : « *fille va t'écrire réponds gentiment et fermement et ne m'abandonne pas* ».

C'était la crête de la vague. Kafka planait. L'espace de quelques jours, il lui sembla que l'imaginaire et la réalité s'étaient rejoints, qu'il avait enfin réussi, surmonté cette épreuve de force qui l'avait des années durant mené très près de la folie. Milena déchaînait toutes ses fantasmagories, et elle était aussi cette femme avec laquelle il avait marché dans la rue (« *songe un peu, tu as marché à mes côtés* »), dont il avait vu l'appartement et auprès de qui, pour finir, il s'était reposé en silence au milieu d'une forêt, cette forêt incommensurable qui protégeait des bruits et des souffrances du monde et dont il ne cessera plus de convoquer l'image au cours des semaines suivantes. La broyeuse des scrupules sembla elle aussi s'arrêter peu à peu; pour la première et la dernière fois, Kafka s'ouvrit à une dimension passionnelle et amorale de l'amour dans laquelle les obstacles et les doutes paraissaient n'avoir plus lieu d'être. Une fusion, une dissolution dans l'autre – sans peur.

Pendant toute une période, Kafka soutint même les tracas que le retour à Prague et le cérémoniel des retrouvailles amenèrent fatalement. En même temps que ses parents survint Alfred Löwy, le légendaire « oncle de Madrid », ce vieux célibataire que sa famille pragoise n'avait pas vu depuis six ans. Löwy logea chez les Kafka, bien sûr ; Franz dut libérer sa chambre, et il emménagea pour deux semaines dans le vaste appartement de sa sœur Elli, inoccupé pour les vacances. Tout cela était contrariant, d'autant que Löwy attendait de son neveu qu'il le guide dans cette ville entièrement transformée et le mette au courant de tout ; mais d'un autre côté, c'était plus agréable que d'endurer le vacarme qui enflait dans la famille à l'approche du mariage d'Ottla. Il était décidé qu'elle et son mari Josef David prendraient un logement dans le même immeuble que les Kafka, sur l'Altstädter Ring, et son aménagement était l'affaire des parents, c'est-à-dire, en pratique, de la mère. Personne n'avait la tête à se mêler des nouveaux états d'âme de Franz et des dilemmes dans lesquels il s'était jeté allègrement ; le regard de la famille ne s'arrêtait pas sur lui, et il ne pouvait pas s'en plaindre.

Kafka n'échappa pourtant pas aux questions sur sa santé, et il ne put cacher longtemps que Meran n'avait pas amené de réelle amélioration. Sa toux constante, plus tenace que jamais malgré ce chaud début d'été, inquiétait tout le monde. Et pas trace non plus des trois ou quatre kilos qu'il était censé avoir pris. Il avait beau paraître serein et reposé de prime abord, Kafka était malade et, avec un « indice de masse corporelle » d'environ 17, beaucoup trop maigre, même selon les standards de l'après-guerre. Ce fut aussi l'avis du médecin de la famille, le Dr Kral, qui ne trouva aucun changement au poumon de Kafka et déclara les « *injections* » tant redoutées (de tuberculine, semble-t-il) incontournables dès l'arrivée du mauvais temps.

Emmitouflé comme il l'était dans son bonheur, les mines soucieuses qui l'accueillaient partout ne troublèrent pas Kafka outre mesure ; seul le retour à son bureau lui donna quelques palpitations. Il avait honte de se montrer à Odstrčil, son généreux directeur, sans le moindre signe d'amélioration concrète, d'autant qu'il avait négligé avec une légèreté parfaitement incompréhensible de se faire soigner dans un *vrai* sanatorium. Il serait forcé d'admettre qu'il avait ignoré les conseils du médecin de l'Office, qu'il n'avait pas suivi une cure mais simplement pris des vacances aux frais de son administration. Or tout se passa sans heurt, Odstrčil se montra affable comme toujours, et ses nouvelles prérogatives de directeur de service s'avérèrent, elles aussi, moins pesantes que prévu. Les fonctionnaires qu'il devait seconder ne s'étaient pas du tout préparés à son retour, et il fallut plus d'une semaine pour que les premiers chariots de dossiers arrivent dans son bureau. En attendant, Kafka fit les cent pas de sa table à sa fenêtre, allant régulièrement au « courrier » pour demander sa correspondance personnelle et, quand on lui remettait une lettre, se mettant aussitôt en devoir d'y répondre. Il dut conseiller un client par-ci par-là ; et, un après-midi sur deux, le jeune et impétueux Gustav Janouch débarquait avec ses tout derniers poèmes. À vue de nez, tout cela ne méritait pas un traitement de fonctionnaire. S'il avait le titre de *tajemník* (secrétaire), écrivit Kafka à Vienne, c'est parce que ses occupations au bureau étaient très *tajemné* (secrètes[4]).

Mieux valait en effet que ce travail échappe à l'attention de ses supérieurs. En l'espace de huit jours, Kafka avait dicté seulement six documents et écrit quinze longues lettres à Milena Pollak, toutes au bureau. Dans les intervalles, il étudiait scrupuleusement ses feuilletons du *Tribuna*, revoyait ses traductions, et il fut sans nul doute le seul fonctionnaire de l'Office d'assurances à se plonger dans les retentissants articles qu'elle consacrait à la mode pour gagner de l'argent, et dont elle avait honte. Et ce n'était pas tout. Car du jour au lendemain, Kafka se retrouva au cœur d'une tempête épistolaire inouïe à laquelle prirent part jusqu'à une demi-douzaine de personnes : un chassé-croisé de lettres tantôt ouvert, tantôt confidentiel, dont la complexité ne le cédait en rien à celle de ses correspondances juridiques.

Tout avait commencé avec Max Brod : Milena voulut voir, évidemment, la lettre où il avait relaté l'histoire tragique de Jarmila et de Josef Reiner, et Kafka la lui avait donc fait parvenir à Vienne. En retour, il eut le droit de lire une lettre de Jarmila elle-même à son amie Milena, lettre folle, agressive, déchaînement d'émotions dont la lecture lui sembla un aperçu de l'enfer. Peu après, Milena fit plusieurs fois appel à Brod, qu'elle connaissait à peine, pour savoir ce qu'il en était vraiment de la tuberculose de Kafka. Comme la femme de Brod ne devait pas lire ces lettres, elles transitèrent par nul autre que Kafka lui-même – dans des enveloppes scellées. Mais il découvrit vite le pot aux roses et, trouvant indigne que ces intimes parmi les intimes le traitent comme un cas médical, il pria Milena d'arrêter.

Suivirent les complications liées à Julie Wohryzek : Kafka l'avait « *autorisée* » à écrire à Milena, mais des remords l'assaillirent dès le lendemain matin. Il lui demanda par poste pneumatique de ne rien faire sans en avoir reparlé avec lui. Trop tard : comme en transe, Julie avait déjà écrit et même posté sa lettre. Pour ne pas contrarier Kafka, elle courut à la poste centrale où elle réussit à récupérer son courrier.

Mais il ne put la persuader de le détruire ; elle le lui confia pour qu'il le transmette lui-même. Et Kafka résista à la tentation de l'ouvrir. En récompense, il reçut bientôt de Julie la réponse de Milena, avec quelques annotations. Elle ajouta qu'il lui fallait absolument l'adresse des Pollak à Vienne, pour pouvoir écrire au mari de Milena...

Un même scénario de palais des glaces se mit en place parallèlement avec Staša Jílovská, ancienne camarade de classe de Milena qui l'avait régulièrement accompagnée au Café Arco et qui, par la suite, avait été sa plus fidèle visiteuse à la clinique psychiatrique. Milena la regrettait ; cette confidente de toute une vie serait peut-être la mieux à même de la sortir de ce tiraillement entre deux hommes. Kafka, là encore, lut les lettres d'autres gens et joua un rôle d'intermédiaire : il rendit visite au couple Jílovský, demanda à Staša, de la part de Milena, de se rendre au plus vite à Vienne (ce qui le plongea d'ailleurs dans une folle jalousie), il transmit une longue lettre où Staša portait un regard critique sur la position de Milena, et cette même lettre lui revint ensuite de Vienne pour qu'il la lise.

Pour impliquer le dernier protagoniste, il ne manquait qu'une lettre d'Ernst Pollak à son rival pragois. Et en effet, Kafka, immergé depuis des semaines dans ce nuage de lettres qu'il avait soulevé lui-même et qui commençait de retomber, apprit que Pollak avait l'intention de lui écrire. Rien de surprenant : Milena n'était pas femme à cacher son jeu ; quelques jours seulement après le départ de Kafka, elle avait compris qu'une explication avec Pollak était inévitable et qu'il devrait être question d'un possible retour à Prague. « *Ernst sait tout* », lut Kafka dès l'après-midi du 8 juillet : instant crucial, il le sut tout de suite, instant qu'il partagea par hasard avec Brod, alors assis en face de lui, à la place réservée aux visiteurs dans son bureau. Ils allèrent au Café Impérial pour parler à leur aise. Puis Kafka courut à la poste pour envoyer un télégramme-éclair : « *c'était la seule chose à faire, sois tranquille, tu es ici chez toi* ». Et dans son élan, il proposa de lui envoyer de l'argent[5].

La réaction de Kafka était généreuse, pleine d'humanité, mais Milena dut se dire qu'il n'avait pas saisi tout le paradoxe de la situation. Car c'était Ernst Pollak qui lui avait fait découvrir les récits de Kafka, lui qui, infatigablement – chez lui, dans les cafés –, louait Kafka comme le plus grand des écrivains vivants de langue allemande[6]. Le fait que ce génie s'intéresse soudain à *sa* femme dut être un choc pour ce viveur narcissique que sa stérilité littéraire tourmentait depuis toujours, et dont l'aplomb était bien plus fragile qu'il ne le laissait transparaître. Pour ne rien arranger, il lut quelques passages des lettres de son rival – autre coup de Milena dont Kafka ne sut sans doute jamais rien –, et l'intensité verbale de cette cour dut le convaincre à elle seule que ce n'était pas une tocade[7]. Son mariage était à la dérive : il ne se souciait plus de savoir où Milena passait ses journées et ses nuits, il y avait eu entre eux des explosions de haine, voire de sérieux accès de violence. Tout à coup, il recommença à s'intéresser à elle, craignit de la perdre, se mit peut-être même à voir sa femme avec les yeux de Kafka.

Mais il ne savait pas quelle image il projetait lui-même dans ce lointain miroir. Kafka n'avait gardé aucun souvenir bien précis de Pollak : « *Au café, il me semblait le plus sûr, le plus sensé, le plus calme de tous, presque exagérément paternel, impénétrable aussi*[8]. » Erreur de jugement extrêmement rare chez lui.

Mais même les détails qu'il récolta progressivement sur la vie de ce couple n'amenèrent pas Kafka à porter moins d'estime à Pollak, ni d'ailleurs à prendre parti contre lui. Au contraire : un homme capable de s'attacher pendant tant d'années une femme si pleine de vie et d'assurance devait avoir des forces qui lui étaient totalement inaccessibles. Kafka se mit soudain à idéaliser Pollak, à prêter à sa simple existence des qualités mythiques. Là où il avait vu en lui un simple rival avant de se rendre à Vienne, il l'élevait désormais – Milena se débattant depuis déjà trop longtemps avec sa décision – dans une sphère où le face-à-face devenait impossible, où même la jalousie n'avait aucune raison d'être. « *Tu l'aimes, quoi que tu puisses dire*, jugea-t-il, *et quand nous nous unissons (merci à vous, chères épaules !), c'est sur un autre plan, pas dans son domaine à lui*. » Cela pouvait prêter et *prêta* à malentendu : Kafka semblait battre en retraite sur le plan corporel et abandonner sans résistance à Pollak ce qui, sexuellement, lui revenait déjà. Mais Kafka visait quelque chose de bien plus général : la danse impavide de ce couple suprême au-dessus des abîmes de la vie, ce don de *vivre*, tout simplement, que leur accordait quelque puissance supérieure et que lui-même ne pouvait qu'admirer de loin.

> « Je ne me bats pas pour toi avec ton mari, le combat n'a lieu qu'en toi ; si la décision dépendait d'un combat entre ton mari et moi, tout serait joué depuis longtemps. Je ne surestime pas du tout ton mari en disant cela, il est même très probable que je le sous-estime, et ceci je le sais : s'il m'aime, c'est de l'amour que l'homme riche a pour la pauvreté (et il y a aussi quelque chose de cet ordre dans ton rapport à moi). Dans l'atmosphère de ta vie avec lui, je ne suis vraiment que la

souris à qui l'on peut permettre une fois par an au plus de traverser le tapis à la vue de tous dans la "grande maison[10]". »

Kafka commence déjà visiblement à assimiler la défaite qui s'annonce : ici encore, il met en œuvre les stratégies imaginaires qu'il a forgées depuis des années. Il sait que les images qu'il invente sont « exagérées », qu'on ne doit pas les prendre au pied de la lettre. Il sait que Milena connaît *La Métamorphose*, qu'elle risque de voir une simple trouvaille littéraire dans ce regard de l'animal rampant, ce regard qui s'élève et rencontre celui d'êtres infiniment supérieurs à lui. Cette image n'en désigne pas moins un écart de vitalité que Kafka – dans la littérature comme dans la réalité – juge crucial et insurmontable : dans la maison Pollak, on vit, on aime, on souffre ; chez le célibataire, on compte, on rêve tout au plus, et, s'il y a plénitude, ce n'est que sur « permission ». Cela n'avait rien à voir avec les qualités personnelles que Kafka prêtait à son rival, ni même avec les pour et les contre qui pesaient dans la décision de Milena. Kafka croyait savoir que son mariage avec Pollak était une impasse *pour elle*, tout simplement parce qu'il était lesté de souvenirs terribles que seul un nouveau départ serait à même de conjurer. Mais les puissances à l'œuvre dans cette affaire étaient absolument inaccessibles à de telles réflexions, sans même parler de conseils : Milena resterait dépendante de Pollak quoi que Kafka puisse dire ; et peu à peu s'enracina en lui la conviction qu'il faisait face à un « *lien indestructible* », à un « *mystère inépuisable*[11] ».

À Vienne, il n'avait rien senti de tel. Et même maintenant que les lettres de Milena montraient chaque jour plus clairement combien cette décision lui pesait, combien les obstacles s'accumulaient en elle – en elle, la personne la plus spontanée et la plus insouciante qu'il avait jamais rencontrée –, même à présent, Kafka continuait de croire que tout se finirait pour le mieux. Si elle ne revenait pas tout de suite à Prague, comme il l'avait tacitement espéré – eh bien, elle reviendrait un peu plus tard, très bientôt. Tout autre dénouement lui paraissait incompatible avec leur aventure à Vienne, qui l'enveloppait à la façon non d'un souvenir, mais d'un éternel présent, d'un flux d'énergie perpétuel qui le portait de jour en nuit, de nuit en jour. Et Milena donnait raison à ce sentiment : quoi qu'il advienne, écrivit-elle, il ne la perdrait pas. Était-il possible qu'ils se trompent tous les deux ? Que cette souris filant en travers du tapis représente bien la vérité ? Kafka le savait : cela se déciderait dans la vie, pas dans des lettres.

La mise à l'épreuve vint plus tôt qu'escompté. Ils s'étaient promis qu'en cas d'extrême urgence, l'un accourrait au secours de l'autre, prendrait le premier train sans perdre une minute. Du côté de Kafka, c'était une éventualité on ne peut plus concrète : pendant des jours, il redouta que Julie Wohryzek ne cède au désespoir, et il avait demandé d'avance à Milena de ne pas le laisser seul dans le cas d'une telle catastrophe. Or la situation s'apaisa en quelques semaines, Julie finit par se résigner et, fin juillet, sans coup d'éclat, elle disparut de la vie, de la correspondance et des pensées de Kafka. « *Je ne crois pas*, constata-t-il peu de temps après, *que le tort que j'inflige à quelqu'un, dès lors qu'il n'affecte que lui, puisse troubler mon sommeil*[2]. » Découverte qu'il devait peut-être à Julie, elle qui avait été sa fiancée, elle qu'il avait défendue avec tant d'ardeur pas plus tard que l'année précédente, et qu'il enjambait désormais littéralement. Il ne lui avait laissé aucune chance ; et cette fameuse souris sur le tapis, figure imaginaire pour Kafka, était devenue pour elle un rôle concret.

Les horaires des trains pour Vienne lui semblaient désormais plus réels que tous les êtres de son entourage. Où et quand reverrait-il celle qu'il aimait ? Kafka fut blessé le jour où Milena lui dit qu'il ne fallait pas songer à donner une suite immédiate à ces jours d'innocence dans la forêt viennoise – pas maintenant que *trois* personnes étaient impliquées. Mais il comprit bientôt que le sentiment de symbiose dans lequel il trouvait refuge ne pourrait qu'être détruit par des retrouvailles dans ces circonstances toutes nouvelles. Ce constat valait même pour Prague, loin de l'influence toute-puissante de Pollak. Il fut donc plus inquiet que joyeux quand Milena se mit à parler non pas de s'installer, mais de lui *rendre visite* à Prague. « *J'ai presque envie de te dire : ne viens pas*, répondit-il. *Laisse-moi l'espoir que tu viendras tout de suite si je te demande un jour de venir par extrême nécessité, mais pour l'heure, mieux vaut que tu ne viennes pas, tu devrais repartir ensuite*[13]. »

Kafka fut comme foudroyé lorsque le fameux appel à l'aide lui parvint *à lui* tout juste quelques jours plus tard. Milena lui demandait de venir à Vienne, non certes par extrême nécessité, mais pour une discussion assez urgente. Elle avait reçu une lettre de son père – la première en trois ans –, et à son écartèlement entre deux vies possibles, cette lettre ajoutait une complication supplémentaire. Car, de l'avis du Dr Jesenský, le mariage que Milena avait contracté par bravade s'était soldé par un échec. Il lui proposait son soutien, « *bien évidemment* », mais à « *certaines conditions non négociables* », à commencer par une rupture avec Pollak et un retour à Prague. C'était une manœuvre de *double bind* éprouvée depuis des années et apparemment typique de Jesenský, une alternance de séduction et de rejet : d'un côté, il admettait qu'il avait de la peine pour sa fille, qu'il était même « *terriblement triste* » de toutes ces années de brouille ; de l'autre, sa lettre était une manœuvre d'intimidation, et il la concluait en signant d'une façon proprement insultante : *Jesenský*.

Que faire ? *Deux* hommes la rappelaient maintenant à Prague ; tous deux l'aimaient à leur façon, tous deux l'appâtaient avec leur dévouement, tous deux lui demandaient l'impossible. Mais l'un était juif, et l'autre était antisémite. « *Entre ton mari et moi il n'y a aucune différence aux yeux de ton père*, nota fort justement Kafka, *pour cet Européen nous avons la même face de nègre*[14] ». Pour Milena, cela signifiait qu'un retour à Prague n'était possible qu'au prix d'un mensonge ou dans la certitude d'un scandale : annoncer à son père qu'elle quittait un Juif à Vienne pour vivre avec un autre Juif à Prague aurait été une déclaration de guerre qui aurait sans doute affecté Jesenský plus durement que la simple continuation de son mariage. Milena n'avait pas seulement appelé Kafka à l'aide sous le coup du désespoir provoqué par cette lettre et de la pression, maintenant quasi insupportable, liée à la décision à prendre : elle voulait savoir, les yeux dans les yeux, comment il se comporterait dans une pareille situation. Il faudrait peut-être se cacher. Il y aurait des rencontres et des situations gênantes, peut-être une confrontation entre Kafka et son père. Avait-il les épaules assez solides ?

La réponse à cette question arriva plus vite que prévu, car Kafka refusa : il ne pouvait obtenir de congé sans un motif valable, dit-il. Et c'est ainsi que, sans le savoir, il fit pencher la balance : Milena crut soudain y voir clair, ses doutes à propos de l'implication de Kafka se confirmaient, elle était furieuse.

> « Un jour, je lui ai demandé par télégramme, par téléphone, par lettres, je l'ai conjuré par tous les dieux de me rejoindre pour une journée. J'avais absolument besoin de lui à cette époque. Je l'ai maudit corps et âme. Il n'a pas pu dormir pendant des nuits, il s'est tourmenté, accablé à longueur de lettres, mais il n'est pas venu. Et pourquoi ? Parce qu'il ne pouvait pas demander un congé. Il ne pouvait quand même pas dire à son directeur, ce même directeur qu'il admire du fond de l'âme (sérieusement !) parce qu'il tape si vite à la machine – il ne pouvait quand même pas lui dire qu'il avait besoin d'aller me voir. Et dire autre chose – nouvelle lettre horrifiée – comment donc, mentir ? Mentir au directeur ? Pas possible. »

Telle est la version amplifiée de l'histoire, que Milena conta plus tard dans une lettre à Max Brod[15]. De fait, Kafka se sentait incapable de mentir à la face d'Odstrčil, qui avait tant fait pour l'aider à se soigner et qui, preuve de confiance hallucinante, l'avait laissé choisir lui-même la date de son retour à Prague. Mais Milena ne comprenait pas. Ce n'était quand même pas sorcier de trouver un prétexte à peu près crédible, répliqua-t-elle, Kafka n'avait qu'à s'inventer un oncle Oskar ou une tante Clara qui serait à l'agonie, présenter un faux télégramme, et on lui donnerait quelques jours – elle l'aurait fait, *elle*, et sans hésiter une seconde. Impossible, répondit Kafka, jamais il ne pourrait servir une histoire pareille à son directeur sans éclater de rire. Mais il avait une autre idée, bien meilleure.

Kafka, hanté jour et nuit par les appels à l'aide de Milena, avait ressorti les horaires des trains tchèques et autrichiens et découvert que des retrouvailles à Vienne étaient possibles même sans demande formelle de congé : départ de Prague le samedi après-midi, arrivée après 23 heures, retour le dimanche matin. Sept heures ensemble, donc, pendant la nuit. Mais il y avait encore mieux, poursuivit-il gaiement. Pourquoi à Vienne, pourquoi pas à mi-chemin, sur la frontière, à Gmünd ? Là, ils pourraient – à condition de bien vouloir prendre un train omnibus – passer pas moins de vingt et une heures ensemble, *vingt et une*, Kafka souligne, « *et nous pouvons (imagine!) en théorie du moins les avoir chaque semaine*[16] ». Solution idéale : enfin il apportait une réponse infaillible, parfaite et réaliste à l'un des innombrables soucis de Milena.

Seulement, ce n'était pas le genre de satisfaction qu'elle pouvait partager. Elle faisait face à une décision cruciale, elle était malade, elle avait faim, et elle était déchirée entre l'envie de trouver une issue et l'aversion envers ces hommes qui lui proposaient leur secours tout en posant leurs conditions. Le zèle que mettait Kafka à chercher les compromis les moins risqués possibles pour ne pas faire de vagues, sa joie innocente en trouvant un tel subterfuge, enfin ces longues citations d'horaires de train, ce décompte des heures qui leur étaient *laissées* – tout cela dut lui sembler chiche, petit, mesquin. Avec ses scrupules et ses peurs, mais aussi avec ses solutions de rechange compliquées, Kafka aura probablement éveillé le soupçon qu'il n'était maître de lui-même qu'en littérature. Il avait déjà nommé Milena son « *institutrice* », l'avait même appelée « *maman Milena* », elle, une femme de 24 ans[17]. Rien ne freinait son imagination. Mais force était de se demander s'il était capable, s'il avait seulement envie d'honorer ses engagements.

Milena était prête à le mettre à l'essai ; elle se laissa tranquilliser, finit par accepter sa proposition, et rendez-vous fut pris à Gmünd. Et elle offrit de son temps à Kafka : sous un quelconque prétexte – elle savait mentir, *elle* –, elle réussit à s'éclipser de Vienne toute une fin de semaine sans s'attirer les soupçons de Pollak. Elle arriva à Gmünd en fin d'après-midi, Kafka l'y attendait, ils marchèrent, discutèrent longuement de leur situation, passèrent un moment couchés dans l'herbe, logèrent dans le même hôtel. Nous n'en savons pas beaucoup plus sur ces retrouvailles, encore nourries d'espoir. Mais le miracle de Marienbad ne se répéta pas. Kafka ne retrouva pas l'intimité qu'il avait invoquée presque chaque jour depuis Vienne ; Milena ne trouva pas la clarté, la passion. À Gmünd, une décision fut prise, il le sentit tout de suite. C'était leur deuxième rencontre secrète, et ce fut la dernière.

Tout aurait pu marcher, ils le savaient l'un et l'autre ; et aujourd'hui encore, les lecteurs des *Lettres à Milena*, traduites dans le monde entier, succombent au suspense, à l'impatience et à l'espoir alors même qu'ils connaissent le dénouement du drame. La chance offerte aux deux protagonistes est trop précieuse pour qu'on ne souhaite pas douloureusement qu'ils la saisissent enfin. On imagine un mariage d'écrivains, une maison à deux bureaux, les coups d'œil de l'un par-dessus l'épaule de l'autre, les remarques, les enseignements et les apprentissages réciproques, une communauté intellectuelle comme personne n'y était encore parvenu dans l'entourage de Kafka, et par laquelle il aurait surpassé toute la force vitale qu'il attribuait à ses amis. Milena admirait sa prose, et ses propres feuilletons, suggestifs, saisissants, jouant avec maestria sur les attentes du lecteur, faisaient à Kafka l'effet d'une drogue. Cette admiration pour le verbe d'un autre, il ne l'avait encore jamais éprouvée vis-à-vis d'une femme ; dans la légendaire correspondance des époux Browning, il avait découvert qu'elle était possible, et qu'un amour durable pouvait s'édifier sur ce socle, mais c'était par trop féerique.

Même la franchise proverbiale de Milena, qui faisait grincer des dents partout où elle passait, n'avait rien pour effrayer Kafka, lui qui se perdait si souvent en allusions et en images. Au contraire : cette parole ostensiblement brute semblait ne laisser aucune place à des arrière-pensées, elle paraissait entière, et elle renforçait d'autant plus la confiance de Kafka que Milena savait revenir sur des jugements trop raides. Il en tira même une leçon. Alors qu'il avait toujours réagi aux attaques par des fustigations presque réflexes, il lui arrivait maintenant de répliquer lui aussi à visage découvert, de demander que Milena retire des accusations injustes. Ses rapports avec une femme bien plus aguerrie que son âge, mais encore immature, et qui prenait tout juste la mesure de ses moyens, semblaient aiguiser chez lui la conscience de capacités inusitées. Et les questions directes de Milena le forçaient à répondre sans détour, même sur les hantises de sa psyché la plus souterraine. Jamais encore Kafka ne s'était exprimé en termes si concrets sur sa peur de la vie et son angoisse de la sexualité, il lui raconta même des expériences embarrassantes, et quand elle lui disait crûment qu'elle ne comprenait toujours pas, quand elle lui reprochait de n'avoir aucune idée véritable de ce qu'était l'amour, il ne tombait pas dans le mutisme, mais faisait une nouvelle tentative. Et elle le rassurait toujours : nous essaierons *malgré tout*. Et tout le bonheur humain lui paraissait concentré dans ces deux petits mots : car ce *malgré tout*, il l'avait mérité.

Mais Kafka se trouva peu à peu mêlé à une multitude de destins qui devaient finir par avoir raison de lui. Le mariage des Pollak n'était en rien cette union pleine de vie, ce défi lancé à la face du monde qu'il s'était d'abord figuré ; il était bien plutôt marqué par des dépendances masochistes devenues incontrôlables, dont Kafka ressentait le poids tout en les mésinterprétant. « *Je crois qu'on ne doit pour l'instant avoir peur que d'une chose*, écrivit-il quelques jours après Vienne, *ton amour pour ton mari*[18]. » Or c'était justement ce qu'il craignait le moins. Milena, croyait-il, devait choisir souverainement entre deux hommes, et il pouvait peut-être influencer ce choix en allumant un *autre* amour en elle. Même le choc de découvrir qu'elle avait tout dit à Pollak n'assombrit pas l'humeur de Kafka au-delà de quelques heures ; ses lettres restèrent vives, tendres, quelquefois drôles et pleines d'autodérision, les lettres d'un homme amoureux qui vit l'instant.

Il lui fallut des semaines pour comprendre les vraies règles du jeu. Troublant, déjà, comme elle le conjurait de ne rien entreprendre seul, de ne pas chercher surtout à contacter son mari, et même de l'éviter lorsqu'il vint quelques jours à Prague. Elle si téméraire, que pouvait-elle bien craindre d'une rencontre entre les deux rivaux ? Et ce n'était pas sa seule contradiction. Elle écrivit qu'elle ne pouvait quitter Pollak parce qu'il était malade. Mais elle, qui crachait du sang et qui s'affaiblissait de jour en jour − il lui arriva de s'évanouir −, n'avait-elle pas besoin aussi qu'on la ménage, et Pollak s'en était-il jamais soucié ? Elle refusa que Kafka lui paie une cure dans un sanatorium – visiblement faute de savoir comment elle expliquerait cette soudaine bonne fortune; mais elle acceptait les billets qu'il joignait à certaines de ses lettres. Enfin, elle accompagna Pollak lorsqu'il partit se soigner à Sankt Gilgen, au bord du Wolfgangsee, tout en sachant qu'il avait choisi cet endroit pour des raisons très prosaïques : une de ses maîtresses y possédait une villa. Et même alors, Milena n'osa pas écrire à Kafka au vu et au su de son mari. Ils se mirent d'accord sur un nom d'emprunt, comme à Vienne, et elle continua à recevoir ses lettres poste restante.

Quoi qu'elle fasse, ce serait pour le mieux, lui assurait Kafka, et le passé était le passé. Il aurait cru faire fausse route en se mêlant des secrets de ce couple, ou en cherchant à exercer une influence par des jugements moraux. Frappant, toutefois, avec quelle constance elle évitait tout ce qui pouvait compromettre son attachement à Pollak; et comme ce souci angoissé tranchait très nettement avec son aplomb habituel, Kafka finit par percevoir que cet attachement n'avait rien de maîtrisé, et que Milena était en proie à une dépendance. Elle s'inquiétait quelquefois plus de savoir qui brosserait les chaussures de Pollak en son absence que des absences de Pollak *lui-même*, au point de faire perdre patience même à l'observateur le plus bienveillant : « *Si tu partais*, écrivit Kafka au supplice, *soit il vivrait avec une autre femme, soit il irait dans une pension, et ses bottes seraient mieux astiquées que maintenant*[19]. »

Et voici que par une contradiction intégrale et funeste, tout en défendant à Kafka de pointer ce genre de faiblesses ou sentiment d'en faire *une affaire personnelle*, elle décida de l'intégrer à toute force dans son univers social. Alors même qu'elle freinait le rapprochement décisif, elle renforça l'intimité à un autre niveau, en le mettant en relation avec ses contacts de Prague – donc avec son histoire. En le chargeant de services et de petites commissions, elle s'arrangea pour qu'il rencontre peu à peu les membres les plus importants de son cercle pragois : Arne Laurin, rédacteur au *Tribuna* ; sa meilleure amie Staša et son mari ; et même, pour finir – Kafka dut surmonter une certaine horreur –, Jarmila Reinerová, l'héroïne de cette tragédie tchéco-juive qui l'avait tant ébranlé dans sa retraite de Meran. Kafka se serait bien passé de toutes ces visites, et ses remarques sévères sur les deux femmes, qui lui parurent de vrais « *anges de la mort* », traduisent de vives réticences[20]. Mais Milena trouvait sans cesse de nouveaux motifs pour lui faire cultiver ces relations, et il arriva que Jarmila, hagarde, visiblement sous l'emprise de la drogue, survienne sans raison apparente dans le bureau de Kafka, et même sur son palier, après quoi il n'eut plus qu'à envoyer un compte rendu *in extenso* à Vienne.

Kafka n'appréciait pas qu'on l'accapare de cette façon – non parce que les commissions de Milena lui pesaient : il en demandait littéralement, cherchant la tombe de son frère sous une chaleur écrasante, lui envoyant des livres et des revues, traversant toute la ville pour lui trouver un gilet. Mais la survenue d'une troisième, d'une quatrième, d'une cinquième personne les distrayait, leur faisait perdre de vue la question essentielle. *Avec* Milena, il se serait bien volontiers occupé de ces gens, dont le destin hors du commun était loin de le laisser de marbre. Mais dans ce rôle d'éclaireur pragois, qui ne différait pas beaucoup de celui d'un facteur, son intérêt pour eux ne débouchait sur rien, et il ne savait pas non plus comment il devait se présenter à ces nouvelles connaissances. Comme prétendant de Milena, il risquait fort de se couvrir de ridicule auprès de ses vieux amis; il le sentait de plus en plus chaque jour.

Dans le genre d'isolement et d'« autarcie » qu'il avait connus pendant la guerre, il y a lieu de supposer que Kafka aurait pu se livrer pendant de longs mois à cet amour par correspondance – ou plus exactement : qu'il aurait peu à peu ramené cet amour à une correspondance. Mais s'embourber ainsi dans une vie qu'il n'avait pas le droit de partager lui apparut comme une corvée de sociabilité. Au bout du compte, ce ne furent pas l'attente, la jalousie et la distance qui consumèrent ses réserves émotionnelles, mais une nouvelle mission, la plus périlleuse de toutes.

Pendant leurs retrouvailles peu prometteuses à Gmünd, Milena avait dit vouloir malgré tout trouver un terrain d'entente avec Jesenský père. Si la rupture avec sa fille le peinait tant, pourquoi était-il retombé dans le silence ? Qu'attendait-il ? Des garanties ? Espérait-il forcer sa fille de 24 ans à regagner la maison paternelle ? Il serait peut-être utile, se dit Milena, qu'il se fasse une idée plus objective de sa situation en dehors des cancans de Prague (où le mot de *cocaïne* avait une influence fatale), qu'il voie qu'elle se battait et travaillait. Dans son cabinet de dentiste, Jesenský avait une assistante qui était au courant de ses problèmes familiaux. Milena pourrait essayer de se servir d'elle comme intermédiaire. Et dans ce cas, il faudrait d'abord lui expliquer, à elle aussi, que la vie à Vienne avait une autre allure qu'on le pensait à Prague. Un *briefing*, donc, qui demandait un autre intercesseur sérieux et éloquent. Kafka – qui d'autre ? – était l'homme de la situation. Mais il ne fallait pas qu'il écrive une de ses longues lettres; il devait simplement appeler cette dame, prendre rendez-vous avec elle.

Kafka mit deux semaines à surmonter ses réserves. Heureusement, l'assistante de Jesenský s'avéra une femme pragmatique et ouverte, et il n'eut pas beaucoup de mal à la convaincre que la situation précaire de Milena, méritée ou non, ne devait pas rester ignorée de son père. D'après cette madame Knappová, les errements de Milena n'étaient plus passés sous silence chez Jesenský, notamment parce qu'il considérait son mariage comme un échec et son retour à Prague comme l'évidence même. Mais monsieur le professeur refusait strictement l'idée d'augmenter la pension mensuelle de Milena, et il hésitait encore à lui payer une cure thermale (qui, le cas échéant, devrait avoir lieu en territoire *tchèque*, comme de juste). Kafka, bien préparé, eut beau montrer les deux dernières lettres très suggestives qu'il avait reçues de Vienne, où il était explicitement question de disette et de maladie, rien n'y fit. Même la nouvelle que Milena traînait des valises à la Westbahnhof de Vienne et épongeait parfois les dettes de son mari sembla faire peu d'effet. « *À quoi bon envoyer de l'argent*, lui fut-il répondu, *Milena et l'argent...* » Mais Kafka s'entêta. Dans ce cas, proposa-t-il, on pourrait au moins l'aider par des dons en nature : « *un abonnement pour un bon repas midi et soir au Weisser Hahn, dans la Josefstädterstrasse*[21]. »

Kafka avait fait son possible, son habileté diplomatique était connue de ses supérieurs autant que de sa famille, et il ne s'en était pas mal tiré. Knappová promit qu'elle parlerait à Jesenský et que Milena aurait bientôt de ses nouvelles. Mais le soulagement de Kafka à l'idée d'avoir réussi cette épreuve fut de courte durée. Quelques jours seulement après son compte rendu détaillé, Milena lui envoya un télégramme rageur : elle n'avait aucune intention de jouer les solliciteuses auprès de son père, non, Kafka devait retourner

voir Knappová « *immédiatement* » et dissiper ce malentendu
provoqué par sa négligence.

Kafka s'exécuta. Mais il déchira le télégramme. Il avait
reçu un coup. Et il sut aussitôt avec une froide certitude
qu'il n'en supporterait pas d'autre. « *Tu as entièrement raison,*
répondit-il, laconique, *j'ai agi avec une bêtise et une grossièreté*
désolantes, mais ce n'était pas possible autrement, car nous vivons
dans les malentendus, nos réponses ôtent toute valeur à nos questions.
Nous devons arrêter de nous écrire et laisser l'avenir à l'avenir[22]. »

> « Le grand nageur! Le grand nageur! criaient les gens.
> J'arrivais des Jeux olympiques de X, où j'avais décroché un
> record du monde en natation. J'étais sur le perron de la gare
> de ma ville natale – où est-elle? – et je regardais la foule,
> indistincte dans le crépuscule. Une jeune fille dont j'effleu-
> rai la joue me ceignit lestement d'une écharpe où il était
> écrit dans une langue étrangère : Au champion olympique. »

Hallucination? Rêve? Le grand nageur est de retour, mais
il n'est pas chez lui. Les gens lui apparaissent flous; pendant le banquet organisé en son honneur, il ne « *distingue pas*
bien » et ne comprend pas les convives. Des femmes tournent
le dos à la table, un homme chagrin prononce un discours
solennel en essuyant ses larmes. Le grand nageur sent qu'il
faut dissiper quelques malentendus. Il se lève et adresse à
son tour un discours à la foule :

> « Chers convives! J'ai un record du monde, c'est vrai, mais
> si vous me demandiez comment j'ai réussi, je ne pourrais pas
> vous donner de réponse satisfaisante. En fait, je ne sais même

pas nager. J'ai toujours eu envie d'apprendre, mais l'occasion ne s'est pas présentée. Mais alors comment se fait-il que ma patrie m'ait envoyé aux Jeux olympiques ? C'est aussi la question qui m'occupe. »

Elle taraude encore les lecteurs de Kafka, car ce fragment s'interrompt peu après, sans qu'on sache comment un nageur qui ne sait pas nager peut battre un record du monde. Kafka nota ces phrases fin août 1920, probablement le jour où il entendit parler des épreuves olympiques de natation, qui se tenaient alors à Anvers. Les grands vainqueurs venaient des États-Unis : Norman Ross décrocha trois médailles d'or, et l'Hawaïen Duke Kahanamoku, deux, plus un record mondial. Kafka gomma ensuite les traces de ces événements : ayant d'abord écrit : « *J'arrivais des Jeux olympiques d'Anvers* », il remplaça ce nom de ville par un grand X. Il raya aussi une référence aux « *1500 mètres* » – à juste titre, car il n'y eut *pas* de record dans cette épreuve de nage libre à Anvers[23].

Le fragment du grand nageur fait partie d'une dense succession d'esquisses, réparties sur 51 feuilles volantes qu'on rassemble aujourd'hui sous le nom de « liasse de 1920 ». Elles suivent un motif typique de l'écriture de Kafka, celui d'une suite de prises d'élan : amorces de récits séparées par des traits horizontaux, liées par des motifs récurrents, interrompues à divers stades de progression, en général dénuées de titres et souvent complétées par un matériau – variantes, idées de suites – que Kafka espérait intégrer après coup. Tout indique cependant qu'il mit cette liasse au tiroir vers la fin de l'année sans l'avoir reprise : elle ne porte aucune correction, et rien ne suggère qu'il en ait donné lecture ni qu'il ait songé à une publication.

Si certaines de ces proses comptent pourtant parmi ses plus fameux exercices de pensée et se retrouvent même dans les manuels scolaires, c'est le fait de la politique éditoriale de Max Brod. Lorsqu'il se mit à publier les textes courts de Kafka au début des années 1930, il retint d'abord ceux qui étaient achevés, ne serait-ce qu'en apparence, et leur donna un titre, les faisant du même coup entrer dans le canon. Ainsi des écrits de Zürau (où il puisa entre autres *La Vérité sur Sancho Panza*, *Un incident ordinaire* et *Le Silence des sirènes*), mais aussi des feuillets de 1920, qu'il mélangea et griffonna, au grand dam des éditeurs qui lui succédèrent. Il retint d'abord *Les Armes de la ville*, *Petite fable* et *Sur la question des lois*, avant d'ajouter cinq autres pièces dans la première édition des œuvres en plusieurs tomes : *Poséidon*, *Le Vautour*, *La Toupie*, *L'Épreuve* et *Communauté*[24].

La deuxième génération de lecteurs de Kafka obtenait ainsi un vaste aperçu de son œuvre, et ceux qui ne voyaient encore en lui que l'auteur de récits teintés d'expressionnisme et de romans avortés découvrirent là un tout autre tableau : on aurait dit que cet écrivain avait perdu le goût des récits au long cours et développé une prédilection – annoncée par les proses d'*Un médecin de campagne* – pour des formes plus abstraites, pour l'art de la parabole, pour l'exacerbation métaphorique des problèmes de la philosophie, et surtout pour le paradoxe, dont il tirait des effets inédits. Si la critique, jusqu'alors, avait surtout été bluffée par la perfection de son style – à laquelle ne pouvaient se soustraire même ceux qui déploraient ses excès de fantastique –, ces nouvelles proses donnaient à penser parce qu'elles *s'adressaient* à la pensée, explicitement, irrésistiblement.

Ce philosophe sans nom, par exemple, qui observe des enfants jouant à la toupie, nous apparaît d'emblée comme un pur pantin littéraire, comme le représentant ectoplasmique d'une idée : l'auteur ne se donne même pas la peine de planter un décor, et toute l'« histoire » se joue en une seule page. La toupie tourne sous les coups de fouet des enfants, mais dès que le philosophe s'en empare pour l'examiner, elle redevient un « *bête morceau de bois* » – on voit où l'auteur veut en venir. Or le charme formel du texte réside dans le fait que Kafka, *après* cette révélation épistémologique peu originale, propose une double chute : « *les cris des enfants, qu'il n'avait pas entendus jusqu'alors et qui retentissaient d'un coup à ses oreilles, le mettaient en fuite, il titubait comme une toupie sous un fouet maladroit.* » Le cri des enfants, qui ne comprennent pas mais *possèdent* la toupie, devient un péril vital, le bruit indéchiffrable de la vie elle-même. Et l'image finale, qui fait brusquement voler en éclats le cadre de la petite scène, attire l'attention du lecteur sur la main invisible qui manie le *grand* fouet. Cette main, à qui appartient-elle ?

La sélection réalisée par Brod permettait à elle seule de voir que Kafka, avec un nombre très restreint de motifs, tournait sans cesse autour des mêmes questions. Ces textes parlent d'aliénation, de la distance irréductible qui sépare fatalement la conscience du monde. Jouer avec la toupie est une chose, la comprendre en est une autre, et Kafka soupçonne que la vraie connaissance est du côté du joueur, pas de celui qui mise sur l'observation et sur la réflexion. La petite prose intitulée *Poséidon* s'appuie sur la même pensée, cette fois sur le mode comique : le dieu grec des océans administre son royaume depuis un bureau et ne trouve pas le temps de le visiter. Or comment est-il censé comprendre ce qu'il n'a jamais vu ? De même dans *Les Armes de la ville* : le texte relate la planification du chantier de la tour de Babel, édifice parfait qui doit s'élever jusqu'aux cieux. Mais la perfection demande du temps, un temps proprement infini. Les préparatifs prennent peu à peu la place du chantier, et les frictions inévitables liées aux préparatifs, celle de l'expérience pratique. La réflexion étouffe sous son propre poids, personne n'avance *la main* pour poser la première pierre, et les hommes, en quête de perfection, n'arrivent à rien de parfait ni d'imparfait : ils n'arrivent à rien *tout court.*

Bon nombre de lecteurs et de critiques auxquels les éditions de Brod firent découvrir Kafka cédèrent à l'impression qu'il s'agissait d'un philosophe : sous la gangue dure de ses apophtegmes et de ses paraboles, on croyait déceler une sagesse métaphysique, et Max Brod lui-même accentua cette tendance en renvoyant sans cesse aux « aphorismes » de Zürau comme à une clef : comme si Kafka avait énoncé là tout haut ce que ses récits ne faisaient que suggérer par des images et encryptaient parfois sciemment.

L'inconsistance de cette idée éclata au grand jour lorsque fut abolie la stricte distinction entre les documents biographiques et les documents littéraires, entre les œuvres et les fragments. Depuis que ce que Kafka appelait « écriture » a été étudié en profondeur et replacé dans son contexte d'origine, nous savons qu'il s'agit d'un continuum verbal sans précédent : autant Kafka était sévère au moment de choisir les textes qu'il pourrait publier, autant sa production s'inscrivait naturellement dans une sorte de système sanguin de l'imaginaire. Toutes les questions qui sont posées, toutes les réponses qui sont données proviennent d'un entrelacs d'expériences intimes. Les souffrances de la vie terrestre et le tourment de la névrose palpitent jusque dans le problème le plus abstrait. Et plus nous concentrons notre regard sur cette langue, plus le distinguo entre expression « personnelle » et « littéraire » paraît inessentiel. « *Moi aussi*, écrivit-il par exemple à Milena après Vienne, *je suis contre le fait de penser les options jusqu'au bout – contre parce que je l'ai, si j'étais seul rien ne pourrait me retenir de penser jusqu'au bout – c'est se faire au présent le champ de bataille de l'avenir, et comment ce sol ravagé pourrait-il porter la maison de l'avenir ?* » Si l'on supprime la parenthèse, qui ne s'adresse qu'à la destinataire, on obtient une phrase qui pourrait très bien figurer dans l'histoire de la tour de Babel, voire lui servir de conclusion[25].

C'est l'image, la métaphore qui alimente cette circulation. Nulle part Kafka ne se contente d'illustrer un quelconque « message » – sans même parler de thèses métaphysiques –, il n'est aucun autre écrivain chez qui cette incompréhension du processus créatif induise davantage en erreur. Kafka ne cherche pas l'image : *il la suit*, et il aime mieux passer à côté de son sujet que de désobéir à la logique de son image. Certains de ses premiers lecteurs s'en étaient déjà rendus compte. « *Ne vous demandez pas ce que ça veut dire*, avertissait par exemple Tucholsky dans la première recension de la *Colonie pénitentiaire*. *Ça ne veut strictement rien dire. Ça ne signifie strictement rien.* » Mais ce genre d'appels à la sensibilité esthétique du lecteur avait d'emblée peu de chances d'être entendus, ils se heurtaient au mystère provocant des textes de Kafka eux-mêmes, mystère qui ne laissait d'ailleurs pas Tucholsky insensible. Plus tard, il admit même que *Le Château* lui plaisait moins, parce que c'était « *un livre où une "interprétation" des événements paraît quasi incontournable* », tandis que, dans *Le Procès*, le symbole était devenu autonome : « *Il vit sa propre vie. Et quelle vie*[26]*…* »

Tucholsky ne pouvait pas savoir que la vie propre de son imagerie entraînait l'écrivain Kafka au-delà des limites de ses œuvres individuelles, des genres, et même de l'écriture littéraire proprement dite. Il suit les images dans une forêt inextricable de correspondances, il les affine, il exploite leur dynamique propre, même là où il n'a pas conscience de faire de la littérature, et même quand il n'a pas encore saisi lui-même leur noyau de signification, leur valeur métaphorique. Le fragment du grand nageur en est un des exemples les plus impressionnants. Brod ne l'a pas retenu dans son édition posthume parce qu'il dépasse à peine le stade de l'ébauche et qu'absolument rien n'indique comment Kafka compte expliquer ou dénouer cette situation étrange. Mais les manuscrits et documents biographiques publiés par la suite nous offrent une tout autre profondeur de champ : ils révèlent que Kafka était loin d'avoir épuisé le motif du nageur qui ne sait pas nager. Étant donné qu'il se baigna souvent pendant les grandes chaleurs de l'été 1920, il y a même lieu de croire que l'acte de nager a maintenu cette image en vie et amené Kafka à pousser sa logique interne. Environ deux mois après avoir écrit ce fragment, il eut une nouvelle idée :

> « Je sais nager comme les autres, seulement j'ai une meilleure mémoire que les autres, je n'ai pas oublié l'époque où je ne savais pas nager. Et comme je n'ai pas oublié, savoir nager ne m'apporte rien et donc je ne sais pas nager[27]. »

Pas de doute : c'est le champion d'Anvers qui parle, et Kafka se moque bien que cette explication contredise certains passages de son discours (« *J'ai toujours eu envie apprendre* »). La cohérence de l'intrigue, elle, s'en trouve accrue ; on commence à comprendre pourquoi ce nageur continue de s'entraîner. L'idée qu'on puisse maîtriser une discipline « en principe » et échouer en fait cesse d'être un jeu de pensée pour devenir un paradoxe vital, une situation tout à fait réaliste. C'est le genre de phénomènes qui se produit en particulier lors d'une *mise à l'épreuve*. Parce qu'on pense qu'on n'y arrivera pas, on n'y arrive pas en effet. Face à une telle angoisse, personne ne garde la tête hors de l'eau très longtemps.

Milena Pollak avait compris très vite que Kafka était assiégé par une peur élémentaire qui phagocytait sa volonté de prendre des décisions pratiques. Il chercha à lui expliquer, à justifier cette peur, et il est même probable que le sens de ce terme, qu'il plaçait désormais souvent entre guillemets, comme un slogan, ne lui soit pleinement apparu que dans ses rapports avec elle. « *Je ne connais pas ses lois internes*, admit-il dans un premier temps, *je ne connais que sa main qui me tient à la gorge et c'est vraiment <u>la chose la plus terrible que j'aie jamais vécue et que je puisse vivre</u>.* » D'un autre côté, il lui semblait que cette peur devait avoir une sorte de légitimité ; c'était quelque chose d'essentiel, une forme de vigilance, de conscience qu'il ne pouvait pas simplement combattre et encore moins soigner. « *Je suis même constitué d'elle et elle est peut-être ce que j'ai de meilleur*[28]. » Mais Kafka ne sut pas faire entendre à son amie *comment c'était* quand cette force intérieure se déchaînait.

Début 1921, cette discussion se poursuivit avec Max Brod, qui comprenait encore moins que Milena comment le bonheur d'un amour réciproque pouvait devenir une source de peur. Peur de quoi, demandait-il, peur de quoi donc ? Eh bien, il y avait ceci, et cela… Mais alors Kafka se rappela qu'il avait depuis longtemps trouvé et même déjà noté l'image décisive, l'image qui résumait l'*expérience* de la peur dans ce qu'elle avait de proprement insondable. Cette image était déjà là, et il ne l'avait pas compris ; Milena, elle, aurait compris, mais il ne s'en était pas souvenu à temps. C'était comme une peur de la mort, écrivit-il à Brod :

« Comme quand quelqu'un ne peut pas résister à la tentation de partir nager en haute mer, qu'il se laisse porter avec béatitude, "te voilà homme, grand nageur" et tout à coup il se redresse, sans raison particulière et il ne voit que ciel et mer et sur les vagues rien que sa toute petite tête et il est pris d'une peur atroce, rien d'autre ne compte, il faut qu'il rentre et quand même ses poumons éclateraient. C'est la même chose[29]. »

Le grand nageur, le champion olympique. Son secret est éventé. Il s'est beaucoup entraîné, bien sûr, mais nager est une folie, il n'arrive pas à l'oublier. Et c'est ainsi qu'il brise le record du monde – en essayant de sortir de l'eau le plus vite possible.

« J'ai repris depuis quelques jours ma vie de "service militaire" ou plutôt de "manœuvres", que j'ai découverte il y a des années comme étant par périodes la meilleure pour moi. L'après-midi, dormir aussi longtemps que possible, puis deux heures de promenade, puis aussi longtemps que possible rester éveillé. Mais l'écueil est dans cet "aussi longtemps que possible". Ce n'est pas "longtemps possible", ni l'après-midi ni la nuit, et malgré tout je suis littéralement flasque quand j'arrive au bureau. Et cependant le vrai butin se trouve dans les profondeurs de la nuit, à la deuxième, troisième, quatrième heure ; mais si je ne vais pas dormir, pas me coucher au plus tard à minuit, je suis perdu, la nuit et le jour sont perdus. Mais tout ça ne fait rien, il est bon d'être en service, même sans le moindre résultat. D'ailleurs il n'y en aura aucun, il me faut six mois à ce rythme pour seulement me "délier la langue" et ensuite comprendre que c'est fini, que c'en est fini de l'autorisation d'être en service[30]. »

Elle ne le connaissait pas assez pour sentir la menace. Milena était encore jeune ; mais Kafka, lui, était assez vieux pour reconnaître certains schémas. Après le jugement de Berlin, fin juillet 1914, il s'était replongé dans son travail nocturne avec l'impression gratifiante et même salutaire d'accomplir son devoir. De même à Zürau, où il avait troqué ses lettres contre des carnets de notes. Cette fois, en août 1920, ce furent les retrouvailles de Gmünd qui lui rappelèrent qu'il avait une tâche en souffrance. « *C'était le premier coup de bêche* » : tels furent les premiers mots qu'il nota peu après ; et il les répéta, pour savourer encore un peu la gravité de l'instant. Certes, l'avenir lui donnera raison, et cette nouvelle galerie n'atteindra pas les gisements féconds où il avait puisé lors de précédentes nuits. Il remettra ce travail à plus tard et ne laissera qu'une « liasse ». Mais une fois de plus, l'écriture littéraire a ouvert une distance, une retraite qui lui permet de survivre. Quelques jours plus tard : la discussion avec l'assistante de Jesenský, puis le coup de fouet de Milena. Il sait maintenant qu'il doit lui dire adieu, que ce n'est plus *pour elle* qu'il écrira la nuit. Dès lors, plus une lettre qui ne dise que les lettres doivent finir.

Il n'est pas certain que Milena Pollak ait compris le rôle qu'elle avait joué dans l'échec de cet amour. Les lettres qu'elle adressa ensuite à Brod pour tenter de faire le bilan et lui demander une prise de position aussi impartiale que possible sont d'une extrême ambivalence : d'un côté, elles expriment puissamment le chagrin que cette chance d'une vie soit passée ; de l'autre, elles idéalisent Kafka d'une manière douteuse, en l'excluant de la communauté des êtres capables de vivre et d'aimer.

> « Ce qu'on met au compte de l'anormalité de Frank est tout ce qui fait sa valeur. Les femmes qui se sont liées à lui étaient des femmes banales et n'ont pas su vivre autrement que comme des femmes. Je crois plutôt que c'est nous tous, la terre entière, tous les humains, qui sommes malades et qu'il est le seul à être sain et à voir juste et à sentir juste et le seul être pur. Je sais que ce n'est pas *la vie* qu'il refuse, il refuse seulement *cette espèce de vie-là*. Si j'avais réussi à le suivre, il aurait pu être heureux avec moi. Mais tout ça, je ne le sais qu'aujourd'hui. À l'époque, j'étais une bonne femme banale comme toutes les bonnes femmes du monde, une petite femelle dominée par l'instinct. C'est de là qu'est venue sa peur. Elle était justifiée. Comment cet homme aurait-il senti quelque chose qui ne soit pas juste ? Il en sait dix mille fois plus sur le monde que n'importe qui au monde. Sa peur était justifiée. [...] Il se perçoit toujours comme le coupable, comme le faible. Alors qu'il n'y a personne d'autre sur cette terre qui ait une force aussi immense : cette nécessité absolument inébranlable d'atteindre la perfection, la pureté et la vérité[31]. »

On ne peut pas vivre avec une incarnation de la pureté, qu'on soit femme ou « *femelle* » : face à un tel homme – c'est ce qui découle de cet hommage –, n'importe quelle autre aurait échoué de même. Mais quand a-t-elle compris à qui elle avait affaire ? Milena parle d'un « *à l'époque* » mythique, où elle n'était pas encore une femme consciente. En fait, l'instant fatidique avait eu lieu tout juste quelques mois plus tôt, à un moment où elle avait déjà de Kafka une image très précise, aux facettes beaucoup plus nombreuses que cette icône nommée « *Frank* », nettement influencée par le portrait stylisé qu'il dressait de lui-même. Elle ne connaissait pas uniquement sa peur, mais aussi son humour, son charme, ses compétences pratiques et diplomatiques, sans oublier sa soif de proximité.

« *À l'époque* » déjà, pendant l'automne 1920, Milena avait eu mauvaise conscience, et ce non faute de satisfaire à une quelconque exigence de perfection, mais pour des motifs infiniment plus terre à terre. Il y avait déjà trop longtemps qu'elle faisait languir Kafka, et elle n'osait toujours pas s'avouer, après des mois de correspondance, qu'elle ne quitterait jamais Vienne de son propre mouvement. Et malgré tout, elle mêlait Kafka à sa vie, comme si un dénouement heureux était sur le point d'advenir : simulacre de vie commune qu'il perça à jour et qui transforma en supplice ses rencontres avec l'entourage tchèque de Milena. Un jour, ils vivraient tous les deux, écrivait-elle encore mi-octobre, et cela arriverait plus tôt qu'il ne croyait. Mais lui n'y croyait pas *du tout*, répondit-il, « *et "plus tôt" que "jamais" n'est encore que jamais*[32] ».

Si Milena ne cernait pas bien son propre rôle dans cette histoire, si elle ne maîtrisait pas ses dépendances fatales et ses oscillations émotionnelles, elle n'en sentit pas moins que Kafka battait en retraite. Elle se félicita sûrement qu'il se remette à écrire, mais elle comprit très vite que ce travail aussi faisait partie de son répertoire existentiel, d'une stratégie de survie bien ancrée sur laquelle il se rabattait. Cette impression était plus justifiée qu'elle ne pouvait le savoir, les récurrences, proprement affligeantes : Kafka ne lisait plus ses lettres que par étapes ou au bout de plusieurs jours, il s'accusait massivement et se répandait en fantasmes autodestructeurs (une lettre contient même le dessin d'un homme écartelé) et il se dépeignait comme une créature impure et inhumaine qui faisait mieux de se cacher dans l'ombre. Pour finir, il brûla les ponts et s'abrita derrière une plainte inattaquable : il ne supportait plus aucun contact. Mais quel contact ? Le *sien*, ou celui de *n'importe quelle femme* ? « *Tu as raison aussi*, reconnut-il, *d'inscrire ce que j'ai fait dans la lignée de ces vieilles histoires, je ne peux qu'être toujours le même et vivre toujours les mêmes choses.* » Mais là, sa vigilance s'était relâchée pour un instant. Car s'il prétendait que les découvertes radicales que cette femme lui avait permises, cette expérience d'une entente à la fois érotique, humaine et intellectuelle, d'une entente par-delà les barrières du sexe, de l'âge, de la langue et des mentalités – s'il admettait que tout cela n'avait rien changé à ses anciens comportements et ne le préservait pas d'éventuelles rechutes, alors, en toute logique, l'idée de reprendre son indépendance était tuée dans l'œuf. C'est pourquoi le démenti vint aussitôt : « *Mais ce qui était faux, et je l'ai beaucoup regretté, c'est d'avoir établi des comparaisons avec le passé dans ma dernière lettre. Rayons cela ensemble*[33]. »

Kafka pouvait se sentir dans son bon droit, Milena était encore loin de le laisser insensible. Le manque était puissant cette fois, quasi insurmontable, et il ne parvint pas à trouver une fin digne. Pendant des mois, il fut incapable d'écrire une « dernière » lettre ; il n'excluait pas de la revoir ; il fallut attendre la fin de l'année pour que la décision, devenue irréfragable sur le plan psychique, entraîne des conséquences concrètes et une véritable rupture. Mais même alors, l'histoire de Frank et Milena n'est pas finie. Elle le reverra, et elle le pleurera. Mais plus jamais – il le lui a demandé – ils ne reparleront d'un avenir commun.

Le mot de la fin, Kafka l'avait pourtant trouvé dès le 1er octobre, en quelque sorte. Il s'agit d'une réponse à une question de Milena dont nous ignorons le contexte et le détail, mais que nous pouvons deviner. Du reste, c'est une réponse qui se passe de question, parce qu'elle résume tout ce qu'on peut demander : « *Si je savais que ça finirait ? Je savais que ça ne finirait pas.* »

FUITE DANS LES MONTAGNES

> *Mais à présent il me manquait une règle précise*
> *pour faire pénitence.*
> Christian Friedrich Daniel Schubart,
> *Vie et opinions* [*Leben und Gesinnungen*]

« *Vous voulez faire une promenade ?* » Kafka pensa avoir mal entendu. Une fois de plus, il était parmi les derniers à rester à la « Schwimmschule », la piscine fluviale sur l'île Sophieninsel. Le soir tombait, et il longeait distraitement le grand bassin. C'est là qu'un des maîtres-nageurs l'avait apostrophé.

Une promenade ? L'homme parlait sûrement des barques amarrées tout près d'eux. Mais ce petit tour en bateau ne serait pas gratuit, bien sûr. Il s'agissait de conduire un monsieur important, un entrepreneur tchèque de travaux public, de l'autre côté de la Moldau, sur la Judeninsel. Le maître-nageur cherchait visiblement quelqu'un d'assez jeune et robuste pour prendre plaisir à cette traversée, et d'assez vieux pour ramener la barque à bon port. Kafka n'avait pas encore compris ce qu'on lui demandait que monsieur Trnka, le gérant de la piscine, se joignait à la conversation. Ce garçon sait nager, au moins ? Le maître-nageur promit que tout se passerait bien, et le passager arriva sur ces entrefaites. Ils embarquèrent, Kafka se mit aux rames et fendit le courant. *Bien sûr* qu'il savait nager.

« Belle soirée, dit l'homme. — *Ano*, répondit Kafka. — Mais le fond de l'air est frais. — *Ano*, fit-il encore, les poumons en surchauffe. — Vous allez sacrément vite. » Kafka avait juste assez d'air pour sourire. Par une manœuvre élégante, il accosta sur la Judeninsel. L'homme dit merci, débarqua et oublia de laisser un pourboire. Si on lui avait dit qu'il venait de se faire conduire par un juriste et chef de département tuberculeux de 37 ans, il ne l'aurait pas cru. Kafka, lui, nota fièrement les regards stupéfaits lorsqu'il fut revenu à la Sophieninsel en deux temps trois mouvements. « *Jour de gloire* », écrivit-il à Milena[1]. Un jour d'été, en août 1920.

Quatre mois plus tard, les rues de Prague étaient trempées de neige sale et fondue. Kafka se sentait affaibli, il avait presque en permanence une légère fièvre, il frissonnait, suait, peinait à respirer, et quand il se laissait embarquer dans une conversation et respirait trop l'air du dehors, une quinte de toux s'ensuivait à coup sûr. La nuit non plus, la toux ne le lâchait pas, parfois pendant des heures. Il fallait faire quelque chose, tout le monde s'accordait là-dessus : ses amis, sa famille, et surtout la plus jeune de ses sœurs.

Ottla était maintenant mariée et s'appelait Davidová. Le jour de ses noces, qui avaient déjà trop tardé aux yeux de ses parents, Kafka s'était montré distrait, toutes ses pensées étaient auprès d'une autre femme ; mais à voir la famille David – dont il rencontrait certains membres pour la première fois –, il avait compris qu'une époque touchait à sa fin *pour lui*, même si Ottla ne voulait pas l'entendre. Pendant son voyage de noces, elle lui répéta qu'il n'avait rien perdu, *rien*. Kafka trouva ces mots de réconfort si superficiels et si irréalistes qu'il se contenta d'y répondre par une plaisanterie tiède[2].

Il avait tort. Alors même qu'Ottla eut certainement des peines à se couler dans le rôle de la femme au foyer après avoir passé tant d'années à le fuir, et qu'elle se sut enceinte quelques semaines seulement après le mariage, les soucis de son frère continuaient à la préoccuper. Elle en sut certainement davantage que quiconque sur le sort de Julie et sur les complications de l'affaire Milena. Et comme il vivait quelques étages au-dessus d'elle, elle voyait chaque jour son état se dégrader depuis l'arrivée du froid. Pourquoi ne faisait-il rien, où comptait-il passer l'hiver ? L'état des poumons de Milena semblait l'occuper davantage que celui des siens ; il lui avait proposé une petite fortune pour se soigner, sans se dire qu'il aurait peut-être besoin autant qu'elle de ce capital au cours des mois suivants. Dès la fin août, le Dr Kral lui avait conseillé de se rendre dans un sanatorium spécialisé en Basse-Autriche, mais l'idée de passer des semaines et des mois au milieu de malades pour la première fois de sa vie éveilla chez Kafka les plus vives réticences. « *Ce sont tous des sanatoriums pour pulmonaires*, écrivit-il en sortant de la consultation, *des maisons qui toussent et s'enfièvrent tout entières jour et nuit, où il faut manger de la viande, où des bourreaux à la retraite vous déboîtent les bras quand on refuse les injections, et où des médecins juifs profitent du spectacle en se caressant la barbe, cruels au Juif comme au chrétien*[3]. » Kafka n'avait aucune envie de se faire admettre dans une pareille chambre de torture, et les implorations de sa famille n'y changèrent rien, pas plus que les arguments fort raisonnables de Brod, qui avait lui aussi parlé au Dr Kral (sans doute dans le dos du patient).

Ce fut Ottla qui trancha ce nœud gordien. Elle l'avait sûrement prévenu qu'elle finirait par alarmer ses supérieurs s'il ne faisait rien pour décrocher un congé maladie, et Kafka, rongé par le remords envers son administration, l'avait priée de s'en abstenir. Mettant ses menaces à exécution, elle alla voir le directeur Odstrčil, et le résultat ne se fit pas attendre : mi-octobre, Kafka fut convoqué chez le médecin de l'Office. Le diagnostic était prévisible, le Dr Kodym ne put que répéter ce qu'il avait déjà constaté au début de l'année : infiltrations dans les deux apex pulmonaires, à traiter par un séjour d'au moins trois mois dans un sanatorium[4]. Ce certificat fut transmis sur-le-champ à la direction de l'Office et, quelques jours plus tard – sans que Kafka en ait fait la demande –, on décida de lui accorder un premier congé de trois mois. Convoqué chez le directeur, Kafka l'apprit dans la fouée. Une procédure express – il n'avait plus qu'à dire merci.

Mais pourquoi cette résistance acharnée ? Beaucoup d'indices portent à croire que Kafka, tout à sa relation avec Milena depuis plus de six mois, aspirait avant tout à une régénération *morale*. Dans un sanatorium, le sentiment d'impuissance et même d'avilissement qu'il combattait depuis peu en écrivant de façon régulière reviendrait à coups redoublés : d'où ces images de torture sadique qui, si exagérées qu'elles fussent, illustraient à ses yeux la vérité de l'instant. Bien sûr, il s'était renseigné sur les sanatoriums possibles, il avait lu des brochures et comparé les prix. Mais il se fiait encore à sa vieille théorie selon laquelle le corps ne pouvait être sain que si l'esprit l'était aussi, et les traitements qui visaient uniquement le bien-être physique lui paraissaient aussi naïfs que vains – qu'ils fussent prescrits par un médecin ou un naturopathe. « *J'aimerais bien aller à la campagne,* écrivit-il à Milena, *encore mieux rester à Prague et apprendre un travail manuel, moins que tout aller dans un sanatorium. À quoi bon[5] ?* » Quelques minutes plus tard, il apprit que l'Office l'envoyait en vacances. Mais pas à Zürau, et encore moins dans une menuiserie.

C'était une conjuration, et elle fit son effet : comme personne ne comprenait rien à son entêtement, Kafka céda enfin et décida de partir pour le sanatorium Grimmenstein, en Basse-Autriche, à deux heures de train au sud de Vienne. Là, pas de bourreaux à la retraite, mais des tarifs beaucoup plus élevés qu'à Meran, ce qui donna à Kafka une nouvelle occasion de se plaindre[6]. Il est vrai que l'endroit avait aussi son charme : sur la route de Grimmenstein, Kafka pourrait retrouver Milena sans aucun problème de passeport, et ils auraient la possibilité de se rencontrer à mi-chemin de temps à autre pendant sa cure, même si c'était « contre le règlement » et déraisonnable pour d'autres raisons. La tentation restait irrépressible malgré le désenchantement de Gmünd, malgré aussi la certitude que de telles retrouvailles n'étaient rien d'autre qu'un doux poison, faute de toute perspective d'un bonheur commun. La proximité physique alimentait de nouveaux désirs illusoires, c'était inévitable, et le prix à payer était des migraines incendiaires dont la tête se déchargeait sur les poumons. Si Kafka pensait sérieusement que la tuberculose était la répercussion d'une maladie mentale, ne valait-il pas mieux qu'il évite ce genre de turbulences ?

Les prodromes se firent sentir à Prague : à peine Kafka eut-il décidé de partir pour l'Autriche que s'enchaînèrent de nouvelles nuits d'insomnies et de stérilité dans l'écriture qu'il passa à se figurer leurs prochaines retrouvailles à Vienne. Là-bas, une mise au point l'attendait, il ne pourrait pas s'y soustraire : n'était-ce pas lui qui avait toujours invoqué ce fameux « *malgré tout* », cette chance qui leur était offerte à chaque seconde de changer de cap par une seule grande décision ? Ne l'avait-elle pas écouté, encouragé, consolé patiemment ? Il est fort possible que Kafka, au cours de ces nuits, ait été travaillé par le souvenir de l'Askanischer Hof : là aussi, on lui avait à juste titre réclamé des explications qu'il n'avait pu donner, des explications qui, en outre, ne concernaient plus l'horizon ouvert de l'avenir, mais seulement le passé. Tribunal qui établissait la faute et qui, même dans l'hypothèse invraisemblable d'un acquittement, ne pouvait rallumer la moindre étincelle d'espoir. La différence fut que Kafka, cette fois, vit venir le jugement, ce qui lui permit de s'arroger à temps le rôle du juge et de remettre d'autorité la confrontation à plus tard. Le matin du 2 décembre, sa décision était prise : après une nouvelle nuit d'insomnie, il fit volte-face, prit la fuite.

« Je n'ai pas la force de venir ; l'idée de me retrouver face à toi m'est d'avance insupportable, je ne supporte pas cette pression dans mon cerveau.

Ta lettre déjà n'est plus que déception inexorable, sans limite, et maintenant ça par-dessus le marché. Tu dis que tu n'as aucun espoir, mais tu as l'espoir de pouvoir complètement te détourner de moi.

Je ne peux pas te faire comprendre, ni à toi ni à personne, ce qu'il y a en moi. Comment pourrais-je faire comprendre à quiconque pourquoi c'est ainsi ; je ne peux même pas me le faire comprendre à moi-même. Mais ce n'est pas l'essentiel, l'essentiel est clair : il est impossible de vivre humainement dans mon entourage ; tu le vois, et tu refuses de le croire[7]. »

Deux semaines plus tard, Kafka prenait le train, *mais vers l'est.* Il était plus que temps, et tous ces gens qui lui demandaient ce qu'il fichait encore à Prague, en plein hiver, après un diagnostic à ce point déprimant commençaient à devenir pénibles. Tout le monde le poussait à partir, et quelques-uns l'accompagnèrent jusqu'à la gare, dont certainement Ottla, qui, ayant songé à partir quelques jours avec lui, préféra rester à l'abri à cause de sa grossesse (et peut-être aussi par crainte de la contagion). Il prit un billet de deuxième classe, comme pour Meran le printemps précédent. Mais cette fois, ce n'était pas le parfum des fleurs ni les palmiers qui l'attendaient.

Il était tard quand il arriva. Un traîneau tiré par deux chevaux l'attendait devant la gare. Une demi-heure par des forêts nocturnes, des champs couverts de neige luisant au clair de lune, puis le sanatorium apparut, grande bâtisse isolée, illuminée de toutes parts comme un hôtel. Mais le cocher ne dévia pas de sa route ; quelques secondes, et Kafka replongea dans l'ombre ; enfin l'attelage s'arrêta devant une annexe plus petite et noyée dans l'obscurité. Pas une âme, il fallut appeler ; et un moment passa avant qu'une employée arrive et le mène à sa chambre par un couloir glacial. Quand elle alluma la lumière, Kafka fut atterré. C'est là qu'il était censé vivre ? Une vieille armoire dégondée. Une simple porte pour accéder au balcon, le vent sifflait par l'embrasure. Au lieu du chauffage central, un poêle à bois fumant. Et le pire : un lit de fer et un matelas sans drap. Pas question de dormir là-dessus, plutôt passer la nuit dans le fauteuil, emmitouflé dans une couverture et dans une chancelière.

La propriétaire arriva pour saluer Kafka, une femme opulente du nom de Forberger. Elle avait répondu très vite à sa réservation de dernière minute et dépeint son sanatorium sous le jour le plus idyllique. Kafka était en droit de lui dire franchement qu'il s'était attendu à mieux. Et tandis qu'elle s'efforçait de radoucir son client par des concessions obséquieuses mais totalement floues, il se demanda comment obtenir un traîneau pour repartir dès le lendemain.

La bonne trouva une solution. Kafka était venu seul, mais on avait aussi préparé une chambre pour sa sœur, qu'il n'avait pas pu annuler à cause de la mauvaise liaison téléphonique. Cette chambre était beaucoup plus confortable, plus grande, mieux chauffée, avec un lit de bois et une armoire neuve, bien que dénuée de l'indispensable balcon. Kafka pourrait loger là et se servir du balcon de l'autre chambre, juste à côté, pour sa cure d'ensoleillement. Ainsi fut fait. Le lendemain, il reconnut qu'il avait eu de la chance. Même ici, Ottla lui portait bonheur.

Il s'éveilla au milieu d'un petit hameau des Hautes Tatras, fait de bâtisses éparses qui servaient presque exclusivement à accueillir des étrangers : une localité des Carpates germanophones, nommée tour à tour Matlarenau, Matlárháza en hongrois et Tatranské Matliary en slovaque, bâtie à 900 mètres d'altitude, entourée de forêts de pins et donnant vue sur des pentes enneigées et sur le sommet du Lomnický štít. Kafka fut content de voir que la « Villa Tatra » était construite sur une prairie à l'abri du vent et que le soleil se déversait à plein dans sa chambre et sur son balcon, tous deux exposés au sud. Le calme régnait, le bâtiment semblait vide. Il se laissa tenter. Il fit savoir à madame Forberger qu'il resterait. Il se dit qu'il pourrait toujours trouver mieux dans quelques semaines – mais il garda cette pensée pour lui.

Il se rendit dans le bâtiment principal pour le petit-déjeuner collectif. Curiosité pour les autres clients, crainte de leurs sollicitations : l'ambivalence de toujours. Il verrait repartir l'immense majorité d'entre eux. Mais cela, il ne pouvait pas le savoir.

NEIGE ET FIÈVRE : TATRANSKÉ MATLIARY

Je ne comprends pas la ruine du héros –
je veux dire avec le cœur.
Wittgenstein, *Carnets de Cambridge*, 1931

« Le monsieur de la chambre du dessous demande si vous ne voudriez pas lui rendre visite un de ces jours. » Kafka n'y tenait pas franchement. Il connaissait à peine cet homme, ils avaient échangé tout au plus quelques mots : un Tchèque affable de peut-être 50 ans dont on n'entendait que les quintes de toux et les coups de clochette, même en journée, et qui n'avait visiblement personne à qui parler. Les deux autres curistes tchèques, des femmes, ne s'intéressaient pas à lui, et moins encore les officiers tchèques de l'hôpital militaire situé un peu plus haut, qui ne voyaient dans le sanatorium qu'une auberge et un terrain de chasse amoureux. Dans ces conditions, difficile de se dérober à une invitation aussi directe. Pour montrer qu'il lui faisait une pure visite de courtoisie, Kafka descendit juste avant le dîner, mais le Tchèque insista pour qu'il revienne ensuite.

L'homme était alité, comme la plupart du temps, car sa tuberculose s'était déjà propagée au larynx. Il fallait s'attendre à un long récit de maladie. Kafka avait déjà entendu assez de conversations aux tables des sanatoriums pour savoir à quel point l'égoïsme naturel des malades (hélas inattaquable sur le plan moral) pouvait devenir pesant, et ennuyeux le bavardage sur les derniers traitements à la mode, les guérisons miraculeuses, les médecins ou tel proche malade. En outre, il était lui-même dans un état qui le contraignait à regarder en face les suites de sa maladie. Max Brod, qui n'avait pas pu dire au revoir à Kafka, et qui lui envoya donc par lettre l'indispensable salve de recommandations, le conjurait de se percevoir enfin comme un *patient* et de s'acquitter de ces trois mois dans les Tatras comme d'un « *service militaire* », comme d'une guerre contre la tuberculose, dans le meilleur sanatorium possible et avec l'aide de spécialistes patentés, quoi qu'il en coûte. Après tout – Brod l'avait déjà dit en 1917 –, il s'agissait d'une question « *de vie ou de mort* ». Avec une sobriété inhabituelle, Kafka répondit qu'il en avait conscience : « *l'antithèse me paraît même pire, ce n'est pas la vie ou la mort mais la vie ou un quart de vie, respirer ou happer l'air et lentement (pas beaucoup plus vite que ne dure une vraie vie) se consumer de fièvre jusqu'à la fin*[1]. » Ce n'était plus la voix du flâneur de Meran. Kafka avait déjà entendu quelques histoires à Matliary. Mais disant cela, il ne savait pas encore à quel point il avait raison. Car c'est ce jour-là seulement qu'il *vit* la maladie.

Oui, c'est vrai, il était assez seul, s'épancha le Tchèque lorsque Kafka se fut rassis à son chevet après dîner. Il avait deux grands fils, mais sa famille ne donnait plus de nouvelles depuis déjà une semaine. Les ulcères dans son larynx étaient apparus trois mois plus tôt, il devait les traiter régulièrement lui-même, à la lumière du soleil. Pour ça – et le malade fit une démonstration –, il fallait deux miroirs : un grand, qui

permettait de voir l'intérieur de la gorge, et un autre plus
petit à introduire dans la bouche pour concentrer la lumière
sur le tissu infecté. Il avait aussi dessiné ses ulcères pour
surveiller leur évolution. Allez-y, regardez, je vous en prie !

Kafka prit le dessin, puis le petit miroir, qu'il tint à bout
de bras. L'objet devait être maculé de pus, le Tchèque ne
prenait pas vraiment ses précautions : quand il toussait, Kafka
voyait littéralement des particules lui sortir de la bouche.
Soudain, un étrange silence se fit autour de lui ; il comprit qu'il allait s'évanouir. À grand-peine, il se mit debout,
tituba jusqu'au balcon, s'appuya sur le garde-fou et resta là
un moment dans le froid de l'hiver. Quand il se fut un peu
remis, il dit au Tchèque qu'il ne se sentait pas bien, puis il
sortit sans un au revoir. Il traversa le couloir à tâtons, monta,
arriva à sa chambre et courut jusqu'au lavabo. Il dormit mal
cette nuit-là ; le Tchèque, lui, ne dormit pas du tout.

« Ce qu'on voit là-bas dans ce lit est bien pire qu'une exécution ou même que de la torture. Ce n'est pas nous qui
avons inventé la torture, nous l'avons reprise aux maladies,
mais personne n'ose torturer comme elles, cette torture-là
dure des années avec des pauses savamment aménagées pour
que ça n'aille pas trop vite et – telle est la plus grande particularité – le torturé est contraint de faire durer la torture
lui-même de par sa propre volonté, de par sa pauvre intériorité. Toute cette vie de misère passée au lit, la fièvre, le
manque d'air, la prise de médicaments, cette douloureuse
et dangereuse manipulation des miroirs (il peut se brûler
à la moindre maladresse) n'ont d'autre but, en ralentissant
la croissance des ulcères, que de prolonger autant que possible cette même vie de misère, cette même fièvre, etc. Et

par-dessus ce bûcher qui ne flambe pas mais se consume lentement, la famille et les médecins et les visiteurs se sont en quelque sorte construit des échafaudages, afin de pouvoir sans risque de contagion rendre visite au torturé, le rafraî-chir, le réconforter, l'encourager à la misère qui vient[2]. »

On sent que l'événement remonte à quelques heures, Kafka est sous le choc, et ce qui le frappe plus que tout est l'impuissance de la victime, dont l'instinct de survie devient une malédiction. Du même coup, il néglige une échappa-toire qui distingue radicalement la maladie de la torture. Le patient tchèque, lui, emprunta cette échappatoire. Au bout de deux mois, ce genre de visites – Kafka ne réussit que quelques fois à surmonter ses réticences – et plus encore ces « encouragements à la misère », que plus personne ne lui dispensait en dehors du médecin, de l'infirmière et de la femme de chambre, cessèrent d'être à son goût. À Pâques, il prit l'express de Prague; et quand le train eut atteint sa pleine vitesse, il se jeta entre deux wagons.

C'était le Dr Kral qui avait conseillé à Kafka de partir dans les Hautes Tatras, pour profiter surtout du fort enso-leillement en altitude : dans cette région des Carpates, il arrive souvent que la stratification thermique s'inverse par temps calme, les vallées restant froides et couvertes tandis qu'un ciel limpide s'étend au-dessus des hauteurs habitées. On y trouvait aussi toute une série de sanatoriums destinés à une clientèle exigeante; par leur confort autant que par leur hygiène, ils surpassaient de loin les standards du reste de la Slovaquie. Avant la guerre, en effet, les Hautes Tatras avaient été une villégiature très courue des Budapestois ; les trolleys électriques et les routes avaient peu à peu permis le développement de lieux de cure, et ces infrastructures avaient été reprises et entretenues après la guerre pour le tourisme des sports d'hiver, alors en plein essor.

Mais ce que le Dr Kral avait en vue était un authentique sanatorium pour pulmonaires, avec une surveillance médicale stricte et des régimes adaptés, et Matliary n'offrait rien de tel. Kafka avait sans doute choisi cet établissement pour ses tarifs, pour sa cuisine végétarienne et pour la possibilité, qu'il s'était fait confirmer, de s'adonner au jardinage. Mais on y accueillait tout le monde, y compris skieurs et chasseurs, les repas étaient à la carte (on ne payait que ce qu'on mangeait), et ceux qui avaient besoin de conseils et de soins médicaux – soit une trentaine de clients pendant l'hiver – devaient se mettre d'accord eux-mêmes avec le personnel compétent. Notamment avec le seul médecin du lieu, le Dr Leopold Strelinger, Juif entre deux âges, marié, avenant, qui vivait lui aussi dans la Villa Tatra, à seulement trois portes de Kafka. C'est avec ce soi-disant pneumologue qu'il convint d'une visite matinale quotidienne, tout en se réservant le droit de choisir lesquelles de ses prescriptions il suivrait. Kafka refusa comme de juste les doses d'arsenic préconisées par Strelinger (qu'il emportait partout) et réduisit de moitié le supplément prescrit de lait et de crème fraîche. Strelinger, releva Kafka, se montrait attentionné même envers les malades graves, mais son optimisme inébranlable s'accordait mal avec son bagage médical relativement restreint, qu'il n'actualisait pas par la moindre lecture.

De fait, les comptes rendus détaillés que Kafka envoyait à Prague révèlent que ses inquiétudes quant à son suivi médical n'avaient rien d'infondé. Tout un concert de voix l'engageait à se trouver au plus vite un hébergement mieux adapté ; la mère avait mobilisé son frère Siegfried, le fameux médecin de campagne, qui officiait en Moravie ; et Hermann Kafka songea même quelque temps à se déplacer à Matliary pour prendre les choses en main. À une heure seulement se trouvait un vrai sanatorium très renommé : Nový Smokovec (anciennement Neu-Schmecks), situé à 1 000 mètres d'altitude. Kafka connaissait les brochures et songea plus d'une fois à prendre ses quartiers là-bas, mais il lui fallut trois mois pour y aller en simple visiteur.

Il avait toujours du mal à changer d'environnement et d'habitudes ; mais à cela s'ajoutaient cette fois d'autres obstacles qui demeurèrent insurmontables. En janvier 1921, Kafka entra dans une période de crise qui se manifesta surtout par une sensibilité débilitante au bruit. Pour avoir la paix, il avait déjà renoncé à s'installer dans le bâtiment principal, de loin plus confortable et doté du chauffage central, où la toute nouvelle « salle de musique » représentait une sérieuse menace ; mais alors même que les chambres d'à côté ou du dessus restaient inoccupées quasi en permanence, il se tortillait dans sa chaise longue, en proie à des douleurs cardiaques et « *presque en convulsions* » : il suffisait que quelqu'un fredonne sous son balcon, que la voix perçante d'un « *démon étranger* » ou le sifflement d'un artisan retentissent à l'étage supérieur, quelques fenêtres plus loin. Cette souffrance atteignait par moments une telle intensité que Kafka était près de *fuir* dans un autre sanatorium. Mais un moment de réflexion suffisait à lui faire comprendre ce qu'il en serait dans celui de Nový Smokovec, animé en comparaison, où l'on toussait à qui mieux mieux et où la route, trolley compris, s'entendait depuis chaque terrasse. Le meilleur médecin du monde ne pesait pas lourd en comparaison. Kafka ne fut pas triste de renoncer. Mais force était de se demander quelle partie du monde il pourrait encore habiter si ses nerfs ne se calmaient pas. « *Pour l'heure tout continue de me déranger*, se plaignit-il à Brod, *parfois j'ai presque l'impression que c'est la vie elle-même qui me dérange ; comment tout pourrait-il me déranger, sinon[3] ?* »

Tout, à commencer par les gens. Dès le début, Kafka fut décidé à fuir comme la peste la sociabilité typique des sanatoriums, induite par l'ennui et la routine. Il se sentait à vif, consumé par le chagrin, et sa crainte des contacts douloureux, surtout avec des femmes, était beaucoup plus forte que ses besoins sociaux. Là où il ne pouvait pas se défiler, il arborait comme toujours son sourire le plus engageant ; il était sur le meilleur pied avec la propriétaire, madame Forberger ; et grâce à des pourboires savamment distribués, il s'assurait l'affection du personnel – notamment en cuisine, où il formulait toutes sortes de demandes. Seule la salle des repas, avec ses places attribuées, restait une faille dans sa cuirasse ; comme l'avait démontré Meran, on y était exposé à toutes sortes de vicissitudes.

Notamment à cause de ce fameux antisémitisme « innocent », à l'évidence omniprésent depuis la guerre, et incarné cette fois par une « *demoiselle d'un certain âge* », une Tchèque parfumée, poudrée, agitée et bavarde qu'on ne manqua pas de placer à côté de Kafka. C'était à en pleurer, Kafka eut presque mal à l'âme, et il mit du temps à se calmer dans sa chambre après cette première rencontre. Restait malgré tout, songea-t-il, un moyen de purifier l'atmosphère par une ruse vicieuse : se donner à reconnaître pour Juif au moment le plus gênant possible, après quoi elle n'y reviendrait plus. Las : cette femme qui méprisait à l'évidence tout ce qui n'était pas tchèque se montra comme par hasard on ne peut plus obligeante avec son voisin de table juif. Et quand il s'avéra qu'elle était gravement malade et passait souvent des journées entières clouée au lit par la fièvre, la tension acheva de se dénouer : la solidarité entre malades – que Kafka éprouva pour la première fois à Matliary – dissipait tous les différends, donnait même envie de faire un pas vers l'autre. Quel rapport entre cette dame chétive et la vigueur de l'antisémitisme dans lequel il avait « baigné » à Prague quelques semaines plus tôt ? Kafka n'avait pas perdu tout sens de la nuance.

Cette dame et lui avaient en face d'eux le représentant d'un tout autre univers : Arthur Szinay, 25 ans, originaire de Kaschau, dans l'est de la Slovaquie, et atteint d'une maladie de l'estomac (il ignorait encore qu'il avait la tuberculose). Un Juif qui occupait sûrement le bas de l'échelle de valeurs de la « demoiselle », mais aussi « *un garçon délicieux* », trouva Kafka.

> « Exquis comme peuvent l'être les Juifs de l'Est. Plein d'iro-nie, d'inquiétude, de verve, d'aplomb mais aussi de détresse. Il trouve tout "intéressant, intéressant", ce qui n'a pas le sens habituel mais signifie à peu près "ça brûle, ça brûle". Socialiste, mais retrouve beaucoup d'hébreu dans ses souve-nirs d'enfance, a étudié le Talmud et le Choulhan Aroukh. "Intéressant, intéressant[4]." »

Un « Juif ardent », donc : type que Kafka avait déjà ren-contré parmi les comédiens juifs de l'Est, surtout en la per-sonne de l'inoubliable Jizchak Löwy. Il s'avéra que Szinay courait tous les rassemblements et conférences possibles et imaginables, qu'il se souvenait littéralement avec ferveur d'une intervention de Max Brod dans sa ville natale, et qu'il avait même déjà rencontré Georg Langer, ultraorthodoxe par périodes. Et voilà qu'il se retrouvait à table avec un ami de ces célébrités. Szinay était tout feu tout flamme, Kafka eut presque du mal à soutenir ses assauts d'amabilité.

L'échange était pourtant laborieux. Car la langue maternelle de Szinay était le hongrois, il n'avait commencé à apprendre l'allemand qu'après son arrivée à Matliary, et il ne savait pas un mot de tchèque ni de slovaque. Ainsi trouvait-il tout ce que lui disait Kafka absolument « *merveilleux* », tout en avouant qu'il n'en comprenait « *pas la moitié* ». Il eut néanmoins l'impression que personne ne l'avait jamais écouté avec tant d'attention et de compréhension, même quand il racontait la triste histoire de son estomac.

Le hongrois était la langue la plus répandue dans la petite société internationale rassemblée à Matliary, y compris le personnel, de sorte que Szinay, sociable comme il était, ne risquait pas l'esseulement. Quand Kafka disparaissait dans sa chambre ou montrait clairement qu'il voulait qu'on le laisse tranquille, il se raccrochait à un carabin de Budapest qui était presque aussi « intéressant » et cultivé. Il faut absolument que vous vous rencontriez, répétait Szinay à tout bout de champ. Pourquoi donc, demandait Kafka. Pourquoi donc, demandait avec la même méfiance l'étudiant en médecine, qui n'avait pas le goût du bavardage. « *Parce que je ne le comprends pas et que je ne vous comprends pas non plus. Je suis sûr que vous vous comprendrez.* » L'argument était imparable, mais il fallut encore quelque temps pour qu'advienne cette rencontre encouragée si chaudement par Szinay.

Elle eut lieu au cours d'une promenade. Kafka était sorti marcher – il fallait rester sur la route, les chemins forestiers étaient encombrés par la neige – lorsqu'il vit ce garçon de Budapest, qu'il connaissait de loin, arriver en sens contraire. Il avait un livre en allemand sous le bras; Kafka jeta un coup d'œil, le salua et ne put s'empêcher de faire une remarque sur sa lecture. « *Vous êtes le fameux monsieur Kafka, de Prague?* répondit le jeune homme. *Monsieur Szinay parle de vous presque chaque jour.* » Et il se présenta : Robert Klopstock, étudiant en médecine[5].

On peine à imaginer quelle profession aurait vraiment mis à profit le singulier mélange d'aptitudes et d'inhibitions sociales de Kafka. Sans doute, aucun de ses supérieurs n'aurait jamais douté qu'il était à sa place dans l'administration : consciencieux, précis dans son langage, habile négociateur – l'exemple même du bon fonctionnaire. Pour sa part cependant, il considérait l'Office d'assurances comme un royaume des ombres de légitimité douteuse. Personne hors de ces bâtiments, ni même tous ses collègues dans les bureaux voisins, n'auraient vraiment su expliquer en quoi consistait son travail. Trop élevé le degré d'abstraction, trop indirectes ses relations aux clients, souvent perçus comme de simples cas juridiques ou statistiques.

La curiosité de Kafka envers ses semblables, l'attention qu'il mettait à observer le destin et les combats d'autrui, ne trouvait que rarement à s'exercer dans ce métier – ses piles de dossiers lui barraient trop la vue. Or cette curiosité grandissait au fil des ans : s'il l'avait autrefois assouvie en avalant des biographies ou des écrits autobiographiques – et pas seulement ceux d'écrivains auxquels il pouvait s'identifier –, il la tournait de plus en plus vers des gens de son entourage. Plus il vieillissait, plus il observait avec sympathie le destin de certains de ses jeunes contemporains, auxquels s'ouvraient des voies incomparablement plus attreyantes que la sienne. Quand les jalons de ces trajectoires étaient-ils posés, et par qui ? Avait-on le droit de les influencer, d'agir sur elles ? Ces questions de nature sociale étaient parmi les rares qui le préoccupaient aussi d'un point de vue théorique – comme le prouve son intérêt pour les pédagogies nouvelles. Mais c'est surtout dans sa conduite qu'une impulsion pédagogique se manifestait de plus en plus clairement.

Ses relations avec ses sœurs, et en particulier avec Ottla, en fournissaient le modèle typique. S'il s'était d'abord contenté de lui donner accès à certains éléments de culture générale en lui faisant la lecture ou en improvisant de petits exposés, il s'aperçut progressivement que la satisfaction qu'ils en retiraient l'un et l'autre ne provenait pas de la seule transmission du savoir. Bien sûr, Kafka était fier de voir Ottla ressortir avec à-propos une citation de Platon. Mais ce qui comptait plus que tout, c'est qu'elle prenait plaisir à la connaissance, qu'elle développait une capacité de réflexion, une conscience de ses aptitudes et de sa place dans le monde. Or on ne pouvait qu'initier une telle maturation, en aucun cas la diriger, et elle donnait des résultats imprévisibles. Le mieux qu'on pouvait faire était de respecter les centres d'intérêt, les capacités et les limites de l'autre et, pour finir, de le laisser s'en remettre à lui-même, c'est-à-dire à ses propres forces. Kafka fit la découverte paradoxale que le professeur devait même, en un sens, se subordonner à son élève : car la disposition à assimiler et à *accepter* l'altérité n'est pas une qualité qu'on peut éveiller en quelqu'un sans la posséder soi-même. De ce point de vue, le professeur a toujours quelque chose à apprendre, et Kafka n'hésita pas à en conclure que, dans la relation aux enfants juifs de l'Est, par exemple – que ce soit dans les écoles pour réfugiés à Prague ou au Foyer populaire de Berlin –, c'étaient les professeurs qui avaient le plus à gagner.

Ce don pédagogique, qui consiste à déceler le potentiel d'autrui, à le refléter et l'aider à s'épanouir, a souvent valu à Kafka l'attachement de ses cadets. Gustav Janouch et Hans Klaus vouaient une véritable admiration à l'autorité de Kafka, tout sauf professorale mais subtilement imposante. Minze Eisner, jeune femme d'à peine 20 ans qui penchait vers l'agriculture et que Kafka avait rencontrée à Schelesen, accordait une telle importance à leur correspondance qu'elle la cultiva pendant des années et ne cessa de lui demander conseil (sachant très bien qu'il incitait toujours au travail et jamais au repos). À Matliary, il noua d'autres relations du même genre, qui donnèrent lieu elles aussi à de petites correspondances. L'écart culturel entre lui et Julie Wohryzek dut aussi l'exposer plus d'une fois à la tentation de corser d'une petite leçon leurs promenades estivales en barque, et même ses lettres à Felice et Milena portent la trace d'une rhétorique maître-élève, sans que Kafka revendique jamais son avance en fait de savoir et d'expérience.

Mais le chef-d'œuvre pédagogique de Kafka fut son amitié avec Robert Klopstock qui, sans s'en rendre compte, devint son disciple en quelques jours. « *Kafka*, se souvint-il des décennies plus tard, *était d'une envergure si imposante, et en même temps si dénuée de violence et de pesanteur, que [je] ne [me suis] jamais posé la question de sa légitimité ou de son authenticité[6]*. » Pendant des semaines, il ignora pourtant à qui il avait affaire. Le Dr Kafka s'était présenté à tout le monde comme un banal employé des assurances, et ses nouveaux amis bondirent d'excitation quand ils apprirent que l'éminent Max Brod prévoyait de venir à Matliary simplement pour le voir. Ni Szinay ni Klopstock, jeunes gens cultivés l'un et l'autre, ne devinèrent d'abord que Kafka était lui-même un écrivain. Mais il ne put évidemment le cacher très longtemps ; selon une anecdote hélas invérifiable, un jour qu'on lui demandait s'il était bien l'auteur d'*Un médecin de campagne*, il se serait contenté de répondre à voix basse : « *Pour ne rien arranger[7]*. »

Klopstock était un caractère mélancolique, tiraillé, toujours en proie à d'intenses oscillations psychiques, et dont la versatilité sema le trouble sa vie durant. Il était né en 1899 dans la petite cité hongroise de Dombóvár, au sud du lac Plattensee, où son père, un Juif, occupait le poste d'« ingénieur en chef des chemins de fer du royaume de Hongrie ». Après la mort précoce de cet Adolf Klopstock, sa femme Gizella (née Spitz) s'installa à Budapest avec leurs deux fils, Robert (« Robi ») et Hugo Georg. Nous en savons peu sur la scolarité de Robert au Humanistiches Gymnasium, à partir de 1912 ; mais à 17 ans, il maîtrisait déjà assez l'allemand pour pouvoir lire et réciter à ses amis des classiques de la poésie. S'il semble avoir fréquenté des gens de lettres hongrois dès cette époque, il était également doué en sciences, comme le prouvent les excellentes notes qu'il obtint à sa maturité. Ce fut sans doute pour des motifs éthiques qu'il choisit la médecine : bien qu'initié à la religion des rabbins, Klopstock développa une forte inclination pour les idéaux de vie du christianisme ; dans ses conversations avec Kafka, auquel il apparut « *avide de contact humain, à la manière d'un médecin-né* », il présenta Jésus comme un de ses modèles[8].

La guerre semble l'avoir confirmé dans cette voie. Enrôlé dès son premier semestre de médecine, il servit dans une unité de secouristes qui fut envoyée sur le front de l'Est et en Italie – épisode qui, de façon étrange, demeure une page blanche dans sa biographie, Klopstock n'ayant laissé aucun souvenir des horreurs auxquelles il dut faire face à l'âge de seulement 18 ans. Sa tuberculose, qu'il contracta dans les lazarets, ne fut sûrement diagnostiquée qu'après la guerre ; à l'automne 1920, il mit ses études entre parenthèses et passa au total quatre ans dans des sanatoriums, retournant plusieurs fois dans les Tatras avant qu'on le déclare guéri.

À Matliary, Kafka reproduisit un schéma déjà bien éprouvé : celui ou celle dont il était le plus proche devenait un messager et un intermédiaire qui amortissait ses contacts avec le reste du monde. Ce rôle, Klopstock l'endossa vite et volontiers. « *Au fond je ne côtoie que l'étudiant en médecine*, écrivit Kafka à Prague, *tout le reste n'est qu'un à-côté, si quelqu'un me veut quelque chose il le dit à l'étudiant, et si je veux quelque chose à quelqu'un c'est aussi à lui que je le dis[9].* » Cela semble contredire les photos de groupe où l'on voit Kafka, la mine décontractée et presque juvénile, au milieu d'un cercle de patients dont il est visiblement proche. Reste qu'il se servit bien de ses rapports avec Klopstock pour restreindre ses interactions sociales ; il se fit porter ses repas dans sa chambre sans plus craindre de tomber dans l'isolement, et l'« étudiant en médecine » se chargea même de lui prodiguer des soins élémentaires. En retour, Klopstock – qui comprit dès lors l'enthousiasme de Szinay – trouva en Kafka un conseiller qui savait écouter avec une profonde attention et ne se laissait pas le moins du monde effrayer par ses maladresses ni par ses incompréhensibles variations d'humeur. Les moindres émotions de Klopstock – en proie depuis longtemps à un chagrin d'amour – se peignaient apparemment tout aussitôt sur son visage, il avait souvent l'air maussade (des photographies l'attestent), et cela ne lui valait pas que des amis ; mais Kafka, lui, était fasciné : « *Je n'avais encore jamais vu de près un spectacle aussi démoniaque*, écrivit-il à Ottla. *On ne sait pas si les puissances qui agissent là sont bonnes ou mauvaises, mais elles sont en tout cas monstrueusement fortes. Au Moyen Âge, on l'aurait déclaré possédé. Et cependant c'est un jeune homme de 21 ans, grand, massif, fort, les joues rouges – extrêmement intelligent, vraiment désintéressé, délicat.* » C'était visiblement une sorte d'oubli de soi tout enfantin qui lui valut l'intense sollicitude et bientôt l'amitié de Kafka : il trouvait Klopstock « *vraiment beau* » quand il gardait le lit, le visage grave, rêvassant, en chemise de nuit et « *les cheveux ébouriffés* ». Au bout de seulement deux semaines, Ottla dut préparer un colis pour Klopstock – des livres piochés dans la bibliothèque de Kafka, un honneur rare[10].

Klopstock dut être très impressionné de découvrir qu'on pouvait, avec une seule et même personne, parler longuement et sérieusement du sionisme, du christianisme, de Dostoïevski ou de l'amour, mais aussi plaisanter ou concocter de petites farces. Ensemble, ils s'amusèrent d'un client tchèque, officier de haut rang qui jouait de la flûte dans sa chambre, toujours à la même heure, et qu'on voyait aussi souvent dessiner ou peindre en plein air. Ce solitaire, un dénommé Holub, eut un jour l'idée d'organiser à Matliary une exposition de ses œuvres – travaux de dilettante qui constituaient bien sûr une sorte d'événement dans un sanatorium des Hautes Tatras, mais qui ne pouvaient espérer trouver le moindre écho parmi des connaisseurs sains de corps et d'esprit. Que dirait ce bonhomme, se demandèrent Kafka et Klopstock, si, contre toute attente, il trouvait son nom *dans les journaux*? Aussitôt dit, aussitôt fait. Kafka rédigea une petite critique anonyme et modérément élogieuse pour le quotidien germanophone *Karpathen-Post*, et Klopstock un équivalent dans un journal hongrois. Et cette farce prit d'une façon parfaitement inespérée. Car Holub, ne pouvant lire la critique en hongrois, courut la montrer à un serveur venu de Budapest, qui, sans se douter de rien, le redirigea vers Klopstock : cultivé comme il était, il traduirait sûrement mieux que lui. Or Klopstock, ce jour-là, était resté au lit avec une légère fièvre, et Kafka lui tenait justement compagnie lorsque le capitaine Holub entra avec son journal hongrois. On imagine la scène : Kafka écrivit à sa sœur qu'il avait passé « *la moitié de l'après-midi à rire* ». Et puisque cette blague-ci avait si bien marché, il en imagina tout de suite une autre : à sa lettre à Ottla, il joignit un article du quotidien *Lidové Noviny* qui annonçait, en invoquant des autorités allemandes, que la théorie de la relativité d'Einstein permettait un tout nouveau traitement de la tuberculose. Mais il eut beau préciser qu'il avait lui-même cru à cette absurdité – c'était l'édition du 1er avril –, toute la famille céda à un optimisme fébrile, et Kafka, pour finir, dut tirer le frein d'urgence : « *Pour ce qui est de croire aux poissons d'avril, vous êtes vraiment très têtus*[11]. »

C'était une douce régression, ni plus ni moins, cette même folie douce, cette même légèreté avec laquelle Kafka se soignait depuis longtemps. Au sanatorium Jungborn, presque dix ans plus tôt, il n'avait fait qu'observer ; à Schelesen, il s'était un peu oublié, montré un peu gamin; mais à Matliary, il se laissa franchement aller, s'abandonnant à ses souvenirs et à ses rêves, ou encore aux flâneries des autres curistes, qui le trouvaient tous sympathiques. Kafka ne faisait presque rien, les forces lui manquaient pour de longues marches, il lisait peu – ses lectures les plus approfondies furent sans doute la *Selbstwehr* et *Die Fackel* –, mettait des jours à terminer ses lettres, n'écrivait plus; et quand il ne traînait pas avec Klopstock, il passait des heures à regarder les nuages dans sa chaise longue sur son balcon, une bouteille de lait à portée de main, ou il piquait un petit somme dans une clairière à l'abri des regards. Il laissait le temps filer, presque bienheureux. Et il protégeait sa retraite, érigeait des remparts contre tout dérangement, même venu de loin. « Ne plus écrire, lut Milena Pollak dans une lettre qu'elle reçut de Matliary dès le début de janvier, ne plus écrire et faire en sorte que nous ne nous revoyions plus. » Ce n'était pas une simple demande : Kafka était résolu à enfermer le passé dans une chambre forte, si peu passé qu'il fût, et à jeter la clef. Si Milena revenait à Prague, écrivit-il à Brod, ou si elle cédait à son père et venait faire une cure dans les Tatras, il voulait en être informé sur-le-champ pour s'éviter toute surprise[12].

Il avait tourné le dos à la réalité. Et depuis qu'il était ressorti presque inconscient de chez son voisin du dessous, il savait qu'il y avait de *bonnes* raisons de prendre la tangente. Il est probable que la régression à laquelle se livrait Kafka ne lui servait pas uniquement à se remettre des vicissitudes morales de l'année 1920, qui avaient toutes tourné comme un cyclone autour de Milena; c'était aussi la présence de la maladie, devenue on ne peut plus concrète, qu'il cherchait à esquiver et à fuir dans ces états de somnolence qui duraient quelquefois des jours. Il avait l'impression d'être hors du monde, avoua-t-il à Brod. Mais pour comprendre qu'il n'était pas pressé d'y rentrer, il fallait lire entre les lignes, et il évita longtemps de parler en termes précis de l'évolution de son mal, malgré tous les reproches.

Pendant des mois, Brod fut peut-être le seul à désapprouver cette stratégie de refoulement; tous les autres, et en particulier les parents de Kafka, étaient trop heureux de se laisser bluffer par les « progrès » de la cure. Du moment que Kafka pouvait signaler une prise de poids, il n'avait pas à craindre qu'ils se méfient et qu'ils insistent. Huit livres en un mois, on avait vu pire; et par la suite aussi, il s'efforça de leur servir des chiffres impressionnants. Malgré un manque d'appétit terrible, et alors que la cuisine de Matliary lui parut vite monotone, il vidait ses assiettes et prit même sur lui de manger de la viande. Il attendit la toute fin de son congé maladie, en mars, pour admettre que les symptômes de la tuberculose étaient loin de reculer et qu'il avait même eu du mal à respirer pendant de longues journées de blizzard. Le Dr Strelinger diagnostiqua une légère amélioration – en se contentant certes d'une auscultation des poumons, sans analyse des crachats –, mais engagea fermement Kafka à prolonger sa cure, et l'avertit même d'un risque de rechute s'il retournait à son bureau dès le mois de mars. Ce fut assez pour convaincre son patient récalcitrant, qui, semblant craindre les reproches de l'Office plus que la maladie, finit tout de même par s'inquiéter : littéralement à la dernière minute, Kafka envoya à Prague un signal de détresse qui poussa aussitôt Ottla à se rendre chez le directeur. Et cette fois encore, Kafka eut de la chance : il eut beau ne pas fournir tout de suite un certificat établi à Matliary et

« oublier » de se présenter au médecin de l'Office à Prague pour un examen, Odstrčil lui accorda une rallonge de deux mois et, plus tard, trois mois supplémentaires, jusqu'à août, sans réduction de salaire. La seule diplomatie d'Ottla ne suffisait plus à expliquer un tel traitement – il y avait lieu de soupçonner, jugea Kafka, que ses absences toujours plus longues avaient fini par le rendre dispensable, même si le directeur lui témoignait une bonté invraisemblable, en véritable ange gardien.

Le premier vrai soulagement vint après les tempêtes hivernales, quand le printemps s'installa enfin dans les Tatras. En avril, il put écrire que la fièvre avait presque disparu et que sa toux et ses difficultés respiratoires s'atténuaient. Ces bonnes nouvelles furent néanmoins assombries par toute une série de malaises qui le clouèrent plusieurs fois au lit pendant des jours : refroidissements, abcès douloureux, une gastro-entérite sévère accompagnée de poussées de fièvre qui lui firent croire que son heure était venue. Il avait l'impression de se déliter physiquement ; et quand il repensait à Zürau et à Meran, force était de constater qu'il se trouvait sur une pente descendante, que la souffrance corporelle n'avait encore jamais dominé sa vie à ce point. Même le résultat « *objectif* » de ses examens des poumons, que Brod ne cessait d'invoquer pour le réconforter, pâlissait face à la certitude de la déchéance. Les bulletins de santé que Kafka envoyait à Prague se firent de plus en plus sporadiques, et même pour lui faire dire qu'il avait atteint de haute lutte un poids maximal de 65 kilos – soit huit de plus qu'à son arrivée –, il fallut que Brod lui adresse un « questionnaire » médical. « *Tu parles toujours de guérir*, écrivit-il avec résignation. *Mais pour moi, c'est exclu*[13]. »

Que faire ? Tout le monde, y compris sans doute Klopstock, lui conseillait d'aller voir ailleurs ; Max Brod lui proposa même de partir trois semaines au bord de la mer Baltique avec lui et sa nouvelle maîtresse. Impossible, répondit Kafka, le médecin lui avait strictement interdit le climat maritime. Alors peut-être un été à la campagne avec Ottla et son mari ? Réticences, là encore. Kafka avait honte de sa toux et de ses crachats, et même s'il n'était toujours pas prêt à croire que quelqu'un de vraiment sain risquait une tuberculose, il lui semblait irresponsable d'exposer le premier enfant d'Ottla, Věra, née en mars, à tant de « *saleté* » pendant des semaines. Pour ne rien arranger, les David avaient choisi de passer leurs vacances à Taus (Domažlice), dans l'ouest de la Bohême, sur le flanc nord du massif de la Böhmerwald ; et à une trentaine de kilomètres seulement, facile à rejoindre en train, se trouvait le sanatorium où *Milena* était en train de suivre une cure... Pas la peine d'y penser[14].

Kafka était bloqué, il prenait racine, même l'afflux des estivants ne parvint pas à le déloger, et il finit par croire qu'il ne quitterait plus les Tatras à moins qu'on vienne le chercher ou, pour mieux dire, le déménager, lui et sa chaise longue. Pas de doute : dans un tel état de léthargie, il aurait opposé peu de résistance à l'intervention musclée d'un visiteur pragois – mais personne ne trouva le temps de faire le déplacement : ni Ottla, affaiblie et désespérée par l'insatiable appétit de sa fille ; ni Brod, qui, après une tentative manquée pour vivre des recettes de ses pièces, avait accepté au service de presse du gouvernement un poste qui imposait peu d'heures de bureau, mais de nombreux passages au théâtre et au concert ; et encore moins Baum et Weltsch, qui n'avaient plus la moindre nouvelle de Kafka et le considéraient comme disparu. Pas un seul visiteur, donc, et ce pendant neuf mois. Restaient Szinay et Klopstock, le Dr Strelinger et madame Forberger, une cuisinière, un serveur juif, quelques dames malades, et un brave prothésiste dentaire qui l'accompagna pour deux ou trois promenades. Des amabilités, de la bienveillance, de l'admiration même. Mais y eut-il quelqu'un qui le toucha vraiment pendant tous ces longs mois ?

Son retour fut encore retardé. Le 14 août 1921, environ une semaine avant la fin de son congé, Kafka se réveilla avec de la fièvre, sa toux s'aggrava, le tint éveillé des nuits durant. Rien de grave, jugea Strelinger, ce genre de rechutes étaient courantes, ses poumons se maintenaient. Kafka n'en dut pas moins – une énième fois – s'excuser auprès de son directeur. Le 26 août, enfin, il prit le train pour Prague. Inutile de venir le chercher, avait-il écrit quelques jours plus tôt, il ferait le voyage seul. Mal lui en prit. Tous les wagons étaient bondés ; affaibli par la fièvre, il dut d'abord s'asseoir sur sa valise, puis rester debout. Il avait encore voulu faire des économies, un billet de première classe lui aurait épargné tous ces désagréments, il faudrait bien se garder de raconter ça à l'arrivée.

Il fut sauvé par un petit miracle. Un compartiment de première avait été investi par quatre passagers qui n'y avaient pas droit mais qui s'étaient lassés de rester debout pendant des heures. Ces voyageurs, deux employés des chemins de fer et une femme que Kafka connaissait de vue, persuadèrent le contrôleur de tenir compte de la situation et de libérer le compartiment, c'est-à-dire de le rétrograder en deuxième classe. Le fonctionnaire, qui ne pouvait pas refuser cette faveur à des collègues, se mit en devoir de coller un grand « *2* » sur la porte, mais c'était compter sans la susceptibilité de la clientèle. Car dans ce même compartiment se trouvaient deux autres voyageurs qui, ayant payé, eux, des billets de première classe, exigèrent d'être placé ailleurs pour ne pas avoir à coudoyer des gens de deuxième. Leurs places se libérèrent, et on invita le pauvre Kafka à prendre l'une d'entre elles – bienfait tardif de l'esprit de caste austro-hongrois.

Nous ignorons comment Kafka fut accueilli à Prague. Il avait bonne mine, il était bronzé, bien en chair, il n'aurait pas eu à rougir à la piscine sur la Moldau. Quand il toussait, on tendait l'oreille, l'air de rien ; il y avait lieu de douter de la parole du Dr Strelinger, qui n'avait cessé de promettre une « *quasi-guérison* » à condition que Kafka demeure assez longtemps dans les montagnes ; et peut-être valait-il vraiment mieux qu'il ne prenne *pas* sa nièce de 5 mois dans ses bras. Mais à l'entendre raconter comment tout le monde l'avait couvé à Matliary, on était prêt à croire qu'il avait peut-être, tout de même, choisi le bon endroit, et qu'il revenait simplement de longues, très longues vacances.

Lui-même savait à quoi s'en tenir, depuis le début, et le refoulé fit retour dès qu'il eut repris pied dans son monde, dès qu'il dut se souvenir et raconter. « *C'est une erreur*, avait-il avoué à Brod dès l'hiver, *de ne pas avoir vécu parmi les pulmonaires jusqu'à présent et de ne pas avoir vraiment regardé la maladie en face, je ne l'ai fait qu'ici*[15]. » Cette découverte avait été terrible, il devait la taire à ses parents, mais il ne pouvait l'oublier. Dans les semaines et les mois qui suivirent, il fut forcé d'admettre que cette horreur le concernait directement, que c'était une leçon qu'il était temps d'apprendre. Un jour, il prit donc un papier et il nota les phrases suivantes :

« Très cher Max, ma dernière requête : tout ce qui se trouve dans mes affaires (donc dans la bibliothèque, l'armoire à linge, la table de travail chez moi et au bureau, et partout où quelque chose aurait été déplacé et te tomberait sous les yeux) en fait de journaux, de manuscrits, de lettres de moi et d'autrui, de dessins etc. est à brûler sans distinction et sans être lu, de même que tout écrit ou dessin que vous détenez, toi ou d'autres, à qui tu devras les demander en mon nom. Les lettres qu'on ne voudra pas te remettre, il faudra du moins qu'on s'engage à les brûler.

Ton

Franz Kafka[16] »

L'HORLOGE DU DEDANS,
L'HORLOGE DU DEHORS

Ceux qui sont avec moi ne m'ont pas compris.
Actes de Pierre

Le récitateur Ludwig Hardt était un homme très occupé. Depuis la guerre, il donnait chaque année des dizaines de représentations très courues rien qu'à Berlin, sa patrie d'élection, et ses tournées le conduisaient aux quatre coins de l'espace germanique. En avril 1920, il se produisit à Munich, où Thomas Mann voulut voir de plus près ce lecteur virtuose. Il lui accorda une audience à sa villa, se fit lire sa nouvelle *L'Armoire à vêtements* et alla le voir réciter à son pupitre le lendemain soir. Spectacle qui dynamitait le cadre habituel d'une lecture. Car Hardt possédait l'art de conjuguer modulations de la voix, mimiques et gestuelle en une partition complexe ; sa présence et son polymorphisme, saisissants, mettaient sous tension chaque texte dès la première phrase : poème, conte, récit ou scène de théâtre. Par là, Hardt échappait largement au hiératisme déclamatoire courant dans ce genre d'exercice ; il s'offrait même le luxe d'abolir par instants la distance entre l'estrade et l'auditoire ; et quand il imitait à s'y méprendre un comédien célèbre – numéro digne du music-hall, très apprécié –, il en riait parfois lui-même.

Thomas Mann se dit aussitôt disposé à trousser une petite critique pour soutenir Hardt, un peu à la peine à Munich, et il choisit en conclusion la fin célèbre de l'*Anecdote de la dernière guerre prussienne* de Kleist : « *De toute ma vie je n'ai jamais vu semblable gaillard*[1]. »

Né en 1886, formé au métier de comédien à Berlin, Hardt avait un physique gracile qui contrastait singulièrement avec son vaste front et son nez prononcé : « *kobold à masque de César* », l'avait-on surnommé un jour[2]. Chez cet homme au sang vif, le classicisme ingénu de son maître Emil Milan aurait sans doute paru invraisemblable, de même que l'attitude pseudo-sacramentelle qu'arborait un Gerhart Hauptmann quand il s'avançait au pupitre. Hardt misait entièrement sur la charge des mots, qu'il s'efforçait de libérer en tirant parti des frictions entre des textes de genres, de renommées et d'époques différents. L'ampleur de son répertoire était énorme, il récitait presque tout de mémoire, et comme il confrontait en toute décontraction les classiques des livres d'école au dernier cri de la littérature allemande, son programme avait chaque fois le caractère du jeu, d'une expérience divertissante à l'issue incertaine. Hardt atteignait une intensité presque troublante lorsqu'il surprenait son public en rendant actuels des textes déjà connus, et la poésie de Heine s'y prêtait particulièrement. On ne connaissait pas *Les Rats migrateurs* tant qu'on ne l'avait pas entendu de la bouche de Hardt, écrivit Thomas Mann.

Pendant l'hiver 1920-1921, Hardt – peut-être sur les conseils de Tucholsky – découvrit les récits d'*Un médecin de campagne*, alors quasi inconnus en Allemagne, et décida d'en travailler quelques-uns. Le résultat dut être extraordinaire : la prose des *Onze fils* – nota le critique du *Vossische*

Zeitung – avait produit « *la plus forte impression de la soirée* », et ce malgré la concurrence de Robert Walser, Georg Heym, Christian Morgenstern, Liliencron, Maupassant, Scheerbart, Börne et Heine[3]. Kafka lui-même (auquel Brod se hâta de transmettre cette heureuse nouvelle à Matliary) dut être impressionné que Hardt, en plus de deux autres textes, ait justement retenu *Onze fils*, énigme rhétorique dénuée d'intrigue et de message où *tout* se jouait dans la langue, donc dans la précision de la lecture. Les retombées éditoriales de cet événement durent aussi apparaître clairement à Kafka : en sillonnant le pays avec ce numéro magistral, Hardt, bien plus renommé que lui auprès des amateurs de littérature, se chargeait ni plus ni moins de faire sa promotion. « *Dans beaucoup de villes*, se rappela des décennies plus tard son ami Soma Morgenstern, *on découvrit le nom de Franz Kafka dans l'auditoire de Ludwig Hardt. Beaucoup de journaux citèrent d'abord Franz Kafka comme un auteur dont Ludwig Hardt lisait la prose[4].* »

Bien entendu, Hardt s'était aussi fait un nom à Prague, dès avant 1914. Max Brod l'avait alors présenté à Kafka[5], mais la guerre avait empêché d'autres rencontres. En janvier 1921, Hardt revint avec un nouveau programme ; le public fut enchanté comme à chaque fois, il fallut même organiser une troisième soirée à la dernière minute – mais à cette date, Kafka était au lit avec de la fièvre au milieu du blizzard de Matliary, et il ne dut même pas lire les comptes rendus de la presse. À l'automne, enfin, on annonça que Hardt s'arrêterait une nouvelle fois au Mozarteum de Prague pour une soirée exceptionnelle. Et, cette fois, tous les intéressés seraient de la partie.

Hardt récita Kafka : il avait de nouveau retenu trois proses du *Médecin de campagne*, dont *Onze fils*, maintes fois éprouvée.

Devant lui, dans l'auditoire, le créateur de ce bijou le regardait avec sympathie, entouré de ses proches – présence sans doute inhabituelle, même pour ce rhapsode habitué au grand monde et aux invitations des écrivains célèbres. Il présenta certaines parties de son programme berlinois, plaça cette fois encore Kafka aux côtés de Robert Walser, puis se risqua à jouer des scènes des *Derniers Jours de l'humanité*, dont l'auteur en personne, Karl Kraus, avait déjà glacé le sang des Pragois *dans cette même salle*[6]. Non, Hardt ne craignait pas la comparaison avec cet autre démon de la lecture publique. Et le succès lui donna raison, la salle l'ovationna jusqu'à ce qu'il revienne à son pupitre pour conclure en douceur avec quelques poèmes de Gottfried Keller. Il connaissait tout, et il savait tout faire[7].

C'était la première fois que Kafka entendait ses textes de la bouche d'un récitateur professionnel, et ce fut un moment d'*heureuse* agitation, tel qu'il n'en connaissait plus guère. « *Acceptez mes remerciements pour ces heures de chamade, de joie, d'admiration* », écrivit-il à Hardt, et il pensait chaque mot[8]. Car Hardt lui avait fait ressentir – et ce fut pour Kafka comme un retour au pays après de longues années d'errance – qu'on pouvait se sentir bien, qu'on pouvait se sentir littéralement chez soi dans cette immense chambre d'écho qu'est la tradition littéraire. L'opposition entre l'art et la vie ne semblait pas exister pour Hardt, son emphase était authentique, et de voir qu'il était aussi juif, et qu'il savait briller aussi bien au café avec des anecdotes juives orientales qu'au théâtre avec des poèmes de Heine, faisait vibrer en Kafka une corde sensible.

La soirée qui suivit la représentation de Hardt leur offrit enfin l'occasion de parler plus longuement, y compris de certaines subtilités des textes lus; les jours suivants, ils se retrouvèrent à l'hôtel « Blauer Stern » et même, pour finir, à l'Office d'assurances. Cette visite révéla au passage que les capacités quasi mimétiques de Hardt s'étendaient à son humour. À l'heure dite, en effet, il ne trouva personne dans le bureau de Kafka; seul le chapeau de monsieur le docteur trônait bien en évidence sur la table. Quand Kafka arriva quelques minutes plus tard et – poli comme toujours – voulut s'excuser de son retard, Hardt répondit sur un ton impassible : « *Votre chapeau vous a parfaitement représenté*. » C'était du Kafka *dans le texte* : on ne pouvait mieux décrire sa situation à l'Office, voire dans le monde. Kafka partit d'un rire libérateur. C'était quand même autre chose que les pompeuses absurdités que le *Prager Tagblatt* venait de déballer sur son compte : Kafka, lisait-on, était « *une personnalité qui [avait] besoin d'un passeur du niveau de Hardt pour être délivrée de sa solitude* ». Fallait-il que tout Prague le sache? Du reste, ce plumitif n'avait pas tout à fait tort.

Car Kafka s'inquiétait à l'idée de ne pas revoir Hardt pendant des mois. Un nouveau pic de fièvre l'empêcha d'assister à une deuxième récitation, et cette privation fut d'autant plus douloureuse que Hardt – à la demande de Kafka – avait à la dernière minute inclus dans son programme une prose qu'ils tenaient tous deux en haute estime : la fameuse *Anecdote* de Kleist. Par bonheur, le récitateur resta quelques jours de plus que prévu, il y eut deux autres lectures, et Kafka profita de cette chance inespérée pour lui remettre un livre dédicacé (un recueil de contes de Hebel, *L'Ami des bords du Rhin*, « *pour faire plaisir à Hebel* »). Puis le comédien repartit, et les liens se distendirent. Mais ces quelques rencontres à Prague avaient aussi produit une impression profonde sur Hardt, comme il s'avéra par la suite. Avant même de regagner Berlin, il pressa Kurt Wolff de se pencher enfin sur le cas de celui qui était peut-être son plus grand auteur. Il continua à réciter les *Onze fils*, et il inclut bientôt dans son programme – Tucholsky le signala avec enthousiasme dans la *Weltbühne* – le spectaculaire *Rapport pour une académie*.

Max Brod dut se féliciter de voir Kafka rejoindre si vite le monde des humains. Mais il n'avait qu'une vague idée, bien trop légère, de l'isolement psychique dans lequel son ami avait sombré au cours des mois à Matliary. Il lui semblait seulement que Kafka s'était trop écouté et qu'il avait ainsi ouvert portes et fenêtres aux fantômes de l'hypocondrie. Son retour en ville ne pourrait que lui faire du bien.

De fait, le revirement était remarquable : Kafka eut beau souffrir de quintes de toux et d'une fièvre constante au retour de l'automne, et ne plus guère se risquer dehors quand il pleuvait, il fit de nouvelles rencontres, revit de vieux compagnons comme Werfel et Langer, et reçut quelques visites : Ernst Weiss, Ehrenstein, sa « disciple » Minze Eisner et au moins deux compères de Matliary, dont le pétulant Arthur Szinay. Sans oublier ses éprouvantes discussions avec Gustav Janouch, qui, bien que vivant désormais hors de Prague, surgissait encore à l'Office à la moindre occasion.

Notables aussi les peines que se donna Kafka pour résoudre les nombreux problèmes de Klopstock : il sollicita (en vain) Jakob Hegner pour lui obtenir un poste temporaire d'imprimeur et lui permettre de séjourner dans la cité-jardin de Hellerau (idée de traitement qui venait évidemment de

Kafka), et il chercha des moyens d'aider Klopstock, presque sans le sou, à décrocher des piges et à poursuivre ses études à Prague. Accompagné de Weltsch, il alla même trouver Egmont Münzer, spécialiste de médecine interne dont il était parent mais qu'il n'avait jamais rencontré, pour lui demander s'il n'avait pas besoin d'un « assistant » hongrois[10]. Kafka tenta aussi de faire prolonger gratuitement le permis de séjour de Klopstock en Tchécoslovaquie – ce qui n'était possible qu'au prix de longues heures d'attente dans les administrations –, il se renseigna pour savoir s'il ne risquait pas un internement à cause des tensions politiques avec la Hongrie, et il l'aida à reprendre contact avec son frère aîné, Hugo Georg, que le destin avait conduit en Sibérie[11].

Plus étonnant encore. Début octobre, Kafka apprit que Milena Pollak avait fini sa cure dans le massif de la Böhmerwald et qu'elle s'arrêterait quelques jours chez son père, à Prague, sur le chemin du retour. Il est probable qu'elle l'ait prévenu elle-même, ne voulant pas manquer cette chance de le croiser ; mais elle ne devait pas s'attendre sérieusement à ce que Kafka, après l'avoir repoussée de façon si intraitable, se dise prêt à la revoir et même à l'accueillir sur son propre terrain. C'est ainsi que Milena pénétra pour la première fois chez les Kafka, sur l'Alstädter Ring, rencontrant ses parents et certainement Ottla. Leur accueil ne peut avoir été très chaleureux (« *je n'ai jamais été en bons termes avec sa famille* », remarqua-t-elle plus tard[12]), mais les échanges avec Kafka lui-même furent si profonds qu'ils se revirent les jours suivants. Pour finir, il prit une initiative unique en son genre et en parfaite contradiction avec son silence des mois précédents : il lui confia ses journaux, écrits intimes de toute une décennie, et ce en intégralité, de la première à la dernière page ; pour compléter l'ensemble, il détacha même les feuillets de son dernier cahier, le douzième.

Pourquoi ce geste ? Si Kafka trouva la force d'ignorer sa peur de nouvelles insomnies et de se risquer à cette confrontation, ce fut sans aucun doute grâce à la libération que lui procurèrent son retour momentané à la « vraie vie » et ses nouvelles rencontres. Là où, à Matliary, il avait habité un seul espace psychique que saturait aussitôt et menaçait de faire éclater le moindre signe de Milena, il s'efforça de confiner leurs retrouvailles à Prague – les premières depuis plus d'un an – dans une sorte d'annexe fermée tant sur le plan verbal que sur le plan émotionnel. « *Je ne peux pas dire grand-chose de l'essentiel*, écrit-il à Klopstock, *il est enfermé dans l'obscurité de ma poitrine, même à mes yeux, et y partage sans doute le même grabat que la maladie.* » Il évite d'appeler cet essentiel par son nom, ne précise même pas qu'il s'agit de la visite d'une femme, et se contente de signaler cet événement avec la plus grande distance possible : « *ça s'est prolongé d'un jour, maintenant c'est fini*[13] ». Ce jour-là, il donne ses journaux, pour toujours.

On ignore de quoi Kafka et Milena Pollak parlèrent en cet automne 1921 ; un des sujets centraux dut être la réconciliation inattendue de celle-ci avec son père, l'obstiné professeur Jesenský, conclusion incompréhensible et décevante aux yeux de Kafka. Mais ce qui l'oppressa sans le moindre doute, ce fut l'espoir – exprimé ou tacite – qu'avait Milena d'obtenir une explication compréhensible de son attitude, explication qu'il n'avait jusqu'alors pu fournir que par fragments, malgré des dizaines de tentatives. Au lendemain de leur rencontre à Vienne, il avait déjà caressé l'idée de délester sa conscience en lui confiant les archives de son cas : à plusieurs reprises, il avait annoncé qu'il lui ferait lire sa *Lettre au père*, avant de battre en retraite à l'idée d'une pareille confession[14]. Maintenant qu'il n'avait plus rien à perdre, et qu'un véritable retour en arrière était définitivement au-dessus de ses forces, cette idée lui revint. Mais ses *journaux* – voilà qui était encore mieux : même lui ne possédait pas d'autres pièces à conviction, on ne pouvait lui en demander davantage. « *As-tu trouvé quelque chose de décisif contre moi dans mes journaux ?* » lui demanda-t-il quelque temps plus tard, soulignant par là que la proximité qu'elle dut ressentir à cette lecture n'était pas vouée à relancer la procédure, mais à la « décider », donc à y mettre fin[15].

Et de fait : dès les séjours suivants de Milena à Prague – d'abord fin novembre, puis de nouveau en janvier –, Kafka eut la nette impression qu'elle lui rendait visite comme à un malade. Sauf si elle avait déjà lu ses journaux : dans ce cas, plutôt comme à un condamné dans sa cellule. « *Long chemin*, nota-t-il, *depuis le point où je ne suis pas triste, pas vraiment triste de son départ, jusqu'au point où je suis tout de même infiniment triste à cause de son départ. Certes : la tristesse n'est pas le pire*[16]. »

Les documents sont trop rares pour nous offrir une vision suggestive du quotidien de Kafka dans cette seconde moitié de 1921, mais il est clair qu'il s'efforça de suivre le conseil de ses amis et de s'arracher à la régression, sur le plan social comme sur le plan intellectuel. De premiers signaux s'étaient déjà manifestés à Matliary : Kafka avait lu la toute dernière diatribe de Karl Kraus contre la scène littéraire juive-allemande, *Littérature ou On verra ce qu'on verra* [*Literatur oder Man wird doch da sehn*], une « *opérette magique* » visant tout spécialement Werfel, et elle lui avait inspiré une vaste lettre en forme d'essai à Max Brod dans ses heures de chaise longue. Début septembre, de retour à Prague, il lut les journaux de Flaubert ; mi-octobre, il rouvrit son propre journal après une interruption de presque vingt mois. Il se rendit deux fois au Nouveau Théâtre allemand pour revoir le comique Max Pallenberg, vit un film sur la Palestine, assista à une lecture en petit comité, et alla très certainement écouter Karl Kraus *en personne*, qui donna fin décembre quatre nouvelles lectures dans un Mozarteum bondé.

Sans s'en apercevoir, Kafka s'était ainsi engagé sur une voie qui devait le ramener à la littérature. Les incitations ne manquaient pas : 1921 vit la réimpression dans des journaux et dans des revues de quelques-unes de ses petites proses (dont trois dans le seul *Prager Presse*, organe semi-officiel paraissant depuis Pâques) ; la *Neue Rundschau* publia un assez long article de Brod sur « Le poète Franz Kafka », ce qui promettait enfin d'attirer l'attention sur lui à une plus vaste échelle ; Milena préparait un recueil de traductions tchèques de ses œuvres[17] ; et les spectacles de Ludwig Hardt, surtout, rappelèrent à Kafka qu'il n'écrivait pas que pour quelques amis – il était écrivain. Et jamais, depuis sa triste lecture de Munich, il n'avait eu à ce point conscience que ce statut faisait de lui un personnage public. Il se pouvait que Thomas Mann, qu'il admirait – et auquel Hardt avait lu des extraits d'*Un médecin de campagne* –, écrive bientôt à son propos, et même l'encyclopédie Brockhaus s'intéressait à lui[18]. Environ jusqu'à la fin de la guerre, Kafka était passé pour un talent de la Prague germanophone ; à présent, il était considéré comme une sommité locale, et il s'effrayait de constater que le public commençait à le reconnaître : on chuchotait son nom en le voyant arriver à un événement, et, s'il se laissait ensuite convaincre d'aller au Café Edison, ce qui se produisit plusieurs fois cet hiver-là, les tablées voisines le dévisageaient sans se gêner, au point qu'il s'enfuyait « *les nerfs tremblants* »; « *je ne supporte même plus le regard des gens* », écrivit-il à Klopstock après une de ces soirées[19].

S'il détestait depuis toujours se retrouver au centre d'une attention « générale », autrement dit factice, cette timidité n'était pas tout ce qui le faisait fuir les œillades du public. Ces regards le jaugeaient, l'interrogeaient, le mettaient au défi. Ils rappelaient à Kafka depuis combien de temps il ne *travaillait* plus. Trois ans, quatre ans ? La dernière fois qu'il s'était abandonné à l'ivresse de longues nuits d'écriture, qu'il avait écrit en songeant avec joie et fierté à une future publication, ç'avait été dans la petite Alchimistengasse. L'hiver 1916-1917 : époque infiniment lointaine où, en bonne santé encore, il avait espéré la venue d'un après-guerre qui se profilait à peine. Ensuite, il y avait eu les griffonnages de Zürau, mais ce n'était pas de la littérature. Lorsqu'il vit imprimé pour la première fois son *Chevaucheur de seau*, dans le *Prager Presse*, à Noël 1921, il dut avoir du mal à se rappeler l'individu qui avait écrit ce texte et quelques autres dans sa grotte d'écrivain du Hradschin.

L'écart entre son improductivité et les attentes que suscitaient ses textes déjà anciens se fit douloureusement sentir le jour où Kafka, à sa grande surprise, reçut une lettre personnelle de son éditeur. Kurt Wolff ne cacha pas qu'il avait fallu – comme toujours – l'initiative d'un tiers pour le décider à écrire, en l'occurrence Ludwig Hardt. Mais Wolff n'avait pas l'intention de se borner à des questions polies sur la santé de Kafka. Après les retards interminables pris par la parution d'*Un médecin de campagne,* il savait qu'il devait se rattraper s'il ne voulait pas que son auteur lui tourne le dos une fois pour toutes. Sa parade amoureuse surpassa donc toutes les précédentes.

« Nos échanges par lettres sont rares et brefs. Aucun des auteurs avec lesquels nous traitons ne nous adresse des requêtes et des questions aussi rarement que vous, aucun d'entre eux ne nous donne l'impression d'une telle indifférence au devenir extérieur des livres qu'il publie. Dans cette situation, il paraît opportun que l'éditeur, de temps à autre, dise à l'auteur que cette absence d'intérêt pour le devenir des livres n'ébranle en rien sa foi et sa confiance dans la qualité toute particulière de ces publications. D'un cœur sincère, je vous assure que je n'éprouve personnellement qu'envers deux ou trois des écrivains que nous représentons et que nous avons l'honneur de faire connaître au public un lien aussi fort et aussi passionné qu'envers vous et votre œuvre.

Vous ne devez pas jauger le travail que nous consacrons à l'exploitation de vos livres à l'aune des succès extérieurs qu'ils remportent. Vous savez comme nous que les choses les meilleures et les plus précieuses sont précisément celles qui trouvent un écho non tout de suite, mais plus tard, et nous croyons que le lectorat allemand aura un jour la capacité de recevoir ces livres ainsi qu'ils le méritent.

Cela étant dit, vous me feriez une joie toute particulière si vous vouliez bien nous offrir la possibilité de confirmer en acte la confiance inébranlable qui nous lie à vous et votre œuvre, en nous confiant d'autres livres à publier. Chaque manuscrit que vous déciderez de nous envoyer sera le bienvenu et publié sous forme de livre avec amour et avec soin. Si vous pouviez, outre des recueils de proses courtes, nous adresser le moment venu un long récit d'un seul tenant ou un roman – car je sais par vous-même et par Max Brod combien de manuscrits de ce genre sont déjà presque, voire entièrement achevés –, nous les recevrions avec une gratitude toute particulière. Il se trouve que l'appétence du public est naturellement plus grande pour un travail en prose de grande ampleur que pour des recueils de proses courtes. C'est une disposition d'esprit prosaïque et absurde de la part des lecteurs ; mais le fait est là. L'écho que trouverait un long travail en prose permettrait en tout cas une diffusion incomparablement plus large, et le succès d'un tel livre impliquerait en même temps une promotion plus active des précédents[20]. »

Peu d'auteurs de l'époque auraient résisté à une pareille lettre, mais Kafka avait appris à ne pas prendre trop au sérieux les assauts de charme de Wolff. L'éditeur ne disait pas un mot de la négligence avec laquelle sa maison avait traité les manuscrits de Kafka, et rien n'indiquait non plus qu'il se mettait à la place de son destinataire, qui avait dû renoncer à son rêve d'une vie d'écrivain indépendante, c'est-à-dire tant soit peu stable financièrement. Wolff voulait mettre la main sur les romans qui sommeillaient dans les tiroirs de Kafka, et il avait des raisons évidentes de se souvenir de ces manuscrits au bout de tant d'années. Max Brod venait de révéler leur existence et de les vanter longuement : *Le Disparu*, « *très vaste roman presque complètement terminé, qui se déroule tout en douceur et en délicatesse dans une Amérique rêvée* », et *Le Procès*, « *achevé selon moi, mais inachevé, inachevable, impubliable selon l'auteur* ». Brod ne se contentait pas de révéler le titre de cette dernière œuvre, il en résumait le contenu et le célébrait comme un modèle de perfection littéraire qui amenait à se demander s'il était encore besoin d'écrire quoi que ce soit[21]. Fortes paroles, même rapportées aux superlatifs habituels de Brod – si fortes que Wolff dut craindre qu'elles ne fassent leur effet sur d'autres éditeurs. Il fallait agir vite : après l'article de Brod, il ne laissa passer qu'un jour, deux jours au maximum, puis il dicta son billet doux.

L'enchaînement était clair, et Kafka comprit qu'il devait surtout ces nouvelles pressions aux indiscrétions à la fois amicales et irréfléchies de Brod. À son prochain passage au Café Edison, il devait s'attendre à ce qu'on lui demande des nouvelles de Josef K. Et impossible de répondre honnêtement à l'offre de son éditeur : il aurait fallu soit contrevenir à la politesse, soit oublier tout amour-propre. Ne pouvant se résoudre à aucune de ces deux solutions, Kafka repoussa sa réponse de semaine en semaine, jusqu'à ce que Wolff apprenne, lors d'un nouvel échange avec Ludwig Hardt, qu'il ne fallait pour l'heure *rien* attendre de Kafka, qui était à la fois « *très déprimé* » et « *atteint nerveusement* ». L'éditeur repassa néanmoins à l'attaque peu après, quand la nouvelle se répandit que Kafka allait mieux : « *Si, à la suite de cette guérison, vous vous consacrez quelque peu à vos manuscrits et travaux, conformément au souhait de vos amis, je vous prie de vous rappeler les demandes instantes contenues dans mes dernières lettres*[22]. » Là non plus, pas de réponse. À ce stade, son exhortation était déjà caduque.

Personne dans son petit cercle n'avait dû s'attendre à ce que Kafka, cet hiver-là, se remette à lire, à recevoir, à faire des projets, à s'engager pour les autres et même à prendre part à la vie culturelle de Prague. Sans doute, ses réactions suivaient un modèle établi, il se montrait toujours plus après une longue absence, ç'avait été le cas après Zürau et plus encore après Meran. Et ses nouvelles amitiés, surtout avec Klopstock et Hardt, semblaient le vivifier. Mais les conditions de son retour à la vie sociale avaient radicalement changé, au-dedans comme au-dehors, et nullement pour le mieux. À Zürau, il avait su reprendre l'initiative ; il avait pris des décisions, il s'était résolu à une rupture nécessaire et raisonnable qui lui avait permis de prendre un nouveau départ. « *Le travail en attente est immense* », avait-il noté, avec une fierté sensible que ce travail l'attende *lui*.

Quatre ans plus tard, à l'automne 1921, cette phrase valait encore. Mais le chagrin qu'il avait dû surmonter à Matliary s'était accompagné de fantasmes de fuite, et non de décisions. Il avait l'impression d'être passé à côté, non pas de l'existence en communauté, ni des femmes, mais de la vie elle-même. Son irrésolution, sa duplicité, sa « mentalité de fonctionnaire » ne suffisaient plus à expliquer ce qui lui était arrivé, cette faille était plus profonde, elle révélait une étrangeté fondamentale appelée à persister, qu'il s'y adapte consciemment ou non. Il n'avait pas exagéré en se qualifiant d'extraterrestre à Matliary, il n'y voyait même pas une exagération : « *Tu n'es pas un des leurs* », nota-t-il peu après[23].

Kafka souffrait d'un paradoxe existentiel qui ne pouvait que rester dissimulé à ses amis : plus les échanges qu'il nouait en cet hiver pragois étaient intenses et exigeants, diverses les relations qu'il cultivait, et plus il avait le sentiment d'un abîme impossible à combler, peu importe à combien de destins il se mêlait, dans combien de cafés, de lectures, de théâtres il se laissait traîner. De même que c'est dans la foule qu'on se sent le plus seul, de même tous ces contacts, y compris ses nouvelles amitiés avec Klopstock et Hardt, entérinaient une étrangeté inexorable et incurable. Il faut « y » être pour comprendre qu'on n'« en » est pas – jamais Kafka ne l'avait éprouvé de manière aussi radicale, aussi intense que pendant les mois de son apparent retour en société. Il n'y avait rien d'étrange à se sentir un peu hors du monde dans un sanatorium au milieu de la montagne – qui l'aurait vécu autrement ? Mais à Prague, il devait donner le change ; et Kafka s'aperçut avec effroi que ce sentiment d'aliénation, non content de perdurer dans son univers familier, au milieu de tant de gens, ne cessait de s'accroître, jusqu'à devenir une certitude d'une acuité jusqu'alors inconnue. Presque une décennie plus tôt, il avait raconté dans *La Métamorphose* le destin d'un intouchable, d'un homme devenu paria dans sa propre famille ; à présent, Kafka se sentait un intouchable au beau milieu du monde.

La tuberculose joua sans nul doute un rôle considérable dans la radicalisation de ce sentiment, tuberculose dont il commençait seulement à comprendre et à accepter la dimension sociale. Kafka devait convenir que son état de santé ne lui laissait plus aucun choix, plus aucune marge de manœuvre pour « planifier » sa vie au-delà de quelques mois. La maladie lui offrait certes un prétexte pour camoufler son « altérité » et faire accepter des reculades, des impolitesses, son manque d'intérêt pour autrui. Mais d'un autre côté, à mesure que les symptômes devenaient plus visibles, la tuberculose faisait de lui un personnage qui cessait *objectivement* d'appartenir à la communauté : celle-ci évacuait les malades pour se protéger et les abandonnait à la liberté équivoque des salles d'attente et des sanatoriums. Autrement dit, la maladie réalisait ce que Kafka n'avait jusqu'alors fait que craindre et imaginer dans la littérature. De là ses réticences croissantes à l'égard des cures et son désir souvent répété de retourner dans un « village », d'en revenir à un « métier », c'est-à-dire à une quelconque forme reconnue de vie sociale *en dehors du mariage.*

Kafka avait compris dès le début de l'année que même les Tatras ne pouvaient rien de décisif contre sa tuberculose, et ses craintes se confirmèrent à Prague à l'arrivée de l'automne. Trois jours après son retour au bureau, une baisse des températures qui chargea l'air du matin d'une humidité presque glaciale suffit à le river au lit pour le reste de l'après-midi. Sa toux et ses crachats s'aggravèrent, et Kafka fut bientôt si faible qu'une simple panne d'ascenseur pouvait l'empêcher de sortir. Au vu de ses anciennes habitudes, on devait être frappé de la démarche précautionneuse avec laquelle il se déplaçait dans les rues de Prague tout en cherchant son souffle. « *Quand je marche au centre-ville une après-midi tiède, si lentement que ce soit,* écrivit-il à Klopstock, *c'est comme si j'étais dans une pièce qu'on n'a pas aérée depuis longtemps et que je n'avais même plus la force d'ouvrir la fenêtre pour enfin trouver de l'air.* » Il aurait aimé montrer Prague à ses différents visiteurs, mais ce n'était plus possible[24].

Dès le début de septembre, Kafka sut qu'il ne passerait pas l'hiver au bureau, si favorable que fût l'état « objectif » de ses poumons. Il recommença à se renseigner sur les sanatoriums avec l'aide du Dr Kodym, le médecin de l'Office, qui préconisait une reprise immédiate de la cure. Il visita un sanatorium en Bohême, écrivit à un établissement situé près de Hambourg (probablement Geesthacht) et se laissa presque convaincre de partir en cure dans le village silésien de Görbersdorf (Sokołowsko en polonais), où il y avait plus de patients tuberculeux que d'habitants. Mais la prise de décision s'étira en longueur, comme l'année précédente. Kafka n'avait plus envie de rester des mois à somnoler dans une chaise longue, loin de tout ce qui le maintenait en vie sur le plan intellectuel. Rien n'y fit, pas même les nuits qu'il passa entre fièvre et quintes de toux et qui ôtèrent à sa famille ses ultimes illusions. Ses parents auraient pu assez facilement lui payer un séjour à Davos ou sur la Côte d'Azur avec les revenus de leur immeuble, même si les couronnes tchèques ne valaient plus grand-chose à l'étranger. Mais Kafka refusait. « *Je ne peux pas aller à la mer*, expliqua-t-il à Klopstock, *où prendrais-je l'argent? Même si je voulais le "prendre", je ne pourrais pas. Puis c'est trop loin, quand je suis en bonne santé je veux voyager jusqu'au bout du monde, quand je suis malade, pendant dix heures au maximum*[25]. » L'étudiant en médecine, qui demandait sans cesse de ses nouvelles depuis Matliary, par télégramme si besoin, ne pouvait que secouer la tête face à de tels arguments. Les parents de Kafka, eux, décidèrent d'augmenter la pression.

Le matin du 17 octobre, ils dirent à Franz d'écrire une lettre d'excuse à son directeur. Ce jour-là, il n'irait pas au bureau, mais chez un autre spécialiste, au coin de la rue, le Dr Otto Hermann, chez lequel ils avaient pris un rendez-vous à son insu. Procédé embarrassant qui donna à ses supérieurs un très bel aperçu de sa vie domestique, mais qui porta aussi des fruits inespérés. Car le Dr Hermann, qui fit son travail bien plus consciencieusement que le médecin de

Matliary, fit comprendre à Kafka que ses penchants casaniers n'étaient pas une raison pour ne rien faire du tout. Une cure systématique à base de frictions, de séances d'UV et d'un régime strict était parfaitement envisageable à Prague, y compris en hiver. Et au vu du diagnostic, elle s'imposait de toute urgence : double catarrhe pulmonaire, fermé à gauche (stade I-II de la nomenclature de Turban), persistant à droite (stade II-III). Matités des deux côtés, jusqu'à l'épine de l'omoplate à gauche, jusqu'au hile du poumon à droite. À gauche, respiration assourdie en arrière dans la partie supérieure, à droite souffle bronchique avec bruits. Égophonie et augmentation du frémissement. À l'examen radiologique, constat d'une opacité au niveau des deux apex pulmonaires et du ganglion hilaire à droite. Expectorations granuleuses[26]. C'en était assez.

Ce médecin eut beau rechigner lui aussi à mettre un nom sur l'évidence – à savoir la tuberculose –, Kafka comprit tout de suite que ces résultats étaient les plus mauvais depuis le début. S'il refusa une fois encore les méthodes invasives de la médecine académique, il consentit apparemment à se soumettre aux injections si son état se dégradait encore[27]. La réaction du médecin de l'Office, auquel Kafka présenta le rapport du Dr Hermann, dut elle aussi être alarmante – même si le Dr Kodym revêtit d'euphémismes ce qu'il dut signaler en toute clarté à la direction : au vu des progrès de la maladie dans son poumon droit, le Dr Kafka avait besoin d'un nouveau congé maladie. Et si on ne pouvait prédire le résultat, ajouta le médecin, « *une guérison complète est toutefois peu probable, ce qui pose la question de savoir si une retraite anticipée ne serait pas plus avantageuse pour le patient comme pour l'Office*[28] ».

Pour la toute première fois, le mot « retraite » était donc énoncé officiellement; et avec une telle recommandation, Kafka pouvait se dispenser d'exposer lui-même son état de santé au directeur. Surtout, il n'avait plus besoin de *demander* : le 29 octobre, l'Office lui accorda trois mois de congé supplémentaires. Le 4 novembre, selon toute vraisemblance, Kafka rangea son bureau et salua ses collègues : adieux un peu moins formels cette fois-ci, car il s'était décidé à suivre les conseils du médecin et à poursuivre son traitement à Prague, et croiserait donc certainement ses collègues et ses supérieurs dans la rue. « *L'Office est pour moi un édredon de plumes, aussi pesant que chaud,* avait-il écrit en début d'année à Ottla, qui lui conseillait de démissionner. *Si je m'en extirpais, je risquerais de prendre froid tout de suite, le monde n'est pas chauffé.* » Avant de se contredire en apparence quelques mois plus tard : « *l'Office (hormis son argent) est plus loin de moi que la lune*[29] ». Il s'avérait maintenant que les deux images avaient du vrai. C'était son dernier jour dans cette administration qui, treize années durant, l'avait tourmenté, accaparé, stabilisé, préservé du service militaire, nourri, et qui, finalement, lui accordait la liberté. Ce qu'il avait jadis rêvé, ce qu'il avait appelé de tous ses vœux se réalisait enfin : il n'aurait plus à y retourner, c'était fini. Mais le rêve avait perdu de sa superbe, et son exaucement avait un goût de sang.

« Ç'a été cette semaine comme un effondrement, plus total que jamais à part peut-être cette nuit il y a deux ans, je n'en ai pas connu d'autre exemple. Tout semblait fini et aujourd'hui encore ça n'a pas l'air très différent. On peut le comprendre de deux manières et il faut sans doute le comprendre de ces deux manières à la fois. Premièrement : effondrement, impossibilité de dormir, impossibilité de veiller, impossibilité de supporter la vie, plus exactement cette succession qu'est la vie. Les horloges ne s'accordent pas, celle du dedans va à une cadence diabolique ou démoniaque ou du moins inhumaine, celle du dehors avance par saccades à l'allure habituelle. Que peut-il se passer, sinon que ces deux mondes différents se séparent, et ils se séparent ou du moins se tiraillent l'un l'autre d'une façon effroyable. La sauvagerie de l'allure intérieure peut avoir différentes causes, la plus visible est l'introspection, qui ne laisse aucune idée parvenir au repos, poursuit chacune d'entre elles et la force à se relever avant de devenir elle-même une idée poursuivie encore plus loin par une nouvelle introspection. Deuxièmement : cette poursuite conduit hors de l'humanité. La solitude à laquelle je suis en grande partie contraint depuis toujours et que j'ai pour partie recherchée – mais qu'était-ce, sinon encore de la contrainte – devient parfaitement évidente et va à son extrême. Où mène-t-elle ? Elle peut, c'est ce qui semble s'imposer, mener à la folie, on ne peut rien dire de plus, la poursuite passe par moi et me déchire. Ou alors je peux – je peux ? – me soutenir en infime partie, donc me laisser porter par la poursuite. Où vais-je alors ? "Poursuite" n'est qu'une image, je peux aussi dire "assaut contre l'ultime frontière terrestre" c'est-à-dire assaut par le bas, à partir des hommes, et puisque cela aussi n'est qu'une image, je peux la remplacer par l'image de l'assaut par le haut, jusqu'à moi[30]. »

La voix de Kafka au début de 1922. Elle est sévère et nette, procède par images précises, confine à l'analyse. Il répond à une crise nerveuse par « *premièrement* » et « *deuxièmement* ». Il sait que se plaindre ne sert plus à rien dans sa situation.

Il le savait déjà à Zürau ; mais c'était alors une question de dignité et d'amour-propre, il s'agissait de savoir si l'on peut échapper une bonne fois à la vie, si l'on n'est pas *tenu* de rejeter des exigences incompatibles avec le fond de votre être, si justifiées qu'elles soient au plan moral. Au bout de quatre ans de maladie, Kafka est forcé de reculer encore plus loin. Car le désaccord des deux horloges n'est pas le fruit d'une simple défaillance ni d'un manque de caractère ; cette faille atteint les fondations, et ni un désir énergique de rallier la normalité ni une démonstration d'indépendance bravache ne peuvent la combler ou l'enjamber. Et on ne peut pas non plus la *montrer.* Cet hiver-là, aucun de ses nombreux visiteurs – à l'exception peut-être de Milena – ne peut deviner que Kafka agit en société comme son propre représentant, que des abîmes s'ouvrent derrière ce sourire énigmatique. Autrefois, il a *voulu* être différent, et ce jeu-là était idiot, car maintenant il y est parvenu, le plus sérieusement du monde. Ainsi débute une nouvelle période de la vie de Kafka, période où la question de la faute – l'écart par rapport à la loi commune – cède place à celle, beaucoup plus urgente, de savoir quelle loi s'applique à lui, de quel côté du monde il a le droit de continuer à vivre. De fait, la faute et le châtiment ne joueront plus de rôle central dans les dernières œuvres de Kafka. Il semble s'apercevoir que les dilemmes éthiques sont une sorte de luxuriance qui ne croît que sur un sol fécond, là où la vie, bien protégée, tient en réserve un surcroît de forces. Or le risque du déchirement, de l'implosion psychique, n'est plus un risque de nature morale : c'est le péril de la folie et de la mort.

Kafka fait le bilan, il ouvre son journal presque chaque jour pour dépeindre ce changement avec toute la précision possible. « *Hors de l'humanité* » : ce serait le chemin de la plus grande solitude, un chemin sans retour. Mais comment s'y est-il engagé ? Est-ce le résultat d'une mauvaise éducation ? Est-ce le poids du père, qui l'a poussé par-dessus la limite de son propre monde ? Ou le fruit d'une « altérité » inexplicable qui l'exclut de la communauté humaine ? Kafka hésite, il reviendra plusieurs fois à cette question les semaines suivantes. Il ne peut plus se contenter de se définir comme la victime de mauvais traitements subis des décennies plus tôt, la *Lettre au père* a clôturé depuis longtemps ce règlement de comptes ainsi que l'inventaire de tous ses déficits. L'idée d'*altérité*, en revanche, contient en germe celle d'une identité unique et donc potentiellement digne d'être défendue. « *Personne n'a eu de tâche aussi difficile, que je sache. On pourrait dire : ce n'est pas une tâche, pas même une tâche impossible [...]. Et cependant c'est l'air que je respire aussi longtemps que je dois respirer*[31]. »

Kafka cherche les images justes, il renonce entièrement aux allusions métaphysiques et bibliques, plus question de paradis et de péché originel, d'élection et de loi, il en revient définitivement à des images sensibles, *littéraires* : le monde qui n'est pas chauffé, la poursuite, l'air raréfié des hauteurs, la nourriture des autres qui n'est pas la sienne, le terrier compliqué qui tient les poursuivants à distance, et toujours et encore l'exclusion, les deux mondes, le piège tendu à la frontière entre eux. Hésitantes d'abord, puis de plus en plus sûres, les forces imaginatives de Kafka reviennent, il invente des images à la fois simples et insondables, des images qui se graveront dans la mémoire collective. Sans doute, c'est là une partie de sa « tâche ». Mais cette tâche, il le sait de longue date, ne peut se résumer à créer des images pour elles-mêmes, si belles, pénétrantes ou surprenantes qu'elles soient. Elles doivent dire quelque chose qui ne peut l'être que par des moyens poétiques. Mais quand elles aboutissent, elles dégagent une aura qui aveugle et égare. Une image émouvante peut aussi être fausse. Sa beauté déchirante peut, par là même, distraire d'une vérité atroce. Cette leçon-là non plus ne lui sera pas épargnée.

Kafka trame un réseau de métaphores qui se condensent peu à peu en une vision radicale : il y a d'une part un monde humain qu'il a quitté un jour et qu'il aspire en vain à regagner, et d'autre part un monde non-humain auquel il appartient depuis toujours et dans lequel il doit survivre avec dignité. Image tragique, puissante et persuasive à la façon d'un mythe, et extrêmement féconde sur le plan esthétique, comme Kafka le prouvera bientôt. Mais est-elle vraie ? Il ne l'a pas encore tout à fait intégrée, il continue de jouer avec d'autres modèles.

> « Il n'y a pas eu de ma part la moindre tentative tant soit peu viable de mener ma vie. C'est comme si le centre du cercle m'avait été donné ainsi qu'à tout autre homme, comme si j'avais dû ainsi que tout autre homme parcourir le rayon décisif puis tracer un beau cercle. Au lieu de quoi j'ai constamment pris mon élan pour le rayon avant de devoir chaque fois l'interrompre aussitôt (exemples : piano, violon, langues, études d'allemand, antisionisme, sionisme, hébreu, jardinage, menuiserie, littérature, tentatives de mariages, logement). Le centre du cercle imaginaire est hérissé de rayons entamés, il n'y a plus de place pour une nouvelle tentative, plus de place signifie âge, faiblesse nerveuse, plus de tentative veut dire fin. Les fois où j'ai poussé le rayon un rien plus loin

que d'habitude, par exemple les études de droit ou les fiançailles, tout s'est aggravé de ce rien au lieu de s'améliorer[32]. »

Cela aussi est convaincant, l'image du cercle et du rayon impressionne ; mais c'est un bilan avec lequel personne ne peut vivre, le bilan d'un échec total. Lui a-t-on vraiment imposé *la même* tâche qu'aux autres ? Une seule loi pour tous, sans la moindre ouverture vers *quoi que ce soit d'autre* ? Cela non plus ne peut pas être tout à fait vrai ; Kafka sait que, dans la littérature au moins, il n'a pas prolongé le rayon d'un simple « *rien* », qu'il l'a poussé très loin, bien au-delà des exigences d'une tentative « *viable* ». Alors quoi ? Kafka continue de chercher, et il paraît avoir conscience que sous tous ces petits mythes et ces grandes métaphores se dissimule une couche de vécu plus profonde, plus brûlante encore, couche qui doit étouffer même la jouissance de découvrir la vérité. Une seule fois au cours de cet hiver, il parvient à jeter une lumière crue sur ce tréfonds, le temps d'une pensée, le temps d'une seule, unique, terrible phrase.

> « Tout est chimère, la famille, le bureau, les amis, la rue, chimère tout cela, plus ou moins éloignée ou proche, la femme la plus proche de toutes, vérité en revanche est que tu te presses la tête contre le mur d'une cellule sans porte ni fenêtre[33]. »

Kafka se trouve ici au seuil du monde de Samuel Beckett. Mais il est encore trop tôt, il ne supporte pas cette image et, à l'avenir, il l'évitera comme s'il s'y était brûlé. Il fait donc demi-tour et prend une autre voie, la sienne.

LE CHÂTEAU, MYTHE PERSONNEL

> *Il faut faire écrire les gens*
> *quand ils ne parlent pas.*
> Gert Jonke, *Musique lointaine*

Un étranger arrive dans une auberge de village. Bien qu'il n'ait pas annoncé sa venue, on lui a préparé une chambre, la gigantesque « *chambre princière* ». Il trouve cette coïncidence suspecte et questionne rudement l'aubergiste et la bonne. Tous deux avouent l'attendre depuis des semaines à la suite d'une rumeur en provenance du *château*. Cette réponse ne suffit pas à l'étranger ; il croit que la bonne est à la solde du château, qu'elle a charge de le surveiller. Il est venu pour mener un « *combat* », et ce pourrait bien être le premier coup de l'adversaire. Mais soit, il va rester, il livrera le combat jusqu'au bout, même si un brusque accès de faiblesse le contraint d'abord au repos. La bonne qu'il vient juste de malmener lui lave le visage. « *Tu attends quelque chose de nous et nous ne savons pas quoi*, dit-elle. *Parle-moi franchement et je te répondrai franchement*[1]. »

Le 27 janvier 1922, Kafka arrive à la station climatique de Spindelmühle, village couvert de neige à 750 mètres d'altitude dans les monts des Géants, au bord de l'Elbe naissant, à quelques kilomètres de la frontière polonaise. Il a suivi le Dr Otto Hermann, venu pour deux semaines de vacances avec son épouse et sa fille ; ensemble, ils descendent d'un traîneau tiré par deux chevaux. L'hôtel « Krone » attend sa venue, Kafka s'est annoncé par lettre. Tout n'est pas pour lui plaire : sa valise s'est abîmée pendant le voyage, un écriteau dans le hall le nomme « Dr Josef Kafka », la table de sa chambre est branlante, la lumière glauque, l'hôtel bruyant. Mais il est résolu à ne pas se laisser distraire. Il a pris une décision, et cette décision, il la mènera à bien ici, à Spindelmühle. Économe, comme toujours, il a apporté une liasse de feuilles blanches arrachées à cinq ou six carnets. Il va s'en servir pour écrire. Quelques heures après son arrivée, il les sort de sa valise et les pose sur la table. Le temps qu'on lui trouve une plume et de l'encre, il se contente d'un crayon. Kafka commence une histoire : l'histoire d'un étranger qui arrive dans un village où, soupçonne-t-il, on l'attend de longue date…

Le Château, troisième roman de Kafka, est le fruit d'une phase de concentration extrême, d'une intense résonance entre réalité et imagination. Un événement banal – l'arrivée d'un homme dans un village perdu – devint littérature quasi *en temps réel*, avant même d'être révolu, sans que ses conséquences soient prévisibles.

Kafka attendait cette délivrance, il l'avait préparée autant que possible dans son journal. Depuis quelques semaines, il lui semblait que seule l'écriture pourrait le préserver d'un nouvel effondrement psychique, potentiellement définitif ;

cet hiver-là, il était « *passé à coups de fouet par des temps de folie* », écrivit-il plus tard à Klopstock. Kafka n'a peut-être entamé aucune de ses œuvres avec une visée si consciemment thérapeutique, en plaçant un si grand espoir dans les vertus curatives du recueillement créatif, lequel devait mettre un frein à l'usante rotation à vide de l'introspection. Et cet espoir sembla se réaliser : à peine eut-il écrit les premières lignes qu'il se sentit de nouvelles forces et reprit pied :

> « Étrange, mystérieuse, peut-être dangereuse, peut-être salutaire consolation de l'écriture : échapper d'un bond à la succession assassine acte – observation, acte – observation grâce à la création d'une plus haute forme d'observation, plus haute, non plus aiguë, et plus elle est haute, inaccessible depuis la "succession", plus elle devient indépendante, plus elle suit les lois de son propre mouvement, plus son chemin est imprévisible, joyeux, ascendant[2]. »

Fortes paroles, au vu de la prudence avec laquelle Kafka avait maintenant coutume de relativiser la moindre lueur d'espoir. Mais il savait depuis longtemps que la création littéraire s'affranchit de tout projet et de tout prétexte lorsqu'elle aboutit; et cette réussite – il ne se leurrait pas – lui était de nouveau accordée. « *Salutaire* visée *de l'écriture* », écrivit-il d'abord, avant de se corriger aussitôt : « *salutaire* consolation ». L'écriture aussi est une forme d'introspection, mais non de celles qui s'épuisent en vaines spirales. Cette sorte-*là* d'observation mène à une autre dimension, comme l'ascension d'une montagne. La visée de l'écriture n'en fut pas moins atteinte : quatre ou cinq nuits de vrai sommeil – le plus beau cadeau qu'on lui ait fait depuis longtemps.

Toute une série d'indices dans le manuscrit suggèrent que Kafka n'avait qu'une vague idée de l'intrigue du *Château* en venant à Spindelmühle, et il est même possible que cet accueil fatidique sous le nom de « *Josef K.* » ait seul donné l'impulsion décisive : « *Dois-je les éclairer*, commenta-t-il, *ou me laisser éclairer par eux*³ ? » Kafka dut se plaindre poliment de cette méprise, comme l'aurait fait n'importe qui dans sa situation. Mais dans le roman qu'il entama le jour même, le protagoniste est attendu par un adversaire bien renseigné et tout à fait capable de l'éclairer sur son propre compte – comme dans *Le Procès*.

Les premières pages du manuscrit n'augurent pas d'un récit de proportions épiques, leur style nerveux et saccadé annoncerait plutôt une courte nouvelle. Cette première ébauche « expressionniste », Kafka l'interrompit dès le lendemain, le surlendemain au plus tard ; il rebroussa chemin, abandonna ces dialogues frénétiques et formula un incipit pondéré qui, sans mettre le lecteur en alarme, résume le but du roman en une *image* emblématique et beaucoup plus marquante :

> « Il était tard quand j'arrivai. Une neige épaisse couvrait le village. On ne voyait pas la colline, la brume et les ténèbres l'enveloppaient, aucune lueur même infime n'annonçait le grand château. Je restai longtemps sur le pont qui mène de la grand-route au village, les yeux levés vers ce vide apparent. Puis je partis chercher un gîte pour la nuit... »

Face-à-face muet avec une *apparence* de vide : c'est comme si Kafka plaquait ici l'accord fondamental qu'il passera les mois suivants à développer, à varier et à interpréter sur des centaines de pages. Et ces premières phrases n'irradient pas seulement le calme, mais aussi une certitude : soudain, Kafka sait où il va ; dans la première version, il a accordé son orchestre, mais la consolation qu'une ou deux pages lui ont apportée reflue maintenant dans l'écriture et donne naissance à ces phrases d'une clarté cristalline. C'est un spectacle étonnant – et nous le devons à l'analyse du manuscrit – que de voir Kafka, après des années d'abstinence narrative, retrouver son langage presque sans transition et renouer aussitôt avec une pleine maîtrise. Il semble même que ce long intervalle de temps l'ait rapproché de son idéal ascétique : que ce soit dans la langue ou dans la construction de l'intrigue, il évite désormais tout ce qui pourrait passer pour une simple recherche d'effets – pas de catastrophe fantastique comme dans *La Métamorphose*, pas de suspense policier comme dans *Le Procès*, pas d'abjection physique comme dans la *Colonie pénitentiaire*. Voici un homme qui cherche à prendre pied dans un village avec une opiniâtreté inexplicable. Qui ment et se présente comme un arpenteur afin d'améliorer ses chances. Qui se rapproche de femmes pour faire d'elles ses auxiliaires, qui recueille avidement toutes sortes d'informations et guette le moindre sous-entendu, qui se fait jeter hors des maisons et des auberges et accepte un travail humiliant – sans jamais se rapprocher de son but. Et voici le « château », une administration complexe, inaccessible, impénétrable, qui tient l'« arpenteur » comme au bout d'une laisse, observe de loin ses menées et lui refuse le moindre renseignement clair sur son statut. Tout cela raconté du point de vue borné du héros, lentement, avec de longues séquences de dialogues, de vastes descriptions de certains épisodes de la vie villageoise, et débouchant sans cesse sur des réflexions aussi pointilleuses qu'infécondes qui mettent à l'épreuve la patience du lecteur. L'ombre démesurée que projette le château assure seule la cohésion de l'ensemble.

Là encore, donc, un demi-monde hiérarchisé, et si proche de l'enfer paperassier du *Procès* qu'il apparaît sur certains points comme son prolongement ou sa généralisation : mêmes avalanches de dossiers sur les individus, même mixte de pouvoir et de sexe, mêmes arguties stériles et pourtant décisives ; toujours ce jeu sur le clair-obscur, ces scènes de *slapstick*, ces lits où les puissants se vautrent ; sans oublier l'obsession du contrôle, ces regards omniprésents qui détruisent toute intimité et rappellent de façon subtile mais avec insistance l'univers des *camps*.

Kafka lui-même accrédita ironiquement cette mise en parallèle en redonnant à son héros le nom de code « *K.* » et en lui permettant de se présenter comme « *Josef* » lors de son coup de téléphone aux autorités du château – ce sera l'unique mention de son prénom. De plus, Kafka décida après coup de renoncer à la première personne et de poursuivre à la troisième, déjà employée dans *Le Procès*. Or, à ce stade, *Le Château* comptait trois chapitres ; si Kafka voulait maintenir son manuscrit en bon ordre, il lui fallait remplacer des centaines d'occurrences de « *je* », « *mon* », « *moi* » par « *K.* », « *il* », « *son* », etc. C'était se contraindre à un travail mécanique et fastidieux, mais le manuscrit révèle que cette décision tardive de recalibrer le texte n'était pas purement spontanée – elle s'imposait. Car Kafka était sur le point de relever un défi : la description de l'acte sexuel. Il s'en est toujours gardé ; dans *Le Procès*, il s'était même résolu à introduire une petite pause conventionnelle dans le flux de son récit. C'était le genre de procédés dont il ne voulait plus. Mais était-il capable de dire l'indicible à la première personne, de la façon la plus directe ? Verbalement, sans doute, mais pas psychologiquement, à ce qu'il semble ;

cette réticence resta insurmontable, et Kafka, littéralement à la dernière minute, au beau milieu d'une phrase, se réfugia dans le rôle du narrateur[4].

Choix digne de considération, surtout quand on se demande si l'arpenteur K. – comme son nom le suggère – est bel et bien un représentant de Kafka, une sorte d'effigie qui servirait au créateur pour rejouer ses propres revers de fortune sous la forme d'une moralité. L'étranger suspicieux mis en scène par Kafka dans la première esquisse n'était *pas* un autoportrait, on peut en être sûr ; mais dans la seconde version, il gomma précisément les traits de caractère qui s'éloignaient le plus des siens. Lorsque l'arpenteur, sitôt après son arrivée, songe à se défendre à coups de bâton contre les villageois, Kafka raye cette phrase aussitôt, car son héros lui présente maintenant un visage plus humain, moins agressif[5]. Kafka veut rendre ses motivations plus compréhensibles et plus sympathiques *dans le détail*, afin que la profonde obscurité où se déroule le combat *en tant que tel* devienne d'autant plus sensible. Et l'arpenteur ressemble de plus en plus à son créateur au fur et à mesure de son séjour dans le village ; son optimisme et sa résolution s'étiolent à chaque nouvel épisode, tandis qu'augmente son aptitude à porter un regard critique sur sa propre conduite. On croirait que Kafka a vécu la même chose que ses futurs lecteurs : il se rapproche du héros, et les déceptions de K. suscitent l'identification, la compassion, si insaisissables que soient les forces qui le lient au village et au château du début à la fin. Il y a donc lieu de se demander si *Le Château* ne fut pas d'entrée de jeu un projet autobiographique.

Des années plus tôt, Kafka, lorsqu'il s'agissait d'établir à son propre sujet des constats généraux aussi indépendants que possible de l'humeur du moment, avait pris l'habitude de s'adresser à son reflet à la deuxième personne, voire d'en parler à la troisième. Le « tu », et le « il » plus encore, lui permettaient une réflexion plus libre, littéralement sans concession, et, même dans son journal, la langue littéraire ainsi désinhibée lui semblait de loin plus féconde que les tournures psychologisantes qu'on rencontre souvent dans l'écriture de soi. Il tenait toutefois ce genre de réflexions pour de simples préliminaires, comme le signale sans équivoque une des rares notes de son séjour à Matliary : « *L'écriture se refuse à moi. D'où projet de recherches autobiographiques. Pas une biographie, mais recherche et mise au jour des plus petites composantes possibles. Partant de là, je veux ensuite me construire, comme quelqu'un dont la maison est instable et qui veut en bâtir une stable à côté, si possible avec les matériaux de l'ancienne*[6]. » Une *reconstruction*, à la lettre. Mais Kafka annonce ce démontage, cette descente dans ses propres fondations comme s'il s'agissait d'une solution de rechange. Quand l'écriture se refuse à lui, l'écrivain n'a plus qu'à faire des patiences autobiographiques.

À Matliary, où il aurait eu le temps et le calme nécessaires, Kafka ne se tint pas à cette résolution, mais il le fit à son retour à Prague : brusquement arraché à la léthargie du curiste, il se sentit contraint de consolider sa position et de vérifier une nouvelle fois l'état de sa « maison » depuis l'extérieur. À compter d'octobre 1921 – peu après avoir confié tous ses journaux à Milena –, Kafka pratiqua cette autoanalyse sur des dizaines de pages, tout en évitant soigneusement de renouer avec ses vieilles complaintes : plus un exutoire à court terme, mais un inventaire autobiographique, le solde de ses pertes et profits.

34. La pension Ottoburg, à Meran Untermais.

35. Ján Jesenský.

36. Milena Jesenská, 1915.

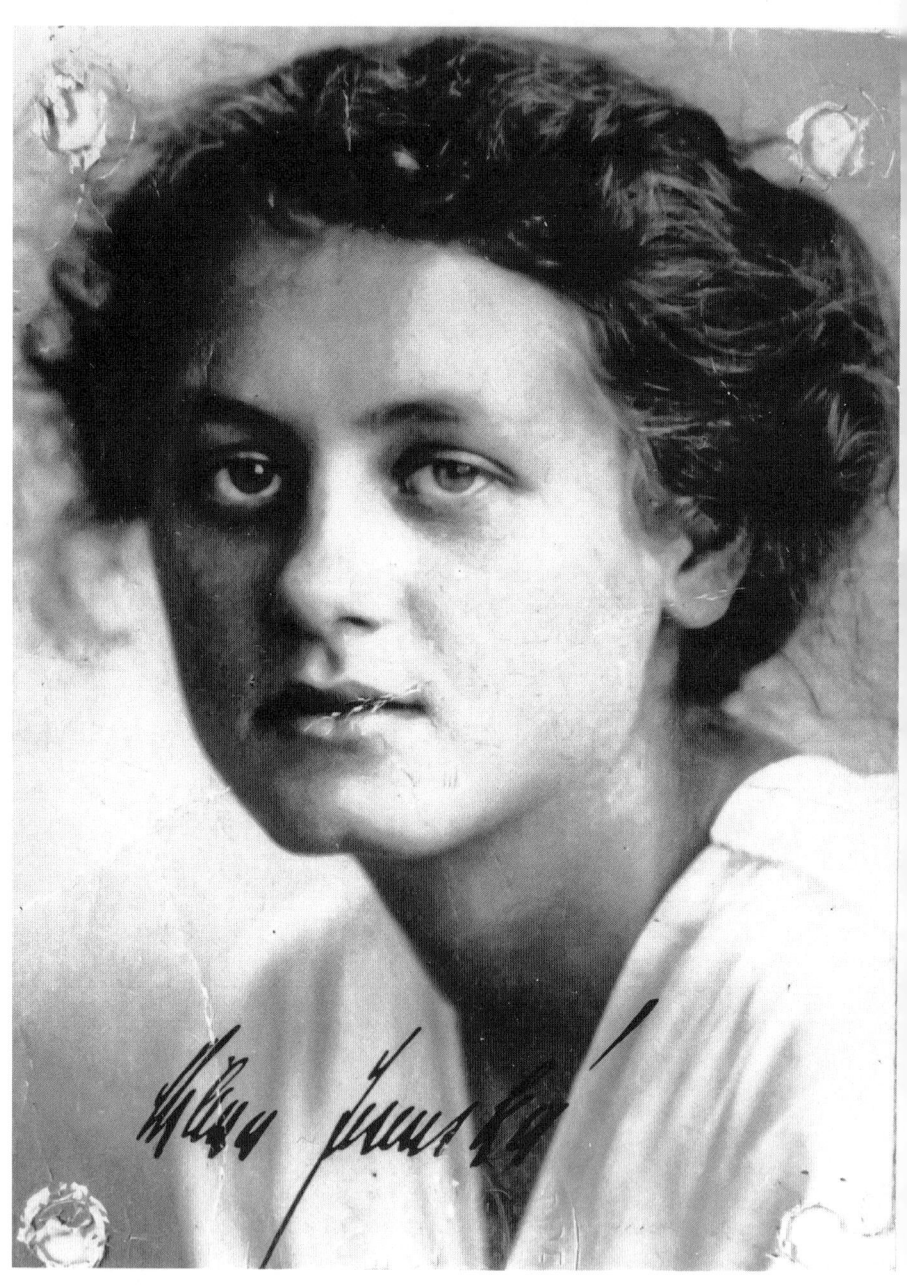

37. Milena Jesenská, vers 1920.

38. Franz Kafka, vers 1920.

39. Café Herrenhof, Vienne.

40. Ernst Pollak, 1913.

41. La traduction du *Chauffeur* de Kafka par Milena Jesenská, avril 1920.

42. Jarmila Ambrožová.

43. Robert Klopstock.

44. Bâtiment principal du sanatorium de Matliary.

45. Kafka et d'autres patients du sanatorium ; debout à l'arrière-plan, Robert Klopstock.

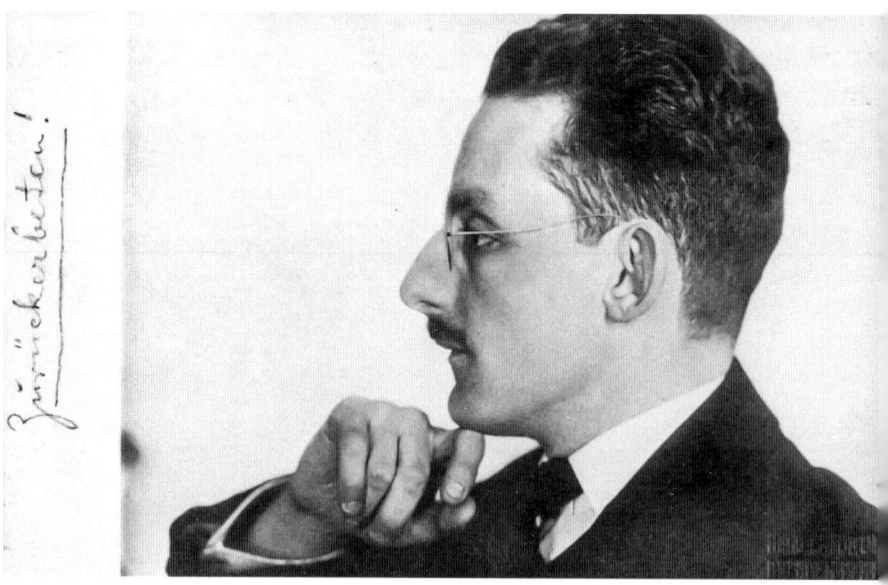

46. Testament de Kafka, automne-hiver 1921.

47. Max Brod, 1918.

48. Kafka à Spindelmühle, janvier-février 1922.

49. Spindelmühle, quartier de Friedrichsthal ; à droite, l'hôtel Krone.

50. Extrait du manuscrit du *Château*.

51. Puah Ben-Tovim
et son époux Josef S. Menczel.

52. Ébauche d'une lettre en hébreu de Kafka
à Puah Ben-Tovim.

53. Quartier des villas, Planá nad Lužnicí.

54. Ottla David et sa fille Věra, 1921.

55. Les nièces de Kafka : Gerti, Hanna et Marianne, 1922.

56. Vacanciers de la pension Glückauf, Müritz, 1923. À droite, en jupe rayée, Elli, sœur de Kafka ; à sa droite, Marie Werner, la « demoiselle » de la famille Kafka. L'enfant tout à droite est Gerti, une des filles d'Elli, le cinquième en partant de la droite une autre de ses filles, Hanna.

57. Franz Kafka, 1921.

58. Dora Diamant, vers 1924.

59. La pension Glückauf à Müritz, au bord de la mer Baltique.

60. 13, Grunewaldstrasse, Berlin-Steglitz.

61. Billet de banque allemand de 500 millions de marks, 1923.

62. Un magasin de la Leipziger Strasse, Berlin, 1922 : « Nous ne vendons pas aux étrangers ».

63. Édition princeps d'*Un artiste-jeûneur*, recueil de quatre récits de Kafka, novembre 1924.

64. Sanatorium du Dr Hoffmann, Kierling.

65. Le professeur Markus Hajek,
clinique laryngologique de Vienne ;
probablement 1922.

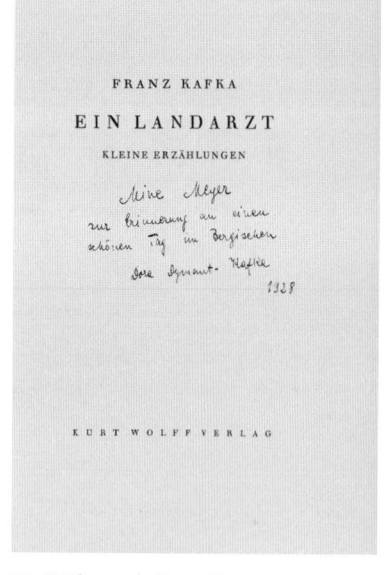

66. Dédicace de Dora Diamant,
qui signe « Dymant-Kafka ».

57. Tombe de Kafka au Nouveau cimetière juif de Žižkov, Prague.

68. Hermann et Julie Kafka,
fin des années 1920.

69. Faire-part de décès de Kafka
en allemand et en tchèque.

FRANZ KAFKA
Gesammelte Werke
in Einzelausgaben

HERAUSGEGEBEN VON MAX BROD

S·FISCHER VERLAG

70. Prospectus promotionnel de la S. Fischer Verlag, 1920. Ce portrait de Kafka,
le dernier que nous connaissions, a probablement été réalisé en septembre 1923
au grand magasin Wertheim, Berlin.

« Quand bien même mes ressources seraient misérables […], je dois, même de mon point de vue, chercher à en tirer le meilleur, et c'est pure sophistique de dire qu'on ne peut en tirer qu'une chose et que cette unique chose est donc forcément la meilleure et que c'est le désespoir. »

Kafka se rappelle à l'ordre : fini de jouer avec l'idée de sa propre déchéance, de son « altérité », de son statut contraint d'observateur. Cela vaut aussi pour ses rapports avec sa famille et les femmes. Maintenant que toutes les luttes sont finies – étant donné la dépendance induite par sa maladie, il ne peut plus être question de combattre –, la seule tâche qui lui reste est de dresser le bilan le plus précis possible, et de chercher comment vivre avec cette conclusion irréfragable. À l'indignité du désespoir, Kafka oppose le calme pathos de la connaissance de soi, et il adopte un ton qui apparaît presque serein, comparé aux soupirs qu'il a toujours poussés face aux empêchements et aux déceptions les plus banals et les plus prévisibles. Non, écrit Kafka dès les premières lignes, « *je n'ai plus besoin de me rendre compte de ces choses aussi pesamment qu'autrefois, à cet égard je ne suis plus aussi oublieux qu'avant, je suis une mémoire vivante, d'où l'insomnie[7]* ».

De fait, les notes régulières de Kafka jusqu'au début de 1922 révèlent non seulement une tendance à l'abstraction, mais une préférence pour les images concentrées, les allusions, voire le cryptage. Rien dans ces pages n'est plus raconté ni cité « *pesamment* », et Kafka ne repasse plus les contours de sa vie comme il avait entrepris de le faire à Zürau : il les éprouve à tâtons, condense des années d'expérience en des phrases brèves et dures qui resteraient indéchiffrables sans leur contexte biographique. « *L'appel de la campagne ?* demande-t-il par exemple. *Ce n'est pas sûr. La campagne fait retentir l'appel, l'appel infini*[8]. » Tel est, ramené à une formule des plus lapidaires, l'enseignement de ses parties de campagne avec ses amis et Ottla, de ses innombrables discussions sur la *Lebensreform*, de ses incursions dans le jardinage, de ses mois à Zürau, Schelesen, Matliary. Et cet enseignement est que la vie à la campagne, loin d'être un but en soi ou une garantie du bonheur, n'est elle-même qu'un signe.

D'autres passages sont tellement cryptés à force de codes et d'allusions que le lecteur se trouve comme face à une porte close – et ne peut qu'espérer qu'un hasard quelconque lui livrera la clef. À la date du 18 janvier, peu après le jour noir de l'« *effondrement* », on lit ainsi : « *Tout cela un peu calmé, mais survenue du s. Délivrance ou aggravation, comme on veut.* » Une entrée plus loin : « *le s. me presse, me tourmente jour et nuit, il faudrait pour le satisfaire que je surmonte la crainte et la honte et sans doute aussi le chagrin* ». Le lendemain : « *Rien de mal ; as-tu franchi le seuil, tout est bien. Un autre monde, et tu n'as pas à parler.* » Et le jour suivant : « *Empoigné par le col, traîné par les rues, jeté contre la porte. Schématiquement c'est ainsi, en réalité il y a une force contraire, d'un rien – rien qui prolonge la vie et le tourment – moins furieuse que l'autre. Moi victime des deux.* » Phrases qui ne sont à l'évidence *pas* destinées à être lues, et dont on ne pourrait que pressentir le sens et les rapports mutuels si l'on n'avait par chance un indice extérieur : une brève note de Max Brod, qui se dit « *profondément ébranlé* » après une visite à son ami. Kafka lui avait confié être allé au bordel sans y trouver en rien le soulagement espéré. « *Tourment des organes sexuels* », note Brod de façon éloquente. *S. comme sexe*, donc. Mot que Kafka ne pouvait certes noter tel quel, par crainte de la curiosité de sa famille[9]. Mais la froideur glaciale de cette expérience se transmit au monde du *Château* : huit jours seulement après cette visite (sans doute la dernière) à une prostituée, Kafka prend une chambre à Spindelmühle et se met à écrire. Dans son roman, la sexualité représentera la forme la plus profonde d'aliénation entre les individus, l'espérance vaine du salut par autrui. Et c'est ce souvenir encore très récent, très humiliant, qui force Kafka à renoncer au « je » fictif et à déléguer cette expérience au « il » d'un arpenteur.

La conscience de devoir *faire son deuil* est à coup sûr une des motivations les plus puissantes qui aient conduit Kafka à s'essayer une troisième fois au genre du roman – on s'en douterait même sans connaître les origines de ce travail. Et le poste le plus important de ce bilan en souffrance s'appelait Milena. Car l'amour de cette femme avait sans doute représenté une chance ultime, cruciale ; même ses amis le pensaient, eux qui cherchaient pourtant toujours à le préserver de ses verdicts trop définitifs ; Albert Ehrenstein était allé jusqu'à dire que, par le biais de Milena, c'était la vie elle-même qui lui tendait la main, et que Kafka devait choisir « *entre la vie et la mort* ». Si l'on prenait cette formule au pied de la lettre – et Kafka quant à lui la jugeait « *vraie pour l'essentiel*[10] » –, son choix était clairement allé *à l'encontre* de la vie. Mais dans quel but ? Pour être *quoi*, pour aller *où* ? Ce fut l'une des questions qui l'occupèrent le plus au cours de cet hiver. Il s'aperçut que ce refus presque incompréhensible, absurde en apparence, n'était pas le premier, et que ce n'était pas faute de « chances » ni d'« occasions » qu'il se tenait à l'écart de la vie. Mais alors quoi ? S'était-il méfié de ces chances ? N'avaient-elles pas suffi, étaient-elles trop coûteuses ? Était-ce faute de la *bonne* occasion ? Ou avait-il attendu quelque chose d'indicible qui s'offrirait un jour à lui par-delà toutes ces opportunités ? Dans son journal, Kafka précise ces questions, il les affine ; dans *Le Château*, en revanche, il essaie de traduire la logique des événements, la logique de sa propre existence dans une langue saturée par les images pour enfin la dévoiler vraiment.

Un roman autobiographique, donc ? Certes, mais en un sens détourné, bien plus tortueux que ne portent à le croire les recoupements en apparence si clairs entre la fiction et la réalité. On trouve de tels recoupements *de détail** en quantité presque infinie ; la densité des références patentes et plus encore secrètes est proprement énorme et surpasse même celle du *Procès*. Au milieu des années 1970, Hartmut Binder eut besoin de presque cent pages pour replacer certains passages du *Château* dans leur contexte biographique, preuves à l'appui[11], et un commentaire du même genre dans l'état actuel des sources serait sans doute encore plus conséquent : choses vécues, lues, entendues, jeux sur les mots et sur les noms, souvenirs de plusieurs décennies, impressions de la dernière heure – sans oublier les autocitations, les connexions souterraines avec d'autres œuvres.

Ces recoupements ne sont toutefois jamais simples, et l'idée que Kafka, en écrivant, se promènerait dans une sorte d'entrepôt psychique et choisirait les éléments les plus remarquables et les plus commodes pour meubler l'univers parallèle de son roman, cette idée méconnaît entièrement la nature de la création littéraire. Sans doute, ce pont où l'arpenteur marque un arrêt au tout début du texte – ce doit être le pont que Kafka passa lui-même un ou deux jours avant d'écrire ces phrases, le pont qui franchit l'Elbe et qui mène à l'hôtel Krone, dans le quartier de Friedrichsthal. Sauf que ce pont était en pierre, alors que celui du *Château* est en bois. Pourquoi donc? Peut-être parce que Kafka se rappela un autre pont, celui qui se trouvait à l'entrée de Zürau et qui, lui, était effectivement en bois. Il est possible que l'impression de 1922 ait réveillé un souvenir de 1917. Mais possible également que Kafka ait d'emblée vu un signe dans le petit pont de Zürau – signe qu'il abordait à *un autre rivage* – et que celui de Spindelmühle lui ait paru remarquable pour cette seule raison. Possible, enfin, que ce signe n'en soit devenu un que par la *répétition*, et que le souvenir, inversement, ait « animé » le présent et l'ait rendu lisible.

Le cas du village proprement dit n'est pas plus simple. Kafka ne s'était pas attendu à trouver à Spindelmühle un froid aussi coupant et une telle masse de neige; il craignit aussitôt d'attraper une pneumonie et eut peine à comprendre que le Dr Hermann, après lui avoir interdit le climat prétendument trop rude du col du Semmering (une idée de Werfel), ait pu l'amener dans un endroit pareil : « neuf mois d'hiver et trois mois de froid », disait une plaisanterie locale, à peine exagérée. Ces paysages firent une forte impression à Kafka, il les trouva plus beaux et plus variés que ceux des Hautes Tatras. Mais peu après son arrivée, il apprit à ses dépens comme il était pénible de se déplacer dans cette région : glissant sans cesse dans la neige, il n'arriva même pas à rejoindre la source du Weisswassergrund, à moins de deux kilomètres, et dut faire demi-tour sur ce chemin désert à la tombée de la nuit. « *Chemin absurde dénué de but terrestre* », écrivit-il dans son journal : signe qu'il établit tout de suite un lien entre cet épisode et son roman. Un peu plus tard, l'arpenteur K. restera bloqué à son tour dans la neige à sa première et unique tentative de trouver les portes du château par ses propres moyens, et ce désert de neige infranchissable deviendra lui aussi un élément central du texte. Kafka se procura une lecture idoine – le récit d'une expédition dans l'Arctique – et détourna même les commentaires des touristes sur la météo : dans le village, fait-on savoir à l'arpenteur, l'hiver est très long et monotone, le printemps et l'été ne durent « *pas beaucoup plus de deux jours* » – du moins est-ce ainsi qu'on s'en souvient –, et il neige parfois l'été[12]...

Nul doute : le monde du *Château* ne serait guère concevable sans l'expérience concrète de l'hiver dans les monts des Géants, expérience que Kafka exploita aussitôt. Mais le village où échoue l'arpenteur n'est *pas* Spindelmühle. Car cette localité se trouvait au beau milieu d'une région ouverte au tourisme depuis des décennies ; Spindelmühle (devenu Spindlermühle/Špindlerův Mlýn en 1923) était un lieu de cure qui faisait sa réclame dans nombre de quotidiens, et les sports d'hiver y étaient en plein essor, comme dans les Hautes Tatras. On y trouvait des pistes aménagées (Kafka lui-même chaussa des skis, encore appelés « patins à neige », avant de renoncer aussitôt), plusieurs tremplins de saut à ski (spectacle qu'il observa médusé) et, attraction notable, un « tire-luges » électrique qui permettait aux visiteurs les moins vigoureux de dévaler les pentes pendant des heures, ce dont Kafka profita amplement. Les hôtels et auberges représentaient un sixième des constructions, la plupart des habitants louaient des chambres et, politiquement, le village était dominé par le « Parti pour la promotion du tourisme » du Dr Wilhelm Pick, un Juif qui exerçait les fonctions de médecin, de propriétaire d'hôtel et de maire.

Tout autre le village anonyme installé au pied du château. Le sport y est inconnu, les luges servent tout au plus de moyen de transport, et les skis, pas du tout. Deux gîtes sont évoqués : l'Auberge du Pont, dépourvue de chambre digne de ce nom ; et, soi-disant plus distinguée, en fait tout aussi insalubre, l'Auberge des Messieurs, qui réserve les siennes aux fonctionnaires du château. Pas d'autre lieu de sociabilité, on n'en a pas besoin. Car les étrangers sont rares, et nul ne songe à faire affaire avec les voyageurs. Personne ne se sent tenu à l'hospitalité, comme des villageois l'expliquent sans détour à K. avant de le jeter hors de chez eux, car « *nous n'avons pas besoin de visiteurs* » – phrase qui aurait été blasphématoire dans le vrai Spindelmühle. Les habitants n'ont pas l'air de connaître le monde extérieur, et même le courrier et le téléphone servent uniquement aux échanges avec le château. Le sentiment de *fermeture**, l'exiguïté de ce monde en quelque sorte claquemuré finit par s'imposer à tel point au lecteur que les rares mentions d'autres lieux lui évoquent des scories oubliées par l'auteur[13]. Et le château ? Il n'existe que dans le roman, pas à Spindelmühle. Kafka avait donc apporté cette idée avec lui, c'était l'une des visions les plus prégnantes de son existence. Depuis près de quarante ans, le château de Prague s'imposait à ses regards ; Kafka élevait les yeux vers lui, vivait dans son ombre, comme tout le monde ; et parfois, ses longues rangées de fenêtres impassibles miroitaient au soleil : « *ç'avait quelque chose d'insensé* », lit-on dans le roman[14].

Les personnages eux-mêmes procèdent d'un jeu à peine moins intriqué entre vécu, souvenir et imagination. Quand Milena Pollak lut *Le Château* à la fin des années 1920 – et il est certain qu'elle l'a lu –, elle dut s'apercevoir tout de suite

---

* *Schloss*, qui signifie « château », désigne aussi un verrou, et renvoie plus généralement à cette idée d'enfermement, de fermeture (*Ge*schloss*enheit*).

qu'elle figurait dans ce roman. À lui seul, le clin d'œil que s'était permis Kafka en nommant « Auberge des Messieurs » (*Herrenhof*) l'annexe villageoise du château, autrement dit le lieu central de l'intrigue, invitait Milena à chercher dans le texte des allusions biographiques et des messages cachés. Car le Café Herrenhof de Vienne avait été son repaire, et plus encore celui de son mari. Dans l'auberge du roman, c'est la serveuse Frieda qui, d'abord sous l'emprise du puissant fonctionnaire Klamm, devient pour quelques jours la fiancée de l'arpenteur. *Frieda*, *Milena* : ces noms se ressemblent étrangement. Mais alors pourquoi nous décrit-on Frieda comme une femme sans beauté et même peu attirante ? Et Klamm, son despote mutique, que K. a le droit de regarder une fois somnoler devant sa bière par le trou de la serrure, a peu de choses en commun avec Ernst Pollak, homme éloquent et dynamique.

Énigme plus obscure encore pour le biographe : la famille de Barnabas, dont on n'apprend jamais le vrai nom mais dont le destin donne lieu à un immense récit enchâssé. Elle compte trois enfants, Barnabas, Olga et Amalia, sur qui se portent tour à tour les espérances de l'arpenteur. Barnabas est jeune, robuste, insouciant et apporte les rares messages envoyés par les bureaux du château, ce qui lui vaut d'être attendu par K. avec une joyeuse excitation – probable que Kafka se soit inspiré de Robert Klopstock. Grande et forte elle aussi, Olga est douce et dévouée à l'arpenteur, mais leur relation est singulièrement dénuée de tension sexuelle : *Olga/Ottla*, c'est la sœur de Kafka, à la fois travailleuse et secourable, telle qu'il l'a connue à Zürau. Sauf qu'Olga sert gratuitement de prostituée aux valets, les inférieurs du château, et bien que cette humiliation consentie ait ses raisons

sociales et même morales, elle brouille le portrait de la
sœur jusqu'à le rendre méconnaissable. Amalia, pour finir :
l'unique personnage à s'élever ouvertement contre le château, une femme qui répond par le mépris aux avances éhon-
tées des fonctionnaires et accepte en retour que le village
les traite en parias, elle, son frère, sa sœur et ses parents.
Nous ignorons si Kafka s'est appuyé sur une personne réelle ;
parmi toutes ses connaissances, on ne trouve aucun modèle
qui ressemblerait, même de loin, à cette figure sévère, taciturne et énigmatique[15]. Peut-être est-elle une pure invention – cas rare chez Kafka –, peut-être l'a-t-il rencontrée en
rêve ; il faut croire en tout cas que lui-même ne la voyait
pas distinctement, car ses cheveux, blonds dans le deuxième
chapitre, deviennent noirs par la suite.

Kafka joue une partie à plusieurs bandes, on peut douter qu'il ait voulu écrire un « roman autobiographique », et
le résultat n'est certes pas un roman à clefs. Mais l'art qui
consiste à faire de chaque personnage le portrait d'un être
réel tout en le maintenant strictement dans son rôle, dans
sa *fonction* – cet art, dans *Le Château*, Kafka l'a appliqué surtout à ses figures de femmes. Et ce pour des raisons qui
renvoient encore à sa vie.

En décembre 1920, Max Brod lui avait raconté sa dernière aventure : dans un hôtel berlinois, il avait rencontré
et presque « possédé » une femme de chambre de 27 ans,
Emilie, surnommée Emmy. Ce n'était pas la première fois
que Kafka entendait ce genre d'histoires, elles se répétaient
régulièrement et, tout juste quelques mois plus tôt, lors d'une
conférence à Brünn, Brod avait entamé une liaison avec une

femme (visiblement mariée) qu'il avait ensuite louée exactement sur le même ton. Pour Brod, ces relations revêtaient chaque fois la plus haute importance, quand bien même elles étaient condamnées dès l'abord. Elles rejetaient tout le reste dans l'ombre ; Brod réglait ses engagements sur de possibles rendez-vous, attendait des nouvelles d'heure en heure, se tourmentait en se demandant s'il devait avouer à sa femme ; et quand la fin venait, inexorable, il se sentait non seulement triste et déçu, mais littéralement vide. Kafka connaissait ce schéma depuis longtemps, Brod l'avait plus d'une fois mis dans la confidence pour lui demander conseil, et ses rapports avec Elsa Brod s'en ressentaient : elle savait certaines choses, mais elle devinait que Kafka en savait beaucoup plus.

Sur ce terrain, l'empathie de Kafka était mise à rude épreuve. Car au fil des années, Brod avait investi ses expériences sexuelles d'une idéologie ; il se croyait incapable, *« malgré tous mes efforts, de prendre entièrement au sérieux tout ce qui n'est pas l'amour »*, et allait jusqu'à prétendre que *« l'intermittence de la divinité »*, *« la flamme de Dieu »*, ne se montrait nulle part plus intense ni plus pure que dans la vie érotique, et en particulier dans le sexe. Kafka savait trop bien d'où Brod sortait de telles idées : c'était l'écho de ses échanges et de ses lectures avec Georg Langer, partisan ardent de l'orthodoxie juive qui, écrivant une *Érotique de la Kabbale*, avait recueilli dans ce but des citations on ne peut plus insolites. *« Trois choses ont en elles quelque chose du monde futur : le soleil, le shabbat et l'acte sexuel »* : c'est ce qu'on lit dans le Talmud, et Brod était tellement ravi de cette suprême légitimation qu'il se risqua à affirmer, dans *Paganisme Christianisme Judaïsme* [*Heidentum Christentum Judentum*], son grand-œuvre consacré à l'histoire des religions, que la découverte du sexe en tant que *« miracle de l'ici-bas* » était de la part du judaïsme un « *haut fait rayon-nant à travers les millénaires* », par lequel il s'élevait loin au-dessus du christianisme et de son hostilité aux sens[16].

Brod était conscient qu'une pareille thèse exigeait des explications et que la tradition juive *mainstream* ne prêtait pas de sens particulier à la jouissance individuelle. Sa superstruc-ture idéologique était branlante, ces élucubrations ne le sau-vaient pas longtemps de ses besoins compulsifs. Pour Brod, l'amour était une drogue ; et face à Kafka, qui se laissait rare-ment duper par des rationalisations, il fut forcé d'admettre que cette dépendance était une « *horrible faiblesse* » : « *Le monde n'a de sens pour moi que par le biais d'une femme. Sans cela, il ne m'intéresse pas, n'est rien qu'ennui, stagnation et obstacle. – Cette disposition orientée vers la femme, entièrement soumise à elle, me maintient depuis un an dans la strate la plus basse de l'existence, à l'état végétatif.* » Ces concepts sont symptomatiques : visible-ment, Brod ne pouvait lui non plus se défaire de la hiérar-chie culturelle « occidentale » qui subordonne le corps à l'esprit, cette échelle de valeurs où la sexualité passe pour une ressource biologique et donc non pour la part divine, mais pour la part animale de l'homme. Toute énergie vitale engagée dans cette « *strate la plus basse* » n'est pas investie mais gâchée – tel était au fond l'avis de Brod, et il lui fal-lait donc toujours certains tours de passe-passe pour conci-lier ses centres d'intérêt intellectuels, la conduite de sa vie et ses désirs sexuels. Ces manœuvres pouvaient prendre les formes les plus cocasses, par exemple le jour où Brod se per-suada qu'une Juive lui tapait dans l'œil parce qu'elle était « *fille de mon peuple* ». Combinaison originale de sexe et de nationalisme juif que même Kafka, qui se sentait lui aussi plus à son aise avec les Juives, ne comprenait pas vraiment.

Si l'aventure berlinoise de Brod présente un intérêt particulier, c'est qu'il ne put pendant longtemps en parler à Kafka que par correspondance (poste restante et sous un nom d'emprunt, bien entendu). Cette liaison avec Emmy Salveter avait en effet commencé juste avant le départ de Kafka pour Matliary. Son évolution est donc documentée dès le début, et Kafka lui porta un intérêt amical jusque dans sa dernière année, où il rencontra d'ailleurs personnellement Emmy. Mais qu'est-ce qu'un pareil conseiller pouvait bien apporter à Brod ? Cela peut sembler étonnant au vu des lourdes angoisses de Kafka, et compte tenu de ses généralisations parfois éthiquement dégradantes sur le compte des femmes, telles qu'on en trouve par exemple dans ses cahiers de Zürau. Or sa correspondance avec Brod offre un bon aperçu de l'intelligence pragmatique dont il savait faire preuve face aux problèmes *des autres*.

Sa première réaction dut surprendre et refroidir Brod. Emmy Salveter n'était *pas* juive, elle était même capable de sorties antisémites parfaitement candides, et, de façon paradoxale, cette franchise inspirait un certain respect à Brod, malgré toutes ses sueurs froides. Or Kafka ne releva pas du tout cette nouvelle dimension de la vie amoureuse de Brod, il adopta tout de suite un autre point de vue et jugea la situation avec des yeux de femme :

« Prends-tu la fille elle-même aussi au sérieux que ta relation avec elle ? [...] Comment se fait-il que tu ne te demandes pas du tout ce que tu représentes pour la fille. Un étranger, un client, un Juif même, un homme parmi les centaines d'autres qui trouvent à leur goût la jolie femme de chambre, un homme qu'on croit capable du sérieux conquérant d'une nuit

(y compris s'il n'a même pas ce sérieux-là), mais que peut-il
y avoir de plus ? Un amour par-delà les frontières ? Une correspondance ? L'attente d'un février légendaire ? C'est cette
abnégation totale que tu réclames ? »

On croirait que Kafka éprouve plus de sympathie pour la
situation de cette jeune femme que pour le désarroi viril de
son ami. Et il n'en démordit pas, même quand il eut reçu une
réplique véhémente : non, ce n'étaient pas des châteaux en
Espagne, répondit Brod, il était bien plus qu'un simple client.
Emmy était très mélomane, elle jouait du violon, elle passait
ses heures libres au concert et son souhait le plus cher était
d'apprendre à chanter et de travailler pour le théâtre. Brod
la soutiendrait dans la mesure du possible, par son argent et
par ses compétences ; il avait déjà reçu (poste restante) « *deux
très belles lettres* » d'elle, et ils avaient déjà fixé leur prochain
rendez-vous à Berlin. Ah bon, répondit Kafka, faussement
conciliant… Dans ce cas, il avait honte de ses objections.
« *Malgré tout, mon sentiment ne change pas sur le fond, sauf qu'il
n'est plus aussi bêtement simple à prouver*[17]. »

Quand ce sentiment se vérifia, Kafka se garda bien de
triompher. En somme, Brod avait réussi tout ce qui était
humainement possible dans son rapport aux femmes ; il
n'éprouvait aucune angoisse, il avait contracté un mariage
bourgeois ; son seul problème, maintenant, était qu'il voulait
l'impossible. Et ce n'était pas un reproche, ne cessa d'assurer Kafka – comment aurait-il osé, lui qui avait échoué si
misérablement à atteindre le possible ? Or une admiration à
ce point équivoque – plus tard, Kafka avoua même en être
« *venu à surestimer* » son ami[18] – n'avait rien pour satisfaire
Brod ; il lui sembla que Kafka était victime de sa propre

idéologie, de son propre pessimisme, et qu'il le projetait sur les autres.

Erreur, comme le montra la suite. Sans doute, le jugement de Kafka sur les femmes était de plus en plus sous-tendu par sa peur, de plus en plus sévère et aussi de plus en plus « idéologique » au fil des ans; celles qui surgissaient dans son existence lui apparaissaient surtout comme des archétypes : la femme comme perturbation, comme tentatrice, comme représentante de la vie, comme ange rédempteur. Mais cette typologie ne l'empêchait en rien de se mettre concrètement dans la peau d'une femme et de se faire une idée très réaliste de ses marges de manœuvre sociale et psychique. Les femmes en question appréciaient ce talent à sa juste valeur – il n'était ni flatteur ni condescendant –, et même Milena, pourtant très sensible aux critiques, se sentait mieux comprise par Kafka que par son mari. En outre, l'éros pédagogique dont il faisait preuve envers les femmes plus jeunes lui valait souvent des témoignages d'affection, d'amitié, parfois même d'amour; et curieusement, Emmy Salveter, qui était catholique, finit même par l'inclure dans sa prière du soir après qu'elle eut reçu de lui quelques lignes empreintes de sollicitude.

Kafka avait compris d'emblée ce qui les attendait, elle et Max. Il savait d'expérience à quoi ressemblait une relation à distance soumise aux aléas de la poste et des chemins de fer entre Prague et Berlin. À l'époque, Felice et lui avaient eu des raisons d'espérer que cette situation pénible prendrait fin un jour. Mais Brod, lui, s'attendait à ce qu'Emmy patiente fidèlement pendant des mois sans la moindre perspective de vie commune. N'ayant aucune envie de divorcer, il mit des années à avouer cette liaison à sa femme, et les situations grotesques qui s'ensuivirent lui apparurent comme des coups du sort, si inévitables qu'elles fussent sur le long terme. À l'automne 1921, il persuada Emmy de le rejoindre au Congrès sioniste de Karlsbad (où il dut représenter Prague au pied levé) mais ne put empêcher Elsa de venir elle aussi. Complètement dépassé, Brod songea beaucoup moins au « travail en Palestine » et à la « renaissance juive » qu'au moyen d'éviter une rencontre entre sa femme et sa maîtresse. Et puis, bien entendu, la belle Emmy avait d'autres admirateurs, dont un étudiant de 21 ans – un adepte de la croix gammée, pour ne rien arranger – que seules leurs six années de différence dut retenir de la demander en mariage. Là encore, Brod fut surpris et blessé. Toutes ces souffrances, lui répéta Kafka à l'automne 1922, témoignaient simplement du fait que Brod demandait l'impossible et qu'il risquait de se « *détruire* ». Au bout du compte, la seule solution possible – que Kafka propose avec le plus grand sérieux tout en la qualifiant d'« *énorme* » – serait que Brod, Elsa et Emmy vivent un ménage à trois, de préférence à Berlin, loin des inévitables commérages de Prague. Certes, les deux amis seraient ainsi séparés. « *Mais s'il y a auprès de toi de la place pour deux femmes, pourquoi n'y aurait-il pas aussi une place pour moi*[19]. »

Pour le lecteur du XXIᵉ siècle, il est toujours sidérant, et parfois amusant, de constater à quel point la littérature de la « modernité classique » reste marquée des conceptions traditionnelles extrêmement frustes de la différence entre les sexes. La femme comme être naturel, comme « créature », l'homme comme représentant de l'esprit et de l'action

– même avant 1914, ce schéma n'avait plus grand-chose à voir avec les réalités sociopsychologiques. Il acheva de se périmer avec la guerre mondiale, qui conféra aux femmes – parfois selon, parfois contre leur volonté – des responsabilités et donc aussi des libertés jusqu'ici réservées aux hommes, tandis que ces derniers – surtout dans leur rôle de père – se révélaient assez impuissants face au destin qu'on leur faisait.

D'un point de vue moral, ces assignations ontologiques étaient floues depuis toujours : elles justifiaient autant le mépris que l'adoration de la femme, et parfois les deux en même temps. Tout dépendait de la valeur éthique qu'on prêtait au concept de *nature*. La nature est inconsciente, anhistorique, chaotique, amorale, un règne qui n'admet ni le savoir ni la logique, mais au mieux l'intuition ; mais elle peut aussi représenter – comme dans la *Lebensreform* – l'utopie d'une existence enracinée qui « délivre » le moi de son conflit avec lui-même. La promesse incarnée par la femme est donc d'une profonde ambiguïté, et la littérature a décliné cette dualité dans des variations infinies : femmes victimes des conventions sociales chez Ibsen et Schnitzler, victimes de leur propre nature chez Wedekind, corruptrices chez Hamsun et Strindberg, coquettes, vamps, femmes-enfants, sœurs évaporées, mères courage… Richesse qui n'est qu'apparente, car le schéma reste toujours le même : quand le personnage est une femme, c'est pour parler de la féminité, tandis que les tragédies « humaines », non genrées, ont de préférence un homme pour héros.

À quoi s'ajoutait tout un chœur de littérature sexologique emmené par *Sexe et Caractère* (1903), brûlot d'Otto Weininger qui définissait « le Féminin » (« *das Weibliche* »,

« W » pour les intimes) comme un principe dissolvant et déniait aux femmes toute capacité réflexive et productivité intellectuelle : « *La femme absolue n'a pas de moi.* » Les rééditions successives que ce pamphlet de 600 pages, tautologique, empreint de ressentiment et largement aveugle aux faits, connut jusque dans les années 1920 – époque où la psychanalyse s'était imposée depuis longtemps – prouvent de façon impressionnante que ces représentations étaient profondément enracinées dans la conscience collective. On prenait Weininger au sérieux, et comme il était radical et, qui plus est, antisémite, il passait pour moderne aux yeux de beaucoup (notamment en province). Le 14 février 1921, lorsque Oskar Baum donna à Prague une conférence sur Weininger et le « déclin de l'érotisme et de l'être juif », la salle Urania fut pleine à déborder, et la *Selbstwehr* publia un compte rendu *in extenso.* Et les innombrables cocottes vives et imprévisibles qu'on rencontre dans l'œuvre de Brod – dont le roman *Franzi ou Un amour de deuxième catégorie* [*Franz oder eine Liebe zweiten Ranges*, 1922], qu'il écrivit sous l'influence d'Emmy Salveter[20] – portent elles aussi nettement le stigmate *W.*

Kafka ne sut pas se soustraire à la toute-puissance de ce mythe culturel du féminin : la crainte qu'il eut sa vie durant de passer l'épreuve de « la femme » s'ancrait autant dans sa névrose individuelle que dans cette conception qui fait des femmes les agents de la vie. Ce sont des tentatrices, mais aussi des *instances* mobiles qui entretiennent un rapport immédiat avec les puissances vitales. On peut leur succomber, mais aussi en appeler à elles. Dans *Le Procès* déjà, Kafka avait eu l'idée décisive de prendre cette double nature *au pied de la lettre* et de la fixer dans des images, comme cela se produit en rêve : de fait, les femmes franchissent sans encombre les portes closes du tribunal; on les harcèle sexuellement mais, en retour, elles sexualisent et féminisent la justice. Dans *Le Château*, Kafka poussa ce motif encore plus loin. Là encore, certaines « puissances » commandent aux femmes, exigent et obtiennent leur soumission. Mais le reflet de ce pouvoir leur confère une dignité mystérieuse qui les rend irrésistibles aux yeux de l'arpenteur, une dignité qui se dévoile moins dans la parole que dans leurs gestes et leurs regards : « *Quand ce regard tomba sur K., il lui sembla que ce regard avait déjà accompli certaines choses qui concernaient K., des choses dont lui-même ignorait encore tout à fait l'existence, mais de l'existence desquelles ce regard le persuadait.* » C'est ce regard sachant qui liera son destin à celui de la pâle Frieda, regard qui toutefois s'éteint dès lors qu'elle perd son accès privilégié à Klamm. Non moins énigmatique est la dignité de la tenancière de l'Auberge du Pont, elle aussi une ancienne maîtresse du fonctionnaire Klamm, conservatrice jusqu'à la mesquinerie et néanmoins figure d'autorité pour K. Elle lui apprend qu'il a eu tort de faire appel au président du village plutôt qu'à sa femme discrète, « *qui s'occupe de tout* », bien qu'elle n'ait pas dit un seul mot en présence de l'arpenteur. Enfin, K. rêve des yeux d'une « *fille du château* », yeux bleus et las qui n'ont daigné se poser sur lui qu'une fois et qu'il est prêt à tout faire pour revoir[21].

On ne peut parler de portraits féminins, quand bien même ces yeux bleus seraient ceux de Milena (ce qui est d'ailleurs probable). S'agit-il donc plutôt de destins paradigmatiques, d'études de cas sociopsychologiques? Cette communauté villageoise serait-elle secrètement une matriarchie? Rien de tel. Les figures féminines de Kafka sont tout entières au service de la fonction qu'elles assument sur l'échiquier romanesque.

Ce sont les représentantes d'un pouvoir et d'un savoir qui ne sont pas acquis socialement, mais *donnés* à toute femme – les spécimens d'un mythe du féminin, donc. Et pourtant, ces femmes n'agissent jamais comme de simples décalques des angoisses et des fantasmes de salut des hommes, mais bien comme des êtres de chair et d'os. Un des mystères les plus insondables du grand-œuvre de Kafka – et, dans l'art du roman, un tour de force qui l'élève au-dessus du *Disparu* et même du *Procès* – est cette façon dont il fait fusionner un mythe personnel et un mythe collectif du féminin tout en ménageant la singularité et la crédibilité de ses personnages, au sein d'un univers entièrement fictif. C'est un tour de force langagier, esthétique. Et il repose sur des aptitudes qui se trouvent très rarement conjuguées avec une force égale : l'imagination symbolique *et* l'empathie psychologique. Kafka était capable d'idéaliser Milena sans oublier un seul instant ses faiblesses, ses hypocrisies et ses limites. Il voyait dans son amie Jarmila, dont le mari s'était suicidé, l'actrice passive d'une tragédie intemporelle – comme si elle avait agi « *en vertu d'un mandat qui n'est pas de nature humaine*[22] » ; et pourtant, il réagit avec tant d'empathie à sa situation qu'elle voulut resserrer leurs liens. Il était capable – exemple moins spectaculaire, mais non moins caractéristique – de défendre les intérêts d'Emmy, cette femme de chambre qu'il ne connaissait que de nom, tout en voyant en elle une épreuve imposée par la vie, une source de perturbation au fond incontrôlable.

Le monde de Kafka est mythique, les patrons lui en sont fournis par des légendes juives et vétérotestamentaires, et il est d'une logique indéniable (même si elle ne s'est pas traduite par des publications) qu'il se soit frotté au canon de l'Antiquité, qu'il l'ait interprété à neuf et intégré à son propre univers sous forme de parodies : ainsi du *Silence des sirènes*, de *Prométhée* ou de *Poséidon*. Mais au sommet de cet édifice mythique trône *Le Château*, et les personnages de ce jeu ne sont pas des figures allégoriques, mais des êtres humains ; on s'identifie à eux, et ils attirent le lecteur très avant dans le mythe. D'autant qu'il y règne une logique inconsciente qui est celle du rêve, une logique qui permet à la langue de Kafka de prendre *par surprise*. Le lecteur y succombe avant même de comprendre. Cet effet, à son tour, soulève de façon irrésistible la question du sens, et Kafka renforce lui-même cette provocation grâce à un arsenal de procédés subtils qu'on peine d'abord à détecter. Lui arrive-t-il de laisser le rideau entrouvert et de nous donner vue sur les coulisses, il se reprend aussitôt, assourdit la lumière[23]. Et cependant lui-même ne parvient pas à se détacher de sa création mythique.

Kafka a toujours refusé de donner une interprétation de ses œuvres. La question est de savoir dans quelle mesure *il l'aurait pu*. Que signifient par exemple ces hiérarchies interminables et indémêlables de fonctionnaires dans *Le Procès* et *Le Château*, que représentent-elles ? Elles sont d'une puissance redoutable, mais elles n'agissent pas. Elles reflètent ce qui se produirait même sans elles ; elles ne se mêlent pas à la vie, ne la régissent pas non plus, l'archivent tout au plus. Qu'on les attaque, qu'on ignore leurs exigences, elles battent aussitôt en retraite. Elles admettent que des étrangers leur volent leurs femmes, sont incapables d'imposer leurs volontés et ne réagissent pas non plus lorsqu'on les remet à leur place, comme le fait Amalia[24]. Quelles sont donc ces étranges puissances ? Où les rencontre-t-on dans la réalité ? Même s'il l'avait voulu, Kafka n'aurait pas pu répondre par une définition ou une équivalence : peut-être notre intériorité, les forces de l'inconscient, la violence de la vie, le monde dissimulé derrière les apparences, le lieu où se noue le destin… Mais toute tentative de cet ordre détruirait cette mystérieuse métaphore, décapiterait en quelque sorte le symbole. Au mieux, Kafka aurait pu signaler que ces scories mythiques peuplent notre pensée, que nous jouons chaque jour avec de tels codes. « Ça se décidera demain », dit-on, ou bien : « Ça se paiera. » Qui est « ça »? Ce sont *eux*.

L'univers du *Château* est occulte, la moindre faille est obturée, et depuis que le manuscrit est accessible avec toutes ses variantes, nous savons que si Kafka fut de moins en moins sûr de la suite de son intrigue, les lois archaïques de ce monde souterrain lui apparurent en toute clarté dès les premières lignes. Il existe néanmoins des portes dérobées. Les lettres que Kafka écrivit avant et pendant la rédaction du *Château*, et plus encore les entrées de son journal, peuvent à bien des égards être lues comme des commentaires. Elles nous montrent que Kafka maniait aussi les composantes du mythe en dehors du roman ; ces éléments mobiles sont déjà là *avant* le travail littéraire, sous forme d'images et de métaphores souvent, de scènes parfois, mais toujours pris dans un incontestable continuum logique et imaginaire. Ces images se prolongent en variations multiples, s'enchaînent les unes aux autres, et avant même que Kafka songe à en faire de la littérature, elles forment un tissu aux mailles serrées qui continue de proliférer et de s'incorporer de nouvelles trouvailles : *un mythe personnel*.

Au centre de cette toile d'araignée se trouve la conviction qu'il existe des *puissances* auxquelles le moindre bonheur doit être arraché. Pour nommer ces puissances, Kafka avait trouvé très vite le terme de « *fantômes* », image d'abord conventionnelle qui se mua peu à peu en une idée dotée de lois propres et de moins en moins soumise au contrôle de la psyché. « *Chacun son lot, tu reçois les invités, moi les fantômes* », avait-il écrit à Felice – et, à ce stade, c'était encore une plaisanterie. Peu après toutefois, il raconta dans le détail comment il les avait attirés au fil des ans, sans cesse plus grands et plus nombreux : « *ils entraient par toutes les portes, enfonçaient celles qui étaient closes, c'étaient de grands fantômes osseux, anonymes dans cette foule, on pouvait se battre avec tel d'entre eux mais pas avec tous ceux qui vous cernaient. Quand on écrivait, ce n'étaient que des bons esprits, quand on n'écrivait pas, c'étaient des diables* ». À Spindelmühle, début février 1922, Kafka a déjà intériorisé cette image à tel point qu'il n'a même plus besoin de les appeler par leur nom et se contente d'une allusion : « *Leur ai échappé* », écrit-il après quelques nuits étonnamment paisibles. « *Imprudent de le dire. C'est les appeler à ressortir des bois, comme si on avait allumé la lampe pour les remettre sur la piste.* » Enfin, à peine deux mois plus tard, les fantômes font l'objet d'une petite leçon de mythologie à l'attention de Milena Pollak : Kafka les hisse au rang de puissances fatidiques capables de saper les fondements de la vie même et de conduire à sa perte toute l'humanité.

« Cette possibilité toute simple d'écrire des lettres a dû – d'un point de vue strictement théorique – introduire dans le monde un affreux délabrement des âmes. Car c'est un commerce avec des fantômes, et pas seulement avec le fantôme du destinataire, mais avec votre propre fantôme, qui se développe sous votre main dans la lettre qu'on écrit ou même dans une suite de lettres, où une lettre durcit l'autre et peut la prendre pour témoin. Comment s'est-on imaginé que des êtres humains pourraient se côtoyer par lettres! On peut penser à quelqu'un qui est loin et on peut toucher quelqu'un qui est près, tout le reste outrepasse les forces humaines. Écrire des lettres, c'est se dénuder devant les fantômes, chose qu'ils attendent avidement. Les baisers qu'on écrit n'arrivent pas à destination, les fantômes les boivent en chemin jusqu'à la dernière goutte. Grâce à cette abondante nourriture, ils se multiplient d'une façon inouïe. L'humanité le sent et lutte, elle a, pour exclure autant que possible ce qu'il y a de fantomatique entre les hommes et parvenir au commerce naturel, à la paix des âmes, inventé le chemin de fer, l'automobile, l'aéroplane, mais il est trop tard, ce sont à l'évidence des inventions que l'on fait en chute libre, le camp adverse est tellement plus calme et fort, il a, après la poste, inventé le télégraphe, le téléphone, la télégraphie sans fil. Les esprits ne mourront pas de faim, mais nous, nous périrons[25]. »

Le camp adverse, dit Kafka. Cette expression suggère que le creuset de mythes qu'est son imagination est déjà passé à un stade supérieur. Sa correspondante ne peut pas le savoir, mais Kafka est en train de décrire ce camp adverse dans un roman. Or, dans le *Château*, ces esprits frappeurs (qui œuvrent de préférence la nuit) ne sont plus une meute chaotique mais les envoyés d'un système, des fonctionnaires sans liberté, assujettis eux-mêmes à une puissance insondable. Car quelque part à l'intérieur du château vit une instance ultime, c'est le château du comte « Westwest », et personne ne lève le petit doigt sans son muet consentement. Il est vrai que cette entité au nom chimérique est évoquée pour la dernière fois à la page 20, avant de disparaître derrière les murs impalpables d'infinies circonlocutions. Et dans ces murs nul ne pénètre, ni en attendant qu'ils deviennent franchissables – comme dans la légende du gardien de la loi –, ni en cherchant le « combat », comme le fait l'arpenteur. Cette instance ultime existe, mais elle demeure lointaine impitoyablement, et la question cruciale de savoir si elle est hostile ou même maléfique reste livrée à la spéculation. Kafka lui-même était indécis sur ce point. Quelques mois avant d'entamer le roman, il écrit :

« La destruction systématique de ma personne au fil des ans est étonnante, ç'a été comme la rupture lente et progressive d'une digue, une entreprise très concertée. L'esprit qui l'a menée à bien doit fêter son triomphe ; pourquoi ne me laisse-t-il pas y prendre part ? Mais peut-être qu'il n'a pas encore terminé son travail et qu'il ne peut par conséquent penser à autre chose. »

Quelques jours plus tard, Kafka trouve une autre interprétation : « *Ce qu'il y a d'étrange, d'indéchiffrable dans le fait de ne pas sombrer, d'être guidé sans un mot*[26]. » Une loi, une instance, une puissance spirituelle qui détruirait méthodiquement l'individu pour ensuite le faire marcher en silence au bord du gouffre ultime serait une puissance sadique. Or Kafka refusa jusqu'au bout d'en venir à cette conclusion. Il trouva l'aporie plus supportable que l'anéantissement de tout espoir.

Reste qu'il employait souvent de telles images, y compris dans ses lettres, et il évoquait ces attaques de fantômes avec la même insistance que des phénomènes bien réels qui auraient eu lieu au grand jour. Kafka ne semblait pas craindre qu'on lui demande s'il croyait « pour de vrai » aux fantômes, et il aurait probablement admis qu'il s'agissait d'une projection de forces internes à sa psyché – après tout, il lui arrivait de parler d'une « *conjuration* intérieure ». Mais aux moments où il devait se défendre contre ces esprits, il lui importait plus de les associer à une image que d'établir leur degré objectif de réalité. Il s'agissait de faits psychiques, d'une influence considérable sur son existence, et il était donc avisé de faire *comme si* ils étaient réels. Dans ses dernières années, Kafka prit de plus en plus garde à ne pas défier « l'autre côté », il pratiquait une forme d'anticipation qui acquit peu à peu les traits d'un rituel superstitieux, et il évitait même d'exprimer une satisfaction légitime par crainte du contrecoup. « *Toujours plus angoissé au moment de mettre par écrit*, nota-t-il en 1923 sur la dernière page conservée de son journal. *C'est compréhensible. Chaque mot, retourné dans la main des esprits – ce tour de main est leur geste caractéristique –, devient un pieu tourné contre celui qui parle. Une remarque comme celle-ci tout particulièrement. Et ainsi de suite à l'infini*[27]. »

Une vie en cellule, en cage, une vie en danger d'asphyxie. Le mythe personnel offre un appui, il propose une théorie qui explique l'histoire et la nature de l'individu, qui leur *donne du sens*, à la lettre. Mais le prix à payer est élevé, toute spontanéité devient presque impossible, le moindre trouble réveille le péril de l'« effondrement ». Kafka se sent de moins en moins capable de s'ouvrir à de nouvelles expériences, si prometteuses soient-elles. Que se passerait-il, par exemple, si Milena arrivait soudain à Spindelmühle pour tenter l'aventure malgré tout ? Elle en serait capable. Et Kafka est contraint d'avouer qu'un miracle amoureux comme celui de Marienbad serait peut-être encore possible – mais moins probable, ajoute-t-il aussitôt, car « *l'idéologie est plus solide, l'expérience plus grande*[28] ».

Kafka paraît avoir perçu à temps le danger que le poids d'une telle « idéologie » ne restreigne bientôt sa vie encore plus que la tuberculose. C'est ainsi qu'on observe un double effort dans son journal, cet hiver-là : tandis que Kafka ébauche d'une main le labyrinthe d'un mythe personnel qui doit lui servir de refuge, il tâtonne de l'autre à la recherche d'une issue de secours. Cette issue cependant ne peut donner sur le dehors, sur la vie (où règne *le camp adverse*), elle ne peut mener qu'à la littérature. Or, ne serait-ce que pour penser une telle échappatoire, Kafka doit adopter une tout autre perspective : s'il se considère en quelque sorte de l'extérieur, c'est-à-dire comme il s'imagine que les autres le voient, ses « tentatives d'écriture » ne sont rien d'autre qu'un des rayons brisés de son cercle vital, et le résultat – peu d'écrits parus, beaucoup d'écrits ratés – ne justifie en aucun cas ses immenses sacrifices psychiques. Mais vue de l'intérieur, par la grille de sa cellule, l'écriture est tout autre chose ; elle est son unique chance de faire ses preuves selon ses propres règles, selon une autre loi, à un autre niveau. Kafka nomme cela un « *assaut contre l'ultime frontière terrestre* », et il n'y a rien de religieux là-dedans, car il ajoute : « *c'est-à-dire assaut par le bas, à partir des hommes, et puisque cela aussi n'est qu'une image, je peux la remplacer par l'image de l'assaut par le haut, jusqu'à moi*[29] ».

Cette image d'une frontière qu'il faudrait enfoncer, et au-delà de laquelle s'ouvrirait un autre monde où des mots tels que « délivrance » ou « chez-soi » reprendraient peut-être un sens – cette image opposée à celle du monde des instances, Kafka l'a développée et étoffée au fil des mois, au point de l'investir à terme d'un espoir utopique. Cette progression s'observe très précisément dans le journal : se demandant d'abord si son malheur ne serait pas tout aussi grand « *sur l'autre rive* », il s'aperçoit bientôt qu'il n'a pas le choix, qu'il est « *expulsé* », « *citoyen de cet autre monde* », qu'il se retourne sur la vie normale comme un « *étranger* » et que, dorénavant, sa « *principale nourriture provient d'autres racines qui plongent dans un autre air* ». Kafka, qui recherche aussitôt une vision suggestive, se figure ce pays à l'air froid et limpide sous la forme d'un *désert* – non parce qu'il le redoute, mais parce que seul le désert, où toutes les traces de la vie sont effacées, permet un renouveau radical. Et tout à coup – instant rare, instant précieux – reluit dans les phrases de Kafka un orgueil fondamental, la dignité de la puissance créatrice qui se passe de justification et trace sa propre voie :

> « Je suis ailleurs, seulement la force d'attraction du monde humain est immense, elle peut faire tout oublier en un instant. Mais la force d'attraction de mon monde est grande elle aussi, ceux qui m'aiment m'aiment parce que je suis "abandonné", […] parce qu'ils sentent que la liberté de mouvement qui me manque entièrement ici, je l'ai à un autre niveau dans des périodes heureuses[30]. »

Jamais Kafka n'a tant défié ses « fantômes » qu'avec ces phrases. Il se croit en droit de les énoncer, parce qu'il a entamé un grand roman : son *opus magnum*, où l'impulsion de l'écriture, la forme et le contenu se confondent une fois pour toutes. L'auteur s'installe dans un désert et décrit l'arrivée d'un homme dans un désert *blanc*. Ce qui se joue dans son roman est un assaut contre la frontière du monde terrestre, comme le travail sur le roman en tant que tel, pour lequel Kafka est prêt à tout remettre en jeu. Les autres – dans la réalité comme dans le roman – sont des témoins étonnés ; ils perçoivent une certaine *démesure*, mais ils éprouvent aussi par-devers eux un respect qu'ils ne comprennent pas. L'arpenteur suscite des espoirs, chez les femmes surtout; c'est comme si on l'avait attendu, comme si lui seul, un étranger, pouvait porter le coup décisif, celui qui rompra le sortilège. Il n'y parviendra jamais, certes. Mais son créateur, peut-être.

Le Procès et *Le Château* : le monde des employés d'une part, celui des paysans de l'autre, et cependant un seul et même univers mythique où ni la profession ni le rang, ni l'instruction ni l'expérience, ni même l'intelligence et la lucidité sociale ne sont d'un réel secours. C'est la même procédure, menée selon les mêmes principes opaques – mais pas au même stade. « *Les mondes du* Procès *et du* Château, remarque Roberto Calasso, *sont parallèles à n'importe quel autre monde, mais non pas entre eux. Ils sont, au contraire, la suite l'un de l'autre*[31]. » Thèse que Kafka accrédite, ne serait-ce que parce que *Le Château* fait seul mention d'un passé. Le procès intenté à Josef K. commence de but en blanc, *ex nihilo*, comme si la lumière se faisait d'un coup sur la scène, et à aucun moment il n'est question d'un processus décisionnel préludant à l'arrestation. En revanche, les complications liées au cas de l'arpenteur ont une préhistoire qu'il est possible de retracer, elle est inscrite dans la mémoire des habitants, et on peut la résumer comme suit.

Un jour, le président du village reçoit du château une annonce étonnante : on va nommer un arpenteur, et il faut préparer tous les plans et registres qui lui seront nécessaires. Un arpenteur? Grand merci, répond le président, mais nous n'en avons pas besoin. Cette réponse cependant ne parvient pas au service auteur de la lettre – nommons-le A –, mais à un service B, et de façon incomplète, sous la forme d'une chemise vide où il est seulement fait mention de la nomination d'un arpenteur. Au bout de plusieurs mois ou années – le village a presque oublié toute l'affaire –, le service B renvoie ce dossier vide pour qu'il soit complété. Incapable de retrouver le décret initial, le président se borne à répéter qu'il n'a pas besoin d'un arpenteur. S'ensuit une abondante correspondance entre lui et le service B, où un fonctionnaire tout particulièrement méfiant et sourcilleux a pris l'affaire en main. Faute de retrouver la source de cette confusion, le service B se voit contraint d'envoyer plusieurs secrétaires au village pour décider s'il y a ou non besoin d'un arpenteur. Au terme de longs débats, le conseil du village se prononce contre. Mais entre-temps, le service de contrôle C a découvert qu'une lettre du service A datant de plusieurs années n'a pas reçu de réponse. Cette lettre est donc renvoyée, et le président répond une nouvelle fois – la troisième – que non, il n'a pas besoin d'un arpenteur. Des années passent encore, jusqu'au jour où un étranger survient dans l'Auberge du Pont et se présente – stupéfaction – comme l'arpenteur nommé par le château[32].

Quelques mois après avoir écrit cet épisode, Kafka reçoit une lettre du centre des finances publiques de Prague-Žižkov en date du 25 septembre 1922, numéro de dossier Rp 38/21, où on l'engage à se présenter à l'administration dans les plus brefs délais pour expliquer à quand remonte la dernière mise de fonds au capital des « Premières usines d'amiante de Prague », dont il est associé. Kafka répond aussitôt qu'il est gravement malade et ne peut se présenter lui-même, mais assure qu'aucun fonds n'a été versé depuis

1914 – date de l'entrée au capital de son beau-frère Paul
Hermann –, que l'entreprise en question a été radiée des
registres de commerce en 1917 et qu'elle n'existe donc plus
depuis cinq ans. Quelques jours passent, puis Kafka reçoit
un autre courrier des impôts : on lui demande ce que veut
dire sa lettre. L'administration n'a jamais entendu parler d'un
dossier Rp 38/21 en date du 25 septembre. Kafka est stupéfait, mais aussi soulagé : il a déjà payé bien assez d'arriérés
pour cette fabrique, il a même dû demander l'échelonne-
ment des paiements et l'annulation de ses dettes, mais le
voilà certainement quitte de cette affaire. Car si personne n'a
gardé trace de la procédure, aucun fonctionnaire n'attend sa
réponse. Erreur. Environ un mois plus tard, le 3 novembre,
le centre des finances publiques de Prague-Žižkov se rappelle à son bon souvenir : « *Vous êtes invité à répondre dans
un délai de huit jours au présent courrier Rp 38/21 en date du
25 septembre 1922. Dans le cas contraire, une plainte sera déposée
auprès de la Direction financière de Prague en vue d'une sanction
correctionnelle.* »

RETRAITÉ ET *ARTISTE-JEÛNEUR*

*Toutes les coquilles d'escargots d'une certaine taille
offrent une bonne caisse de résonance.*
Encyclopédie animalière d'Alfred Brehm

« *Dans mes bureaux, on compte encore comme si ma vie commençait demain, alors que je suis fini*[1]. » Certes, il existe aussi
des bureaux *intérieurs*, non moins opaques que les administra-
trations austro-hongroises, et il leur faut parfois du temps
pour prendre connaissance de la réalité. Mais lorsque Kafka
revint de Spindelmühle au bout de trois semaines – il y
était resté quelques jours de plus sans son médecin –, force
lui fut de constater qu'il y avait d'autres bureaux beaucoup
plus efficaces, à l'Office d'assurances par exemple, et que
ces bureaux, en son absence, avaient bien fait leurs comptes.

Son séjour dans les monts des Géants avait déjà nécessité
une nouvelle prolongation de son congé maladie, et il n'avait
pas eu grand-chose à faire valoir pour la justifier, hormis l'espoir que son état s'améliorerait et qu'il pourrait reprendre
« *progressivement* » le service. Ce n'était pas très convaincant ;
et après le médecin de l'Office, qui avait proposé de mettre
Kafka à la retraite des mois auparavant, les décideurs comprirent que l'heure du choix était venue. Il est probable que
l'Office ait débattu son cas au moment même où Kafka se

penchait sur son nouveau roman. Le directeur n'était toujours pas prêt à renvoyer chez lui à l'âge de 38 ans un de ses fonctionnaires les plus chevronnés. Mais l'avis du Dr Kodym, qui dut être plus franc à l'oral que dans ses rapports écrits, finit par faire son effet. Il fallait s'attendre à ce que Kafka soit hors d'état de travailler pendant plusieurs années, et il se pouvait même que sa tuberculose soit déjà incurable.

À son retour à Prague, le 17 février 1922, Kafka fut donc placé devant un curieux dilemme : l'Office le promouvait secrétaire en chef et lui accordait une augmentation « *exceptionnelle* » qui portait son salaire à quelque 21 000 couronnes tchèques par an (soit une majoration de 11 %), mais faisait dépendre le versement de cette somme de son retour au bureau. Kafka n'eut pas de mal à saisir le message, et le directeur Odstrčil n'avait aucune raison de lui faire des cachotteries : l'objectif n'était pas tant d'augmenter son traitement que de lui garantir une pension acceptable au cas où son état se dégraderait encore – pension qui, au bout d'à peine quatorze ans de service, serait évidemment bien moindre qu'au terme d'une carrière normale. Il est certain que l'avis du directeur fut décisif au moment d'accorder à l'un des rares fonctionnaires allemands (et juifs) encore présents à l'Office cette mesure charitable ; mais d'un autre côté, elle signifiait qu'on ne croyait plus vraiment au retour du Dr Kafka.

L'intelligence de cette décision ne tarda pas à s'avérer. Nous n'avons que de rares indices sur l'état de santé de Kafka au cours des mois suivants – les notes de son journal se réduisent à quelques mots –, mais sa température restait élevée, et il passait parfois des jours entiers au lit. Fin avril, il consulta une nouvelle fois le médecin de l'Office ; il avait

besoin d'un certificat pour faire suivre son congé maladie
de ses cinq semaines de congé réglementaires, comme au
cours des années précédentes. Personne ne fut surpris d'apprendre que Kafka n'était toujours pas apte au travail, et
même le Dr Kodym n'osa plus donner de faux espoirs à quiconque. La maladie, constata-t-il, n'avait pas progressé, mais
« *rien ne laisse supposer que l'état de santé de monsieur le Dr Franz
Kafka s'améliore suffisamment pour qu'il puisse reprendre son travail
à l'Office dans un avenir proche* ». *Dans un avenir proche.* Seul
le médecin traitant de Kafka croyait encore possible qu'il
retourne au bureau moyennant quelques mois de cure systématique ; mais il y avait tout lieu de le soupçonner d'optimisme professionnel, et le pronostic du médecin de l'Office
pesait évidemment plus lourd[2].

En avril au plus tard, lorsqu'il vit ce rapport, Odstrčil dut
se rendre à l'évidence : on ne pouvait pas imposer qu'un
fonctionnaire absent touche un salaire complet pendant
un temps indéfini, si protégé qu'il fût. En pareil cas, il y
avait la « *retraite provisoire* », ou « *retraite partielle* », procédure qui consistait à verser une simple pension sans exclure
une reprise ultérieure du service. Lorsque Kafka se présenta
dans le bureau de son directeur, fin mai[3], il s'avéra que la
question n'était plus de savoir s'il partirait en retraite, mais
à combien s'élèverait sa pension, et qu'il serait bien avisé de
devancer l'Office en exposant lui-même sa funeste situation.
Ce fut chose faite le 7 juin, quatre jours seulement avant la
fin de son congé réglementaire : Kafka demanda qu'on lui
accorde sa retraite provisoire et à ce que sa pension soit cal-
culée sur la base non pas de son salaire d'alors, mais du traitement d'un secrétaire général, qu'on aurait dû lui accorder
à son retour au bureau – sans quoi les versements « *seraient*

très minimes et, compte tenu de la nécessité d'un traitement médical, tout à fait insuffisants[4]. »

Une supplique, donc. C'était humiliant, pas de doute, surtout si l'on songeait qu'il avait menacé de démissionner et demandé des congés sans solde quelques années plus tôt. La tuberculose n'admettait plus de telles tentatives d'évasion, et, pour la première fois de sa vie, Kafka se retrouva financièrement dans une situation précaire qui le contraignit à des calculs à long terme. 2 700 couronnes tchèques : c'étaient les honoraires du Dr Hermann rien que pour le premier semestre de 1922, à quoi s'ajoutaient des séances régulières de radiothérapie et les médicaments. Kafka pouvait s'attendre à ce que la maladie engloutisse bien plus de la moitié de sa pension, au mieux ; dans ces conditions, des séjours en sanatoriums devenaient impensables. Et les réserves dans lesquelles il aurait pu piocher étaient presque épuisées. À en juger par quelques notes prises par Kafka pour sa déclaration d'impôts de 1920, il détenait alors un livret d'épargne qui lui rapportait chaque année un demi-mois de salaire environ, quelques actions des chemins de fer autrichiens et tchèques au rendement encore nul, et des emprunts de guerre austro-hongrois que la République tchécoslovaque n'honorait pas, bien entendu, et qui pourraient au mieux (à partir de 1921) être échangés contre des obligations d'État. Sachant que Kafka dut payer des arriérés d'impôts considérables pour sa maudite fabrique d'amiante, il se peut fort qu'il ait vendu ces valeurs avant même 1922. Ainsi le menaçait ce qu'il cherchait à éviter coûte que coûte depuis des années : une dépendance à la fortune de ses parents. Il fut donc moyennement consolé d'apprendre, le 1er juillet, qu'une pension assez généreuse lui était accordée en même temps que sa retraite provisoire : 10 608 couronnes tchèques par an, plus 1 920 couronnes tchèques de prime d'inflation, soit environ 60 % des revenus. Kafka savait qu'il aurait à s'en contenter, probablement jusqu'à la fin⁵.

Il était devenu plus renfermé au cours des derniers mois, moins fiable aussi, et Robert Klopstock fut le premier à le sentir. L'étudiant en médecine, qui se trouvait encore dans les Hautes Tatras, ne connaissait Kafka que comme camarade de cure, loin de ses obligations quotidiennes. Leurs relations avaient été chaleureuses, Kafka s'était confié à Klopstock et révélé un conseiller attentif – y compris envers d'autres curistes. Sa sollicitude était étonnante : des mois après son départ de Matliary, il avait couru d'administration en administration pour alléger le sort de Klopstock et lui permettre de s'installer à Prague. Mais d'un autre côté, il était loin d'écrire aussi souvent et longuement que l'avait espéré Klopstock, avide d'échanges ; et quand il s'agissait de ses propres soucis – notamment de sa santé –, il fallait littéralement lui soutirer la moindre information. À Spindelmühle, Kafka lui envoya une seule carte, et lorsqu'il trouva un nouveau télégramme pressant de Klopstock à son retour à Prague, il se raidit et demanda à sa mère de répondre.

Klopstock ne comprit pas, il fut déçu, et, pour empêcher qu'une distance ne s'installe entre eux, il se mit à courtiser Kafka encore plus assidûment, tout en lui faisant des reproches. Ç'avait été si différent à Matliary, se plaignait-il. Pas du tout, rétorqua Kafka, cet « *ectoplasme* » idéal que Klopstock faisait de lui n'existait que dans leurs lettres. « *Vous constaterez sans aucune tristesse qu'il n'existe pas et qu'il n'y a là qu'un être à peine supportable, enterré en lui-même, enfermé en lui-même avec une clef étrangère, mais qui a des yeux pour voir et qui se réjouira beaucoup de chaque pas que vous ferez vers l'avant et de votre grande confrontation avec le monde qui affluera vers vous[6].* » Ces généralités n'aidaient pas beaucoup Klopstock, et lorsqu'il vint enfin à Prague pour reprendre ses études à l'Université allemande, en avril 1922, ses craintes furent confirmées : Kafka était certes secourable comme toujours, il avait préparé son arrivée autant que possible, il l'hébergea temporairement et lui obtint même un petit travail dans le laboratoire du Dr Hermann – mais il ne tenait pas à le voir tous les jours[7].

Klopstock devait apprendre ce que Brod avait intégré tant bien que mal au fil de deux décennies : une amitié avec Kafka n'était possible que si l'on respectait son besoin de solitude à tout moment, sans condition, surtout quand ce repli sur soi semblait totalement intempestif et arbitraire. Il lui fallut un moment pour comprendre que cette règle était loin de s'appliquer à lui seul. Un jour que Kafka remit impitoyablement leur rendez-vous au lendemain, Klopstock réagit comme un amoureux éconduit en envoyant une lettre chagrine qui dut aussi contenir quelques accusations. Visiblement, il pensait que Kafka, qui avait retrouvé à Prague son statut d'écrivain et de secrétaire de l'Office, le maintenait à distance parce qu'il n'avait plus besoin de lui et ne le considérait pas comme un « *égal* ». C'était si loin de la vérité que Kafka se sentit obligé de répondre par écrit : « *L'"inégalité", comme vous dites, consiste en ceci que nous autres, rats désespérés qui entendons le pas du maître, nous dispersons dans différentes directions, par ex. auprès des femmes, vous chez je ne sais qui, moi dans la littérature, mais tout cela en vain, nous y veillons nous-mêmes par le choix de l'asile, le choix de telle ou telle femme, etc. La voilà, l'inégalité[8].* »

On avait connu plus aimable. C'est que Klopstock, par sa conduite – et par les sous-entendus de sa lettre – avait éveillé chez Kafka un dangereux soupçon : était-ce exclusivement pour lui qu'il était venu à Prague ? S'il ne pouvait reprendre ses études à Budapest, il y avait à cela des raisons dont ils avaient longuement parlé à Matliary : l'antisémitisme était devenu intolérable, toutes les facultés hongroises restreignaient leur accès aux Juifs – une première en Europe – et Klopstock en venait à craindre pour sa vie quand il s'imaginait bloqué en Hongrie sans passeport. Il constaterait bientôt que l'Université allemande de Prague ne le mettait pas à l'abri des agressions antisémites : pendant l'été et l'automne 1922, des étudiants nationalistes allemands se révoltèrent, refusant de recevoir leur diplôme des mains d'un recteur juif. Mais qu'un Juif puisse seulement être *élu* et ensuite placé sous protection rapprochée par le gouvernement, cela était déjà impensable en Hongrie[9]. Et Klopstock fut grandement soulagé de se retrouver en compagnie de plus d'un millier d'autres étudiants magyarophones – des Hongrois devenus citoyens tchèques après le nouveau tracé des frontières, et des Juifs hongrois exclus des facultés de Budapest.

Oui, Prague avait beaucoup d'attraits. Mais que la présence de Kafka puisse être un critère décisif ou même le seul critère dans les choix de Klopstock, voilà une chose dont il n'avait jamais été question à Matliary. C'était contre leur arrangement, lui fit rudement savoir Kafka – avant d'avouer qu'il ne pouvait plus assumer une telle responsabilité envers quiconque. Trop grande était sa peur,

« peur pour l'instant – je ne parle pas du tout de l'avenir – d'un lien indéfectible, pourvu clairement, ouvertement (j'excepte les accords tacites) de tous les sacrements de l'indéfectibilité, et qui se planterait fièrement face au ciel. Un tel lien m'est impossible avec les hommes autant qu'avec les femmes. À quoi bon demander de si grands choses quand on est vagabond, quand on est mendiant. On trouve à chaque minute des occasions d'outrecuidance inévitables qu'on exploite avec ravissement, pourquoi aller en chercher d'autres. Et puis la perte n'est peut-être pas si grande qu'elle le semble parfois ; si l'on ressent quelque chose comme une communauté de chemin, c'est bien assez de lien, laissons le reste aux étoiles[10]. »

C'était clair. Et même si Klopstock n'était sans doute pas l'homme des « *accords tacites* », il aura fini par comprendre que la limite indiquée par Kafka demandait à être respectée, mais qu'elle était aussi poreuse à certaines conditions. Cette frontière était pour ainsi dire tracée sous le regard des « fantômes », du « camp adverse », que Kafka ne voulait pas tenter en attendant le bonheur de façon ostensible. Mais à l'abri de l'instant, dans l'échange spontané, il restait assez de place pour braver « le ciel ».

Ce qui dut à coup sûr réconforter Klopstock, c'est que la « *communauté de chemin* » proposée par Kafka n'était en rien une formule creuse. Ils avaient *bel et bien* des intérêts communs, et Klopstock n'était pas cantonné au rôle du disciple et de l'admirateur. Il avait encore des relations avec les intellectuels de Budapest, connaissait en personne certains auteurs de l'importante revue *Nyugat* (« L'Ouest ») et permit ainsi à Kafka de découvrir la littérature hongroise moderne, alors en plein éveil, et en particulier l'œuvre du grand poète Endre Ady, qu'il lut en traduction allemande – un cadeau de Klopstock. Et celui-ci n'était pas seulement grand lecteur, il s'essayait lui-même à des traductions du hongrois que Kafka relisait et annotait. Les compétences linguistiques de Klopstock durent d'ailleurs très vite le convaincre, car il lui confia la traduction de ses propres œuvres dès l'automne 1922. Il avait découvert que des éditions du *Verdict* et de *La Métamorphose* avaient paru sans son autorisation à Kaschau, en Hongrie, et il demanda à la Kurt Wolff Verlag (à qui ces publications avaient visiblement échappé) de réserver dorénavant les droits à Robert Klopstock. L'éditeur ne répondant pas, il réitéra cette demande au début de 1923, cette fois avec succès. À ce stade, semble-t-il, Klopstock projetait non seulement de faire publier des textes de Kafka dans *Nyugat*, mais aussi (étrange parallèle avec Milena Pollak) une sélection d'œuvres dans un livre à part. Ce projet échoua. Mais Klopstock le prenait au sérieux et l'avait déjà entamé, comme le prouvent les traductions qui parurent en 1925 dans le *Prágai Magyar Hírlap* (« Journal hongrois de Prague ») : *À la galerie, Regard distrait par la fenêtre, Les Arbres* et *Un fratricide*[11].

Mais tout cela n'était pas assez pour Klopstock, car on ne pouvait encore parler d'une amitié littéraire comme celle dont jouissait Max Brod, où l'un avait accès au travail de l'autre. Il arriva certes à Kafka de dire qu'il s'était relancé dans l'écriture après des années de silence, mais ces aveux ne lui servaient qu'à excuser ses absences : l'écriture, expliqua-t-il, était pour lui « *ce qu'il y a de plus important sur terre, comme sa folie pour un fou [...] ou sa grossesse pour une femme*[12] ». Il n'ouvrit pas son atelier d'écrivain à Klopstock, et rien n'indique qu'il lui ait jamais lu d'extrait de son nouveau roman. Ce privilège resta réservé à ses plus vieux amis, et en particulier à Brod, qui eut même le droit d'emporter un des cahiers du *Château* et, comme toujours, d'exhorter Kafka à poursuivre. Même Brod cependant dut être frappé d'apprendre que Kafka, pourtant en proie à une fièvre continuelle, ne se bornait pas à travailler intensément à ce qui était déjà sa plus grande œuvre – seize chapitres en seulement quatre mois –, mais qu'il trouvait le temps de se consacrer à quelques à-côtés.

Dans un des petits cahiers que Kafka, pendant la guerre, avait montés chaque soir au Hradschin et noircis dans la bicoque d'Ottla, se trouve un long fragment qui semble tout droit sorti d'un monde littéraire exotique. *Pendant la construction de la muraille de Chine*, tel est le titre que lui donna Kafka : texte qui se meut entre récit, légende, réflexion politique et mémoires fictifs, sans qu'on comprenne tout à fait où le narrateur veut en venir. Il semble surtout s'intéresser à la fonction de l'empereur, symbole omniprésent qui assure la cohésion du gigantesque peuple chinois – malgré l'absence de communication directe entre le haut et le bas, ou son dysfonctionnement lorsque, par exception, « ceux d'en haut » la recherchent. Au cœur du texte se niche une parabole qui illustre cette idée et que Kafka fit ensuite publier à part sous le titre *Une missive impériale* : nouvelle variation de sa plus importante métaphore, cette hiérarchie d'instances qui s'interpose comme un obstacle infranchissable entre l'homme et sa vocation. Kafka fait ici étape sur le chemin qui le conduit du *Procès* au *Château*, et il comprend que cette métaphore possède une autre facette sombre : la porte ne reste pas seulement close parce que le gardien refuse de l'ouvrir, elle reste fermée – et c'est plus grave – parce que *l'autre côté* non plus n'a pas la clef.

Pendant la construction de la muraille de Chine commence toutefois par un détour narratif; il n'y est pas tout de suite question de l'empereur, mais d'abord de ce grand rempart dont le chantier s'étale sur des générations et dont le statut supra-temporel exige, nous dit-on, une technique de construction spéciale : la muraille n'est pas bâtie d'un seul tenant, mais par sections de quelques centaines de mètres isolées et éloignées les unes des autres. Entre elles demeurent des lacunes qui sont progressivement comblées, mais dont le nombre et l'étendue restent inconnus des ouvriers et même des chefs de chantiers locaux. Personne, hormis l'« autorité » suprême, ne peut donc dire avec certitude où en est le chantier, et il n'est même pas dit que la muraille sera sans faille à la fin des travaux. On l'imagine inachevée à jamais, fragment composé de fragments.

Tout cela rappelle invinciblement le processus créatif de Kafka, les innombrables bribes et éclats de textes dont il remplissait ses cahiers. *Le Procès* n'a-t-il pas vu le jour exactement de cette manière? Kafka écrit le premier et le dernier chapitre, puis il s'efforce de combler cette « lacune » non pas de façon linéaire, comme quand on construit un pont, mais par des chapitres lâchement reliés les uns aux autres entre lesquels semblent se jouer des événements que l'auteur passe sous un silence et racontera éventuellement plus tard. Et il y a plus : ce chantier du *Procès*, Kafka s'en détourne régulièrement pour travailler à d'autres ouvrages, situés un peu plus loin mais toujours à portée de regard et clairement liés au premier; ainsi naissent les annexes que sont la *Colonie pénitentiaire*, *L'Instituteur du village* et le *Chemin de fer de Kalda*. Et si l'on recule encore d'un pas, on voit s'esquisser une vaste œuvre-vie, une superstructure constituée

de fragments et plus encore de trous, qu'on nomme le
« monde » ou l'« univers » de Kafka.

Ce monde imaginaire semble fermé, autoréférencé, parfois
d'une façon oppressante. Sa structure est celle du mythe :
de là, chez les lecteurs, cette étrange impression qu'on y a
accès ou pas, et que cet accès ne peut s'obtenir par la seule
interprétation. D'un autre côté, ce monde est divers, étendu :
Kafka ne pouvait qu'échouer à le faire tenir dans une seule
œuvre, même si quelques indices suggèrent qu'il s'est cram-
ponné jusqu'au bout à cette utopie de la création littéraire.
Ce qui s'oppose à cette utopie est surtout un problème technique : tout texte qui raconte quelque chose repose sur une
intrigue, sur des personnages et des lieux, et ce socle ne
supporte qu'une certaine charge et ne peut, même après
coup, être agrandi à volonté. Aucune œuvre ne peut *tout*
porter. Kafka aurait par exemple ruiné à coup sûr la mystérieuse structure de parabole ou d'allégorie du *Château* s'il
avait expressément présenté son héros comme un Juif ou
un écrivain, même si son combat acharné pour trouver sa
place au village et au château dissimule sans aucun doute
cette double expérience de la relégation : l'isolement du Juif
de l'Ouest qui, coupé de sa propre tradition, se voit aussi
dénier les droits de l'invité (« *nous n'avons pas besoin de visiteurs* »), et la mise en retrait volontaire de l'auteur, qui s'exile
de la vie normale et vise quelque chose de « plus haut » à
n'importe quel prix, en sacrifiant s'il le faut sa famille, ses
amis et ses amours. Mais comme ces deux thèmes tarau-
daient de nouveau Kafka – surtout depuis qu'était actée la
fin de sa carrière professionnelle et en quelque sorte bourgeoise –, il opta pour une solution qu'il avait déjà éprouvée plusieurs fois : à côté de son roman, il entama d'autres

chantiers, de nouveaux segments de la grande muraille, segments non reliés entre eux mais tous situés *sur la même ligne*.

Première peine est le titre d'un récit miniature pour lequel
il interrompit son roman dès le mois de mars – le portrait
d'un artiste de cirque puéril et dépendant de son imprésario pour qui l'art se substitue entièrement à la vie : il évite
de toucher terre, vit heureux sur son trapèze, et la première
et unique peine que lui cause son métier provient de son
soudain désir de travailler avec *deux* trapèzes. Kafka envoya
une copie manuscrite du texte à Hans Mardersteig, le rédacteur de *Genius*, revue de littérature pour bibliophiles qui
paraissait deux fois par an à la Kurt Wolff Verlag[13]. Avec
chaleur et insistance, Mardersteig lui avait déjà plusieurs
fois demandé une contribution, il s'était même dit prêt à
faire paraître un fragment, qu'importe sa longueur, chose
que Kafka ne pouvait bien sûr accepter. Or celui-ci fut très
embarrassé lorsque, à ce cadeau d'adieu – la revue allait
publier son dernier numéro –, ce ne fut pas Mardersteig
mais Wolff qui répondit, Wolff auquel il devait une réponse
depuis des mois. Prit-il sur lui de remercier son éditeur par
quelques phrases sans conséquence, nous l'ignorons ; mais la
perspective d'être à nouveau relancé régulièrement à cause
de ce petit envoi à *Genius* ne fut pas pour plaire à Kafka. Il
aurait été heureux, écrivit-il à Brod, s'il avait pu « *reprendre
cette répugnante petite histoire dans le tiroir de Wolff et l'effacer de
sa mémoire, je trouve sa lettre illisible*[14] ».

On ne l'y reprendrait plus. Le caractère mortifère de l'art
illustré par l'exemple d'un artiste de cirque – Kafka avait
maintenant une bien meilleure déclinaison de ce thème, plus
rigoureuse, plus radicale : le récit *Un artiste-jeûneur*. Ce petit
bijou, qui l'obligea à laisser une nouvelle fois son roman

pendant un ou deux jours, parut « *supportable* » à Kafka – plus haute distinction qu'il pouvait décerner à ses textes. Mais Wolff n'en entendit pas parler tout de suite – le texte, via Max Brod, atterrit chez un concurrent, Rudolf Kayser, qui dirigeait la *Neue Rundschau* depuis le début de l'année.

Passés les délires nationalistes de 1914-1915, la revue de la maison S. Fischer avait nettement renoué avec la renommée, et tandis que la pléthore de revues plus récentes qui avaient trop misé sur les expressionnistes – dont les *Weisse Blätter* de Schickele – s'évanouissaient l'une après l'autre, la *Neue Rundschau* apparaissait comme la tribune de l'intelligentsia républicaine et européenne. Depuis que Brod l'y avait présenté dans un grand essai, la perspective d'y publier était plus tentante que jamais pour Kafka – plus tentante en tout cas que l'idée de se faire balader une fois de plus par Wolff et ses problèmes techniques pendant des années. Kafka devait avoir conscience que cette parution berlinoise serait presque un affront aux yeux de Wolff après toutes ses lettres de relance. *Un artiste-jeûneur* n'en figura pas moins dans la *Neue Rundschau* d'octobre 1922, et *Première peine*, prose moins importante, début 1923 dans les pages de *Genius*. Un signal clair pour Wolff. Kafka n'avait-il pas dit et répété qu'il n'avait rien pour sa maison ? Et maintenant qu'il reprenait son vrai métier, les fruits se récoltaient ailleurs. Quelques années plus tôt, Wolff n'aurait sans doute pas hésité à proposer une publication à part de ces deux textes dans un autre petit livre à gros caractères. Mais cette fois, il garda le silence.

C'était un paysage comme Kafka les aimait. Une vallée ample, une rivière paisible aux rives arborées et sablonneuses qui invitaient à la baignade, au milieu de prairies humides, de pentes douces, du silence des forêts. Un paysage simple, non plus à l'ombre de sommets imposants, mais sous un vaste ciel. C'était Planá, petit village de Bohême du Sud à seulement 100 kilomètres de Prague, villégiature fameuse au bord de la Luschnitz.

Ottla et Josef David avaient pris une modeste location dans la maison d'un artisan, deux chambres au premier étage, l'une chaude et lumineuse, munie de deux fenêtres qui offraient une belle vue sur la rivière et la forêt, l'autre petite et mansardée, donnant sur le jardin – à quoi s'ajoutait une grande cuisine. C'est là qu'Ottla devait passer l'été avec sa fille Věra, maintenant âgée de 15 mois, son mari les rejoindrait en fin de semaine puis le temps de courtes vacances : cadre idyllique, et tentation irrésistible pour Kafka. Tout cela lui rappelait Zürau, l'époque la plus heureuse de sa vie : jamais on ne l'avait tant entouré de soins. Maintenant qu'elle était libérée de son rude travail à la ferme et de la recherche quotidienne de nourriture, Ottla, outre sa fille, pourrait peut-être s'occuper un peu de son frère ; en plus, une bonne l'avait accompagnée, tout pourrait être encore mieux qu'autrefois. Les David furent d'accord ; ils n'auraient pas besoin de la mansarde en permanence, et puisque Franz assumait une partie du loyer, tout le monde y trouvait son compte.

Reste que cette décision demandait du courage à Ottla, et aussi des sacrifices, elle le savait d'expérience. Ce pouvait être amusant de vivre à une porte de Franz – à Prague aussi, seul un étage les séparait –, mais cela impliquait de jouer un peu les infirmières, de s'assurer qu'il mange bien et de supporter sa sensibilité, que la fièvre et l'insomnie avaient

encore aggravée depuis Zürau. Mais que ferait-il, sinon ?
Où trouverait-il l'air et la lumière dont il avait besoin ?
Il ne pouvait plus se payer de longue cure comme à Meran,
et passer la belle saison seul sur l'Altstädter Ring – les parents
étaient à Franzensbad, Elli au bord de la Baltique, Weltsch
à Schelesen, Klopstock de nouveau dans les Tatras pour ses
vacances – aurait été contraire aux conseils du médecin, et
déprimant. Dès le 23 juin, une semaine avant la date officielle de sa retraite, Kafka prit donc l'express en direction
du sud. Ce train allait jusqu'à Vienne, loin au-delà de son
horizon désormais. Une petite heure et demie, et il descendit à Tábor ; ensuite, un train omnibus pour une poignée
de kilomètres jusqu'à Planá ; puis quelques pas jusqu'au 145,
Příčná ulice. Le chemin de fer qui menait à Vienne passait
tout près, mais les trains longue distance ne s'arrêtaient pas ;
pendant trois mois, ils défilèrent devant ses yeux ; combien
de fois Milena Pollak fut à leur bord, cela, il ne le sut jamais.

Planá était « *extraordinairement beau* », écrivit-il à Klopstock.
Mais avait-il le droit de le dire ? Ne risquait-il pas de réveiller le *camp adverse*, d'attirer les fantômes ? Si. D'ailleurs, ils
se montraient déjà ; ils avaient dû venir en tortillard depuis
Prague, et ils dégainèrent leurs armes dès le deuxième jour.
C'était l'arsenal habituel, Kafka le connaissait par cœur depuis
Zürau, Matliary et Spindelmühle ; mais maintenant, les fantômes mettaient les bouchées doubles, et Kafka fut bientôt
exposé de toutes parts à leurs attaques vicieuses et impla-
cables : un garçon qui joue du cor ; une famille nombreuse
qui retourne du foin sous une de ses fenêtres ; sous l'autre,
quelqu'un qui fend du bois pendant des heures ; à quelques
centaines de mètres, une scierie électrique ; le fracas de fer-
raille de la gare, où l'on charge les grumes acheminées par la

rivière dès 3 heures et demie du matin ; un manège, entraîné la plupart du temps par des chevaux « *raisonnables* », mais parfois aussi par des bœufs stupides, « *à grand renfort de hue, de dia et de* sakramentská pakáz[15] ». Et supplice le plus raffiné : des groupes entiers d'enfants, du voisinage ou de la famille de la logeuse, qui débarquent dès 8 heures dans le jardin devant la maison pour jouer avec un chariot. Comment en vouloir à ces petits ? C'est leur seul terrain de jeu, et quand ils font du bruit, c'est le bruit même de la joie de vivre. « *Mařenka !* s'écrie Kafka au désespoir dès qu'il voit arriver la fille de 13 ans qui emmène la troupe. *Tu ne vas pas chercher des champignons[16] ?* »

Il dut se demander plus d'une fois s'il n'aurait pas été mieux dans le grand appartement de Prague, silencieux pendant tout l'été. Mais il ne pouvait pas laisser tomber Ottla, qui faisait tout son possible. Parfois, elle descendait, sa petite Veruška dans les bras, et distribuait des bonbons aux enfants pour qu'ils disparaissent un moment. Kafka avait honte, surtout quand il voyait son voisin, un meunier épuisé par les trois-huit qui avait grand besoin de sa sieste et qui, faute de mieux, envoyait parfois ses sept enfants jouer dans le pré clôturé sous les fenêtres de Kafka. Et il avait plus honte encore quand Josef David, qui aurait préféré dormir dans la grande chambre, était envoyé par Ottla dans la froideur de la mansarde. C'est là qu'ils s'entassaient à trois en fin de semaine pour laisser tout le reste de l'appartement à monsieur l'écrivain. Et il ne fallait pas faire de bruit, car il dormait si mal, et quand il ne dormait pas, il était devant ses cahiers, toussotant, ses « Ohropax » dans les oreilles.

Il y avait des heures plus paisibles. Chaque jour ou presque, à la tombée du soir, Kafka partait pour une assez longue promenade en compagnie du chien pommelé de noir de la logeuse. Il passait la rivière : là-bas, en bordure de forêt, il y avait un quartier de villas neuves et confortables à louer pour l'été. Deux ans plus tôt, le président en personne y avait séjourné, loin de la scierie et du charroi de la gare; le chef du gouvernement, Beneš, venait aussi à l'occasion, ainsi que d'autres grands noms de la politique pragoise; et on y croisait même des comédiens, des chanteurs et des metteurs en scène du Théâtre national. Kafka gagnait la forêt; le silence du soir sous les arbres lui paraissait la plus belle chose au monde, et à l'orée du bois se trouvait un banc avec une vue merveilleuse. Ou bien il suivait le cours de la rivière sur quelques kilomètres, observait les paysans qui revenaient du travail, regardait le moulin de Soukeník près de l'ancienne forteresse de Sedlec, et, faisant demi-tour, il distinguait presque Tábor. Comme ce serait bien de vivre de *ce* côté de la Luschnitz, sur une de ces parcelles bien entretenues... Pensée qui dut encore une fois attirer les fantômes, car, un jour, ô malheur, il entendit « *un bruit d'enfer* » dès l'orée du bois : deux cents enfants pragois qui campaient sur un terrain tout proche, un vrai « *fléau de l'humanité*[17] ».

Il exagérait, et il le savait; ce n'était pas toujours si grave, et il se gardait bien de dire à ses amis que lui aussi, il faisait du bruit certains jours, en fendant du bois pour affronter la fraîcheur des soirées. Mais comment faire comprendre aux autres cette hypersensibilité, plus proche de la folie que tout ce qu'ils connaissaient? Brod aussi était tourmenté, il découvrait les insomnies et la torture des ruminations nocturnes, qui l'entraînaient à des idées de crimes passionnels. Felix Weltsch était parfois harcelé par sa femme au-delà du supportable. Et Klopstock souffrait jusqu'à la dépression d'un complexe d'infériorité. Mais si ces gens souffraient, c'est parce qu'ils vivaient et aimaient, et leurs revers étaient la conséquence des risques qu'ils prenaient, périls de vie, périls d'amour. L'existence de Kafka, en revanche, se résumait de plus en plus à un *évitement*, et le silence de mort auquel il aspirait en était le symbole. Éviter tout mouvement, tout changement, comme un blessé qui, par crainte d'avoir mal, garde la même position inconfortable.

Il avait bel et bien perdu la lutte pour Milena ; mais à l'époque, deux ans plus tôt, il s'était battu jusqu'à ses dernières forces, il était resté maître de ses décisions jusqu'à la fin. Ses amis le comprenaient, même s'ils trouvaient que Kafka s'était résigné trop vite. Mais à présent, contre quoi se battait-il ? Cet été-là, Oskar Baum l'avait invité à Georgenthal, en Thuringe, pour passer quelques semaines avec lui et sa famille, il s'était même chargé de lui trouver un logement, il avait déjà réservé une chambre au calme avec balcon et chaise longue. Mais au dernier moment, après une nouvelle nuit d'insomnie, Kafka se décommanda : il avait trop peur du voyage, il ne pouvait rompre les habitudes prises à Planá. « *Il sera dit*, écrivit-il à Brod, *que je ne peux plus sortir de la Bohême, bientôt je serai limité à Prague, puis à ma chambre, puis à mon lit, puis à une position donnée, puis à plus rien*[18]. »

Deux mois plus tard, l'automne approche, Kafka croise madame Hnilička, la logeuse, qui ne s'est pas montrée très aimable jusqu'à présent. Il lui dit qu'il se plaît beaucoup à Planá et que, s'il le pouvait, il y resterait plus longtemps, tout l'hiver même. Mais comme Ottla s'en va, il faudrait qu'il aille prendre tous ses repas à l'auberge, et ce n'est pas possible. Vous avez peur de vous retrouver tout seul ici, glisse madame Hnilička. Oh non, pas du tout, contre Kafka en souriant. Eh bien, dans ce cas, dit la logeuse, *moi*, je pourrais vous faire la cuisine, et vous restez aussi longtemps que vous voulez. Qu'est-ce que vous en dites? Kafka n'en croit pas ses oreilles. Stupéfait, aux anges, il dit oui sans même réfléchir, remercie encore et encore. Ça ne pourrait pas être mieux : ce ne sera pas cher, il n'aura pas à manger de viande, il connaît et il aime l'endroit, les enfants feront moins de bruit l'hiver, et quand la Luschnitz gèlera, les trains de bois s'arrêteront et la scierie avec. Kafka se détourne et rentre. Mais alors qu'il monte l'escalier, la panique le saisit. Il sait qu'il ne dormira plus tant qu'il ne sera pas revenu sur cette décision spontanée. Mais comment faire? Kafka est soulagé de voir qu'Ottla rejette son idée pour de simples raisons médicales : l'air est trop sec, la vallée s'embrume en hiver. Le lendemain matin, elle règle cette affaire avec la logeuse, quelques phrases suffisent, et Kafka reste là, les bras ballants, « *comme Gulliver quand les géantes discutent entre elles*[19] ».

Ces crises n'avaient rien de complètement nouveau, Kafka était déjà passé par des états d'agitation qui se rapprochaient d'une perte de contrôle psychique. Ce qui était nouveau, c'est que ces « *effondrements* », ainsi qu'il les appelait, se produisaient pour des motifs relativement insignifiants et persistaient pendant des jours. Et les perturbations ou les menaces qui le mettaient en panique étaient chaque fois impalpables, alors qu'il s'acquittait sans peine de tâches très concrètes et même désagréables dès lors qu'elles n'exigeaient aucune décision. Ainsi ce jour de juillet où un télégramme de sa mère le rappela de toute urgence à Prague : à Franzensbad, son père avait eu une hernie ombilicale qui comprimait dangereusement l'intestin, on l'avait transporté à Prague pour l'opérer le soir même. Kafka passa quelques heures à son chevet et fut capable de supporter sans plainte l'interruption de ses vacances d'été (et donc de son roman) en observant les événements d'un œil relativement serein, surtout l'intéressant spectacle de l'impuissance de son père.

Max Brod, auquel Kafka écrivait de longues lettres, voyait évidemment la source de ses souffrances dans une répression volontaire de ses désirs sexuels. « *Tu évites les femmes*, écrivait-il, *tu essaies de te passer d'elles. Et ça ne marche pas.* » Kafka admettait l'évitement, et il admettait son désir. Mais Brod avait l'air de penser qu'il y renonçait et le refoulait en vertu d'une prédilection pour les exercices ascétiques, pour des motifs philosophiques en d'autres termes. Il fallait qu'il sorte de sa passivité, qu'il rencontre du monde, qu'il voyage en Allemagne, qu'il voie son éditeur, qu'il assiste à une première dans un théâtre berlinois, voire qu'il se lance dans le journalisme. Belles illusions, qui impliquaient que Kafka avait le choix et n'avait plus qu'à se prendre en main. En fait, sa sensibilité était celle d'une plaie à vif. Les Pragoises vêtues légèrement pour l'été – spectacle qui n'avait pourtant rien de neuf – lui apparurent soudain « *à demi nues* », l'irritèrent presque jusqu'à la douleur et l'obligèrent à retourner dans sa campagne plus vite que prévu[20].

En vérité, c'est Brod lui-même qui devait être en proie au refoulement, pour des raisons compréhensibles : plus il s'empêtrait dans ses peines d'amour, plus il avait tendance à croire que son ami cherchait à éviter le moindre choc émotionnel, surtout depuis l'épisode Milena. Or la menace qui planait sur Kafka avait pris une tout autre ampleur. La cause de sa sensibilité pathologique, de ses insomnies et de sa crainte sans cesse plus grande de la solitude n'était pas un refoulement, mais sa lucidité – sa lucidité et sa peur face à l'imminence de la catastrophe. Nous ignorons s'il put en parler à cœur ouvert pendant son séjour à Planá, mais il est sûr qu'Ottla, d'instinct, cernait beaucoup mieux les enjeux de la situation, même si son frère semblait indifférent aux conseils médicaux. Elle s'occupait de lui en sachant qu'elle n'en aurait peut-être plus souvent l'occasion. Et lorsqu'elle remarqua que l'idée de la voir repartir début septembre n'était pas loin de le désespérer, elle voulut bien rester quelques semaines de plus.

Ce devait être aussi l'existence du *Château*, et surtout l'énergie avec laquelle Kafka poursuivait ce projet depuis maintenant six mois, qui empêchaient Brod de saisir la gravité de la situation. Comment pouvait-on désespérer avec une telle publication en vue? Sans parler des nouveaux contacts de Kafka à Berlin, de la parution imminente d'*Un artiste-jeûneur*, qui lui ouvrirait peut-être de nouvelles portes. D'ailleurs, Kafka n'avait-il pas gagné en assurance, comme écrivain? Il avait eu honte de montrer les premiers chapitres du roman, il les trouvait ennuyeux, assommants, et Brod l'avait contredit avec vigueur : c'était un « *livre très divertissant et plein de couleur* », écrivit-il, en soulignant deux fois « *couleur* ». Et Kafka continuait, lui-même trouvait que les chapitres rédigés à Planá étaient de meilleure tenue. Non, Brod ne pouvait pas croire que Kafka se laisserait désarçonner par de quelconques perturbations, pas maintenant, pas au milieu d'une telle poussée créative, alors qu'il était libéré de son travail au bureau. Même lorsque Kafka lui annonça, autour du 10 septembre, qu'il n'avait pas avancé son roman depuis plus de deux semaines et avait « *dû le laisser tomber, pour toujours manifestement* », Brod ne voulut pas entendre cette funeste nouvelle. Ce ne pouvait être que du « *sensationnalisme mensonger* », répondit-il en plaisantant ; et il demanda à Kafka de lui en dire plus sur cette histoire, « *c'est-à-dire sur la suite du travail*[1] ».

À feuilleter les dernières pages du manuscrit – dans le sixième « cahier du *Château* », qui ne parut en intégralité qu'en 1982 –, on découvre des signes clairs de difficultés techniques. L'intrigue s'effiloche, différentes esquisses et variantes se font concurrence, les ratures deviennent plus longues, plus complexes, et il semble évident que Kafka se heurte à une forte résistance, comme s'il roulait une masse sans cesse plus lourde vers le sommet d'une montagne. Un jour de la fin août, ce fut fini ; il ne sut plus comment poursuivre.

Que s'était-il passé ? Était-ce la conséquence d'un nouvel « *effondrement* » dépressif, comme il le suggéra dans une lettre à Max Brod ? Sa visite à ses parents à Prague l'avait-elle distrait trop longtemps, avait-elle endommagé irrémédiablement la trame du texte ? En tout cas, ce ne fut pas faute que Kafka connaisse la trajectoire et l'issue du roman, car nous savons qu'il avait depuis longtemps le dénouement en vue. Il aurait sans doute pu écrire le dernier chapitre avant de parvenir au terme du roman, comme pour *Le Procès*, car le destin de son héros était déjà scellé :

« Le prétendu arpenteur obtient au moins partiellement satisfaction. Il ne cède rien dans son combat, mais il meurt d'épuisement. Les gens de la commune s'assemblent autour de son lit de mort, et c'est alors qu'arrive la décision du château : K. n'est pas fondé à habiter le village – mais compte tenu de certaines circonstances annexes, on l'autorise à y vivre et à y travailler. »

Une défaite indubitable, mais en aucun cas *absolue* : c'est ainsi que Max Bord résuma le finale prévu par l'auteur avant de publier le roman à titre posthume[22]. Cette fin est convaincante, c'est un des revirements typiques de la pensée de Kafka : le château, de toute évidence, *ne peut pas* accorder la légitimation tant espérée aussi longtemps qu'elle a la moindre utilité pour celui qui la demande, tout comme le gardien de la loi ne peut livrer passage à l'homme qui veut entrer avant qu'il soit à bout de forces. Mais la reprise de ce motif longuement mûri n'aida pas Kafka à poursuivre. Car en dépit des apparences, et probablement à l'encontre de son projet initial, *Le Château* le confronta à des problèmes de méthode narrative qui dépassaient de loin les exigences techniques du *Procès*. Le principe architectural bien éprouvé de la muraille de Chine – ce système de construction par morceaux – ne pouvait s'appliquer ici, et encore moins le principe linéaire du récit par stations, dont l'auteur peut écrire les étapes dans presque n'importe quel ordre. Certes, *Le Château* aussi ne parle presque que de rencontres. Mais là où les interlocuteurs de l'accusé Josef K. et tous les autres personnages secondaires du *Procès* semblent sortir d'un brouillard où ils replongent ensuite, Kafka déploie dans *Le Château* tout un réseau de relations sociales qui ne cesse d'impliquer de nouveaux individus et finit même par inclure la bureaucratie du château, où certains fonctionnaires se distinguent nettement. Tous ces personnages ont leur histoire, ils nouent des alliances, développent des inimitiés, ils s'aiment ou se méprisent mutuellement, et comme ces épisodes annexes influent sur le destin de l'arpenteur, Kafka est obligé de les mener à leur terme et de les relier de façon crédible.

Que va devenir par exemple la famille de Barnabas, dont l'histoire occupe le lecteur pendant plusieurs chapitres ? Comment va évoluer la relation entre Frieda et Jeremias, l'ancien « aide » de K. ? Qu'adviendra-t-il de Pepi, l'ambitieuse femme de chambre sommée de reprendre son poste subalterne après le retour de Frieda à l'Auberge des Messieurs ? À cela s'ajoutent les nombreuses relations nouées par l'arpenteur lui-même, qui restent floues pour certaines d'entre elles, mais se traduisent aussi de plus en plus par des rendez-vous. Il est probable que Kafka envisageait une nouvelle rencontre entre K. et la mystérieuse Amalia. De même, K. a rendez-vous avec une « *fille du château* », la mère de l'écolier Hans. La tenancière de l'Auberge des Messieurs veut quelque chose de lui : autre énigme dont nous espérons la résolution. K. se laisse aussi persuader par Pepi de passer l'hiver avec trois jeunes femmes dans une minuscule chambrette à la cave de cette même auberge ; et pour finir, la famille du paysan Gerstäcker entre en scène pour lui proposer un petit travail. Si borné que soit cet univers, l'envie nous vient d'offrir un agenda à ce pauvre arpenteur, car il finit par s'y perdre, et avec lui l'auteur. Il est comme un jongleur qui a appris à maintenir en l'air un certain nombre d'objets, mais qui laisse tout tomber dès qu'on en ajoute un.

Ce dut être pour Kafka une expérience déprimante et même désespérante d'abandonner son troisième et – il le savait – dernier projet de roman au bout de plus de six mois de travail intensif. Une décennie plus tôt, après l'interruption du *Disparu*, il avait pendant quelque temps gardé l'espoir de renouer avec ses forces imaginatives et d'achever le roman, d'autant qu'il avait là aussi une idée très concrète et imagée de la fin de son histoire. Même *Le Procès*, Kafka aurait éventuellement pu le reprendre tant que durait le combat des fiançailles avec Felice Bauer, c'est-à-dire tant que le contexte biographique dont procédait le roman ne changeait pas du tout au tout. Avec *Le Château*, en revanche, c'est en tant qu'écrivain que Kafka avait échoué : il s'était assigné une tâche aux contraintes narratives trop fortes, et il n'était pas parvenu à accorder le processus créatif et le foisonnement de son imagination avec les nécessités techniques de l'écriture.

Les lettres et les documents de Planá révèlent toutefois que Kafka n'accueillit pas cette défaite en se plaignant – selon son ancienne habitude –, mais en fit aussitôt l'objet d'une intense réflexion, en tâchant de l'intégrer à son image de lui-même. Au début de l'année, il s'était défini comme un exilé qui tourne le dos à la vie pour pénétrer dans l'inconnu d'un désert hors du monde, et il entrait dans cette vision l'orgueil de celui qui ose ce que d'autres s'interdisent, de celui qui règne sur tout un royaume auquel les autres n'ont même pas accès. Mais le caractère périssable de cette image mythique, fruit du réveil de son désir d'écrire, ne tarda pas à s'annoncer dans ses textes plus brefs. Le trapéziste de *Première peine*, qui vit et œuvre loin au-dessus de ses spectateurs, est tout sauf un personnage admirable, même si l'on nous signale d'emblée que son art est des plus difficiles, qu'il est lui-même « *un artiste exceptionnel et irremplaçable* », et qu'il doit donc subordonner toutes les nécessités vitales à son désir de perfection. Même si ce triste sire y voit son seul véritable chez-lui, son petit trapèze n'est pas un havre de liberté.

Et l'artiste-jeûneur? Lui aussi est un saltimbanque, un personnage déraciné. Kafka joue ici sur le sens flottant du mot « art », dont l'application à l'univers du cirque et du cabaret était douteuse depuis toujours. La spécialisation à laquelle les bateleurs soumettent leur corps a quelque chose d'absurde et, dans l'ensemble, de mortifère (même quand ils survivent à leurs performances), et c'est pourquoi ils se drapent de l'aura de la vie d'artiste à la moindre occasion. Le public, lui, ne s'y trompe pas : un écrivain, un peintre ou un musicien de second rang est en général plus connu et jouit d'une meilleure réputation qu'un bateleur de tout premier ordre – pour ne rien dire des avaleurs de sabres, des lanceurs de couteaux, des hercules ou, pire encore, des « artistes de la faim », dont l'art consiste en une simple privation et ouvre donc grand la porte à l'escroquerie. Kafka, bien informé des conditions de travail de ces artistes[23], décrit ici une profession qui faisait débat au sein même du cirque et qui se pratiquait plutôt dans la pénombre de petits stands que dans la lumière des ménageries – un exercice qui fut considéré comme si néfaste et inutile dès la fin du xixe siècle que les imprésarios devaient le justifier par des prétextes scientifiques, et qui devint obscène au moment des famines de la guerre et de l'après-guerre, si ce n'est avant. On ne peut donc affirmer que Kafka réhabilite ou idéalise le mode de vie de son artiste-jeûneur. Il lui attire tout au plus la compassion du lecteur et lui permet de prononcer un dernier mot pour sa défense : il n'a jamais trouvé de nourriture à son goût, dit-il, sans quoi il n'aurait « *pas fait d'histoires* » et aurait mangé comme tout le monde. Or, même si c'était vrai, son jeûne resterait un acte absurde enraciné dans une sensibilité purement individuelle, peut-être même dans la folie.

Il y a donc quelque chose de triste, mais rien de tragique au sens strict du terme, à ce que l'intérêt que lui porte le public se dissipe longtemps avant sa mort et à ce que la vie l'enjambe. Pour finir, Kafka consacre un paragraphe entier à la jeune panthère qui prend la place de cet « artiste » dans la cage et attire un public fasciné.

On ne saurait trouver image plus saisissante pour mettre en scène l'ambiguïté de l'exigence artistique, et le rapport entre ce texte et la plus grande entreprise littéraire de Kafka crève les yeux. Car à mesure que le manuscrit de son roman s'étoffait et le dépassait, le doute taraudait Kafka sur le sens de ce travail, et sa conviction se renforçait qu'il s'agissait au fond d'une espèce de fuite, d'une drogue dont l'abus facile, comme toute accoutumance, se payait au prix des douleurs du sevrage et de l'autodestruction. Après la rédaction d'*Un artiste-jeûneur*, il ne fallut que quelques semaines pour qu'il intègre cette vision pessimiste de l'écrivain à son mythe personnel : plus de désert, plus de sommet, mais l'appel de l'abîme. Et c'est le *camp adverse*, ce sont les *puissances* qui le tirent vers le bas.

« En faisant tout passer et repasser entre mes tempes douloureuses pendant mon insomnie de cette nuit, j'ai repris conscience de ce que j'avais presque oublié pendant cette période assez calme, à savoir à quel point je vis sur un sol fragile ou même inexistant, au-dessus d'une obscurité d'où la puissance obscure émerge quand elle veut pour détruire ma vie sans se soucier de mes bégaiements. L'écriture me maintient, mais n'est-il pas plus juste de dire qu'elle maintient ce genre de vie. Je ne veux évidemment pas dire que ma vie est meilleure quand je n'écris pas. Elle est alors bien pire et tout à fait insupportable et vouée à s'achever dans la folie. Cela sous réserve toutefois que je sois écrivain même quand je n'écris pas, ce qui est bien le cas, et certes un écrivain qui n'écrit pas est une monstruosité qui appelle la folie. Mais qu'en est-il de l'état d'écrivain lui-même ? L'écriture est une récompense douce et merveilleuse, mais pour quoi ? Cette nuit, j'ai vu avec la netteté d'une leçon de choses enfantine que c'est une récompense pour le service du diable. Cette descente vers les puissances obscures, ce déchaînement d'esprits par nature entravés, ces étreintes douteuses et tout ce qui peut se passer en bas dont on ne sait plus rien en haut quand on écrit des histoires à la lumière du soleil. Peut-être y a-t-il une autre sorte d'écriture, je ne connais que celle-là, la nuit, quand la peur m'empêche de dormir, je ne connais que celle-là. »

Ce n'était pas la première fois que Brod entendait ce genre de discours ; par le passé déjà, et en particulier dans ses périodes de foisonnement créatif, Kafka, de façon presque prévisible, avait sapé son propre orgueil en objectant que ce travail n'était rien qu'une forme de jouissance de soi vaine et irresponsable qui trouvait en elle-même son propre châtiment. Or Kafka ne s'arrête plus là, il ne parle pas d'une faiblesse personnelle ni d'une question d'ordre moral, mais d'une faute existentielle d'ampleur catastrophique. L'écrivain jouit de son art d'illusionniste, mais il réveille du même coup des puissances vitales qu'il n'est pas de taille à affronter. Ces puissances n'admettent pas qu'il joue ni qu'il négocie avec elles. Quand elles finissent par le rattraper, elles règlent leurs comptes avec lui. Mais l'écrivain se penche trop tard sur le bilan de sa vie, il a payé depuis longtemps – d'avance, par acomptes.

« Ce que souhaite parfois le naïf : "je voudrais mourir pour voir comment on me pleurera", un écrivain de ce genre le réalise sans cesse, il meurt (ou ne vit pas) et se pleure lui-même sans cesse. De là provient son horrible peur de la mort, qui ne s'exprime pas forcément comme une peur de la mort, mais peut aussi prendre la forme d'une peur du changement, d'une peur de Georgental. Les raisons de cette peur de la mort peuvent se répartir en 2 groupes principaux. Premièrement, il a une peur horrible de mourir parce qu'il n'a pas encore vécu. Je ne veux pas dire qu'il faille femme, enfant, champ et bétail pour vivre. Pour vivre, il faut seulement renoncer à jouir de soi-même ; emménager dans la maison au lieu de l'admirer et de l'orner. On pourrait objecter que cela, c'est le destin, et que ce n'est au pouvoir de personne. Mais alors pourquoi a-t-on des regrets, pourquoi le regret ne s'arrête-t-il pas ? Pour se faire plus beau et plus goûteux ? Aussi. Mais au-delà de ça, pourquoi le mot de la fin de ces nuits-là est-il toujours : Je pourrais vivre et ne vis pas. La deuxième grande raison – peut-être n'y en a-t-il qu'une, je n'arrive plus très bien à distinguer les deux – est cette réflexion : "Ce que j'ai joué va vraiment se produire. Je ne me suis pas racheté par l'écriture. Je suis mort toute ma vie et maintenant je vais vraiment mourir. Ma vie a été plus douce que celle des autres, ma mort n'en sera que plus terrible. L'écrivain en moi mourra évidemment tout de suite, car une telle figure n'a pas de sol, pas d'existence, n'est même pas poussière ; elle n'est un peu possible que dans la vie terrestre la plus folle, n'est qu'une construction de la soif de jouissance. Voilà pour l'écrivain. Mais moi-même, je ne peux pas continuer à vivre, puisque je n'ai pas vécu, je suis resté argile, je n'ai pas fait feu de l'étincelle, je ne m'en suis servi que pour illuminer mon cadavre. Ce sera un drôle d'enterrement, l'écrivain, donc quelque chose qui n'existe pas, transmet le vieux cadavre, le cadavre de toujours, à la tombe. Je suis assez écrivain pour vouloir, dans un entier oubli de moi-même – pas en état d'éveil, l'oubli de soi est la première condition de l'état d'écrivain –, en jouir de tous mes sens ou, ce qui revient au même, vouloir le raconter, mais ça n'arrivera plus[24]." »

La lettre de Kafka avait presque débouché sur un petit essai, réflexion la plus développée qu'il ait jamais consacrée au métier d'écrivain. La réaction de Brod fut assez tiède, il lui sembla que Kafka tirait des conclusions démesurées de prétextes minimes – en l'occurrence, sa peur panique de rejoindre Baum à Georgenthal comme il l'avait promis –, et il vit même un privilège dans le fait que Kafka restait capable d'écrire au fond d'un malheur manifeste, alors que de tels états le paralysaient lui-même pendant des jours. « *Je n'arrive pas (malgré tous mes efforts) à trouver que ton cas est si désespéré*[25]. » Mais Brod, chose assez étonnante, confond ici un prétexte et la cause véritable. Car Kafka, une nouvelle fois, parle d'une « *peur de la mort* », et il signale en termes on ne peut plus explicites que ce n'est pas une métaphore. Kafka a peur de mourir de la tuberculose et, luttant contre cette peur, il invente des personnages qui meurent à sa place : un arpenteur, un artiste-jeûneur. Jeu frivole que celui de l'écrivain ; mais ce jeu ne change rien, et il est sanctionné de façon immanente. Nul ne s'en tire à si bon compte.

Le 18 septembre 1922, Kafka et Ottla rentrèrent à Prague. Ainsi s'achevait sa première escapade de retraité, dans un des paysages les plus beaux et les plus paisibles qu'il avait jamais vus. Et rien ne l'attendait à la ville, pas de bureau, aucune obligation. Alors pourquoi ces variations d'humeur, ces états de nerfs abominables? Il n'avait qu'à prendre sa retraite une deuxième fois, lui dit Ottla. Facile de rire pour elle, avec sa petite Věra et sa poussette.

Dans ses valises, il rapportait le manuscrit du *Château*, des cahiers raturés sur des pages et des pages. Nous ignorons s'il se laissa convaincre d'en lire quelques extraits – ce n'est pas improbable, car Oskar Baum avait besoin de ces lectures pour savoir sur quoi travaillaient ses amis, et Kafka avait quelque chose à se faire pardonner. Et puis, il avait inséré dans son texte un joli petit clin d'œil, qui était plutôt destiné à ses amis qu'à un lectorat anonyme.

Cette allusion se trouve au chapitre 13, où l'arpenteur, dans ses efforts pour s'introduire au château par une porte dérobée, recourt à des méthodes passablement douteuses. Il dupe un simple enfant, le petit Hans Brunswick, dont la mère aux allures de madone, originaire du château, exerce sur l'arpenteur un charme irrésistible. Hans doit arranger une rencontre. Or quelle raison pourrait avoir cette femme malade de recevoir K., de s'intéresser à son destin et de risquer une dispute avec son mari? Mais sa maladie, justement, répond K. sans ciller. Car il s'y connaît, lui – lui, un arpenteur! –, il a même l'habitude de s'occuper les malades. Et comme si ça ne suffisait pas, il ajoute qu'il a déjà réussi là où tous les médecins échouaient. En fait, les gens de chez lui l'avaient même surnommé « *l'herbe amère* » à cause de ses dons de guérisseur.

Il fallait bien connaître les milieux littéraires pour savoir à qui s'adressaient ces mots de l'arpenteur, et pour comprendre que, en un sens, il avait dit la vérité. En mai 1922, peu de temps avant que Kafka écrive cette scène, Franz Blei avait publié son épatant *Bestiaire de la littérature moderne* [*Bestiarium der modernen Literatur*]. Le livre comportait un dictionnaire satirique qui dépeignait des écrivains et intellectuels de l'époque sous les traits d'animaux exotiques. Il faut croire que Blei était bien renseigné sur les préférences, les excentricités et les phobies de ses victimes, car, à l'entrée « Kafka », on lit la chose suivante :

« *La Kafka est une splendide souris couleur bleu lune qui se montre rarement, ne mange pas de viande et se nourrit d'herbes amères. Elle est fascinante à regarder, car elle a des yeux humains*[26]. »

LE PALESTINIEN

> *Les événements,*
> *après avoir déferlé au-delà de toute mesure,*
> *refluaient en laissant un vide derrière eux.*
> Heimito von Doderer, *La Forêt* [*Der Grenzwald*]

« Cher Max, je ne me relèverai peut-être pas cette fois, la venue de la pneumonie est assez vraisemblable après ce mois de fièvre pulmonaire et même le fait que je l'écrive ne l'empêchera pas, bien que ça ait un certain pouvoir.

Dans cette éventualité donc mes dernières volontés concernant tous mes écrits :

De tout ce que j'ai écrit, ne sont valables que les livres : Verdict, Chauffeur, Métamorphose, Colonie pénitentiaire, Médecin de campagne et le récit : Artiste-jeûneur. (Les quelques exemplaires de "Contemplation" peuvent rester, je ne veux donner à personne la peine de les mettre au pilon, mais rien là-dedans ne doit être réimprimé.) Quand je dis que ces 5 livres et le récit sont valables, cela ne signifie pas que je souhaite qu'ils soient réimprimés et passent à l'avenir, au contraire, s'ils se perdaient tout à fait, cela correspondrait à mon souhait véritable. Simplement, maintenant qu'ils sont là, je n'empêche personne de les garder s'il en a envie.

En revanche, tout le reste de mes écrits (que ce soit des

parutions en revues, des manuscrits ou des lettres) doit <u>sans exception</u> dans la mesure où tu pourras y accéder ou les obtenir de leurs destinataires (tu connais la plupart d'entre eux, il s'agit pour l'essentiel de madame Felice M, de madame Julie née Wohryzek et de madame Milena Pollak, n'oublie pas surtout les quelques cahiers en possession de madame Pollak) – tout cela doit <u>sans exception et de préférence sans être lu</u> (je ne t'empêche pas d'y jeter un œil, mais je préférerais que tu ne le fasses pas, en tout cas personne d'autre n'a le droit d'y jeter un œil) – tout cela doit sans exception être brûlé et je te prie de le faire le plus tôt possible

Franz[1] »

Ce qu'était une pneumonie, Kafka le savait depuis que la grippe espagnole l'avait frappé en octobre 1918. Cette fois, il eut de la chance : la fièvre reflua sans plus de complication. Il fut ainsi empêché de tenter une nouvelle cure chez son oncle Siegfried, à Triesch (Třešť), en Moravie – sa famille veillait désormais à ce qu'il reste sous surveillance –, mais il était de toute façon douteux que le « médecin de campagne » puisse faire grand-chose de plus qu'appliquer les mêmes vieilles recettes.

Ce second testament aussi finit dans un tiroir, Kafka ne le remit pas en main propre à son ami. Ce n'était pas la peine d'essayer de lui faire comprendre. Certes, Brod l'avait lui-même prié, en cas de malheur, de faire disparaître discrètement quelques paquets de lettres et d'écrits cachés dans son bureau, mais il y avait à cela des raisons plus compréhensibles, en rapport surtout avec sa femme Elsa. Les dernières volontés de Kafka avaient en revanche peu de chances d'être respectées à la lettre, malgré leur précision, car nul dans son entourage ne partageait une conception aussi rigide des droits de l'auteur sur ses textes. Mais si Brod sauvait du feu ses trois romans inachevés, ce qui ne faisait guère de doute, peut-être que Kafka avait tout de même son mot à dire sur ses journaux et sur ses lettres? Cela ne coûtait rien d'essayer, et sans doute fut-ce pour Kafka une question d'amour-propre que d'exprimer sa volonté tant qu'il avait les idées claires malgré sa peur d'une fin imminente. Cela étant, l'objection sans cesse répétée selon laquelle Kafka aurait mieux fait de charger n'importe qui d'autre que son ami et agent d'une destruction à ce point méthodique – si tant est qu'il l'ait vraiment voulue –, cette objection est intenable, au moins pour des raisons pratiques. Car personne à part Brod n'avait la moindre chance de remettre la main sur les papiers que Kafka vouait à la destruction : il avait un lien de parenté avec Felice Marasse (née Bauer), Milena Pollak le respectait, il détenait lui-même plusieurs manuscrits de son ami, et même la famille Kafka ne s'opposerait certainement pas à la publication des textes de Franz (ce qui devait se confirmer). Si Kafka choisit Brod pour exécuteur testamentaire, c'est parce que personne d'autre ne pouvait exécuter *cette* volonté. Et paradoxalement, l'abondance des lettres et des manuscrits que Brod réussit bel et bien à réunir ensuite confirme cette intuition.

Aurait-il formulé son testament dans les mêmes termes l'année suivante, ou celle d'après? On est surpris de constater que le récit *Première peine*, qu'il avait lui-même fait paraître et qu'il reprit ensuite dans son dernier livre, ne figure pas dans la liste de ses œuvres « *valables* ». Nous ignorons aussi pourquoi il ne détruisit pas lui-même – ou pas *en intégralité* – le manuscrit du *Château*, ni quelques autres cahiers dont il s'était servi les mois précédents. Il faut certainement en déduire que son roman, au moins, continuait de vivre en lui, et que Kafka ne savait quel sort réserver aux centaines de pages écrites à Spindelmühle et Planá : anéantir sans délai le fruit d'une année de sa vie... sa volonté de destruction n'allait pas jusque-là. En revanche, il n'avait aucun doute concernant son *Artiste-jeûneur*, dont la publication dans la *Neue Rundschau* et le *Prager Presse* fut le premier signe de son retour à son véritable métier. Sa famille dut être stupéfaite d'apprendre que ce texte était repris aux États-Unis dans des journaux germanophones. C'était une étrange perspective, et peut-être le premier aperçu qu'eurent les Kafka de cette abstraction nommée « gloire » : penser qu'à l'autre bout du monde, des gens s'intéressaient aux histoires de *notre Franz*[2] !

Le changement le plus notable chez Kafka à cette période était une forme de disponibilité, sinon psychique, du moins sociale. Aussi longtemps qu'il avait pu s'attarder à sa guise dans les cafés ou se promener la nuit en discutant pendant des heures, le domicile de ses parents avait été une retraite qu'il protégeait jalousement. Seuls les intimes parmi les intimes voyaient son lit et son bureau ; sa chambre était on ne peut moins chaleureuse ; lui-même n'y tombait pas toujours la veste et la cravate. Mais cette nette séparation entre sphères publique et privée ne pouvait perdurer face aux complications d'une maladie chronique. Un malade ne rend pas visite : il *reçoit* de la visite. Depuis l'automne 1921 et son retour de Matliary, il était plus difficile de faire sortir Kafka ; par temps froid et humide comme par temps chaud, il ne pouvait se risquer dehors, et ses fréquents accès de fièvre

l'en empêchaient parfois durant des semaines. On prit peu
à peu l'habitude de venir le voir sans trop de cérémonie, la
bonne ouvrait parfois la porte à des groupes entiers, et il
arriva même que Kafka reçoive au lit des gens qu'il n'avait
jamais vus – comme le dramaturge Georg Kaiser, que Brod
ramena sans façon.

Ce fut donc un événement remarquable mais en rien
exceptionnel que ce jour de la mi-novembre où Franz Werfel,
à son tour, rendit visite à un Kafka fiévreux chez ses parents.
Werfel devait ressentir une certaine gêne envers Kafka :
l'ayant longtemps sous-estimé, il avait essayé de réparer cette
erreur à grand renfort de louanges extatiques, mais il n'avait
visiblement pas noué de relation intense avec son œuvre, et
on ne trouve nulle trace d'une quelconque « influence » dans
les textes de Werfel. Kafka, quant à lui, avait été l'un des premiers admirateurs de Werfel, et même si l'insouciance enfantine de ce dernier s'était largement dissipée – ne serait-ce
que sous l'effet de la guerre –, ce que d'autres n'atteignaient
même pas en bandant toutes leurs forces semblait encore lui
réussir sans effort, d'une façon inexplicable. Werfel n'avait
pas l'air de connaître cette sensation torturante de passer à
côté de la vie, il écrivait comme on respire. Aux yeux de
Kafka, il incarnait encore une utopie de l'existence poétique
que même ses œuvres les plus faibles ne compromettaient
pas. Dans *L'Homme-miroir* [*Spiegelmensch*, 1920], drame enflé
de pathétique et défiguré par des cuirs, Kafka décelait une
« *profusion de force vitale* »; et en l'auteur du *Chant du bouc*
[*Bockgesang*, 1921], il admirait un « *grand nageur* » – un des
plus hauts titres de noblesse dans son imagerie[3].

Mais ce jour-là, c'est avec une nervosité visible qu'il reçut
le poète, venu tout droit de Vienne. Il avait lu son dernier

drame, *Schweiger**, curieux hybride de pièce à thèse et de littérature de gare que Werfel avait rendu presque imbuvable par une surenchère de motifs entrecroisés : spiritisme, bondieuserie, social-démocratie, antisémitisme, psychiatrie et psychanalyse, avortement, meurtre, suicide, amour tragique et mort sur scène. C'était trop ; et s'il restait quoi que ce soit à admirer là-dedans, écrivit Kafka à Brod, c'était « *la force qu'il faut pour patauger d'un bout à l'autre dans cette fange en 3 actes*[4] ». Mais Kafka ne put s'en tenir là. Il n'était pas seulement déçu d'un point de vue littéraire : il avait le sentiment cuisant d'une vexation, d'une injure personnelle.

« S'il s'était agi d'un banal déplaisir, cela aurait peut-être été plus simple à formuler et de surcroît si insignifiant que j'aurais très bien pu le passer sous silence. Mais c'était de l'effroi et cela est dur à justifier, on a l'air borné, hargneux et réfractaire alors qu'on n'est que malheureux. Vous êtes sans aucun doute un guide pour cette génération, ce qui n'est pas une flatterie et ne peut servir de flatterie à l'égard de personne, car plus d'un peut guider cette société enlisée dans les marécages. C'est d'ailleurs pour cela que vous n'êtes pas seulement un guide, mais davantage […] et l'on vous regarde tracer votre chemin avec une folle impatience. Et soudain, cette pièce. Elle peut bien avoir toutes les qualités, depuis les théâtrales jusqu'aux plus hautes, ce n'en est pas moins une abdication de cette qualité de guide, il n'y a même rien d'un guide là-dedans, plutôt une trahison de cette génération, une dissimulation, une banalisation, un avilissement de ses souffrances[5]. »

---

* La pièce, non traduite en français, porte le nom du personnage central, mais on notera que « Schweiger » signifie littéralement « celui qui se tait ».

Nous ignorons si Kafka sut justifier ce rejet de vive voix – il semble l'avoir revêtu de formules polies, et Werfel se défendit avec son éloquence habituelle. Il fallut à Kafka plusieurs tentatives – seule la troisième déboucha sur une lettre – pour expliquer qu'il voyait dans la pièce de Werfel une débâcle morale en plus d'un échec littéraire. Le cas de l'horloger Franz Schweiger, incapable de vivre en harmonie avec le monde et de se lier à ses semblables, tourmenté par une chose sur laquelle il ne sait mettre ni le doigt ni des paroles, et que même l'amour dévoué de sa femme n'atteint pas – ce cas, qui aurait pu fournir sa trame à un récit de Kafka, Werfel le résout avec brutalité, en rabaissant Schweiger au rang de spécimen psychiatrique. Il a traversé une crise psychotique, apprend-on à la fin, il a tiré sur des enfants dans sa folie – un cas d'école. Et pour faire bonne mesure, Werfel met en scène un professeur dément du nom d'Ottokar Grund, caricature transparente et assez cruelle de la déchéance d'Otto Gross. « *Vous inventez cette histoire d'infanticide*, écrivit Kafka, presque débordé par sa rage. *Je tiens cela pour une profanation des souffrances d'une génération. Qui n'a rien de plus à dire que la psychanalyse en cette matière ne devrait pas s'en mêler[6].* »

Werfel était un homme excitable mais généralement conciliant, et il savait bien faire la part entre ses sentiments et les critiques – critiques que son amante, Alma Mahler, lui jetait à la face sur un tout autre ton. Il comprit qu'il valait mieux remettre sa prochaine visite chez Kafka[7], mais cela ne l'empêcha pas de réinviter son détracteur au col du Semmering pour qu'il se soigne, ni même de lui proposer un voyage à Venise. Il est vrai que les reproches de Kafka paraissaient proprement féroces en regard de sa retenue habituelle, et la plaisanterie que s'était permise Werfel à l'encontre de Gross ne suffisait pas à l'expliquer – même si, un soir, quelques années plus tôt, ils s'étaient retrouvés tous les trois à évoquer un projet de revue. Werfel avait changé d'avis sur le « cas » Otto Gross, voilà tout. Et puis, Max Brod ne disait-il pas toujours que l'une des habitudes les plus remarquables et exemplaires de Kafka était de savoir reconnaître tout effort sincère, de chercher une intention louable même dans ce qui semblait raté, de voir le bien jusque dans le mal ?

Cette habitude prêtait à confusion. Car Kafka n'était pas seulement un lecteur débonnaire, il se comportait envers les œuvres littéraires ou théoriques comme on peut se comporter envers les individus : que leur destin vous touche ou non, on prend d'abord la peine de les écouter. Il était capable de lire avec bienveillance des livres de seconde zone et de les recommander sans s'inquiéter des objections de la critique professionnelle – au fond, écrivit-il un jour à Brod, l'art ne consistait qu'à essayer de se faire comprendre, à « *rendre possible une parole vraie de personne à personne*[8] ». Cette manière de prendre la littérature personnellement amenait souvent Kafka à rendre des avis d'une clémence étonnante, surtout lorsque l'auteur était un de ses amis et qu'il avait participé à la genèse de l'œuvre. Mais que les mêmes causes, avec la même rigueur, pouvaient produire des effets inverses – voilà ce que découvrait Werfel. Kafka réagissait comme si *Schweiger* lui était adressé, lui tendait un miroir ; et dans ce miroir, il voyait le visage d'un homme qui est un mystère pour lui-même, qui reste à tout jamais à l'écart de ses semblables et qui demeure donc incapable d'aimer qui que ce soit en retour. Tel était Franz Schweiger. Werfel avait mis dans le mille – le couteau dans la plaie.

La certitude d'avoir raison resta pourtant défendue à Kafka. Il était sûr de sa critique, plus sûr que jamais auparavant peut-être, et il fut conforté dans son avis lorsque la presse descendit en flammes la pièce de Werfel. Mais un doute lui restait sur le degré de validité auquel pouvait prétendre une pareille critique. Tandis que Kafka utilise par deux fois le mot de « génération » dans les brouillons de sa lettre à Werfel, afin de préciser qu'il ne parle pas qu'en son nom propre, il admet sans ambages dans une lettre à Max Brod que son sentiment sur la pièce est « *tellement personnel qu'il ne vaut peut-être que pour moi* » : « *elle [la pièce] me touche de très près, m'atteint abominablement dans le plus abominable[9]* ».

Cette incertitude de ses jugements littéraires n'avait rien de nouveau, et elle préoccupa Kafka sa vie durant : il était capable de décrire l'effet d'une œuvre d'art de façon aussi suggestive que l'aura d'une personne, mais il échouait toujours à définir des critères stables, à aligner ses impressions sur des échelles de valeurs négociables. Or, sans cette aptitude à l'objectivité, la carrière d'écrivain que Kafka avait maintes fois envisagée à l'époque où il travaillait à l'Office d'assurances n'aurait guère été concevable, et elle ne l'était pas plus dans sa nouvelle situation. Critique, journaliste, rédacteur de revue, lecteur pour une maison d'édition : dans toutes ces professions annexes sans lesquelles Kafka n'aurait pas pu survivre une fois sorti de Prague, la faculté à rendre un avis compétent et partageable était jugée de plus haut prix qu'un pur talent d'écriture. Or Kafka avait tant de mal à écrire des recensions qu'il s'y risquait rarement. Peu de temps auparavant, il avait dû laisser tomber au bout de seulement trois paragraphes une critique du brûlot antisémite de Hans Blüher, *Secessio Judaica* – et ce alors que tous ses amis connaissaient et commentaient cette brochure, qu'il aurait pu leur demander opinions et conseils, et qu'il était d'avis, comme tout le monde, que l'attaque de Blüher appelait une riposte[10].

Échec d'autant plus cuisant que Kafka jouissait à présent de la liberté tant désirée de sa « retraite provisoire ». Il n'aurait pas eu de mal à placer des critiques ou des essais, car il était suffisamment reconnu et estimé en tant qu'auteur. Et quand bien même il ne pouvait songer à en produire en série ou sur commande, comme le faisait Max Brod depuis des mois pour le *Prager Presse* – s'il avait eu toute latitude pour les sujets et les délais, Kafka aurait sans doute pu améliorer grandement ses finances. Il semble d'ailleurs que ses amis aussi aient envisagé cette option. Car en août 1922, Brod et Weltsch avaient eu la curieuse idée de proposer Kafka comme éditeur de *Der Jude*, à la suite de Martin Buber, qui avait décidé (pour l'heure) de renoncer à cette fonction. Ce devait être une plaisanterie, répondit Kafka. « *Comment pourrais-je penser à une chose pareille étant donné mon ignorance sans bornes sur ces questions, mon manque total de relations humaines, l'absence d'un sol juif stable sous mes pieds ? Non, non*[11]. »

Nul doute qu'une revue aurait été un poids trop lourd à porter pour Kafka. À eux seuls, sa maladie et son manque chronique de sommeil faisaient obstacle à ce genre d'obligations, et plus encore son rapport scrupuleux aux textes, sa soumission irrémédiable aux humeurs du moment et aux influences extérieures. Mais le judaïsme ? Sur ce point, les arguments de Kafka n'étaient pas convaincants. Les rites juifs, certes, lui restaient étrangers ; seul le carnaval de Pourim l'intéressait à la rigueur, parce que c'était une fête adressée aux enfants[12]. Mais sur l'histoire politique et culturelle du judaïsme, il disposait de solides connaissances ; depuis dix ans, il suivait les débats du sionisme ; il lisait la *Selbstwehr* et *Der Jude*, et il devait connaître la *Jüdische Rundschau*, qui paraissait depuis 1919. Pas une expertise, donc, mais une vaste vue d'ensemble. Et Kafka avait le flair pour deviner quels thèmes étaient brûlants. Il dut se féliciter que les débats abstraits sur l'« identité juive » et sur l'« essence du peuple juif » se démodent peu à peu dans les revues sionistes ; l'accent portait maintenant sur le travail culturel concret que fournissait par exemple le Foyer juif de Berlin et sur la colonisation juive de la Palestine, qui soulevait tout un faisceau de problèmes économiques, politiques, religieux et ethniques. Tout cela l'intéressait bien plus que des réflexions générales sur l'histoire culturelle et religieuse, telles qu'en produisait Max Brod dans les deux tomes de sa « profession de foi », *Paganisme Christianisme Judaïsme* (1921) – il tourna même en dérision cette tentative de prouver la supériorité de la religion juive sur la religion chrétienne.

Cela n'empêchait pas Kafka de saisir du premier coup d'œil la portée des attaques frontales portées contre la communauté juive – celle de Hans Blüher, par exemple. Ce ne furent certes pas la profondeur de sa pensée ni la nouveauté de ses thèses qui incitèrent Kafka à prendre la plume, mais le fait que Blüher attaquait un point faible : il décrivait le judaïsme dans ces mêmes termes de décadence et de mimétisme[13] que les sionistes et Kafka lui-même appliquaient au *Juif de l'Ouest*. Tout Juif, écrivait Blüher, était « *malade dans son essence même : chose qui ne se rencontre chez aucun autre peuple* ». Malgré toute la limitation intellectuelle de Blüher, qui reprenait à Weininger ce jonglage avec des « essences » empiriquement invérifiables, il était affligeant de voir à quel point un antisémite qui prédisait aux Juifs un « *pogrom mondial* » (« *L'Allemagne sera le seul pays à reculer devant le meurtre* ») était capable de mettre à nu leur conscience blessée, ce doute perpétuel de pouvoir être autre chose, sur cette planète, qu'un sous-locataire à merci[14].

L'intérêt de Kafka pour tout ce qui touchait le destin du judaïsme s'accrut considérablement dans ses dernières années. Une multiplicité de causes internes et externes y contribuèrent en se renforçant mutuellement, sans qu'on puisse toutes les reconstituer ni faire plus qu'esquisser leur hiérarchie et leur chronologie. Ce qui est certain, c'est que Kafka était aussi déçu et atterré que n'importe quel Juif de voir perdurer intact un antisémitisme de proportions mondiales. La fin de la guerre et la disparition des systèmes autocratiques, dont on avait espéré un nouvel ordre politique, n'avaient à cet égard strictement rien changé ; l'antisémitisme semblait même plus voyant, plus agressif partout où la démocratie lui accordait de nouvelles marges de manœuvre. En Allemagne, la peur régnait face à la meute des « adeptes de la svastika », qui ne luttaient pas pour le pouvoir au Parlement mais dans la rue ; et l'assassinat de Walther Rathenau, le 24 juin 1922, doucha les ultimes espoirs de ceux qui expliquaient ces luttes par la naissance difficile de la république de Weimar* : « *Inexplicable qu'on l'ait laissé vivre si longtemps*[15] », commenta Kafka avec le cynisme de la résignation. Même dans un contexte politique stabilisé, les groupes antisémites n'avaient visiblement pas l'intention de reconnaître le monopole étatique de la

---

* Né en 1867, Walter Rathenau, membre du Deutsche Demokratische Partei (Parti des démocrates allemands, assimilé à un libéralisme de gauche), était alors ministre des Affaires étrangères. Une campagne de presse aux relents d'antisémitisme lui reprochait notamment de faire le jeu des anciennes puissances ennemies. Il fut assassiné par des extrémistes de droite.

violence. Autrement dit, les Juifs n'étaient pas mieux protégés, mais *plus menacés* dans un état démocratique que sous un régime impérial. Et la situation était-elle bien meilleure à Prague ? Certes, personne n'avait de raison d'y craindre un putsch « de droite ». Mais la police avait régulièrement à étouffer dans l'œuf des violences antisémites, et l'atmosphère de l'Université allemande – que Kafka observait avec inquiétude ne serait-ce que par affection pour Klopstock – était empoisonnée irrémédiablement. C'était un monde dans lequel on retrouvait partout vivaces, polymorphes, les vieilles menaces trop connues. Et cela n'avait pas de sens, et se conciliait mal avec une exigence de véracité, de fuir ce monde par une régression.

Un écrivain ne peut se contenter de lire les journaux et de retourner à ses rêveries. Il est tenu de réagir à ce qui se trame dans le monde : soit de façon productive, soit en affûtant son regard ou en prenant consciemment ses distances. Même dans ses phases de stérilité, Kafka suivait attentivement les prises de position d'autres écrivains juifs allemands ; et de façon caractéristique, son admiration, voire sa fascination pour eux ne dépendaient en rien d'une communauté de vues. Bien sûr, c'était un signe de décadence de renier ses racines culturelles et historiques, de les vouer à l'ironie ou à l'indifférence, et l'antisémitisme qui s'abattait sur les Juifs de l'Ouest était littéralement *bien fait pour eux* : telle était l'opinion de Brod, et ce fut aussi celle de Kafka pendant un temps, sous une forme plus radicale encore. Mais cela ne disait pas comment l'individu pouvait sortir de cette situation indigne. Rejoindre un groupe sioniste, apprendre l'hébreu, aller parfois au temple, donner pour la Palestine – d'accord. Mais c'étaient là des actes de façade, qui calmaient la douleur sans guérir le déracinement. Voilà ce que Kafka voulait dire avant tout lorsqu'il rappelait à Werfel les souffrances propres à leur génération, souffrances qui ne procédaient pas d'un banal conflit générationnel, mais d'une rupture bien plus profonde : la découverte que le judaïsme assimilé des pères était une illusion totale, sans consistance, dénuée de toute légitimité historique et promise à une destruction imminente, et le constat affolant qu'on ne pouvait sortir de ce judaïsme « occidental » par un acte de volonté.

> « Ce que je préfère à la psychanalyse dans ce cas précis, c'est le constat que ce complexe du père dont plus d'un fait sa nourriture spirituelle ne concerne pas le père, qui est innocent, mais le judaïsme du père. Sortir du judaïsme, en général avec la vague approbation du père (c'est ce vague qui était révoltant), voilà ce que voulaient la plupart de ceux qui se sont mis à écrire l'allemand, voilà ce qu'ils voulaient, mais leurs petites pattes arrière sont restées collées au judaïsme du père et leurs petites pattes avant n'ont pas trouvé de nouveau sol. Leur désespoir à ce propos leur a servi d'inspiration[16]. »

La conséquence de ce dilemme pour l'écrivain était claire depuis longtemps dans l'esprit de Kafka, mais elle était aux antipodes des conclusions de Max Brod dans son propre travail. Brod misait sur l'édification ; selon lui, l'écrivain juif qui avait compris l'impasse de l'assimilation devait diffuser ce constat et indiquer des sorties de crise possibles, des contre-exemples positifs. De là que le mot « juif » survient à tout propos dans les romans et les récits de Brod, dans les contextes les plus insolites – même lorsqu'il est question du problème profane de la jalousie. Kafka, lui, soutient que l'écriture littéraire est inconciliable avec la propagande. L'écrivain n'a pas à discuter ce qu'il traverse, mais à le *représenter* sous la forme la plus pure possible – dans un état d'« *oubli de soi* », comme il l'écrivit à Brod, autrement dit en excluant toute censure intellectuelle, en excluant même largement le principe de réalité. L'idéal esthétique de Kafka visait à laisser grande ouverte la question de savoir quels éléments de ses textes étaient personnels, juifs ou simplement « humains », et c'est pour cette raison qu'il scellait d'un tabou tout ce qui aurait pu être explicitement juif : ce terme n'apparaît nulle part dans son œuvre d'écrivain. Ce qui ne l'empêcha pas d'atteindre une profondeur de champ de très loin supérieure à celle de toute la littérature nationaliste juive.

Cette attitude de Kafka, consistant à donner à la forme de l'œuvre d'art toute priorité sur ce que dit ou pense son auteur, avait des conséquences hautement paradoxales. Car selon de tels critères, l'essentiel n'était pas de savoir si l'écrivain cherchait ou non à représenter dans une langue forte et dans des images puissantes la tragédie des Juifs de l'Ouest : l'essentiel était que son œuvre en soit l'*expression* convaincante, indépendamment de son projet, peut-être même à son insu. Ce fut le nom de Karl Kraus qui marqua le point où Kafka prit la tangente en tant que critique : là où Brod et Werfel, qui n'avaient pas brillé dans leur passe d'armes avec l'éditeur de la *Fackel*, s'étaient progressivement désintéressés de Kraus – la moindre discussion de fond semblait exclue à tout jamais –, Kafka continua de lire avidement ses écrits et ne se laissa même pas démonter par la canonnade inouïe que Kraus avait tirée contre ses proches dans une satire agressive, *Littérature ou On verra ce qu'on verra.* Ce que Kafka trouvait à une pareille lecture? Il essaya de s'en expliquer dans une lettre à Brod.

« Selon mon impression d'alors, qui s'est évidemment déjà bien affaiblie depuis, cela m'a paru toucher extraordinairement juste, toucher au cœur. Dans ce petit monde de la littérature juive allemande, c'est vraiment lui [Kraus] qui règne ou plutôt le principe qu'il défend, principe auquel il s'est subordonné de façon si admirable qu'il se confond avec lui et entraîne les autres à la même confusion. Je crois que je distingue assez bien ce qui dans ce livre n'est que de l'esprit, somptueux il est vrai, ensuite ce qui est d'une pitoyable indigence et enfin ce qui est vérité, ce qui est vérité au moins autant que ma main en train d'écrire, avec la même netteté affreusement corporelle. L'esprit réside surtout dans le jargon, personne ne jargonne comme Kraus, et ce alors que nul dans ce monde juif allemand ne sait faire autre chose que jargonner, le jargon entendu en son sens le plus large, le seul dans lequel il doit être entendu, celui d'une usurpation bruyante ou discrète ou encore tourmentée d'un bien étranger que l'on n'a pas acquis mais volé d'une main (relativement) furtive, et qui demeure bien étranger quand même on ne peut prouver la moindre faute de langue, puisque tout dans ce domaine peut être prouvé par le plus discret appel de la conscience à une heure de remords. Je ne m'en prends pas au jargon, le jargon en tant que tel est même beau, c'est une combinaison organique d'allemand de papier et de langage gestuel [...] et le produit d'un sens délicat de la langue qui a perçu que, en allemand, seuls les dialectes et au-delà d'eux le haut-allemand le plus personnel vivent vraiment, là où le reste, la classe moyenne de la langue, n'est rien que cendre, cendre qui ne peut être ramenée à un semblant de vie que lorsque des mains juives trop vivaces y fouillent. C'est un fait, amusant ou terrible, comme on veut; mais pourquoi les Juifs sont-ils aussi irrésistiblement attirés de ce côté? La littérature allemande vivait déjà avant que les Juifs deviennent libres, dans une grande splendeur, et surtout, pour ce que j'en vois, elle n'était pas en moyenne moins variée qu'aujourd'hui, peut-être même a-t-elle perdu en variété de nos jours. Et que ces deux faits-là aient trait au judaïsme en tant que tel, ou plus exactement au rapport des jeunes Juifs avec leur judaïsme, avec la terrible situation intérieure de ces dernières générations, c'est Kraus qui l'a perçu de façon toute particulière, ou pour être plus juste, c'est devenu visible rapporté à lui*[17]. »

La dernière phrase est décisive : la question n'est pas de savoir si Karl Kraus a vraiment « perçu » et compris cette crise – selon Kafka, il ne l'a *pas* comprise[18] –, et peu importe s'il se montre « juste » ou non envers ses acteurs. L'essentiel est plutôt que son énorme opus *représente* la crise juive occidentale, d'une façon saisissante et à la fois volontairement et involontairement comique. *Fackelkraus*, lui, le littérateur

---

* « Jargon » et « jargonner » traduisent imparfaitement *mauscheln*. Ce verbe péjoratif dérivé du nom de Moïse (prononcé « Moshé » en hébreu) désigne à l'origine la manière dont les Juifs sont censés marmonner entre eux quand ils complotent et, par extension, leur façon prétendument caractéristique de parler allemand, avec ses inclusions de yiddish, ses accents, ses tics de langage, sa gestuelle théâtrale. Rappelons que *Jargon* désignait alors le yiddish : voir le chapitre « Comédiens, sionistes, sauvages » du premier tome de cette biographie, et en particulier les pages 121-126. – « Allemand de papier » rend très littéralement *Papierdeutsch*, mot qui désigne l'allemand administratif ou livresque. À tort ou à raison, il a semblé important de faire apparaître en français ce passage du papier à la cendre dans le propos de Kafka. – Dans l'espace germanophone, on fait une distinction entre le haut-allemand (*Hochdeutsch*), variété de la langue qui s'est imposée comme la norme, notamment littéraire, et les dialectes, qui demeurent une réalité très vivace.

juif de l'Ouest *par excellence**, le défenseur impitoyable de la langue, qui traquait les moindres fautes de déclinaison comme si elles lui faisaient personnellement injure, le récitateur adulé qui accablait de sarcasmes la moindre trace de yiddish dans les œuvres de ses adversaires – ce même Kraus, Kafka le couronnait grand maître du jargon. C'était un retournement dont même Brod ne pouvait tout à fait ignorer la brisance, puisqu'elle le confortait dans son credo maintes fois formulé que nul ne pouvait sortir du judaïsme[19].

Mais était-on obligé de supporter Kraus pour s'en apercevoir ? Kafka avait beau faire, ses vieux amis ne comprenaient pas que la *Fackel* et la *Selbstwehr* se côtoient sur son bureau, ni qu'il puisse lire avec le même enthousiasme ces deux revues dont la langue et l'idéologie appartenaient à des mondes inconciliables. Face à Robert Klopstock, lecteur plus jeune et moins compromis avec lequel il avait, à Matliary, étudié la *Fackel* et peut-être aussi *Littérature*, l'opérette de Kraus, Kafka pouvait parler plus librement : « *je ne veux pas me priver de cette douceur qui alimente tous mes bons et mes mauvais instincts* », écrivit-il à Planá, alors que le nouveau numéro de la revue se faisait attendre depuis plusieurs mois ; et plus tard, il mentionna les « *orgies énervantes* », bien connues de Klopstock, qu'il avait passé des « *soirées entières* » à faire de la *Fackel*. Ces turpitudes, il n'en reparla jamais à Brod[20].

On pouvait exposer les horreurs de l'assimilation de façon très évocatrice sans pour autant les nommer par leur nom, Kafka l'avait prouvé lui-même : son *Rapport pour une académie*, prononcé par un « homme-singe » dressé, faisait frémir jusqu'aux sionistes les plus aguerris. À l'automne 1922, tout

de suite après avoir abandonné *Le Château*, Kafka se proposa
la même tâche, mais en adoptant cette fois une forme beaucoup plus subtile : *Recherches d'un chien*, tel est le titre (trouvé
par Brod) de ce texte très développé qui, si Kafka l'avait
fini, aurait sans doute fait la longueur de *La Métamorphose* ou
même d'un petit roman, tout en étant presque dénué d'une
intrigue structurante[21]. Le témoignage d'un chien qui passe
des années à explorer certains aspects de la vie canine, tantôt
par l'observation, tantôt en harcelant de questions ses semblables, tantôt grâce à des expériences dont il est lui-même le
sujet. Cette soif de connaissance lui vient du spectacle donné
dans son enfance par sept « *chiens musiciens* » : chiens dansant,
bondissant, marchant sur leurs pattes arrière et produisant de
la musique de mystérieuse façon. L'envie de comprendre qui
sont ces créatures l'amène très vite à d'autres réflexions
qui embrassent le quotidien autant que l'extraordinaire : la
question de savoir d'où vient la nourriture des chiens, par
exemple, ou les légendes qui parlent de « *chiens aériens* »
censés ne jamais toucher terre.

Cette œuvre a beau être elle aussi restée à l'état de fragment, Kafka a produit là un morceau de littérature dont le
raffinement a induit en erreur et même mené en bateau toute
la critique kafkaïenne durant des décennies. Bien entendu,
on se demanda d'abord de qui il parlait réellement. Étant
donné que les chiens rédigent peu d'autobiographies et que
Kafka ne voulait sans doute pas proposer une étude du comportement canin, son récit s'inscrit à l'évidence dans la tradition de la fable animalière. C'est donc d'un peuple humain,
de coutumes humaines qu'il s'agit, et il n'est pas très difficile
de deviner lesquels. « *Il n'existe à ma connaissance*, s'étonne le
narrateur, *pas d'autres créatures qui vivent aussi dispersées que*

nous, les chiens, [...] nous qui voulons tenir ensemble – et en dépit de tout nous y arrivons régulièrement, dans des instants d'exaltation –, nous vivons séparés, très loin les uns des autres. » Ce sont les Juifs, qui d'autre, pas de peuple auquel cette description s'applique mieux. Et partant de là, tout semble concorder. Les chiens aériens, *Lufthunde* – mais ce sont les fameux *Luftmenschen* du yiddish, bien sûr, ces gens qui n'ont pas les pieds sur terre, soit parce qu'ils sont déracinés, soit parce qu'ils vivent plus dans les écritures que dans le monde réel. De même, il est clair que les chiens musiciens sont un portrait de cette troupe juive orientale du Café Savoy qui avait dessillé le regard de Kafka – l'ambiance des descriptions de *Recherches d'un chien* évoque d'ailleurs les passages correspondants du journal de 1911. Et rien d'étonnant non plus, donc, à ce que les *Recherches* évoquent deux types de nourriture : celle qu'on trouve par terre, et une autre, venue d'« en haut », à l'évidence la nourriture spirituelle de la religion, de l'art et de l'histoire, sans laquelle ne survit aucun peuple, et les Juifs moins que tout autre.

À cette lecture, on chercherait en vain un substitut convaincant. Mais elle a le défaut de ne fonctionner qu'*en gros**, sans éclaircir de nombreux détails énigmatiques. Par exemple, pourquoi le texte insiste-t-il tellement sur le fait que les chiens aériens sont petits et rachitiques ? Que signifie cet « *enchevêtrement de troncs* » où se retrouve le narrateur lorsqu'il regarde les chiens musiciens ? Et la rencontre avec un autre chien qui se dit en pleine chasse et qui veut, qui *doit* éloigner le narrateur, reste incompréhensible si l'on admet que les chiens représentent les Juifs. L'équivalence est *presque* parfaite, mais trop d'éléments demeurent inexpliqués pour qu'on y voie de simples éléments de décor.

Le tour que joue ici Kafka à son lecteur est sans équivalent dans le reste de son œuvre. Les *Recherches d'un chien* appellent l'interprétation, comme tous les textes de Kafka, et le fait qu'il traite expressément de la science renforce cet appel jusqu'à le rendre irrésistible. Mais on ne peut suivre le narrateur que si on le prend au mot, en renonçant d'abord à toute lecture métaphorique. De manière étonnante, le texte reste en effet lisible même quand on postule qu'il ne dissimule *rien du tout* et raconte tout bonnement la vie et les tribulations d'un chien parmi les chiens. Dans ce cas, ces petits chiens qui trônent haut dans les airs, et dont personne ne sait comment ils se reproduisent, ne sont rien d'autre que des bichons sur les genoux de leurs maîtres. Ce chien chasseur qui se sent obligé de dégager tous les obstacles sur son passage est un chien de chasse qui a reçu un ordre, et la menace obscure qu'il adresse au narrateur, en lui disant de s'éloigner discrètement s'il ne veut pas devoir courir d'autant plus vite ensuite, signifie que son maître approche fusil à la main. Ce taillis qui cerne le narrateur lorsqu'il observe le spectacle des chiens musiciens, ce sont les pieds des chaises où sont assis les véritables spectateurs ; si tout est « *un peu embrumé* », c'est parce qu'on fume au-dessus de lui ; et, bien entendu, les chiens ne produisent pas la musique « *par magie* », ils sont dressés à suivre une mélodie jouée par des humains. Et la nourriture ? Du point de vue des chiens *domestiqués*, elle vient en effet presque toujours d'en haut ; et contrairement à ce que claironne le narrateur, il n'est pas besoin d'une quelconque « science canine » pour faire le constat banal qu'elle est souvent saisie au vol, tandis que les chiens plus passifs la ramassent par terre. Kafka prend un plaisir presque palpable à cette farce narrative. Et la farce consiste surtout en ceci que le chien, tout chercheur qu'il est, ne perçoit pas le principal facteur qui régit son monde. « *Qu'y a-t-il en dehors des chiens ?* demande-t-il. *Qui peut-on appeler d'autre dans ce vaste monde vide ?* » Eh bien, les humains peut-être – ceux-là mêmes que son compte rendu n'évoque pas une seule fois. S'il daignait enfin les voir et comprendre que les chiens sont un « peuple invité » dépendant d'un « peuple hôte » tout-puissant, l'énigme de son petit univers se résoudrait d'elle-même, et il pourrait raccrocher sa carrière de scientifique. C'est cet aveuglement des chiens qui les empêche de comprendre pourquoi ils vivent si isolés, eux qui préféreraient de loin former une meute. Ils le font parce qu'ils y sont *contraints.* Tout comme les Juifs[22].

À l'automne 1921, un événement extraordinaire vint agiter la communauté juive de Prague, un événement inconcevable encore quelques années plus tôt : en son centre survint une jeune femme de Jérusalem, une fille de 18 ans qui ne venait pas revoir sa vieille terre natale, mais qui était *née* en Palestine et qui foulait pour la toute première fois le sol européen. Avec la crise des réfugiés de guerre, la communauté de Prague avait été forcée de s'ouvrir, elle avait vu passer beaucoup de gens, et l'on s'était habitué à voir des coreligionnaires surgir de coins très éloignés du monde, des gens étranges, souvent inéduqués, qui se débrouillaient avec un sabir de yiddish, de polonais, de russe et de hongrois. Toute autre Puah Ben-Tovim, la visiteuse de Jérusalem. Elle parlait un hébreu châtié qui ne lui venait pas du manuel du professeur Rath, mais du fondateur même de l'hébreu moderne, Éliézer Ben-Yéhouda[23], et un allemand correct qu'elle avait appris dans un lycée de Jérusalem tenu par des missionnaires en provenance d'Allemagne. Ces compétences linguistiques lui avaient valu de rencontrer Hugo Bergmann, instigateur et directeur de la Bibliothèque universitaire de Jérusalem, et Bergmann à son tour lui avait ouvert les portes de Prague, où elle s'inscrivit en mathématiques à l'Université allemande. Bergmann la recommanda au Dr Brody, le grand rabbin, et lui trouva une chambre chez sa propre mère.

Elle était venue pour apprendre. Mais il arriva quelque chose qu'elle n'avait pas prévu : les Juifs de Prague – et les plus cultivés d'entre eux – étaient avides d'apprendre d'*elle*. Puah se fit promener de maison en maison, passa quelques soirées avec les jeunes de l'association « Blau-Weiss », donna des cours dans la petite école du culte juif, participa aux séminaires du professeur d'études orientales Isidor Pollak et fut invitée par les membres de la loge B'nai B'rith locale*, dont faisait partie Felix Weltsch. Tous furent charmés par son hébreu et, quand on sut qu'elle parlait non pas la langue de la Torah, mais un *ivritt* de première main, elle fut très demandée comme professeure de langue.

Y compris par Kafka. On ignore quand et où il rencontra Puah : peut-être en compagnie de sa mère, une bonne amie de madame Bergmann, ou bien chez Brod ou Weltsch, qui ne manquèrent pas cette occasion de découvrir la vie en Palestine d'un point de vue non européen. Pour les sionistes de Prague, dont la plupart ne faisaient que rêver de la Palestine, Puah n'incarnait rien de moins que l'avenir de la judéité : une conscience juive qui n'en était plus réduite au

---

* Le B'nai B'rith (« les fils de l'Alliance » en hébreu) est une organisation juive fondée au milieu du XXᵉ à New York sur le modèle des loges maçonniques. Elle eut d'abord pour but de venir en aide aux émigrants juifs arrivant aux États-Unis, puis déploya son action humanitaire à l'international.

« mimétisme », qui ne connaissait les contraintes de l'assimilation que par ses livres d'histoire, et qui ne vouait pas au Vieux Continent une quelconque nostalgie, mais une curiosité en quelque sorte touristique. Kafka aussi la questionna sans fin ; les récits de Puah étaient infiniment plus vivants et plus évocateurs que les comptes rendus politiques de la *Selbstwehr*, et plus authentiques et actuels que les reportages d'un observateur même aussi clairvoyant que l'était Arthur Holitscher, dont le *Voyage en Palestine juive* [*Reise durch das jüdische Palästina*] avait paru quelques mois plus tôt[24]. Et ce fut aussi cette « *petite Palestinienne* », comme il la surnommait, qui ranima l'intérêt de Kafka pour l'hébreu. En 1922, probablement après son retour de Planá, elle commença à lui donner deux cours par semaine chez lui, sur l'Altstädter Ring.

Judéité, jeunesse, féminité – pour Kafka, trois bonnes raisons de porter sur Puah un regard empreint de la plus vive sympathie, et même d'une indéniable idéalisation. S'il se montrait très poli et discret, se rappela Puah Ben-Tovim dans son grand âge, il n'hésitait pas à lui faire des compliments sur une nouvelle robe ou sa bonne mine. « *Il était attiré, incontestablement, mais plus par une image que par la jeune fille que j'étais réellement : l'image de cette Jérusalem lointaine, sur laquelle il m'interrogeait sans relâche, et où il voulait m'accompagner lorsque j'y retournerais.* » Et il lui fit l'effet d'un homme en voie de noyade émotionnelle, prêt à se raccrocher à tout[25]. Elle ne pouvait évidemment payer ces sentiments de retour. Pour Puah, Kafka était un homme remarquable, sans doute, mais aussi un monsieur assez malade et de vingt ans plus âgé qu'elle, et il est permis de douter qu'elle aurait percé le sens des recherches canines qu'il menait parallèlement à ses exercices d'hébreu – même si un coup d'œil dans ses manuscrits lui aurait sans doute fait comprendre pourquoi il s'intéressait tant à certaines familles de mots, comme *lakhakor*, « rechercher ».

Kafka sut profiter de la chance qui s'offrait à lui. Ses carnets de vocabulaire prouvent qu'il ne prenait pas les visites de Puah (bien payées, à coup sûr) pour des heures de causerie autour de la Palestine, mais qu'il se préparait intensivement et à l'écrit – quelque 350 pages de notes en hébreu furent retrouvées dans ses affaires. Visiblement, Puah et lui travaillaient moins la grammaire que la conversation, Kafka tâchant d'apprendre des champs entiers de vocabulaire utile dans la vie quotidienne – comme on le fait de nos jours dans les cours de langue avec des locuteurs natifs. Il consigna aussi bon nombre d'expressions trop familières ou trop récentes pour apparaître dans son dictionnaire. Georg Langer, en quelque sorte le prédécesseur de Puah auprès de Kafka, rapporte qu'il finit par parler « *couramment* » hébreu et qu'il en était fier – et ce fut le fruit d'une persévérance exceptionnelle, car Kafka, malgré sa toux, qui interrompait sans cesse les cours, et malgré quelques coupures imposées par la fièvre, poursuivit ses séances intensives avec Puah jusqu'à mi-1923[26]. Et il aurait sans doute continué encore longtemps si les sollicitations excessives qu'avait à subir Puah dans le milieu sioniste de Prague (y compris sur le plan érotique[27]) et cette réflexion permanente sur les questions du judaïsme ne l'avaient pas poussée à modifier ses plans : contre l'avis de ses parents, et à la déception de Kafka, elle abandonna ses études et partit pour Berlin, où elle se lança dans un travail social et pédagogique aux côtés d'enfants juifs.

Si l'on peut difficilement savoir à quel point les projets palestiniens de Kafka étaient sérieux, ils ne devaient pas être aussi irréalistes qu'il l'affirma plus tard. Ces plans n'étaient toutefois pas la résultante de convictions sionistes, mais – comme lors de sa rencontre avec Felice dix ans plus tôt – le fruit de certaines relations dont ils restèrent tributaires. L'idée de débarquer en Palestine sous l'escorte d'une jeune femme fut un fantasme auquel Kafka se réchauffa des mois durant. Et ce but sembla se rapprocher encore en avril 1923, lorsque Hugo Bergmann et son épouse Else, eux aussi de passage à Prague, encouragèrent Kafka à émigrer. Son allure dut les effrayer : ils ne l'avaient pas vu depuis leur départ pour Jérusalem trois ans plus tôt, et l'aura juvénile qui l'avait toujours fait paraître beaucoup plus jeune qu'il n'était cédait progressivement la place à la physionomie typique du tuberculeux. Else Bergmann fut si bouleversée qu'elle invita Kafka à s'installer chez eux – malgré toute l'exiguïté de leur logement, et contre l'avis de son époux, qui trouvait le risque trop grand et craignait pour la santé de leur fille et de leurs deux fils[28].

Kafka savait-il ce qui l'attendait en « Eretz Israel » ? Il ne partageait sûrement pas l'illusion, encore répandue chez les sionistes enthousiastes, selon laquelle la Palestine était une région dominée ou du moins appelée à être dominée par la vie juive. Même un film de propagande comme *Shivat Tsiyon* (« Retour à Sion »), que Kafka avait vu en octobre 1921 et qui se concentrait sur les réalisations des Juifs, ne laissait planer aucun doute sur la situation démographique réelle, surtout quand il montrait la vie citadine : un décor oriental et multiethnique, indiscutablement[29]. À l'automne 1922, les Juifs ne représentaient que 11 % des quelque 750 000 habitants de la Palestine, et même l'idée que la réappropriation passait par le travail manuel – c'est-à-dire par l'achat et la culture des terres – était plutôt un mythe collectif qu'autre chose. Dans les faits, seuls 3 % de la propriété foncière étaient aux mains des Juifs, quelque mille personnes seulement vivaient dans les kibboutzim, et les nouveaux arrivants trouvaient refuge en ville, en déclarant de fausses professions pour ne pas être envoyés dans les campagnes[30]. Le problème restait le même que sous l'Empire ottoman : la colonisation présupposait l'acquisition des terres, mais l'écrasante majorité des immigrants ne possédaient rien d'autre que leur force de travail. Ils dépendaient des crédits du Fonds national juif et du Keren Hayessod (« Fonds de la fondation »), eux-mêmes alimentés par des dons venus du monde entier.

La série de conférences entamée par Hugo Bergmann au début de 1923 visait avant tout, elle aussi, à lever des fonds pour le Keren Hayessod. Bergmann était depuis longtemps un orateur talentueux et persuasif, Kafka le savait ; mais à présent, il connaissait d'expérience son sujet ; il était le plus célèbre de tous les Pragois à avoir fait le grand saut, et il avait acquis l'envergure d'une autorité juive. Le 26 avril 1923, lorsqu'il parla de « La situation en Palestine » devant une assistance nombreuse – où figuraient bien entendu Brod, Weltsch et Baum –, Kafka fut tellement excité qu'il courut ensuite en coulisses pour serrer la main à son ancien camarade de classe : « *C'est pour moi que tu as fait cette conférence*[31] », dit-il. Et il aurait pu ajouter : c'est pour moi que tu as envoyé mademoiselle Puah ici.

Bergmann n'avait aucune raison de tempérer les ardeurs du public. L'idée très optimiste que les Pragois se faisaient des conditions de vie en Palestine, et surtout à Jérusalem n'était pas pour le déranger, et profita sans doute à sa collecte. En plus petit comité – les couples Bergmann et Brod passèrent notamment une soirée chez les Kafka –, il dut néanmoins aborder les aspects éprouvants de la situation. Au fond, le moindre lecteur de journaux savait que les tensions entre Arabes et Juifs ne cessaient de s'accroître et qu'elles s'étaient déjà traduites par des violences – certains sionistes avaient déjà abandonné tout espoir de coexistence pacifique, même si personne ne l'admettait en public[32]. La Palestine n'était pas sous la responsabilité de la Société des Nations ou des États-Unis, ainsi qu'on l'avait espéré, mais sous mandat de la Grande-Bretagne, qui avait gagné la guerre dans la région. Et la politique des Anglais au Moyen-Orient ne s'alignait pas sur les intérêts des Juifs, comme s'y étaient attendus quelques rêveurs sionistes après l'événement de la déclaration Balfour en 1917. Londres opérait plutôt selon les modèles éprouvés de sa politique coloniale, c'est-à-dire avec pragmatisme, pour éviter les dérapages. La résolution des problèmes locaux était confiée à des employés arabes et juifs, et l'on tâchait d'éviter tout conflit avec les nationalistes arabes, désormais bien organisés – en réduisant beaucoup le territoire initialement prévu pour les colonies juives et en faisant preuve d'une impartialité ostentatoire[33]. Les intérêts des Juifs étaient délimités par des conditions générales; pour le reste, on les laissait s'administrer. Ils devaient en grande partie se protéger eux-mêmes des attaques des Arabes, alors qu'on leur défendait de former et d'armer des paramilitaires. Les Anglais étaient une force d'occupation et, malgré leur collaboration étroite avec l'exécutif sioniste – le premier haut-commissaire britannique, Herbert Samuel, était lui-même un Juif aux opinions sionistes modérées –, ils lui faisaient sentir que les nombreuses plaintes et requêtes des Juifs ne leur pesaient pas moins que celles des Arabes.

Bergmann souffrait de cette évolution peu prometteuse, et il ne faisait pas l'effet d'un homme heureux parvenu au bout de ses rêves. Il était devenu plus grave, et il s'avéra que sa famille et lui vivaient à tous points de vue – matériel, culturel et social – dans des conditions plus difficiles qu'à Prague. « *Comme on nous précipite de pays en pays et d'opinion en opinion, de l'espoir au doute,* écrivit-il en 1922 à Leo Herrmann, ancien directeur de la *Selbstwehr. J'ai beau être ici depuis plus de deux ans, je suis encore loin d'avoir trouvé ma voie. Je me sens à l'écart de tout, n'ai aucun ami, ne côtoie personne et n'ai aucune tâche devant moi en dehors du travail à la bibliothèque*[34]. » Solitude qui n'épargnait aucun immigrant de l'Ouest, surtout à Jérusalem. Il fallait parler *arabe* pour s'intégrer dans cette ville, et les formes bourgeoises ne simplifiaient pas vraiment le quotidien. Les « Yekkes », les Juifs germanophones, vivaient donc largement entre eux, en proie à la nostalgie et moqués, voire méprisés par les immigrants d'Europe de l'Est, qui composaient une majorité essentiellement petite-bourgeoise ou prolétaire. « Directeur de la Bibliothèque nationale » : ce titre n'en imposait qu'aux sionistes culturels ; en réalité, Bergmann rafistolait des livres et remplissait des fiches bristol.

Le juriste moyen, avait écrit Kafka à Klopstock, devait « *être réduit en poussière* » avant d'avoir le droit de partir en Palestine, « *car c'est de terre que la Palestine a besoin, pas de juristes*[35] ». Depuis, Kafka était parti à la retraite, et la Palestine avait encore moins besoin de juristes retraités, pour ne rien dire des tuberculeux. Certes, il pouvait attester de revenus réguliers qui le rendraient indépendant du marché du travail palestinien et des aumônes juives – de fait, sa pension était plus élevée que le salaire maigre et précaire de Bergmann. Mais ce qui pesait plus lourd dans la balance, c'est que l'immigration privilégiait les candidats jeunes, en bonne santé, aptes au travail, et l'accord entre Britanniques et sionistes prévoyait qu'une présélection s'effectuerait autant que possible dans les pays de départ – on avait déjà interdit à des immigrants tuberculeux de débarquer à Jaffa, avant de les renvoyer à la case départ, sur le même bateau[36]. Kafka était visiblement prêt à courir le risque. Il avait résolu de se former à un métier artisanal facile, et si l'essentiel en Palestine était effectivement la terre – il le croyait encore –, il pourrait se rendre utile grâce à ses connaissances en jardinage. Il aurait pu assumer le coût du voyage, même sans l'aide de ses parents scandalisés ; il maîtrisait l'hébreu mieux que la plupart des immigrants allemands ; il avait une accompagnatrice, une maison où on l'attendait à Jérusalem. Ses chances n'étaient pas mauvaises, c'était l'affaire de quelques visas, il aurait pu tenter le grand saut. Mais la Palestine resta un rêve que finit par briser son état de santé. Lorsque Else Bergmann, sur le point de repartir elle-même, lui demanda de se décider en juillet 1923, Kafka dut lui avouer et s'avouer à lui-même qu'il était trop tard :

« Je sais en toute certitude que je ne partirai pas maintenant – comment pourrais-je partir –, mais qu'avec votre lettre le bateau accoste pour ainsi dire au seuil de ma chambre et que vous vous teniez là et que vous me posiez la question et que vous me la posiez de la sorte, ce n'est pas peu de chose. [...] Ce n'aurait pas été un départ pour la Palestine, plutôt, au sens spirituel, quelque chose comme le départ pour l'Amérique d'un caissier qui aurait détourné de grosses sommes, et le fait que ce départ se serait fait avec vous aurait encore beaucoup accru le caractère spirituellement criminel de l'affaire. Non, je n'aurais pas eu le droit de partir ainsi, même si je l'avais pu − je le répète, et vous, vous ajoutez : "il n'y a plus de place". Et de nouveau la tentation revient, et de nouveau répond l'absolue impossibilité, et en fin de compte, si triste que ce soit, c'est tout de même très bien ainsi. Et l'espoir reste pour plus tard et vous êtes assez bonne pour ne pas le contrarier. »

Quelques mois plus tard, les Bergmann accueillirent un autre émigré de génie : le jeune Gerhard Scholem. De Kafka, qu'ils ne revirent jamais, leur resta une photographie. Ils l'encadrèrent et la posèrent sur leur piano[37].

DORA

Personne ne fait la sourde oreille
quand on l'exhorte à vivre.
Pétrone, *Satyricon*

Une bouillotte, deux couvertures, un édredon. Plus le poêle alimenté par la bonne dans le couloir. Dix ans plus tôt, à l'époque où il dormait la fenêtre ouverte même en hiver, Kafka aurait trouvé cette atmosphère scandaleuse, infernale ; et, dans son œuvre, les pièces surchauffées symbolisaient depuis toujours un enfermement loin du monde. Maintenant, couché, emmitouflé, frissonnant, il avait peur d'attraper une pneumonie.

Ce scénario se répéta souvent pendant l'hiver 1922-1923 et, certains jours pires que d'autres, Kafka souffrait pendant des heures de crampes stomacales et intestinales. Autre symptôme de la tuberculose ? Max Brod courut chez le médecin traitant des Kafka et se fit confirmer ce soupçon : oui, répondit sans trop de discrétion le Dr Hermann, il était bien possible que l'infection se soit déjà propagée au système digestif. Pour la première fois, un praticien admettait donc que les limites du médicalement possible étaient peut-être franchies sans retour. Et si cette conclusion se révéla prématurée, de telles complications compromettaient évidemment les chances de guérison de Kafka. Et elles lui ôtèrent la force de s'adonner *à la fois* à ses deux grandes tâches, la littérature et l'hébreu. Il opta pour le second et abandonna les *Recherches d'un chien*, pour toujours.

Pendant une période, cette atmosphère d'hôpital déborda de sa chambre pour gagner tout l'appartement. Car la mère de Kafka mit longtemps à se remettre d'une opération « *extraordinairement grave* » impliquant « *des procédures on ne peut plus douloureuses* », ainsi qu'il l'écrivit[1]. Seul le début de l'année amena un mieux ; la fièvre de Kafka retomba complètement, et, malgré le retour de ses insomnies torturantes, qui le contraignirent même à prendre des somnifères, il fut assez remis en avril pour se risquer dehors. Début mai, il décida de passer quelques jours seul dans la campagne pragoise : à Dobrichowitz, où Kafka fut en une demi-heure de train et se plut autant qu'à Planá. Bien sûr, il ne fallait pas s'attendre à une vraie amélioration en si peu de temps, mais ce test lui prouva qu'il pouvait encore voyager et n'était pas un grabataire. À quoi dut s'ajouter qu'il ne voulait pas être dans le passage lorsque Ottla accoucherait de son deuxième enfant. Mais il ne put rester plus longtemps à la campagne : Dobrichowitz était si cher, écrivit-il à Milena, « *qu'il ne faudrait passer ici que les derniers jours avant la mort, ensuite il ne reste plus rien*[2] ». Un jour ou deux après la naissance sans encombre de sa nièce Helene, il fut donc de retour à Prague.

C'était au tour d'Ottla de se reposer quelque temps, et elle ne pourrait le faire que chez elle, pas question de voyager avant août avec le nourrisson. Repartir tout seul d'ici là n'était guère tentant pour Kafka, ne serait-ce qu'à cause du risque de se retrouver cloué au lit dans un hôtel et d'obliger quelqu'un à venir le chercher. Et il avait encore moins envie d'accompagner Klopstock dans les Tatras pour vivre au milieu d'une foule de malades. Où aller, donc? Sa sœur Elli devait elle aussi emmener ses trois enfants en vacances – dont Hanna, la petite dernière de tout juste 3 ans –, mais au bord de la mer Baltique, et le médecin avait déconseillé le climat éprouvant du Nord. La famille jugea néanmoins que c'était la meilleure solution et que Franz devait y aller. Il avait besoin d'un proche qui saurait comment agir en cas d'urgence, et – non moins essentiel pour les parents – il fallait lui faire oublier un peu ses idées de Palestine, qui finissaient par prendre des proportions dangereuses sous l'influence de ses amis pragois. Or ce calcul devait échouer d'une façon proprement comique. Car sur certaines plages de la Baltique, on croisait aussi des gens dont le rêve s'appelait Palestine, et la famille avait choisi une de ces plages sans se douter de rien.

Si Kafka accepta de se lancer dans cette expédition, ce fut sans doute parce qu'elle impliquait un passage par Berlin. Il n'avait pas revu cette ville depuis les journées fatidiques de l'Askanischer Hof, neuf ans plus tôt déjà, sans rien ignorer pour autant de la misère indescriptible et des immenses catastrophes qui l'avaient frappée depuis lors. Car contrairement à Vienne, autrefois centre de son monde, qui ne s'était un peu éclairci que pendant les quelques jours en compagnie de Milena, Berlin était demeuré pour Kafka un point de fuite et un point cardinal – pas seulement Prague en plus grand et en plus palpitant, mais quelque chose *de tout autre*. Cet enthousiasme avait assurément quelque chose de naïf, et aussi de touchant pour ceux de ses amis qui connaissaient la ville d'expérience. Berlin, avait-il écrit à Felice Bauer, était pour lui suspendu au-dessus de Prague comme le ciel au-dessus de la terre[3]. Il en était resté là; cette image ne renvoyait pas à la femme aimée, elle était le genre de rêve récurrent que font les prisonniers, un fantasme de libération. Berlin, en somme, était à Kafka ce que l'horizon est aux enfants. Et cependant il entrait là-dedans l'intuition justifiée que Berlin représentait « le monde » – le monde à venir, l'irruption de la modernité – bien autrement que Vienne, démocratisée tant bien que mal, et même que la Prague tchèque : à Berlin, tous les conflits – sociaux, ethniques, culturels, intellectuels – se livraient plus ouvertement, en termes plus explicites, à un niveau d'intensité en quelque sorte supérieur. Le pouls de cette ville battait plus vite, mais aussi plus fort. « *Ça mouline* », écrivit une fois Brod, épuisé par Berlin au bout de quelques jours. Kafka eut une bouffée de chaleur à la lecture de cette lettre. Et il avoua qu'il n'aurait jamais pu résister à une « *offre* » sérieuse en provenance de Berlin[4].

Or c'était Max Brod qui avait reçu et accepté un tel appel, avec la dernière conséquence. Il allait à Berlin aussi souvent que possible, pour retrouver une femme qui le pressait de venir plus souvent encore. Kafka devait la rencontrer, répétait-il depuis deux ans et demi, Emmy aussi avait hâte de le connaître, et comme Brod ne pouvait l'inviter à Prague, il fallait que Kafka se rende lui-même à Berlin. Lui ne demandait pas mieux. Seule la maladie et ses états de faiblesse l'en avaient empêché, Kafka s'était aventuré de moins en moins loin. Mais il finit par y arriver. Kafka fêta ses quarante ans à Prague, puis, enfin, il partit pour l'Allemagne. C'était une grâce qu'il n'espérait plus.

L'après-midi du 5 juillet, Kafka dit au revoir à sa sœur à l'Anhalter Bahnhof : Elli continuerait jusqu'à Rostock et atteindrait avant la nuit la station balnéaire de Müritz, au bord de la Baltique, tandis que lui prendrait une chambre d'hôtel. Il avait échafaudé un plan dont il se promettait sa plus grande joie depuis longtemps. Bien sûr qu'il verrait enfin Emmy Salveter, l'amante de Brod, avec laquelle il avait déjà échangé quelques cartes postales et qui le connaissait un peu de réputation. Mais à Berlin, il y avait aussi Puah Ben-Tovim. Elle venait d'entamer un stage d'éducatrice sociale, un séjour à la campagne avec des enfants de réfugiés juifs venus d'Ukraine et de Pologne qui vivaient en foyer. La communauté juive d'Eberswalde, à environ une heure au nord-est de Berlin, s'était dite prête à les accueillir pendant tout un mois, et Puah, qui n'avait encore jamais travaillé avec des enfants, serait chargée de s'occuper d'eux[5].

Kafka voulait voir ça de ses propres yeux, et Emmy était d'accord pour l'accompagner jusqu'à Eberswalde – entreprise délicate, il le savait, car en plus de s'être laissé courtiser pendant des mois par un jeune adepte de Hitler, Emmy nourrissait elle-même certains affects antisémites, surtout envers les Juifs de l'Est, et Brod n'avait pu les tempérer que peu à peu. Hélas, seule la première partie du plan de Kafka se réalisa. À mi-trajet, ils s'aperçurent qu'ils avaient mal calculé le temps qu'il leur faudrait et qu'ils ne reviendraient qu'à la nuit – trop fatigant pour Kafka, qui était parti tôt le matin. Ils descendirent donc à Bernau, firent une promenade et rentrèrent à Berlin.

Kafka n'en fut pas moins d'excellente humeur, et enchanté par cette nouvelle rencontre. « *Elle est charmante*, écrivit-il à Brod. *Et tout entière focalisée sur toi. Il a été question de toi à la moindre occasion. [...] Une vraie et forte spontanéité, de la droi-ture, du sérieux, un sérieux d'enfant adorable.* » Cette confiance devint si vite réciproque qu'ils purent aborder des questions difficiles. Étrange, remarqua-t-elle plusieurs fois, « *comme on reprend les opinions de celui qu'on aime, même quand elles s'opposent à celles qu'on avait jusqu'alors* ». Emmy Salveter avait appris, c'était une évidence. « *Elle a été très bonne avec moi* », résuma Kafka[6].

Cela donnait un peu l'impression (et c'était sans doute voulu) qu'il avait passé la journée avec une infirmière plu-tôt qu'avec une jolie jeune femme. Mais Brod reçut aussi une lettre d'Emmy, plus détaillée sans doute, qui jeta une autre lumière sur leur rencontre et cette petite sortie. « *Pour un peu, je l'aurais embrassé* », écrivait-elle avec son « sérieux enfantin ». Si elle l'avait fait, ses lèvres auraient rencontré une joue chaude. Car Kafka avait un peu de fièvre, même en ce 5 juillet 1923.

« Maison "Glückauf", pension, téléphone 29. Construite en 1909. Situation très paisible en lisière de forêt, à 8 minutes d'une belle plage, de l'embarcadère, des bains et de la bai-gnade libre, à l'abri du vent à l'est et au nord. Chambres lumineuses, aérées et bien aménagées, presque toutes munies d'une véranda ou d'un balcon couvert. Vue sur la mer. Service aux qualités reconnues. Prix raisonnables. Repas servis à de petites tables dans un grand réfectoire accueil-lant. Électricité. Eau courante. Tout-à-l'égout. Informations sur simple demande. Brochure gratuite. Tél. et adresse : Glückauf. Müritz. Karl Schütt junior. »

Kafka n'avait pas vu la mer depuis dix ans, et elle lui apparut plus belle que jamais. Il fut heureux de la retrouver, même s'il ne pouvait plus se baigner avec la même insouciance qu'autrefois. Tout dépendait de la température – la sienne, qu'il avait pris l'habitude de vérifier chaque jour.

Nous ignorons comment les Kafka avaient déniché cette station balnéaire – peut-être l'avait-on recommandée à Elli l'année précédente lorsqu'elle avait passé les vacances à Brunshaupten, 30 kilomètres plus loin, auquel cas elle avait pu la visiter. Ou bien quelqu'un dans la famille était tombé sur l'annonce de la pension « Glückauf », et l'idée de ces « *petites tables* » avait plu à Kafka. Ce qui dut les décider, c'était la situation avantageuse de Müritz, confirmée par les guides touristiques et propre à rassurer le médecin : Müritz était à la fois une station balnéaire et une station climatique. La ville se trouve au seuil de la « lande » de Rostock, gigantesque forêt qui s'étend jusqu'aux dunes. La conjonction de ces deux univers offrait à Kafka un cadre quasi idéal : d'un côté, une plage à la haute saison, avec ses cabines confortables, ses parties de football entre hommes, ses bavardages entre mères et ses piailleries d'enfants ; de l'autre, l'amorce d'une forêt antique qui, vous enveloppant dans un silence total au bout de quelques centaines de mètres, se faisait plus sauvage et diverse à mesure qu'on s'y enfonçait. C'est donc à juste titre qu'on recommandait Müritz pour les convalescents, et la ville comptait déjà quelques centres de repos.

La plupart des pensions et des hôtels étaient situés à l'entrée même de la forêt, sortes de villas bâties dans cette architecture de ville thermale typique du tournant du siècle et dotées de bon nombre de balcons et vérandas, dont certains aménagés comme des jardins d'hiver. Kafka logeait dans une de ces chambres, au second étage, du côté opposé à la rue, avec vue sur le petit jardin et la forêt. Le sentier qu'il empruntait chaque jour jusqu'à la plage (le Badeweg, renommé depuis Franz-Kafka-Weg) passait à l'ombre des chênes et des hêtres ; débouchant sur la promenade des dunes, on se retrouvait à l'air libre, au beau milieu d'une foule flâneuse de vacanciers. Au-delà, c'étaient la « plage des dames », la « plage des messieurs » et enfin la « plage des familles », qui réservait évidemment le spectacle le plus bigarré, avec ses incontournables vestiaires. Kafka y loua une cabine-fauteuil devant laquelle il trouva les initiales F. K. formées de pommes de pin – sans doute l'œuvre de Gerti, 10 ans, et de son frère Felix, 11 ans.

Mais une autre surprise l'attendait à Müritz. Quand Kafka sortait sur son balcon, il entendait des voix d'enfants, un nombre d'enfants considérable. Cela rappelait la petite troupe qui s'était ébattue sous ses fenêtres à Planá jusqu'à le faire désespérer. Sauf que cette fois, c'était un tout autre chahut. Les enfants chantaient, ils répétaient en chœur, et on entendait des adultes, des animatrices, tout cela en deux ou trois langues. À travers les feuillages, il distinguait ce groupe qui occupait un bâtiment à une cinquantaine de mètres, presque dans la forêt. Il dut s'apercevoir très vite que ce qu'il entendait n'était pas du folklore allemand. C'étaient des chants yiddish, sans doute possible : la mélopée des hassidim.

Après avoir *failli* visiter une colonie de vacances juive la veille de son arrivée, Kafka avait donc pris une chambre juste à côté des quartiers d'été du Foyer juif de Berlin – coïncidence si improbable qu'il dut y voir non seulement un signe du destin, mais ni plus ni moins qu'une invite. À une époque, ce foyer l'avait plus passionné que toute la programmation culturelle de Prague ; il avait incité Felice Bauer à s'y faire bénévole, il avait donné de l'argent, mais sans jamais voir de ses yeux ce lieu de tous les fantasmes. Certes : sept ans avaient passé depuis, beaucoup de choses avaient changé, et les temps étaient loin où l'on récitait les poèmes de Werfel à la progéniture ébahie de réfugiés polonais pour qu'elle découvre les sommets de la culture occidentale. Entre-temps, le sionisme avait fait nombre de jeunes adeptes dans le Scheunenviertel de Berlin, et le foyer était passé sous l'égide du Jung-Jüdischer Wanderbund, un mouvement de jeunesse juif qui entendait former des pionniers pour la Palestine, et non des travailleurs et des commerçants cultivés. Tout devait être subordonné au sentiment communautaire juif, et les chants et les célébrations ne visaient pas seulement à divertir les enfants, mais bien à abolir les frontières entre les différentes langues maternelles et les divers milieux. Tous s'appelaient *khaverim*, « camarades », comme au kibboutz. Et, bien entendu, ils apprenaient l'hébreu.

À Berlin, il lui aurait fallu une journée de voyage ; à Müritz, il suffisait de deux pas. Kafka devait y aller, voir les enfants, s'assurer que ce n'était *pas* un rêve. Et tout alla de soi. Car lui aussi avait attiré l'attention. Felix et Gerti avaient dû dire aux autres que le monsieur au physique gracile et au teint mat qui venait chaque jour à la plage était leur oncle, le célèbre écrivain Dr Franz Kafka. Une des filles du foyer, Tile Rössler, 16 ans, expliqua à ses *khaverim* de qui il s'agissait : apprentie libraire, elle connaissait *Le Chauffeur*, et elle tomba sous le charme de Kafka dès le premier instant. Elle réussit à lui parler seul à seul, Kafka se laissa approcher avec plaisir, et il écouta longuement ses tristes histoires de famille. Pour finir, Tile s'arrangea pour que Kafka soit invité à célébrer le shabbat[7]. Un événement, pour tout le monde. Le jour même, Kafka se procura un *siddur*, un livre de prières en hébreu, et demanda quels passages on lirait. Il voulait se préparer pour que son ignorance ne se voie pas trop. Une fête comme celle-là, dans une salle décorée exprès pour l'occasion, avec des formules rituelles, de la musique hassidique, un repas opulent – Kafka n'avait rien vu de tel de toute sa vie.

Le soir du 13 juillet, une semaine après son arrivée, Kafka alla chez ses voisins, son livre de prières dans la poche. Par une fenêtre au rez-de-chaussée, il jeta un œil dans la cuisine et vit une jeune femme à la chevelure mi-longue, épaisse, bouclée, aux joues rondes et aux lèvres pleines. Avec un couteau, elle écaillait des poissons en vue du grand repas. Kafka tomba en arrêt. Quand elle releva les yeux, il entra. « *Des mains si délicates*, dit-il, *pour un travail aussi sanglant*[8]. »

Dymant, Dimont, Dymand, Diament, Dimant, Diamant. Prénom : Dvojne, Dworja ou Dora. L'incertitude qui entoure ce nom de famille, écrit de six façons différentes dans les rares documents conservés, signale une étrangeté, une non-appartenance : ce sont des transcriptions de l'hébreu en allemand et en yiddish. Cette jeune femme était des deux mondes : pour les autorités allemandes, elle s'appelait Dora Diamant; dédicaçant plus tard un exemplaire du *Médecin de campagne*, elle-même signa « *Dora Dymant-Kafka* ».

« *J'étais une créature obscure venue de l'Est*[9] » : née le 4 mars 1898 à Pabianice, ville industrielle près de Łódź. L'État polonais n'existant pas à cette époque, ses parents étaient sujets du tsar : Herschel Aron et Frajda (Friedel en yiddish), âgés de moins de 20 ans à leur mariage. Cette union donna huit enfants ; les deux premiers ne vécurent que quelques mois ; Dora fut la deuxième des deux filles et quatre garçons qui survécurent. Sa mère mourut jeune, des suites peut-être d'un accouchement, peut-être d'une tuberculose[10].

Herschel et les enfants s'installèrent à Będzin, petite ville à majorité juive dans la région houillère de la Haute-Silésie. Le père fonda une manufacture de bretelles et de jarretelles, prospéra et fut dès lors connu comme faiseur de *schleikes*. Mais quand il partait au travail le matin, il avait déjà derrière lui plusieurs heures de lecture et de prière. Car il était le prototype même du hassid érudit, possédant une vaste bibliothèque, lisant l'hébreu ancien, parlant le yiddish et l'allemand en plus du polonais, et observant en toute rigueur non seulement les rituels religieux mais les prescriptions quotidiennes du judaïsme le plus orthodoxe – dont le soutien et l'accueil des familles pauvres. Depuis des années, son mentor spirituel était le « rabbi miraculeux » de Ger (nom yiddish de Góra Kalwaria), chef d'une « cour » hassidique conservatrice au plus haut point et influente dans toute la Pologne.

Dora grandit dans un monde où le plus infime phénomène, les événements les plus banals étaient rehaussés d'une portée symbolique et, du même coup, enserrés dans un maillage étroit de prescriptions religieuses. Ce monde n'admettait pas les projets de vie individuels, surtout pas pour les femmes, et il fallait une volonté considérable et des circonstances exceptionnelles pour sortir de la voie toute tracée sans risquer de déchoir socialement. De façon significative, ce sont deux catastrophes qui ouvrirent une porte de sortie à Dora. La première fut la mort précoce de sa mère, qui lui imposa une certaine autonomie avant même sa puberté et retint sans doute son père de convoquer une marieuse trop vite : il avait besoin d'une femme pour tenir son foyer. La seconde fut la guerre mondiale, qui amena à Będzin des milliers de nouveaux visages et fit ainsi tomber définitivement les barrières entre les différents milieux juifs. Là aussi, le sionisme politique gagna surtout en influence parmi les jeunes, et des filles de familles ultraorthodoxes, modérément religieuses ou tout à fait assimilées se retrouvèrent soudain à suivre le même cours d'hébreu.

Dora s'intéressa aux classiques du sionisme et en particulier aux écrits de Herzl, elle apprit l'*ivritt*, découvrit le théâtre juif oriental et joua elle-même à quelques occasions – scandale qui plaça son père dans la pire posture possible. Car la plus haute autorité spirituelle qu'il connaissait, le rabbi de Ger, menaçait d'exclure de sa communauté tous les Juifs qui ne retiraient pas leurs enfants des cercles sionistes. Telle était donc la position que devait défendre l'influent Herschel. Que faire ? Il jugea d'abord avisé d'envoyer sa fille loin de Będzin, loin de ses trop nombreux amis. Il l'emmena à Cracovie et la plaça dans un internat juif orthodoxe qui jouissait de la bénédiction du rabbi, la première école Beth Jakob, chargée de former des enseignantes pieuses et au fait de la loi juive. Mais il était trop tard. Dora avait déjà 19 ans, et la fureur antisémite à laquelle elle fit face dans cette grande ville polonaise n'eut rien pour lui faire oublier ses rêves de Palestine. Elle s'enfuit de Cracovie, fit son chemin jusqu'à Breslau puis fut rattrapée par son père ; après sa seconde fugue, il renonça à ses recherches et il pleura sa fille comme si elle était morte.

Pendant environ un an, elle resta à Breslau, en Silésie allemande – sans doute avec le statut de réfugiée. Elle travailla dans un foyer pour enfants, fréquenta les cercles étudiants et apprit l'allemand très vite. Quand elle partit pour Berlin, ce fut sans doute sur les instances des Badt, famille bourgeoise et cultivée aux opinions sionistes, étant donné qu'elle travailla comme gouvernante dans la maison d'un de leurs fils, Hermann Badt, député encarté au SPD* et chef d'une communauté cultuelle juive. Dora participa elle-même à des meetings politiques ; un de ses amis de Breslau, le médecin Ludwig Nelken, raconta même l'avoir vue à Berlin aux côtés d'Angelica Balabanova, militante communiste de premier plan[11]. Mais en 1920, elle fut dirigée vers une autre adresse, plus décisive pour elle dans un premier temps : le Foyer populaire juif. Une jeune femme maîtrisant toutes les langues nécessaires, habituée à des conditions de vie modestes, ayant déjà travaillé avec des enfants difficiles et sachant cuisiner – pour le Foyer, Dora Diamant dut sembler une perle rare. Nous ignorons quand elle partit pour la première fois avec ces enfants de réfugiés ; mais à Muritz, elle était apparemment déjà le centre de gravité du groupe : à la fois cantinière, intendante et professeure de chant et de langue.

De son côté, Dora avait aussi repéré le monsieur affable de la pension d'à côté, avec son air un peu gamin ; le plus souvent, il se trouvait en compagnie d'une femme et de plusieurs enfants, et cette famille lui avait paru si étrange – elle se demanda même s'il n'avait pas du « *sang indien* » – qu'elle l'avait suivie dans la rue[12]. Ce soir-là, elle apprit qu'il venait de Prague, qu'il était célibataire, juif, et qu'il s'agissait de l'écrivain que tout le monde attendait avec la plus grande

---

* Sozialdemokratische Partei Deutschlands, le Parti social-démocrate allemand.

impatience. Un écrivain très modeste, qui refusait de parler de lui et qui venait pour apprendre, comme les enfants. Dora fut charmée et impressionnée. Dès lors, ils se revirent aussi souvent que ses multiples tâches leur en laissèrent l'occasion.

Kafka garda longtemps le silence sur cette rencontre cruciale, avec une rigueur encore plus grande qu'à l'accoutumée. Il fit part à tout le monde de son enthousiasme pour le Foyer, pour ces « *enfants gais, vigoureux, passionnés* » : « *Quand je suis parmi eux*, écrivit-il même à Bergmann, *je ne suis pas heureux, mais au seuil du bonheur* » – le bonheur de l'identification, comme autrefois à Prague, lorsque, saisi, troublé, il avait observé par une fenêtre les enfants des réfugiés de l'Est hébergés provisoirement à l'hôtel de ville juif, et désiré ardemment être l'un d'entre eux. Klopstock fut le seul auquel il avoua que ce bonheur rêvé n'allait pas sans la douleur de la désillusion. Certes, ce camp de vacances où il passait maintenant presque toutes ses soirées était pour lui « *le plus important à Müritz et au-delà de Müritz* ». Mais il restait simple invité, « *et pas même un invité au sens strict, ce qui me peine, pas au sens strict, car au lien collectif se mêle un lien particulier*[13] ». Il n'en tâcha pas moins de cultiver ses autres relations ; il échangea avec Tile Rössler, qui était jalouse, et lui envoya ensuite à Berlin une longue lettre solennelle. Et pour finir, il réserva à ses *khaverim* une surprise qui augmenta beaucoup sa renommée : la visite-éclair de son amie et professeure Puah Ben-Tovim, une vraie Palestinienne – sensation à Müritz.

Début août, Karl Hermann, le mari d'Elli, arriva à son tour dans l'idée de passer quelques jours à la mer, mais il joua de malchance : le temps se gâta, les températures chutèrent, la plage se vida et nombre de vacanciers firent leur valise. Pour Kafka, ce fut la fin des heures qu'il passait chaque jour avec Dora dans le sable chaud au milieu des enfants, souvent en lisant de l'hébreu. Les Hermann décidèrent de repartir plus tôt, avec Franz ou sans lui. Il était prévu qu'il aille à Marienbad passer quelques jours en compagnie de ses parents, qui y faisaient leur cure annuelle. Mais là-bas aussi, le temps devint si détestable du jour au lendemain qu'ils annulèrent ces retrouvailles et retournèrent à Prague. Kafka était donc libre. Il fallait réfléchir.

Pour sa santé, ces vacances à la plage étaient un échec. Ses insomnies et ses maux de tête ne s'étaient pas calmés, la sensation de fatigue et de faiblesse restait constante, et il avait même perdu du poids. Là où tous les autres se sentaient vivifiés, il avait compris que la Palestine lui resterait inaccessible. Et dans ces conditions, même ses projets avec Dora seraient durs à réaliser. Elle ne pouvait repartir avec lui, les vacances des enfants n'étaient pas terminées, mais elle désirait qu'il la rejoigne à Berlin, et elle était prête à lui venir en aide autant que possible. Cela étant, aller *de son plein gré* passer l'hiver dans cette métropole glaciale, en proie à l'inflation et délabrée socialement – c'était une décision que personne ne comprendrait à Berlin, et qu'il faudrait imposer de haute lutte.

Il fit pourtant un premier pas. Sans rien expliquer à sa sœur ni à son beau-frère, il descendit à Berlin et prit un hôtel pour trois nuits. Il voulait tâter le terrain ; il dut regarder les prix de l'immobilier dans le *Berliner Tageblatt* et visiter les quartiers que lui avait conseillés Dora. Nous ignorons s'il vit qui que ce soit – à une exception près. Dès le premier après-midi, il alla cogner à la porte de la librairie Jurovics, à Charlottenburg, où travaillait Tile Rössler. Certains magasins fermaient assez tôt depuis peu, il devait s'en être aperçu : personne ne voulait plus rien vendre le soir, aux prix d'avant la clôture de la Bourse – pas même des livres. Enfin, quand il eut frappé plusieurs fois, Tile ouvrit, surprise, ravie. Kafka lui tendit un bouquet de violettes et lui proposa de l'accompagner au Deutsches Theater pour voir *Les Brigands* de Schiller ; elle pourrait amener ses amies du camp de vacances.

Ce soir-là, Kafka prit le métro jusqu'à Oranienburger Tor et passa une soirée au théâtre avec trois adolescentes. Recru de fatigue, il eut du mal à suivre la pièce, qu'il connaissait pourtant depuis l'école. Mais à un moment, il donna un coup de coude à sa voisine, se pencha et lui chuchota à l'oreille : « *Tu as entendu, Tile ? Cette canaille s'appelle Franz !* »

Il avait de nouveau maigri et cela se voyait, il paraissait aussi frêle et fragile que trois ans plus tôt. La balance affichait 54,5 kilos – il ne restait donc rien des succès de façade qu'il avait remportés en se faisant violence à Meran et à Matliary ; et ses parents, pour qui le poids de Franz restait le mètre-étalon de l'espoir, demandèrent à juste titre ce qu'il comptait faire. Bien sûr, Elli n'avait pas pu se charger de surveiller son régime à Müritz. Mais il fallait que quelqu'un prenne ce problème en main ; après tout, les temps de la disette et de la contrebande étaient bien révolus ; on trouvait de tout sur les marchés de Bohême, ce qui n'était pas le cas en Allemagne ; il fallait simplement qu'il se gave sans penser aux prix. Pour finir, ce fut encore Ottla qui vint à son secours : elle s'était déjà plusieurs fois révélée un maître de la « cure d'engraissement », même dans les circonstances les plus difficiles, et elle avait envie de partir, car sa deuxième grossesse l'avait empêchée de prendre des vacances. Il fut donc décidé que Kafka et sa sœur, comme l'année précédente, passeraient quelque temps à la campagne, à Schelesen cette fois, c'est-à-dire assez près pour permettre à Josef David de leur rendre visite.

Kafka y resta cinq semaines. Nous avons peu de détails sur ce séjour dans la maison d'un commerçant, mais ce qui est certain, c'est qu'il n'aurait pas pu mieux tomber. D'une part, Kafka connaissait bien Schelesen, il était à l'abri de toute mauvaise surprise, et même le souvenir mélancolique de ses joyeuses promenades avec Julie Wohryzek et de l'épreuve intérieure qu'avait été la *Lettre au père* – comme tout cela était loin! – dut le renforcer dans la conviction que Dora était une grâce octroyée sur le tard, et que ses nouveaux projets étaient de loin plus réalistes et plus souverains que tout ce qu'il avait défendu bec et ongles encore quelques années plus tôt. D'autre part, Ottla était la seule à laquelle il pouvait s'ouvrir de décisions d'une telle portée. Dans les affaires de cœur, elle se montrait compréhensive même quand les expériences d'autrui allaient au rebours des siennes; et elle savait et acceptait que son frère se passait volontiers des conseils bien intentionnés de sa famille.

Il était convenu que Dora lui trouverait un logement adapté et lui prodiguerait tout le nécessaire (comme « *maîtresse de maison* », dit Kafka à Tile). L'idée que ce déménagement pourrait être définitif et que la cohabitation avec Dora déboucherait peut-être sur cette vie si longtemps, si intensément désirée aux côtés d'une femme, paraissait à Kafka énorme au point qu'il n'osa pas l'aborder à l'écrit : « *je dois être un butin précieux pour les forces adverses*, écrivit-il à Brod, *elles se débattent comme le diable ou sont le diable en personne*[14]. »

Mais même Brod ne sut pas tout de suite que Kafka projetait vraiment de dire adieu à Prague et sa famille; seule Ottla fut informée de ces préparatifs et de la correspondance quasi quotidienne entre Schelesen et Berlin. Fin août, Dora trouva un logement abordable à Steglitz, loin en périphérie, et Kafka donna son accord sans rien dire à personne.

Ce départ, semble-t-il, il l'annonça à ses parents à la toute dernière minute, en s'arrangeant pour ne laisser aucune place à de longues discussions. Ottla avait pris une location à Schelesen jusqu'à la mi-octobre, et les Kafka s'imaginaient que Franz y resterait aussi tant que la saison le permettrait. Mais soudain, le 21 septembre, il fut à Prague et fit savoir qu'il partirait pour Berlin le surlendemain, seul, contre toutes prescriptions médicales. D'accord, il avait pris un peu de poids sous la surveillance de sa sœur, cela se voyait si l'on regardait d'assez près, c'était surtout le bienfait du beurre frais de la campagne. Mais à Berlin, on n'en trouvait pas – qu'est-ce qu'il mangerait là-bas? Or Kafka ne semblait pas se soucier le moins du monde de son régime berlinois; il passa bien plutôt des heures à préparer sa valise, dont le contenu ne devait pas trahir la vraie nature de ses projets. Pas de vêtements d'hiver par exemple, ce n'était qu'un petit voyage. Quant à l'argent, il n'y en avait de toute façon que pour une ou deux semaines. Ses parents lui en enverraient, voilà tout. Partir, partir, c'était tout ce qui comptait.

Plus qu'une nuit avant le grand saut. Kafka la passe les yeux ouverts, les fantômes de Prague se sont assemblés pour un ultime assaut. Les somnifères n'y font rien, Kafka lutte, la peur est trop forte. Non, il ne va pas partir. Dora comprendra, et il enverra un télégramme au propriétaire de Steglitz. Reste à trouver une bonne excuse. Au désespoir, Kafka commence ce télégramme mais n'en vient pas à bout. Enfin le jour se lève, la « demoiselle » prépare le petit déjeuner, sa valise est prête. Le mari d'Ottla monte pour lui dire au revoir, il ne comprend pas qu'on puisse aller à Berlin par les temps qui courent. Le père grogne encore un peu, mais pas méchamment, il est peut-être même impressionné par la soudaine résolution de son fils. Sa mère, elle, le regarde d'un air triste. Kafka se rappelle ce qu'il a dit à Ottla, avec quel dévouement elle l'a préparée à ce grand départ. Non, il ne reculera pas, il n'enverra pas de télégramme. Il se détourne, monte dans l'ascenseur, les portes se referment, et, pour la première fois, il ne dit pas quand il compte revenir.

BERLIN, À LA LISIÈRE

Bien des choses me font mal
qui ne font que de la peine aux autres.
Lichtenberg

« Il me semble qu'au moment même où deux êtres se marient
pour être heureux ensemble, du moins le croient-ils, ils
tournent déjà le dos à toute chance de bonheur. [...] Pour
se marier, deux êtres ne peuvent avoir qu'une seule raison
sensée – à savoir qu'il leur est impossible de faire autrement ;
que, tout simplement, il leur est impossible de vivre l'un sans
l'autre. Cela arrive. Sans le moindre romantisme, la moindre
sentimentalité, le moindre tragique. »

Ces lignes fort peu sentimentales sont de Milena Pollak,
dans un article de 1923 intitulé « Le Diable au foyer ». Kafka
ne fit pas que le lire, il l'étudia et le commenta longuement,
presque phrase par phrase[1]. À l'évidence, Milena y tirait les
leçons de son propre mariage, et surtout de la disproportion entre ses grandes, trop grandes certitudes initiales et
les frictions usantes que connaissait son couple pour des raisons futiles. Il est absurde, dit-elle, de se soutirer mutuellement des promesses que personne ne peut tenir ; mieux vaut
accepter l'autre comme il est et se conduire « *décemment* »

jusque dans les abîmes du quotidien – si difficile que ce soit. C'était aussi l'avis de Kafka depuis longtemps : il ne suffisait pas de remplacer les conventions maritales et familiales qui allaient de soi pour ses parents par des serments d'amour et de passion éternels, et la solution résidait encore moins dans une quête infinie du conjoint « idéal ». Dans ses rapports avec Felice Bauer, il avait maintes fois souligné que seul un sentiment profond d'appartenance réciproque pouvait fonder et justifier un mariage, peu importe la forme que prenait cette vie commune. Cela n'allait pas sans un certain pathos ; mais dans ce renoncement au langage romantique du cœur entrait aussi une sorte de pragmatisme, voire d'objectivation, qui avait tout pour plaire à Felice. Hélas, les couples qu'il avait cités en exemples étaient tous mariés dans les formes bourgeoises, et le reste n'était que fantasme, littérature.

En dix ans, les choses avaient changé. Kafka avait connu des femmes tchèques indépendantes ; il avait vu Ottla suivre sa voie ; les lois tacites du « nom » et de la « réputation » n'avaient cessé de se relâcher. Pour finir, la guerre et le délitement de la société l'avaient persuadé à son tour que les procédures autrefois intangibles de l'existence bourgeoise étaient anachroniques en plus d'être néfastes : compter en décennies, voire en générations, n'avait plus aucun sens. Et puis, Kafka avait vieilli. Même selon les standards de ses parents, qu'il avait toujours laissés l'influencer en dépit du bon sens, personne ne pouvait forcer un quadragénaire à se lancer dans une quelconque « expédition de fiançailles », et l'espionnage des fiancées potentielles via une agence de détectives faisait de plus en plus mauvais genre, y compris au sein de la moyenne bourgeoisie.

Cette évolution apportait à Kafka une forme de sérénité encore inconcevable quelques années plus tôt. Assurément, il avait perdu sa lutte pour le mariage et même *contre* un mariage – celui de Milena –, et si l'institution maritale représentait effectivement la vie, alors son statut de célibataire éternel faisait de lui plus qu'un perdant : une sorte de mort-vivant social. Pendant un temps, Kafka s'était d'ailleurs résolu à assumer cette conséquence et à quitter la vie – non pour la mort proprement dite, qui le guettait de toute façon au bout de la tuberculose, mais pour la littérature ; et il devait se demander si cette pulsion de fuite n'était pas aussi l'origine de son rêve palestinien, si ce rêve, lui non plus, ne servait pas uniquement à déserter le lieu de sa défaite.

Mais à présent – très tard – il comprenait que si le possible lui était resté impossible, c'était surtout parce qu'il avait tenté de forcer le destin. L'expression « *tentative de mariage* », dans son journal, était symptomatique à cet égard : dénuée de la moindre ironie, elle évoquait plutôt un examen ou une course de haies qu'un acte social ancré dans l'intimité, et ce genre d'idées révélaient à quel point il avait intégré un catalogue d'obligations. Mais quelle autre option avait-on dès lors qu'on refusait de tomber dans une conduite sociale irresponsable, telle qu'Otto Gross en offrait le modèle ? De façon paradoxale, ce fut précisément la peur de ce genre de mises à l'épreuve – peur qui s'intensifiait à chaque « recalage » – qui indiqua une porte de sortie à Kafka. Il décida de ne plus se faire toute une histoire de ses relations avec les autres : finis les « *sacrements de l'indéfectibilité* », les liens qui se plantaient « *fièrement face au ciel* ». C'est ainsi qu'il le formula dans une lettre à Klopstock pour tempérer un peu ses assauts d'amitié. Appliquée à la vie aux côtés d'une femme, cette résolution était précisément ce que réclamait Milena dans son article : la fin des exigences destructrices qu'on s'impose à soi et aux autres.

Kafka, lui qui n'avait encore jamais partagé un logement avec la femme aimée, n'imaginait sans doute pas qu'il serait un jour capable, non pour lui seul, mais en couple, d'adopter une attitude aussi sereine et orientée vers le présent. C'est pourtant ce qui arriva cette même année 1923. Avec Dora Diamant, il n'avait pas besoin de parler mariage, famille, place des parents, ni même de se demander comment, par quelle formule il présenterait cette nouvelle union. Cela se ferait tout seul. Ils voulaient être ensemble, et ils savaient que ce ne serait possible qu'à trois conditions : Kafka devrait quitter Prague, autrement dit l'aire d'influence de sa famille; Dora devrait s'occuper de lui au quotidien; enfin – et c'était le moindre obstacle –, il devrait partager sa pension avec elle. Tels étaient les termes de l'accord.

Partant de là, ils laisseraient l'avenir décider si « ça » irait – une Juive de l'Est de 25 ans, un Juif de l'Ouest quarantenaire et tuberculeux. Ces conditions de départ leur paraissaient extraordinairement favorables. L'énergie qu'avait mise Dora à se frayer un chemin et la spontanéité avec laquelle, pourtant, elle se laissait toucher par le destin d'autrui, impressionnaient et émouvaient Kafka, et lui rappelaient sans aucun doute sa sœur cadette. Dora s'était défaite des chaînes sociales de l'orthodoxie juive; elle avait pris sur elle de rompre avec sa famille au nom de sa liberté tout en restant fidèle à ses origines, à la fois avec nostalgie et fierté – attitude qu'il avait jadis observée et admirée chez Jizchak Löwy. De son côté, Dora voyait en Kafka un idéal d'humanité : un homme qui embrassait pleinement son identité juive mais qui avait assimilé et raffiné au plus haut point tout ce qui la fascinait en Occident – la culture, l'individualité, un humour souverain, une perception de la société par-delà les limites de son propre milieu. Elle retrouvait aussi en lui cette forme d'attention accrue aux choses simples, au quotidien, cette « sanctification » de la vie que professait le hassidisme et que Dora avait assimilée en profondeur : rien ne lui échappait, il se réjouissait de petits riens, et même quand il opposait une résistance ou une critique, il restait loin de tout dénigrement.

Il s'avéra que même son rapport à la littérature se subordonnait tout entier à cette attitude, qui visait l'immédiateté. Les premiers soirs, au camp de vacances de Müritz, on l'avait reçu en sa qualité d'écrivain, d'homme éminent à qui l'on devait une déférence spéciale. Or c'était tout ce que Kafka ne voulait pas. Autant il attachait à l'écriture la plus haute importance, autant il s'effrayait depuis toujours que la littérature puisse faire de lui un personnage public, le placer sur un piédestal. Il avait bien conscience – et quand il l'oubliait, ses amis se chargeaient de le lui rappeler – de créer des œuvres d'art qui, une fois dans le monde, déployaient leur effet en toute autonomie, loin au-delà de son propre horizon spatial et temporel. Mais c'était une pensée qu'il ne parvenait toujours pas à accorder avec l'intimité de l'acte d'écriture.

« *Quand il était question de littérature*, raconte Dora Diamant, *il devenait intraitable et n'acceptait pas de compromis, car elle concernait tout son être. Il ne voulait pas seulement aller au fond des choses – il était au fond lui-même*[2]. » Cette formule dit tout, elle est peut-être de Kafka en personne, et elle conforta Dora dans l'idée que la langue littéraire est tout aussi inséparable de son auteur qu'un acte ou une mimique. Elle lisait et elle écoutait les écrits de Kafka comme autant de messages à caractère personnel, elle y cherchait ce qui lui parlait, car dès lors que ces textes étaient de l'homme qu'elle

aimait, ils s'adressaient nécessairement *à elle*. Dora Diamant
ne pondéra ce point de vue que bien plus tard, trop tard
(ce qui compliqua beaucoup la tâche de Max Brod lorsqu'il
voulut publier les œuvres de son ami), et, même alors, elle
persista à croire qu'aucune personne extérieure ne pourrait jamais comprendre Kafka en se fondant sur ses seules
œuvres, ni ses œuvres sans avoir connu sa présence. L'idée
qu'un écrivain d'importance soit une grande figure de l'histoire de l'esprit qui mènerait comme en parallèle une existence matérielle et privée lui aurait paru absurde, et tout
indique qu'elle fut fascinée par l'aura personnelle de Kafka,
non par ses prouesses littéraires.

Un appartement calme, loin du bruit de la ville, dans un
air sain, proche de quelques commerces et accessible sans
grand effort depuis le centre. Ce n'était pas facile à trouver,
mais Dora avait bien choisi. Quand Kafka découvrit ses nouveaux quartiers de Steglitz, dont il n'avait reçu que des descriptions écrites, il fut plus que soulagé : une grande pièce
meublée avec encorbellement et accès à volonté au balcon
des bailleurs, un commerçant et sa femme, eux-mêmes locataires de ce 8, Miquelstrasse (actuelle Muthesiusstrasse, au
croisement de la Rothenburgstrasse). L'ambiance petite-
bourgeoise et paisible du lieu était typique de ce quartier
de la périphérie : un employé de banque, un artisan, un ingénieur, un autre commerçant, trois retraités – tels étaient les
autres habitants de l'immeuble. Les parages, surtout, enchan-
tèrent Kafka et lui donnèrent tout de suite envie de rester
pour l'hiver : c'était la lisière de Berlin, des allées calmes et
plantées d'arbres qui semblaient n'avoir pas changé depuis

l'époque où Steglitz avait été simple village. L'expansion de
Berlin ne l'avait atteint et phagocyté qu'au cours des vingt
dernières années, et la Miquelstrasse, comme l'écrivit Kafka,
était la dernière rue d'allure citadine, car dès qu'il s'éloignait un peu, il se retrouvait entouré de villas et de jardins.
« *Quand je sors de l'immeuble pendant ces soirées tièdes, il me parvient des vieux jardins luxuriants un parfum que je crois n'avoir
senti nulle part avec cette douceur et cette force, ni à Schelesen, ni
à Meran, ni à Marienbad*[3]. » Encore un peu, une demi-heure
de marche à peine, et on arrivait à Grunewald ; et si c'était
trop loin, Kafka pouvait toujours se reposer au nouveau jardin botanique de Dahlem, à moins d'un kilomètre. Non loin
de l'appartement se trouvait aussi la Schlossstrasse, alors en
passe de devenir un centre régional du commerce de détail,
et où se dressaient l'hôtel de ville de Steglitz et l'arrêt de la
ligne 6, qui menait droit au centre. Toutes les commodités
à deux pas, l'agrément de la grande ville, le parfum d'une
ville thermale méditerranéenne – même si Kafka exagérait
un peu pour rassurer ses proches, il était beaucoup mieux
tombé qu'il n'avait pu s'y attendre avec ses modestes moyens.

Ses lettres à sa famille ne disent pas un mot de Dora, et
il est même probable que ses parents n'aient pas connu son
existence à ce stade[4]. Est ainsi passé sous silence un autre
grand attrait de ce logement à Steglitz : les « visites féminines » y étaient tolérées. Pas la nuit, certes. Mais Kafka
n'osait pas encore penser à une véritable cohabitation avec
Dora, et il n'aurait sans doute pas su mener *de front* ces deux
exodes contrariés depuis si longtemps – de la ville natale
à la métropole étrangère, de la solitude du célibat à la vie
aux côtés d'une femme. Dora, qui avait une chambre ou un
lit dans le Scheunenviertel, faisait presque chaque jour le

long trajet jusqu'à Steglitz pour pourvoir à tout le nécessaire. Kafka se chargeait lui-même des petites courses – partant chaque matin avec son pot de lait et faisant la queue en costume et cravate – et ses logeurs lui servaient un petit déjeuner. Tout le reste, Dora s'en occupait, et puisqu'ils ne pouvaient s'offrir un restaurant qu'une ou deux fois par mois, elle préparait les repas elle-même, avec deux réchauds à alcool et une « marmite norvégienne » où les plats finissaient de cuire. Pour le reste, ils se promenaient; l'après-midi, Kafka dormait un peu; et souvent, il lui faisait la lecture, les contes de Grimm, E. T. A. Hoffmann, Kleist, parfois même tard le soir, quand elle se reposait sur le canapé. Ou bien ils s'amusaient à faire des ombres chinoises, pour lesquelles Kafka se révéla très doué. La chambre était un peu sombre, il n'y avait pas l'électricité, la lumière fonctionnait au gaz, mais Dora réussit à construire une grande lampe à pétrole en empruntant et en achetant les pièces, si bien que Kafka put s'éclairer un minimum pour lire et pour écrire. Ce petit paradis de Steglitz n'avait qu'un seul défaut, dangereux il est vrai, et auquel même Dora ne pouvait remédier : il coûtait 500 milliards de marks par mois.

« *Comment ça va? — Mal, multiplié par le taux de change.* » Les Berlinois avaient réponse à tout[5]. Mais ce qui arrivait depuis l'automne 1921 à leurs marchés, leurs magasins, leurs épiceries et leurs banques mettaient leur gouaille proverbiale à rude épreuve*. Les indices actualisés chaque jour – taux de change et prix de gros, qui définissaient le pouvoir d'achat – avaient dévissé, grimpé en flèche et fini par

---

* On parle de « Berliner Schnauze », littéralement de la « (grande) gueule » des Berlinois.

exploser. C'était surtout le cours du dollar qu'on consultait tous les matins comme un oracle, même quand on touchait sa paie à la semaine et qu'on n'avait jamais vu de devise étrangère. Un dollar vaut 4,20 marks, avait-on appris avant la guerre. En janvier 1922, il se mit à en valoir 200 ; en août, 1 000 ; en juillet 1923, on compta en millions, et bientôt après en milliards.

Le phénomène était sans précédent, et même les économistes qui avaient mis en garde contre un effondrement de la monnaie allemande après la guerre n'avaient pas su imaginer les formes extravagantes que prendrait la catastrophe. Les causes de cette débâcle, elles, étaient connues du moindre lecteur de journaux : d'abord, l'endettement énorme de l'État allemand, qui avait mené sa guerre à crédit au lieu d'augmenter les impôts. Ensuite les réparations exigées par les puissances européennes victorieuses – à commencer par la France, la plus inflexible de toutes –, qui exigeaient que les dommages qu'elles avaient subis se paient sur le temps long. Ni à la conférence de Spa (en juin 1920) ni par ses suppliques ultérieures, le gouvernement allemand ne put obtenir un allégement de cette dette ou à tout le moins un étalement des échéances – on accepta au mieux des compensations en nature. « Nous sommes disposés à payer, mais nous ne pouvons pas », disaient les diplomates. « Si les réparations n'arrivent pas, nous viendrons les chercher nous-mêmes », répliquait Paris. Menace que presque personne n'arrivait à prendre au sérieux, car enfin : occupation militaire ou non, où l'Allemagne trouverait-elle deux milliards de marks-or par an, ruinée comme elle était ? Mais la France était résolue à faire un exemple : en janvier 1923, elle occupa la Ruhr, se servit en charbon et en biens industriels et ajouta les coûts de l'occupation à la facture. Une entorse au bon sens économique. Car ce qu'on reprochait depuis des années à l'Allemagne – d'affaiblir sciemment sa monnaie, d'attiser l'inflation –, elle s'y attela cette fois pour de bon, et d'une façon proprement suicidaire. Pour pallier les pertes subies et soutenir les habitants de la Ruhr dans leur « résistance passive », la Reichsbank fit imprimer des quantités torrentielles de billets sans couvrir leur valeur par rien que par des belles paroles. Les prix bondirent à nouveau, et les augmentations de salaires et de traitements destinées à radoucir les victimes indignées de cette politique monétaire furent compensées par un nouveau tour de planche à billets. En juillet 1923, ce carrousel infernal devint impossible à stopper ; le mark se dévaluait jour après jour ; en août, le système monétaire allemand dérailla pour de bon ; le 21 septembre, deux jours avant l'arrivée de Kafka à Berlin, les premiers billets d'un milliard furent en circulation. Et ce n'était pas fini.

On ne pouvait choisir pire moment pour s'installer dans la capitale allemande. C'est là que les contrastes sociaux étaient les plus tranchés, là que l'hyperinflation eut les effets les plus dévastateurs. Berlin criait famine comme aux dernières semaines de la monarchie – à cette différence près que les aliments *étaient là*, qu'ils s'étalaient parfois dans les vitrines de façon provocante. Ceux qui avaient misé sur les emprunts de guerre, sur les livrets d'épargne ou sur leurs pensions ne possédaient plus rien, quel que fût le montant de leurs revenus jusqu'alors ; ceux qui avaient investi dans des biens matériels les troquaient contre des dollars et trouvaient tout ce qu'ils voulaient ou presque après la fermeture des magasins. Cette injustice criante détériora la vie publique à un degré qu'on n'avait pas connu même pendant la guerre.

Mendicité agressive, brigandage en plein jour, émeutes et pillages spontanés, affrontements avec la police : voilà de quoi était fait le quotidien, et à cela s'ajoutaient chaque jour des grèves sans préavis et des protestations que l'interdiction des rassemblements votée depuis des mois n'empêcha pas le moins du monde. La situation prit un tour encore plus dramatique lorsque la ville cessa de délivrer ses tickets de rationnement du pain (faute de pouvoir financer leur fabrication et leur distribution) et signa du même coup la fin de la « miche municipale », dernier aliment abordable. Dans les quartiers du centre, beaucoup de magasins n'ouvrirent plus du tout, ou seulement sous protection policière ; des blindés patrouillaient ; et seule la troupe put repousser l'assaut de la population contre l'hôtel de ville.

C'était comme si Kafka avait aménagé son nid à l'orée d'un champ de mines. Là, dans les quartiers périphériques intégrés depuis peu au « grand Berlin », tout était relativement calme ; et ce qui se passait en ville, il le voyait plus volontiers en une du *Steglitzer Anzeiger*, placardé chaque jour dans la Schlossstrasse, que de ses propres yeux. Il se rendait au centre une fois par semaine, deux fois au maximum, toujours avec la peur de ne pas soutenir l'agitation et les désordres. Il vit Brod au Café Josty, rendit visite à Puah, qui travaillait dans un foyer de jeunes filles, fit faire des photos d'identité au grand magasin Wertheim — et rentra chaque fois « *laminé et profondément reconnaissant d'habiter à Steglitz*[6] ». Il restait fidèle à son habitude de se plaindre le moins possible quand *tout le monde* était concerné. Même dans ses courriers à Brod, qu'Emmy Salveter tenait informé en permanence des événements de Berlin, Kafka s'en tenait à des allusions, et rien dans ses lettres ne laisse imaginer qu'il habitait une métropole au bord de l'anarchie et de la guerre civile. Quant à sa famille, à laquelle il ne parlait que de détails quotidiens, jamais de politique, elle suivait bien évidemment les comptes rendus fort suggestifs du *Prager Tagblatt*. Par chance, elle n'avait pas moyen de savoir que Kafka entretenait des liens privilégiés avec le Scheunenviertel, quartier frappé le plus durement. Mais les reportages d'un Alfred Döblin, qui offraient aux Pragois un divertissement douteux, étaient bien assez effroyables, et ils montraient sans équivoque que Kafka, après toutes ses vallées, ses maisonnettes à la campagne et ses sanatoriums, avait posé ses valises dans une sorte de purgatoire.

« Même pour un Berlinois, c'était une vision stupéfiante. La Grenadierstrasse et la Dragonerstrasse, secteur des Juifs de l'Est, sont bloquées par la police ; les rues s'étendent, désertes et lugubres. Au carrefour, des attroupements massifs, grouillants ; des vitrines et des magasins démolis. Jurons, messes basses. En temps normal, cette rue, la Münzstrasse, est déjà le fief d'une canaille dangereuse, les rondes policières sont le lot de chaque jour. Et il faut croire qu'ils sont tous de sortie, ces messieurs à cravates et à casquettes bravaches. Mais on voit aussi des hommes gras qui ne sont pas d'ici, à l'allure très bourgeoise, et beaucoup de bonnes femmes. Un regard suffit pour comprendre : la plupart se moquent bien de l'antisémitisme ; on est là pour piller[7]. »

Difficile de rivaliser avec des témoins de ce calibre. Mais les parents avaient un point faible que Kafka connaissait très bien et qu'il avait l'habitude d'exploiter : leur tendance à se voiler la face. Pour peu qu'on les occupe avec un problème précis, épineux mais soluble par des moyens concrets, ils y jetaient toute leur énergie et oubliaient pour quelque temps les questions beaucoup plus graves dont la résolution les dépassait, dépassait tout le monde peut-être. Et il n'en alla pas autrement cette fois-ci.

Nous sont parvenues dix-neuf lettres et cartes de Kafka à ses parents ; toutes parlent quasi exclusivement des prix et des taux de change, de son besoin d'habits et d'objets quotidiens, et, bien entendu, des soucis d'alimentation, indéniables mais tout à fait supportables dans la description qu'il en donne. Il avait assez à manger, disait-il, le pain était même meilleur qu'à Prague ; seul le beurre était immangeable – ne pouvaient-ils pas lui en envoyer un petit peu ? Des œufs aussi, on en trouvait, seulement ils coûtaient cher : une demi-couronne pièce peu de temps avant, et soudain 1,60 couronne. Kafka n'avait pas besoin de préciser que cela faisait 3 milliards de marks ; il était assez clair que dans ces conditions, il pouvait au mieux s'assurer des portions suffisantes pour un homme bien portant, mais pas pour un tuberculeux. Il n'en fallut pas plus pour que la mère, secondée par Ottla, se mette à envoyer régulièrement des colis : des aliments d'abord, puis des vêtements d'hiver, des petites choses pour l'appartement. En revanche, aucune de ces lettres ne suggère que ses parents lui aient demandé s'il se faisait soigner ; et une fois seulement, semble-t-il, le père se ressaisit assez pour poser la grande question, celle du sens de toute l'entreprise : il voulut savoir si Franz, à Berlin, avait « *un avenir pour plus tard* ».

En vérité, Kafka n'avait pas seulement des problèmes d'argent, situation qu'il connaissait depuis qu'il ne touchait plus un traitement intégral : il vivait à la limite de la pauvreté, et il songea plus d'une fois à mettre un terme à l'expérience pour éviter de se ruiner jusqu'au bout. Pour économiser des timbres, il envoyait des cartes postales écrites très serré plutôt que des lettres (ce qui coûtait tout de même 36 milliards). Pas de journaux, pas de sortie au cinéma ni au théâtre, pas de trajet inutile en tram. Pas de médicaments non plus, évidemment. Quand l'alcool à brûler manquait, il arrivait que Dora réchauffe les plats sur des restes de bougies, et on repoussait autant que possible les passages à la laverie. Kafka n'avait pas la moindre réserve; quand sa pension tardait, il devait – pour la première fois de sa vie sans doute – demander à des proches de lui prêter de l'argent. Pas la peine de penser non plus à s'acheter des livres; ceux de son étagère, il les avait apportés de Prague – triste spectacle. Et par un tour perfide du destin, l'une des rares commodités de la vie qui échappait à l'inflation était le téléphone – appareil qui inquiétait Kafka plus que jamais. Ce qu'on pouvait faire de mieux, avait noté le *Vossische Zeitung* dès le début du grand séisme économique, c'était de téléphoner le plus possible, car là, au moins, on en avait pour son argent. Conseil qui tombait un peu à plat pour Kafka. Reste que son minuscule appartement de Steglitz avait une ligne, même si ceux qui l'appelaient tombaient en général sur Dora.

Si Kafka demeura solvable et à l'abri de la faim même au pic de l'hyperinflation, entre septembre et décembre 1923, ce fut surtout parce que ses revenus étaient titrés en couronnes tchèques. S'il ne fut guère mieux loti qu'un retraité allemand, ce fut paradoxalement pour la même raison. Car le millier de couronnes qu'il touchait était versé à Prague. Pour qu'il puisse les dépenser, il fallait non seulement les transférer à Berlin, moyennant des frais colossaux, mais encore

– et c'était pire – les échanger contre des marks, puisque les marchands et les bailleurs allemands n'avaient pas le droit d'accepter des devises étrangères (qui auraient suffi à vider les magasins de Berlin). Tout cela demandait du temps, et le temps correspondait à une perte d'argent très précisément quantifiable. Kafka fut hors de lui lorsqu'il apprit que ses parents, ignorant ces subtilités monétaires, avaient envoyé à Berlin un chèque de plusieurs centaines de couronnes, mais convertis en marks, et au cours en vigueur le jour de l'expédition. Trois jours plus tard, quand Kafka réceptionna le paiement, l'inflation fulgurante lui avait déjà ôté un tiers de sa valeur – la banque empocha la différence. « *J'aime encore mieux perdre de l'argent par moi-même que par le biais des banques* », écrivit Kafka en colère[8]. Mieux valait, et de loin, envoyer les billets de banque tchèques par courrier; et par la suite, les Kafka chargèrent de plus en plus des amis ou des relations en partance pour Berlin de convoyer de grosses sommes pour leur fils – lequel allait ensuite les récupérer en tram. De quelque façon qu'on s'y prenne, c'étaient des embêtements, des tracasseries, et Kafka se serait bien passé de dépendre ainsi de ses parents, qu'il s'agisse de leurs colis de beurre ou de sa maigre pension.

D'ailleurs, il n'allait pas de soi que ces sommes soient versées à ses parents. Kafka, au sens strict, ne bénéficiait pas d'une retraite anticipée, il était simplement un « retraité provisoire », ce qui voulait dire que l'Office disposait encore à son gré de sa force de travail. Une guérison soudaine de sa tuberculose lui aurait valu un retour au bureau – ou le retrait de sa pension. Rien n'obligeait non plus l'Office à accepter sans condition que Kafka habite à l'étranger, où il échappait à son influence. Kafka n'avait pas le moins du monde réfléchi à cette question ; en fait, lors de son départ précipité de Prague, il ne savait même pas ce que prévoyaient les textes et ce qu'il avait à faire pour s'assurer en droit le versement de sa pension. Après tout, il n'avait pas à se justifier de faire un petit voyage. Trois mois plus tard, toutefois, quand Kafka eut décidé de rester pour l'hiver, il était plus que temps de dire au directeur la vérité toute nue. Ce fut d'abord Ottla qui s'en chargea, en se présentant à l'Office, où on la reçut avec bienveillance. Après quoi Kafka décrivit son état de santé et sa situation financière dans une longue lettre ; et pour ne pas irriter Odstrčil par quelque faux pas linguistique, il la fit traduire dans un tchèque impeccable par son beau-frère Josef David.

Avant tout, il fallait expliquer en quoi un séjour à Berlin servait le rétablissement de ses capacités de travail, car l'Office d'assurances n'aurait pas accepté longtemps qu'un demi-retraité se ruine la santé en connaissance de cause. Non, écrivit Kafka : c'était une décision mûrie et raisonnable. D'abord, il attendait de ce changement de décor une influence bénéfique sur ses « *troubles nerveux* » (c'était la désignation officielle des « *fantômes* »), et pour ce qui était de ses troubles pulmonaires, le climat de Steglitz n'était « *pas défavorable* », son médecin l'en avait assuré, car cette banlieue de Berlin tenait de la « *cité-jardin* » et, en prime, il avait là des amis pour l'aider. Seule sa situation financière était un peu plus difficile que prévu, et il priait donc qu'on veuille bien verser encore sa pension à ses parents. On imagine le sourire du directeur à la lecture de cette lettre diplomatique. Berlin, une ville thermale ? C'était nouveau, et Kafka ne rendait pas toute l'affaire plus crédible en casant cinq fois le mot « jardin » dans la même phrase. Mais au fond, son état de santé se dégradait aussi à Prague, cette lettre le montrait suffisamment; mieux valait donc le laisser prendre lui-même des décisions d'une telle portée. Le 31 décembre, le séjour de Kafka à l'étranger fut validé officiellement. Il suffisait, lui répondit Odstrčil, qu'il donne procuration à « *monsieur et madame vos parents* » et qu'il envoie une fois par mois un « *certificat de vie* » dressé par la police. « *Si toutefois vous envisagiez de vous installer* sur le long terme *en Allemagne ou dans un autre pays étranger, vous seriez tenu de nous en informer et de demander la poursuite du versement intégral de vos émoluments*[9]. »

Kafka se garda bien de dire que sa cité-jardin était elle-même un terrain d'affrontements où seul un coup de chance lui permettrait de se maintenir. Car le coût de son logement, et sa logeuse plus encore, l'acculaient peu à peu au désespoir. En août, il avait loué sa chambre pour l'équivalent de 28 couronnes; au moment de son arrivée, ce prix avait déjà triplé; en octobre, il fallut le multiplier par six ou sept, à quoi vint s'ajouter le coût du chauffage, que les températures automnales et la mauvaise isolation des portes et des fenêtres firent grimper encore plus vite et bientôt aussi haut que le loyer proprement dit. Nous ignorons à quelle fréquence ces hausses s'abattirent sur Kafka, mais il y a lieu de croire que son loyer devint un continuel objet de négociations à partir de la fin octobre : dans la seule nuit du 31 octobre au 1er novembre, le mark allemand perdit la moitié de sa valeur; la nuit suivante, encore plus de la moitié. Vers le même moment (sa lettre n'est pas datable avec la dernière précision), Kafka écrivit qu'il payait un demi-billion; mais ce ne peut avoir été la fin de ce grand renchérissement, car, dès le 7 novembre, cette montagne d'argent ne valait déjà plus qu'un seul petit dollar américain[10].

Les plaintes des bailleurs alimentaient chaque jour la presse économique allemande, et il est attesté que les loyers restèrent longtemps à la traîne de l'escalade inflationniste touchant le reste des dépenses courantes : on les payait d'avance, mais au taux du jour même, ce qui jouait en général en faveur du locataire. Les litiges qui s'ensuivaient fatalement étaient légion, et les conversations désagréables que Kafka eut à mener de plus en plus souvent dans la Miquelstrasse ne signifient pas forcément qu'il était très avantagé. Mais de toute évidence, sa logeuse s'était fait une idée bien précise du train de vie d'un docteur et ex-fonctionnaire, d'autant que Kafka avait des devises étrangères et s'habillait toujours correctement. Dès leur première conversation, elle avait demandé à combien s'élevait sa pension, et il avait répondu sans détour. Grossière erreur – supposa-t-il plus tard –, car 1 000 couronnes par mois, en septembre, étaient encore une fameuse somme qui invitait littéralement à augmenter le loyer. S'y ajoutèrent peut-être des tensions causées par les visites récurrentes de Dora. L'ambiance se dégrada très vite ; début novembre, le conflit éclata et Kafka fut informé qu'il devait vider les lieux.

Ce fut un soulagement. Mais sa logeuse, quant à elle, ne s'en tira pas à si bon compte. Car Kafka s'arrangea pour que cette madame Hermann du 8, Miquelstrasse fasse son entrée dans la littérature. *Une petite femme*, tel fut le titre d'un portrait gorgé d'ironie que Kafka rédigea vers la fin de l'année : la description d'une colère imperméable à tout apaisement, d'une haine sans motif saisissable. « *Cette petite femme est très mécontente de moi, toujours elle a des choses à me reprocher, toujours elle subit quelque tort de ma part, je l'agace par tous mes faits et gestes.* » Pour la tranquilliser, raconte le narrateur avec une résignation et une imprécision comiques, il a même décidé de se soumettre à « *certains changements* » – en vain. « *Car son mécontentement, je le vois bien, est de principe ; rien ne peut l'éliminer, pas même l'élimination de ma propre personne ; ses crises de rage à la nouvelle de mon suicide, par exemple, seraient infinies.* » Mais s'il en est ainsi, si la souffrance de cette femme anonyme ne disparaît même pas moyennant le suprême sacrifice, alors autant continuer de vivre la conscience tranquille. « *D'où que je considère les choses*, nous dit la conclusion de cette étrange prose dans laquelle *rien* ne se passe, *il apparaît toujours, et j'en resterai là, que si je cache ne serait-ce qu'un peu cette petite affaire avec ma main, je pourrai poursuivre tranquillement ma vie actuelle pendant très longtemps, sans être dérangé par le monde, malgré toutes les fulminations de la femme*[11]. »

C'est ce que fit Kafka. Il trouva un autre logement à seulement deux rues de là, tout en cachant jusqu'au dernier moment la date de son départ à sa logeuse scandalisée. Le matin du 15 novembre, il sortit et se rendit au centre. Lorsqu'il revint vers 18 heures – bien plus tard que prévu – et qu'il sonna au portillon de son nouveau domicile, une villa au 13, Grunewaldstrasse, il trouva son deux-pièces du premier étage tout aménagé. Dora s'était occupée seule du déménagement, avait apporté là tout son petit avoir, il ne lui restait rien à faire. Ce changement d'adresse s'était fait comme en rêve. Quant à la « petite femme », elle en fut pour ses frais.

Nous n'avons qu'une image très floue du quotidien de Kafka à Berlin, et les pièces de puzzle contenues dans les lettres bien calibrées à sa famille sont trop isolées pour que de simples hypothèses suffisent à combler les lacunes. Même la question de savoir si Kafka et Dora Diamant vivaient « en ménage » n'admet pas de réponse simple. Dans les souvenirs de Dora, les mois qu'ils passèrent à Berlin se fondent en une situation unique et presque intemporelle, en une époque de leur vie : *Nous* vivions à Steglitz, dit-elle, « *d'abord dans un studio, puis dans un deux-pièces* ». Mais disant cela, elle se maintient dans le domaine du ressenti ; en réalité, les circonstances n'étaient en rien celles d'un « concubinage ». Sur le plan érotique aussi, leur relation semble ne s'être développée que peu à peu, encore que les remparts d'extrême discrétion dont Kafka s'entourait même vis-à-vis de ses amis condamnent peu ou prou la postérité à un jeu de pistes. Dans une lettre de début janvier 1924, un post-scriptum signé Dora permet de déduire qu'elle passait ses nuits à Steglitz[12]. Deux mois plus tôt, en revanche, Kafka, pour des raisons d'argent, songeait encore sérieusement à souslouer une de ses deux pièces, et à nul autre qu'à son oncle Siegfried, le fameux médecin de campagne. Au paroxysme d'une passion amoureuse, il n'aurait sans doute pas admis un avant-poste de sa famille dans son entourage – d'autant que la chambre de sa logeuse se trouvait entre les deux pièces : ç'aurait été un arrangement insolite, même dans une ville aussi tolérante que Berlin. Les indices se contredisent : mi-janvier, Dora possède encore sa propre adresse, mais, au même moment, Kafka annonce comme une évidence à ses parents – qui connaissent donc l'existence de sa bien-aimée berlinoise – qu'il vivra désormais aux côtés de Dora quoi qu'il advienne. Quelle intensité érotique atteignit ou aurait pu finir par atteindre cette vie ; Dora connut-elle sa « peur » ; dans quelle mesure la faiblesse croissante de Kafka limitait sa sexualité – tout cela, nous l'ignorons. Dora était « *un être merveilleux* », avait-il écrit à Tile Rössler[13] – une déclaration d'amour par la bande ; mais là non plus, il ne pouvait en dire plus. Dora et lui partageaient la même vie, ils vivaient ensemble d'une façon ou d'une autre parce qu'il leur était impossible de *ne pas* vivre ensemble. C'était tout juste le critère proposé par Milena dans son article, et Kafka dut s'apercevoir qu'il le remplissait, pour la première fois et contre toute attente.

Ils vivaient en retrait, mais nullement en reclus. Si Kafka ne suivait pas la vie culturelle berlinoise, ce fut d'abord pour des questions d'argent, ensuite pour des raisons de santé ; mais on sut vite qu'il vivait à Berlin et avait le téléphone. Toute une série d'ambassadeurs de la littérature se déplacèrent jusqu'à Steglitz : Rudolf Kayser de la *Neue Rundschau* ; Willy Haas ; l'écrivain Ernst Blass ; Ernst Weiss, appauvri lui aussi ; l'ami et admirateur Ludwig Hardt ; Egon Erwin Kisch et Jarmila Haas (qui avaient une liaison) ; et même Werfel, qui refusait encore de croire aux critiques de Kafka et repartit cette fois en pleurant[14]. Brod aussi vit plusieurs fois Kafka chez lui, et il ne fut pas étonné par le dépouillement quasi impersonnel de sa chambre, semblable à celle de Prague, ni par le froid désagréable qui y régnait. En Dora, qui le tutoya aussitôt, il trouva en revanche un « *idéal* » d'humanité : elle s'occupait de Kafka, de nouveau en proie à la fièvre, avec une « *dévotion touchante* », consigna-t-il dans son journal ; et malgré leur pauvreté, elle s'arrangea pour servir un goulasch, des œufs et de la salade à l'invité pragois.

Il y avait quelque chose de curieux – et personne ne l'avait vu venir – à ce que Kafka ait bien plus d'occasions de parler à Emmy Salveter que Brod lui-même, qui mettait souvent des semaines à quitter Prague et devait chaque fois prétexter un déplacement professionnel. La situation se tendait parfois à tel point qu'Emmy faisait le trajet jusque chez Kafka dans le seul but d'obtenir ses conseils et son soutien. Brod – apprit Kafka avec stupeur – prétendait que seul le « *devoir* » le retenait dans son mariage. Le croyait qui voulait. Emmy, qui venait d'affirmer pouvoir se satisfaire des visites mensuelles de son amant, exigea soudain qu'il divorce, et le va-et-vient de leurs lettres et de leurs télégrammes entre Berlin et Prague devint si frénétique que Kafka leur conseilla gravement – et justement, comme il s'avéra par la suite – de garder le silence et de remettre le débat à leurs retrouvailles suivantes[15].

Parmi ces visiteurs, il y eut aussi évidemment Tile, la « *petite libraire* » éprise de Kafka – il lui fallut quelque temps pour comprendre la position occupée par Dora, jalouse et assez distante –, et elle amena plusieurs fois son jeune ami, un peintre auquel elle fut fière de présenter un véritable écrivain. Plus agréables et plus enrichissantes pour Dora durent être les visites de Lise Weltsch, que Kafka avait connue à Prague et qui vivait désormais à Berlin avec son mari Siegmund Kaznelson[16]. Kaznelson, sioniste de premier plan et éditeur de la *Selbstwehr* jusqu'en 1918, dirigeait avec un franc succès la Jüdischer Verlag, et il est donc permis de croire que Kafka put tout de même étoffer sa minuscule bibliothèque avec quelques cadeaux tout droit sortis des stocks.

Une seule de ses amis se montra revêche : Puah Ben-Tovim. Kafka et elle étaient convenus de reprendre les cours d'hébreu à son arrivée de Prague ; et, en effet, Puah vint plusieurs fois à Steglitz les premières semaines. Mais tout à coup, elle disparut, et ne donna plus signe de vie, malgré plusieurs cartes postales. « *Qu'ai-je bien pu faire?* » demanda tristement Kafka, mais même Klopstock ne put le savoir en la croisant à Prague en fin d'année[17]. Elle venait de rencontrer son futur époux, le pédagogue Josef S. Menczel, et il se peut que la rupture avec Kafka – expérience rare pour lui – s'explique par cette relation très intense. Mais rien ne le prouve.

Il est vrai que les efforts de Kafka pour apprendre l'*ivritt* se relâchèrent sensiblement lorsqu'il comprit qu'il n'irait pas en Palestine. À Müritz déjà, tout en continuant à lire de l'hébreu, il avait cessé d'apprendre son vocabulaire de façon systématique. À Berlin, il ne fit plus de véritable progrès, d'autant que Dora n'avait pas les vastes compétences linguistiques de Puah, ni surtout sa capacité à faire la conversation. Restèrent quelques rêves partagés qui se détachèrent peu à peu de tout futur envisageable pour devenir un jeu. Kafka se plaisait à imaginer qu'ils tiendraient un jour un petit café en Palestine – elle en cuisine, lui comme serveur –, et alors même qu'il était incapable de préparer une tasse de thé sans une componction maladroite dans la vraie vie, il montra à Dora, avec son talent pour la pantomime, comment il s'y prendrait pour s'occuper d'une salle entière. Leur dernière lecture en hébreu s'accordait toutefois mal à ces plaisanteries : un roman de Yossef Haïm Brenner qui donnait une image déprimante et même choquante de Jérusalem. Kafka lisait péniblement une page par jour; il n'en vint pas à bout[18].

Son intérêt pour l'histoire et la culture juives demeurait cependant intact, et c'est tremblant de curiosité qu'il écoutait Dora lui raconter la vie des hassidim dans son enfance et sa jeunesse. Kafka tenait aussi beaucoup à recevoir ponctuellement la *Selbstwehr* : c'était presque son ultime attache avec la scène sioniste de Prague, et il la cultivait avec une certaine nostalgie. Enfin, Berlin offrait la possibilité d'étudier les sources juives : la « Haute École pour l'étude du judaïsme », institution libérale sise dans un bâtiment de l'Artilleriestrasse, non loin de la synagogue (actuelle Leo-Baeck-Haus au 9, Tucholskystrasse) – pour Dora, le plus grand réservoir de connaissances sur le judaïsme auquel elle eut jamais accès ; pour Kafka, « *un havre de paix dans la sauvagerie de Berlin et dans la sauvagerie des régions intérieures* », et le seul établissement public qu'il fréquenta des mois durant[19]. Lui s'inscrivit à un cours introductif, et ils assistèrent ensemble à plusieurs conférences sur le Talmud, Kafka s'intéressant plutôt à la tradition narrative (*Aggada*) et Dora à l'interprétation des lois (*Halakha*). Tout cela gratuit, dans de belles salles et avec accès à une grande bibliothèque bien chauffée, signala-t-il, enthousiaste. Il est probable que Kafka ait fait quelques rencontres dans ces séminaires très peu fréquentés[20] ; il s'y rendait sitôt qu'il s'en sentait capable, mais conserva une certaine distance ironique envers l'esprit rationaliste et areligieux de l'école. Ce n'était pas là qu'on sentait le cœur battant du judaïsme, ce saisissement total face à une tradition millénaire : c'était plutôt en banlieue, à Steglitz, lorsque Dora récitait la prière de la fin du shabbat et que Kafka, qui la connut bientôt par cœur, hochait lentement la tête en rythme[21].

Un mot nouveau était sur toutes les lèvres : *Rentenmark*, le mark-rente. Un tour de passe-passe financier parmi tant d'autres, crut-on d'abord. Qui s'imaginait vraiment qu'il suffisait d'enlever douze zéros aux sommes pour stabiliser la monnaie ? Un billion de marks (« Billmark » en berlinois) égale un mark-rente égale un mark-or, lui-même soi-disant adossé à une dette foncière garantie par la totalité de l'activité économique allemande. Comment cette histoire fonctionnait dans le détail, seule une poignée de personnes le comprenaient à l'échelle de l'Allemagne ; et quand le miracle opéra et que le Rentenmark resta stable, personne n'y comprit plus rien. Certes, la purge se fit dans la douleur : les comptes publics furent assainis impitoyablement, on allongea le temps de travail par un décret d'urgence, et toutes les villes renvoyèrent des milliers d'employés et même de fonctionnaires (39 000 rien qu'à Berlin). Mais le soulagement domina. La chute libre était finie, on pouvait prendre des décisions au-delà du jour le jour, et l'ordre à peu près praticable qui prit la place du chaos économique suffit visiblement à garantir la confiance nécessaire à la nouvelle monnaie. On donna d'ailleurs un coup de pouce à la psychologie des masses : un dollar valait de nouveau 4,20 marks, comme en 1914.

Pour les étrangers qui vivaient en Allemagne, la réforme monétaire de décembre 1923 représenta surtout la fin d'un privilège. Même ceux qui arrivaient à changer leurs devises sans perte et à les dépenser tout de suite, même ceux qui payaient en dollars sonnants et trébuchants sous le comptoir n'avaient plus d'avantage sur les usagers du mark-rente. Ils devaient se débrouiller comme les autochtones avec les prix stables mais élevés de la consommation courante – et ils étaient considérables par rapport à ceux de l'Autriche ou de la Tchécoslovaquie. Kafka non plus n'eut guère à se réjouir que l'offre de nourriture augmente en quelques semaines et que les files d'attente devant les commerces disparaissent presque du jour au lendemain. Si l'ambiance était plus détendue, les nouveaux prix lui firent bientôt comprendre qu'il ne tiendrait plus très longtemps sans soutien extérieur. De fait, la dépendance de Kafka aux colis de Prague ne cessa de grandir – même s'il le contestait encore début janvier –, ses parents lui avancèrent l'argent de ses prochaines pensions, et il reçut aussi quelques centaines de couronnes d'Ottla et d'Elli. « *Pauvres étrangers de Berlin* », disait un petit article du *Prager Tagblatt* – et il y avait un comique funeste à ce que les Kafka aient emballé dans cette page un morceau de beurre pour Franz et Dora[22]. Son double berlinois avait eu beaucoup plus de chance : un autre Franz Kafka, lui aussi arrivé à Berlin en 1923, mais qui avait eu le temps d'acheter une maison. Profession : « *propriétaire* », disait l'annuaire de Berlin. Il y avait de quoi être jaloux[23].

Ses parents l'avaient mis en garde depuis un moment : *un avenir pour plus tard*, oui ou non, telle était la question. C'était un sujet épineux, leur avait répondu Kafka : « *il n'y a pas jusqu'ici le moindre signe que je puisse gagner de l'argent*[24] ». Réponse lapidaire, à la fois attendue et alarmante au plus haut point. N'avait-il pas toujours dit que, s'il y avait un endroit au monde où il pourrait vivre de sa plume, c'était Berlin ? Fallait-il en déduire qu'il avait laissé tomber ces projets ? Dans ce cas, on comprenait d'autant moins qu'il se cramponne à cette métropole délabrée et violente.

Ce fut sans doute une sage décision de ne pas donner de faux espoirs à ses parents, comme il s'était si souvent dépêché de le faire au nom de la paix des ménages. Cette manière d'étouffer les questions dérangeantes était un héritage parental, une de ces pratiques hypocrites et mesquines qu'il avait voulu éviter en partant brusquement. On finissait par croire soi-même à ses vagues promesses. À ce compte, mieux valait minimiser un peu les bonnes nouvelles et les annoncer seulement quand elles se concrétisaient. Car si : il y avait bel et bien un « *signe* » qu'il toucherait bientôt de l'argent, même s'il n'est mentionné dans aucune de ses lettres à Prague.

Des mois plus tôt, Kafka était entré en relation avec Die Schmiede, jeune maison d'édition berlinoise qui paraissait avoir les reins solides. De quelle façon, nous l'ignorons : Max Brod rapporte qu'il avait lui-même présenté Kafka au directeur, Georg Salter – mais dans les faits, la maison prépara un accord écrit dès le 1er août 1923, date à laquelle Kafka n'avait passé qu'une journée à Berlin, sur la route de Müritz. Il est donc beaucoup plus probable que le contact se soit noué par lettre lorsqu'il était encore à Prague.

Kurt Wolff ne dut pas être surpris d'apprendre que Kafka s'intéressait à l'une des offres que d'autres éditeurs lui envoyaient de temps à autre. Leur collaboration n'avait jamais été des plus fructueuses. Sans doute, Wolff avait reconnu l'importance exceptionnelle de Kafka en tant qu'écrivain, et quelques lecteurs parmi les plus éminents – pas tous des Pragois – l'avaient conforté dans ce jugement. « *Je n'ai jamais lu une ligne de cet auteur qui ne m'ait parlé ou étonné de la façon la plus singulière* », lui avait encore écrit Rilke en 1922, en le priant de lui adresser « *tout particulièrement* » ce que Kafka publierait par la suite[25]. Et Ludwig Hardt répétait qu'il tenait les textes de Kafka pour tout à fait extraordinaires. Mais Wolff n'avait jamais fait de grands efforts pour nouer un dialogue plus personnel et continu ; ce lien fragile s'était chaque fois rompu pendant les longues années de pause entre les livres de Kafka ; et au début des années 1920, Wolff finit très visiblement par se désintéresser de lui : les fabuleux romans dont Brod ne cessait de chanter les louanges, y compris en public, ne seraient jamais achevés, et, sans un roman, impossible d'« imposer » cet auteur – les tristes chiffres de vente n'admettaient pas d'autre conclusion.

Depuis la conception poussive et douloureuse du recueil *Un médecin de campagne*, Kafka se demandait lui aussi s'il était à la bonne adresse. Les aimables paroles de son éditeur formaient un étrange contraste avec ses négligences continuelles et inexplicables. Malgré plusieurs réclamations, la maison d'édition s'acharnait par exemple à envoyer ses lettres au bureau de Kafka, et il fallut longtemps pour que quelqu'un s'occupe des droits de traduction hongrois demandés par Klopstock. À l'automne 1923, Kafka reçut deux courriers qui ne purent que le confirmer dans sa décision d'aller voir ailleurs : on l'informa qu'il toucherait des droits d'auteur en provenance d'une certaine « *entreprise Kloppstock* », puis on lui annonça que son compte dans la maison avait été fermé faute de transactions – impossible de lui verser de l'argent, on lui enverrait quelques livres à la place. Kafka eut le droit de choisir ces généreux cadeaux – mais dut les réclamer au bout de plusieurs semaines d'attente[26].

Personne n'ignorait plus dans le monde littéraire que bon nombre d'auteurs s'étaient détournés de Wolff. Son engagement pour la nouvelle littérature germanophone n'était plus, tant s'en faut, aussi vigoureux qu'avant-guerre ; la poussée créative de l'expressionnisme lui paraissait sur le déclin. « *J'ai le sentiment de plus en plus marqué, avait-il écrit à Werfel, que votre génération, que je puis à bon droit nommer la mienne, n'a pas produit de jeunes pousses créatrices ; du moins ne vois-je rien à la ronde malgré ma plus vive attention*[27]. » De fait, il se retira largement du domaine littéraire qu'on associait au nom de Kurt Wolff depuis une décennie ; sa série « Der neue Roman » s'ouvrit à la littérature européenne, et le symbole le plus fort fut la disparition de sa collection avant-gardiste « Der jüngste Tag » : quatre titres en 1920, trois seulement en 1921, tous des œuvres secondaires, et le numéro 86 fut le dernier – ce forum ne pourrait donc accueillir une publication à part d'*Un artiste-jeûneur*. Et il était impossible de ne pas voir que les ambitions de Wolff se concentraient de plus en plus sur les beaux-arts.

Ce fut surtout l'inflation galopante qui plongea l'édition allemande dans un chaos indémêlable au début des années 1920. Faillites, refondations, fusions faisaient migrer les droits d'auteur de maison en maison, des cercles littéraires disparaissaient, certaines « cordées » pourtant solides ne fonctionnaient plus. Même les piliers de certaines maisons étaient enclins à partir chez des éditeurs mieux dotés ; les brouilles causées par les modalités de paiement et les honoraires en retard (qui ne gardaient qu'une fraction de leur valeur initiale) dominaient les correspondances ; et aucun éditeur ou presque n'échappait au reproche de profiter de la crise pour s'enrichir sur le dos de ses auteurs. Car si le prix des livres s'envolait, le revenu réel des auteurs, lui, diminuait drastiquement ; il arrivait qu'un triomphe national sur les scènes de théâtre ne rapporte strictement rien à son auteur, qui avait oublié de se faire garantir par contrat une compensation en cas d'inflation. « *L'ensemble des intéressés s'accorderont sans doute pour dire que, de tous les chefs d'entreprises allemands depuis la guerre, les éditeurs sont ceux qui ont poussé le plus loin la folie de l'exploitation* », écrivit le dramaturge à succès Herbert

Eulenberg. Ce soupçon général d'escroquerie n'épargnait pas la Kurt Wolff Verlag, et même Kafka était d'avis que Wolff avait dû gagner « *énormément d'argent* » grâce à l'inflation[28].

Le conflit éclatait souvent à cause des taux de change, les auteurs germanophones d'Autriche ou de Tchécoslovaquie n'ayant aucune raison de se réjouir qu'on leur transfère des marks. Même Werfel, dont les œuvres, parues chez Wolff, avaient plus de succès que jamais, gagnait si peu qu'il décida de tourner le dos à son mentor et de signer à la Zsolnay Verlag, qui payait en couronnes autrichiennes. Mais en Allemagne aussi, les avances d'honoraires étaient en général beaucoup trop faibles en regard des dépenses courantes auxquelles faisaient face les auteurs dans les mois suivant le contrat – autrement dit jusqu'à la parution effective de leur livre. Kafka reçut sur ces problèmes des informations de première main : d'abord via Max Brod, auquel Wolff ne versait plus que des semblants d'honoraires, puis par le biais d'Ernst Weiss, dont les droits étaient passés de S. Fischer à la Kurt Wolff Verlag en 1921.

À l'automne 1922, Weiss informa son nouvel éditeur qu'il avait achevé un petit roman et que, pour pouvoir au moins se payer des vêtements d'hiver, il se voyait contraint de lui demander une avance de 70 000 ou 80 000 marks – somme qu'un autre éditeur lui avait proposée, ajouta-t-il[29]. Mais Wolff refusa de s'engager dans un pareil marché : l'avance réclamée par Weiss équivalait à plusieurs milliers d'exemplaires, et il trouvait quasi invraisemblable qu'on ait pu faire à son auteur une offre à ce point généreuse. Il s'avéra pourtant qu'il ne s'agissait pas du poker menteur habituel, mais bien d'un coup monté par un concurrent sérieux : l'éditeur berlinois Die Schmiede. C'est là que finit par paraître le roman de Weiss, *L'Épreuve du feu*, et dans une édition qui dut impressionner le bibliophile qu'était Wolff : 675 exemplaires numérotés, illustrés par Ludwig Meidner et imprimés à la main sur du papier précieux. Comment était-ce possible ? Où une maison si jeune trouvait-elle des moyens pareils ?

Fondée à l'automne 1921, Die Schmiede fit parler d'elle dès l'année suivante grâce à un programme vaste et exigeant, titres repris pour l'essentiel à la maison munichoise Roland : Alfred Wolfenstein, Georg Kaiser, Oskar Loerke, Arnold Zweig, Heinrich Mann et d'autres – au total, une ligne qui rappelait beaucoup celle de Wolff. Quelques-uns de ses auteurs furent d'ailleurs incités à passer chez Die Schmiede, dont Carl Sternheim et même Walter Hasenclever, compagnon de route de Wolff et membre épisodique de son comité de lecture. Expansion rapide que les critiques observèrent avec bienveillance et les auteurs avec les plus grands espoirs, car Die Schmiede eut vite la réputation de payer grassement.

Il apparut peu à peu que cette stratégie d'acquisition et de débauchage reposait sur une gestion douteuse. Die Schmiede était issue d'une agence chargée de placer des pièces de théâtre auprès des scènes. Les détenteurs de cette affaire se mirent à employer ses juteux bénéfices pour combler le déficit de la maison d'édition. Si l'on ne peut plus reconstituer les événements dans le dernier détail, il semble évident que cette distinction flottante entre les deux affaires mena à des mécomptes de première grandeur : dès lors que les gains affluaient dans l'agence théâtrale, personne ne s'inquiétait pour le devenir individuel des projets de livres. Acheter, « lier » les auteurs, tel était le mot d'ordre – ensuite, on verrait bien.

Ces arrangements restèrent longtemps secrets, et Kafka, lui non plus, n'avait évidemment aucun moyen de les connaître.

Comme à tant d'autres, cette proposition concrète lui parut tellement alléchante qu'il ne se posa aucune question sur l'avenir de sa collaboration avec ces éditeurs inexpérimentés. S'il n'eut d'abord que deux récits à offrir – *Un artiste-jeûneur* et *Première peine* –, l'ajout d'*Une petite femme* vint former un volume compact de prose narrative pour lequel il négocia, en février, un nouveau contrat et une avance d'environ 8 000 couronnes[30] : somme considérable même aux yeux de ses parents, mais qui vint cependant trop tard pour lui permettre de tenir plus longtemps à Berlin. Par la suite, Kafka dut bien s'apercevoir qu'il avait signé à une drôle d'adresse – la conception du livre traîna étrangement, certaines de ses questions restèrent sans réponse –, mais ce fut son exécuteur testamentaire Max Brod qui assista au déclin rapide de la maison. On se plaignit bientôt de toutes parts du versement irrégulier des honoraires, et Die Schmiede devint insolvable dès 1925. Aucun des grands auteurs auxquels la maison devait son succès-éclair ne resta plus longtemps que son contrat l'exigeait. Et Brod fit en sorte qu'il en aille de même pour Kafka.

L'après-midi du 24 décembre 1923, Dora revint du centre, où elle était partie faire quelques dernières commissions avant les fêtes. Il gelait depuis des jours, Dora était frigorifiée et rêvait d'une tasse de thé. Mais dans la Grunewaldstrasse, une mauvaise surprise l'attendait : Kafka, en bonne forme le matin même, était alité, enfiévré, grelottant. Ce n'était jamais arrivé, et même s'il avait déjà parlé de ses accès de fièvre de plusieurs semaines, Dora et lui n'avaient pas pris de disposition. Où trouver un médecin le soir de Noël ? Dora, paniquée, commença par appeler Lise Weltsch, qui promit de vite leur envoyer de l'aide et appela un de ses parents, un spécialiste de la tuberculose. Mais cet homme avait le titre de « professeur extraordinaire », avec les conséquences que l'on pouvait imaginer sur ses tarifs. Que faire ? Dora, tout en sachant très bien comment Kafka réagissait aux ingérences de ses parents, ne vit pas d'autre solution que d'appeler à Prague et de demander en urgence de l'argent à Elli. Tard ce soir-là, un médecin fit le déplacement ; grâce au ciel, le professeur avait envoyé un de ses assistants, aux prix plus abordables ; mais l'examen ne donna aucun résultat concret – conclusion : rester au lit, attendre que ça passe. Cette visite coûta 20 marks. Et même si Dora réussit par la suite à faire baisser le prix de moitié au téléphone, cette soirée marqua un tournant : Kafka dut reconnaître que son indépendance durement acquise ne tenait qu'à un fil[31].

Indépendance surtout vis-à-vis du jugement de sa famille : si chaleureuses que fussent ses lettres, Kafka n'avait cessé de marquer une prise de distance en termes peu équivoques. Des mois plus tôt, il avait ainsi demandé à Ottla de venir seule si elle lui rendait visite à Berlin :

> « Tu sais sur quel ton on parle quelquefois de mes affaires, manifestement sous l'influence du père. Ce n'est rien de méchant, plutôt de la sympathie, de la compréhension, de la pédagogie, etc., ce n'est rien de méchant, mais c'est Prague, non seulement comme je l'aime mais comme je la crains. Voir et entendre sans détour un tel jugement, si débonnaire, si affectueux soit-il, ce serait pour moi comme si Prague allongeait la main jusqu'à Berlin, cela me ferait de la peine et troublerait mes nuits[32]. »

Kafka visait ici « Pepa », le mari d'Ottla, qui n'aimait évidemment pas du tout la voir partir à cause des enfants. Or Ottla, qui avait connu une situation similaire – et se souvenait on ne peut mieux des conseils bien intentionnés qu'elle avait reçus à Zürau en même temps que des colis de vivres –, comprenait bien les craintes de son frère ; elle vint donc seule fin novembre, et elle le comprit encore mieux quand elle eut rencontré Dora. Elle était et resta la seule à avoir une vision concrète de la nouvelle vie de Kafka, et ce fut sans doute elle qui annonça (à l'effroi des parents) qu'il vivait aux côtés d'une jeune Juive de l'Est et était *néanmoins* entouré des meilleurs soins possibles. De temps à autre, il fut certes question que les parents viennent à leur tour, mais ils ne prirent jamais date – et il semble même que Kafka n'ait pas franchement tenu à la visite de Robert Klopstock, que ses parents accueillaient souvent et qui faisait donc un peu partie de « Prague ».

Ce n'était rien de *personnel*, et Kafka ne craignait pas de céder à une quelconque influence – il faisait ce qu'il pensait juste en vivant dans cette ville étrangère et en défendant la marge de liberté que lui laissait la maladie. Ce qu'il redoutait, c'étaient les fantômes du passé qui vivaient rassemblés à Prague, et qu'il cherchait à empêcher coûte que coûte d'« allonger la main » sur sa nouvelle vie – et sur ses nuits, plus tranquilles depuis qu'il avait rencontré Dora. Mi-janvier, il écrivit ainsi à Brod que ses parents se comportaient « *à ravir* », c'est-à-dire très généreusement, mais refusa dans le même élan de s'installer à Schelesen, dans cette « *Bohême chaude et repue* » : « *Schelesen est exclu, Schelesen, c'est Prague, par ailleurs j'ai eu chaud et j'ai été repu pendant 40 ans et le résultat n'incite pas à poursuivre l'expérience.* » Il rejeta même l'idée de partir pour Vienne, car ce trajet passait par Prague et Kafka trouvait encore « *trop risqué* » ne serait-ce que d'y faire station – et, comme on le lit entre les lignes, de confronter Dora à sa famille et à son ancienne vie[33].

Ce fut surtout cette crainte de nouvelles ingérences qui le poussa à dissimuler pendant des semaines la tournure dangereuse prise par sa maladie. Sa poussée de fièvre et ses frissons de Noël ne se répétèrent pas dans l'immédiat, mais c'est en vain qu'il espéra se remettre totalement. Il avait désormais de la température presque chaque jour, et comme le chauffage central n'était pas suffisant à cause des grands froids, il passait la moitié de ses journées au lit. Peu à peu, la toux revint – désagréable surtout la nuit, sa logeuse dormant de l'autre côté de la cloison – et, comme jadis à Matliary, il dut cracher dans un flacon pour limiter le risque de contagion. En janvier 1924, il semble que son état se dégrada très vite ; il perdit encore du poids et, vers la fin du mois, il dut même cesser de se rendre à la Haute École juive.

Par un hasard funeste, ce fut le moment que choisit la propriétaire pour décider de louer non plus seulement trois pièces, mais tout l'étage, afin d'augmenter ses revenus. Qu'auraient-ils d'une troisième pièce ? Faute de pouvoir payer, Dora et Kafka furent expulsés sans autre forme de procès et pour la deuxième fois déjà – comme de « *pauvres étrangers insolvables* », ironisa Kafka dans une lettre à Brod[34]. Certes, ce n'étaient pas les logements vides qui manquaient à Berlin depuis que les bailleurs exigeaient des marks-or au lieu des « Billmarks » (pourtant toujours officiellement valables) ; et l'annonce déposée par Dora, signalant qu'un « *monsieur d'un certain âge* » cherchait un refuge, trouva même un certain écho. Mais malgré toutes ces offres, Kafka n'avait toujours pas trouvé de logement dans ses prix à quelques jours de l'expulsion; il ne lui resta plus qu'à regarder ceux qui étaient au-dessus de ses moyens et à miser sur les talents de négociatrice de Dora.

Le soir du 28 janvier, une certaine madame Dr Busse appela depuis le quartier résidentiel de Zehlendorf, dans le sud-ouest de Berlin : elle louait le premier étage de sa villa, deux pièces, une grande et une petite, avec poêle et véranda, au 25-26, Heidestrasse. Kafka regarda dans l'annuaire : *Busse, Carl.* Il connaissait ce nom. C'était un écrivain qui avait fait parler de lui en imitant Liliencron, et un critique bénin qui n'aimait pas beaucoup la littérature moderne et encore moins les auteurs juifs allemands. Après tant de revers, fallait-il que Kafka s'expose à cette avanie-là *aussi*? Il décida de courir le risque et d'aller voir l'appartement. Mais quand il rencontra la propriétaire le lendemain – probablement sans sa « *maîtresse de maison* », dont l'accent aurait pu tout compromettre –, il s'avéra que l'adversaire potentiel était un compère d'infortune. Fin 1918, Carl Busse, alors âgé de 46 ans, avait eu la grippe espagnole, et il ne s'en était *pas* relevé, contrairement à Kafka. Paula Busse était veuve, et elle partageait sa maison avec sa fille encore jeune.

Trois jours plus tard, le 1er février, l'heure du déménagement tant redouté était venue. Une corvée pour Dora : Kafka n'étant plus capable de porter ses affaires lui-même, elle dut, bardée de sacs, faire plusieurs fois l'aller-retour en métro jusqu'à Zehlendorf. Le soir tombant, la pluie et la bourrasque se mirent de la partie, et il ne resta plus qu'à appeler un taxi pour le dernier trajet. Par malheur, cette nouvelle adresse était encore plus éloignée du centre et des transports publics que leurs logements de Steglitz. Il fallait au moins un quart d'heure pour aller de la Heidestrasse (actuelle Busse-Allee) à la gare de Zehlendorf, ce qui représentait déjà un écueil pour Kafka ; sachant qu'il ne fit pas établir les certificats de vie demandé par l'Office pour les mois de février et mars, on peut douter qu'il soit jamais sorti de l'entourage immédiat de la villa Busse.

Par ce qui dut lui paraître un signe du destin, sa famille assista à une lecture pragoise de Ludwig Hardt le jour même de son déménagement, tandis que lui-même fut contraint de décliner une invitation du comédien, qui récita son *Rapport pour une académie* deux jours plus tard à la Meistersaal de la Potsdamer Platz. Kafka avait de la fièvre, comme presque chaque soir, et Dora, là encore, dut faire le déplacement toute seule. Mais elle réussit à convaincre Hardt de descendre jusqu'à Zehlendorf, et ce dut être en cette occasion qu'il donna une petite représentation privée à son ami. Hardt prévoyait alors de partir en Italie et, décontenancé par la situation affligeante de Kafka, il lui proposa de l'accompagner. Geste symbolique, rien de plus. Comment Kafka, pour qui la gare était déjà trop loin et un taxi trop cher, aurait-il pu songer à un voyage de plusieurs semaines dans le Sud ? Et comme il ne voulait pas simplement dire non, selon son habitude, il répondit aussi par un symbole : il offrit à Hardt une description de la Sibérie qu'il venait de lire, avec la dédicace suivante : « *En prévision de notre voyage en Italie*[35]. » Sibérie, Italie, Palestine : toutes ces régions du monde étaient situées au-delà de l'horizon incommensurable de Berlin, toutes également lointaines et également inaccessibles.

Madame Busse se montra bien plus aimable que ne l'avaient craint ses drôles de locataires, ce qui s'expliquait peut-être par un petit secret : elle venait d'une famille juive et ne s'était convertie au christianisme que plus tard. Il paraît très invraisemblable qu'elle ait redouté les commentaires de ses voisins dans ce quartier semi-rural de Zehlendorf et que Kafka se soit présenté comme un « aryen », ainsi que le raconta plus tard sa fille Christine : même si cette mystification avait marché, rien n'aurait pu dissimuler l'ascendance juive orientale de Dora, ni leur liaison, et ni l'une ni l'autre ne se seraient accordées à la figure fantoche du grave « Dr Kaesbohrer », nom qu'aurait pris Kafka en se présentant comme un chimiste. Ce qui semble plus crédible, c'est que la cohabitation avec un homme gravement malade de la tuberculose ait causé quelques inquiétudes à Paula Busse. On l'entendait tousser le matin et la nuit, parfois pendant des heures, et il ne peut avoir échappé à personne qu'il devait se débarrasser de grandes quantités de crachats. Il arriva que Kafka crache de la terrasse dans le jardin – tout droit sur une petite tonnelle où Christine et une de ses amies s'étaient assises sans bruit : incident très gênant, après lequel les filles n'eurent plus le droit d'aller sous la tonnelle pendant quelque temps[36].

Fièvre, toux, crachats – Kafka connaissait ces symptômes depuis des années, et comme le début du printemps l'avait toujours soulagé jusque-là, il crut cette fois encore pouvoir se passer d'assistance médicale. D'ailleurs, qu'aurait fait un médecin ? Si le patient tenait vraiment à passer la fin de l'hiver à Berlin, le mieux était qu'il reste au lit ou bien, comme le fit quelquefois Kafka, qu'il s'emmitoufle et qu'il s'assoie à la fenêtre. Pas besoin de médecin pour ce genre de conseils. Dora cependant, effrayée par la faiblesse croissante de Kafka, voulut encore demander de l'aide. Elle fit appel à Ludwig

Nelken, interne qu'elle connaissait depuis Breslau et qui officiait maintenant à l'Hôpital juif de Berlin, et lui demanda instamment de venir en consultation. « *Il n'était pas dans son lit quand je suis entré dans sa chambre*, se rappela Nelken par la suite. *Mais il était dans un état épouvantable.* » Nelken ne put toutefois rien faire de plus que de prescrire des médicaments contre la fièvre et la toux, confirmant ainsi à Kafka que les honoraires de médecins étaient de l'argent mal dépensé[37].

38 degrés de fièvre, nuit après nuit : ça ne pouvait pas continuer. Max Brod, qui avait revu son ami juste avant son déménagement, était inquiet au plus haut point, et comme les parents de Kafka aimaient « *se bercer d'illusions* », ainsi qu'il le nota dans son journal, il pressa Ottla de passer enfin à l'action. Depuis quelques semaines, Siegfried Löwy, frère de Julie, était chez les Kafka ; le fameux médecin de campagne avait d'ailleurs lui aussi proposé de l'argent pour soutenir Franz. Mais le plus urgent était d'avoir un aperçu sans fard de la situation. Un nouvel appel à l'aide discret de la part de Dora – soit à Brod, soit aux sœurs de Kafka – précipita la décision : Löwy, qui avait d'autres projets de voyages, fut envoyé en service commandé à Berlin, et comme cette opération avait tout pour déplaire à Kafka, il en fut averti aussi tard que possible. Ce coup de force l'irrita profondément : lui-même avait proposé depuis longtemps que son oncle et sa mère viennent lui rendre visite, pas par moins dix évidemment – le froid était tenace cette année-là –, mais plus tard, au printemps, quand il serait sur pied et qu'il aurait moins piètre allure. Or, quand Kafka prit le téléphone pour empêcher cette ingérence, le 21 février, il lui fut répondu que son oncle était déjà dans le train.

Siegfried Löwy n'a pas laissé de témoignage concernant son neveu et, de son séjour à Berlin, nous ne connaissons de sa main que quelques lignes laconiques sur une carte postale : Franz, dit-il, était « *entre de très bonnes mains*[38] ». En fait, Löwy dut être sous le choc. Même le dernier portrait connu de Kafka à Berlin, où il apparaît les traits burinés, sans plus rien de juvénile, montre nettement le progrès de la maladie ; et si cette photographie d'identité est bien celle qu'il fit faire en octobre 1923 – comme il y a lieu de le supposer –, il devait avoir encore plus mauvaise mine en février, après maintes nuits de fièvre et une nouvelle perte de poids. Vu son état, déclara Löwy, il était exclu que Kafka reste à Berlin et continue de se faire soigner à domicile. Il lui fallait un air plus sain, une nourriture plus saine, l'aide de professionnels, et on ne trouvait tout cela que dans un sanatorium. Perspective si affligeante que Kafka, pour la première fois, fut tenté de nier l'évidence. « *Cet appartement calme, libre, lumineux, aéré*, écrivit-il à ses parents, *cette logeuse agréable, la beauté des alentours, la proximité de Berlin, le printemps qui commence – tout cela, je dois le quitter parce que j'ai un peu de fièvre à cause de cet hiver inhabituel et parce que l'oncle est venu par mauvais temps et m'a vu une seule fois au soleil et sinon quelques fois au lit, comme c'était le cas à Prague l'année dernière. Je partirai très à contrecœur, et donner mon congé sera une décision difficile*[39]. »

La météo, donc – explication dont même les parents ne pouvaient plus se satisfaire. Kafka n'était peut-être pas alité en permanence, mais il ne pouvait plus sortir, depuis déjà des semaines ; et quand son oncle voulut profiter un peu de la vie culturelle locale, Kafka fut incapable de lui tenir compagnie, même à une lecture de Karl Kraus, alors de passage à Berlin. Ce fut l'ultime mise à l'épreuve de sa capacité de mouvement : quatre soirs, ils auraient pu voir Kraus ensemble, et quatre soirs Kafka fut hors d'état de se rendre en ville. Löwy finit par y aller avec Dora, et pendant que tous deux savouraient la rhétorique du « *théâtre Karl Kraus* » (selon l'expression de *Vorwärts*, un journal sociodémocrate), Kafka dut se contenter de lire dans son lit le dernier numéro de *Die Fackel*, que Klopstock venait de lui envoyer. Non, il n'y avait pas que le mauvais temps[40].

Löwy, qui resta plus d'une semaine, jeta toute son autorité de médecin dans la balance et finit par convaincre Dora – ou du moins par l'impressionner. Kafka céda à son tour et promit de faire une nouvelle tentative dans un sanatorium, malgré ses grandes réticences face aux « *obligations alimentaires* » qui l'y attendaient. La famille se débrouillerait pour assumer les coûts, et Dora assura qu'elle serait auprès de lui, quel que fût l'endroit qu'il choisirait. Leur seule crainte était la confrontation avec les parents de Kafka. Elle réveillerait les fantômes de Prague, et une seule des remarques méprisantes qui venaient si vite à la bouche du père sur le compte des Juifs de l'Est aurait causé une explosion que Kafka ne pouvait pas soutenir. Il n'avait qu'à éviter Prague, suggéra l'oncle, se rendre dans un sanatorium sans faire de détour. Mais Kafka n'avait pas vu ses parents depuis plus de six mois[41], et il fut donc décidé qu'il resterait à Prague deux ou trois jours, le temps que Dora vide leur logement de Berlin. Ensuite, ils se retrouveraient – ailleurs, en terrain neutre.

Kafka n'étant plus en mesure de faire seul le voyage, il fallut attendre de trouver une escorte. Le 14 mars, Max Brod arriva à Berlin et donna à Dora une malle vide pour les affaires de Kafka. Pendant qu'on pliait bagage à Zehlendorf, Brod se consacra à Emmy Salveter et à *Jenufa*, opéra de Janáček dont il avait adapté le libretto en allemand et dont la première aurait lieu peu après au Staatsoper de Berlin. Le

17 mars, tous se retrouvèrent à l'Anhalter Bahnhof : Kafka, Dora Diamant, Brod et, à la grande stupéfaction de ce dernier, Robert Klopstock, que les objurgations de son mentor n'avaient pas empêché de venir le soutenir dans cette passe difficile.

Ses déménagements à Berlin, avait écrit Kafka à ses parents, ne lui faisaient pas grand-chose ; à Prague, ç'aurait été terrible, à Berlin, non[42]. Ils prouvaient que Kafka restait mobile, qu'il ne prenait pas racine après avoir coupé celles de Prague ; ils étaient engageants, revigorants comme des voyages miniatures d'une chambre d'hôtel à une autre. Mais *ce* déménagement, ça, c'était autre chose ; Kafka s'y était opposé jusque dans les dernières semaines ; où qu'il aille, ce serait une défaite indubitable. « *Journée la plus fatigante de ma vie* », nota Brod dans son journal. Kafka, lui, ne nota rien. Il étreignit Dora, quitta la ville, le grand monde.

À Berlin, ses traces se sont effacées. Quelques cartes à Puah, toutes perdues. Deux contrats avec l'éditeur Die Schmiede, qui cessa ses activités en 1931 et dont les archives ont disparu depuis. Un nombre inconnu de lettres à Emmy Salveter et à Tile Rössler. Quelques signatures sur des formulaires de police, à des guichets de banques, sur trois baux, sur la fiche d'inscription de la Haute École pour l'étude du judaïsme. Et sans doute d'autres documents dont nous ne savons rien.

Perdus aussi les cahiers qui contenaient ses notes et ses textes de Berlin. Il en avait toujours un sur lui, même pendant ses promenades, et, quand il remarquait en chemin qu'il l'avait oublié, il en achetait un autre. Ces carnets, une vingtaine environ, Dora Diamant les avait brûlés sous les yeux de Kafka, à sa demande – ainsi qu'elle l'expliqua plus tard à un Brod horrifié, alors qu'il s'efforçait de réunir ses écrits. Kafka avait-il donc lui-même exécuté son testament, en sachant que son ami lui refuserait cette dernière volonté ? Ce n'était pas impossible : à Prague aussi, on avait retrouvé les couvertures vides de cahiers in-quarto, ce qui suggérait que Kafka avait détruit des dizaines, peut-être des centaines de pages avant son départ pour l'Allemagne. Et pourtant, c'était un mensonge. En fait, les carnets berlinois de Kafka, ou du moins la plupart d'entre eux, se trouvaient dans la commode de Dora, intacts. Elle les considérait comme sa propriété inaliénable, pas seulement au sens juridique, et elle savait que Kafka n'aurait consenti à la publication de ces notes en aucune circonstance. Cela justifiait une duperie – n'était-ce pas plutôt à Brod d'expliquer sa conduite ? Certes. Mais Dora se trouvait elle-même face à un dilemme moral bien plus profond, et elle s'en aperçut trop tard. En mars 1933, la Gestapo fouilla son appartement de Berlin à la recherche de preuves contre son mari, le communiste Ludwig Lask. Le moindre papier fut saisi, dont quelques dizaines de lettres qu'elle avait gardées de Kafka et la pile secrètement conservée de ses carnets de notes. Rien ne refit surface[43].

Une autre perte encore, peut-être non moins considérable : le quatrième roman de Kafka, son seul roman épistolaire. Nous connaissons son existence par le biais de Dora, qui raconta aussi l'histoire à Brod – c'était un des mythes de sa vie :

« Lorsque nous vécûmes à Berlin, Kafka alla souvent se promener dans le parc de Steglitz. Je l'accompagnais parfois. Un jour, nous avons rencontré une petite fille qui pleurait et qui semblait tout à fait désespérée. Nous lui adressâmes la parole et Franz lui demanda la raison de son chagrin ; nous apprîmes qu'elle avait perdu sa poupée. Afin d'expliquer cette disparition, il inventa sur-le-champ une histoire tout à fait vraisemblable : "Ta poupée fait juste un petit voyage, je le sais, car elle m'a envoyé une lettre." Mais la petite fille le regarda d'un œil méfiant : "Tu l'as avec toi ?" lui demanda-t-elle. "Non, je l'ai laissée à la maison, mais je te l'apporterai demain." La petite fille, devenue soudain très curieuse, avait déjà presque oublié son chagrin, et Franz rentra tout de suite à la maison pour écrire la lettre.

Il se mit au travail avec le même sérieux que s'il s'était agi d'écrire une véritable œuvre littéraire. Il retrouva le même état de tension nerveuse que celui qui l'agitait dès qu'il s'asseyait à son bureau [...]. Le lendemain, il porta la lettre à la petite fille qui l'attendait dans le parc. Comme la petite ne savait pas lire, il lui lut la lettre. La poupée y expliquait qu'elle en avait eu assez de vivre dans la même famille, elle y exprimait le souhait de changer d'air, en un mot, elle voulait se séparer pour quelque temps de la petite fille qu'elle aimait pourtant beaucoup. Elle promettait d'écrire chaque jour, et chaque jour en effet Kafka écrivit une lettre, où il racontait toujours de nouvelles aventures, qui très vite se développèrent selon le rythme de vie propre aux poupées. Quelques jours après, l'enfant avait oublié la perte de son jouet, et ne pensait plus qu'à la fiction qui lui avait été offerte en compensation. Franz écrivit chaque phrase du roman avec tellement de précision et d'humour que la situation de la poupée devint très facile à comprendre : la poupée avait grandi, était allée à l'école, avait fait la connaissance d'autres personnes. Elle assurait toujours l'enfant de son amour, mais invoquait les complications de sa vie, d'autres intérêts et d'autres obligations, qui pour le moment ne lui permettaient pas de reprendre leur vie commune. Elle demandait à la petite fille de réfléchir à tout cela, si bien que celle-ci était peu à peu préparée à la perte définitive de son jouet.

Le jeu dura au moins trois semaines. Franz redoutait la conclusion qu'il allait donner à tout cela. […]

Il chercha longtemps; avant de se décider finalement à marier la poupée. Il décrivit tout d'abord le jeune homme, la fête des fiançailles, les préparatifs de la noce, puis avec beaucoup de détails, la maison des jeunes mariés. "Tu te rendras compte toi-même que nous devons renoncer à nous revoir à l'avenir." Franz avait donc résolu le petit conflit d'une enfant grâce à l'art, grâce au moyen le plus efficace dont il disposait pour rétablir un peu d'ordre dans le monde[44]. »

Histoire touchante, douce-amère, qu'on cite souvent et volontiers et qui, comme le remarque Brod, rappelle les contes de Hebel : histoire morale qui illustre ce qu'on appelle l'amour du prochain et nous présente le dernier Kafka comme une figure emblématique, quasi intemporelle. Histoire aussi qui ne pourrait mieux résumer son habitus littéraire : son plaisir de jouer et d'inventer, la rigueur et le sens des responsabilités avec lesquels il se meut dans sa propre fiction, enfin son aptitude à conférer à l'imaginaire la puissance du réel. Mais Kafka savait qu'autre chose guette dans l'écriture et que la tentation de l'imaginaire a un prix. Ce soulagement d'endormir la douleur de la perte par le moyen de l'imagination épistolaire, Kafka le procure à l'enfant alors qu'il se le refuse depuis longtemps à lui-même. Et nous pouvons être sûrs que le roman de Steglitz, sans doute perdu à jamais, ne contenait aucune lueur d'espoir mensongère et irréaliste[45].

Il existe une autre histoire datant du séjour de Kafka à Berlin, une histoire bien moins célèbre mais non moins suggestive. Son défaut est de ne pas avoir de héros moral et de ne pas nous édifier. Son grand avantage est qu'elle est de première main. Kafka la raconta lui-même à sa sœur Elli, dans une lettre dont elle ne pouvait mesurer toute la signification en 1923, mais qu'elle n'a sans doute jamais oubliée :

« J'ai eu une aventure dernièrement. J'étais assis au soleil dans le jardin botanique […] lorsqu'une école de jeunes filles est passée. Parmi les filles, il y en avait une jolie, grande, blonde, garçonne, qui m'a souri d'un air coquet, a retroussé le museau et m'a crié quelque chose. Je lui ai bien sûr souri très chaleureusement en retour, même ensuite, quand elle s'est retournée vers moi plusieurs fois avec ses amies. Jusqu'à ce que je comprenne ce qu'elle m'avait dit. "Juif", voilà ce qu'elle m'avait dit[46]. »

DERNIÈRE PEINE

When I die,
just keep playing the records.
Jimi Hendrix

« *J'ai aménagé le terrier et il semble très réussi.* » C'est un animal qui nous parle avec un tel aplomb, une de ces créatures qui, sous des formes si diverses dans l'œuvre de Kafka, racontent leur histoire, la dissèquent et s'y perdent ; un animal dans la lignée du chien-chercheur, des chacals assoiffés de salut, de l'homme-singe Pierre le Rouge. C'est le début du *Terrier*, récit né en décembre 1923, écrit à l'encre noire sur un banal bloc-notes aux pages quadrillées.

Le Terrier est caractéristique du style tardif de Kafka, qui s'éloigne de plus en plus de la prose de ses romans : un texte narratif, oui, mais doté d'une intrigue on ne peut moins spectaculaire, et conduit sur le ton posé d'un monologue qui, un pas après l'autre, entraîne le lecteur dans une logique paranoïaque. Prose scrupuleuse, ratiocinante, où les questions, les tergiversations et même les doutes généraux exercent la force de persuasion d'un discours raisonnable et occultent peu à peu les prémisses absurdes sur lesquels tout repose. Les *Recherches d'un chien* offraient déjà cette expérience de lecture : dès l'instant où il prête une rationalité à ce narrateur

étrangement éloquent, le lecteur fait siennes ses interrogations, et la tentation de se joindre à sa quête de sens devient
irrésistible. Pour rompre le sortilège, il faut une clef venue
de l'extérieur. Il faut comprendre que le narrateur se trompe
et nous trompe du même coup.

Le Terrier suit ce même schéma, à ceci près que la super-
cherie est bien plus dure à éventer. Un animal vivant essentiellement sous terre (ce pourrait être un blaireau) s'est creusé,
au prix de longues années d'un travail harassant, un système
de galeries protégé au-dehors par divers camouflages, sans
cesse entretenu, muni de défenses contre les intrus et doté
de plans d'urgence extrêmement réfléchis. Le maître de ces
lieux affiche une évidente satisfaction, mais étant donné qu'il
semble éviter ses congénères et que toutes ses pensées gravitent autour de ses propres plans, la prudence s'impose.
Peut-on se fier à un narrateur à ce point isolé? Au lecteur
attentif, il n'échappe pas que ce terrier, dont le calme et le bon
ordre sont soulignés à tout propos, est en réalité une caverne
grouillante de petits animaux et traversée par le remugle de
proies en décomposition – mais enfin, la logique du récit
animalier exclut les conceptions humaines de la propreté.
De même, l'extrême besoin de sécurité que manifeste l'animal ne permet pas d'emblée de conclure à une folie pure et
simple; après tout, l'architecte du terrier admet qu'il a peut-
être voulu trop bien faire et que la sûreté absolue n'existe
pas; il va jusqu'à rêver, dans le cas où un ennemi surgirait, de
s'entendre avec lui et de tolérer sa présence, même si l'isolement du terrier, qui rappelle celui d'une tombe, n'admet pas
de « voisinage audible ». Enfin, il s'avère que sa sécurité n'est
pas et n'a peut-être jamais été son unique objectif.

« Quand je me tiens sur la place forte, entouré de mes hautes provisions de viande, le visage tourné vers les dix galeries qui s'éloignent de là, chacune selon le plan d'ensemble descendante ou montante, en ligne droite ou incurvée, s'élargissant ou se rétrécissant et toutes également silencieuses et vides et prêtes, chacune à sa façon, à me mener aux nombreuses autres places et celles-ci aussi toutes silencieuses et vides – alors loin de moi l'idée de ma sécurité, alors je sais pertinemment que c'est ici mon château fort que j'ai conquis sur le sol rétif à force de gratter et de mordre, de piétiner et de cogner, mon château fort qui ne peut d'aucune façon appartenir à quelqu'un d'autre et qui est tellement mien que je peux même, en fin de compte, y recevoir en paix la blessure mortelle de mon ennemi, car mon sang ici s'écoule dans mon sol et il n'est pas perdu. »

Un coup d'œil dans le manuscrit révèle que Kafka a même parlé de « *terre d'élection* », avant de remplacer cette expression par « *château fort* ». Il s'agit donc d'appartenance, d'une forme d'identification d'autant plus profonde et durable que l'animal, loin de s'en remettre à un quelconque collectif – façon la plus économique d'acquérir une identité –, peut se réclamer de son propre accomplissement. *Voici ce que je suis* : fierté assez humaine, que nul ne trouvera délirante *per se*. Cet animal nous présente l'œuvre de sa vie, et, malgré toute la bizarrerie de certains détails, le lecteur est forcé d'admettre qu'achever une telle œuvre n'est pas la pire chose qui puisse arriver à quelqu'un.

C'est l'un des raffinements formels de ce récit : à l'instant même où l'animal gagne un certain respect grâce à sa curieuse entreprise, la vraie mise à l'épreuve de son sens des réalités commence. Tout à coup, le silence du terrier est troublé par un bruit qui ne cesse plus nuit et jour, « *immuablement ténu avec des pauses régulières, tantôt chuintant, tantôt sifflant* ». Est-ce un puissant ennemi qui s'approche en creusant ? Le bruit se renforce-t-il, ou n'est-ce qu'une impression ? L'avalanche de spéculations déclenchée par cet événement ne débouche sur aucun résultat tangible, mais elle offre au lecteur quelques points d'appui qui lui permettent d'échapper à la spirale et de s'extirper du point de vue par trop borné du narrateur. Si, comme on nous le dit, ce bruit inquiétant garde la même intensité d'un bout à l'autre du gigantesque terrier, force est de supposer qu'il vient de l'animal lui-même. Cette hypothèse des plus plausibles est la *seule* qu'il néglige, et c'est par là que son évidence s'impose. Un chuintement, un sifflement avec des pauses régulières : c'est le son de sa propre présence, son propre souffle que perçoit l'animal ; il est lui-même l'ultime source de perturbation qui trouble le parfait silence de son œuvre.

Nous ignorons quelle fin Kafka réservait à cet animal en panique pris au piège de son terrier. Le manuscrit s'interrompt au beau milieu d'une phrase, à la fin d'une page entièrement noircie, ce qui porte à croire que le texte qui nous est parvenu avait une suite[1]. Mais cette histoire n'a pas besoin d'une véritable conclusion ; sa vraie chute, terrible, est de nature biographique, elle ne se révèle pas dans le texte mais dans les circonstances de sa composition. Car la question de savoir si le terrier est menacé par un ennemi externe ou si ce bruit continu est le signe d'un péril intérieur n'a aucune importance du point de vue d'un tuberculeux. Le son de sa respiration qui s'épuise peu à peu, cette manifestation vitale présente depuis toujours mais que le malade se met soudain à écouter avec angoisse – ce son est *lui-même* l'ennemi[2]. Cette métaphore non plus, Kafka ne l'a pas inventée, il l'a trouvée telle quelle, et on se rapproche le plus du secret de son texte quand on la prend au mot.

Ce constat s'applique également à l'ultime œuvre de Kafka, *Josefine la cantatrice ou Le Peuple des souris*, récit qui renvoie dès son titre au vieux nom de code « Josef ». Cette fois encore, le narrateur est un animal – une souris qui se veut très objective, d'une morosité un peu professorale –, et cette fois encore, la question porte sur la signification réelle d'un son : celui que la diva des souris Josefine présente comme de l'art alors qu'il s'agit en fait d'un « *léger sifflement un peu chuintant* », d'une « *manifestation vitale caractéristique* » que n'importe quelle souris produit sans même s'en rendre compte – en somme un « *néant de voix* », un « *néant de performance*[3] ». Il y a donc lieu de se demander comment Josefine trouve son public (il s'avère que c'est en partie organisé) et pourquoi ses poses d'artiste sont tolérées jusqu'à un certain point. Le narrateur se penche longuement sur cette énigme. Il finit par conclure que ce n'est pas l'art de Josefine qui ensorcelle un moment le public, mais l'aura de ses entrées en scène, et que toute prétention excédant les limites spatiales et temporelles de ces apparitions est rejetée à juste titre par le peuple des souris. Art ou non : personne n'est au-dessus des lois. Les privilèges sociaux revendiqués par Josefine – surtout l'affranchissement de tout travail physique – lui sont refusés sans détour, et la menace qu'elle profère de restreindre ses « performances » témoigne d'une méconnaissance délirante de son véritable statut. Pour la première fois, Kafka fait entrer en contact étroit et presque en court-circuit les deux motifs centraux de ses dernières années : l'exigence absolue de vérité que peut seul satisfaire l'art de l'individu, fût-ce au prix de sa vie, et le besoin d'une communauté, d'une véritable union sociale et même physique avec le collectif. Le fait qu'ils s'excluent mutuellement formait jusqu'à présent le noyau héroïque du mythe personnel de Kafka. Mais rendu au bout du chemin, voilà qu'il semble abandonner cette position et que le combat de toute sa vie nous apparaît sous un jour ironique. La diva elle aussi finit par se retirer ; mais qu'elle continue ou non à cultiver ses prétentions à l'art, ses congénères se passent très bien d'elle. Pendant un temps, le souvenir de ses apparitions demeure un héritage anecdotique, mais la postérité les oubliera, et ce sera alors comme si Josefine n'avait jamais été.

Difficile d'imaginer comment l'œuvre de Kafka – s'il s'était remis de la tuberculose – aurait pu évoluer à partir de ce point. Max Brod croyait même probable qu'il aurait arrêté d'écrire et fait le choix d'une vie dévouée aux autres : « *Bien des choses qu'il m'a dites vont en ce sens*[4]. » Mais d'un autre côté, les dernières phrases de *Josefine* sont marquées par une indéniable tristesse, et non par le soulagement d'avoir enfin pu échapper à une folie mortifère. Si la littérature, comme Kafka le pensait à la fin de sa vie, est bel et bien une tentative pour rendre possible « *une parole vraie de personne à personne* », *Josefine* ne peut être son dernier mot. Tout au plus son adieu au mythe du combattant solitaire, à toutes ces figures de fils opprimés, d'accusés et d'arpenteurs dont le narcissisme est à la fois tellement prolixe et tellement isolé.

Kafka pensait rester à Prague quelques jours, pas plus, avant de se rendre dans un sanatorium. Ce serait Davos, en

Suisse, ce qu'il y avait de mieux peut-être, de plus cher à coup sûr. C'était une proposition de son oncle, et il semble que Kafka avait déjà une place réservée, car, le 19 mars, au bout de seulement deux jours, il prévint son directeur que le départ était imminent. Mais ce plan échoua pour une raison ou pour une autre (probablement faute d'autorisation d'entrée sur le territoire), et il fallut se renseigner auprès d'autres sanatoriums. À toutes fins utiles, Kafka demanda un passeport qui lui permettrait de partir pour plusieurs pays : l'Allemagne, l'Autriche, l'Italie et la Suisse – signe qu'il cherchait encore d'autres options et qu'il était bloqué à Prague.

Ce retard s'avéra fatal. Car autour du 20 mars – il achevait justement le récit de *Josefine* –, Kafka, encore aux prises avec la fièvre, nota qu'avec sa gorge non plus, quelque chose n'allait pas. Il ressentait une légère brûlure, surtout en buvant du jus de fruits, et il avait plus de mal à parler que d'habitude, comme s'il s'était enroué. « *Je crois*, écrivit-il à Klopstock en référence aux extinctions de voix de Josefine, *que j'ai commencé à étudier le couinement animal au bon moment*[5]. » Ç'aurait pu être une simple pharyngite, mais les symptômes s'aggravèrent peu à peu et le gênèrent bientôt pour manger. Kafka avait-il déjà conscience du danger qui le menaçait, nous l'ignorons ; mais il savait évidemment, par ses rencontres avec des médecins et des compagnons d'infortune, que la tuberculose pouvait causer des infections hors des poumons, même s'il avait tendance à négliger ce risque. Max Brod aussi, que Kafka invitait à lui rendre visite chaque jour avec une insistance inhabituelle, devait beaucoup plus s'inquiéter de son piètre état physique et de sa respiration quelquefois encombrée que de l'affaiblissement de sa voix, d'abord à peine perceptible. Inexplicable, en revanche, que même le médecin appelé pour l'occasion n'ait pas songé à lui examiner la gorge : ce bonhomme, écrivit ensuite Kafka, avait été trop paresseux pour apporter son miroir laryngé[6]. Qu'à cela ne tienne : il y avait de vrais laryngologues à Prague. Or, au lieu d'envoyer Kafka chez un spécialiste, on décida qu'il devait reprendre une cure systématique au sanatorium « Wienerwald », en Basse-Autriche. Löwy connaissait un des deux médecins-chefs et propriétaires de l'endroit, ce qui laissait augurer un traitement de faveur et 10 % de remise.

Nous ne savons rien de ses adieux à Prague et à sa famille. Ces adieux furent définitifs ; il ne revit jamais sa ville natale ni ses parents. Tout ce qui nous reste est une bribe de souvenir, une petite scène consignée par le journaliste et poète Michal Mareš, vieille connaissance qui croisa Kafka par une belle journée de printemps peu avant son départ. Sous l'œil d'Ottla, Kafka jouait à lancer une grosse balle multicolore à sa nièce Věra. « *Vous ne voulez pas déjeuner avec nous ?* » demanda-t-il en souriant. Hélas, Mareš était appelé ailleurs et prit congé. Cette scène eut lieu sur un trottoir de l'Altstädter Ring, devant une entreprise de pompes funèbres[7].

Le sanatorium pour pulmonaires de Wienerwald jouissait d'un renom international : un édifice de cinq étages aux allures de grand hôtel, doté d'une galerie de cure, de pièces communes, de salles de lecture et de musique, d'espaces de traitement par radiothérapie et même d'un bloc opératoire. Construit sur une pente exposée au sud, le bâtiment offrait un beau panorama et était ceint d'un vaste parc au-delà duquel s'étendaient des kilomètres de forêt. Le sanatorium était en effet isolé au fond d'une vallée étroite, et le village le plus proche, Ortmann (aujourd'hui intégré à celui de Pernitz), se trouvait à une bonne heure de marche. Le trajet était fastidieux ; les 70 derniers kilomètres, depuis Vienne, imposaient plusieurs changements et se finissaient dans le train de Gutenstein, qui traversait de beaux paysages à une allure désespérante. Ce voyage « *interminable* », comme il le qualifia, il n'est pas certain que Kafka l'ait fait seul[8].

Dora avait hâte de revoir son ami : censée durer quelques jours, la séparation se prolongeait depuis bientôt trois semaines. Kafka lui écrivait régulièrement, mais il appréhendait toujours la rencontre entre Dora et ses parents, les états de nerfs et les frictions qui ne manqueraient pas de s'ensuivre, et il insista donc pour qu'elle patiente à Berlin. À peine la date de son départ fut-elle fixée qu'elle se mit elle aussi en route pour l'Autriche. Elle gagna Vienne en une journée, y prit une chambre d'hôtel et demanda aux Kafka l'adresse exacte du sanatorium, sans doute par téléphone. Alors que lui tâchait de repousser encore un peu son arrivée, elle était déjà en chemin : le 8 avril, elle fut à Ortmann, prit ses quartiers dans une ferme près du sanatorium, puis apparut dans la chambre de Kafka.

Il se sentait très mal au « Wienerwald », et le qualifia après coup de « *cruel et oppressant* ». Il dut souffrir de ce brusque contraste entre le soutien personnalisé dont il jouissait depuis des mois et la machinerie internationale et plutôt anonyme qu'il découvrit à Ortmann. Il n'eut pas du tout l'impression que les deux médecins-chefs le traitaient en privilégié, et aucun des deux ne lui inspira confiance : « *l'un tyrannique, l'autre mou, mais tous les deux fervents adeptes de la médecine et impuissants dans la difficulté*[9] ». La plupart du temps, Kafka prêtait l'oreille depuis son lit aux conversations sur les balcons voisins, ne pouvant de toute façon s'y joindre à cause de sa voix de plus en plus enrouée. Mais le pire était que personne ne lui disait quoi faire sur le long terme et que le traitement se limitait à une gestion des symptômes : du pyramidon en solution pour faire tomber la fièvre, un médicament inefficace pour calmer la toux et des bonbons anesthésiants pour lui permettre de manger. « *Le principal est sans doute le larynx*, écrivit Kafka à Klopstock – voilà qui semblait sûr. *Il est vrai qu'en paroles, on n'apprend rien de précis, puisque tout le monde prend un œil fixe et tombe dans un discours timide et évasif dès qu'on évoque la tuberculose laryngée. Mais "œdème derrière", "infiltration", "pas méchant" mais "on ne peut encore rien dire de sûr", le tout associé à des douleurs elles très méchantes, cela suffit sans doute*[10]. » C'était la première fois que Kafka se plaignait d'intenses douleurs, et ce que cela impliquait, Klopstock le savait aussi bien que n'importe quel médecin. Si ce n'était vraiment pas une tumeur cancéreuse – mais comment les gens du « Wienerwald » le savaient-ils sans biopsie ? –, alors l'augmentation rapide des douleurs, l'œdème et les infiltrations étaient des signes clairs que la tuberculose de Kafka s'était propagée au larynx.

Ce fut probablement une réticence à se montrer si maussade et si désemparé qui le poussa à ne pas admettre sa vraie détresse, même vis-à-vis de Dora. Elle avait des obligations à Berlin, elle ne pourrait pas vivre sans revenus à l'étranger et, si grande fût son envie de la voir, il refusait qu'elle quitte tout uniquement pour le suivre. Dora, en revanche, dut comprendre qu'elle resterait sitôt qu'elle vit Kafka. Il pesait moins de 50 kilos, sa voix avait changé du tout au tout, et son humeur décontractée et parfois même joyeuse de Berlin s'était évanouie sous l'effet de la douleur. En l'espace de seulement trois semaines, son ami était devenu un patient dépendant, et elle ne pouvait l'abandonner dans cet état, même si Kafka, lui, continuait de le penser. Le 9 avril, il écrivit encore à ses parents que Dora passait quelques jours auprès de lui avant de repartir. Dora, elle, ajouta : « *Il n'est pas encore dit que je rentre.* » Plus éloquente une carte à Max Brod que Kafka envoya le même jour : il le priait de proposer le récit de *Josefine* à la *Prager Presse*, puis à Die Schmiede, car il avait grand besoin d'argent : « *il semble bien que ce soit le larynx* ». En dessous, Dora inscrivit : « *Si c'est possible d'une façon ou d'une autre je resterai ici aussi et pas à Vienne. On verra.* » Puis elle ajouta un second post-scriptum, à l'insu de Kafka : « *S'il te plaît, Max, vends tout ce que tu peux. Je dois à tout prix rester ici. J'ai besoin d'extrêmement peu, donc ce sera possible. La situation est très, très grave*[11]. »

Les médecins du « Wienerwald » finirent par l'admettre eux aussi. Ce même jour, ils annoncèrent en toute innocence à Kafka que le traitement qu'il lui fallait excédait les moyens d'un sanatorium et que les douleurs ne cesseraient pas sans résection du nerf laryngé. Il devrait faire appel à un laryngologue, et on n'en trouvait qu'à Vienne. Autrement dit, on le mettait dehors, avec une explication qui produisit l'effet d'un choc. Le lendemain – six jours après son arrivée –, Kafka et Dora montaient dans une voiture ouverte. Le sanatorium n'avait pas d'autre moyen de transport à proposer pour le moment, malgré le vent et les averses. « *Dernière des épouvantes, le 10 avril*, nota Max Brod dans son journal, *j'apprends que Kafka a été renvoyé du sanatorium Wienerwald. Clinique viennoise. Constaté la tuberculose du larynx. Jour de malheur terrible*[12]. »

La lutte pour la survie de Kafka débuta le 11 avril 1924. Avant cette date, tous les traitements et les mesures d'hygiène avaient visé la guérison – même en octobre 1918, phase jusqu'alors la plus critique, où la famille n'avait pu qu'attendre l'issue de la pneumonie causée par la grippe espagnole. Mais cette nouvelle situation était tout autre. Une attente passive aurait signé l'arrêt de mort de Kafka, et avant de pouvoir ne serait-ce qu'envisager une guérison, il importait de poser enfin un diagnostic à la pointe de la médecine et de prévenir une nouvelle dégradation de son état par tous les moyens disponibles. Pour Kafka, c'était un changement du tout au tout, une vraie césure existentielle. Jusqu'alors, il avait pris lui-même toutes les décisions qui concernaient sa maladie, y compris pendant ses périodes de plus grande dépendance sociale. Et pour la première fois, on lui ôtait cette liberté. Il se trouvait dans une clinique, était un cas parmi bien d'autres, son corps faisait l'objet d'examens, de discussions, de traitements, et tous ses autres besoins, surtout psychiques et sociaux, se subordonnaient strictement aux mesures médicales.

À la dernière minute, il avait trouvé une place à l'Hôpital général, dans la grande Clinique pour les maladies de la gorge et du larynx, au 14, Lazarettgasse ; un lointain parent de Vienne avait fait le nécessaire. C'était une bonne adresse, l'une des meilleures d'Europe, et la clinique le devait surtout à la réputation de son directeur, l'oto-rhino-laryngologue Markus Hajek. « *C'est la providence qui l'a mené à Hajek*, écrivit Robert Klopstock à Ottla avec soulagement, *c'est un homme tellement merveilleux dans ce domaine, et ce qu'il a de merveilleux ne réside pas dans son savoir objectif, mais en lui-même. [...] Je pensais déjà à Hajek avant tout ça*[13]. » Oui, Hajek était la crème de la crème, il avait même opéré Sigmund Freud l'année précédente. Mais bien entendu, seuls les patients qu'une chirurgie pouvait aider bénéficiaient de l'attention du médecin-chef en personne; et pour savoir si c'était le cas de Kafka, il convenait d'établir soigneusement l'anamnèse et de poser un diagnostic sûr.

Le bilan des examens qui eurent lieu dès l'arrivée de Kafka est de loin le document le plus précis que nous ayons sur sa tuberculose[14]. Il fut d'abord pris en charge par un spécialiste de médecine interne qui ausculta ses poumons et constata des râles crépitants ainsi que des matités dans les deux poumons, autrement dit une densification du tissu. Quant à l'anamnèse (Kafka oublia visiblement de mentionner la grippe espagnole), on lit dans son dossier :

« Hémoptysie il y a 6 ans et diagnostic de tbc. pulmonaire. Les symptômes pulmonaires varient en intensité au fil des ans. Le patient connaît des périodes où il a très bonne mine et se sent assez bien. Au cours des 7 derniers mois, le patient a perdu environ 6 kg et se sent plus mal que les années précédentes. Depuis 2 semaines, le patient a la voix enrouée. Depuis 5 jours, sensation de brûlure soit à la déglutition, surtout à droite, soit indépendamment, ce qui le tire parfois du sommeil. Le patient n'a aucun appétit et se sent très faible. »

Enfin, on examina le point délictueux à l'aide d'un laryngoscope : « *Larynx : œdème au niveau des deux cartilages aryténoïdes. Légère infiltration au niveau de la paroi postérieure. Rougeur au niveau des plis vestibulaires. Diagnostic : Tbc. laryngis.* » Les ultimes doutes étaient levés. À partir de là, même le sanatorium le plus confortable dans le meilleur climat possible ne changerait plus rien. La médecine académique, dont Kafka considérait depuis des années la logique mécanique comme une prétention méprisable, était dorénavant son unique planche de salut.

Mais en 1924, il n'existait pas encore de substance active capable de lutter contre l'agent de la tuberculose, pourtant identifié depuis longtemps, et Hajek ne faisait aucun cas des expériences fondées sur la tuberculine – il avait trop souvent vu l'état de ses patients se dégrader après une injection[15]. La chirurgie, elle, ne semblait pas urgente. On aurait pu au mieux envisager le « pneumothorax artificiel » maintes fois préconisé par Klopstock, c'est-à-dire la mise à l'arrêt d'un poumon pour favoriser sa guérison, mais ce n'aurait pas été sans risque, ne serait-ce qu'au vu de l'état global de Kafka. Dans un premier temps, on décida donc d'apaiser les douleurs et la toux, ce que des pulvérisations de menthol permettaient assez facilement – le « Wienerwald » aussi aurait pu y penser. De fait, les douleurs à la déglutition se calmèrent, et Kafka put de nouveau manger suffisamment. Ne serait-ce que par gratitude, il se serait sans doute soumis un temps à ce régime médical sévère, si sa défiance à l'égard des médecins n'avait pas été confirmée de la plus cruelle des façons.

C'était la première fois qu'il partageait une chambre avec de parfaits inconnus, qui plus est gravement malades, la première fois aussi que ses besoins les plus élémentaires – le sommeil, la nourriture, la conversation – étaient régis par un emploi du temps rigide. On réveillait les patients à 5 h 30 du matin, ils se lavaient chacun leur tour à l'eau chaude, aux lavabos, prenaient ensuite leur petit déjeuner et, à 6 h 30, tous retrouvaient leur lit refait pour la visite du médecin. Les visiteurs n'étaient admis qu'entre 14 et 16 heures, et même si Dora ignorait cette règle et venait souvent une heure plus tôt, Kafka avait du mal à supporter cette restriction. Malgré tout, dit-il par plaisanterie dans une lettre à ses parents, tout cela n'était qu'une « *très petite et faible compensation de la vie militaire qui m'a fait défaut*[16] ».

C'était un fameux euphémisme, car ce que Kafka vit dans cette chambre collective vaste et lumineuse lui aurait sans doute été épargné dans une caserne. Son voisin de lit était un cordonnier marié de la région du Waldviertel, lui aussi atteint de tuberculose laryngée, et que les médecins avaient sauvé de justesse de l'étouffement en pratiquant une trachéotomie. Ce Josef Schrammel avait beau respirer par une canule, il restait confiant, gardait bon appétit et supportait visiblement que personne ne lui rende visite – sa famille était trop pauvre pour faire le déplacement. Il rappela sans doute à Kafka le Tchèque esseulé qui lui avait montré ses horribles miroirs, et quelques autres connaissances de Matliary. Deux fois déjà, Klopstock lui avait signalé la mort d'un ancien camarade de cure, et, au grand effroi de Kafka, c'étaient justement les personnes les plus optimistes, les plus vivantes en apparence, qui étaient frappées les premières. Le joyeux cordonnier Schrammel, qui n'avait jamais eu affaire à des médecins de toute sa vie, n'était lui-même pas conscient de la gravité de sa situation, et Kafka observa avec indignation que le personnel de la clinique l'abandonnait largement à son sort. « *L'homme à côté de moi, ils l'ont tué* », nota-t-il plus tard. « *Ils l'ont laissé se promener avec une pneumonie et 41 de fièvre. Ça a été grandiose ensuite la nuit quand tous les assistants étaient dans leur lit douillet et qu'il n'est plus resté que le prêtre avec ses aides*[17]. » Le lendemain matin, le lit de

Schrammel était vide ; Kafka eut du mal à se tranquilliser et à contenir ses larmes et, pour la première fois depuis des jours, sa courbe de fièvre remonta.

Il était prévisible qu'il ne pourrait se reposer dans une atmosphère aussi pesante, et les cartes sciemment guillerettes qu'il envoyait à ses parents ne trompaient personne. Toute une chaîne de solidarité se mit en branle : Karl Hermann, le mari d'Elli, vint au nom de la famille régler les détails financiers. Felix Weltsch, qui vint lui aussi voir Kafka, chercha des sanatoriums plus proches de la clinique. Max Brod enfin alarma Werfel, qui vivait à Vienne, et Werfel à son tour adressa une lettre au professeur Hajek. Il demanda aussi à une médecin de ses amis de glisser un mot pour Kafka à la clinique ; au patient lui-même, il envoya des roses et un exemplaire dédicacé de son roman *Verdi*. « *Un certain Werfel*, ironisa prétendument Hajek, *m'écrit que je dois faire quelque chose pour un certain Kafka. Kafka, je vois qui c'est. C'est le patient du lit 12. Mais Werfel ?* » Une bien belle anecdote. En fait, Hajek confirma que Kafka serait placé en chambre individuelle quelques jours plus tard et il s'opposa fermement à l'idée de le laisser partir : ici, dans son hôpital, dit-il, « *tous les remèdes, les soutiens et les cures possibles étaient à portée de main* », et c'était « *l'unique chance* » de Kakfa[18]. Trop tard : celui-ci était résolu à quitter la clinique. Le 19 avril, alors qu'un grand soleil se déversait par les fenêtres ouvertes, Dora empaqueta son peu d'affaires. Il avait empêché de justesse que Werfel lui rende visite dans ce mouroir. « *Sorti avec soins à domicile* », dit la dernière entrée de son dossier de malade. Ce n'était pas tout à fait ça.

Sans l'inscription SANATORIUM au fronton du bâtiment, on aurait pu prendre l'institut de soins privé pour pulmonaires du Dr Hoffmann, dans le village de Kierling, près de Klosterneuburg, à 15 kilomètres de Vienne, pour une modeste pension : une bâtisse sans afféterie en bordure de route, trois étages, à l'arrière une véranda et un petit jardin. Il n'y avait que douze chambres, parfois utilisées par de simples visiteurs, et les soins étaient assurés par le Dr Hugo Hoffmann, un assistant et une infirmière. Un inhalateur et une lampe à UV formaient tout l'équipement, et on ne tenait pas de dossiers, car on avait en tête les données des quelques malades. Une affaire de famille, donc : dans ce qu'on proposait ici, le professeur Hajek n'aurait en effet vu guère mieux que des « *soins à domicile* ».

Aux yeux de Kafka cependant, le sanatorium Hoffmann offrait des avantages inestimables qui compensaient de loin son arriération médicale. Dora pouvait rester aussi longtemps qu'elle le souhaitait et utiliser la cuisine. On respectait de bout en bout les demandes des patients ; le médecin était à deux pas, même la nuit ; et si l'on voulait rester seul, personne ne s'y opposait. Kafka fut installé dans une chambre individuelle simple et meublée tout en blanc, au second, avec une terrasse ensoleillée et une belle vue sur des rosiers, un ruisseau, des vignes et des bois. Il ressentit un soulagement énorme après ces mois d'enfermement, et le choc des derniers jours à Vienne se dissipa peu à peu sous l'impression de ce paysage printanier gorgé de parfums et de couleurs. Kafka sortit autant que possible, il réussit même à faire un petit tour du village, et Dora eut l'idée de louer une calèche pour quelques heures, ce qui leur permit de voir les environs, bien enfoncés dans les coussins – plaisir que Kafka n'avait plus connu depuis Planá.

Restait à savoir si cet arrangement était bien raisonnable d'un point de vue médical. Que faisaient les riches Autrichiens dans une situation aussi précaire ? S'ils ne pouvaient plus voyager, ils s'installaient dans une clinique privée à l'intérieur de Vienne et continuaient à consulter les meilleurs spécialistes. C'était exactement ce que devait faire Kafka, avait insisté Klopstock : s'éloigner de la clinique, mais surtout pas de Hajek. Et pas de médecine alternative. Klopstock, qui était retourné dans les Hautes Tatras et ne pouvait donc donner son avis que par correspondance, fut horrifié d'apprendre que Dora avait contacté un naturopathe. Il écrivit à Ottla que Dora s'occupait à merveille de Kafka, mais que la famille devait à tout prix la détourner d'une telle aberration. Par chance, la discussion fut bientôt close, car le Dr Hoffmann ne faisait aucun cas de la naturopathie et refusait qu'un traitement parallèle ait lieu dans son petit sanatorium.

En revanche, il n'avait absolument rien contre la venue d'une sommité viennoise. C'était une simple question d'honoraires et de bonnes relations. Là encore, une chaîne se forma pour orienter Dora vers les meilleures adresses : Werfel informa son ami le professeur Tandler, conseiller municipal viennois à la santé et à l'aide sociale ; Max Brod rédigea plusieurs lettres de recommandation ; le laryngologue Kurt Tschiassny se dit prêt si besoin à soigner Kafka gracieusement ; un certain Dr Glas, adepte de Rudolf Steiner, fut prié de se rendre à Kierling ; Felix Weltsch connaissait Oscar Beck, professeur d'otologie à la clinique universitaire ; et pour finir, on mobilisa même le supérieur de ce dernier, le professeur Heinrich Neumann, « *roi des pneumologues viennois* », qui ne se fit payer que le trajet de nuit en taxi, à la stupéfaction de Kafka[19]. Cette théorie de médecins de première classe – le sanatorium Hoffmann n'avait sans doute jamais rien vu de tel – devait d'abord et surtout proposer un remède aux douleurs toujours plus violentes de Kafka, qui faisaient des repas un supplice et l'empêchaient de plus en plus de boire malgré les pulvérisations de menthol. L'absence totale d'appétit qu'il devait surmonter à chaque bouchée était déjà bien assez grave en soi. Et s'il n'arrivait même plus à avaler les plats préparés par Dora, goûteux et simples à ingérer – des pâtes, du riz au lait, des œufs –, comment était-il censé retrouver un état assez stable pour subir, peut-être, une opération salutaire ? À ces douleurs plus vives de jour en jour, même le plus beau printemps du monde n'aurait rien changé.

Nous n'avons pas les diagnostics des professeurs Tschiassny et Neumann. Mais nous connaissons en détail l'avis du Dr Beck, qu'il coucha par écrit à l'attention de Felix Weltsch après sa visite à Kafka. Là où toute la correspondance entre ses proches et ses amis demeure empreinte de diplomatie – Klopstock lui-même se plaignait de ne rien savoir de fiable sur l'état de Kafka –, cette lettre de Beck, et elle seule, brosse un tableau sans fard de la situation. Il se peut fort que Weltsch ne l'ait montrée à personne sauf à Brod. Si c'est le cas, il fit bien.

« Hier j'ai été appelé à Kierling par mademoiselle Diamant. Monsieur Kafka avait de très fortes douleurs au larynx, surtout quand il toussait. Quand il s'alimente, les douleurs augmentent à tel point qu'avaler est presque impossible. J'ai constaté au niveau du larynx un délabrement tuberculeux qui affecte aussi l'épiglotte. En pareil cas, une intervention chirurgicale est absolument impraticable, et j'ai procédé à une injection d'alcool dans le nerf laryngé supérieur. Mademoiselle Diamant m'a rappelé aujourd'hui pour me dire que son action n'a été que temporaire et que les douleurs sont revenues avec la même intensité. J'ai conseillé à mademoiselle Diamant de ramener monsieur le Dr Kafka à Prague, sachant que le professeur Neumann a lui aussi estimé sa survie à environ trois mois. Mademoiselle Diamant a refusé, car elle croit que le patient se rendrait compte de la gravité de son état.

Vous ferez bien d'informer clairement ses proches du sérieux de la situation. D'un point de vue psychologique, je comprends que mademoiselle Diamant, qui s'occupe du malade avec une touchante abnégation, ait le désir d'appeler à Kierling un certain nombre de spécialistes pour qu'ils confrontent leur avis. Il m'a donc fallu lui expliquer que le Dr Kafka, tant au niveau des poumons que du larynx, se trouve dans un état où aucun spécialiste ne peut plus lui venir en aide et où l'on peut seulement apaiser les douleurs avec du Pantopon ou de la morphine[20]. »

Le verdict irréfragable et accablant de la médecine soumit Dora Diamant à une tension monstrueuse. La douleur de cette perte imminente était trop vive pour qu'elle se livre sans résistance à son destin, mais, à Kerling, elle n'avait personne à qui parler à cœur ouvert. Il était exclu d'annoncer à Kafka que les médecins ne lui donnaient aucune chance de survie : dans l'esprit de Dora, ç'aurait été anéantir une fois pour toutes les forces curatives qui sommeillaient peut-être en lui, et l'énoncé de ce verdict aurait équivalu à son exécution. Et la situation devint encore plus difficile à mesure que Kafka déléguait à Dora les échanges avec sa famille. Là où, à

Vienne, elle s'était contentée d'ajouter de brèves remarques ou des salutations sur les cartes qu'il envoyait à Prague, ce rapport s'inversa : Dora écrivait aux parents de Kafka, et Franz ajoutait quelques lignes s'il restait de la place. Elle correspondait aussi avec Ottla et Elli – à l'insu de Kafka – et devait encore prendre les appels fréquents et parfois quotidiens qui lui parvenaient de Prague – appels de gens qu'elle n'avait jamais vus et dont elle pouvait difficilement prévoir les réactions. Ottla vint une fois à Kierling le temps de quelques heures ; une autre fois, ce fut l'austère oncle Siegfried – telles furent ses seules occasions de discuter plus longuement avec ses proches. Et tout en cherchant à se donner du courage à elle-même et à son ami, Dora devait réfléchir à ce qu'elle disait aux Kafka – car chaque membre de cette famille ne tolérait pas la même dose de vérité. Le 19 mai, elle écrivit encore aux parents que les douleurs de Kafka étaient « *tout à fait insignifiantes* » et qu'il n'y avait « *absolument aucune raison de s'inquiéter* », alors que deux semaines plus tôt, elle avait avoué à Elli que son frère ne pouvait plus dormir sans injection d'antalgiques et que son cas était désespéré[21].

Mais il n'y avait pas que les questions médicales : les problèmes financiers eux aussi pesaient lourd et ne pouvaient se résoudre sans diplomatie. Car s'il n'y avait « *aucune raison de s'inquiéter* », à quoi bon tous ces spécialistes qui défilaient à Kierling, ces quantités sans cesse croissantes de médicaments, ces dispendieuses consultations nocturnes ? Sans compter les besoins de Dora elle-même, qui n'avait aucun revenu et dépendait entièrement du soutien des Kafka. Comment tourner tout cela ? La famille possédait assez de réserves, et elle venait de toucher une petite fortune à la mort d'Alfred Löwy, le fameux « oncle de Madrid[22] », mais il était hors de question de rendre compte aux parents du détail des dépenses. Même son souhait de faire enfin venir Robert Klopstock, habitué à s'occuper de patients tuberculeux, Dora l'exposa tout d'abord aux sœurs de Kafka – car Klopstock n'avait même pas de quoi se payer un billet de train, et lui aussi aurait besoin du soutien de Prague. À l'évidence, on trouva vite un arrangement, car, quelques jours seulement après l'affreuse annonce du Dr Beck, Klopstock arriva à Kierling, prit une petite chambre au sanatorium et se chargea dès lors de certains actes médicaux de routine – et d'une partie des lettres et des coups de téléphone à Prague, pour le plus grand soulagement de Dora.

Kafka était tenu largement à l'écart de toutes ces difficultés – ne serait-ce que par crainte qu'il ne refuse une consultation ou un médicament dans un souci d'économie. Quand il posait des questions, Dora se contentait de réponses évasives, et elle n'hésitait pas non plus à embellir la situation quand elle le jugeait bon. Elle raconta que sa famille avait envoyé tant d'argent qu'ils pourraient tenir pendant cinq mois. Sacré cadeau – à condition d'y croire. Or Kafka n'avait pas simplement confiance en Dora, il avait remis tout son destin entre ses mains, et quand Klopstock arriva pour leur venir en aide et se mit à le veiller jour et nuit, à la lettre, Kafka se sentit comme au sein d'une « *petite famille* » – expression qu'il se plut à utiliser. Ce fut probablement la volonté qu'avait Kafka de faire preuve de dignité même dans cet état d'impuissance enfantine qui l'empêcha jusqu'à la fin de tutoyer Klopstock, lequel réduisait parfois un peu trop la distance.

Il est étrange que l'ambiance assourdie de cette chambre de malade blanche, calme et lumineuse où tout paraît s'être figé ait laissé plus de traces écrites que la vie commune de

Kafka et Dora tous les mois précédents. La raison, paradoxale, en était une prescription, un autre conseil médical : Kafka devait parler le moins possible, tout au plus avec le médecin, et même alors, en chuchotant. Cette « cure de silence », censée mettre au repos le larynx enflé et enflammé sous l'effet de la tuberculose, était une mesure fréquente (bien qu'inutile), et elle exigeait des patients une énorme maîtrise d'eux-mêmes. Kafka aussi fut incapable de se soumettre entièrement à cette règle, mais il se mit à noter par mots-clefs ou phrases brèves ce qu'il avait à demander et à dire. Klopstock recueillit ces feuillets, et Brod en publia une sélection par la suite[23]. Ce sont des documents poignants : d'abord parce qu'ils traduisent presque sans filtre l'impulsion de l'instant et évoquent en effet des fragments de conversations où la volonté de maîtrise formelle de Kafka n'est pas aussi prégnante que dans ses lettres. Ensuite parce que ces notes révèlent que, si l'intérêt de Kafka pour le monde reflue – l'extérieur du sanatorium n'est presque plus mentionné qu'au passé –, son attention aux choses les plus proches s'accroît en proportion. Comme on peut s'y attendre, bon nombre de ces notes parlent de son état physique, de nourriture, de boisson et de médicaments. Mais il s'inquiète aussi que quelqu'un puisse marcher sur des éclats de verre, ou que ces visiteurs puissent troubler le repos des patients sur les balcons voisins – alors qu'il n'a de relation avec aucun d'entre eux. Il se réjouit des fleurs qu'on ne cesse de lui apporter, mais il tient également à ce qu'on les arrange de façon à mettre chacune d'elles en valeur, et il veut s'assurer qu'on s'en occupe comme il se doit : « *Avez-vous un moment ? Alors, s'il vous plaît, rafraîchissez un peu les pivoines.* »

Mais même ces feuillets de conversation n'offrent pas un décalque de la réalité de Kierling ; ils n'en sont qu'une coupe.

La relation à Dora est quasi occultée : Kafka ne pouvait noter ce qui n'était destiné qu'à elle (du moins pas sur les feuilles que Klopstock rassembla) et il y a lieu de supposer que, les dernières semaines, il fut encore plus dépendant de l'affection de Dora que ces notes fragmentaires ne le laissent deviner. La seule question qui porte sur leur vie commune révèle néanmoins que Kafka avait nettement conscience de ce qu'il lui imposait. « *Combien d'années le supporteras-tu ? Comment d'années supporterai-je que tu le supportes ?* » Pas un mot en revanche de tous les projets qu'ils avaient conçus à Berlin, des lieux possibles de leur vie future : Vienne, Brünn, une petite ville en Bohême, le lac de Garde. Et pas un mot non plus d'un autre plan, plus important que tout, qu'ils avaient concocté au sein de la « petite » famille sans rien dire à la « grande ». Seul Max Brod en entendit parler de source sûre, et il l'évoque dans sa biographie de Kafka :

> « Il voulait se marier avec Dora et avait envoyé au père de celle-ci, un homme très pieux, une lettre où il exposait qu'il n'était pas à vrai dire un croyant, dans le sens où le père de Dora l'entendait, mais un "repenti", et qu'il pouvait donc espérer être admis un jour dans sa famille. Le père s'était rendu avec cette lettre chez l'homme qu'il révérait le plus, dont il mettait l'autorité au-dessus de tout, le "Gerer Rebbe" [le rabbi de Ger]. Le rabbi lut la lettre, et en la lui rendant ne prononça qu'un bref "non". Sans plus d'explication. Il avait coutume de ne jamais s'expliquer[24]. »

Pour la troisième fois, Kafka demande la main d'une femme ; là encore, il commence par « à vrai dire... mais... » ; là encore, il refuse de se décider contre l'avis de la famille.

Mais c'est la première fois que la réponse est *non*. Le repentir ne suffit pas ; le rabbi de Ger voit plus loin, Herschel Diamant en est persuadé ; et ce non, il le fait sien. Kafka est triste, mais aussi impressionné. En bonne santé, il dirait que ce refus est un signe d'étroitesse d'esprit. Mais dans son état, il y voit certainement un signe, un signe qui n'augure rien de bon.

Le 3 mai, Max Brod reçut la visite d'Elli, la sœur de Kafka. La lettre du Dr Beck n'était pas encore arrivée à Prague ; mais ce qu'elle contiendrait, Dora l'avait déjà dit à Elli. *Inéluctable*, nota Brod. Il fallait qu'il aille à Kierling. Mais jamais il n'avait fait un aussi long voyage dans le seul but de voir Kafka, pas même pendant les longs mois de Matliary, et s'il le faisait cette fois, il ôterait à son ami ses dernières espérances. Brod opta pour un pieux mensonge : il était invité à Vienne pour une conférence, dit-il, et profiterait de l'occasion pour rendre visite à Kafka.

À Kierling, il s'était attendu à être confronté à la déconfiture morale et physique d'un mourant. Or Kafka était content de le voir, avait toute sa présence d'esprit et ne semblait même pas être d'humeur maussade, même s'il avait de la fièvre, ne pouvait pas beaucoup parler et venait de recevoir, le jour même, la fin de non-recevoir du père de Dora. Brod trouva invraisemblable que son ami, si vif, puisse être un cas désespéré ; et presque convaincu lui-même, il se mit à parler de leurs prochaines retrouvailles, lors du voyage en Italie qu'il prévoyait l'été suivant. Lui qui voulait duper Kafka, voilà qu'il se dupait lui-même.

Aux yeux de Kafka, ce n'était pas seulement un vieil ami qui se présentait à son chevet. Max Brod représentait un monde qui lui était resté fermé malgré tous ses efforts. Brod était marié, c'était un homme politique, un journaliste, un écrivain, il savait parler en public, voyageait, et sa capacité de travail semblait illimitée. L'année précédente, il avait entamé un roman historique, *Rubeni, prince des Juifs*, qui deviendrait son plus grand succès après *L'Astronome qui trouva Dieu*, et ce que Kafka en avait lu l'avait impressionné, « *ravi* ». Puis Brod savait aider les autres, soutenait beaucoup de gens, n'avait eu aucun mal à faire paraître à Pâques deux récits de Kafka dans la presse pragoise : *Une petite femme* et *Josefine la cantatrice*[25]. Et comme si ça ne suffisait pas, il était employé à demeure par le *Prager Tagblatt*; depuis des mois, il faisait paraître un article tous les deux ou trois jours, en général le compte rendu d'une pièce ou d'un concert qu'il avait vus la veille. Et cet homme, donc, était venu le voir au sanatorium de Kierling. N'était-ce pas la moindre des choses de montrer un peu de tenue? Lorsqu'ils se dirent au revoir pour la dernière fois, leurs pensées divergeaient du tout au tout : Brod avait repris un peu espoir, Kafka était déprimé par l'impression qu'il avait faite. Il avait « *lamentablement gâché* » cette visite, qui s'était déroulée de façon « *si triste* », écrivit-il à son ami consterné. Il aurait bien voulu se montrer « *un peu plus humain*[26] ».

Les dernières semaines de Kafka furent douleur. Depuis Matliary, il savait que tous les tuberculeux ne mouraient pas dans l'euphorie, comme le voulait un cliché littéraire, mais qu'ils devaient s'attendre à une tout autre fin; et après avoir été témoin du destin pitoyable de son voisin de chambre, il avait arraché une promesse au jeune Robert Klopstock :

plutôt une injection de morphine que le prolongement artificiel d'un tel supplice. Mais que son cas pourrait être encore pire que celui de ce camarade d'infortune, lequel avait fini par se jeter d'un train, Kafka ne le pressentait que depuis son passage récent à la clinique de Vienne.

Le professeur Hajek lui-même, que Klopstock fit aussi venir à Kierling malgré l'affligeante concordance de tous les autres diagnostics, s'étonna de voir à quelle vitesse la nécrose des tissus avait progressé depuis la dernière fois qu'il avait vu Kafka, soit environ un mois plus tôt. Comme le Dr Beck, il essaya d'inhiber le nerf laryngé supérieur en injectant de l'alcool, sans réel succès là non plus – l'effet ne dura pas. Or, sans ces injections extrêmement pénibles auxquelles Kafka devait désormais se soumettre régulièrement (et de préférence sans témoin), plus rien n'allait. Le moindre mouvement du larynx lui causait des douleurs déchirantes, tousser était une torture. Kafka ne pouvait plus boire qu'à minuscules gorgées, il avait soif en permanence, rêvait de toutes les boissons possibles et imaginables, et se désaltérait en regardant les autres écluser un verre d'eau. De haute lutte, il avalait un petit verre de vin par jour, parfois un peu de bière, et l'eau devait être tiède pour qu'il puisse y tremper les lèvres. « *As-tu déjà goûté le vin nouveau? demanda-t-il à son père. J'ai grande envie d'en boire un jour à bonnes grandes lampées avec toi. Car j'ai beau ne pas avoir une très grande descente, pour ce qui est de la soif, je ne le cède à personne. Mais voilà que j'épanche mon cœur de buveur.* » Un ou deux jours après ces lignes primesautières, Kafka apprit de Klopstock qu'il ne pourrait survivre qu'en étant nourri par voie artificielle. « *Cette mesure le désespère à un point indicible, écrivit Klopstock, il en souffre moralement*[27]. »

« *Au fond, il exigeait beaucoup de respect pour sa personne,* dit Dora de Kafka par la suite. *Si on venait à lui avec les égards nécessaires, tout était bien et il attachait peu d'importance aux formes. Mais si on ne le faisait pas, il était fort blessé*[28]. » Remarque qui explique après coup certains accès de brusquerie étonnants : Kafka avait beau se fustiger, cela ne donnait à personne le droit de parler à sa place. Mais cette particularité avait un revers non moins déterminant : la conscience de devoir mériter ce respect ne le quitta pas jusqu'à la fin, et il doutait grandement qu'un quadragénaire privé des réflexes les plus organiques et qui ne survivait que grâce à des moyens artificiels soit encore une figure respectable.

Cela valait aussi pour ses aptitudes au travail intellectuel. Kafka avait depuis longtemps accepté que ses réserves fondent. Sa maladie, son état de faiblesse, les douleurs, la lutte entre peur et espoir : tout le fatiguait. « *Fermés est l'état naturel de mes yeux*, écrivit-il à Brod, qui lui avait envoyé quelques volumes de chez Reclam, *mais jouer avec des livres et des revues me rend heureux.* » Il n'avançait que lentement et très à contrecœur dans le *Verdi* de Werfel[29], préférait feuilleter le *Prager Tagblatt*, que ses parents lui envoyaient régulièrement, et savait gré à Dora et Robert de le décharger en bonne partie des lettres quotidiennes. Ce qu'il voyait d'un tout autre œil et trouvait bien moins acceptable, c'était l'effet des médicaments sur son esprit. « *Même si je me remettais vraiment un peu de tout ça, des narcotiques certainement pas* », nota-t-il. Plus que tout, il renâclait devant les injections d'alcool, renouvelées à intervalles de plus en plus courts, parce qu'elles lui embrumaient l'esprit et le gênaient pour articuler : fatigué, ou même réduit au silence par les médecins, on pouvait encore inspirer le respect – mais pas empâté par l'alcool. Par instants, Kafka songea même à endurer la douleur plutôt que de perdre en maîtrise de soi et donc en amour-propre.

Il avait hâte de recevoir les épreuves du recueil *Un artiste-jeûneur* : tant qu'il serait conscient, il procéderait aux corrections lui-même et avec son application coutumière, la question ne se posait même pas. Brod pressa l'éditeur d'entamer la composition, en insistant sur l'état critique de Kafka, mais Die Schmiede attendait le quatrième et dernier récit, *Josefine la cantatrice*. Mi-mai, enfin, Kafka reçut un premier jeu d'épreuves, à un stade où ses capacités avaient déjà beaucoup décru et où il dormait même le jour. « *Je veux relire maintenant*, nota-t-il néanmoins. *Ça va trop m'ébranler, peut-être, car je vais devoir tout revivre.* » Pour la première et la dernière fois, Kafka éprouvait une sorte de peur face à ses propres textes. Et face à *un* texte en particulier : *Un artiste-jeûneur*, l'histoire d'un homme qui ne *veut* plus manger, écrite par un homme qui ne *peut* plus manger. Pour Kafka, qui avait si souvent recouru aux métaphores de la nourriture et du refus de la nourriture, ce paradoxe cruel était quasi insupportable ; à la lecture, il ne put retenir ses larmes, et même Klopstock, entièrement dévoué à Kafka pendant ces derniers jours, trouva cette situation « *réellement spectrale*[30] ». Kafka insista néanmoins pour corriger d'autres épreuves qui arrivèrent fin mai, et il y travailla jusqu'à la veille de sa mort.

C'était comme s'il refusait de s'accorder le moindre passe-droit ; et même face à la perspective de sa propre mort, il s'efforça de garder toute sa lucidité, de conserver une attitude intellectuellement respectable. Les feuillets de conversation montrent qu'il rejetait tout apaisement ou réconfort qui ne se fondaient pas sur des faits. « *Nous parlons toujours de mon larynx comme si ça ne pouvait que s'arranger*, écrivit-il, *mais ce n'est pas vrai.* » Une autre fois : « *S'il est vrai, et c'est probable – que ma façon actuelle de manger ne suffit pas pour amener une amélioration depuis l'intérieur, alors c'est sans espoir, sauf miracle.* » Un jour que Klopstock avait cassé un abaisse-langue : « *Si je survis, je vous en ferai casser 10 autres.* » Évidemment, Klopstock répondit qu'il survivrait. Sur quoi Kafka : « *C'est bien ce que je voulais entendre, même si je n'y crois pas.* »

Kafka avait besoin de réconfort, comme n'importe qui dans son cas; mi-mai, son envie de vivre restait intacte; et le moindre signe d'espoir *véritable* le mettait dans un tel état qu'il était capable d'oublier sa situation pendant quelques instants. « *Quand j'ai commencé à manger*, nota-t-il, *quelque chose s'est abaissé dans mon larynx, je me suis senti merveilleusement libéré et j'ai commencé à penser à toutes sortes de miracles, mais c'est passé tout de suite après.* » Le professeur Tschiassny, qui venait chaque semaine à Kierling, fit un jour remarquer à Kafka que sa gorge avait meilleure allure que la fois précédente. Lorsque Dora revint, Kafka pleurait, il l'enlaça en répétant que jamais il n'avait tant voulu vivre et être en bonne santé[31]. Une autre note – « *Quand partons-nous pour l'opération?* » – semble même indiquer que Kafka, en mai, croyait encore à la possibilité d'une intervention chirurgicale.

Ce n'étaient que des instants. Ce qui dominait, c'était le constat que l'horizon de l'avenir – qui n'est plus évoqué dans ses dernières notes – se rétrécissait inéluctablement. La peur, aussi : pas la peur de la mort, de ce passage dans des ténèbres inconnues, mais la peur de l'agonie. Kafka savait ce qui le menaçait, même si tout le monde autour de lui avait soin d'éviter la question. Les signes étaient sans équivoque, comme ce qu'il avait vu à la clinique de Vienne. La tuméfaction du larynx, surtout au niveau de la glotte, causait une mort par asphyxie. Sauf à retourner chez Hajek pour une inévitable trachéotomie, il s'étoufferait à Kierling.

« Très chers parents, donc les visites dont vous parlez parfois. J'y réfléchis chaque jour, car c'est une chose très importante pour moi. Ce serait si beau, il y a si longtemps que nous n'avons pas été ensemble, je ne compte pas le temps passé ensemble à Prague, j'ai été une gêne dans l'appartement, mais être ensemble au calme quelques jours, dans une belle région, tout seuls, je ne me rappelle plus quand c'était à vrai dire, quelques heures une fois à Franzensbad. Et alors boire ensemble "un bon verre de bière", comme vous dites, d'où je déduis que père ne fait pas grand cas du vin nouveau, et je lui donne raison, du reste, étant donné la bière. D'ailleurs, cela me revient souvent maintenant avec les grandes chaleurs, il nous est arrivé d'être régulièrement des buveurs de bière associés, il y a bien des années, quand père m'emmenait à l'école de natation civile.
Cela et bien d'autres choses parlent en faveur de la visite, mais trop de choses parlent contre. D'abord, père ne pourra sans doute pas venir à cause des problèmes de passeport. Cela enlève évidemment une bonne partie de son sens à la visite, d'autant que mère, de qui qu'elle soit accompagnée, sera trop concentrée sur moi, tournée vers moi, et je ne suis toujours pas très beau, pas du tout digne d'être vu. Vous avez entendu parler des difficultés des premiers temps ici près de Vienne et à Vienne, elles m'ont un peu tiré vers le

bas ; elles ont empêché une chute rapide de la fièvre, ce qui a contribué à m'affaiblir encore ; la surprise de cette histoire de larynx m'a affaibli plus qu'elle n'aurait dû objectivement le faire – ce n'est que maintenant, grâce à l'aide de Dora et Robert, absolument inimaginable à distance (que serais-je sans eux !), que je commence à sortir de tous ces affaiblissements. Et même maintenant il y a des troubles, par ex. ces derniers jours un catarrhe intestinal dont je ne suis pas encore tout à fait remis. Tout cela ensemble fait que malgré mes aides merveilleux, malgré le bon air et la bonne nourriture, les bains d'air presque quotidiens, je ne suis pas encore bien reposé, et dans l'ensemble même pas dans un état comparable à la dernière fois à Prague. Ajoutez à cela que je n'ai le droit de parler qu'en chuchotant, et encore pas trop souvent, et vous repousserez vous-mêmes volontiers votre visite. Tout s'engage pour le mieux – dernièrement un professeur a constaté une nette amélioration au niveau du larynx, et même si vis-à-vis de cet homme très aimable et désintéressé – il vient une fois toutes les semaines dans sa propre automobile et ne demande presque rien, ses paroles m'ont tout de même été une grande consolation* – tout, comme je disais, s'engage pour le mieux, mais même le mieux n'est rien ; quand on ne peut pas montrer aux visiteurs – et surtout à des visiteurs tels que vous – de grands progrès incontestables et mesurables par des yeux profanes, il vaut mieux s'abstenir. Ne vaut-il donc pas mieux que nous nous abstenions pour le moment, mes chers parents[32] ? »

Kafka écrit cette lettre à la veille de sa mort. Il reste maître de la procédure, et le langage, médium de toute sa

---

* La lacune que présente cette phrase est dans la lettre originale.

vie, le sert jusqu'à la fin. Il veut faire la paix, même avec son père ; ses pensées sont pour le passé, pour ses rares souvenirs joyeux ; à Dora aussi, il a raconté comment Hermann, jadis, le laissait prendre un verre de bière. Mais pour qu'il fasse la paix, il faut qu'on le laisse en paix. Il a déjà été question que Julie lui rende visite et, depuis peu, ses parents parlent de venir ensemble. Kafka ne devine pas pourquoi. Julie Kafka a demandé un pronostic à Klopstock. À cette demande, Klopstock n'a pas répondu.

Kafka évoque cette possible visite avec Dora. Les parents dans une chambre du sanatorium : idée atroce. Mais s'ils voyaient ça comme des vacances ? S'ils prenaient une pension dans les parages, s'ils se baladaient et ne venaient qu'au passage, peut-être une fois par jour ? Encore un peu, et Kafka tenterait l'expérience. Mais non, le choc serait trop fort, pas seulement pour lui, pour les parents aussi, il le lirait sur leur visage. Non, non. « *Tout s'engage pour le mieux.* »

Le lundi 2 juin est une journée chaude, ensoleillée. Kafka est dans une chaise longue sur le balcon, il relit les épreuves de son dernier livre. Bientôt, Klopstock revient de Vienne où il a fait des courses, il apporte des fraises, des cerises, Kafka respire encore et encore leur parfum puis les déguste lentement. Un peu plus tard, la lettre à ses parents. Elle est trop longue, il n'arrive pas à la finir tant il est fatigué. « *Je lui retire la lettre*, écrit Dora à sa suite. *C'est déjà un exploit. Quelques lignes encore, qui ont l'air très importantes vu la façon dont il demande :* » mais rien ne suit ces deux points. Il s'est peut-être endormi.

Sur les événements du lendemain, le 3 juin, nous ne disposons que de sources indirectes : le récit de Klopstock, que Brod restitue dans ses souvenirs sur Kafka, et le témoignage oral d'une infirmière, consigné par Willy Haas. Ces souvenirs ne sont pas sans se contredire, mais ils se complètent néanmoins.

À 4 heures du matin, Dora court réveiller Klopstock : Kafka respire mal. Klopstock s'habille, va voir son ami et alerte aussitôt le médecin de garde. Kafka reçoit une injection de camphre qui doit stimuler les poumons, on pose de la glace sur son cou. Rien n'y fait, Kafka manque d'air et souffre. Des heures passent.

Dans la matinée, brusquement, Kafka fait signe à l'infirmière qu'elle sorte. Il réclame à Klopstock une dose létale de morphine. « *Vous me l'avez toujours promis, depuis quatre ans.* » Klopstock, qui redoute ce moment depuis des semaines, recule, objecte. Mais Kafka, plus livré que jamais aux décisions d'autrui, se montre soudain agressif : Klopstock est un assassin s'il lui refuse ce dernier service. « *Vous me tourmentez, vous m'avez toujours tourmenté. Je ne vous parle plus. Tant pis, je mourrai comme ça.* » Klopstock injecte du Pantopon, un opiacé presque aussi puissant que la morphine. Kafka est sur ses gardes – « *Ne trichez pas, vous me donnez un antidote!* » –, mais quand il sent que la douleur s'apaise, il en demande davantage. Klopstock lui en donne plus – quelle dose, nous l'ignorons.

Sous un quelconque prétexte, on a envoyé Dora au village pour qu'elle n'assiste pas à l'agonie, Klopstock et Kafka étaient d'accord. Mais en ces dernières minutes, elle lui manque, on envoie une bonne la chercher. Elle arrive, à bout de souffle, s'assied auprès de lui, porte des fleurs à son visage pour qu'il les sente. Kafka, qui semblait déjà inconscient, Kafka relève la tête.

Il avait 40 ans et 11 mois. Le certificat de décès dressé par la commune parle d'un « *arrêt cardiaque* ». Siegfried Löwy et Karl Hermann vinrent aussitôt jusqu'à Kierling et s'occupèrent des formalités. Deux jours plus tard, le corps de Kafka fut transporté à Prague dans un cercueil scellé ; par le même train, avec Klopstock, Löwy et Hermann, Dora Diamant se rendit pour la première fois dans la ville natale de Kafka. Elle y fut accueillie comme elle le méritait par ses parents et par ses sœurs. « *Seuls ceux qui connaissent Dora peuvent savoir ce qu'est l'amour* », avait écrit Klopstock à Elli le lendemain de la mort de Kafka.

Les jours suivants, plusieurs nécrologies parurent à Prague, toutes rédigées par des intimes : Max Brod dans le *Prager Tagblatt*, Rudolf Fuchs dans le *Prager Abendblatt*, Oskar Baum dans le *Prager Presse*, Felix Weltsch dans la *Selbstwehr*, Milena Jesenská dans le *Národní listy*. Sous le choc, tous cherchèrent des superlatifs pour nommer cette perte, se réfugièrent dans la pompe, les conventions de l'éloge funèbre[33].

Kafka fut enterré en périphérie de Prague, dans le nouveau cimetière juif de Žižkov, à quelques kilomètres de la vieille ville. Les funérailles eurent lieu selon le rite juif le 11 juin, par un temps lourd, vers 4 heures de l'après-midi. Le convoi funéraire réunit moins de cent personnes, sans représentant des institutions politiques ou culturelles de Prague, qu'elles soient allemandes ou tchèques.

Huit jours plus tard, le 19 juin, au Deutsches Kammertheater, une commémoration eut lieu en l'honneur de Kafka, à l'initiative de Max Brod et de Hans Demetz, le dramaturge des Deutsche Prager Bühnen, les Scènes allemandes de Prague. Devant une salle comble, Max Brod prit la parole, ainsi que Johannes Urzidil, un écrivain et journaliste de 28 ans. Puis un comédien lut certains textes de Kafka, dont *Un rêve*, *Devant la loi* et *Une missive impériale*.

Nous connaissons le discours d'Urzidil, qui le publia peu après. Il avait rencontré Kafka plusieurs fois, il l'avait observé en plus grand comité dans les cafés. Rien dans son éloge n'indique qu'ils furent proches, on y trouve des formules creuses comme « *fanatique de la vérité intérieure* », « *poète noblement simple* » ou « *génie singulier* ». Mais aussi une phrase par laquelle Urzidil, le premier peut-être après la mort de Kafka, dirige l'attention sur la question cruciale : « *S'il a jamais existé une congruence sans reste entre la vie et l'art, c'est bien chez Franz Kafka*[34]. »

Plus tard, dans ses souvenirs de la scène littéraire germanophone de Prague, Urzidil revint sur cette question, ce mystère de la congruence. Tous les amis de Kafka, écrivit-il, étaient d'accord pour dire que ses phrases avaient eu quelque chose d'extraordinairement « *profond* », qu'ils fussent plutôt de tendance littéraire, comme Max Brod et Oskar Baum, philosophique, comme Felix Weltsch, ou historique et religieuse, comme Hugo Bergmann. Mais tous cherchaient en vain la clef de l'ultime porte. « *Ils savaient au mieux expliquer ce que Kafka avait pu vouloir dire, et vous pouviez alors approuver ces interprétations ou bien leur opposer la vôtre. Mais comment, au bout du compte, il se faisait que Kafka dise ce qu'il disait ; comment il se faisait qu'il le dise comme il le disait ; comment il se faisait qu'on n'entre jamais en conflit avec ce qu'il disait ni avec lui – cela, aucun d'entre eux ne savait l'expliquer*[35]. »

Comment, au bout du compte. C'est par là qu'il faudrait commencer.

ÉPILOGUE

L'œuvre de Kafka, son travail d'écrivain, n'a cessé d'être lu à l'enseigne de la « prophétie », surtout dans les premières années de sa gloire internationale. Kafka, disait-on, avait été l'un des premiers à prévoir et à décrire en visionnaire la violence anonyme du xxᵉ siècle, et c'est en cela surtout que résidait sa force bouleversante. On oubliait que Kafka avait été le témoin direct des ravages causés par la violence techniciste entièrement impersonnelle qui se déchaîna en août 1914 et qu'on interpréta plus tard comme la « première catastrophe » du siècle, et que l'alliance mortifère de la violence et de l'administration avait déjà fait des victimes de son vivant. Pas de guerre mondiale sans machines à écrire, classeurs, tampons et fiches cartonnées : Kafka le savait mieux que tous ses amis écrivains. Mais se figurer l'enfer qui déferlerait sur son environnement social et sur son plus proche entourage quinze ans seulement après sa mort – cela n'était pas en son pouvoir, n'était au pouvoir de personne.

Les trois sœurs de Kafka moururent dans les chambres à gaz, Elli et Valli à Chelmno, Ottla à Auschwitz. Son oncle Siegfried Löwy, le médecin de campagne, échappa à la déportation en se donnant la mort. Felix, le fils d'Elli, mourut probablement dans un camp de concentration en France. Marie Wernerová, qui avait servi les Kafka pendant des décennies, fut aussi déportée et ne revint jamais.

Des quatre femmes qui avaient noué avec Kafka les liens les plus intimes, deux moururent dans des camps de concentration : Julie Wohryzek fut tuée à Auschwitz, Milena Jesenská mourut à Ravensbrück en détenue politique. Grete Bloch elle aussi fut assassinée à Auschwitz. Jizchak Löwy, l'ami de Kafka, mourut au camp de Treblinka ; Otto Brod, le seul frère de Max Brod, à Auschwitz. Ernst Weiss se suicida à Paris quand l'arrivée des troupes allemandes lui eut coupé toute fuite. Ewald Felix Přibram, ami d'enfance de Kafka, périt sur un bateau bombardé par les Allemands.

Cette liste n'est pas exhaustive. Si l'on pouvait inclure ici le cercle élargi de Kafka – ses camarades d'études, ses relations dans les cercles sionistes, ses collègues de l'Office d'assurances, les comédiens juifs orientaux, les médecins qui l'avaient soigné, les relations nouées dans les sanatoriums, les artistes, auteurs et journalistes de Prague, enfin les proches de Dora Diamant –, la liste des victimes s'allongerait d'autant. Symptomatique le destin du poète Ernst Feigl : s'il survécut à Prague parce que sa femme n'était pas juive, trois de ses sœurs furent tuées dans des camps de concentration.

Les Juifs de Prague qui ne disposaient pas d'une telle planche de salut n'eurent que deux façons d'échapper à l'assassinat : en mourant à temps ou en fuyant à temps. Hermann Kafka n'eut pas à voir l'ascension des nazis ; Julie, la mère de Kafka, qui survécut trois ans à son époux avant de mourir en 1934, eut le temps de sentir cette menace. Oskar Baum aurait été déporté à coup sûr s'il n'était pas mort des suites d'une opération en 1941. Sa femme Margarete, elle, vécut ses derniers jours au camp de Theresienstadt.

Bien d'autres proches de Kafka survécurent en prenant la fuite. Felice Bauer émigra aux États-Unis avec son mari Moritz Marasse et leurs deux enfants, de même que ses sœurs Erna et Else (deux de ses tantes, en revanche, se suicidèrent juste avant la déportation). Les couples Brod et Weltsch échappèrent de justesse aux troupes allemandes entrant à Prague et finirent en Palestine. Dora Diamant vécut d'abord en Union soviétique aux côtés de son mari Ludwig Lask; quand ce dernier fut condamné aux camps, elle réussit à quitter le pays, fut internée brièvement en Angleterre pendant la guerre, puis demeura à Londres jusqu'à sa mort précoce, en 1952. Marianne Steiner, nièce de Kafka, trouva aussi refuge en Angleterre, tout comme les écrivains Otto Pick, Rudolf Fuchs et Ernst Pollak, premier mari de Milena. Robert Klopstock émigra aux États-Unis et fit carrière comme pneumologue. Georg Langer, Puah Ben-Tovim et Tile Rössler partirent pour la Palestine. Un certain nombre de grands noms qui avaient connu Kafka émigrèrent eux aussi et furent dispersés sur plusieurs continents : Franz Werfel, Willy Haas, Egon Erwin Kisch, Johannes Urzidil, Albert Ehrenstein, Martin Buber, d'autres encore.

Le monde dans lequel Kafka avait grandi et qu'il avait perçu des décennies durant, non comme son chez-lui, mais tout de même comme un univers familier et comme le centre de son existence, subit deux vagues de destruction. D'abord la Première Guerre mondiale, qui épargna certes largement la vie physique de sa famille et de ses amis, mais entraîna une transformation sociale, culturelle et même morale qui contraignit Kafka à se réorienter du tout au tout. Il se sentit déraciné, plus menacé que jamais en tant que Juif, et ne retrouva qu'à grand-peine la Prague de ses souvenirs dans la Prague à dominance tchèque des années 1920.

La seconde vague de violence, initiée par le régime nazi, resta épargnée à Kafka. Mais l'occupation de la Tchécoslovaquie, la terreur allemande, le génocide des Juifs et la Seconde Guerre mondiale achevèrent de ruiner son monde. Ces événements ne scellèrent pas seulement le sort de nombre de ses proches, ils effacèrent aussi les innombrables traces que le monde natal de Kafka avait laissées dans la mémoire collective. Furent détruites des lettres, des photographies, des héritages, des archives entières : violence remontant pour ainsi dire dans le passé, qui empêche dans bien des cas d'identifier la perte et même d'en prendre conscience. Si Kafka avait eu par deux fois la chance d'en réchapper, d'abord à la tuberculose, aux camps ensuite – au terme de cette catastrophe civilisationnelle, il n'aurait plus rien reconnu. Son monde a cessé d'être. Seule sa langue vit.

REMERCIEMENTS

Ce travail biographique a vu le jour au sein d'un échange continu avec Ulrike Greb, Ursula Köhler, Jochen Köhler et Anna Boskamp. À leur lecture et à leur collaboration patientes pendant toutes ces années, je dois bon nombre de corrections sur le fond et la forme, la solution à des problèmes de représentation, sans oublier des encouragements dans des phases très critiques.

Ma gratitude va en particulier à Hans-Gerd Koch. Il a mis à disposition une foule de matériaux, d'informations et de recherches sans lesquels maints rapports entre des faits biographiques n'auraient pas été « racontables » ou seraient restés dans l'ombre.

Pour leurs avis, leurs conseils et leur aide concrète, je remercie Hartmut Binder, Klas Daublebsky, Theodor Gheorghiu, Michael Haider, Jan Jindra, Waltraud John, Věra Koubová, Leo A. Lensing, Naděžda Macurová, Henry D. Marasse, Judita Matyasová, Michael K. Nathan, Reinhard Pabst, Wolf-Detlef Schulz, Václava Vyhnalová et Klaus Wagenbach.

Les vastes recherches nécessaires à ce deuxième tome de la biographie de Kafka ont à leur tour dépassé le cadre temporel et matériel initialement fixé. Ce travail doit au généreux soutien de la Fondation S. Fischer d'avoir pu aboutir sans perte aucune sur le plan du contenu.

NOTES DE L'AUTEUR

Prologue. La fourmilière de Prague

1. Sur l'histoire des expositions de guerre sans cesse plus sophistiquées qu'organisa le Reich allemand et qui servirent de modèles en Autriche, cf. Britta Lange, *Einen Krieg ausstellen. Die « Deutsche Kriegsausstellung » 1916 in Berlin*, Berlin, 2003.

2. Ce versement de 2 000 couronnes le 6 novembre 1915 n'est pas prouvé avec la dernière certitude. Dans les listes que la presse publiait quotidiennement, on trouve néanmoins la mention suivante au dernier jour de souscription du troisième emprunt de guerre : « *Dr K. 5 000 couronnes* » (*Prager Tagblatt*, 7 novembre 1915, édition du matin, p. 5). Il s'agit probablement de Kafka. D'une part, cette souscription se fit à la Böhmische Eskompte-Bank, banque allemande officielle de l'Office d'assurances contre les accidents du travail. D'autre part, les parents de Kafka avant déjà placé 3 000 couronnes en son nom (et à son insu : cf. journal, 5 novembre 1915) et, en pareil cas, les listes mentionnaient généralement la somme totale. On peut comprendre que Kafka n'ait pas voulu être cité nommément dans ce contexte, d'autant que l'importance de la somme devait l'embarrasser un peu. – À titre de comparaison : son riche avocat, le Dr Robert Kafka, souscrivit le même jour un emprunt de 8 000 couronnes et, la veille, Egon Erwin Kisch avait signé pour 2 000 couronnes, et les sionistes Robert Weltsch et Hans Kohn pour 500 couronnes chacun.

Absentement

1. Lettre à Felice Bauer, probablement le 3 mai 1915.

2. Cynthia Ozick, « The Impossibility of Being Kafka », *The New Yorker*, 11 janvier 1999, p. 80-87.

3. Lettre à Felice Bauer, 31 octobre 1912.

4. Lettre de Max Brod à Kafka, 19 janvier 1921 ; lettre de Kafka à Max Brod, fin janvier 1921.

5. Lettres à Felice Bauer, 1ᵉʳ-2 novembre 1914, 20 avril 1915 et début mars 1916.

6. Journal, 4 mai 1915. – L'abréviation « *E.* » pourrait renvoyer à Elli, la sœur de Kafka. Environ dix jours avant cette note, il l'avait accompagnée en Hongrie et avait dû parler longuement de ses problèmes avec elle. Cf. le chapitre « No man's land » dans le premier tome de la présente biographie : Reiner Stach, *Kafka. Le temps des décisions*, Le Cherche Midi, 2023, p. 855.

7. *Le Procès*, chapitre « Conversation avec Mme Grubach / Puis Mlle Bürstner » ; journal, 3 août 1914.

8. Lettre de Julie Kafka à Anna Bauer, 7 août 1914.

9. Expression tirée de la lettre à Felice Bauer du 19 octobre 1916.

10. Cf. le chapitre « Scènes de la vie d'une métaphore : *La Métamorphose* » dans le premier tome de cette biographie : Reiner Stach, *Kafka. Le temps des décisions, op. cit.*, p. 327.

11. Lettre à Grete Bloch, 11 juin 1914.

12. Carte postale à Ottla Kafka, février/mars 1915.

13. *Le Terrier* [n. d. t. : cf. une traduction (due à Jean-Pierre Lefebvre) dans : Franz Kafka, *Nouvelles et récits*, Gallimard, Paris, 2018, p. 957]. – Le premier de ces deux extraits contient lui aussi une correction significative qui nous montre Kafka vacillant à la cime de sa réflexion : au lieu de « *cela me cause une joie indicible, plus encore, cela m'apaise* », il écrivit d'abord : « *cela me cause une joie indicible, qui est toutefois assez mêlée d'affolement* ».

14. Lettre à Grete Bloch, 15 octobre 1914. – Les sources ne permettent pas de savoir ce que Grete Bloch a pu laisser entendre au sujet de Felice Bauer. Mais le fait que Kafka parle d'une illusion qui le peinerait de la part de Felice laisse au moins supposer qu'il était question d'un renoncement durable au mariage et à la fondation d'une famille dans le cas où le lien avec Kafka se romprait définitivement. Felice Bauer avait déjà évoqué cette perspective lors d'une discussion avec Kafka (cf. la lettre à Grete Bloch du 2 mars 1914).

15. Sur le contenu *explicite* de la lettre de Kafka à Grete Bloch – à savoir l'image d'un tribunal intérieur –, cf. Reiner Stach, *Kafka. Le temps des décisions, op. cit.*, p. 833 et suivantes.

16. Journal, 15 octobre 1914.

17. Lettre à Felice Bauer, 18 janvier 1916.

18. Journal, 22 février, 13 mars, 23 mars, 27 avril, 3 mai et 14 mai 1915.

19. Lettre à Felice Bauer, 20 avril 1915.

20. Journal, 25 février 1915.

21. Lettres à Felice Bauer, 26 et 27 mai 1915 ; journal, 27 mai 1915.
22. Lettre à Felice Bauer, 9 août 1915.

Pas de prix littéraire pour Kafka

1. Description tirée de l'appareil critique de l'édition allemande des journaux de Kafka : Franz Kafka, *Tagebücher*, Apparatband, éd. Hans-Gerd Koch, Michael Müller et Malcolm Pasley, Francfort-sur-le-Main, p. 44.
2. Voir la correspondance entre Brod et Hans-Joachim Schoeps, qui évoquent à plusieurs reprises l'acheminement par la poste de manuscrits de Kafka : Julius H. Schoeps (dir.), *Im Streit um Kafka und das Judentum*, Königstein im Taunus, 1985. – En 1935, Brod fit cadeau à Stefan Zweig d'une page du manuscrit du *Disparu*, dont il avait couvert de notes le verso encore vierge (cf. l'appareil critique de l'édition allemande de ce texte : Franz Kafka, *Der Verschollene*, Apparatband, éd. Jost Schillemeit, Francfort-sur-le-Main, 1983, p. 43).
3. Cf. Malcom Pasley, « Die Handschrift redet », *Marbacher Magazin*, n° 52, Marbach am Neckar, 1990.
4. Lettre à Felice Bauer, probablement mi-février 1916.
5. Lettre de Carl Sternheim à Thea Sternheim, 15 août 1915, in Carl Sternheim, *Briefe II*, éd. Wolfang Wendler, Darmstadt, 1988, p. 175.
6. Lettre de Georg Heinrich Meyer à Max Brod, 7 juillet 1916 ; cf. Joachim Unseld, *Franz Kafka. Une vie d'écrivain*, trad. Éliane Kaufholz, Gallimard, Paris, 1984, p. 146 [n. d. t. : cette traduction occulte la déformation du titre de la *Colonie pénitentiaire*]. – Lettre de Max Brod à Kafka, 1er août 1919. – Lettre de Georg Heinrich Meyer à Franz Werfel, 28 février 1915 ; citation tirée de : *Der Kurt Wolff Verlag 1913-1930. Expressionismus als verlegerische Aufgabe*, Munich, 2000, colonne 715.
7. À propos des liens enchevêtrés entre les *Weisse Blätter*, la Verlag der Weissen Bücher et la Kurt Wolff Verlag, cf. Reiner Stach, *Kafka. Le Temps des décisions, op. cit.*, p. 673-374. – Kafka et Brod avaient visiblement perdu contact avec Schickele à la suite de son

émigration en Suisse pour raisons politiques et de ses multiples déménagements successifs.

8. Lettre de Georg Heinrich Meyer à Kafka, 11 octobre 1915. – La carte de Carl Sternheim ne s'est pas conservée, et aucune autre source biographique n'indique qu'il se soit intéressé à l'œuvre de Kafka. Une entrée du journal de Thea Sternheim à la date du 3 mars 1947 porte même à croire que son mari ne lui a jamais rien dit sur Kafka, ni sur les circonstances de la remise du prix.

9. Lettre à René Schickele, 7 avril 1915.

10. Lettre à Georg Heinrich Meyer, 25 octobre 1915.

11. Lettre à Georg Heinrich Meyer, 15 octobre 1915.

12. Lettre à Georg Heinrich Meyer, 20 octobre 1915.

13. Citation de la lettre d'Otto Stoessl à Kafka, probablement du 30 janvier 1913, tirée de la lettre de Kafka à Felice Bauer du 31 janvier-1er février 1913.

14. On en trouve la preuve – ainsi qu'un indice des réticences de Kafka – dans une lettre de Brod datée du 18 décembre 1917 : « *Werfel [...] estime que tu es le plus grand des poètes allemands. C'est aussi mon avis depuis longtemps, tu le sais. À un seul soupçon près : celui que tu m'as enseigné vis-à-vis de ces formules si grandiloquentes, et qui ne vient pas de mon cœur.* »

15. Lettre de Franz Werfel à Kafka, 10 novembre 1915.

Kavka civil ou La guerre au bureau

1. La conversion de ces prix dans une devise actuelle demeure très approximative : au début des années 2000, cela donnait environ 55 centimes pour un œuf, 12 euros pour une livre de beurre et 20 euros pour un kilo de viande.

2. Un des exemples les plus curieux de cette mentalité nous est fourni par le grand-amiral allemand Alfred von Tirpitz, influent secrétaire d'État de l'office du Reich à la Marine. En 1912, il insistait encore pour que les navires de guerre soient dotés d'éperons – alors qu'il était clair depuis longtemps que les prochaines batailles navales se décideraient à coups de torpilles et d'artillerie lourde, donc à des distances de plusieurs kilomètres.

3. Lettre à Felice Bauer, 3 mai 1915.

4. Requête de l'Office d'assurances contre les accidents du travail au commandement militaire royal et impérial à Prague, 10 juin 1915 ; notification du commandement militaire, 21 juin 1915. Cf. p. 860-863 du CD-ROM fourni avec l'édition critique allemande des écrits professionnels de Kafka : *Amtliche Schriften*, éd. Klaus Hermsdorf et Benno Wagner, Francfort-sur-le-Main, 2004.

5. Carte postale à Felice Bauer, probablement le 20 juillet 1915 ; lettre à Felice Bauer, 9 août 1915.

6. Ces chiffres sont tirés du *Rapport de l'Office d'assurances contre les accidents du travail pour le royaume de Bohême à Prague sur ses activités du 1er janvier au 31 décembre 1914* [*Bericht der Arbeiter-Unfall-Versicherungs-Anstalt für das Königreich Böhmen in Prag über ihre Tätigkeit während der Zeit vom 1. Jänner bis 31. Dezember 1914*], paru en 1915 et en grande partie rédigé par Kafka.

7. Carte postale à Felice Bauer, 31 mai 1916.

8. Carte postale à Felix Weltsch, 26 juillet 1915.

9. Journal, 25 décembre 1915. – « *Démissionner, pas possible maintenant à cause de mes parents et de la fabrique* », écrit Kafka. Peut-être s'attendait-il à devoir éponger les dettes causées par la faillite inexorable de la fabrique d'amiante, dont il était un associé. En démissionnant en 1915, il aurait cessé de percevoir des revenus réguliers, et rejeté cette charge sur ses parents.

10. Lettre à Felice Bauer, probablement mi-février 1916.

11. Cet échange décisif entre Kafka et Marschner est à peu près reconstituable grâce à une entrée de journal datée du jour même (11 mai 1916) et à une lettre à Felice Bauer probablement écrite trois jours plus tard (14 mai 1916). Ces deux documents restituent la discussion de manière largement identique. Dans son journal, Kafka commet toutefois un lapsus remarquable (et qu'il remarqua par la suite) : au lieu d'écrire « *Ai demandé [...] la levée de la réquisition* », il note d'abord : « *Ai demandé [...] la réquisition* », c'est-à-dire *le contraire*.

12. Rainer Maria Rilke, *Cinq chants*, I, trad. Jean-Pierre Lefebvre, *Œuvres poétiques et théâtrales*, Gallimard, Paris, 1997, p. 519. – Lettre de Rainer Maria Rilke à Axel Juncker, 19 octobre 1914, in *Briefe zur Polik*, éd. Joachim W. Storck, Francfort-sur-le-Main/Leipzig, 1992, p. 97-98. Juncker cherchait alors des contributeurs en vue de deux recueils collectifs, les *Nouvelles chansons de guerre* [*Neue*

Kriegslieder], qui parurent en 1914-1915 sans que Rilke y ait participé. – Par la suite, Rilke se montra conséquent, en refusant une contribution au deuxième *Almanach de guerre* de l'Insel Verlag. Il s'opposa également à la représentation d'une mise en musique du *Chant de l'amour et de la mort du cornette Christophe Rilke*, qu'il craignait (à juste titre) de voir détourner à des fins de propagande. Cf. sa lettre à Kurt Stieler du 15 juin 1915, in *ibid.*, p. 112-113.

13. Lettre de Rainer Maria Rilke à Helene von Nostitz, 12 juillet 1915, in *Correspondance*, trad. Philippe Jaccottet, Seuil, Paris, 1976, p. 373 ; et à Erica Yvette Hauptmann-von Scheel, in *Briefe zur Polik, op. cit.*, p. 134.

14. Stefan Zweig, *Le Monde d'hier*, trad. Serge Niémetz, Belfond, Paris, 1993, p. 283. – Sur le chauvinisme de Zweig et sur son attitude opportuniste et politiquement hypocrite, y compris vis-à-vis de son ami Romain Rolland, cf. Hans-Albert Walter, *Deutsche Exillitteratur 1933-1950*, vol. 1.1, Stuttgart/Weimar, 2003, p. 520 et suivantes. Sur sa réaction face aux horreurs des premiers mois de guerre, cf. Reiner Stach, *Kafka. Le temps des décisions, op. cit.*, p. 766-767.

15. Hugo von Hofmannsthal/Richard Beer-Hofmann, *Briefwechsel*, éd. Rudolf Hirsch et Eugene Weber, Francfort-sur-le-Main, 1972, p. 134. – Hugo von Hofmannsthal, *Briefwechsel mit Ottonie Gräfin Degenfeld und Julie Freifrau von Wendelstadt*, éd. Marie Therese Miller-Degenfeld, 2ᵉ éd., Francfort-sur-le-Main, 1986, p. 314.

16. Journal, 11 mai 1916.

17. En fait, aucun des intéressés n'en a jamais fait la demande. Le seul fait connu de résistance est encore une fois celui de Rilke, qui se refusa au « toilettage ». – Hofmannsthal, au contraire, n'hésita pas à présenter le suicide de Georg Trakl face aux horreurs de la bataille de Grodek comme une mort héroïque, et ce en toute connaissance de cause, ainsi qu'on a pu le démontrer (cf. Eberhard Sauermann, *Literarische Kriegsfürsorge. Österreichische Dichter und Publizisten im Ersten Weltkrieg*, Vienne/Cologne/Weimar, 2000, p. 60-61).

18. Sur la réaction de Kafka au déclenchement de la guerre, cf. Reiner Stach, *Kafka. Le temps des décisions, op. cit.*, p. 769-775.

19. Exemple significatif de la façon dont la censure battit en retraite : un article intitulé « Les effets des bombes à gaz » [« *Die Wirkung der Gasbomben* »] et paru dans le *Prager Tagblatt* le 3 juin

1915, soit le jour du passage de Kafka devant le conseil de révision. Évoquant la première utilisation du chlore par les Allemands contre les troupes françaises dans les Flandres (le 22 avril 1914), cet article décrit avec réalisme les symptômes physiques d'empoisonnement, mais nie les pertes massives volontairement causées par cette nouvelle arme : il n'est question que de trois morts, « *dont deux étaient déjà atteints de tuberculose* ». On ignore jusqu'à aujourd'hui combien de victimes fit cette attaque allemande, qui se solda par une victoire.

20. Cf. les récits de témoins oculaires dans les *Weisse Blätter*, 2ᵉ année, n° 3 (mars 1915), p. 269-284. Sur le voyage de Kafka à Sátoralja-Ujhely en avril 1915, cf. le dernier chapitre de Reiner Stach, *Kafka. Le temps des décisions, op. cit.*

21. Extraits d'une liste de « *Possibilités d'emplois pour les invalides* », in *Der Arbeitsnachweis. Zeitschrift für Arbeitslosigkeit, Arbeitsvermittlung, Auswanderung und innere Kolonisation*, 9ᵉ année, Vienne, 1915, p. 272-279.

22. Robert Marschner, *Die Fürsorge der Frauen für die heimkehrenden Krieger*, Sammlung gemeinnütziger Vorträge, éd. Deutscher Verein zur Verbreitung gemeinnütziger Kenntnisse in Prag, Prague, 1916, p. 4.

23. Journal, 11 mai 1916.

24. Lettre à Ottla Kafka, après le 16 juin 1918.

25. « An die Leitung der Kanzlei der Staatlichen Landeszentrale für das Königreich Böhmen zur Fürsorge für heimkehrende Krieger », Tätigkeitsbericht der Prager Arbeiter-Unfall-Versicherungs-Anstalt für die Jahre 1917/1918 (p. 752-759 du CD-ROM fourni avec les *Amtliche Schriften, op. cit.*).

26. « Ein grosser Plan der Kriegsfürsorge verlangt Verwirklichung. Gründung einer Nervenheilanstalt in Deutschböhmen », *Rumburger Zeitung*, 8 octobre 1916 (Franz Kafka, *Amtliche Schriften, op. cit.*, p. 494-498). L'article est signé par l'« *inspecteur général Eugen Pfohl* », mais il ne fait aucun doute qu'il a été rédigé par Kafka : cf. le commentaire correspondant, *ibid.*, p. 894 et suivantes.

27. Le journal pragois *Bohemia* relata les prétendus succès du Dr Wiener sous le titre « Guérisons miraculeuses. Le muet parle, le sourd entend, le paralytique marche » (9 octobre 1917, édition du matin). – Kafka n'a certainement pas su avant 1917 que

différentes formes de torture médicale étaient aussi pratiquées à plus grande échelle – notamment dans l'hôpital de garnison n° 2 de Vienne, sous la supervision de Julius Wagner-Jauregg, futur prix Nobel et « hygiéniste racial » nazi. Des articles crédibles ne parurent à ce propos qu'après la guerre, après que d'anciens patients eurent porté plainte (pour plus de détails, cf. K. R. Eissler, *Freud sur le front des névroses de guerre*, trad. Madeleine Drouin *e. a.*, Presses universitaires de France, Paris, 1992). – Dans certaines parties du Reich allemand, notamment en Bavière, la « cure Kaufmann » fut interdite avant même la fin de la guerre.

28. On trouvera une traduction intégrale de ce texte (due à Stéphane Pesnel) sous le titre « Appel en vue de l'édification et de la préservation d'une maison de santé pour malades des nerfs destinée au peuple et aux soldats à Prague et en Bohême allemande » dans Franz Kafka, *Journaux et lettres. 1914-1924*, Gallimard, Paris, 2022, p. 1311. Kafka rédigea ce texte fin octobre 1916.

29. Toutes citations tirées d'un long article intitulé « Aidez les invalides de guerre! Un appel urgent à la population » qui décrit dans le détail les missions et les premiers succès de la « centrale régionale d'État » (« Helfet den Kriegsinvaliden! Ein dringender Aufruf an die Bevölkerung », in Franz Kafka, *Amtliche Schriften, op. cit.*, p. 506-513) et qui parut le 16 décembre 1916 à la fois dans le *Prager Tabglatt* et dans le journal *Bohemia*. Un autre appel, concis et remarquablement sobre, publié le 10 mai 1917 dans *Bohemia*, est probablement lui aussi de la plume de Kafka (*ibid.*, p. 513-514.).

30. Pièce jointe à la lettre à Felice Bauer, 30 octobre 1916.

31. Karl Dittrich, propriétaire du sanatorium de Rumburg et fabricant de textile dans la ville voisine de Schönlinde (Krásná Lípa), compte également parmi les membres fondateurs de l'association et les signataires de l'appel de Kafka à ses « compatriotes ». Le fait que l'article-choc de Kafka sur les « trembleurs » ait paru précisément dans le *Rumburger Zeitung* – et ce des semaines avant la création de l'association – tend lui aussi à indiquer que ce sanatorium fut choisi très tôt.

32. Lors de la deuxième assemblée générale de l'« Association allemande », le 12 mai 1918, on annonça que ses finances, subventions étatiques incluses, s'élevaient à 1,5 million de couronnes

pour plus de 1 600 adhérents. Nous ignorons quel rôle a joué Kafka dans ce succès durable.

33. Les ressortissants autrichiens domiciliés dans le Reich allemand pouvaient être dispensés du service des armes par les autorités militaires allemandes dès lors qu'ils attestaient une activité culturelle « *d'intérêt public pour l'Allemagne* ». La requête correspondante devait toutefois être déposée par une tierce partie, par exemple une maison d'édition allemande ou la rédaction d'un journal. Il n'est pas certain que Kafka ait entendu parler de cet accord entre les Empires centraux. « *C'est en 1912 que j'aurais dû partir* », écrit-il à Felice Bauer le 21 décembre 1915 – sans autre commentaire.

34. Journal, 7 octobre 1915.

35. Carte postale à Felice Bauer, 27 mai 1915 ; lettre à Felice Bauer, 9 août 1915.

36. Carte postale à Felice Bauer, 14 avril 1916.

37. « Was empfindet man beim Bajonettkampf? Psychologisches von der Front », *Prager Tagblatt*, 8 mai 1915, édition du matin, p. 4.

38. *Die Schaubühne*, 1ᵉʳ juillet 1915, p. 26. Il s'agit d'une citation tirée des *Süddeutsche Monatshefte* de juin 1915.

39. Lettre d'Albert Anzenbacher à Kafka, 17 avril 1915. – Anzenbacher, le seul de ses collègues que Kafka tutoyait, mourut d'un coup de baïonnette russe en 1916, à Przemyśl.

40. Lettre à Felice Bauer, 8-16 juin 1913.

41. Lettre à Felice Bauer, 11 février 1915.

42. Lettre de la centrale régionale d'État de Prague pour la prise en charge des soldats rentrés du front au commissariat central, 9 octobre 1918 ; télégramme du commissariat central aux commissariats extérieurs, 16 octobre 1918 ; lettre du commissariat central au gouvernement de Prague, 22 octobre 1918 (p. 864-865 du CD-ROM fourni avec les *Amtliche Schriften, op. cit.*).

Miracle à Marienbad

1. Journal, 3 novembre 1915 et 2 juin 1916.

2. Journal, 13 septembre 1915.

3. Journal, 21 novembre et 25 décembre 1915. Ces deux entrées se suivent.

4. Cf. la carte postale collective adressée par Kafka, Max et Elsa Brod, Franz Werfel, Heinrich Mann et son épouse Mimi à Egon Erwin Kisch le 28 décembre 1915. Cette rencontre ne dut pas être la seule, car Heinrich Mann passa quelque temps à Prague. Le 11 janvier, il donna au Palace Hotel une lecture de son essai *Zola* et de sa nouvelle *L'Innocente* [*Die Unschuldige*], lecture à laquelle Kafka assista certainement.

5. La correspondance de Kafka avec Ernst Weiss est considérée comme perdue. Subsiste toutefois un exemplaire de *La Métamorphose* qui porte la dédicace : « *Pour mon cher Ernst 20/XII 15 Franz* » et le nom de son ancien propriétaire : « *Ernst Weiss* ».

6. Hans Sahl, « Erinnerungen an Ernst Weiss », *Weiss-Blätter*, n° 2 (août 1973), p. 4.

7. Cartes postales à Felice Bauer, 19 avril et 11 mai 1916.

8. Lettres d'Ernst Weiss à Rahel Sanzara, 27 juin 1916 et 10 janvier 1917 (Deutsches Literaturachiv, Marbach).

9. Lettre de Soma Morgenstern à Peter Engel, 22 avril 1975, in *Kritiken. Berichte. Tagebücher*, éd. Ingolf Schulte, Lunebourg, 2001, p. 564-565. – Ernst Weiss, « Bemerkungen zu den Tagebüchern und Briefen Franz Kafkas », *Mass und Wert*, 1 (1937-1938), p. 319-325 ; reproduit dans Jürgen Born (dir.), *Franz Kafka. Kritik und Rezeption 1924-1938*, Francfort-sur-le-Main, 1983, p. 439-451, ici p. 443. L'article de Weiss contient d'autres remarques critiques qui visent systématiquement le solipsisme de Kafka.

10. Dans la seconde des deux lettres à Milena Pollak du 10 juin 1920.

11. Lettres à Felice Bauer, 11 et 28 mai 1916.

12. C'est en effet sous ce titre (bien plus célèbre) que la nouvelle version du roman parut en 1919, de nouveau chez S. Fischer. Au moins autant que par l'influence de Kafka, le choix de ce nouveau titre fut déterminé par le souci d'éviter toute connotation militaire – la plupart des lecteurs en avaient alors plus qu'assez.

13. Lettre à Felice Bauer, 9 août 1915. – En remarquant que son troisième mal est « *déjà imprimé* », Kafka se réfère à la prose « Le Malheur du célibataire », parue dans le recueil *Contemplation*.

14. Lettres à Felice Bauer, 5 et 26 décembre 1915, 18 janvier et début mars 1916. – Le télégramme cité, daté du 6 avril 1916, répond à la proposition de Felice qu'ils se retrouvent chez Sophie Friedmann, sœur de Max Brod, à Waldenburg (district

de Breslau), à quelques kilomètres seulement au-delà de la frontière entre la Bohême et l'Allemagne. Le dossier de police de Kafka ne contient cependant aucune demande de laissez-passer pour la période concernée.

15. Il apparaît d'ailleurs que la notion d'« *excédent de jouissance* », insolite mais évidemment décisive dans ce passage, n'a pas été forgée par Doderer mais empruntée à un décret autrichien. Doderer cite cette source dans son roman *Les Fenêtres éclairées ou L'Humanisation de l'inspecteur Julius Zihal* : « *Si un fonctionnaire (agent) dont les suppléments de traitement sont payés trimestriellement a, au cours d'un semestre, prétention à une augmentation de son supplément de traitement, celle-ci sera prise en compte lors du prochain paiement de son salaire. Par contre tout remboursement devra être opéré en autant de mensualités qu'il y a eu d'excédent de jouissance* » (trad. Pierre Deshusses, Rivages, Paris, 1990, p. 45).

16. Cf. la carte postale à Felice Bauer du 19 avril 1916. – Comme par un fait exprès, le médecin proposa une thérapie par « *électrisation* », que Kafka refusa par courrier. Deux semaines plus tôt, le 3 avril, Ottla avait écrit à son amant Josef David : « *Il ne va vraiment pas bien et je dois parfois faire preuve de patience envers lui.* »

17. Carte postale à Felice Bauer, 15 mai 1916; lettre à Felice Bauer, 28 mai 1916.

18. Lettre à Felice Bauer, 28 mai 1916.

19. Cartes postales à Felice Bauer, 31 mai 1916.

20. Mariage d'un cousin, l'avocat Robert Kafka, avec Elsa Robitschek. Kafka n'était pas très impliqué, comme l'indique la carte postale à Max Brod du 5 juillet, où il mentionne étrangement le « *mariage de mon beau-frère* ».

21. Cf. l'entrée de journal du 19 avril 1916. – Quelques jours plus tard, Kafka entame une histoire dont les protagonistes, deux enfants, sont violemment happés par une porte : le fragment « Hans et Amalia ». [N. d. t. : Cf. une traduction (due à Isabelle Kalinowski) dans Franz Kafka, *Journaux et lettres. 1914-1924*, op. cit., p. 66.]

22. Journal, 3 juillet 1916.

23. Journal, 5 et 6 juillet 1916. – Les mots « *Pauvre Felice* » sont séparés du reste par un trait, donc certainement ajoutés après coup.

24. Cartes postales à Max Brod, 8 juillet 1916.

25. Lettre à Max Brod, 12-14 juillet 1916.

26. Journal, probablement le 10 juillet 1916. – Le souci de discrétion de Kafka apparaît dans la dernière phrase de sa lettre à Brod : « *Tu peux évidemment montrer cette lettre à Felix [Weltsch], mais en aucun cas à des femmes.* »

27. Il s'agit d'un des feuillets de conversation de Kafka (cf. le chapitre « Dernière peine » du présent ouvrage) : « *Elle n'était pas belle, mais svelte, corps altier, elle l'a encore d'après ce qu'on rapporte (sœur de Max, une amie à elle).* »

28. Lettre à Max Brod, 12-14 juillet 1916. – On trouve une trace des vieux conflits de Kafka et Felice Bauer dans l'évocation répétée de certains « *assombrissements* », ainsi que dans une lettre à Felice, quelques jours plus tard (18 juillet 1916), où il raconte qu'il a suivi un de leurs « *anciens chemins* », la « *promenade de l'entêtement et du secret* » – allusion aux deux principaux reproches qu'elle lui avait adressés en 1914 et dont ils reparlèrent visiblement à Marienbad.

29. Journal, 29 janvier 1922.

30. Lettre à Felice Bauer, probablement mi-février 1916.

31. Les sources prouvent clairement qu'un tel discours relevait pour l'essentiel non pas de la piété, mais de la propagande. En fait, les gouvernements des puissances centrales s'efforçaient de mettre cette « avidité » tant décriée au service de la guerre, afin de voiler son caractère catastrophique. C'est ainsi que l'Exposition de guerre de Vienne, qui draina 60 000 personnes dès la première fin de semaine (le 2 juillet, soit le jour où Kafka partit pour Marienbad), fut dotée de son propre cinéma. Au programme : *Vienne pendant la guerre. Une comédie en quatre actes.* – La guerre amena aussi son lot de jouets : à Prague, l'Assistance de guerre vendit un temps un casse-tête nommé « Mort aux Russes » pour le prix de 3,6 couronnes. Et, dès 1915, le Bureau d'aide de la guerre du ministère autrichien de l'Intérieur commercialisa *Jouons à la guerre mondiale! Un livre d'images contemporain pour nos enfants* – et ce « *au profit de la Croix-Rouge, de l'Assistance de guerre et du Bureau d'aide de la guerre.* »

32. Carte postale à Felice Bauer, 20 juillet 1916.

Qu'ai-je en commun avec les Juifs?

1. Carte postale à Felice Bauer, 18 juillet 1916.

2. Lettre à Felice Bauer, 20-21 janvier 1913.

3. Cf. Max Brod, *Franz Kafka. Souvenirs et documents*, trad. Hélène Zylberberg, Gallimard, Paris, 1945, p. 241-242. – Très semblable fut la réaction de Werfel, qui se rendit lui aussi en pèlerinage à Žižkov avec Langer (un « *psychopathe* ») et jugea spirituellement compromettante l'« *insensibilité à la saleté* » qu'il découvrit là-bas; cf. les notes de son journal dans *Zwischen Oben und Unten*, 2ᵉ édition, Munich/Vienne, 1975, p. 696-697.

4. Journal, 14 septembre 1915.

5. La petite ville hongroise de Sátoralja-Ujhely, où Kafka était passé en avril 1915, abritait elle aussi une cour hassidique dont l'influence dépassait la région. Mais rien dans ses notes n'indique s'il le savait.

6. Lettre à Max Brod, 17-18 juillet 1916.

7. Julius Elias, « Marienbad », *Berliner Tageblatt*, 20 juillet 1916, édition du soir, p. 2.

8. Le 6 février 1916 avait paru dans l'organe sioniste *Selbstwehr* un article polémique d'Abraham Kohane qui prenait ouvertement pour cible le rabbi de Belz et accusait son régime de corruption.

9. Cartes postales à Felice Bauer, 20, 26 et 16 juillet 1916.

10. Cartes postales à Felice Bauer, 18 et 25 août 1916.

11. Quelques années plus tôt, Kafka avait déjà expliqué à Felice que les propos de Feigl sur l'art l'intéressaient très peu mais que sa vie le captivait : « *Je voulais seulement l'entendre dire encore et encore qu'il est marié depuis un an, qu'il est heureux, qu'il travaille toute la journée, qu'il habite 2 pièces dans un pavillon à Wilmersdorf et d'autres choses semblables qui réveillent l'envie et les forces* » (lettre à Felice Bauer, 28 novembre 1912).

12. Lettre à Felice Bauer, 12 septembre 1916.

13. Cf. la carte postale à Felice Bauer du 5 août 1916.

14. Carte postale de Felice Bauer, 2 août 1916.

15. Lettre à Felice Bauer, 12 septembre 1916.

16. Siegfried Lehmann, « Die Stellung der westjüdischen Jugend zum Volke », *Der Jude*, 4ᵉ année, n° 5 (1919), p. 207-215, ici p. 211.

17. Lettre à Felice Bauer, 11 septembre 1916.

18. À propos du Foyer populaire berlinois, Lehmann écrivit par la suite : « *Cette grande expérience qui consiste, en partageant étroitement la vie du peuple, à trouver dans le peuple une nouvelle source de forces qui nourrit votre vie, cette expérience n'eut pas lieu ; elle ne pouvait avoir lieu, car les éléments du peuple juif qui quittent leur lieu natal et partent en quête d'une nouvelle existence dans les villes d'Europe cessent par là même d'être un peuple. Ce sont des particules mortes qui ne reçoivent plus leur aliment du corps du peuple et ne sont donc pas propres à fournir la grande expérience "peuple" à celui qui la cherche.* » (« Von der Strassenhorde zur Gemeinschaft », *Der Jude*, 2ᵉ numéro spécial, 1926, p. 22-36, ici p. 23). – En 1920, Lehmann émigra en Lituanie afin de fonder à Kowno un foyer pour enfants en vue du retour sur place des réfugiés juifs. En 1927, il créa en Palestine le village d'enfants Ben Shemen, près de Lod.

19. Cf. Gustav Landauer, « Christlich und christlich, jüdisch und jüdisch », *Der Jude*, 1ʳᵉ année, n° 12 (mars 1917), p. 851-852.

20. Lettres à Felice Bauer, 11 et 16 septembre 1916. – Le roman de Gerhart Hauptmann, *Emanuel Quint le fol-en-Christ* [*Der Narr in Christo Emanuel Quint*], était aussi un cadeau de Kafka à Felice : il le lui avait offert pour ses 28 ans en novembre 1915. – Quant à l'étudiant Abraham Grünberg, il avait fui la guerre à Varsovie et rejoint Prague où il s'était rallié à la scène sioniste ; cf. l'entrée de journal du 6 novembre 1915. En novembre 1916, il offrit à Kafka une plaquette publiée à compte d'auteur, *Un jubilé judéo-polono-russe (Le grand pogrom de 1906 à Siedlce)* [*Ein jüdisch-polnisch-russisches Jubiläum (Der grosse Pogrom von Siedlce im Jahre 1906)*], avec la dédicace suivante : « *À l'honorable monsieur le docteur Franz Kafka, écrivain* ».

21. Journal, 8 janvier 1914.

22. *Selbstwehr*, 9ᵉ année, n° 34 (7 septembre 1915), p. 2 et suivantes.

23. Lettre de Martin Buber à Kafka, 22 novembre 1915 ; lettre à Martin Buber, 29 novembre 1915.

24. Lettre de Max Brod à Martin Buber, 9 mai 1916, in Martin Buber, *Briefwechsel aus sieben Jahrzehnten*, vol. 1 : 1897-1918, éd. Grete Schaeder, Heidelberg, 1972, p. 433.

25. Lettre de Max Brod à Martin Buber, 21 juin 1916 (fonds Max Brod, Bibliothèque nationale d'Israël, Jérusalem). – « Nos gens de lettres et la communauté » parut en octobre 1916 dans *Der Jude*,

1re année, n° 7, p. 457-464 – p. 463-464 pour les propos de Brod sur Kafka.

26. Ayant accepté l'offre de Brod, Buber changea d'avis en lisant le texte de Kafka. Sa lettre de refus ne nous est pas parvenue ; dans un premier temps, Kafka trouva qu'elle l'honorait « *plus que n'aurait pu le faire une banale acceptation* » (carte postale à Felice Bauer, 23 septembre 1916). – Brod connaissait évidemment la relation étroite qui existe entre *Un rêve* et le manuscrit du *Procès* du fait que leur protagoniste porte le même nom, « Josef K. » ; mais elle ne pouvait qu'échapper à Buber, ainsi qu'aux lecteurs de l'anthologie de la *Prague juive*, qui parut le 15 décembre 1916, et à ceux du *Prager Tagblatt* du 6 janvier 1917. (*Un rêve* parut encore, et presque au même moment, dans l'*Almanach 1917 de la Neue Jugend* [*Almanach der Neuen Jugend auf das Jahr 1917*] à la Verlag Neue Jugend, Berlin, sous la supervision de Wieland Herzfelde.)

27. Lettre à Felice Bauer, 7 octobre 1916. – Kafka se réfère à la recension collective publiée par Robert Müller dans la *Neue Rundschau* d'octobre sous le titre « Fantaisie » [« *Phantasie* »], où il est dit de *La Métamorphose* : « *on prend plaisir à ce jeu spirituel, conçu avec zèle et sans lacune, mais l'invraisemblance est trop grande. [...] L'art du récit de Kafka, habituellement dépourvu d'intention, et qui possède quelque chose de foncièrement allemand, d'honorablement sage, de narrativement proche des* Maîtres chanteurs*, est déformé par les rapiéçages hypothétiques de son bel habit objectif.* »

28. M. G., « Rasende Motore », *Deutsche Montags-Zeitung*, 20 novembre 1916.

29. *Das Tagebuch*, Berlin, 11e année, n° 18 (3 mai 1930), p. 726.

30. Lettre de Max Brod à Martin Buber, 21 juin 1916 (fonds Max Brod, Bibliothèque nationale d'Israël, Jérusalem).

31. Lettre de Max Brod à Martin Buber, 20 janvier 1917, in Martin Buber, *Briefwechsel*, *op. cit.*, p. 461.

32. Lettre à Max Brod, vers le 30 juin 1921. Brod répondit le 4 juillet sans faire droit à la critique linguistique développée par Kafka, d'une ampleur et d'une radicalité inhabituelles. Par la suite cependant, Brod vit avec quelle facilité la politique culturelle nazie récupéra ces schèmes de pensée sionistes. Dans sa monographie *Franz Kafka, sa croyance et son enseignement* [*Franz Kafkas Glauben und*

Lehre], Brod parle donc avec prudence d'un « *radicalisme* » qu'il juge « *fautif* » de la part de Kafka (*Über Franz Kafka, op. cit.*, p. 274).

33. « Jüdische Volksarbeit », *Der Jude*, 1ʳᵉ année, n° 2, p. 104-111, ici p. 106. Lehmann empruntait explicitement cet idéal au *settlement movement* anglais et américain.

34. Felice Bauer fut chargée de restituer le chapitre « Aspects éthiques de différents enseignements » [« Ethische Gesichts-punkte für verschiedene Lehrfächer »], in Friedrich Wilhelm Foerster, *Jugendlehre. Ein Buch für Eltern, Lehrer und Geistliche*, tirage du 71 000 au 75 000ᵉ exemplaires, Berlin, 1915, p. 49-83. L'exposé rédigé par Kafka se trouve dans sa lettre du 25 septembre 1916. – Chez Foerster, pédagogue chrétien, il n'est question nulle part de « valeurs populaires », et encore moins d'une éducation « nationale juive ». Ce livre avait été retenu « *faute d'ouvrage pédagogique fondé sur l'éthique juive* », selon Siegfried Lehmann (*Das Jüdische Volks-heim Berlin. Erster Bericht. Mai-Dezember 1916*, Berlin, 1916, p. 15).

35. Fragment d'une lettre de Felice Bauer à Kafka, probablement octobre 1916. Sur ce même papier, elle se décrit comme « *la seule non-sioniste* » de ce « Club des filles ». – Il semble que Kafka n'ait pas directement répondu à cette lettre.

36. On peut reconstituer précisément la position de Scholem à l'égard du Foyer grâce à son journal (*Tagebücher*, 1913-1917, 1ʳᵉ partie, éd. Karlfried Gründer et Friedrich Niewöhner, Francfort-sur-le-Main, 1995 ; cf. en particulier p. 262-263.) et il en parle aussi dans ses souvenirs de jeunesse (*De Berlin à Jérusalem*, trad. Sabine Bollack, Albin Michel, Paris, 1984). – On trouve une réponse à la critique agressive de Scholem dans la « postface » du *Premier rapport* de Lehmann sur le travail accompli au Foyer populaire [*Erster Bericht*, cf. *supra*], où le terme de « sionisme » n'apparaît pas une seule fois, mais où les références à l'art et la littérature non-juifs reviennent à une fréquence notable. Lehmann y parle de « *valeurs d'un autre genre* » qui, « *offertes par l'Europe, sont tombées en terre juive, ont été récoltées et absorbées par l'esprit juif et sont tout aussi propres à éduquer une humanité juive. Le point de vue des Juifs qui se maintiennent dans l'ombre de la singularité de leur peuple au point de ne plus voir le soleil, lequel brille pourtant sur toute l'humanité, nous paraît on ne peut moins juif. [...] Contrairement à d'autres nationalistes, nous n'éprouvons aucune douleur à ce que la voix de l'esprit recouvre celle du sang* » (p. 17-18.).

37. Lettre à Felice Bauer, 22 septembre 1916.

38. Phrase citée dans la lettre à Felice Bauer du 12 octobre 1916. – Il est prouvé que Felice Bauer noua des liens avec ces enfants et même, dans un cas, une amitié qui perdura jusqu'à la fin de ses jours. Trude Bornstein, ancienne « élève » du Foyer populaire berlinois, assista à ses funérailles à New York en octobre 1960 (témoignage de Henry F. Marasse).

Kafka face à ses lecteurs

1. La lettre de Siegfried Wolff date du 10 avril 1917 ; nous ignorons si Kafka y a répondu. Les renseignements sur Wolff sont tirés de : Jochen Meyer, « Diese Suppe hat ihm Kafka eingebrockt », *Frankfurter Allgemeine Zeitung*, 8 juillet 2006, p. 53. – Autre curiosité : fin 1917, pour des raisons inconnues, Kafka nota l'adresse de l'auteure de best-sellers Hedwig Courths-Mahler (12, Knesebeckstrasse, Berlin-Charlottenburg), probablement sans remarquer que son lecteur Siegfried Wolff habitait *le même bâtiment.*

2. Cité dans la lettre à Felice Bauer des 6-7 mars 1913. Il s'agissait probablement de l'écrivain pragois Hans (Jan) Gerke, alors âgé de 18 ans, qui fréquentait aussi chez Baum.

3. Oskar Walzel, « Logik im Wunderbaren », *Berliner Tageblatt*, 6 juillet 1916. Cette critique du *Chauffeur* et de *La Métamorphose* plut si fort à Kafka qu'il envisagea d'envoyer une lettre de remerciement à Walzel. Georg Heinrich Meyer, le gérant de la Kurt Wolff Verlag, écrivit aussitôt à Brod qu'« *il faudrait utiliser pour Kafka* » l'article de Walzel (7 juillet 1916 ; fonds Max Brod, Bibliothèque nationale d'Israël, Jérusalem).

4. Carte postale à Felice Bauer, 19 septembre 1916.

5. Lettre à Kurt Wolff, 11 octobre 1916. – Sur la collection « Der jüngste Tag », où *Le Verdict* parut un mois plus tard, cf. Reiner Stach, *Kafka. Le temps des décisions, op. cit.,* p. 557 et suivantes.

6. Carte postale à Felice Bauer, 3 novembre 1916.

7. Annonce parue dans les *Münchner Neuesten Nachrichten* et le *Münchner Zeitung,* 7 novembre 1916.

8. Max Pulver, *Erinnerungen an eine Europäische Zeit,* Zurich, 1953, p. 52-53. On trouve une version complète du passage décrivant la

lecture de Kafka [et une autre traduction, n. d. t.] dans Hans-Gerd Koch (dir.), *J'ai connu Kafka. Témoignages*, trad. François-Guillaume Lorrain, Solin/Actes Sud, 1998, p. 163 et suivantes.

9. Pulver prétend ainsi que Kafka l'accompagna dans une promenade hors de Munich le lendemain – sa seule journée avec Felice ! – et qu'il devait reprendre son souffle à chaque instant à cause de troubles pulmonaires. Il faut croire que Pulver a pris ses propres halètements pour ceux de Kafka, car celui-ci, non content d'être en bonne santé en octobre 1916, avait derrière lui de nombreuses demi-journées de marche aux environs de Prague les mois précédents. Quant à la fixation négative sur son père que Kafka est censé lui avoir dévoilée au cours de cette promenade, Pulver n'avance aucune citation authentique pour l'attester. – Deux réactions révélatrices sur le compte de Pulver : malgré ses manières insistantes, Kafka dit que celui-ci l'avait « *proprement subjugué l'espace d'un instant* », tandis que Kurt Wolff, qui publia de lui un recueil de poèmes et deux pièces de théâtre, ressentit de l'aversion à son égard dès leur première rencontre, peu de temps après, et se dit ensuite content d'en être débarrassé (lettre de Kafka à Gottfried Kölwel, 3 janvier 1917 ; lettres de Kurt Wolff à Rainer Maria Rilke, 1er février et 10 décembre 1917, in Kurt Wolff, *Briefwechsel eines Verlegers*, Francfort-sur-le-Main, 1966, p. 141-142 et p. 148).

10. Eugen Mondt, « Une soirée avec Franz Kafka », in Hans-Gerd Koch (dir.), *J'ai connu Kafka, op. cit.*, p. 162.

11. Carte postale à Felice Bauer, 7 décembre 1916. – Hélas, aucun témoignage n'atteste clairement la présence de Rilke à cette lecture. Une note tirée d'un agenda inédit de Rilke tend néanmoins à confirmer que sa remarque est bel et bien intervenue dans une conversation directe avec Kafka et qu'elle ne lui a pas été rapportée après coup : « *Soirée Franz Kafka chez Goltz* » (archives Rilke, Gernsbach).

12. Carte postale à Felice Bauer, 21 novembre 1916. – Autre signe que leur passe d'armes de Munich dut être sérieuse : l'absence dans le corpus des lettres des premières cartes postales de Kafka après cet incident, cartes qui concernaient selon ses propres dires « *le cœur de [leur] vie commune* » (*ibid.*). Il semble que Felice Bauer n'ait pas voulu voir publier le « compte rendu » de leurs disputes, et notamment les lettres où Kafka citait ses propos. Il l'avait déjà

fait en février 1914, et les lettres correspondantes ont elles aussi disparu ; cf. Reiner Stach, *Kafka. Le temps des décisions*, *op. cit.*, p. 659 et suivantes, en particulier la note 12.

13. Carte postale à Felice Bauer, 24 novembre 1916.
14. La lettre à Ottla du 29 août 1917 prouve que cette impression n'est pas seulement due à l'état lacunaire des sources. Évoquant Felice, Kafka écrit : « *Ces derniers temps, j'ai de nouveau terriblement souffert de ma vieille folie, du reste seul l'hiver dernier a été une interruption, la plus longue jusqu'ici, de cette souffrance qui dure depuis 5 ans.* »

L'alchimiste

1. Cartes postales à Felice Bauer, 9 et 14 décembre 1916.
2. Lettre d'Ottla Kafka à Josef David, 3 décembre 1916. Traduction allemande [que nous traduisons à notre tour, n. d. t.] tirée de : Hartmut Binder, « Kafka und seine Schwester Ottla », *Jahrbuch der deutschen Schillergesellschaft* 12 (1968), p. 426. – Le Stern (Hvĕzda), alors destination très prisée des promeneurs, est un pavillon en forme d'étoile (d'où son nom) situé à l'ouest du château de Prague et doté d'un grand jardin animalier.
3. Carte postale à Felice Bauer, 14 décembre 1916.
4. Stürgkh fut abattu le 21 octobre 1916 dans un restaurant de Vienne. L'auteur de l'attentat, Friedrich Adler, 37 ans, était un marxiste convaincu et rédacteur en chef de la revue sociale-démocrate *Der Kampf* ; son père, Viktor Adler, était député au Reichstag et chef de file des sociaux-démocrates autrichiens. – Même les quotidiens conservateurs (comme la *Reichspost*, le 22 octobre) s'étonnèrent que l'attaque n'ait pas frappé quelqu'un à qui l'on pouvait imputer une responsabilité concrète dans le déclenchement de la guerre. Le *Pester Lloyd*, un journal semi-officiel, défendit expressément aux « *puissances étrangères hostiles* » de croire que l'attentat était lié « *aux questions alimentaires* ».
5. Lettre de Julie Kafka à Felice Bauer, 8 octobre 1916.
6. Mi- ou fin novembre 1916, une lettre de Felice Bauer à Kafka fut retoquée par la censure et renvoyée à son expéditrice – probablement parce qu'elle y évoquait la situation alimentaire de Berlin. Dans cette même lettre, elle plaidait pour des retrouvailles

à Noël, ce que Kafka continua de refuser; cf. la carte postale à Felice Bauer du 4 décembre 1916. Cf. aussi la lettre de Julie Kafka à Anna Bauer du 31 décembre 1916 : « *Je croyais que cette chère Felice nous ferait la bonne surprise de nous rendre visite à Noël.* »

7. À Ottla Kafka, 1er janvier 1917. Il s'agit visiblement d'un mot que Kafka laissa pour sa sœur dans l'Alchimistengasse.

8. Citation extraite d'un journal inédit de Max Brod (fonds Max Brod, Bibliothèque nationale d'Israël, Jérusalem).

9. Sur les interventions et les mutilations massives par lesquelles Brod tenta d'endiguer ce chaos et d'extraire des cahiers de Kafka des textes « accessibles », cf. la monographie détaillée d'Annette Schütterle, *Franz Kafkas Oktavhefte. Ein Schreibprozess als « System des Teilbaues »*, Fribourg-en-Brisgau, 2002, en particulier p. 268-283.

10. Le manuscrit dit d'abord « *bons à rien* », puis « *plaisantins* », puis de nouveau « *bons à rien* », puis encore « *plaisantins* » et, pour finir, « *chiens sans cervelle* ». Il faut croire que Kafka ne maîtrisait pas l'art de l'invective.

11. À la fin des années 1920, Oskar Baum nota dans ses souvenirs que Kafka avait écrit et même achevé dans son refuge de l'Alchimistengasse un drame intitulé « La Grotte » ou « La Crypte ». Il se serait toutefois strictement refusé à en lire des extraits, ajoutant avec ironie : « *La seule chose qui ne soit pas du dilettantisme dans cette pièce, c'est que je ne la lis pas.* » – Baum parle ici à l'évidence du *Gardien de la crypte*, texte pourtant inachevé, à en juger par tous les documents dont nous disposons, et d'ailleurs dépourvu de titre dans le manuscrit (celui en usage aujourd'hui est de l'invention de Brod). Le fait que le tapuscrit confectionné par Kafka ait été plié de façon à faciliter la lecture à haute voix ne cadre guère mieux avec les souvenirs de Baum (qui sont d'ailleurs peu fiables). Cf. Oskar Baum, « Retour en arrière sur une amitié », in Hans-Gerd Koch (dir.), *J'ai connu Kafka. Témoignages, op. cit.*, p. 83-87. Ce tapuscrit, potentiellement incomplet, a été publié dans les *Nachgelassene Schriften und Fragmente I, op. cit.*, p. 290-303. [N. d. t. : On trouvera une traduction (due à Bernard Lortholary) de la version manuscrite, qui recoupe en bonne partie cette mise au propre, dans Franz Kafka, *Nouvelles et récits, op. cit.*, p. 612-626].

12. Les proses suivantes, toutes datées de l'hiver 1916-1917, ne nous sont connues que dans leur version publiée : *Un médecin de*

campagne, *À la galerie*, *Le Prochain Village*, *Un fratricide*, *Onze fils*, *Le Souci du père de famille* et *Une visite à la mine*. Il semble que ces œuvres aient vu le jour dans d'autres cahiers aujourd'hui disparus mais datables au minimum au mois près (et qui contenaient potentiellement d'autres œuvres et fragments inconnus). – Dans une lettre à Ottla datée du 19 avril 1917, Kafka déclare s'être servi de « *manuscrits* » pour allumer un feu dans l'Alchimistengasse – autre indice que l'ampleur totale de sa productivité doit être évaluée au-delà de ce qu'attestent les manuscrits disponibles.

13. Une des variantes du *Gardien de la crypte* prête au jeune souverain fictif une caractéristique qui s'applique à Charles Ier avec une précision étonnante. Dans la mesure où les premiers pas de ce dernier constituèrent le plus grand sujet d'actualité au cours des semaines où la pièce fut écrite, tout hasard est certainement exclu : « *Le prince a deux figures. La première s'occupe du gouvernement et vacille sous les yeux du peuple, perdu dans ses pensées, et méprise ses propres droits. L'autre cherche très précisément, il faut l'admettre, un moyen de renforcer ses fondations. Elle cherche dans le passé, et toujours plus profond.* »

14. Comme l'atteste une lettre d'Ottla à Josef David, cela se produisit pour la première fois – et certainement pas la dernière – le 10 décembre 1916. – Cette crise du charbon (due surtout au manque de wagons provoqué par la guerre) s'aggrava à tel point que Charles Ier, mi-février, ordonna à l'armée d'aider si nécessaire à assurer l'approvisionnement de Prague.

15. Cette concomitance ne s'observe pas uniquement au début de cette nouvelle phase d'écriture : Kafka écrivit la prose *Un vieux papier* quelques jours seulement après l'abdication du tsar russe, mi-mars 1917 – événement colossal dans la conscience des contemporains.

16. Lettre à Felice Bauer, 24 novembre 1916.

Ottla et Felice

1. Lettre à Felice Bauer, 24 novembre 1916.
2. Lettre à Felice Bauer, janvier-février 1917. – Il n'est pas certain que Kafka ait vraiment envoyé cette longue et importante

lettre, la seule du genre pour tout l'hiver 1916-1917. Si l'on en a retrouvé une copie carbone dans ses papiers, l'original n'est pas présent dans l'ensemble vendu par Felice Bauer.

3. À l'époque, les salles de bains restaient exceptionnelles dans les bâtiments anciens, y compris dans les maisons « patriciennes ». Le précédent locataire du grand appartement d'abord visité par Kafka au Schönborn en avait fait aménager une à ses frais (elle prenait la moitié du couloir). – Le « Fuchsschlössl », élégante bâtisse du quartier viennois de Rodaun où Hugo von Hofmannsthal habitait avec sa famille depuis 1901, n'eut ni salle de bains ni même l'eau courante à l'étage jusqu'à la fin de la guerre.

4. Lettre à l'Office d'assurances contre les accidents du travail, 5 février 1917. Cette demande fut rejetée, on consentit seulement à une augmentation de sa « prime d'inflation » qui valut à Kafka quelque 600 couronnes supplémentaires par an. C'était tout de même l'équivalent de son loyer au palais Schönborn.

5. Lettre d'Ottla Kafka à Josef David, 20 août 1916; citation tirée de : Hartmut Binder, « Kafka und seine Schwester Ottla », *op. cit.*, p. 439.

6. Il existe un brouillon de lettre (daté du 19 février 1917 environ) dans lequel Kafka se renseigne au nom de sa sœur. Son destinataire supposé est Moriz Schnitzer, un végétarien fanatique, fondateur de nombreuses associations de naturopathie, qui vivait à Warnsdorf, dans le nord de la Bohême. Kafka s'était fait « examiner » par Schnitzer en avril 1911. – L'insulte lancée par Hermann Kafka à son fils est attestée par la lettre de Kafka à Ottla du 19 avril 1917; quant à la véhémence de la dispute entre Ottla et ses parents, la *Lettre au père* en donne un aperçu.

7. Channa Meisel, « Landwirtschaftliche Mädchenerziehung », *Jüdische Rundschau*, 22ᵉ année, n° 8 et 9 (23 février et 2 mars 1917). Il est certain que cet article fit l'objet d'une discussion dans le club d'Ottla, d'autant qu'on recevait rarement des nouvelles concrètes sur la vie des femmes juives en Palestine. Possible également que Kafka, qui lisait régulièrement la *Jüdische Rundschau*, ait lu cet article et en ait parlé à sa sœur.

8. À propos des conflits familiaux générés par les « Usines d'amiante de Prague », cf. Reiner Stach, *Kafka. Le temps des décisions*, *op. cit.*, p. 217 et suivantes. – L'entreprise disparut des registres de commerce le 26 juillet 1918.

9. Lettre à Ottla Kafka, 19 avril 1917.

10. Lettre à Ottla Kafka, 16 mai 1917.

11. Irma Weltsch s'irrita tellement de la question de Kafka, dans laquelle elle vit apparemment une marque de défiance grossière, que, non contente de s'en prendre à son mari en lui reprochant d'inviter ce genre d'« amis », elle écrivit à Kafka lui-même une lettre assez agressive (comme l'atteste le journal inédit de Weltsch). Kafka ne lut cette lettre qu'à son retour de Budapest et s'excusa tout aussitôt dans une longue lettre diplomatique (le 20 juillet 1917).

12. Une lettre de Julie Kafka à Felice Bauer, en date du 26 mars 1917, indique que cette visite était initialement prévue pour le début d'année.

13. Max Brod, *Franz Kafka. Souvenirs et documents*, *op. cit.*, p. 247. – La mémoire de Max Brod lui joue manifestement un tour lorsqu'il affirme qu'« *un logement fut loué* [...] *pour le jeune couple* » et des meubles achetés avant l'été 1917 (*ibid.*).

14. Carte postale à Ottla Kafka, 28 juillet 1917.

15. L'écrivain Rudolf Fuchs, que Kafka vit lors de son passage à Vienne, raconte dans ses souvenirs : « *À Prague déjà, il m'avait laissé entendre que le sort de ses fiançailles allait se jouer à Budapest. Et à Vienne, il me raconta comment il avait rompu avec sa fiancée. Il affichait un grand calme ; il donnait même l'impression de se sentir très à l'aise* » (Rudolf Fuchs, « Kafka et les cercles littéraires pragois », in Hans-Gerd Koch [dir.], *J'ai connu Kafka*, *op. cit.*, p. 132). Kafka ne se sera sans doute pas exprimé si clairement, mais, moyennant quelques réserves, cette pièce a sa place dans le puzzle. – Si le voyage de Felice Bauer à Arad est évoqué par Brod dans sa biographie de Kafka, il n'a pas laissé de trace indubitable. Arad n'était plus menacée militairement, mais Felice et sa sœur pourraient aussi être convenues de se retrouver à Budapest.

Départ du *Médecin de campagne*

1. Lettre à Felice Bauer, 20 décembre 1916.

2. *Ein Traum*, in *Prager Tagblatt*, 6 janvier 1917, Unterhaltungs-Beilage, p. 1.

3. Kafka est mentionné comme contributeur dans les six premiers numéros du mensuel *Die schöne Rarität* (de juillet à décembre 1917) bien qu'il n'y ait rien publié. Il retira son engagement fin 1917, après que sa situation tant extérieure qu'intime eut été bouleversée (cf. lettre du 22 décembre 1917, probablement à Adolf Harms). – Quant à ses brefs liens avec *Donauland*, ils sont attestés par deux lettres à Josef Körner, en date des 8-10 et du 16 décembre 1917.

4. En dernière analyse, l'initiative venait certes de Feigl lui-même : à l'automne 1916, il avait prié Kafka de le recommander à la Kurt Wolff Verlag. Kafka avait fait suite à cette demande (cf. la lettre à Georg Heinrich Meyer du 30 septembre 1916), mais sans succès.

5. Cf. la lettre de Felix Weltsch à Kafka datée de la troisième semaine d'octobre 1917 : « *le simplisme fait homme* » et la réponse de Kafka, 19-21 octobre 1917 : « *il n'est pas si facile de lui faire son affaire* ».

6. L'arrestation de Gross eut lieu le 9 novembre 1913 à Berlin ; le 20 décembre, les revues *Die Aktion* (Berlin) et *Revolution* (Munich) consacrèrent chacune à Otto Gross un numéro spécial où plusieurs articles visaient frontalement son père. Cette indignation provenait surtout de la manière occulte et sans doute illégale dont la police berlinoise avait coopéré avec ce pénaliste autrichien. Il est bien possible que Kafka se soit souvenu de cette affaire pour la séquence d'ouverture du *Procès*, écrite seulement huit mois plus tard.

7. Lettre à Milena Pollak, 25 juin 1920. « *Il expliquait sa théorie en commentant un passage de la Bible [...]*, poursuit Kafka. *Sans trêve il disséquait ce passage, sans trêve il apportait du matériau nouveau, sans trêve il voulait mon approbation.* » Il est fort probable que le contenu de ce sermon nocturne se retrouve dans son article « Le fondement communiste de la symbolique paradisiaque » [« Die kommunistische Grundidee in der Paradiessymbolik »], paru dans *Sowjet*, n° 1 (1919), p. 12-27, car il s'agit du seul texte où Gross commente longuement des passages de la Genèse. – Kafka avait suivi les cours magistraux et un séminaire de Hans Gross du semestre d'hiver 1903-1904 au semestre d'hiver 1904-1905. Il avait notamment assisté à son cours d'« histoire de la philosophie du droit » (été 1904) en compagnie de Max Brod.

8. Lettre à Max Brod, 14 novembre 1917.

9. Lettre de Martin Buber à Max Brod, 15 janvier 1917, in Martin Buber, *Briefwechsel aus sieben Jahrzehnten, op. cit.*, p. 459.

10. Cf. Franz Werfel, « Die christliche Sendung. Ein offener Brief an Kurt Hiller », *Die neue Rundschau*, 28 (1917), p. 92-105 ; et Max Brod, « Franz Werfels "christliche Sendung" », *Der Jude*, 1 (1916-1917), p. 717-724.

11. Martin Buber, « Vorbemerkung über Franz Werfel », *Der Jude*, 2 (1917-1918), n° 1-2, p. 109-112. – Buber pouvait faire fond sur une confidence de Werfel dans une lettre datée du 31 janvier 1917 : « *Prenez maintenant ma main et l'assurance (peut-être très accessoire) que je me sens et me revendique un Juif entièrement "national", avec toutes les mauvaises implications de ce nom et quelques autres qui sont bonnes* » (Martin Buber, *Briefwechsel aus sieben Jahrzehnten, op. cit.*, p. 468). Sur la défiance de Buber à l'égard des accomplissements politiques de surface, voir sa lettre à Siegmund Kaznelson du 9 juillet 1917 : « *Ce qui caractérise extérieurement la situation, c'est le "succès" actuel du sionisme ; il n'y a que très peu de sionistes qui partagent ou comprennent seulement la peine que ce succès me cause* » (*ibid.*, p. 502).

12. Lettre de Max Brod à Martin Buber, 7 avril 1917 (Bibliothèque nationale d'Israël, Jérusalem). – Dans ce numéro de *Der Jude*, Max Brod signait lui-même un essai consacré aux effets néfastes du taylorisme (« Zwei Welten »).

13. Lettre à Martin Buber, 12 mai 1917.

14. Note du cahier in-octavo G, 19 octobre 1917. – Au lieu de « *face au calme du dehors* », Kafka avait d'abord écrit : « *face au calme regard du spectateur* ».

15. Pendant l'hiver 1916-1917, Hugo Bergmann avait demandé à Buber de ne pas traiter que des thématiques juives, mais aussi « *des thèmes d'intérêt général pour l'humanité* » (Martin Buber, *Briefwechsel aus sieben Jahrzehnten, op. cit.*, p. 488, note 1).

16. Dès le premier numéro, Buber avait publié un texte de propagande qu'on lui avait envoyé de Palestine et dans lequel les Juifs de l'Ouest étaient décrits comme des opportunistes et des parasites : « *Nous possédons un talent d'adaptation qui s'est développé pendant le* galoutt [l'exil] *– celui de remanier à notre goût le produit de la vie des autres et de tirer du fruit de leur travail des délices faits à notre bouche* » (A. D. Gordon, « Arbeit », *Der Jude*, n° 1 [1916-1917], p. 37-43, ici p. 39-40).

17. On trouvera un choix d'exemples dans Julius H. Schoeps/ Joachim Schlör (éd.), *Antisemitismus. Vorurteile und Mythen*, Munich/ Zurich, 1995, p. 21 et suivantes. – On voit cohabiter des Juifs « *crasseux* » et des chacals dans *Abdias*, récit d'Adalbert Stifter que connaissait sûrement Kafka (*Les Grands Bois et autres récits*, trad. Henri Thomas, Gallimard, Paris, 1979, p. 136).

18. Max Brod, « Literarischer Abend des Klubs jüdischer Frauen und Mädchen », *Selbstwehr*, 4 janvier 1918. La lecture eut lieu le 19 décembre 1917.

19. Lettre à Martin Buber, 22 avril 1917.

20. Lettre de Kurt Wolff à Kafka, 3 juillet 1917.

21. Lettre de Kurt Wolff à Kafka, 1er septembre 1917.

22. Lettre de Kurt Wolff à Kafka, 1er août 1917.

23. Lettre à Kurt Wolff, 4 septembre 1917.

24. Cf. la lettre à Kurt Wolff du 20 août 1917.

25. Pour plus de détails sur les multiples erreurs et retards de la Kurt Wolff Verlag, cf. Joachim Unseld, *Franz Kafka. Une vie d'écrivain*, op. cit., p. 174-176 et p. 179-189. – *Un homicide* parut fin 1917 dans l'almanach de Wolff intitulé *Die neue Dichtung*; *Un fratricide*, la version remaniée, avait déjà paru dans le bimensuel expressionniste *Marsyas*, destiné aux bibliophiles (1re année, n° 1, juillet-août 1917).

26. Les lettres que Wolff échangea à ce sujet avec le père de Franz Werfel (en octobre et novembre 1917) se trouvent aux archives Kurt Wolff de la Yale University, à New Haven.

27. Lettre à Josef Körner, 16 décembre 1917.

28. La lettre de Kafka à Wolff n'est malheureusement pas conservée ; il en parle toutefois à Brod comme d'un « *ultimatum* » (lettre à Max Brod, fin mars 1918). « *Je te déconseille de partir de chez Wolff*, répondit Brod le 29 mars. *À ce que disent les libraires, le désordre est le même chez tous les éditeurs.* »

29. *Sagen polnischer Juden*, textes choisis et adaptés par Alexander Eliasberg, Munich, 1916. Cet ouvrage faisait partie de la bibliothèque de Kafka. – Les deux histoires citées s'intitulent « Résurrection de la fiancée » [« Auferweckung der toten Braut », p. 40-44] et « Voyage-éclair à Vienne » [« Rasche Reise nach Wien », p. 182-184]. Dans une autre petite histoire, « La musique funèbre du rabbi Moishe Leib » [« Rabbi Mojsche Lejbs Trauermusik », p. 195], des

chevaux trouvent d'eux-mêmes leur destination, galopant « *par monts et par vaux* » en tirant un attelage.
30. Sur la date de publication, cf. Joachim Unseld, *Franz Kafka. Une vie d'écrivain, op. cit.*, p. 193-194. L'unique recension d'*Un médecin de campagne* du vivant de Kafka parut le 31 octobre 1920 dans le *Prager Tagblatt* : R[udolf] Th[omas], « Drei Prager Autoren ».

Mycobacterium tuberculosis
1. Lettre à Ottla Kafka, 29 août 1917.
2. Étant donné que ce faible saignement initial n'est pas évoqué dans ses explications à Ottla et Felice Bauer, il est probable que Kafka l'ait également caché à ses amis. Il n'en parla que trois ans plus tard dans une lettre à Milena Pollak, le 28 juillet 1920, non sans une once de mauvaise conscience : « *Si j'étais allé tout de suite chez le médecin à l'époque – bon, tout se serait sûrement passé de la même façon que sans le médecin, seulement personne ne savait pour le sang à l'époque, pas même moi en réalité, et personne ne s'inquiétait.* » – En soi, un tel saignement n'est pas un symptôme caractéristique de la tuberculose, mais il devient évidemment alarmant s'il est suivi d'une hémoptysie.
3. Cartes postales à Ottla Kafka, 4-5 septembre 1917.
4. Carte postale à Max Brod, 29 août 1917.
5. Cahier in-octavo E.
6. Une idée répandue voulait que les physiques graciles, peu athlétiques et au thorax plat – type dénommé « *habitus phthisicus* », auquel répondait Kafka et qu'on pensait héréditaire – étaient plus sujets que les autres aux maladies des poumons. Bien que remise en question de longue date par les données empiriques, cette hypothèse était encore enseignée dans les facultés de médecine au moment de la guerre. L'ensemble des théories liées aux habitus et aux constitutions physiques ne furent abandonnées que dans les années 1920, la résistance du système immunitaire restant dès lors le seul facteur jugé déterminant dans l'hérédité des maladies et la tuberculose. – Dans une monographie intitulée *Franz Kafka, le patient juif* [*Franz Kafka, the Jewish Patient*, New York/Londres, 1995], Sander L. Gilman s'efforce d'interpréter l'historique médical

et l'autodiagnostic de Kafka à l'aune des théories de l'époque sur la tuberculose, et en particulier au prisme de l'*habitus phthisicus* et de la constitution particulière alors prêtée aux Juifs. Gilman présente un matériau exceptionnellement riche du point de vue de l'histoire de la médecine, mais l'influence de ces idées eugénistes sur l'interprétation de Kafka reste un objet de spéculation. Car aucune citation de Kafka n'établit un rapport immédiat, et encore moins causal, entre sa maladie et son ascendance juive ou l'hypothèse de l'*habitus phthisicus*.

7. Si on l'ignorait à l'époque, il fut établi quelques années plus tard que les préparations d'arsenic alors ordinairement prescrites (et souvent efficaces) augmentaient de beaucoup les risques de cancer de la peau.

8. Lettre à Ottla Kafka, 29 août 1917.

9. David Epstein, *Diagnostisch-therapeutisches Taschenbuch der Tuberkulose. Ein Leitfaden für den praktischen Arzt*, Berlin/Vienne, 1910, p. 85.

10. Lettre de Max Brod à Kafka, 24 septembre 1917.

11. Lettre de Felix Weltsch à Kafka, 5 octobre 1917. – *Khokhma* est un mot yiddish qui désigne à la fois l'humour et la sagesse et qui correspond à peu près à l'ancien double sens du mot *Witz* en allemand (« intelligence, finesse, belle trouvaille, plaisanterie » selon le dictionnaire des frères Grimm). [« Esprit », dans sa polysémie, en fournirait un bon équivalent français, n. d. t.]

12. Lettre à Felix Weltsch, 11 octobre 1917.

13. Cartes postales à Ottla Kafka, 4-5 septembre 1917.

14. Lettre à Kurt Wolff, 4 septembre 1917.

15. Des années plus tard, Kafka tire lui-même cette conclusion paradoxale : « *Il serait facile de demander un congé si je pouvais me dire et dire aux autres que la maladie a été causée ou aggravée par le bureau, mais c'est bien le contraire qui est vrai, le bureau a retardé la maladie* » (lettre à Ottla David, probablement le 24 avril 1921).

16. Kafka relate ces deux conversations dans deux cartes à Ottla, les 6 et 7 septembre 1917, et dans la lettre à Felice Bauer du 7 septembre 1917.

17. Cette citation et quelques autres détails concernant le départ de Kafka proviennent du journal inédit de Max Brod. – Kafka avait annoncé sa tuberculose à Felice Bauer cinq jours avant son départ,

mais, compte tenu des délais de la poste, la carte en question ne pouvait être sa réponse. Brod le confirme d'ailleurs dans son journal : « *Une lettre d'elle, désespérée alors qu'elle ne sait encore rien.* »

L'arche de Zürau

1. Lettre à Oskar Baum, le 24 novembre 1917 ou peu après.

2. D'après un recensement de 1921 (*Statistický lexikon obci v Čechách*, Prague, 1924, p. 254). Aujourd'hui, Siřem compte moins de 100 habitants.

3. Avant la guerre, on dénombrait déjà un nombre de cas de tuberculose supérieur à la moyenne dans le district de Podersam (Podbořany), auquel appartenait Zürau (cf. Wenzel Rott, *Der politische Bezirk Podersam*, Prague, 1902-1905, p. 30). Cette situation était probablement due aux nombreuses argilières présentes dans la région.

4. Lettre à Felix Weltsch, vers le 11 octobre 1917.

5. Lettre à Max Brod, 14 septembre 1917.

6. Lettre à Oskar Baum, probablement le 23 septembre 1917.

7. Lettres à Max Brod, 14 et 18 septembre 1917.

8. Les sources ne disent pas quand Felice Bauer mit fin à son travail de pédagogue au Foyer populaire de Berlin. Les dernières traces indirectes de son activité nous sont livrées par des lettres de Kafka datées de début 1917, où il demande à son éditeur de virer à Felice Bauer quelque 100 marks de droits liés aux ventes de *Contemplation* (cartes postales à la Kurt Wolff Verlag, 20 février et 24 mars 1917).

9. Lettre à Felice Bauer, 30 septembre 1917.

10. Elias Canetti, *L'Autre Procès. Lettres de Kafka à Felice*, trad. Lily Jumel, Gallimard, 1972, p. 145.

11. Journal, 10 novembre 1917.

12. Journal, 15 septembre 1917.

13. Journal, 19 septembre 1917. – La première phrase contient une correction notable : Kafka avait d'abord écrit : « *quiconque sait écrire* » et ajouta après coup : « *quiconque* ou presque *sait écrire* ».

14. Feuillet non daté. – Il fait probablement partie de la longue lettre à Felice Bauer du 30 septembre 1917 (citée en bonne partie plus haut), qui est rédigée sur le même papier quadrillé.

15. Lettre de Max Brod à Kafka, 8 novembre 1917; lettre à Max Brod, 14 novembre 1917.

16. Lettre d'Ottla Kafka à Josef David, 8 novembre 1917.

17. Wilhelm Reinwarth prit son office à Oberklee le 31 octobre 1917. La chronique de sa prêtrise est aujourd'hui conservée aux archives municipales de Žatec (Saaz).

18. Ces scènes de la vie du magasin d'articles de mode, nous les devons pour l'essentiel aux lettres régulières d'Irma Kafka à sa cousine Ottla (lettres inédites, collection particulière).

19. Le 14 novembre 1917, elle écrit à Josef David : « *J'aimerais que père m'estime plus, d'une façon ou d'une autre.* »

20. Dans une lettre du 20 novembre 1917, Brod demande à l'écrivain Rudolf Fuchs de rester discret concernant les « *affaires purement personnelles* » de Kafka (archives du musée de la Littérature tchèque, Prague).

21. Lettre à Ottla Kafka, 30 décembre 1917. Ottla décrivit la réaction de son père dans une lettre à Josef David en date du 23 novembre 1917 (collection particulière).

22. Lettre à Elsa et Max Brod, 2 ou 3 octobre 1917; lettre d'Elsa et Max Brod à Kafka, 29 septembre 1917.

23. Gustav Weiss, « Tuberkulose-Verhütung und -Fürsorge », in Anton Ghon/R. Jaksch-Wartenhorst (éd.), *Die Tuberkulose und ihre Bekämpfung*, Vienne/Breslau, 1922, p. 326-363, ici p. 336. Cf. Epstein, *Diagnostisch-therapeutisches Taschenbuch der Tuberkulose*, p. 50.

24. La lettre où Felice Bauer annonçait sa visite arriva à Zürau le 18 décembre, Kafka répondit par télégramme le 21 (cf. l'entrée de ce même jour dans le cahier in-octavo G); aucun de ces deux courriers n'a été conservé.

25. La suite de la correspondance entre Kafka et Felice Bauer n'est pas conservée, à l'exception d'une carte de Felice (en date du 12 novembre 1918) qui ne contient toutefois que de brefs vœux de bon rétablissement. Il semble que le contact se soit rompu vers la fin 1918.

26. Lettre à Ottla Kafka, 28 décembre 1917. – Cf. le récit détaillé de cet épisode dans Max Brod, *Franz Kafka. Souvenirs et documents*, *op. cit.*, p. 261-262.

27. L'« *humeur infecte* » de Hermann Kafka à la suite de cet échange avec son fils est attestée par une lettre d'Irma à Ottla le 3 janvier

1918. Cette lettre contient aussi le seul indice du passage de Josef David à Zürau : « *ton invité de Noël* ». La « *visiteuse* » évoquée par Kafka dans sa lettre à Ottla du 28 décembre 1917 est la sœur de Josef David, Ella.

28. Lettre à Ottla Kafka, 30 décembre 1917.

Méditations

1. Brod semble avoir appris la nouvelle le 3 décembre 1917 dans les quotidiens de Prague. En fait, la rencontre entre les délégués allemands et russes à Brest-Litovsk marquait seulement le début des pourparlers en vue d'un cessez-le-feu sur l'ensemble du front oriental.

2. B[uber], « Judenzählung », *Der Jude*, 1re année, n° 8 (novembre 1916), p. 564. – Ordonné le 11 octobre 1916 par le ministre prusse de la Guerre Adolf Wild von Hohenborn, le « comptage des Juifs » (*Judenzählung*) s'appliquait aussi à l'approvisionnement et aux appelés refusés après examen physique. L'enquête s'interrompit en février 1917 ; ses résultats ne furent jamais entièrement publiés.

3. Citation tirée d'une lettre de Ruth Haubrichs, petite-fille d'Emilie Marschner, à Waltraud John, 22 juin 2004.

4. Cf. les blancs dans la *Selbstwehr*, 11e année, n° 7, 10 et 11 (16 février, 9 et 16 mars 1917).

5. Le passage décisif était le suivant : « *Le Gouvernement de Sa Majesté envisage favorablement l'établissement en Palestine d'un Foyer national pour le peuple juif et emploiera tous ses efforts pour faciliter la réalisation de cet objectif, étant clairement entendu que rien ne sera fait qui puisse porter atteinte soit aux droits civils et religieux des collectivités non juives existant en Palestine, soit aux droits et au statut politiques dont les Juifs disposent dans tout autre pays* » (lettre d'Arthur Balfour à Lord Walter Rothschild, 2 novembre 1917).

6. *Allgemeine Zeitung des Judentums*, 81e année, n° 47 (23 novembre 1917), p. 556. – *Dr Bloch's Österreichische Wochenschrift*, 34e année, n° 44 (16 novembre 1917), p. 718-720. – Max Brod, « Die jüdische Kolonisation in Palästina », *Die neue Rundschau*, 28e année, n° 9 (septembre 1917), p. 1267-1276. Lorsque Brod rédigea cet article, où il en appelle à la « *pérennité sereine de la domination turque et la*

clairvoyance des hommes d'État turcs », le gouvernement turc avait déjà entamé l'évacuation de force des colonies juives.
7. Lettre à Max Brod, probablement le 9 février 1918.
8. Plusieurs des textes d'*Un médecin de campagne* sont réflexifs dans leur forme même, ce que les contemporains de Kafka ne pouvaient sans doute percevoir. Malcolm Pasley avance ainsi de façon convaincante que les pièces intitulées *Une visite à la mine* et *Onze fils* ne sont rien d'autre que de la littérature sur la littérature (« Drei literarische Mystifikationen Kafkas », in *Kafka-Symposion,* éd. Jürgen Born *e. a.*, Berlin, 1965, p. 21-37). Hypothèse confirmée par un propos de Kafka que Brod rapporte dans sa biographie : « *Les onze fils en question sont tout simplement onze histoires auxquelles je suis en train de travailler* » (*Franz Kafka. Souvenirs et documents, op. cit.*, p. 220).
9. Lettre de Max Brod à Franz Kafka, 4 octobre 1917 ; lettre à Max Brod, 7-8 octobre 1917.
10. Ces deux textes sont dépourvus de titre dans les cahiers de Kafka ; ceux qui ont cours aujourd'hui ont été inventés par Max Brod. [N. d. t. : on trouvera une traduction de ces textes (due à Stéphane Pesnel) dans Franz Kafka, *Nouvelles et récits, op. cit.*, p. 710-712.]
11. Journal de Max Brod, 26 décembre 1917 (inédit) ; lettre à Max Brod, 26 ou 27 mars 1918.
12. Cahiers in-octavo G et H.
13. Pendant l'été 1920, Kafka inclut une version retouchée de l'« aphorisme » 69 dans une lettre à Brod sans le signaler comme citation – ce qui porte à croire que Brod n'avait toujours pas vu les fiches de Zürau après toutes ces années (lettre à Max Brod, 6 août 1920).
14. Journal, 25 septembre 1917.
15. Franz Kafka, *Beim Bau der Chinesischen Mauer. Ungedruckte Erzählungen und Prosa aus dem Nachlass*, éd. Max Brod et Hans Joachim Scheops, Berlin, 1931, p. 225-249. – Cette édition se fonde sur un tapuscrit non établi par Kafka qui contenait des interpolations nuisibles au sens du texte. [N. d. t. : Nous citons le titre de la traduction de Bernard Pautrat, Payots & Rivages, Paris, 2001.]
16. Max Brod, *Franz Kafkas Glauben und Lehre* [*Franz Kafka, sa croyance et son enseignement*], Winterthour, 1948.

17. Surtout sur scène. Il semble pourtant que Kafka n'ait vu aucune pièce de théâtre juif pendant la guerre. En janvier 1917, une troupe de comédiens juifs joua à l'Hotel Schwan, à deux pas de son bureau, et y donna même une soirée en l'honneur de l'actrice Flora Klug, que Kafka avait connue dans l'ensemble de Jizchak Löwy. Mais apparemment, même ces représentations ne purent le motiver à interrompre son travail dans l'Alchimistengasse. Il ne garda contact un temps qu'avec Jizchak Löwy lui-même, qu'il avait promis d'aider à rédiger ses souvenirs « Sur le théâtre juif » [dont on trouvera une traduction (due à Stéphane Pesnel) dans Franz Kafka, *Journaux et lettres. 1914-1924, op. cit.*, p. 1327, n. d. t.]. – Sur la rencontre de Kafka avec le théâtre juif oriental, cf. Reiner Stach, *Kafka. Le temps des décisions, op. cit.*, p. 101 et suivantes.

18. Moses Rath, *Lehrbuch der hebräischen Sprache für Schul- und Selbst-unterricht*, 2ᵉ éd., Vienne, 1917.

19. Miriam Singer, « Cours d'hébreu avec Kafka », in Hans-Gerd Koch (dir.), *J'ai connu Kafka, op. cit.*, p. 178. – Les lacunes des sionistes pragois en hébreu restèrent une source de conflits pendant des années ; cf. Oskar Epstein, « Die Prager Zionisten und das Hebräische », *Selbstwehr*, 14ᵉ année, n° 42 (22 octobre 1920).

20. Carte postale à Max Brod, 21 septembre 1918.

21. Cahier in-octavo G, note du 19 octobre 1917.

22. Lettre à Robert Klopstock, probablement vers le 20 juin 1921.

23. Les seules exceptions notables se trouvent dans deux entrées de journal datées du 20 juillet 1916 et dans lesquelles Kafka s'adresse directement à Dieu. Mais même ces phrases – écrites dans la situation psychologique exceptionnelle de Marienbad – sont tout sauf humbles : « *Si je suis condamné, alors je ne suis pas seulement condamné à la fin mais aussi condamné à me défendre jusque dans cette fin.* »

24. « *Selon Dieu, manger les fruits de l'arbre de la connaissance devait avoir pour conséquence instantanée la mort, selon le serpent (du moins pouvait-on le comprendre en ce sens) la ressemblance divine. Les deux choses étaient fausses de façon similaire* » (cahier in-octavo G).

25. « Aphorisme » 50 ; cf. aussi la version primitive dans le cahier in-octavo G.

26. Cahiers in-octavo H et G.

27. Liasse de 1920.

28. Lettre à Ottla Kafka, 4-5 septembre 1917; l'expression se retrouve au même moment dans le journal de Brod. – Le texte original dit : « *Je vous aurais cru plus fin!* » (« *Ich hätt' euch für feiner gehalten!* »; Richard Wagner, *Die Meistersinger von Nürnberg*, acte 2, scène 4).

29. Propos datés du 28 février 1920; cf. [dans une autre traduction, n. d. t.] Max Brod, *Franz Kafka. Souvenirs et documents, op. cit.*, p. 123-124. – Par la suite, Brod dut regretter d'avoir rapporté cette conversation, qui minait sérieusement ses efforts pour faire de Kafka un penseur juif. Il finit par prétendre que Kafka ne déniait tout espoir qu'aux *Juifs de l'Ouest* sécularisés – restriction clairement réfutée par le contexte (Max Brod, *Franz Kafkas Glauben und Lehre, op. cit.*, p. 246).

30. Lettre de Max Brod à Kafka, 10 octobre 1917.

31. Lettre à Max Brod, 13 octobre 1917.

32. « *Nausée après trop de psychologie* », lit-on dans le cahier in-octavo F. Note qu'on ne peut dater avec précision, mais que Kafka pourrait avoir écrite peu de temps *avant* de recevoir la lettre de Brod.

33. Lettre à Felice Bauer, 16 octobre 1917.

34. Cahier in-octavo E.

35. Lettre à Max Brod, 14 novembre 1917.

36. Sören Kierkegaard, *Buch des Richters. Seine Tagebücher 1833-1855*, Iéna/Leipzig, 1905, p. 160 [nous traduisons cette traduction, n. d. t.]. Kafka cite longuement ce passage dans une lettre à Max Brod datée du 26 ou du 27 mars 1918.

37. Cahier in-octavo H. – Ce texte date du 25 février 1918.

Grippe espagnole, révolte tchèque, peurs juives

1. Richard Katz, « Im Prager Literaten-Café », *Prager Tagblatt*, 11 juin 1918, édition matinale, p. 3.

2. Lettre à Max Brod, fin mars-début avril 1918.

3. Au début de la guerre, même Masaryk avait repris à son compte l'idée que les Juifs étaient des dénonciateurs particulièrement zélés; cf. Reiner Stach, *Kafka. Le temps des décisions, op. cit.*, p. 762-763. La déclassification des dossiers du gouvernement de Prague, en 1918, ne permit en aucun cas de confirmer cette rumeur tenace,

mais les vengeances exercées contre de prétendus mouchards juifs continuèrent pendant des années d'alimenter des débordements antisémites, surtout dans les faubourgs de Prague.

4. Ce terme fut employé explicitement par un certain Kohner, membre du directoire du culte : « *Les pouvoirs publics*, exigeait-il, *doivent sévir contre ces nuisibles avec toute la sévérité requise.* » Citation tirée de : Martin Welling, « *Von Hass so eng umkreist* ». *Der Erste Weltkrieg aus der Sicht der Prager Juden*, Francfort-sur-le-Main, 2003, p. 203.

5. B. R., « Hass ringsum », *Selbstwehr*, 12ᵉ année, n° 31 (16 août 1918), p. 1. À cette date, moins de 6 000 réfugiés juifs vivaient encore à Prague, ce qui représentait une baisse de deux tiers de leur nombre.

6. Le 18 janvier 1918, et probablement le lendemain, le magasin d'articles de mode resta fermé, tous ses employés prenant part à une grève générale (lettre d'Irma Kafka à Ottla Kafka, 18 janvier 1918).

7. L'existence de cette lettre, écrite environ une semaine avant que Kafka quitte Zürau, ne nous est connue que grâce à un courrier d'Irma où elle se plaint à Ottla du « *pétrin dans lequel Franz m'a mis avec sa lettre à votre père* » (25 avril 1918). Deux jours plus tard, Ottla écrivit à son compagnon Josef David : « *Je me suis réconciliée avec mon frère, je suis contente qu'il n'y ait rien entre nous.* » Indice, peut-être, que le ton et le contenu de la lettre de Kafka avaient aussi causé un différend avec Ottla.

8. Le 18 mars 1918, Ottla écrit à Josef David : « *Ils ne me laissent pas écrire tranquille, surtout Franz, tu sais, c'est ma chambre et je pourrais les mettre dehors tous les deux, et mon frère et la demoiselle [une des filles de ferme], mais il promet qu'il va se taire, et puis je suis contente quand il est joyeux.* »

9. Herbert Elias, « Grippe », in Clemens Pirquet (éd.), *Volksgesundheit im Krieg*, 2ᵉ partie, Vienne, 1926, p. 54-66, ici p. 55-56.

10. Les expressions de « maladie espagnole » et de « grippe espagnole » semblent ne s'être répandues que parce que la presse espagnole, qui n'était pas soumise à la censure de guerre, fut la première à parler de l'épidémie. Le roi d'Espagne Alphonse XIII tomba d'ailleurs lui-même malade.

11. Ce phénomène prouvé statistiquement n'est pas encore pleinement expliqué à ce jour. On supposait alors que les gens plus âgés avaient été immunisés par la vague de grippe de 1889. Aujourd'hui, on avance que beaucoup de morts furent dues à de sévères réactions auto-immunes : paradoxalement, les patients bien nourris et d'âge intermédiaire, dont le système immunitaire réagissait le plus vigoureusement, étaient aussi les plus menacés.

12. Lettre à Max **B**rod, autour du 14 octobre 1918.

13. Dans une lettre du 25 novembre 1918 à son supérieur Eugen Pfohl, Kafka écrit même : « *jusqu'à 42 °C de fièvre* ». – Les rapports cliniques de l'époque indiquent qu'une fièvre de 39 à 40 degrés était la règle. Ils évoquent en revanche peu de cas à plus de 41 degrés, de sorte que la pneumonie de Kafka dut être exceptionnelle, y compris dans le contexte de l'épidémie.

14. Cf. *Prager Tagblatt*, 10 octobre 1918, p. 3.

15. Citation tirée de : Richard Georg Plaschka *e. a.* (éd.), *Innere Front. Militärassistenz, Widerstand und Umsturz in der Donaumonarchie 1918*, vol. 2 : *Umsturz*, Munich, 1974, p. 145.

16. « Die Erfahrungen eines Tages », *Prager Tagblatt*, 15 octobre 1918, p. 1. – Dans ses mémoires de guerre, le commandant de la ville de Prague, Eduard von Zanantoni, nota qu'il avait reçu de Vienne l'ordre d'éviter une effusion de sang dans le centre-ville (p. 464 du manuscrit, archives militaires de Vienne).

17. En plusieurs endroits de la ville, un déchaînement de violence fut évité de justesse. Sur le pont Charles notamment, deux mitrailleuses furent braquées sur la foule tchèque lorsqu'elle chercha à traverser. Le commandement militaire n'étant stationné qu'à quelques centaines de mètres, un bain de sang aurait sans doute été inévitable si les Tchèques avaient bel et bien avancé.

18. Cette peur était on ne peut plus concrète, comme le révèle une lettre adressée par Max Brod au sioniste pragois Leo Hermann – alors actif à Londres – le 18 octobre 1918, soit quelques jours seulement avant la chute, prévisible, de la monarchie. Brod y propose un code secret pour pouvoir aussitôt prévenir Hermann par télégramme en cas de violences antisémites : « *félicitations pour mariage* » signifierait « *pogrom déjà éclaté à Prague* », « *obtenu congé* » voudrait dire « *l'armée marche contre les Juifs* », etc. Dans l'idée de Brod, Hermann devrait alors aussitôt transmettre l'information

à des politiciens anglais et américains acquis à leur cause, qui pourraient à leur tour faire pression sur la Délégation nationale tchèque. Cf. Max Brod, *Une vie combative*, trad. Albert Kohn, Gallimard, Paris, 1964, p. 287 et suivantes.

19. Cf. le texte complet de ce mémorandum corédigé par Brod dans : Leon Chasanowitsch/Leo Motzkin (éd.), *Die Judenfrage der Gegenwart. Dokumentensammlung*, Stockholm, 1919, p. 51-55.

20. Brod adapta en allemand les libretti de cinq opéras de Janáček (à commencer par *Jenufa* en 1917), ce qui rendit possible des représentations à Berlin et à Vienne. Du vivant du compositeur, il lui consacra aussi une première brève biographie (*Leoš Janáček. Leben und Werk*, Vienne, 1925). – Les principales résistances rencontrées par Brod et Janáček émanaient du musicologue et critique Zdeněk Nejedlý, qui qualifiait les opéras de Janáček de musique folklorique.

21. De premiers contacts avaient déjà eu lieu fin 1917 entre des sionistes pragois (dont Brod) et des parlementaires tchèques. Parmi ces derniers figurait Karel Baxa, antisémite véhément qui contribua largement à monter en épingle le procès intenté à Leopold Hilsner pour « meurtre rituel ». Après le changement de régime, Baxa devint maire de Prague, fonction qu'il occupa jusqu'en 1937 ; il dut par conséquent rencontrer Brod en d'autres occasions. – La presse tchèque traita elle aussi Brod avec bien plus de ménagement que tous les autres représentants du Conseil national juif.

22. Beaucoup des publications médicales parues autour de 1920 affirmèrent que l'évolution de la tuberculose pulmonaire n'était *pas* influencée défavorablement par la grippe espagnole : conclusion évidemment hâtive, causée par des observations de trop court terme. L'avis contraire s'imposa peu à peu dans les débats des décennies suivantes. – Dans le cas de Kafka, il est probable (mais non démontrable, bien sûr) que l'infection ait rouvert les cavités déjà formées dans le tissu pulmonaire, libérant de nouveau le bacille dans l'organisme.

23. Lettre à Felice Bauer, 23 octobre 1916.

24. Lettre à Eugen Pfohl, 25 novembre 1918. – Kafka suivit peut-être l'exemple de Brod, qui ne se présentait plus que sporadiquement à son bureau des postes.

25. Lettre à Ottla Kafka, 3 septembre 1918.

26. À partir de décembre 1918, l'armée tchèque occupa peu à peu la Bohême allemande, Friedland passant sous son contrôle le 16 ou le 17. La ville avait été le théâtre de pillages dès le mois de novembre.

27. En août 1902, Kafka avait séjourné avec sa famille dans la localité toute proche de Liboch (Liběch). Il avait aussi dû voir Schelesen en rendant visite à Oskar Baum, qui y passa plus d'une fois ses vacances en été.

28. Carte postale à Brod, 17 décembre 1918.

29. Lettre à Max Brod, 29 novembre 1918.

La paria

1. Attestation médicale du Dr Josef Popper, 8 janvier 1919.

2. Craignant sans doute pour son poste, Kafka se mit aussitôt en devoir d'améliorer son tchèque. En 1919, il s'abonna même à la revue *Naše řeč. Listy pro vzdělávání a tříbení jazyka české* (« Notre langue. Revue d'éducation et d'éveil à la langue tchèque »).

3. Même le décès de Pfohl ne mit pas fin aux attaques des Tchèques. Le 26 octobre 1919, le *Národní listy* le qualifia d'« *intrigant en chef* » et de « *démon* ». Marschner et Pfohl étaient censés avoir conclu des accords « *immoraux* » avec des entrepreneurs germano-autrichiens ; les entreprises tchèques, à l'inverse, avaient été négligées de façon criante tout au long de la guerre (p. 766 et suivantes du CD-ROM fourni avec les *Amtliche Schriften, op. cit.*). – À en juger par les dossiers personnels de Marschner et de Pfohl, l'un et l'autre maîtrisaient le tchèque (Státní ústřední archiv, Prague).

4. Des décennies plus tard, le fonctionnaire Václav K. Krofta rapporta qu'il avait, en tant que membre du « conseil d'administration révolutionnaire », vérifié le dossier personnel de Kafka et suggéré qu'on le maintienne à son poste, « *car depuis qu'il était employé, il n'avait aucune faute à se reprocher à l'encontre du peuple tchèque* » (V. K. Krofta, « Au bureau avec Franz Kafka », in Hans-Gerd Koch (dir.), *J'ai connu Kafka, op. cit.*, p. 117). Aucune preuve ne vient toutefois étayer cette version. Dans la mesure où Krofta n'avait que 23 ans à l'époque, on peine à croire que son avis ait pu être déterminant pour la suite de la carrière de Kafka.

5. En 1985, à l'âge de 86 ans, Hermine Beck, née Pomeranz, n'avait plus que quelques souvenirs de sa rencontre avec Kafka ; cf. Hans-Gerd Koch (dir.), *J'ai connu Kafka, op. cit.*, p. 187 et suivantes.

6. Lettre à Max Brod, 8 février 1919.

7. Journal, 20 août 1912.

8. Il a fallu attendre les années 1990 pour obtenir des données fiables sur Julie Wohryzek et sa famille ; cf. Anthony Northey, « Julie Wohryzek, Franz Kafkas zweite Verlobte », *Freibeuter*, n° 59 (1994), p. 3-16 ; et Hartmut Binder, « Puder und Schleier, Glanz und Genuss. Eine Entdeckung : Kafkas späte Verlobte Julie Wohryzek », *Neue Zürcher Zeitung*, 28-29 avril 2001, p. 49.

9. Lettre à Max Brod, 2 mars 1919.

10. Lettre à Käthe Nettel, 24 novembre 1919. Cette lettre fut publiée pour la première fois en 1947 (Hugo Sibenschein *e. a.*, *Franz Kafka a Praha. Vzpomínky / Úvahy / Dokumenty*, Prague), avec un feuillet reproduit en fac-similé pour gage d'authenticité. La lettre en elle-même a cependant disparu.

11. « *Tu ne dis rien sur Mlle W.* », lit-on dans une lettre de Kafka à Ottla en date du 13 novembre 1919. C'est le seul indice signalant que Kafka a présenté son amie à quelqu'un. – Lorsqu'il rédigea sa biographie de Kafka, Max Brod n'avait aucun souvenir de Julie Wohryzek. Il s'en expliqua en disant que Kafka n'était « *en général pas à Prague* » en 1919, ce qui est manifestement faux (Max Brod, *Franz Kafkas Glauben und Lehre, op. cit.*, p. 273-274).

12. Toutes ces informations concernant les frères Klaus sont tirées de l'ouvrage édité par Hartmut Binder : *Prager Profile. Vergessene Autoren im Schatten Kafkas*, Berlin, 1991 (pour les déclarations de Hans Klaus sur l'attitude de Kafka, cf. p. 62-63). – Victor Klaus mourut précocement le 12 octobre 1919 des suites d'une opération du poumon. Hans Klaus suivit un cursus de chimie, comme son frère.

13. Lettre à Robert Klopstock, vers le 14 septembre 1921. Cf. aussi la lettre à Milena Pollak du 6 septembre 1920 : « *le poète est resté là deux bonnes heures et vient de repartir en pleurant* ».

14. La première version parut en 1951 en langue allemande ; une version augmentée de matériaux prétendument inédits, en 1968. Nombre d'erreurs de datation ayant depuis été relevées dans l'un et l'autre ouvrages, il est douteux que Janouch ait pris dès l'époque

de ses échanges avec Kafka les notes sur lesquelles il s'appuya plus tard.

15. « *Nos conversations à propos de ses livres étaient toujours très brèves* » (Gustav Janouch, *Conversations avec Kafka*, trad. Bernard Lortholary, Maurice Nadeau, Paris, p. 39).

16. Janouch rencontra Hans Klaus dans le bureau de Kafka ; mais le cercle littéraire de Klaus, qu'il submergea de ses productions poétiques, ne le prit jamais au sérieux et finit par le rejeter. – Le petit texte placé par Kafka dans la revue *Selbstwehr* (14ᵉ année, n° 13), une lecture du roman *La Porte de l'impossible* [*Die Tür ins Unmögliche*] d'Oskar Baum, est écrit dans une langue aussi vague que saccadée qui dut déjà passer pour une parodie de l'expressionnisme en cette année 1920.

17. *Journal*, 27 juin, 30 juin et 6 juillet.

18. Cette citation et les suivantes sont tirées de la lettre de Kafka à la sœur de Julie, Käthe Nettel (cf. note 10).

19. *Lettre au père.*

20. *Ibid.*

21. La deuxième édition du *Verdict* parut à l'automne 1919. La dédicace « *Pour F.* » ayant été maintenue, on peut penser que Kafka fut une nouvelle fois pris de court par son éditeur et n'eut pas l'occasion de réviser son texte.

22. Extrait inédit du journal de Max Brod, entrée du 23 septembre 1919 (fonds Max Brod, Bibliothèque nationale d'Israël, Jérusalem).

23. Lettre à Ottla Kafka, probablement le 7 novembre 1919.

24. *Lettre au père.*

25. Lettre à Milena Pollak, 10 juin 1920.

26. *Lettre au père.*

27. Lettre à Käthe Nettel, 24 novembre 1919.

Hermann Kafka, poste restante

1. Les quelques souvenirs qu'Olga Stüdl gardait de Kafka furent publiés en 1931 sous le pseudonyme de « Dora Geritt » ; cf. Hans-Gerd Koch (dir.), *J'ai connu Kafka*, op. cit., p. 183 et suivantes.

2. Un épisode caractéristique eut lieu le 30 mai 1919, deux semaines avant les élections. Brod avait été invité à un meeting

de sociaux-démocrates allemands. Lorsqu'il déclara que le Conseil national juif représentait sincèrement les intérêts du peuple juif, quelqu'un dans le public s'écria : « *Intérêts d'usuriers !* » (*Selbstwehr*, 5 juin 1919, p. 2). Cette même semaine, des magasins allemands subirent de nouveaux pillages.

3. Lettre de Max Brod à Kafka, 11 novembre 1919 ; lettre à Ottla Kafka, probablement le 7 novembre 1919.

4. Lettre à Hermann et Julie Kafka, probablement fin mai 1918. – Ce fragment de lettre débute par « *Chers parents* », mais ne s'adresse qu'au père.

5. Lettre d'Ottla Kafka à Josef David, 14 octobre 1918 (collection particulière).

6. Carte à Ottla Kafka, 11 décembre 1918.

7. Un curieux exemple de ce va-et-vient entre les langues nous est livré par Kafka lui-même : son père, voulant signaler à Josef David qu'il se trouvait « sur un pied d'amitié » avec quelqu'un, traduisit littéralement cette expression en tchèque : « *na přátelské noze stojí* ». David apprit ainsi avec étonnement que Hermann Kafka marchait en toute amitié sur le pied de cette personne. (Cf. la lettre à Ottla Kafka, 20 février 1919.)

8. Lettres de Julie Kafka à Ottla Kafka, 1er décembre 1918 et 5 février 1919 (collection particulière).

9. Lettre de Julie Kafka à Ottla Kafka, 14 mars 1919 (collection particulière). – Robert Kafka avait lui-même des sympathies pour le nationalisme tchèque, ce qui dut peser dans l'avis enthousiaste qu'il rendit sur Josef David.

10. Lettre de Julie Kafka à Ottla Kafka, 20 mars 1919 (collection particulière).

11. Cf. la lettre de Kafka à Ottla du 30 avril 1920 environ. Il y est ouvertement question de l'« *hésitation* » d'Ottla face au mariage.

12. Cet indice, isolé mais sans équivoque, qu'Ottla songeait encore à émigrer quelques mois avant son mariage, se trouve dans une lettre de Kafka à Max Brod, probablement datée de début mars 1920.

13. Kafka commet ici un de ses lapsus étonnamment fréquents. « *Comment comptes-tu chercher ce poste et pourquoi faut-il d'abord que tu parles à mère ? Je ne comprends pas bien* », écrit-il le 20 février 1920. Dans sa réponse, Ottla semble avoir suggéré que la vie était trop courte pour laisser perdurer de telles tensions entre mère et fille.

À quoi Kafka réplique le 24 février : « *le fait enfin que la vie est courte ne parle pas moins pour ce déplacement que contre lui* ». Il voulait évidemment dire l'inverse : *ne parle pas moins* contre *ce déplacement que* pour *lui*.

14. *Lettre au père*.

15. Max Brod, *Franz Kafka. Souvenirs et documents, op. cit.*, p. 44 ; Klaus Wagenbach, *Franz Kafka. Eine Biographie seiner Jugend*, Berlin, 2006, p. 10 ; Heinz Politzer, *Franz Kafka, der Künstler*, Francfort-sur-le-Main, 1965, p. 439-450 ; Margarete Mitscherlich-Nielsen, « Psychoanalytische Bemerkungen zu Franz Kafka », *Psyche*, 31ᵉ année (1977), n° 1, p. 60-83 ; Ernst Pawel, *Franz Kafka ou le Cauchemar de la raison*, trad. Michel Chion et Jean Guiloineau, Seuil, Paris, 1988, p. 399.

16. Lettre à Milena Pollak, 4-5 juillet 1920.

17. Voir par exemple l'évocation dans la *Lettre au père* des souvenirs d'enfance de ce dernier, toujours racontés sur un ton accusateur, et les passages correspondants dans l'entrée de journal du 26 décembre 1911.

18. Lettre à Max Brod, 14 novembre 1917.

19. Lettre à Felice Bauer, 19 octobre 1916 ; journal, 18 octobre 1916. Dans le journal, les mots « *sans devenir fou* » ont été ajoutés après coup. – Kafka parle aussi de « *haine* » après la dispute au sujet de Jizchak Löwy, mais plutôt comme s'il s'agissait d'une perturbation passagère : « *Je n'aurais pas dû le noter, car je me suis échauffé jusqu'à la haine contre mon père* » (journal, 31 octobre 1911). De même après une dispute à propos de la fabrique d'amiante : « *je les hais tous à tour de rôle* » (lettre à Max Brod, 7-8 octobre 1912). – Sur un des blocs-notes utilisés par Kafka avant la guerre, on trouve en écriture sténographique la remarque suivante : « *La haine que j'ai pour mon père* ».

20. Max Brod, *Franz Kafka. Souvenirs et documents, op. cit.*, p. 44-45.

21. Journal, 23 janvier 1922.

22. Une traduction en tchèque de l'autobiographie de Benjamin Franklin : *The Life of Benjamin Franklin* (1868).

23. Lettre à Max Brod, 26 ou 27 mars 1918.

24. « *Quant à la dédicace du livre en son entier, "À mon père", je vous prie de ne pas l'oublier* » (lettre à la Kurt Wolff Verlag, 1ᵉʳ octobre 1918).

– « *Je n'ai pas reçu la page de garde et la dédicace du livre "Médecin de campagne"* » (lettre à la Kurt Wolff Verlag, fin février 1919).

25. Friedrich Thieberger, « Kafka et les Thieberger », in Hans-Gerd Koch (dir.), *J'ai connu Kafka, op. cit.*, p. 160.

26. Paul Federn, *Zur Psychologie der Revolution : Die vaterlose Gesellschaft*, Leipzig/Vienne, 1919, p. 7.

27. Otto Gross, « Zur Überwindung der kulturellen Krise », *Die Aktion*, 3ᵉ année, n° 4 (2 avril 1913), colonnes 386-387.

28. Journal, 8 et 16 octobre 1916. – Cf. la lettre à Max Brod du 10 décembre 1917, où Kafka écrit, en se référant ouvertement à Foerster, que la « *pédagogie de la maîtrise de soi* » lui apparaît « *de plus en plus impotente* ».

29. Seules trois de ces lettres (datées de mai à août 1921) sont parvenues jusqu'à nous, mais certaines formulations signalent que cette correspondance pédagogique entre Kafka et sa sœur Elli fut plus abondante.

30. Citation tirée de : Thomas Nitschke, *Die Gartenstadt Hellerau als pädagogische Provinz*, Dresde, 2003, p. 75.

31. Peter de Mendelssohn, *Hellerau, mein unverlierbares Europa*, Dresde, 1993, p. 54. – Journal, 17 janvier 1920.

32. Lettre à Elli Hermann, probablement début juin 1921.

33. Lettre à Elli Hermann, entre le 6 et le 13 juillet 1922. – On ignore pourquoi la discussion avec Lilian Neustätter poussa les Hermann à faire une croix sur Hellerau. Il se peut qu'elle ait porté sur l'instabilité de la situation politique et sur les problèmes financiers qui menaçaient en permanence la survie de l'école. Dès 1924, Alexander S. Neill retourna en Angleterre pour fonder la « Summerhill School »; en 1925, la « Neue Schule Hellerau » dut fermer ses portes. – Deux des professeurs que Neill avait employés à Hellerau devinrent peu après les premiers traducteurs de Kafka en anglais : Edwin et Willa Muir.

34. *Lettre au père.*

35. Max Brod, *Franz Kafka. Souvenirs et documents, op. cit.*, p. 30.

36. Lettre à Milena Pollak, 21 juin et 4-5 juillet 1920.

37. Journal, 13 janvier 1920.

Meran, 2ᵉ classe

1. Lettre à Hermann, Julie et Ottla Kafka, 4 mai 1920. – Les congés maladie devaient être validés par l'administration de l'Office.
2. Lettre à Käthe Nettel, 24 novembre 1919.
3. *Internationales Bäderhandbuch*, Berlin, 1914, p. 286. – Après l'écrasement de la république des conseils de Munich (1919), Partenkirchen comptait parmi les rares villes thermales de Bavière où les Juifs étaient encore expressément les bienvenus. Nous ignorons si Kafka le savait.
4. Lettre à Minze Eisner, 1ᵉʳ avril 1920.
5. Lettre à Ottla Kafka, 5 avril 1920.
6. Lettre à Milena Pollak, 12 avril 1920. – À ce stade, Kafka ignorait encore qu'une lettre de Milena était arrivée à Prague peu après son départ et qu'on la lui avait mise de côté à l'Office d'assurances.

Milena

1. Willy Haas, *Die literarische Welt. Erinnerungen*, Munich, 1957, p. 36-37.
2. Expression reprise par Kafka dans la lettre à Milena Pollak du 12 mai 1920 environ.
3. Le père de Milena Hejzlarová était le pédagogue tchèque František Hejzlar, qui s'installa à Prague en 1886 après avoir été nommé inspecteur régional des écoles. Il fut notamment l'auteur d'un manuel de chimie en usage dans les établissements tchèques et allemands.
4. Au « Minerva », le grec et le latin étaient obligatoires et l'allemand, le français et l'anglais des matières optionnelles. On sait que Milena suivit des cours d'allemand ; cf. sa lettre à son enseignante Albína Honzáková début 1915 : « *L'autre jour, j'avais allemand à dix heures* » (Milena Jesenská, « *Ich hätte zu antworten tage- und nächtelang* ». *Die Briefe von Milena*, éd. Alena Wagnerová, Mannheim, 1996, p. 30).
5. L'expression est de Harmut Binder, qui a compilé les traces éparses de sa vie dans un portrait intitulé « Ernst Polak – Literat ohne Werk » (*Jahrbuch der Deutschen Schillergesellschaft*, n° 23

[1979], p. 366-415; l'orthographe tchèque « Polak » date de son émigration en 1938).

6. C'est ainsi qu'Egon Erwin Kisch désignait le Café Arco; cf. *Briefe an den Bruder Paul und an die Mutter 1905-1936*, Berlin/Weimar, 1978, p. 135.

7. Milena Jesenská, « Vienne », in *Vivre*, trad. Claudia Ancelot, Cambourakis, 2014, p. 11-13. Première parution en tchèque sous le titre « Vídeň » dans le journal pragois *Tribuna* du 30 décembre 1919.

8. À la fin des années 1930, elle écrivit à Willy Schlamm que seul le journaliste Josef Kalmer lui était venu en aide de façon désintéressée à son arrivée à Vienne : « *S'il ne m'a pas sauvé la vie, il m'a au moins vraisemblablement sauvée − du trottoir* » (Alena Wagnerová, M*ilena*, Éditions du Rocher, Monaco, 2006, p. 68).

9. Dans une lettre de Kafka à Milena Pollak en date du 15 septembre 1920, il est question de trois activités : « *le portage de bois, le portage de valises, le pianino* ». Elle avait déjà décrit les fatigues du glanage et des distributions de bois dans son premier feuilleton, « Vienne », (cf. note 7), sans toutefois mentionner qu'elle gagnait elle-même sa vie de cette façon. La référence au « *pianino* » pourrait indiquer qu'il lui arrivait aussi de jouer la nuit dans des débits de boissons.

10. Gina Kaus, *Und was für ein Leben. Mit Liebe und Literatur, Theater und Film*, Hambourg, 1979, p. 56. − Kaus fut elle-même volée par Milena Pollak, cf. *ibid.*, p. 55-56.

11. La très robuste Adele Koller, qui dut avoir une grande importance dans la vie des Pollak en jouant les rôles de « *femme de ménage, cuisinière, gouvernante, femme de chambre, couturière, plongeuse, potinière* », et dont Milena fit le portrait dans deux articles : « Mon amie » et « Tristes adieux » (Milena Jesenská, *Vivre*, *op. cit.*, p. 29-35 et p. 59-64). Parution originale sous les titres « Moje přítelkyně » et « Loučení, loučení » dans les *Tribuna* du 27 janvier et du 17 août 1921, et sous le pseudonyme « A. X. Nessey ». − Kafka dut rencontrer Adele Koller lors de son séjour à Vienne. Les 10 et 11 juillet 1920, il lui demanda des nouvelles de Milena par télégramme, sans obtenir de réponse. Le 15 juillet, il lui envoya de l'argent pour Milena.

12. Gina Kaus, *Und was für ein Leben*, *op. cit.*, p. 75. − Gina Kaus, qui fut aussi l'amante de Franz Blei, connut le succès en 1920 au

Burgtheater de Vienne avec sa comédie *Des voleurs dans la maison* [*Diebe im Haus*], sous le pseudonyme d'« Andreas Eckbrecht ». La même année, elle reçut le prix Fontane pour son récit *L'Ascension* [*Der Aufstieg*].

13. « *L'Autriche allemande est une partie de la République allemande* », stipule l'article 2 de la proclamation de la République du 12 novembre 1918. Cette unification fut néanmoins empêchée par les Alliés, et le nouvel État dut se rebaptiser « république d'Autriche » en octobre 1919. – À cette période, quelque 6,5 millions de personnes avaient la nationalité autrichienne, dont 2 millions à Vienne.

14. Lettre à Milena Pollak, vers le 6 mai 1920.

15. Lettre à Milena Pollak, vers le 19 mai 1920. – Sur la qualité des traductions de Milena Pollak et les commentaires de Kafka à leur propos, cf. Marek Nekula, *Franz Kafkas Sprachen*, Tübingen, 2003, p. 243 et suivantes.

16. « Zpráva pro jistou akademii » (*Un rapport pour une académie*), *Tribuna*, 26 septembre 1920, p. 1-4. – Parmi les pièces de *Contemplation* parurent « Náhlá procházka » (*La Promenade inopinée*), « Výlet do hor » (*La Sortie en montagne*), « Neštěsti mládebce » (*Le Malheur du célibataire*), « Kupec » (*Le Commerçant*), « Cesta domů » (*Le Chemin du retour*) et « Ti, kterí bezí mimo » (*Ceux qui passent en courant*), toutes dans *Kmen*, le 9 septembre 1920. Une autre pièce tirée de ce même recueil parut dans le *Tribuna* du 16 juillet 1920 : « Nešt'astný » (*Être malheureux*). – Quant à la traduction du *Verdict* donnée par Milena Pollak, elle parut dans la revue *Cesta*, 5ᵉ année, n° 26/27 (décembre 1923-janvier 1924).

17. Lettre à Milena Pollak, vers le 19 mai 1920 et 22 octobre 1920. – Le 24 octobre 1920, le supplément dominical d'un quotidien social-démocrate, *Právo lidu* (« Le Droit des gens »), publia « Před zákonem » (*Devant la loi*) dans une traduction de Milena Illová. Celle-ci était la femme d'un ancien camarade de classe de Kafka, Rudolf Illový, qui l'avertit quelques jours seulement avant la publication.

Feux vivants

1. Lettre à Milena Pollak, vers le 5 mai 1920.

2. Lettre à Milena Pollak, vers 12 mai 1920.

3. « *Pas un mot qui ne soit bien pesé* » : Kafka cite cette phrase de Milena en tchèque : « *ani jediné slovo které by nebylo velmi dobře uváženo* » (lettre à Milena Pollak, 10 juin 1920).

4. « *Si vous en avez l'occasion,* écrivit-elle à Max Brod peu après la mort de Kafka, *veillez s'il vous plaît à ce que les lettres que Franz avait de moi soient mises au feu, je vous les confie sans crainte, ce n'est d'ailleurs rien d'important.* » On ignore si Brod accéda à cette demande et s'il trouva seulement ces lettres dans les papiers de Kafka. [N. d. t. : cf. la traduction intégrale de cette lettre de Milena par Claude David dans Franz Kafka, *Œuvres complètes*, vol. 4, Gallimard, Paris, 1989, p. 1425.]

5. Lettre à Milena Pollak, 11 juin 1920. Cette formule est probablement une réaction à une phrase de Kafka datée du 1er juin : « *Vous êtes trop bonne de vous inquiéter, les lettres vous manquent, il est vrai que je n'ai pas écrit pendant quelques jours la semaine dernière.* »

6. Lettre à Milena Pollak, 31 mai 1920.

7. Lettre à Milena Pollak, 10 juin 1920.

8. Lettre à Milena Pollak, 6 juin 1920.

9. Lettre de Max Brod à Kafka, 9 juin 1920 ; lettre à Milena Pollak, 12 juin 1920. – Le récit de Brod présente quelques inexactitudes : Jarmila Reinerová était encore à Prague, et Haas, à Berlin, ne travaillait pas comme directeur mais comme rédacteur du *Film-Kurier*. La rumeur concernant la ressemblance entre les deux amies s'explique sans doute par le fait que Jarmila avait cherché à ressembler à Milena pendant un temps.

10. Lettre à Milena Pollak, 20 juin 1920.

11. Lettre à Max Brod, le 12 juin 1920 ou peu après.

12. Lettre à Milena Pollak, 12 et 13 juin 1920.

13. Lettre de Max Brod à Kafka, 24 mai 1921. – Brod raconta que Milena avait même confessé une « *haine instinctive* » à l'égard de sa femme. Kafka répondit que cela s'expliquait sans doute par l'admiration qu'Elsa Brod témoignait à son mari, et que Milena trouvait par trop « *soumise* ». « *M[ilena] hait presque toutes les Juives* », ajouta-t-il peu de temps après (lettres à Max Brod, probablement le 29 mai 1921 et vers le 30 juin 1921).

14. Il s'agissait de la deuxième partie de l'article de Milena Pollak intitulé « Nový velkoměstský typus » (« Le nouveau type citadin ») qui parut le 7 août 1920 dans le *Tribuna*. Notons qu'il y est question de « *nouveaux riches* » et de « *profiteurs de guerre* », jamais des Juifs. Cf. une traduction en allemand due à Marek Nekula dans Franz Kafka, *Briefe. 1918-1920*, Francfort-sur-le-Main, 2013, p. 618-621, et la lettre à Milena Pollak du 17 août 1920.

15. Lettre à Max Brod, 6-8 avril 1920.

16. Lettre à Max Brod, après le 16 mai 1920. – Cette même année, Otto Pick livra dans la *Selbstwehr* une illustration – sans doute tirée de sa propre expérience – de ce que Kafka nomme l'« *innocence* » de l'antisémitisme. Dans une fiction intitulée « Dialogue sur l'antisémitisme » [« Gespräch über den Antisemitismus »], il écrit : « *N'étant communément perçu comme Juif ni par mon apparence ni par ma façon de parler, bien que je sois né tel, il m'est arrivé plus d'une fois que des chrétiens se laissent aller à des propos ouvertement antisémites en ma présence. [...] Si je me donnais malgré tout à reconnaître pour Juif, ils accueillaient cette révélation en remarquant pour me tranquilliser que j'étais une exception (parce que je n'avais pas l'air juif ?!) et que, si tous les Juifs étaient comme moi, l'antisémitisme n'aurait pas lieu d'être* » (24 décembre 1920, p. 1).

17. Lettre à Ottla David, 16 mars 1921.

18. Le 4e article du « programme en 25 points » du NSDAP, lu par Hitler le 24 février 1920 à la Hofbräuhaus, était le suivant : « *Ne peuvent être citoyens que ceux qui font partie du peuple. Ne peuvent faire partie du peuple que ceux qui sont de sang allemand, indépendamment de leur confession. Aucun Juif ne peut donc faire partie du peuple.* »

19. Buber prononça ce discours le 27 mars 1920 à Prague, en présence de Max Brod et de Hugo Bergmann. Le texte fut intégralement reproduit dans la *Selbstwehr* du 2 avril 1920, p. 6-7.

20. Lettre à Max Brod, après le 16 mai 1920. – Kafka se faisait régulièrement envoyer la *Selbstwehr* à Meran, et il pouvait partir du principe que Brod connaissait aussi le discours de Buber.

21. Lettre à Milena Pollak, 17-20 novembre 1920. – D'abord dirigées contre les Allemands, ces émeutes durèrent plusieurs jours ; les deux théâtres germanophones furent occupés, ainsi que plusieurs cafés et les rédactions du *Prager Tagblatt* et du *Bohemia*. En

cette occasion comme en d'autres, Karel Baxa, maire de Prague et antisémite notoire, fit en sorte que la plupart des fauteurs de troubles sortent vite de garde à vue.

22. À l'Hôtel « Emma » de Meran, Kafka avait parlé avec un Juif pragois qui lui semblait le prototype même de cet opportunisme. Son fils avait changé d'école : « *"il ne saura parler ni allemand ni tchèque, il aboiera"* », cite Kafka (lettre à Max Brod, 6-8 avril 1920). – Ces changements de nom n'arrangeaient rien, comme les émeutes de novembre 1920 le montrèrent de façon paradigmatique : les dizaines.d'enseignes de magasins qui furent détruites arboraient presque toutes des noms tchèques qui *sonnaient* juifs.

23. Lettre à Ottla Kafka, le 16 mai 1920 ou peu après.

24. Lettre à Milena Pollak, 31 mai 1920.

25. Lettre à Milena Pollak, 23 juin 1920.

26. Avant même le début de la guerre, dans une lettre à Grete Bloch, qu'il pressait aussi de quitter Vienne le plus vite possible, Kafka avait qualifié cette ville de « *grand village moribond* » (8 avril 1914).

27. Lettre de Milena à Max Brod, janvier-février 1921. [N. d. t. : Cf. une traduction intégrale, par Claude David, de cette lettre elle-même traduite du tchèque en allemand par Max Brod, dans Franz Kafka, *Œuvres complètes*, vol. 4, *op. cit.*, p. 1421-1424, ici p. 1421-1422. Nous la retraduisons nous aussi de l'allemand.]

28. Lettre à Milena Pollak, 15 juillet 1920.

29. Lettre à Milena Pollak, 9 août 1920.

30. Lettre à Milena Pollak, 8-9 août et 29 juillet 1920.

31. Lettre à Max Brod, après le 16 mai 1920.

32. Lettre à Milena Pollak, 5-6 juillet 1920.

Le grand « malgré tout »

1. Lettre à Milena Pollak, 5-6 juillet 1920.

2. Lettre à Milena Pollak, 10 juin 1920 ; lettre à Ottla Kafka, 11 juin 1920.

3. Lettre à Milena Pollak, 31 mai 1920. – Une lettre de Milena Pollak à Max Brod indique que Kafka lui avait parlé de Felice : « *Quand on lui demande ce qu'il a aimé chez sa première fiancée, il répond : "Elle*

était si douée en affaires", *et son visage rayonne de vénération* » [n. d. t. : cf. la traduction intégrale de cette lettre d'août 1920 par Claude David dans Franz Kafka, *Œuvres complètes*, vol. 4, *op. cit.*, p. 1417-1419, ici p. 1418. Là encore, il s'agit d'une traduction de la traduction donnée par Max Brod]. Kafka lui-même ironisait à ce propos : il envoya à Milena un exemplaire du *Pauvre Ménétrier* de Grillparzer, notamment « *parce qu'il* [le ménétrier] *a aimé une jeune femme douée en affaires* » (4-5 juillet 1920).

4. Lettre à Milena Pollak, 24 juillet 1920.

5. Cf. lettre à Milena Pollak, 10 juillet 1920.

6. Heimito von Doderer affirma plus tard que Pollak et quelques-uns de ses amis viennois du Café Central vouaient un « *culte* » à Kafka (« Nicht alle zogen nach Berlin », *Magnum*, n° 9, 1961, p. 61).

7. Des décennies plus tard, Pollak fut même l'un des premiers lecteurs de *l'ensemble* de ces lettres. Willy Haas, à qui Milena les avait confiées en 1939, s'adressa à Pollak en 1946, soit un an avant la mort de ce dernier, pour lui demander conseil en vue d'une éventuelle publication. Ce n'est donc pas Max Brod qui décida de la parution des lettres de Kafka à Milena Pollak, mais précisément les deux personnes qui avaient le plus à craindre de se compromettre : Pollak à cause de sa position équivoque d'époux, Haas du fait de son influence sur le destin de Jarmila et de Josef Reiner, évoqué plusieurs fois en des termes violents dans la correspondance. Le résultat de cette concertation fut une édition mutilée conçue par Willy Haas lui-même (1952), qui contenait tous les passages se rapportant à Pollak mais passait entièrement sous silence l'histoire de Haas et Jarmila. « *Il a fallu aussi, hélas*, écrivit Haas dans sa postface, *supprimer dans cette édition certains endroits du texte de Kafka par égard pour des gens qui existent encore. L'éditeur le déplore d'autant plus que son propre nom, amené par la force des choses, figurait à plusieurs reprises dans les passages supprimés. Il n'a personnellement rien — que les futurs éditeurs le sachent dès à présent — à objecter à la publication de ces textes censurés, si fantastiques et erronées que soient certaines conclusions que Kafka a tirées d'un incident tragique* » (« Note pour la présente édition » in Franz Kafka, *Lettre à Milena*, trad. Alexandre Vialatte, Gallimard, Paris, 1956, p. 17-20, ici p. 18). — À cette époque, Jarmila, première épouse de Haas, était encore

en vie; elle menait une carrière de journaliste et de traductrice, et mourut en 1990 à l'âge de 94 ans.

8. Lettre à Milena Pollak, 25-29 mai 1920.

9. Lettre à Milena Pollak, 8 juillet 1920.

10. Lettre à Milena Pollak, 18 juillet 1920.

11. Lettre à Milena Pollak, 13 août 1920.

12. Lettre à Milena Pollak, 27 septembre 1920.

13. Lettre à Milena Pollak, 18 juillet 1920.

14. Lettre à Milena Pollak, 4 août 1920.

15. Lettre de Milena Pollak à Max Brod [n. d. t. : cf. la traduction intégrale due à Claude David dans Franz Kafka, *Œuvres complètes*, vol. 4, *op. cit.*, p. 1417-1419]. – La datation de cette lettre – « *début août 1920* » – paraît douteuse : à ce stade, rien n'était encore décidé concernant l'éventuelle venue de Kafka à Vienne, et Milena écrit : « *J'avais absolument besoin de lui* à cette époque. »

16. Lettre à Milena Pollak, 2 août 1920.

17. Lettre à Milena Pollak, 31 mai et 12 juillet 1920.

18. Lettre à Milena Pollak, 9 juillet 1920.

19. Lettre à Milena Pollak, 13 août 1920.

20. Cette expression d'« *anges de la mort* » se trouve dans la lettre à Milena Pollak des 3-4 septembre 1920. Kafka avait déjà parlé de sa première rencontre avec Staša avec une agressivité inhabituelle : « *c'est probablement son mari qui l'épuise. Elle est fatiguée et morte sans le savoir. Quand je veux m'imaginer l'enfer, je pense à elle et son mari* » (lettre à Milena Pollak, 13 juillet 1920). Kafka ignorait visiblement que Staša Jílovská travaillait comme lectrice dans l'édition, traduisait plusieurs langues et était liée à certains écrivains, surtout de jeunes auteurs d'expression allemande.

21. Cf. le compte rendu de la conversation avec Vlasta Knappová dans la lettre à Milena Pollak des 3-4 septembre 1920. – Le « Weisser Hahn », établissement situé au 24, Josefstädter Strasse où Milena avait ses habitudes, est évoqué plusieurs fois dans les lettres de Kafka, ce qui porte à croire qu'il le connaissait. Quant aux dettes de Pollak, Kafka confirma dans une lettre datée du 15 septembre qu'il en avait effectivement parlé à Knappová. – La situation financière des Pollak ne s'améliora pas au cours des années qui suivirent : le 5 mars 1924, dans une lettre de Milena à Karel Horch où elle évoque leur divorce imminent, elle écrit encore :

« *Je quitte l'appartement et vends mes meubles – mon mari a beaucoup de dettes, et je veux les régler avant de partir* » (Milena Jesenská, « *Ich hätte zu antworten tage- und nächtelang* », *op. cit.*, p. 68).

22. Lettre à Milena Pollak, 10 septembre 1920. – Le libellé exact du télégramme de Milena n'est pas connu (à l'exception du mot « *immédiatement* »), mais on peut déduire son ton et son contenu des lettres suivantes de Kafka.

23. Cf. la « liasse de 1920 ». – Dans l'édition critique des écrits de Kafka, ce fragment est daté du 28 août 1920 ; les finales des épreuves olympiques de natation eurent lieu entre le 24 et le 26. On ignore ce qu'en savait Kafka, car, en raison de la faillite du comité olympique local, les journalistes n'étaient informés que de façon extrêmement partielle : il n'y eut même pas de communiqué final. La presse germanophone se montrait aussi très réservée dans ses comptes rendus, l'Allemagne et l'Autriche étant exclues de ces Jeux olympiques d'été.

24. Franz Kafka, *Beim Bau der chinesischen Mauer. Ungedruckte Erzählungen und Prosa aus dem Nachlass*, éd. Max Brod et Hans-Joachim Schoeps, Gustav Kiepenheuer Verlag, Berlin, 1931. – Franz Kafka, *Gesammelte Schriften*, éd. Max Brod, vol. 5 : *Beschreibung eines Kampfes. Novellen, Skizzen, Aphorismen aus dem Nachlass*, Verlag Heinrich Mercy Sohn, Prague, 1936. – Tous les titres que nous citons sont de Max Brod, à l'exception de *Sur la question des lois*.

25. Lettre à Milena Pollak, 8 juillet 1920. *Les Armes de la ville* fut écrit environ deux mois plus tard.

26. Peter Panter (Kurt Tucholsky), « In der Strafkolonie », *Die Weltbühne*, 3 juin 1920 ; « Der Prozess », *Die Weltbühne*, 9 mars 1926 ; « Auf dem Nachttisch », *Die Weltbühne*, 26 février 1929. Cf. Jürgen Born (dir.), *Franz Kafka. Kritik und Rezeption zu seinen Lebzeiten. 1912-1924*, Francfort-sur-le-Main, 1979, p. 96 ; et *Franz Kafka. Kritik und Rezeption 1924-1938*, *op. cit.*, p. 110 et p. 206.

27. Liasse de 1920.

28. Lettre à Milena Pollak, 21 juillet et 9 août 1920.

29. Lettre à Max Brod, 13 janvier 1921.

30. Lettre à Milena Pollak, 26 août 1920.

31. Lettre de Milena Pollak à Max Brod, janvier ou février 1921 [n. d. t. : cf. la traduction intégrale due à Claude David dans Franz Kafka, *Œuvres complètes*, vol. 4, *op. cit.*, p. 1421 et suivantes,

ici p. 1422-1423]. – Nous ignorons si Kafka lut ces lignes ; ce n'est pas impossible, compte tenu des standards assez lâches de Brod en matière de discrétion.

32. Lettre à Milena Pollak, 21 ou 22 octobre 1920.

33. Lettre à Milena Pollak, 25 et 27 septembre 1920.

Fuite dans les montagnes

1. Lettre à Milena Pollak, 10 août 1920. – L'expression « *jour de gloire* » fait aussi allusion à l'anniversaire de Milena, qui fêtait ses 24 ans.

2. « *Je sais très bien que je n'ai rien perdu, est-ce que tu as perdu tes oreilles depuis le mariage, toi ? Et puisqu'elles sont encore là, j'ai sûrement encore le droit de jouer avec ? Eh bien alors* » (carte postale à Ottla David, 25 juillet 1920).

3. Lettre à Milena Pollak, 31 août 1920.

4. Certificat du Dr Odolen Kodym, 14 octobre 1920.

5. Lettre à Milena Pollak, 21 ou 22 octobre 1920.

6. Au sanatorium Grimmenstein, les chambres les moins chères coûtaient environ 300 couronnes autrichiennes par jour, nourriture et soins compris, soit l'équivalent d'à peu près 60 couronnes tchèques fin 1920. Pour chaque mois au sanatorium, Kafka aurait donc dû débourser deux mois complets de salaire.

7. Lettre à Milena Pollak, 2 décembre 1920.

Neige et fièvre : Tatranské Matliary

1. Lettre de Max Brod à Kafka, 6 janvier 1921 ; lettre à Max Brod, 13 janvier 1921.

2. Lettre à Max Brod, 15-29 janvier 1921.

3. Lettres à Max Brod, 13 janvier et 15-29 janvier 1921.

4. Lettre à Max Brod, 31 décembre 1920. – Le *Choulhan Aroukh* (« table mise » en hébreu) est un compendium des lois rituelles et des textes de droit juifs destiné au profane et rédigé au XVIᵉ siècle par le rabbin et cabaliste Yossef ben Ephraïm Karo (1488-1575). Le texte ayant été peu à peu noyé sous les commentaires dans ses éditions ultérieures, des résumés compacts firent l'objet d'une large diffusion à partir du XIXᵉ siècle.

5. Toutes les citations sont tirées des brefs souvenirs relatés de vive voix par Klopstock et enregistrés à New York dans les locaux de la maison d'édition Schocken. Cf. « Avec Kafka à Matliary », in Hans-Gerd Koch (dir.), *J'ai connu Kafka*, *op. cit.*, p. 197-201. – L'indication selon laquelle Klopstock aurait eu sur lui *Crainte et tremblement* de Kierkegaard lors de sa première rencontre avec Kafka est manifestement erronée. Car ce fut justement Kafka qui se fit expédier son exemplaire à Matliary pour le prêter à Klopstock, environ deux semaines plus tard.

6. Cf. « Avec Kafka à Matliary », *op. cit.*, p. 200.

7. Cf. Ludwig Hardt, « L'auteur et son conteur », in Hans-Gerd Koch (dir.), *J'ai connu Kafka*, *op. cit.*, p. 244.

8. Lettre à Max Brod, 1er-2 février 1921. – Sur la jeunesse de Klopstock, cf. le catalogue n° 13, paru en 2003, de la société viennoise Inlibris, spécialisée dans la vente de manuscrits autographes et de livres anciens : *Kafkas letzter Freund. Der Nachlass Robert Klopstock (1899-1972)*, éd. Hugo Wetscherek, avec des contributions de Leonhard M. Fiedler et Leo A. Lensing. – Pendant son exil aux États-Unis, Klopstock s'affilia à l'Église épiscopalienne.

9. Lettre à Max Brod, 10 ou 11 mai 1921.

10. Lettres à Ottla David, 16 mars et 2-3 février 1921 ; lettre à Max Brod, probablement le 1er ou le 2 mai 1921.

11. Lettres à Ottla David, probablement le 24 avril et 6 mai 1921. – Paru le 23 avril 1921, l'article du *Karpathen-Post* est intitulé « Des nouvelles de Matlárháza ». [N. d. t. : cf. une traduction due à Stéphane Pesnel sous le titre « De Mátlarháza » (*sic*), in Franz Kafka, *Journaux et lettres. 1914-1924*, *op. cit.*, p. 1315.]

12. Cf. les lettres à Max Brod des 15-29 janvier et 12-13 avril 1921.

13. Lettre à Max Brod, 10 ou 11 mai 1921. – Au « *questionnaire* » de Brod, Kafka donna les réponses suivantes dans une lettre datée du 30 juin 1921 environ : « *état objectif des poumons? secret du médecin, prétendument favorable. / Température? pas de fièvre dans l'ensemble. / Respiration? pas bonne, presque comme en hiver les soirs de froid.* »

14. En juin, Kafka écrivit à Brod « *que la tuberculose des autres me dérangerait beaucoup si j'étais en bonne santé, pas seulement à cause du risque permanent de contamination, mais surtout parce que cet état constant de maladie est sale, sale cette contradiction entre l'apparence du visage et celle des poumons, sale tout cela* » (lettre du 30 juin 1921 environ).

– Milena Pollak passa l'été 1921 dans un sanatorium situé sur le mont Spitzberg (Špičák), près d'Eisenstein (Železná Ruda).
15. Lettre à Max Brod, 5 ou 6 mars 1921. – De façon similaire, Kafka parla au directeur Odstrčil de son « *désarroi face à la tuberculose, que je comprends ici, où je vis parmi les pulmonaires, pour la toute première fois dans sa vraie signification* » (lettre du 3 avril 1921, en allemand).
16. Max Brod trouva ce premier testament en passant en revue les papiers de Kafka après sa mort. Cette feuille, pliée, porte l'adresse de Brod.

L'horloge du dedans, l'horloge du dehors
1. Thomas Mann, « Ludwig Hardt », *Essays II. 1914-1926*, éd. Hermann Kurzke, Francfort-sur-le-Main, 2002, p. 303-305. – Ce texte parut d'abord à Munich dans un journal spécialisé, *Wort und Ton*, le 17 avril 1920, soit six jours seulement après que Mann et son fils Klaus eurent assisté à une lecture de Hardt qui n'affichait pas complet. Le quotidien pragois *Bohemia* reprit cette critique le 17 novembre 2022. [N. d. t. : nous citons le texte de Kleist dans la traduction de Pierre Deshusses : Heinrich von Kleist, « Anecdote de la dernière guerre prussienne », *Œuvres complètes*, vol. 1 : *Petits écrits*, Gallimard, Paris, 1999, p. 175.]
2. E. Dietrichstein, « Berliner Podium », *Deutsche Zeitung Bohemia*, Prague, 21 novembre 1920.
3. H. St., « Vortragsabend », *Vossische Zeitung*, Berlin, 10 mars 1921 ; reproduit dans : Jürgen Born (dir.), *Franz Kafka. Kritik und Rezeption zu seinen Lebzeiten. 1912-1924*, *op. cit.*, p. 130-131. – La lecture de Hardt à Berlin le 9 mars 1921 est la première où la présence de Kafka au programme soit attestée. Plus tard, Hardt écrivit qu'il récitait déjà ses œuvres « *depuis des années* » lorsqu'il le rencontra en personne – c'est une erreur, sans le moindre doute (Ludwig Hardt, « L'auteur et son conteur », *op. cit.*, p. 244). En janvier et février 1921, ses lectures n'incluaient *pas* de textes de Kafka.
4. Soma Morgenstern, « Franz Kafka [2] », *Kritiken. Berichte. Tagebücher*, *op. cit.*, p. 453 et suivantes.
5. Indication crédible fournie par Gustav Janouch : *Conversations avec Kafka*, *op. cit.*, p. 129.

6. Les 11, 12 et 14 mai 1920, Karl Kraus avait lu au Mozarteum, présentant notamment des extraits des *Derniers Jours de l'humanité* les deux premiers soirs. Kafka se trouvait alors à Meran. – Le style de Hardt déplaisait fortement à Kraus ; après l'avoir vu à Vienne le 12 mai 1922, il décida d'interdire à quiconque de donner lecture de ses œuvres (« *En raison de la performance d'un comédien berlinois...* » ; cf. *Die Fackel*, n° 595-600, p. 80). Dans son poème *Le Récitateur nouveau* [*Der neue Rezitator*], Kraus semble avoir pris une nouvelle fois Hardt pour cible (*Die Fackel*, n° 622-631, juin 1923, p. 74-75).

7. Max Brod parla d'un « *déferlement d'enthousiasme* » dans son compte rendu pour le *Prager Abendblatt* : « Der Rezitator Ludwig Hardt (Vortragsabend im Mozarterum) », 4 octobre 1921 ; reproduit dans : Jürgen Born (dir.), *Franz Kafka. Kritik und Rezeption zu seinen Lebzeiten. 1912-1924*, *op. cit.*, p. 133. – La présence de textes de Karl Kraus dans le programme de Hardt (attestée par une brève recension anonyme dans cette même édition du *Prager Tagblatt*) ne fut évidemment pas du goût de Max Brod, qui considérait Kraus comme son pire ennemi ; il écrivit que le programme de Hardt était « *peut-être un peu trop varié* ».

8. Lettre à Ludwig Hardt, probablement le 10 octobre 1921.

9. Cf. Ludwig Hardt, « L'auteur et son conteur », *op. cit.*, p. 242.

10. À en croire une remarque de Kafka, Klopstock ne pouvait financer son séjour à Matliary, qui durait depuis plus d'un an, qu'en fournissant sur place des services médicaux : « *Qu'en est-il d'ailleurs de votre poste à Matliary ? En quoi consiste-t-il ? Est-il garanti dans la durée ?* » (lettre du 30 octobre 1921 probablement). Dans une lettre inédite à Julie Kafka, du 17 mai 1924 environ, Klopstock écrit qu'il a « *beaucoup travaillé dans les grands centres pour pulmonaires* », « *4 ans de suite à peu près* ».

11. Né en 1891, ingénieur de profession, Hugo Georg Klopstock avait atterri dans un camp de prisonniers de guerre à Krasnoïarsk, en Sibérie, puis était resté en Russie, sans doute de son plein gré, ce qui le rendait nécessairement suspect aux yeux du régime antisémite, nationaliste et rigoureusement anticommuniste de Miklós Horthy. Il fallait donc absolument le prévenir en temps et en heure des dangers qu'il courrait en rentrant en Hongrie. En 1923, il choisit de prendre ce risque ; on ignore s'il subit effectivement des

représailles en arrivant à Budapest avec son épouse russe. – Les craintes qu'avait Robert Klopstock de se voir interner lui-même n'étaient pas, elles non plus, entièrement infondées. Les tensions entre la République tchécoslovaque et la Hongrie prirent une tournure dangereuse après la seconde tentative de putsch (aussi vaine que la première) du dernier empereur austro-hongrois, Charles Ier, mi-octobre 1921 : les Tchèques manœuvrèrent à la frontière hongroise et internèrent en effet brièvement des journalistes hongrois soupçonnés de promouvoir une restauration en Hongrie. Le 26 octobre, Edvard Beneš, chef du gouvernement tchécoslovaque, déclara devant la Chambre des représentants que l'objectif n'était pas uniquement de contrer les ambitions de Charles Ier, mais d'imposer la démocratie partout en Europe centrale – déclaration qui fut interprétée comme une menace de guerre par la Hongrie.

12. Lettre de Milena Pollak à Max Brod, 27 juillet 1924. [N. d. t. : pour une traduction intégrale, par Claude David, de cette lettre écrite en allemand, cf. Franz Kafka, *Œuvres complètes*, vol. 4, *op. cit.*, p. 1425-1426.]

13. Lettres à Robert Klopstock, 4 et 8 octobre 1921.

14. « *Je l'apporterai peut-être à Gmünd* », écrit-il encore le 9 août 1920. Kafka dut mûrir cette idée longuement et sérieusement, car le manuscrit de la *Lettre au père* porte le début d'un commentaire explicatif au crayon à destination de Milena (commentaire qui rendait d'ailleurs impossible la remise de la lettre à son destinataire). Kafka fit aussi taper la lettre à la machine en août 1920, probablement pour en garder un exemplaire. Des fautes de lecture caractérisées (notamment une confusion entre « *Freunde* », amis, et « *Fremde* », étrangers) signalent qu'il ne l'a pas recopiée lui-même ; mais rien, hélas, ne nous permet de savoir à qui il confia ce travail. (Ce ne dut pas être Julie Kaiser, secrétaire à laquelle Kafka avait dicté des lettres pendant des années et qui lui avait rendu visite à Zürau, puisqu'elle avait quitté l'Office en mai 1920, à l'époque où Kafka se trouvait à Meran.)

15. Cette question n'apparaît que dans une entrée de journal du 19 janvier 1922, mais, au vu du contexte, il paraît très probable que Kafka l'ait ouvertement posée à Milena – et de vive voix, car, quatre jours plus tard, on lit dans le journal qu'il lui a « *raconté* » quelque chose (journal, 23 janvier 1922).

16. Journal, 1er décembre 1921.

17. C'est ce qu'indique une lettre de Milena Pollak à Brod, début 1921 [cf. la traduction de Claude David dans Franz Kafka, *Œuvres complètes*, vol. 4, *op. cit.*, p. 1421-1424 et en particulier 1423-1424, n. d. t.]. Ce recueil, que la maison F. Borový prévoyait de publier à l'hiver 1921-1922 (dans sa collection « Červen »), devait inclure une traduction de *La Métamorphose* et être préfacée par Max Brod. Cette publication ayant pris du retard (elle fut finalement annulée pour des raisons inconnues), Milena Pollak proposa à Brod de faire paraître ailleurs cet avant-propos déjà écrit. Il y a donc lieu de penser que l'essai de Brod dans la *Neue Rundschau* de novembre 1921 est une version augmentée de cette même préface, initialement destinée à un lectorat tchèque.

18. Le journal de Thomas Mann signale que Hardt avait attiré son attention sur Kafka en lui lisant quelques-unes de ses proses le 1er août 1921. Le 22 septembre, on y lit également : « *J'ai été très intéressé par les écrits de Franz Kafka, que le déclamateur Hardt m'a recommandés* » (*Journal. 1918-1921 1933-1939*, trad. Robert Simon, Gallimard, Paris, 1985, p. 199). Kafka ne vécut toutefois pas assez longtemps pour voir Mann recommander publiquement la lecture de son « *très remarquable* » *Procès* dans les colonnes du *Prager Tagblatt* (réponse à l'enquête « Quels livres offrirez-vous à Noël ? » [« Welche Bücher schenken Sie zu Weihnachten ? »], 29 novembre 1925, in Thomas Mann, *Essays II*, *op. cit.*, p. 1053). – Dans une lettre à Kafka datée du 29 novembre 1921, la compagnie F. A. Brockhaus lui demanda « *une brève présentation de votre vie et de votre œuvre à des fins encyclopédiques* ».

19. Lettre à Robert Klopstock, vers le 21 septembre 1921. – Cette soirée au Café Edison marqua aussi l'écrivain français Fred Bérence, qui eut apparemment une assez longue conversation avec Kafka : cf. « Deux soirées avec Franz Kafka », in Hans-Gerd Koch (dir.), *J'ai connu Kafka*, *op. cit.*, p. 203-206. Les lectures de Ludwig Hardt furent elles aussi suivies d'un passage au Café Edison : cf. Johannes Urzidil, *Da geht Kafka*, Zurich/Stuttgart, 1965, p. 14.

20. Lettre de Kurt Wolff à Kafka, 3 novembre 1921 (Kurt Wolff, *Briefwechsel eines Verlegers*, *op. cit.*, p. 54-55.).

21. Max Brod, « Der Dichter Franz Kafka », *Die neue Rundschau*, novembre 1921, p. 1210-1216. – Kafka désapprouva sans aucun

doute un tel éloge, mais il reparut peu après dans une anthologie : *Juden in der deutschen Literatur*, éd. Gustav Krojanker, Berlin, 1922, p. 55-62.

22. Lettre de Kurt Wolff à Kafka, 1ᵉʳ mars 1922, in Kurt Wolff, *Briefwechsel eines Verlegers, op. cit.*, p. 55. – Les expressions « *très déprimé* » et « *atteint nerveusement* » se trouvent dans une lettre de Wolff à Max Brod en date du 30 janvier 1922, soit le lendemain d'une nouvelle entrevue avec Ludwig Hardt, qui devait encore être en correspondance avec Kafka à cette période (fonds Max Brod, Bibliothèque nationale d'Israël, Jérusalem).

23. Journal, 30 octobre 1921. – Le 10 ou 11 mai 1921, Kafka avait écrit à Brod : « *Si tu lui parles de moi [à Milena], fais comme si tu parlais d'un mort, je veux dire pour ce qui est de mon "en dehors", de mon "extraterritorialité"*. » Ce dernier terme, insolite sous la plume de Kafka, est une allusion à l'écrivain Albert Ehrenstein, évoqué dès la phrase suivante. En 1911, Ehrenstein avait publié les « Opinions d'un extraterritorial » (« Ansichten eines Exterritorialen »), c'est-à-dire d'un visiteur venu de l'espace, d'un « extraterrestre » (*Die Fackel*, n° 323, 18 mai 1911, p. 1-8).

24. Lettre à Robert Klopstock, probablement le 19 septembre 1921. Et vers le 21 septembre : « *je suis d'ailleurs trop faible pour faire visiter la ville* ».

25. Lettre à Robert Klopstock, 23 septembre 1921. Ce jour-là, Kafka dut se faire excuser au bureau pour cause de fièvre. – En septembre 1921, 100 couronnes tchèques ne valaient plus que 5 ou 6 francs suisses (contre 30 lors de la mise en place de la monnaie tchécoslovaque). Un séjour à l'étranger, que ce soit en ancien « territoire ennemi » ou en pays neutre, revenait donc effectivement très cher.

26. Certificat du Dr Otto Hermann, novembre 1921 ; citation tirée de : Franz Kafka, *Amtliche Schriften, op. cit.* – Le terme d'« égophonie » (anciennement « aegophonie », littéralement « voix de chèvre ») désignait une voix nasale légèrement tremblante, symptomatique de certaines maladies pulmonaires. Le « frémissement » est la vibration vocale qu'on peut sentir en posant la main sur le thorax du patient ; son augmentation indique une densification du tissu pulmonaire sous-jacent.

27. On peut le déduire d'une lettre non datée à Max Brod : « *Cher Max je ne viens pas, il faut que je mange à 7 heures, sinon je ne dors pas du tout, la menace de l'injection fait son effet.* » Kafka parle probablement d'injections d'arsenic.

28. Cf. Franz Kafka, *Amtliche Schriften, op. cit.*, p. 438.

29. Lettres à Ottla David, 9 mars et probablement mi-juin 1921.

30. Journal, 16 janvier 1922.

31. Journal, 21 janvier 1922.

32. Journal, 23 janvier 1922.

33. Journal, 21 octobre 1921.

Le Château, mythe personnel

1. Manuscrit du *Château* : cf. Franz Kafka, *Das Schloss*, Apparatband, éd. Malcolm Pasley, S. Fischer, Francfort-sur-le-Main, 1982, p. 115-117.

2. Journal, 27 janvier 1922. – L'expression « *temps de folie* » se trouve dans la lettre à Robert Klopstock d'avril 1922.

3. Journal, 27 janvier 1922.

4. Cf. Franz Kafka, *Das Schloss*, Apparatband, *op. cit.*, p. 185. Il s'agit de ce passage du troisième chapitre où K. est caché sous le comptoir, aux pieds de Frieda : « *Il y avait dans son être quelque chose de joyeux et de libre que K. n'avait pas remarqué d'abord et qui prit le dessus de façon tout à fait incroyable lorsque, se mettant soudain à rire en disant : "Peut-être qu'il est caché là-dessous", elle se pencha vers K., l'embrassa furtivement, se releva d'un bond et dit d'une voix peinée : "Non, il n'est pas là."* » À la place du premier « *K.* », Kafka écrivit d'abord « *je* ». – La scène correspondante du *Procès*, à savoir l'union entre l'accusé et la « garde-malade » de l'avocat, Leni, se trouve au chapitre intitulé « L'Oncle. Leni ».

5. « *Je me levai d'un bond, perdis toute retenue, m'emparai vraiment de mon bâton...* » (cf. Franz Kafka, *Das Schloss*, Apparatband, *op. cit.*, p. 125).

6. Note tirée du cahier dit « cahier d'"Un artiste-jeûneur" ».

7. Journal, 16 et 15 octobre 1921.

8. Journal, 20 janvier 1922.

9. Journal, 18-20 janvier 1922. Kafka écrivit d'abord « *Ges* » [pour *Geschlecht*, « sexe »], puis recouvrit ces trois lettres de la seule initiale « *G* ».

10. Lettre à Max Brod, 10 ou 11 mai 1921.

11. Cf. Hartmut Binder, *Kafka-Kommentar zu den Romanen, Rezensionen, Aphorismen und zum Brief an den Vater*, Munich, 1976.

12. Propos de la serveuse Pepi au chapitre 25. – La promenade interrompue de Kafka (qui devait avoir pour but le « pont du Jubilé » – Jubiläumsbrücke – sur le Weisswasser, le seul dans les environs) est mentionnée dans son journal à la date du 29 janvier 1922, et la scène correspondante dans le premier chapitre du roman dut voir le jour dans la foulée. – À Spindelmühle, Kafka lut *Perdus dans l'Arctique* d'Ejnar Mikkelsen (paru en Allemagne en 1922), qu'il acheta probablement sur place et qui fut retrouvé dans sa bibliothèque.

13. Dans le chapitre « Hans », Frieda propose à K. de partir pour le sud de la France ou l'Espagne, ce qu'il refuse aussitôt. Et à l'occasion d'une fête des pompiers, lui dit-on au chapitre « Le secret d'Amalia », beaucoup d'habitants des villages voisins ont fait le déplacement.

14. Au premier chapitre, « Arrivée ». – Le débat critique mentionne d'autres châteaux : celui de Friedland (également visible depuis un pont) et celui de Wossek, village natal du père de Kafka. Pour plus de détails, cf. Klaus Wagenbach, *Franz Kafka. Eine Biographie seiner Jugend, op. cit.*, annexe « Wo liegt Kafkas Schloss? », p. 265-280.

15. Une de ses sources littéraires fut probablement *Babitchka*, roman populaire de Božena Němcová que Kafka avait lu à ses sœurs au cours de ses études. Comme dans l'histoire d'Amalia, on y voit une villageoise furieuse éconduire un fonctionnaire du château.

16. Lettres de Max Brod à Kafka, 6 et 19 janvier 1921. – Max Brod, *Heidentum Christentum Judentum. Ein Bekenntnisbuch*, 2 vol., Munich, 1921, chapitre « Liebe als Diesseitswunder. Das Lied der Lieder », vol. 2, p. 5-65, ici p. 11. Kafka avait lu le manuscrit de cet ouvrage dès l'été 1920, avec de grandes réserves, comme le prouve une lettre datée du 6 août ; il connaissait donc depuis longtemps les vues de Brod sur ce fameux « *miracle de l'ici-bas* ». Kafka dut aussi lire le manuscrit de *L'Érotique de la Kabbale* de Georg Langer (paru à Prague en 1923) ; pour la citation talmudique, cf. la traduction de cet ouvrage par Maurice-Ruben Hayoun, Solin, Paris, 1990 p. 58.

17. Lettres à Max Brod, 13 janvier et 15-29 janvier 1921 ; lettre de Max Brod à Kafka, 19 janvier 1921.

18. Lettre à Max Brod, 16 août 1922.

19. Lettre à Max Brod, 16 août 1922. – Une note du journal de Brod indique qu'il attendit début 1924 pour avoir une franche conversation avec sa femme, qui savait depuis longtemps. La relation de Brod et d'Emmy Salveter, qui entra bel et bien au théâtre en 1925 sous le nom d'« Änne Markgraf », se poursuivit jusqu'au début des années 1930 (cf. Leonhard M. Fiedler, « "Um Hofmannsthal". Max Brod und Hugo von Hofmannsthal. Briefe, Notizen », *Hofmannsthal-Blätter*, n° 30, p. 23-45).

20. Titre réduit à *Un amour de deuxième catégorie* lors des rééditions. – Ce roman, dont il connaissait bien l'arrière-plan biographique, Kafka l'envoya à Milena Pollak au début de 1923, visiblement à sa demande. Il devait savoir ce qu'en penserait cette ancienne « minerviste », comme le montrent ses remarques explicatives, qui ressemblent presque à des excuses (lettre à Milena Pollak, janvier ou février 1923). – Brod représentera encore les vicissitudes de sa relation avec Emmy Salveter dans *Vivre avec une déesse* [*Leben mit einer Göttin*, 1923] et *Mira. Un roman autour de Hofmannsthal* [*Mira. Ein Roman um Hofmannsthal*, 1958].

21. Cf. les chapitres « Frieda », « Deuxième conversation avec l'aubergiste », « Arrivée ». – La ruse par laquelle K. essaie de s'inviter chez cette « *fille du château* » est l'objet du « reproche de Frieda » (titre du chapitre 14). – Pour une analyse détaillée de la typologie féminine qui se déploie dans l'œuvre de Kafka (et de ses rapports avec Weininger), cf. Reiner Stach, *Kafkas erotischer Mythos. Eine ästhetische Konstruktion des Weiblichen*, Francfort-sur-le-Main, 1987.

22. Lettre à Milena Pollak, 2 septembre 1920.

23. Le manuscrit du *Château* atteste en bien des points cette tendance de Kafka à obscurcir son texte après coup. Mais un épisode est particulièrement significatif : celui où Momus, le secrétaire de Klamm, dresse un protocole sur la conduite de K. Lorsque Momus refuse de le montrer à K., celui-ci s'en empare doucement mais fermement sans rencontrer la moindre résistance, et Momus lui indique même quelle page lire en priorité. S'ensuit une citation de cette page où K. est accusé d'être calculateur et de ne pas aimer sa fiancée Frieda. Dans toute l'œuvre de Kafka, c'est la seule fois où le héros obtient un droit de regard, où le lecteur dispose d'un aperçu immédiat du travail de l'administration. Remarquant aussitôt cette

incohérence, Kafka raya toutes les pages que couvrait ce passage – au grand dépit de Brod, qui fit remarquer que seul ce protocole rendait la faute de l'arpenteur évidente aux yeux du lecteur. Sous l'influence peut-être de cette objection, Kafka replaça ensuite presque mot pour mot les reproches adressés à K. dans la bouche de Frieda et de la tenancière de l'auberge (cf. Franz Kafka, *Das Schloss*, Apparatband, *op. cit.*, p. 272-273, ainsi que le chapitre « Le reproche de Frieda » et la lettre de Max Brod à Kafka du 24 juillet 1922).

24. Cette tendance à rester passives et à fonctionner comme de gigantesques chambres d'écho est commune aux autorités du *Procès* et du *Château*. Dès le soir de son arrivée, le statut d'arpenteur de K., qu'il invente pour avoir un prétexte, est confirmé par un coup de téléphone du château (chapitre « Arrivée »). Les deux aides qui sont censés être arrivés à sa suite – autre mensonge de K. – lui sont finalement fournis par le château (« Arrivée » et « Les projets d'Olga »). Son renvoi de l'école du village est rendu caduc par un simple refus de sa part (« Le reproche de Frieda ») et, si on lui interdit de consulter les actes du château, on ne l'en empêche pas concrètement (cf. note précédente). Un fonctionnaire vient sommer K. de renvoyer sa fiancée Frieda à l'Auberge des Messieurs une fois seulement qu'elle l'a quitté pour y retourner (chapitre 24). Quant à la « punition » infligée à Amalia et à sa famille, elle émane d'abord des habitants du village, puis de leur propre culpabilité ; le château, lui, n'entreprend rien contre eux, et le fonctionnaire éconduit disparaît du village (chapitres « Le châtiment d'Amalia » et « Implorations »).

25. Lettre à Felice Bauer, 26 avril 1914 ; lettre à Grete Bloch, 8 juin 1914 ; journal, 5 février 1922 ; lettre à Milena Pollak, 6 avril 1922 ou après.

26. Journal, 17 et 30 octobre 1921.

27. Journal, 12 juin 1923.

28. Journal, 29 janvier 1922.

29. Journal, 16 janvier 1922.

30. Journal, 24, 28, 29 janvier 1922.

31. Roberto Calasso, *K.*, trad. Jean-Paul Manganaro, Gallimard, Paris, 2005, p. 19.

32. Pour la description intégrale de cette procédure, cf. le chapitre « Chez le président ».

Retraité et *artiste-jeûneur*

1. Journal, 12 février 1922.

2. Cf. des extraits de ce certificat médical dans Franz Kafka, *Amtliche Schriften*, *op. cit.*, p. 438-439. Le 7 juin 1922, le Dr Kodym écrivit en termes assez vagues : « *Même en cas de cure ininterrompue, rien ne laisse prévoir de véritable amélioration dans un avenir proche. Un traitement adapté et répété pourrait éventuellement amener un certain mieux.* »

3. Dans une lettre à Hans Mardersteig datée d'avant le 6 mai 1922, Kafka signale qu'il est retourné au bureau quelques jours plus tôt, pour la première fois depuis trois mois.

4. Lettre à l'Office d'assurances contre les accidents du travail, 7 juin 1922. Voir aussi la « grille de service II », qui mentionne les émoluments de Kafka (p. 871-873 du CD-ROM fourni avec les *Amtliche Schriften*, *op. cit.*).

5. L'Office d'assurances accepta (« *exceptionnellement* », cf. p. 875 du CD-ROM des *Amtliche Schriften*, *op. cit.*) de baser son calcul sur le traitement d'un secrétaire général, conformément à la demande de Kafka. En revanche, on refusa d'appliquer la procédure, courante, qui consistait à valider les mois ou les années de service qui séparaient le retraité de son augmentation suivante ; dans le cas de Kafka, cette échéance aurait été le 1er janvier 1926. – Les notes prises par Kafka pour sa déclaration d'impôts sont reproduites dans Marek Nekula, *Franz Kafkas Sprachen*, *op. cit.*, p. 358-359.

6. Lettre à Robert Klopstock, probablement avril 1922.

7. Dans les archives de l'Université allemande, où Klopstock s'inscrivit le 8 mai 1922, son dossier mentionne comme domicile « *provisoire* » l'adresse de Kafka sur l'Altstädter Ring (cf. un fac-similé dans Rotraut Hackermüller, *Kafkas letzte Jahre. 1917-1924*, Munich, 1990, p. 83). Klopstock prit ensuite une chambre dans la Bolzanogasse, puis sur le Kleinseitner Ring.

8. Lettre à Robert Klopstock, avril 1922.

9. Le recteur en question était l'historien Samuel Steinherz (né en 1857), qui avait toutefois été élu à la tête de la Karls-Universität pour des raisons purement formelles (c'était le doyen des professeurs). Les nationalistes allemands poursuivirent leurs attaques jusqu'au semestre suivant ; le 15 novembre, ils occupèrent l'université et décrétèrent une grève. En février 1923, Steinherz proposa sa

démission, qui fut refusée par le ministre de l'Instruction et de la Culture. – Steinherz mourut au camp de Theresienstadt en 1942.

10. Lettre à Robert Klopstock, avril 1922.

11. Pour plus de détails sur les rapports de Klopstock et de Kafka à la littérature hongroise, cf. les essais biographiques de Christopher Frey et de Leo A. Lensing dans : Hugo Wetscherek, *Kafkas letzter Freund, op. cit.*, p. 83-84 et p. 275-277.

12. Lettre à Robert Klopstock, avril 1922.

13. Hans Mardersteig était chargé de la fabrication des livres chez Kurt Wolff depuis début 1917 et, à ce titre, il avait supervisé la conception matérielle et typographique d'*Un médecin de campagne*. – La revue *Genius*, qui, sous l'influence de Mardersteig, se consacrait largement plus aux arts qu'à la littérature, parut de 1919 à 1923 (sous-titre : *Zeitschrift für werdende und alte Kunst*, « Revue pour l'art ancien et en devenir » ; Carl Georg Heise était son deuxième rédacteur). Elle fut initialement tirée à 4 000 exemplaires, et le volume des numéros oscilla entre 145 et 185 pages.

14. Lettre à Max Brod, 26 juin 1922.

15. « *Maudits bestiaux !* » – Cf. la carte à Robert Klopstock du 25 juin 1922 et la lettre à Max Brod du 12 juillet 1922.

16. Pour ces détails et quelques autres sur l'environnement de Kafka à Planá, voir les recherches de Josef Čermák : « Pobyt Franze Kafky v Plané nad Lužnicí (Léto 1922) », *Světová literatura*, 34ᵉ année (1989), nº 1, p. 219-237.

17. Lettre à Max Brod, 12 juillet 1922.

18. Lettre à Max Brod, 5 juillet 1922.

19. Cf. la lettre à Max Brod du 10 septembre 1922 probablement.

20. Lettre de Max Brod à Kafka, 14 septembre 1922 ; lettre à Max Brod, autour du 13 août 1922.

21. Lettre à Max Brod, probablement le 10 septembre 1922 ; lettres de Max Brod à Kafka, 24 juillet et 14 septembre 1922. – Dans une lettre à Hans Mardersteig datée d'avant le 6 mai 1922, Kafka dénigrait encore fortement son roman : « *misérable fatras, sinistre tricotage, bricolage mesquin et mécanique de pièces rapportées* ». Mais dans sa lettre à Max Brod du 10 septembre environ, il concéda que « *ce que j'ai écrit à Planá n'est pas tout à fait aussi mauvais que ce que tu as vu* ».

22. Max Brod, postface à la première édition du *Château*, publiée en exclusivité dans le *Berliner Tageblatt* du 1ᵉʳ décembre 1926.

23. Les détails réalistes présents dans *Première peine* et dans *Un artiste-jeûneur* proviennent visiblement de publications spécialisées : Kafka connaissait la revue professionnelle *Le Saltimbanque. Revue centralisée des cirques, des cabarets et des orchestres et troupes itinérants* [*Der Artist. Central-Organ der Circus, Variété-Bühnen, reisenden Kapellen und Ensembles*] et, en 1917, il se fit même envoyer à Zürau une parution moins importante, *Proszenium*. Seul le fait que l'artiste-jeûneur soit présenté à la foule dans une cage est une invention de Kafka, visiblement destinée à permettre l'arrivée de la panthère à la fin du récit. – Juste avant *Un artiste-jeûneur*, on trouve dans le cahier de Kafka l'ébauche d'un autre texte se déroulant dans le milieu du cirque. Il est question d'un numéro intitulé la « *cavalcade des rêves* », dont l'inventeur est mort de « *phtisie* » longtemps auparavant [n. d. t. : cf. une traduction due à Stéphane Pesnel dans Franz Kafka, *Nouvelles et récits, op. cit.*, p. 839]. – Ce thème continua de préoccuper Kafka dans les derniers mois de sa vie. Début 1924, soit longtemps après la première parution d'*Un artiste-jeûneur*, il écrivit une scène où celui-ci reçoit la visite d'un ancien camarade de jeu devenu son exact opposé : un « *anthropophage* » [n. d. t. : cf. une traduction due à Jean-Pierre Lefebvre dans Franz Kafka, *Nouvelles et récits, op. cit.*, p. 997-1000]. – Pour plus de détails, cf. l'article de Walter Bauer-Wabnegg, « Monster und Maschinen, Artisten und Technik in Franz Kafkas Werk » et celui de Gerhard Neumann, « Hungerkünstler und Menschenfresser. Zum Verhältnis von Kunst und kulturellem Ritual im Werk Franz Kafkas » dans Wolf Kittler/Gerhard Neumann (dir.), *Franz Kafka : Schriftverkehr*, Fribourg-en-Breisgau, 1990.

24. Lettre à Max Brod, 5 juillet 1922.

25. Lettre de Max Brod à Kafka, 9 juillet 1922.

26. Franz Blei, *Das grosse Bestiarium der modernen Literatur*, Rowohlt, Berlin, 1922, p. 42. L'allusion a été ajoutée après coup par Kafka. – S'il est rare qu'on puisse dater les différents chapitres du *Château*, cette coïncidence temporelle avec le portrait de Blei est indéniable. Kafka écrivit le chapitre 8 début avril 1922, le chapitre 16 à la mi-juin. Selon toute vraisemblance, le chapitre 13, qui contient le clin d'œil à Blei, aurait donc été rédigé en mai, soit au moment de la parution du *Grand Bestiaire*. – Parmi les amis de Kafka, on y trouve « Le Brod » et « Le Werfel ».

Le Palestinien

1. Ce testament porte la date du 29 novembre 1922. Il se trouvait dans une enveloppe adressée à « *Max* ».

2. *Un artiste-jeûneur* parut début 1922 dans la *Neue Rundschau*, le 11 octobre dans le *Prager Presse*, le 5 novembre dans le *Sonntagsblatt der New Yorker Volkszeitung*, le 11 novembre dans le *Wochenblatt der New Yorker Volkszeitung* et le 15 novembre dans *Vorbote. Unabhängiges Organ für die Interessen des Proletariats*, à Chicago.

3. Lettre à Milena Pollak, probablement le 7 octobre 1920 ; lettre à Robert Klopstock, vers le 5 novembre 1921.

4. Lettre à Max Brod, probablement novembre 1922.

5. Second brouillon d'une lettre à Franz Werfel, entre mi-novembre et mi-décembre 1922.

6. Premier brouillon d'une lettre à Franz Werfel, entre mi-novembre et mi-décembre 1922.

7. Werfel repartit sans avoir revu Kafka. Mais il fut de retour à Prague moins de deux semaines plus tard, car, comme par un fait exprès, c'est dans cette ville qu'eut lieu la première de *Schweiger*, le 6 janvier 1923 au Neues Deutsches Theater. Il est certain que Kafka se garda d'y assister ; mais nous ignorons s'il y eut une suite à sa conversation avec Werfel. Une remarque du journal de Max Brod, datée de janvier 1923, porte néanmoins à le croire : « *K. n'aime pas la pièce de Werfel.* » – Le journal d'Arthur Schnitzler suggère que lui aussi trouvait la pièce de Werfel complètement ratée, tout comme Alma Mahler. Le 12 décembre 1922, Werfel et lui eurent à ce propos un échange qui semble avoir suivi à peu près le même cours que le débat avec Kafka (cf. Arthur Schnitzler, *Tagebuch*, vol. 7 : *1920-1922*, Vienne, 1993, p. 388). La réaction du public fut en revanche plus clémente, et les mises en scène de 1923 connurent un beau succès (notamment au Theater in der Königgrätzer Strasse de Berlin, avec dans le rôle principal Ernst Deutsch, un ami de jeunesse de Werfel).

8. Lettre à Max Brod, 22-24 octobre 1923.

9. Lettre à Max Brod, probablement novembre 1922.

10. Hans Blüher, *Secessio Judaica. Philosophische Grundlegung der historischen Situation des Judentums und der antisemitischen Bewegung*, Berlin, 1922. – C'est en juin 1922 que Kafka se pencha sur cette brochure, longue de seulement 66 pages malgré son titre

pompeux; ses tentatives pour écrire une recension, sans doute destinée à la *Selbstwehr*, eurent lieu la semaine qui précéda son départ à Planá (cf. l'entrée de journal du 16 juin 1922). Après son échec, il proposa ce travail à Klopstock, alors très peu versé dans l'histoire juive (lettre à Robert Klopstock, 30 juin 1922). Ce fut finalement Oskar Baum qui s'en chargea : « Philosophischer Antisemitismus. Bemerkungen zu Blühers "Secessio judaica" », *Selbstwehr*, 16ᵉ année, n° 50. Le 7 mars 1923, Baum prononça aussi une conférence sur le livre de Blüher, conférence à laquelle Kafka assista certainement.

11. Lettre de Max Brod à Kafka, 6 août 1922; lettre à Max Brod, 7 août 1922.

12. Le 12 mars 1922, Kafka fêta Pourim avec un groupe d'enfants, dont sa nièce Marianne Pollak. Mais début 1923, il ignorait encore que les bar-mitsva (équivalent de la confirmation chrétienne) ont toujours lieu le jour du shabbat; cf. sa lettre à Oskar Baum, après le 13 et probablement avant le 16 janvier 1923.

13. Diffusée par le darwinisme, la notion de « mimétisme » faisait florès chez les antisémites autant que chez les sionistes pour caractériser le « camouflage » auquel étaient censés recourir les Juifs dans un environnement où ils restaient des étrangers « par nature »; même Max Nordau et Theodor Herzl utilisaient ce terme en son sens péjoratif. Cf. Ritchie Robertson, *Kafka. Judentum, Gesellschaft, Literatur*, Stuttgart, 1988, p. 219-220.

14. Hans Blüher, *Secessio Judaica*, *op. cit.*, p. 20 et p. 57.

15. Lettre à Max Brod, probablement le 29 juin 1922.

16. Lettre à Max Brod, vers le 30 juin 1921.

17. Lettre à Max Brod, vers le 30 juin 1921.

18. C'est ce que porte à croire un propos rapporté par Brod : « *Karl Kraus enferme les auteurs juifs dans son enfer, les surveille de près, maintient une stricte discipline. Il n'oublie qu'une chose : c'est que lui aussi y a sa place marquée* » (Max Brod, *Franz Kafka. Souvenirs et documents, op. cit.*, p. 122).

19. Chez Kraus, les termes *Mauscheln* et *Jargon* désignent surtout un amalgame négligé de haut-allemand et d'habitudes linguistiques et locutoires juives ou yiddish. Quelques exemples tirés de la *Fackel* : « *Entschuldigen Sie* zur Güte » [n. d. t. : à peu près « Excusez-moi par bonté » au lieu de « Ayez la bonté de m'excuser »]; « *man fand*

die Börse ohne dem *Geld* » [faute de datif : « on a trouvé la bourse sans de l'argent »] ; « *du meinst* den, der *was immer...* » [articulation relâchée du pronom relatif et de son antécédent : « tu veux dire celui-là qui... »] ; « *er hat* direkt *geweint* » [adverbe de la langue parlée : « il a pleuré direct »] ; « *man fragt sich*, wieso *solches möglich ist* » [emploi fautif du pronom interrogatif : « on se demande d'où c'est possible »] ; « was sagt man! » [construction interrogative dans une phrase qui se veut assertive : « qu'est-ce qu'on dit! »] (n° 37, p. 27 ; n° 178, p. 18 ; n° 457-461, p. 3 ; n° 751-756, p. 55 ; n° 876-884, p. 158). Kraus n'attaque toutefois le yiddish en tant que tel dans aucun de ses textes. Il lui arriva même de s'enthousiasmer pour certains usages conscients du jargon dans le cabaret juif, et il présenta les spectacles de la troupe « Budapester Orpheumgesellschaft » comme ce qu'on pouvait voir de mieux sur les scènes viennoises. « *Quand quelqu'un jargonne au Burgtheater [le théâtre « officiel » de Vienne], cela ne prouve rien. Ce qui compte en art, c'est de savoir qui jargonne* » (*Die Fackel*, n° 343-344, p. 21). – Dans le *Bestiaire* de Franz Blei, Karl Kraus est décrit sous les traits de « La Fackelkraus » ; Kraus reproduisit et commenta ce portrait assez cruel (*Die Fackel*, n° 601-607, p. 86 et suivantes).

20. Lettres à Robert Klopstock, 30 juin 1922 et 29 février 1924. – Pour plus de détails sur le rapport de Kafka à la *Fackel*, cf. Leo A. Lensing, « "Fackel"-Leser und Werfel-Verehrer. Anmerkungen zu Kafkas Briefen an Robert Klopstock », in Hugo Wetscherek, *Kafkas letzter Freund*, op. cit., p. 267-292.

21. Cf. une traduction due à Stéphane Pesnel dans Franz Kafka, *Nouvelles et récits*, op. cit., p. 857-900.

22. Le premier à faire valoir cette lecture littérale des *Recherches d'un chien* fut Ritchie Robertson : cf. *Kafka. Judentum, Gesellschaft, Literatur*, op. cit., p. 356 et suivantes.

23. Né en 1858, Éliézer Ben-Yéhouda était l'ami et le voisin des parents de Puah, qui avaient émigré de Russie en Palestine dès les années 1880. Le premier dictionnaire exhaustif d'hébreu moderne, rédigé par Ben-Yéhouda, commença à paraître à Berlin en 1911. – Puah ne revit jamais son professeur, puisqu'il mourut alors qu'elle se trouvait à Prague, le 16 décembre 1922.

24. L'ouvrage de Holitscher, dont Kafka avait pu lire quelques bonnes feuilles dans la *Neue Rundschau*, figure dans une liste de

commandes qu'il adressa fin juin 1922 à la librairie juive berlinoise Ewer par le biais de sa sœur Elli. Reste que ce reportage (accompagné de 15 photographies) ne pouvait offrir des informations récentes sur la Palestine, puisque le voyage de Holitscher avait eu lieu deux ans avant la parution du livre.

25. Puah Menczel Ben-Tovim, « J'étais le professeur d'hébreu de Kafka », in Hans-Gerd Koch (dir.), *J'ai connu Kafka, op. cit.*, p. 214. – Pour plus de détails, cf. la préface de l'ouvrage dirigé par Puah Menczel Ben-Tovim, *Leben und Wirken. Unser erzieherisches Werk. In memoriam Dr. Josef Schlomo Menczel, 1903-1953*, Jérusalem, 1983, et Ernst Pawel, *Franz Kafka ou le Cauchemar de la raison, op. cit.*, p. 444-446.

26. Georg Mordechai Langer, « Etwas über Franz Kafka », in Hans Gerd-Koch (dir.), *« Als Kafka mir entgegenkam... » Erinnerungen an Franz Kafka*, édition augmentée, Berlin, 2005, p. 136. – Cf. aussi Hartmut Binder, « Kafkas Hebräischstudien. Ein biographisch-interpretatorischer Versuch », in *Jahrbuch der Deutschen Schillergesellschaft*, n° 11 (1967), p. 527-556.

27. Dans un entretien avec Ernst Pawel pour le *New York Times* du 16 août 1981, Puah Ben-Tovim expliqua les raisons de ce départ : « *Trop de demandes en mariage, et trop de propositions. Je n'étais pas prude, mais je dois dire que les mœurs sexuelles et l'attitude de beaucoup d'intellectuels pragois – que j'admirais beaucoup par ailleurs – me paraissaient extrêmement primitives. C'est resté vrai par la suite, d'ailleurs, quand beaucoup d'entre eux se sont retrouvés en Israël.* »

28. Lettre de Hugo à Else Bergmann, début août 1923, in Hugo Bergman, *Tagebücher und Briefe*, vol. 1, p. 170-171. – D'après Martin S. Bergmann, la famille discuta plusieurs fois de ce risque de contagion (entretien privé, 1997).

29. Pour plus de détails sur ce film, cf. Hanns Zischler, *Kafka va au cinéma*, trad. Olivier Mannoni, Cahiers du cinéma, Paris, 1996, p. 157 et suivantes.

30. À cet égard, le développement de Tel Aviv fut paradigmatique. Cette colonie, fondée en 1909, d'abord conçue comme une cité-jardin et surnommée ironiquement « le Grunewald de Palestine », du nom de la grande forêt de Berlin, vit passer le nombre de ses habitants de 3 000 à 50 000 dans les années 1920 – soit un tiers de la population juive de Palestine.

31. Cf. Hugo Bergmann, « À l'école et à l'université », in Hans-Gerd Koch (dir.), *J'ai connu Kafka, op. cit.*, p. 29.
32. David Ben Gourion, qui deviendrait le premier chef de gouvernement d'Israël, avait déclaré dès juin 1919 : « *Tout le monde considère les relations entre Juifs et Arabes comme problématiques. Mais ils ne voient pas tous que cette question est insoluble. Il n'y a pas de solution ! […] C'est une question d'intérêt national. Nous voulons que la Palestine soit notre nation. Les Arabes veulent exactement la même chose* » (citation tirée de : Tom Segev, *C'était en Palestine au temps des coquelicots*, trad. Katherine Werchowski, Liana Levi, Paris, 2000, p. 143).
33. Avant même le 24 juillet 1922, date d'entrée en vigueur du mandat confié par la Société des Nations au gouvernement britannique, celui-ci était décidé à n'ouvrir à la colonisation juive que les régions situées à l'ouest du Jourdain – soit la moitié environ de l'espace qu'avaient espéré les sionistes. Elle aussi placée sous mandat, la « Transjordanie » (qui correspond pour l'essentiel au territoire de l'actuelle Jordanie) devint pour sa part un émirat semi-autonome dont les frontières furent *de facto* fixées par les seuls Britanniques.
34. Lettre de Hugo Bergmann à Leo Herrmann, 19 juillet 1922, in Hugo Bergman, *Tagebücher und Briefe*, vol. 1, *op. cit.*, p. 174. – Une lettre à Robert Weltsch (*ibid.*, p. 171) révèle que Bergmann suivait alors une psychanalyse.
35. Lettre à Robert Klopstock, vers le 10 novembre 1921.
36. Les quotas d'immigration étaient négociés secrètement entre les Britanniques et les sionistes, mais la délivrance des attestations correspondantes – des visas sionistes, en quelque sorte – était assurée par les groupements sionistes locaux. (Kafka aurait ainsi dû s'adresser au Comité sioniste du district de Prague.) Cette procédure était commode pour les Britanniques, puisqu'il y avait largement consensus sur les personnes à exclure : les malades graves, les prostituées, les alcooliques et les communistes. Mais elle restait contestée par les candidats à l'immigration juifs, qui n'étaient pas tous, tant s'en faut, des sionistes convaincus. – Pour plus de détails historiques sur cette question hautement complexe, cf. Tom Segev, *C'était en Palestine au temps des coquelicots, op. cit.*, p. 271 et suivantes.
37. Lettre à Else Bergmann, juillet ou début août 1923. – Cette lettre indique aussi que les parents de Kafka désapprouvaient (bien entendu) son projet de départ : Kafka parle ironiquement du « *danger*

palestinien » qu'y voit sa mère. – Le voyage de Prague à Jaffa (en deuxième classe) coûtait environ 3 500 couronnes tchèques, soit l'équivalent de trois mois et demi de pension pour Kafka. Il fallait obtenir des visas anglais, italien, yougoslave et autrichien. – L'anecdote du portrait de Kafka est tirée d'un entretien avec Martin S. Bergmann.

Dora

1. Lettre à Minze Eisner, hiver 1922-1923. – Nous ignorons quel genre d'opération subit Julie Kafka.

2. Lettre à Milena Pollak, 9 mai 1923.

3. Lettre à Felice Bauer, 9 février 1914.

4. « *Qu'est-ce qui m'a tenu à l'écart de Berlin, sinon cette grande faiblesse et pauvreté qui a empêché l'"offre" mais n'aurait jamais pu m'empêcher d'y succomber* » (lettre à Max Brod, 31 décembre 1920; cf. aussi la lettre de Max Brod à Kafka du 27 décembre 1920).

5. Pour plus de détails, cf. Puah Menczel, « In memoriam Emma und Salomon Goldschmidt. Eine deutsche jüdische Familie », in Puah Menczel Ben-Tovim, *Leben und Wirken, op. cit.*, p. 62-63.

6. Lettre à Max Brod, 10 juillet 1923.

7. Plus tard, Tile (Tilla) Rössler rédigea les souvenirs qu'elle gardait de Kafka, souvenirs très sentimentaux et peu fiables où elle s'arroge le premier rôle d'une façon compréhensible (publication partielle sous le titre « Hörst du, Tile, Franz heisst die Kanaille », in Hans-Gerd Koch [dir.], « *Als Kafka mir entgegenkam* », *op. cit.*, p. 180-193). Ces notes n'en constituent pas moins une source importante, puisque les rares lettres que Kafka envoya de Müritz sont très laconiques. Du reste, ce que dit Tile Rössler de sa capacité à prendre très au sérieux les conflits émotionnels et existentiels des adolescents est attesté et documenté ailleurs, notamment dans ses lettres à Minze Eisner. – Au milieu des années 1920, Tile Rössler entra à l'école Palucca de Dresde pour étudier la danse moderne; elle devint par la suite chorégraphe en Israël.

8. Cf. Dora Diamant, « Ma vie avec Franz Kafka », in Hans-Gerd Koch (dir.), *J'ai connu Kafka, op. cit.*, p. 226.

9. Cf. *ibid.* – Les renseignements qui suivent sur la jeunesse de Dora Diamant, dont on n'a longtemps rien su de très concret, proviennent pour l'essentiel de l'ouvrage pionnier de Kathi Diamant:

Le Dernier Amour de Kafka : la vie de Dora Diamant, trad. Jacqueline Sudaka-Bénazéraf, Hermann, Paris, 2006.

10. Un des « feuillets de conversation » du dernier mois de la vie de Kafka porte à croire à une tuberculose : « *raconte encore comment ta mère buvait [...]. Elle n'a jamais eu de maladie secondaire qui l'empêchait de boire par moments?* » Sachant que Kafka ne tutoyait personne à Kierling en dehors de Dora, il doit être question de Frajda Diamant.

11. Ludwig Nelken, « Une consultation médicale chez Kafka », in Hans-Gerd Koch (dir.), *J'ai connu Kafka, op. cit.*, p. 239.

12. Dora Diamant, « Ma vie avec Franz Kafka », *op. cit.*, p. 226.

13. Lettre à Hugo Bergmann, juillet ou début août 1923 ; lettre à Robert Klopstock, avant le 6 août 1923. – À propos du regard de Kafka sur les enfants de l'hôtel de ville juif, cf. la lettre à Milena Pollak du 7 septembre 1920 : « *si on m'avait donné la liberté d'être ce que je voulais, j'aurais voulu être un petit garçon juif de l'Est* ».

14. Carte à Max Brod, 29 août 1923.

Berlin, à la lisière

1. Milena Jesenská, « Le Diable au foyer », in *Vivre, op. cit.*, p. 91-92 (parution originale : « Ďábel u krbu », *Národní listy*, 18 janvier 1923, p. 1-2). – Les commentaires de Kafka se trouvent dans la lettre à Milena Pollak de janvier ou février 1923.

2. Cf. Dora Diamant, « Ma vie avec Franz Kafka », *op. cit.*, p. 231.

3. Carte à Ottla David, 2 octobre 1923.

4. Jusqu'à décembre, Dora n'est pas même évoquée dans les cartes à Ottla, alors que cette dernière était dans le secret. À l'évidence, Kafka voulait que ces cartes puissent être montrées aux parents.

5. Kafka cite cette répartie dans une lettre à Valli Pollak des 12-15 novembre 1923.

6. Lettre à Max Brod, 22-24 octobre 1923.

7. Alfred Döblin, « Während der Schlacht singen die Musen », *Prager Tagblatt*, 11 novembre 1923.

8. Lettre à Ottla David, 22 novembre 1923.

9. Cf. la lettre à Ottla et Josef David de la mi-décembre 1923, où Kafka formule en allemand sa lettre à Bedřich Odstrčil. – Kafka y décrit son lieu de vie en ces termes : « *Steglitz est un faubourg*

semi-rural de Berlin qui tient de la cité-jardin, j'habite une petite villa avec jardin et véranda, un chemin au milieu des jardins conduit à Grunewald en une demi-heure, le grand jardin botanique est à 10 minutes, il y a d'autres parcs dans les environs et toutes les rues qui partent de la mienne passent entre des jardins. » – Il paraît peu probable que le médecin de Kafka ait eu le temps d'approuver cette destination, car son départ pour Steglitz ne se décida qu'à Schelesen, après quoi il passa une seule journée à Prague. – Cf. une traduction allemande de la réponse du directeur le 31 décembre 1923 dans : Franz Kafka, *Briefe an die Eltern aus den Jahren 1922-1924*, éd. Josef Čermák et Martin Svatoš, Francfort-sur-le-Main, 1990, p. 103.

10. Lettre à Hermann et Julie Kafka, entre le 26 et le 30 octobre. – Le 22 novembre, Kafka écrivit à Ottla qu'il devait « *se débarrasser au plus vite de 31 billions* » avant qu'ils ne se dévaluent encore.

11. Dora Diamant confirme dans ses souvenirs qu'il s'agit bien d'un portrait de leur logeuse de Steglitz : cf. « Ma vie avec Franz Kafka », *op. cit.*, p. 229.

12. Lettre à Ottla David, 3 ou 4 janvier 1924. Ce post-scriptum de Dora dit : « *Juste un salut très, très chaleureux. Quelle fatigue! Je dors déjà. Bonne nuit.* »

13. Lettre à Tile Rössler, 3 août 1923.

14. « *Un jour, Werfel vint lire des passages de son nouveau livre à Kafka. Ils passèrent un long moment ensemble, puis je vis Werfel repartir en larmes. Quand j'entrai, Kafka était assis, totalement effondré, et il répéta plusieurs fois par-devers lui : "Une atrocité pareille!" Lui aussi pleurait. Il avait laissé partir Werfel sans pouvoir lui dire un seul mot sur son livre* » (cf. Dora Diamant, « Ma vie avec Franz Kafka », *op. cit.*, p. 202). Nous ignorons quel livre Werfel lut à Kafka. – La visite de Kisch et de son amante Jarmila Haas est attestée par le journaliste néerlandais Nico Rost, qui vivait alors à Berlin et en fut le témoin (« Persoonlijke ontmoetingen met Franz Kafka en mijn Tsjechische vrienden », *De Vlaamse Gids*, n° 48 [1964], p. 75-97). Kafka ne les reçut pas chez lui mais leur donna rendez-vous sur un banc dans un parc de Steglitz, en l'absence de Dora. – Autre visiteur possible : le juriste, écrivain et journaliste Manfred Georg, qui fonda plus tard *Aufbau*, la revue new-yorkaise des émigrants germanophones. Dora Diamant avait rencontré Georg à Breslau, où il était correspondant du *Vossische Zeitung*. Il s'était réinstallé à Berlin en 1923 et écrivait des critiques

de théâtre pour le *Berliner Volkszeitung*. – En revanche, la rencontre fortuite entre Kafka et le dadaïste Raoul Hausmann est probablement une invention de ce dernier (cf. Raoul Hausmann, « Begegnung mit Franz Kafka 1923 in Berlin », in Hans-Gerd Koch [dir.], « *Als Kafka mir entgegenkam…* », *op. cit.*, p. 206-210).

15. Lettre à Max Brod, entre le 2 et le 4 novembre 1923.

16. Sur une photographie célèbre prise à Vienne en 1913, Lise Weltsch apparaît dans le cockpit d'un faux avion en compagnie de Kafka ; cf. Reiner Stach, *Kafka. Le Temps des décisions*, *op. cit.*, illustration 39.

17. Carte postale à Robert Klopstock, 19 décembre 1923. – Dans son entretien avec Ernst Pawel (*New York Times*, 16 août 1981), Puah Ben-Tovim raconta qu'elle avait même aidé Kafka dans ses tâches ménagères : « *Dora ne savait pas vraiment tenir une maison, donc j'ai fait un peu de couture et quelques lessives pour eux.* » Dans la mesure où Dora Diamant travailla comme couturière dans un orphelinat juif cette année-là, cela paraît peu vraisemblable ; tous les autres témoignages indiquent au contraire qu'elle assumait ces tâches sans aucun problème.

18. Yossef Haïm Brenner, *Shekhol ve-khishalon* [*Deuil et échec*], Tel Aviv, 1920. Pour un résumé des trois premiers chapitres, dont on sait que Kafka les a lus, cf. Harmut Binder, « Kafkas Hebräischstudien », *op. cit.*, p. 550. – Brenner avait été tué à l'âge de seulement 40 ans lors d'un soulèvement arabe à Jaffa en mai 1921 ; Kafka le savait probablement.

19. Carte postale à Robert Klopstock, 19 décembre 1923.

20. Le 21 décembre 1923, Kafka, dans une carte à sa sœur Elli, transmit une liste de Juifs désargentés à une association de femmes juives pragoises qui envoyaient des colis de vivres en Allemagne. Sur cette liste figure – outre Ernst Weiss – le nom d'un étudiant de la Haute École pour la connaissance du judaïsme, avec la remarque : « *casher* ». – Parmi les professeurs dont Kafka suivit les cours, un seul est identifiable : le rabbin Julius Grünthal. Leo Baeck, rabbin et chef de file du judaïsme réformé, enseignait aussi à la Haute École pendant cette période, mais rien n'indique que Kafka et lui se soient rencontrés.

21. Note de Dora Diamant : cf. Kathi Diamant, *Le Dernier Amour de Kafka*, *op. cit.*, p. 80-81.

22. Hella Rohm, « Die armen Ausländer in Berlin », *Prager Tagblatt*, 21 décembre 1923, p. 3.

23. Apparu en 1924 dans l'annuaire de Berlin, l'homonyme de Kafka vivait au 4, Würzburger Strasse, dans le quartier de Schöneberg.

24. Carte à Hermann et Julie Kafka, 20 novembre 1923.

25. Lettre de Rainer Maria Rilke à Kurt Wolff, 17 février 1922, in Kurt Wolff, *Briefwechsel eines Verlegers, op. cit.*, p. 152. – Rilke avait reçu une pile de nouveautés de la Kurt Wolff Verlag et commencé par lire *Un médecin de campagne*.

26. Cf. la liste de livres établie par Kafka dans sa lettre à Georg Heinrich Meyer de fin novembre 1923, ainsi que la réclamation du 31 décembre 1923 (sa dernière lettre connue à la Kurt Wolff Verlag).

27. Lettre de Kurt Wolff à Franz Werfel, 24 août 1921, in Kurt Wolff, *Briefwechsel eines Verlegers, op. cit.*, p. 344.

28. Herbert Eulenberg, « Unsre Verleger », *Die Weltbühne*, 20ᵉ année, n° 2 (10 janvier 1924), p. 48. – Exemple significatif : une dispute épistolaire de plusieurs mois entre Arthur Schnitzler et son éditeur Samuel Fischer, qui concernait entre autres de possibles mécomptes lors de paiements en devises étrangères et qui faillit mener à une rupture. Fischer alla jusqu'à proposer à Schnitzler de lui payer le voyage à Berlin pour qu'il vérifie les livres de comptes lui-même. Cf. Samuel Fischer/Hedwig Fischer, *Briefwechsel mit Autoren*, éd. Dierk Rodewald et Corinna Fiedler, Francfort-sur-le-Main, 1989, p. 134 et suivantes. – Le mot de Kafka se trouve dans la lettre à Max Brod du 1ᵉʳ novembre 1923.

29. Lettre d'Ernst Weiss à Kurt Wolff, 11 septembre 1922, in *Briefwechsel eines Verlegers, op. cit.*, p. 381-382.

30. Le contrat établi le 7 mars 1924 par Die Schmiede prévoit une avance de 750 marks-or payable en deux fois, ce qui équivalait alors à 6 300 couronnes. Dans une lettre à sa sœur Elli, écrite probablement entre le 12 et 16 mars, Kafka écrivit que Dora, sur les conseils de Brod, tâcherait de renégocier à la hausse pour que ce montant atteigne 8 000 couronnes. Il est très probable que Kafka ait bel et bien touché cette dernière somme. Car, là où le montant prévu par le contrat correspondait à 2 000 exemplaires d'*Un artiste-jeûneur*, il en fut finalement tiré 3 000.

31. Le parent de Lise Weltsch était le professeur Eugen Kisch, qui enseignait à Berlin, travaillait à l'institut de pneumologie de Hohen-lychen et publiait sur la tuberculose. – Au bout de quelques jours, Dora avoua à Kafka qu'elle avait appelé Elli, mais apparemment sans lui dire qu'elle avait demandé de l'argent. Car lorsqu'Elli envoya 500 couronnes (environ 60 marks) sans le moindre commentaire en janvier, Kafka ne comprit pas la raison de ce cadeau. Cf. la lettre à ElliHermann, probablement entre le 25 et 28 décembre 1923, et la lettre à Hermann et Julie Kafka, le 28 janvier 1924 ou peu après.

32. Lettre à Ottla David, 8 octobre 1923.

33. Lettre à Max Brod, avant le 14 janvier 1923.

34. *Ibid.* – On retrouve cette formule dans la carte à Felix Weltsch du 28 janvier 1924.

35. Cette dédicace doit dater de février 1924, puisque Hardt signale que ce fut sa dernière rencontre avec Kafka. Le fait qu'il ait récité des poèmes de Matthias Claudius au « *chevet* » de Kafka porte aussi à le croire. Cf. Ludwig Hardt, « L'auteur et son conteur », *op. cit.*, p. 241 et suivantes.

36. Cf. les souvenirs de Christine Geier (née Busse) dans un reportage de Heike Faller, « Die Suche », in *Die Zeit*, 2001, n° 2, rubrique « Leben », p. 4. – Paula Busse, la logeuse de Kafka, sur-vécut à son internement dans le camp de Theresienstadt.

37. Nelken se refusa toutefois à envoyer une facture, ce dont Kafka le remercia en lui offrant le *Rembrandt* de Georg Simmel, qu'il avait lui-même reçu gratuitement de la Kurt Wolff Verlag. – Une incertitude entoure la date de cette consultation. Nelken raconte qu'elle eut lieu début mars 1924, mais il semble impro-bable que Dora Diamant ait attendu le moment où Kafka s'ap-prêtait à repartir de Berlin pour faire appel à un médecin qu'elle connaissait personnellement. Cf. Ludwig Nelken, « Une consul-tation médicale chez Kafka », *op. cit.*, p. 239-240.

38. Carte postale à Julie Kafka, 23 février 1924.

39. Carte postale à Hermann et Julie Kafka, 1er mars 1924.

40. Entre le 21 février et le 21 mars 1924, Karl Kraus lut à douze reprises au Lustspielhaus de Berlin. Le programme de ces soirées figure dans *Die Fackel*, n° 649-656, p. 74-75. – Sur la lecture que fit Kafka de ce numéro de *Die Fackel*, cf. la carte à Robert Klopstock du 29 février 1924.

41. Compte tenu de cette longue séparation, la proposition de Siegfried Löwy est surprenante et porte à supposer qu'il voulait éviter aux parents de Kafka la vue de leur fils malade et fortement changé. Cf. la lettre à Robert Klopstock de début mars 1924.

42. Lettre à Hermann et Julie Kafka et à Ottla David, probablement entre le 5 et le 8 janvier 1924.

43. Quand Dora Diamant eut avoué à Brod, en avril 1933, que les carnets n'avaient pas disparu avant cette fouille, celui-ci fit appel à l'écrivain Camill Hoffmann, alors attaché culturel à l'ambassade tchèque de Berlin. Ses efforts pour récupérer les papiers de Kafka auprès de la Gestapo restèrent vains. – Ludwig (Lutz) Lask, né en 1903, était soupçonné d'avoir pris part à la conception et à la diffusion du journal communiste *Die Rote Fahne*, alors interdit; en 1933, la Gestapo l'emprisonna, comme sa mère et son frère. Il fut torturé puis interné plusieurs mois dans un camp. En 1934, il passa par Prague pour s'enfuir en Union soviétique, où il fut, quatre ans plus tard, soupçonné d'espionnage, mis en prison puis condamné à la déportation en Sibérie. Il mourut à Berlin-Est en 1973.

44. Dora Diamant, « Ma vie avec Franz Kafka », *op. cit.*, p. 228-229. – La version rapportée par Brod comporte quelques divergences : Kafka affirme avoir vu et parlé à la poupée (ce qui paraît plus plausible que l'histoire de la lettre) et il conclut l'histoire en en offrant une autre à la petite fille avant de quitter Berlin (ce qui est très improbable, car il aurait dû rester en contact avec elle depuis Zehlendorf). Cf. Max Brod, *Über Franz Kafka, op. cit.*, p. 338-339.

45. En 1959, un appel fut lancé à Steglitz en vue de retrouver la petite fille du parc et, potentiellement, les lettres de la poupée. Mark Harman, traducteur de Kafka, fit une nouvelle tentative en 2001, sans plus de succès.

46. Lettre à Elli Hermann, probablement le 4 octobre 1923.

Dernière peine

1. Il est en revanche peu probable que *Le Terrier* ait été achevé, comme Dora Diamant crut s'en souvenir plus tard. Car dans cette hypothèse, Kafka, qui avait grand besoin d'argent, aurait proposé le texte à la publication et l'aurait sûrement inclus dans son contrat

avec Die Schmiede. L'état du manuscrit porte plutôt à croire que la rédaction du *Terrier* fut interrompue par les grands accès de fièvre de Kafka, fin décembre 1923 (cf. Franz Kafka, *Nachgelassene Schriften und Fragmente II*, éd. Jost Schillemeit, Francfort-sur-le-Main, 1992, Apparatband, p. 142 et suivantes).

2. C'est ce que semble confirmer l'incohérence des descriptions de ce bruit. On lit d'abord : « *il n'est même pas constant comme de tels bruits ont coutume de l'être, il fait de grandes pauses* », puis il est question de « *petites pauses* ».

3. Le choix de cette espèce si éloignée de l'humanité pourrait s'expliquer par ses lectures intensives de *Die Fackel*. Depuis décembre 1922, Karl Kraus utilisait régulièrement à des fins polémiques le terme « *Mausi* » [« petite souris » ou, moins littéralement, « bichette », « pauvre chéri », n. d. t.], emprunté à l'auteure allemande Mechtilde Lichnowsky, et qu'il définissait de la sorte : « *quand quelque chose* [comprendre : quelqu'un] *prétend faire quelque chose mais ne révèle que son incapacité totale à le faire, il faut rester les bras croisés, la laisser finir, la regarder intensément et, en chuchotant pour ne pas déranger, se contenter de dire : "Mausi!"* » (*Die Fackel*, n° 608-612, p. 71). Cf. Leo A. Lensing, « "Fackel"-Leser und Werfel-Verehrer », *op. cit.*, p. 280 et suivantes.

4. Max Brod, *Über Franz Kafka*, *op. cit.*, p. 339.

5. Note de Robert Klopstock. Cf. Franz Kafka, *Briefe. 1902-1924*, éd. Max Brod, S. Fischer, Francfort-sur-le-Main, 1975, p. 521. – Cf. aussi *Josefine la Cantatrice ou Le Peuple des souris* : « *Et tout cela n'est vraiment pas dit avec de grands accents, mais à voix basse, chuchotante, secrète, parfois un peu enrouée.* »

6. Carte postale à Hermann et Julie Kafka, 13 avril 1924.

7. Cf. Michal Mareš, « Kafka et les anarchistes », in Hans-Gerd Koch (dir.), *J'ai connu Kafka*, *op. cit.*, p. 106.

8. Carte postale à Hermann et Julie Kafka, 7 avril 1924. – Siegfried Löwy, qui avait voulu accompagner Kafka jusqu'à Davos, se trouvait à Venise depuis environ deux semaines et ne put donc lui servir d'escorte. Dora Diamant écrit qu'il fit le voyage avec une de ses sœurs; mais dans ce cas, on comprendrait mal que Kafka parle plusieurs fois à ses parents de la grande distance qui sépare Vienne du sanatorium, comme si cette information était nouvelle pour eux.

9. Lettre à Max Brod, 19 avril 1924; carte postale à Hermann et Julie Kafka, 21 avril 1924.

10. Lettre à Robert Klopstock, 7 avril 1924.

11. Carte à Hermann et Julie Kafka, 9 avril 1924; carte à Max Brod, 9 avril 1924.

12. Max Brod, *Franz Kafka. Souvenirs et documents, op. cit.*, p. 322-323. – L'anecdote colportée par Max Brod selon laquelle Dora serait restée debout dans la voiture jusqu'à Vienne pour protéger Kafka de la pluie relève sans doute de la légende : un sanatorium aussi fameux que le Wienerwald n'aurait pas pu se permettre de traiter ses patients de la sorte. Plus probablement, on conduisit Kafka en voiture ouverte jusqu'à la gare d'Ortmann, à cinq kilomètres, ce qui dut déjà être bien assez désagréable dans son état.

13. Lettre de Robert Klopstock à Ottla David, mi-avril 1924 (Archiv Kritische Kafka-Ausgabe, Wuppertal). – Le professeur Markus Hajek (1862-1941) avait été l'élève d'un laryngologue renommé, Johann Schnitzler, père d'Arthur Schnitzler. Il fit son internat à la Polyclinique de Vienne en même temps qu'Arthur Schnitzler et devint son beau-frère. Hajek fut l'un des coauteurs du premier *Atlas clinique de laryngologie* [*Klinischer Atlas der Laryngologie*, 1895] et un pionnier de la chirurgie endonasale. À la Clinique laryngologique de Vienne, il fonda un centre de traitement ambulatoire pour les troubles du langage et de la voix.

14. Cf. un fac-similé dans Rotraut Hackermüller, *Kafkas letzte Jahre, op. cit.*, p. 111-113.

15. Cf. Markus Hajek, *Pathologie und Therapie der Erkrankungen des Kehlkopfes, der Luftröhre und der Bronchien*, Leipzig, 1932, p. 263.

16. Lettre à Hermann et Julie Kafka, 16 avril 1924.

17. Note des feuillets de conversation visiblement destinée à Klopstock. – Pour plus de détails sur Josef Schrammel, cf. Rotraut Hackermüller, *Kafkas letzte Jahre, op. cit.*, p. 114 et suivantes. – L'année précédente, Sigmund Freud avait failli se vider de son sang après son opération, là encore à cause de la négligence du personnel; mais Kafka, évidemment, ne pouvait le savoir. Cf. Peter Gay, *Freud, une vie*, trad. Tina Jolas, Fayard, Paris, 2013, p. 482.

18. Lettre de Franz Werfel à Max Brod, vers le 27 avril 1924 (Archiv Kritische Kafka-Ausgabe, Wuppertal). – Le bon mot prêté à Hajek est tiré de Max Brod, *Über Franz Kafka, op. cit.*, p. 178. Il

est exclu que Hajek, qui recevait souvent son beau-frère Arthur Schnitzler, ait ignoré le nom de Werfel, alors célèbre à Vienne. Le journal de Schnitzler prouve que Hajek l'accompagna au moins une fois au théâtre, et qu'il le vit une autre fois juste avant qu'il assiste à une représentation de *L'Homme-miroir* de Werfel (25 mai 1922 et 10 mars 1923 ; cf. Arthur Schnitzler, *Tagebuch*, vol. 7 : *1920-1922, op. cit.*, p. 311 ; et vol. 8 [1995], p. 32-33.)

19. Cf. la carte à Hermann et Julie Kafka du 25 avril 1924. – Le conseiller municipal Julius Tandler, contacté par Werfel, aurait sans doute pu obtenir à Kafka une place à prix réduit, voire gratuite, dans le sanatorium de Grimmenstein, en Basse-Autriche. Mais Kafka refusa, ne se sentant plus capable de supporter le voyage ni un séjour dans un grand sanatorium.

20. Lettre d'Oscar Beck à Felix Weltsch, 3 mai 1924. Cf. Max Brod, *Franz Kafka. Souvenirs et documents, op. cit.*, p. 324-325.

21. Lettre de Dora Diamant et de Kafka à Hermann et Julie Kafka, vers le 19 mai 1924. Lettre de Dora Diamant à ElliHermann, 5 mai 1924 (Archiv Kritische Kafka-Ausgabe, Wuppertal).

22. Après la mort d'Alfred Löwy, le 28 février 1923 à Madrid, la rumeur se répandit à Prague que les Kafka avaient hérité d'une immense fortune. Après que Julie Kafka, sœur d'Alfred, se fut rendue à Paris début septembre 1923 pour régler des détails légaux et fiscaux, Kafka écrivit à Max Brod : « *La vérité, c'est que l'héritage brut s'élève à environ 600 000 K auxquels peuvent prétendre trois oncles en plus de ma mère. Ce serait toujours une belle somme, mais malheureusement les principaux bénéficiaires sont les gouvernements français et espagnol et des notaires et avoués de Paris et de Madrid* » (lettre à Max Brod, 1er novembre 1923). Nous ignorons quand cette succession finit par être liquidée et quelles furent les sommes en jeu.

23. Cf. une traduction intégrale de cette sélection dans Franz Kafka, *Œuvres complètes*, vol. 3, Gallimard, Paris, 1984, p. 1303-1311 ; ou une sélection plus restreinte dans Franz Kafka, *Journaux et lettres. 1914-1924, op. cit.*, p. 1256-1260.

24. Max Brod, *Franz Kafka. Souvenirs et documents, op. cit.*, p. 329-330. – Il se peut qu'une plaisanterie de Kafka, notée sur ses feuillets de conversation, fasse allusion à ce projet de mariage : « *nous voulons vivre là-bas et tu fais déjà des potins* ». Lu en ce sens, ce ne peut être qu'une référence à l'endroit où habitait le père de Dora, ou à Breslau.

25. Ce fut la première publication de ces deux récits : *Josefine la cantatrice*, *Prager Presse*, 20 avril 1924 ; *Une petite femme*, *Prager Tagblatt*, 20 avril 1924 (version abrégée). – *Rubeni. Prince des Juifs* parut chez Kurt Wolff en 1925. Brod lut le début du roman à Kafka en mai 1923 et nota ensuite dans son journal : « Il est ravi. »

26. Lettre à Max Brod, 20 mai 1924. – En janvier 1924, Brod avait quitté la *Prager Presse*, publication semi-officielle, pour rejoindre le *Prager Tagblatt*, où il fit paraître plus d'une centaine d'articles par an jusqu'en 1939. Cf. Peter Doležal, *Tomáš G. Masaryk, Max Brod und das « Prager Tagblatt »* (1918-1938), Francfort-sur-le-Main, 2004, p. 131 et suivantes.

27. Lettre à Hermann et Julie Kafka, vers le 19 mai 1924. Lettre de Robert Klopstock à ElliHermann, vers le 20 mai 1924 (Archiv Kritische Kafka-Ausgabe, Wuppertal).

28. Citation tirée de : Max Brod, *Franz Kafka. Souvenirs et documents*, *op. cit.*, p. 335.

29. Sur une fiche retrouvée dans les affaires de Klopstock, on trouve cette remarque de Kafka : « *Lisez aussi cet épisode du roman de Werfel. Cela me touche d'aussi près que Schweiger, je ne peux rien en dire* » (Hugo Wetscherek, *Kafkas letzter Freund*, *op. cit.*, p. 74). Le *Verdi* de Werfel ne fut sans doute pas la dernière lecture de Kafka. Car, outre les volumes envoyés par Max Brod, il reçut à Kierling un petit colis de livres de la maison Die Schmiede, probablement début mai. Et le 20 mai, il reçut à sa demande un autre ouvrage (on ignore lequel) que Max Brod lui avait fait envoyer par une librairie de Prague (cf. la lettre de Kafka à Max Brod datée de ce jour). – La citation de Kafka est tirée de la lettre du 28 avril 1924 à Max Brod.

30. Cf. Franz Kafka, *Œuvres complètes*, vol. 3, *op. cit.*, p. 1638, note 3.

31. Max Brod, *Franz Kafka. Souvenirs et documents*, *op. cit.*, p. 331.

32. Lettre à Hermann et Julie Kafka, 2 juin 1924.

33. Pour une traduction de la nécrologie écrite en tchèque par Milena Jesenská, cf. *Vivre*, *op. cit.*, p. 117. Les autres, en allemand, sont reproduites dans Jürgen Born (dir.), *Franz Kafka. Kritik und Rezeption 1924-1938*, *op. cit.*, p. 16 et suivantes.

34. *Ibid.*, p. 57.

35. Johannes Urzidil, *Da geht Kafka*, *op. cit.*, p. 74.

BIBLIOGRAPHIE

a. Kafka

ALT, Peter-André, *Franz Kafka. Der ewige Sohn*, Munich, 2005.

ANZ, Thomas, « Jemand musste Otto G. verleumdet haben … Kafka, Werfel, Otto Gross und eine "psychiatrische Geschichte" », *Akzente* 31 n° 2, p. 184-191, 1984.

BAIONI, Giuliano, *Kafka. Letteratura ed Ebraismo*, Turin, Einaudi, 1984.

BAUDY, Nicolas, « Entretiens avec Dora Dymant, compagne de Kafka », *Évidences* n° 8, Paris, février 1950.

BAUER-WABNEGG, Walter (dir.), « Monster und Maschinen, Artisten und Technik in Franz Kafkas Werk », in Wolf Kittler et Gerhard Neumann (dir.), *Franz Kafka. Schriftverkehr*, Freiburg, Rombach Wissenschaft, Reihe Litterae, p. 316-382, 1990.

BINDER, Hartmut (dir.),
« Franz Kafka und die Wochenschrift "Selbstwehr" », *Deutsche Vierteljahresschrift für Literaturwissenschaft und Geistesgeschichte* n° 41, p. 283-304, 1967.

Kafka-Handbuch, vol. 1 : *Der Mensch und seine Zeit,* vol. 2 : *Das Werk und seine Wirkung,* Stuttgart, Kröner, 1979.

Kafka-Kommentar zu den Romanen, Rezensionen, Aphorismen und zum Brief an den Vater, Munich, Winkler, 1976.

Kafka-Kommentar zu sämtlichen Erzählungen, Munich, Winkler, 1975.

« Kafka und seine Schwester Ottla », *Jahrbuch der Deutschen Schillergesellschaft* n° 12, 1968, p. 403-456.

« Kafkas Briefscherze. Sein Verhältnis zu Josef David », *Jahrbuch der Deutschen Schillergesellschaft* n° 13, 1969, p. 536-559.

« Kafkas Hebräischstudien. Ein biographisch-interpretatorischer Versuch », *Jahrbuch der Deutschen Schillergesellschaft* n° 11, 1967, p. 527-556.

Kafkas « Verwandlung ». Entstehung, Deutung, Wirkung, Francfort-sur-le-Main, 2004.

« Puder und Schleier, Glanz und Genuss. Eine Entdeckung. Kafkas späte Verlobte Julie Wohryzek », *Neue Zürcher Zeitung* 28-29, avril 2001, p. 49.

BORN, Jürgen (dir.),
Franz Kafka. Kritik und Rezeption zu seinen Lebzeiten 1912-1924, Francfort-sur-le-Main, S. Fischer, 1979.
Franz Kafka. Kritik und Rezeption 1924-1938, Francfort-sur-le-Main, S. Fischer, 1983.

BORN, Jürgen, *Kafkas Bibliothek. Ein beschreibendes Verzeichnis,* Francfort-sur-le-Main, S. Fischer, 1990.

BORN, Jürgen, DIETZ, Ludwig, PASLEY, Malcolm, RAABE, Paul et WAGENBACH, Klaus (dir.), *Kafka-Symposion,* Berlin, 1965.

BROD, Max,
« Der Dichter Franz Kafka », *Die neue Rundschau* n° 32, 1921, p. 1210-1216.
Franz Kafka. Souvenirs et documents, trad. Hélène Zylberberg, Paris, Gallimard, coll. « Leurs Figures », 1945.
« Franz Kafka. Eine Biographie » (traduit par Hélène Zylberberg cf. *supra*), « Franz Kafkas Glauben und Lehre », « Verzweiflung und Erlösung im Werk Franz Kafkas », in *Über Franz Kafka,* Francfort-sur-le-Main, Fischer Taschenbuch, 1974.

Max Brod. Franz Kafka. Eine Freundschaft, Malcolm Pasley (dir.), vol. 1 : *Reiseaufzeichnungen*, vol. 2 : *Briefwechsel*, Francfort-sur-le-Main, 1987, 1989.

Calasso, Roberto, *K.*, trad. Jean-Paul Manganaro, Paris, Gallimard, 2005.

Canetti, Elias, *L'Autre Procès. Lettres de Kafka à Felice*, trad. Lily Jumel, Paris, Gallimard, coll. « Du monde entier », 1972.

Caputo-Mayr, Maria Luise et Herz, Julius Michael (dir.), *Franz Kafka. Internationale Bibliographie der Primär- und Sekundärliteratur. Eine Einführung*, Munich, 2000.

Diamant, Kathi, *Le Dernier Amour de Kafka : la vie de Dora Diamant*, trad. Jacqueline Sudaka-Bénazéraf, Paris, Hermann, 2006.

Dietz, Ludwig, *Franz Kafka. Die Veröffentlichungen zu seinen Lebzeiten (1908-1924). Eine textkritische und kommentierte Bibliographie*, Heidelberg, Lothar Stiem, 1982.

Gelber, Mark H. (dir.), *Kafka, Zionism, and Beyond*, Tübingen, 2004.

Gilman, Sander, *Franz Kafka, the Jewish Patient*, New York/Londres, 1995.

Grözinger, Karl Erich, *Kafka und die Kabbala. Das Jüdische im Werk und Denken von Franz Kafka*, Francfort-sur-le-Main, 1992.

Grözinger, Karl Erich, Mosès, Stéphane et Zimmermann, Hans Dieter (dir.), *Kafka und das Judentum*, Francfort-sur-le-Main, 1987.

Gruša, Jiří, « Die Verlockung auf dem Dorfe oder, Die Jungfrau und das Ungeheuer », in Hans Dieter Zimmermann (dir.), *Nach erneuter Lektüre : Franz Kafkas « Der Process »*, Wurtzbourg, 1992, p. 251-267.

Hackermüller, Rotraut, *Kafkas letzte Jahre, 1917-1924*, Munich, 1990.

Hermes, Roger, John, Waltraud, Koch, Hans-Gerd et Widera, Anita (dir.), *Franz Kafka. Eine Chronik*, Berlin, Klaus Wagenbach, 1999.

JANOUCH, Gustav, *Conversations avec Kafka*, trad. Bernard Lortholary, Paris, Maurice Nadeau, 1988.

KAFKA, Franz,
Œuvres complètes (en quatre volumes), dir. Claude David, Paris, Gallimard, coll. « La Pléiade », 1976, 1980, 1984, 1989.
Œuvres complètes (en quatre volumes), dir. Jean-Pierre Lefebvre, Paris, Gallimard, coll. « La Pléiade », 2018, 2022.
Amtliche Schriften, Berlin, Klaus Hermsdorf, 1984.
Beim Bau der Chinesischen Mauer. Ungedruckte Erzählungen und Prosa aus dem Nachlass, dir. Max Brod et Hans-Joachim Schoeps, Berlin, 1931.
Beschreibung eines Kampfes. Novellen, Skizzen, Aphorismen aus dem Nachlass, Prague, 1936.

KARL, Frederick R., *Franz Kafka. Representative Man*, Boston, 1993.

KILCHER, Andreas, « Franz Kafkas "hebräische Kraftanstrengung" », *Neue Zürcher Zeitung* 8, avril 2000.

KOCH, Hans-Gerd (dir.), *Als Kafka mir entgegenkam... Erinnerungen an Franz Kafka* (nouvelle édition augmentée), Berlin, 2005. Traduction de la première édition : *J'ai connu Kafka. Témoignages*, trad. François-Guillaume Lorrain, Paris, Solin/ Actes Sud, 1998.

KOCH, Hans-Gerd,
Kafka in Berlin. Eine historische Stadtreise, Berlin, 2008.
« Kafkas Max und Brods Franz : Vexierbild einer Freund-schaft », in Bodo Plachta (dir.), *Literarische Zusammenarbeit*, Tübingen, Max Niemeyer, 2001, p. 245-256.

KOCH, Hans-Gerd et WAGENBACH, Klaus (dir.), *Kafkas Fabriken*, *Marbacher Magazin* 100, Marbach am Neckar, 2002.

LENSING, Leo A., « "Fackel"-Leser und Werfel-Verehrer. Anmerkungen zu Kafkas Briefen an Robert Klopstock », in Hugo Wetscherek (dir.), *Kafkas letzter Freund. Der Nachlaß Robert Klopstock (1899-1972)*, Vienne, 2003, p. 267-292.

MITSCHERLICH-NIELSEN, Margarete, « Psychoanalytische Bemerkungen zu Franz Kafka », *Psyche* 31, 1977, p. 60-83.

MORGENSTERN, Soma, « Franz Kafka [1] », « Franz Kafka [2], « Wer ist Franz Kafka ? », in Ingolf Schulte (dir.), *Kritiken. Berichte. Tagebücher*, Lüneburg, 2001, p. 443-448, 449-454, 455-480.

MÜLEROVÁ, Radana, « Franz Kafka a Sirěm », 2000 [thèse, non publiée].

MURRAY, Nicholas, *Kafka*, Londres, 2004.

NEKULA, Marek, *Franz Kafkas Sprachen*, Tübingen, 2003.

NEUMANN, Gerhard, « Hungerkünstler und Menschenfresser. Zum Verhältnis von Kunst und kulturellem Ritual im Werk Franz Kafkas », in Wolf Kittler et Gerhard Neumann (dir.), *Franz Kafka. Schriftverkehr*, Fribourg-en-Brisgau, 1990, p. 399-432.

NORTHEY, Anthony,
« The American Cousins and the Prager Asbestwerke », in Ángel Flores (dir.), *The Kafka Debate. New Perspectives for Our Time*, New York, Gordian Press, 1977, p. 133-146.
« Julie Wohryzek, Franz Kafkas zweite Verlobte », *Freibeuter* 59, Berlin, 1994, p. 3-16.
Kafkas Mischpoche, Berlin, Wagenbach, 1988.

OZICK, Cynthia, « The Impossibility of Being Kafka », *The New Yorker* 11, janvier 1999, p. 80-87.

PASLEY, Malcolm, « Die Handschrift redet », *Marbacher Magazin* 52, Marbach am Neckar, 1990.

PAWEL, Ernst,
Franz Kafka ou Le Cauchemar de la raison, trad. Michel Chion et Jean Guiloineau, Paris, Seuil, coll. « Points », 1996.
« Kafka's Hebrew Teacher », *The New York Times*, 16 août 1981.

POLITZER, Heinz, *Franz Kafka, der Künstler*, Francfort-sur-le-Main, 1965.

ROBERT, Marthe, *Seul, comme Franz Kafka*, Paris, Calmann-Lévy, coll. « Diaspora », 1979.

ROBERTSON, Ritchie, *Kafka. Judaism, Politics and Literature*, Oxford, Clarendon Press, 1987.

Rost, Nico, « Persoonlijke ontmoetingen met Franz Kafka en mijn Tsjechische vrienden », *De Vlaamse Gids* 48, février 1964, p. 75-97.

Schoeps, Julius H. (dir.), *Im Streit um Kafka und das Judentum. Max Brod, Hans-Joachim Schoeps, Briefwechsel,* Königstein im Taunus, Jüdischer Verlag bei Athenäum, 1985.

Schütterle, Annette,
Franz Kafkas Oktavhefte. Ein Schreibprozess als « System des Teilbaues », Rombach Verlag, Fribourg-en-Brisgau, 2002.
« Franz Kafkas "Tropische Münchhausiade". Eine Lesung in Munich », *Freibeuter* 75, 1998, p. 153-156.

Schweppenhäuser, Hermann (dir.), *Benjamin über Kafka. Texte, Briefzeugnisse, Aufzeichnungen,* Francfort-sur-le-Main, Suhrkamp, 1981.

Siebenschein, Hugo *et al., Franz Kafka a Praha. Vzpomínky, Úvahy, Dokumenty,* Prague, Vladimír Žikeš, 1947.

Stach, Reiner,
Kafka, Le Temps des décisions (vol. 1), trad. Régis Quatresous, Paris, Le Cherche Midi, 2023.
Kafkas erotischer Mythos. Eine ästhetische Konstruktion des Weiblichen, Francfort-sur-le-Main, Fischer Taschenbuch, 1987.

Stölzl, Christoph, *Kafkas böses Böhmen. Zur Sozialgeschichte eines Prager Juden.* Francfort-sur-le-Main, Ullstein-Sachbuch, 1989.

Tismar, Jens, « Kafkas "Schakale und Araber" im zionistischen Kontext betrachtet », *Jahrbuch der deutschen Schillergesellschaft* 19, 1975, p. 306-323.

Unseld, Joachim, *Franz Kafka. Une vie d'écrivain,* trad. Éliane Kaufholz, Paris, Gallimard, 1984.

Urzidil, Johannes, *Da geht Kafka,* Zürich/Stuttgart, Artémis Verlag, 1965.

Vermák, Josef,
Franz Kafka, výmysly a mystifikace, Prague, 2005.

« Pobyt Franze Kafky v Plané nad Lužnicí (Léto 1922) », *Světová literatura* n° 34, 1989, p. 219-237.

VOIGTS, Manfred, *Kafka und die jüdisch-zionistische Frau. Diskussionen um Erotik und Sexualität im Prager Zionismus*, Wurtzbourg, Königshausen & Neumann, 2007.

WAGENBACH, Klaus,
Kafka, trad. Jacques Legrand, Paris, Belfond, 1983.
Franz Kafka. Eine Biographie seiner Jugend, Berlin, Klaus Wagenbach, 2006. Traduction de la première édition : *Franz Kafka. Années de jeunesse (1883-1912)*, trad. Élisabeth Gaspar, Paris, Mercure de France, 1967.
La Prague de Kafka, trad. Denis-Armand Canal, Paris, Michalon, 1996.

WAGNEROVÁ, Alena, *La Famille Kafka de Prague*, trad. Nicole Casanova, Paris, Grasset, 2004.

WEISS, Ernst, « Bemerkungen zu den Tagebüchern und Briefen Franz Kafkas », *Mass und Wert* 1, 1937-1938, p. 319-325.

WETSCHEREK, Hugo (dir.), *Kafkas letzter Freund. Der Nachlass Robert Klopstock (1899-1972)*. Première édition commentée de 38 lettres en partie inédites de Franz Kafka. Avec des contributions de Leonhard M. Fiedler et Leo A. Lensing [13e titre au catalogue de l'Antiquariat Inlibris], Vienne, Inlibris, 2003.

ZISCHLER, Hanns, *Kafka va au cinéma*, trad. Olivier Mannoni, Paris, Cahiers du cinéma, 1996.

b. Littérature et études littéraires

AMANN, Klaus et WALLAS, Armin A. (dir.), *Expressionismus in Österreich*, Vienne, Böhlau, 1994.

BINDER, Hartmut (dir.),
Brennpunkt Berlin. Prager Schriftsteller in der deutschen Metropole, Bonn, Kulturstiftung der deutschen Vertriebenen, 1995.
Prager Profile. Vergessene Autoren im Schatten Kafkas, Berlin, Gebr. Mann, 1991.

BINDER, Hartmut, « Ernst Polak – Literat ohne Werk. Zu den Kaffeehauszirkeln in Prague und Wien », *Jahrbuch der Deutschen Schillergesellschaft* 23, 1979, p. 366-415.

BLEI, Franz, *Das grosse Bestiarium der modernen Literatur*, Rowohlt, Berlin, 1922.

BRENNER, Josef Chaim, *Unfruchtbarkeit und Scheitern oder Buch des Ringens*, Tel Aviv, 1920.

BROD, Max,
« Gerhart Hauptmanns Frauengestalten », *Die neue Rundschau* n° 33, 1922, p. 1131-1141.
Das grosse Wagnis, Leipzig-Vienne, Kurt Wolff, 1918.
Leben mit einer Göttin, Munich, Kurt Wolff, 1923.
Mira. Ein Roman um Hofmannsthal, Munich, Kindler Verlag, 1958.
« Die neue Zeitschrift », *Die weissen Blätter* n° 1, 1913-1914, p. 1227-1230.
Der Prager Kreis, Francfort-sur-le-Main, Suhrkamp Verlag, 1979.
Rubeni, prince des Juifs, trad. Geneviève Sellier-Leclercq, Alger, Charlot, 1947.
Une vie combative : autobiographie, Paris, Gallimard, 1964.
L'Astronome qui trouva Dieu, trad. Georges Lacheteau, Paris, Nouvelles Éditions latines, 1946.

BUBER-NEUMANN, Margarete, M*ilena*, Paris, Seuil, coll. « Fiction & Cie », 1986.

ČERNÁ, Jana, *Vie de Milena, de Prague à Vienne*, trad. Barbora Faure, Lille, La Contre Allée, coll. « La Sentinelle », 2014.

CORINO, Karl, *Robert Musil. Eine Biographie*, Reinbek, Rowohlt, 2003.

DIETZ, Ludwig, « Kurt Wolffs Bücherei, "Der jüngste Tag". Seine Geschichte und Bibliographie », *Philobiblon* n° 7, 1963, p. 96-118.

DODERER, Heimito von,
L'Escalier du Strudlhof ou Melzer et la profondeur des ans, trad. Rachel Bouyssou et Herbert Bruch, Montréal, Carte Blanche, 2020.

Les Fenêtres éclairées ou L'Humanisation de l'inspecteur Julius Zihal, trad. Pierre Deshusses, Paris, Rivages, coll. « Littérature étrangère », 1990.

FIALA-FÜRST, Ingeborg, *Der Beitrag der Prager deutschen Literatur zum deutschen Expressionismus. Relevante Topoi ausgewählter Werke*, St. Ingbert, Röhrig Universitätsverlag, 1996.

FIEDLER, Leonhard M., « "Um Hofmannsthal". Max Brod und Hugo von Hofmannsthal. Briefe, Notizen », *Hofmannsthal-Blätter*, août 1985, p. 23-45.

FISCHER, Samuel et FISCHER, Hedwig, *Briefwechsel mit Autoren*, dir. Dierk Rodewald et Corinna Fiedler, Francfort-sur-le-Main, S. Fischer, 1989.

GÖBEL, Wolfram, *Der Kurt Wolff Verlag 1913-1930. Expressionismus als verlegerische Aufgabe*, tirage à part extrait d'*Archiv für Geschichte des Buchwesens*, vol. 15 et 16, Francfort-sur-le-Main, 1976 et 1977.

GOLD, Hugo (dir.), *Max Brod. Ein Gedenkbuch. 1884-1969*, Tel Aviv, Olamenu, 1969.

GOLDSTÜCKER, Eduard, *Weltfreunde. Konferenz über die Prager deutsche Literatur*, Prague, Hermann Luchterhand, 1967.

HAAS, Willy, *Die literarische Welt. Erinnerungen*, Munich, List, 1957.

HERMANN, Frank et SCHMITZ, Heinke, « Avantgarde und Kommerz. Der Verlag *Die Schmiede* Berlin 1921-1929 », *Buchhandels-geschichte*, 1991, p. B129-B150.

HEYDEMANN, Klaus, « Der Titularfeldwebel. Stefan Zweig im Kriegsarchiv », in Heinz Lunzer, Gerhard Renner et le Centre de documentation sur la littérature autrichienne récente en collaboration avec les Archives littéraires de Salzbourg (dir.), *Stefan Zweig 1881/1981. Aufsätze und Dokumente*, Vienne, Zirkular, 1981.

HOCKADAY, Mary, M*ilena de Prague*, trad. Catherine David, Paris, Calmann-Lévy, 1997.

HOFMANNSTHAL, Hugo von, *Briefwechsel mit Ottonie Gräfin Degenfeld und Julie Freifrau von Wendelstadt*, dir. Marie Therese Miller-Degenfeld, 2ᵉ *édition*, Francfort-sur-le-Main, S. Fischer, 1986.

HOFMANNSTHAL, Hugo von et BEER-HOFMANN, Richard, *Briefwechsel*, dir. Rudolf Hirsch et Eugene Weber, Francfort-sur-le-Main, S. Fischer, 1972.

JESENSKÁ, Milena,
Vivre, trad. Claudia Ancelot, Paris, Cambourakis, 2014.
Prager Hinterhöfe im Frühling. Feuilletons und Reportagen 1919-1939, dir. Alena Wagnerová, Göttingen, Wallstein-Verlag, 2020.

JUNGK, Peter Stephan, *Franz Werfel. Une vie de Prague à Hollywood*, trad. Nicole Casanova, Paris, Albin Michel, 1990.

KAUS, Gina, *Und was für ein Leben… Mit Liebe und Literatur, Theater und Film*, Hambourg, Knaus Verlag, 1979.

KAYSER, Werner et GRONEMEYER, Horst, *Max Brod. Hamburger Bibliographien*, vol. 12, Hambourg, Hans Christians, 1972.

KISCH, Egon Erwin,
Briefe an den Bruder Paul und an die Mutter 1905-1936, Berlin-Weimar, Aufbau, 1978.
Briefe an Jarmila, dir. Klaus Haupt, Berlin, Das Neue Berlin, 1998.

KRAUS, Karl,
Les Derniers Jours de l'humanité, trad. Jean-Louis Besson et Henri Christophe, Marseille, Agone, coll. « Marginales », 2003.
Literatur oder Man wird doch da sehn. Magische Operette in 2 Teilen, Vienne, Die Fackel, 1921.

KROLOP, Kurt, *Reflexionen der Fackel. Neue Studien über Karl Kraus*, Vienne, Austrian Academy of Sciences Press, 1994.

MANN, Thomas,
« Ludwig HajekHardt », in *Essays II. 1914-1926*, dir. Hermann Kurzke, Francfort-sur-le-Main, Fischer Taschenbuch, 2002, p. 303-305.
Journal 1918-1921, 1933-1939, Paris, Gallimard, coll. « Du monde entier », 1985.

MORGENSTERN, Soma, *Kritiken, Berichte, Tagebücher*, dir. Ingolf Schulte, Lüneburg, Zu Klampen, 2001.

MUSIL, Robert,
Lettres [1901-1942], Paris, Seuil, 1987.
Journaux, trad. Philippe Jaccottet, Paris, Seuil, 1981.

PAZI, Margarita (dir.), *Max Brod 1884-1984. Untersuchungen zu Max Brods literarischen und philosophischen Schriften*, New York, Peter Lang, 1987.

PAZI, Margarita,
Fünf Autoren des Prager Kreises, Francfort-sur-le-Main, Las Vegas et Berne, Peter Lang, 1978.
Staub und Sterne. Aufsätze zur deutsch-jüdischen Literatur, dir. Sigrid Bauschinger et Paul Michael Lützeler, Göttingen, Wallstein-Verlag, 2001.

PAZI, Margarita et ZIMMERMANN, Hans Dieter (dir.), *Berlin und der Prager Kreis*, Würzburg, Königshausen und Neumann, 1991.

RILKE, Rainer Maria, *Briefe zur Politik*, dir. Joachim W. Storck. Francfort-sur-le-Main-Leipzig, Insel Verlag, 1992.

SAHL, Hans, « Erinnerungen an Ernst Weiss », *Weiss-Blätter* n° 2, août 1973, p. 4.

SCHAMSCHULA, Walter,
« Franz Werfel und die Tschechen », in Herbert Zeman (dir.), *Die österreichische Literatur. Ihr Profil von der Jahrhundertwend bis zur Gegenwart (1880-1980)*, Graz, Rombach Verlag, 1989, p. 343-359.
« Max Brod und die tschechische Literatur », in Margarita Pazi (dir.), *Max Brod 1884-1984. Untersuchungen zu Max Brods literarischen und philosophischen Schriften*, New York, Peter Lang Publishing Inc., 1987, p. 233-249.

SCHNITZLER, Arthur,
Journal (1923-1926), trad. Philippe Ivernel, Paris, Rivages, coll. « Bibliothèque Rivages », 2009.
Tagebuch, 1920-1922, dir. Werner Welzig, Peter Michael Braunwarth, Susanne Pertlik et Reinhard Urbach, Vienne,

Verlag der Österreichischen Akademie der Wissenschaften, 1995.

Šrámková, Barbora, *Max Brod und die tschechische Kultur*, Berlin, Arco, 2010.

Steenfatt, Margret, M*ilena Jesenská. Biographie einer Befreiung*, Hambourg, Europäische Verlagsanstalt, 2002.

Sternheim, Carl, *Briefe II. Briefwechsel mit Thea Sternheim, Dorothea und Klaus Sternheim*, dir. Wolfgang Wendler, Darmstadt, Luchterhand, 1988.

Sternheim, Thea, *Tagebücher 1903-1971*, dir. Thomas Ehrsam et Regula Wyss, vol. 3, 1936-1951, Göttingen, Wallstein-Verlag, 2002.

Timms, Edward, *Karl Kraus: Apocalyptic Satirist. Culture and Catastrophe in Habsburg Vienna*, Yale University Press, 1986.

Ungern-Sternberg, Christoph von, *Willy Haas 1891-1973. « Ein grosser Regisseur der Literatur »*, Munich, Edition Text + Kritik, 2007.

Wagenknecht, Christian, « Die Vorlesungen von Karl Kraus. Ein chronologisches Verzeichnis », *Kraus-Hefte*, 1985, p. 1-30.

Wagnerová, Alena (dir.), « *Ich hätte zu antworten tage- und nächtelang* ». *Die Briefe von Milena*, Mannheim, Bollmann, 1996.

Wagnerová, Alena, M*ilena*, Monaco, Rocher, 2006.

Walter, Hans-Albert, *Deutsche Exilliteratur 1933-1950*, vol. 1.1 : *Die Mentalität der Weimardeutschen. Die « Politisierung » der Intellektuellen*, Stuttgart-Weimar, J. B. Metzler, 2003.

Weiskopf, Franz Carl, *Das Slawenlied*, Berlin, Dietz Berlin, 1960.

Weiss, Ernst,
L'Épreuve du feu, trad. Jean Guégan, Aix-en-Provence, Alinéa, 1989.
Der Kampf, Berlin, S. Fischer, 1916.
Musique à Prague (Franziska), trad. Pierre Laclau, Paris, A. Fayard & Cie, 1932.

WERFEL, Franz,
>   *Schweiger. Trauerspiel in 3 Akten*, Munich, Kurt Wolff, 1922.
>   *Spiegelmensch. Magische Trilogie*, Munich, Kurt Wolff, 1920.
>   *Verdi ou Le Roman de l'opéra*, trad. Alexandre Vialatte et Dora Kris, Paris, Victor Attinger, 1933.
>   *Zwischen Oben und Unten. Prosa, Tagebücher, Aphorismen, Literarische Nachträge*, 2de édition, Munich, Langen Müller Verlag, 1975.

WOLFF, Kurt,
>   *Autoren, Bücher, Abenteuer. Betrachtungen und Erinnerungen eines Verlegers*, Berlin, Wagenbach, 1965.
>   *Briefwechsel eines Verlegers, 1911-1963*, dir. Bernhard Zeller et Ellen Otten, Francfort-sur-le-Main, H. Scheffler, 1980.

ZWEIG, Stefan,
>   *Correspondance. 1897-1919*, trad. Isabelle Kalinowski, Paris, Grasset, 2000.
>   *Journaux*, trad. Jacques Legrand, Paris, Librairie générale française, 1995.
>   *Le Monde d'hier*, trad. Serge Niémetz, Paris, Belfond, 1993.

c. Philosophie, sociologie, psychologie, pédagogie

BLÜHER, Hans, *Die Rolle der Erotik in der männlichen Gesellschaft. Eine Theorie der menschlichen Staatsbildung nach Wesen und Wert*, 2 vol., Iéna, Generisch, 1917-1919.

FEDERN, Paul, *Zur Psychologie der Revolution : Die vaterlose Gesellschaft. Nach Vorträgen in der Wiener Psychoanalytischen Vereinigung und im Monistenbund*, Leipzig-Vienne, Anzengruber Verlag, 1919.

FOERSTER, Friedrich Wilhelm, *Jugendlehre. Ein Buch für Eltern, Lehrer und Geistliche*, Berlin, Georg Reimer, 1904.

GAY, Peter, *Freud, une vie*, trad. Tina Jolas, Paris, Hachette, 1991.

GROSS, Otto, « Die kommunistische Grundidee in der Paradiessymbolik », *Sowjet* n° 1, 1919, p. 12-27.

HOSCHEK, Maria, *Friedrich Wilhelm Foerster (1869-1966). Mit besonderer Berücksichtigung seiner Beziehungen zu Österreich*, Francfort-sur-le-Main, Peter Lang, 2002.

KIERKEGAARD, Sören,
Buch des Richters. Seine Tagebücher 1833-1855, Cumberland, Dearbooks, 2016.
Étapes sur le chemin de la vie, trad. Ferdinand Prior, Marie-Henriette Guignot, Paris, Gallimard, 1979.

LANDAUER Gustav et MAUTHNER Fritz, *Briefwechsel 1890-1919*, dir. Hanna Delf et Julius H. Schoeps, Munich, C. H. Beck, 1994.

TAGGER, Theodor (Ferdinand Bruckner), *Das neue Geschlecht. Programmschrift gegen die Metapher*, Berlin, Berlin Verlag Heinrich Hochstim, 1917.

WELTSCH, Felix et BROD, Max, *Anschauung und Begriff. Grundzüge eines Systems der Begriffsbildung*, Leipzig, Kurt Wolff, 1913.

d. Judaïsme

ABELES, Otto, *Jüdische Flüchtlinge. Szenen und Gestalten*, Vienne-Berlin, Verlag Löwit, 1918.
Association des professeurs d'université juifs de Bar-Kokhba (dir.), *Vom Judentum. Ein Sammelbuch*, Leipzig, Kurt Wolff, 1913.

BAJOHR, Frank, « *Unser Hotel ist judenfrei* ». *Bäder-Antisemitismus im 19. und 20. Jahrhundert*, Francfort-sur-le-Main, S. Fischer, 2003.

BÄRSCH, Claus-Ekkehard, *Max Brod im Kampf um das Judentum. Zum Leben und Werk eines deutsch-jüdischen Dichters aus Prague*, Vienne, Passagen Verlag, 1992.

BENJAMIN, Walter et SCHOLEM, Gershom, *Théologie et utopie. Correspondance 1933-1940*, trad. Didier Renault et Pierre Rusch, Paris, Éditions de l'éclat, 2010.

BERGMAN, Schmuel Hugo,
Tagebücher und Briefe, dir. Miriam Sambursky, vol. 1 : *1901-1948*, Königstein, Suhrkamp, 1985.

Jawne und Jerusalem. Gesammelte Aufsätze, Berlin, Jüdischer Verlag, 1919.

BLÜHER, Hans, *Secessio Judaica. Philosophische Grundlegung der historischen Situation des Judentums und der antisemitischen Bewegung*, Berlin, Der weisse Ritter, 1922.

BRENNER, Michael, *Jüdische Kultur in der Weimarer Republik*, Munich, C. H. Beck, 2000.

BROD, Max,
« Franz Werfels "Christliche Sendung" », *Der Jude* n° 1, 1916-1917, p. 717-724.
Heidentum Christentum Judentum. Ein Bekenntnisbuch, 2 vol., Munich, Kurt Wolff, 1921.
Sozialismus und Zionismus, Berlin-Vienne, R. Löwit Verlag, 1920.
« Unsere Literaten und die Gemeinschaft », *Der Jude* n° 1, 1916-1917, p. 457-464.

BUBER, Martin,
Briefwechsel aus sieben Jahrzehnten, dir. Grete Schaeder, vol. 1 : *1897-1918*, Heidelberg, Lambert Schneider, 1972.
« Die Eroberung Palästinas », *Der Jude* n° 2, 1917-1918, p. 633.
« Vorbemerkung über Franz Werfel », *Der Jude* n° 2, 1917-1918, p. 109-112.

CHASANOWITSCH, Leon et MOTZKIN, Leo (dir.), *Die Judenfrage der Gegenwart. Dokumentensammlung*, Stockholm, Bokförlaget Judaä A. B., 1919.

COHEN, Gary B., « Jews in German Society : Prague, 1860-1914 », in David Bronsen (dir.), *Jews and Germans from 1860 to 1933 : The Problematic Symbiosis*, Heidelberg, Carl Winter Universitatsverlag, 1979.

COLLECTIF, *Das jüdische Prague. Eine Sammelschrift*, Prague, Verlag der Selbstwehr, 1917.

ELIASBERG, Alexander, *Sagen polnischer Juden*, Munich, Georg Müller, 1916.

FROMER, Jakob, *Der babylonische Talmud*, Charlottenburg, auto-édition, 1909.

GRAETZ, Heinrich, *Volkstümliche Geschichte der Juden*, 3 vol., Leipzig, Oskar Leiner, 1888.

GRONEMANN, Sammy, *Hawdoloh und Zapfenstreich. Erinnerungen an die ostjüdische Etappe 1916-18*, Berlin, Jüdischer Verlag, 1924.

GRÖZINGER, Karl Erich, *Jüdisches Denken. Theologie, Philosophie, Mystik*, vol. 2, *Von der mittelalterlichen Kabbala zum Hasidismus*, Francfort-sur-le-Main-New York, Campus Verlag, 2005.

GRÜNBERG, Abraham, *Ein jüdisch-polnisch-russisches Jubiläum. (Der grosse Pogrom von Sedlice im Jahre 1906)*, Prague, auto-édition, 1916.

HACKESCHMIDT, Jörg, « Jüdische Orthodoxie und zionistische Jugendkultur im frühen 20. Jahrhundert », in Andrea Schatz et Christian Wies (dir.), *Janusfiguren. « Jüdische Heimstätte », Exil und Nation im deutschen Zionismus*, Berlin, 2006, Metropol Verlag, p. 81-101.

HAUMANN, Heiko, « Zionismus und die Krise jüdischen Selbstverständnisses », in Heiko Haumann (dir.), *Der Traum von Israel. Die Ursprünge des modernen Zionismus*, Weinheim, Beltz Athenäum, 1998, p. 9-64.

HERZOG, Andreas (dir.), *Ost und West. Jüdische Publizistik 1901-1928*, Leipzig, Reclam Verlag, 1996.

HOLITSCHER, Arthur, *Reise durch das jüdische Palästina*, Berlin, S. Fischer, 1922.

KIEVAL, Hillel J., *The Making of the Czech Jewry. National Conflict and Jewish Society in Bohemia, 1870-1918*, Oxford, Oxford University Press, 1988.

KREPPEL, J., *Juden und Judentum von heute. Ein Handbuch*, Zurich-Leipzig-Vienne, Amalthea Verlag, 1925.

KROJANKER, Gustav (dir.), *Juden in der deutschen Literatur*, Berlin, Welt Verlag, 1922.

KUDĚLA, Jiří,
« Die Emigration galizischer und osteuropäischer Juden nach Böhmen und Prague zwischen 1914-1916/17 », *Studia Rosenthaliana* n° 23, 1989, p. 119-134.
« Galician and East European Refugees in the Historic Lands : 1914-16 », *Review of the Society for the History of Czechoslovak Jews* n° 4, 1991-1992, p. 15-32.

LANDAUER, Gustav, « Christlich und christlich, jüdisch und jüdisch », *Der Jude* n° 1, 1916-1917, p. 851.

LANGER, František, « Mon frère Jiří », in Langer, Jiří, *Les Neuf Portes du ciel. Les secrets du hassidisme*, trad. Jacqueline Rastoin, Cécile Rastoin et Lena Korba-Novotná, Paris, Albin Michel, 1997.

LANGER, Georg, *L'Érotique de la Kabbale*, trad. Maurice-Ruben Hayoun, Arles, Solin, 1990.

LANGER, Jiří (Georg), *Les Neuf Portes du ciel. Les secrets du hassidisme*, trad. Jacqueline Rastoin, Cécile Rastoin et Lena Korba-Novotná, Paris, Albin Michel, 1997.

LAPPIN, Eleonore, *Der Jude 1916-1928. Jüdische Moderne zwischen Universalismus und Partikularismus*, Tübingen, Mohr Siebeck, 2000.

LEHMANN, Siegfried,
« Jüdische Volksarbeit », *Der Jude* n° 1, 1916-1917, p. 104-111.
Das jüdische Volksheim Berlin. Erster Bericht. Mai-Dezember 1916, Berlin, 1916.
« Von der Strassenhorde zur Gemeinschaft », *Der Jude* n° 2, Sonderheft, 1926, p. 22-36.

MENCZEL-BEN-TOVIM, Puah (dir.), *Leben und Wirken. Unser erzieherisches Werk. In memoriam Dr. Josef Schlomo Menczel, 1903-1953*, Jérusalem, J. S. Menczel Memorial Foundation, 1983.

MEYER, Michael A. (dir.), *Deutsch-jüdische Geschichte in der Neuzeit*, vol. 3 : *Umstrittene Integration 1871-1918*, Munich, C. H. Beck, 1997.

MÍŠKOVÁ, Alena, « Die Lage der Juden an der Prager Deutschen Universität », in Jörg K. Hoensch, Stanislav Biman et

Lubomir Liptak (dir.), *Judenemanzipation – Antisemitismus – Verfolgung in Deutschland, Österreich-Ungarn, den Böhmischen Ländern und in der Slowakei*, Essen, Klartext, 1999, p. 117-129.

NAOR, Mordecai, *Eretz Israel, Das zwanzigste Jahrhundert*, Cologne, Könemann Verlagsgellschaft, 1996.

NEKULA, Marek et KOSCHMAL, Walter, *Juden zwischen Deutschen und Tschechen. Sprachliche und kulturelle Identitäten in Böhmen 1800-1945*, Munich, Oldenbourg, 2006.

RATH, Moses, *Sefat 'Ammēnû, Lehrbuch der hebräischen Sprache für Schul – und Selbstunterricht*, Vienne, 2ᵉ édition, 1917.

RECHTER, David, *The Jews of Vienna and the First World War*, Londres-Portland, Littman Library of Jewish Civilization, 2001.

ROZENBLIT, Marsha L., *Reconstructing a National Identity. The Jews of Habsburg Austria during World War I*, Oxford, Oxford University Press, 2001.

RYCHNOVSKY, Ernst (dir.), *Masaryk und das Judentum*, Prague, Staatliche Verlagsanstalt, 1930.

SCHOEPS, Julius H. et SCHLÖR, Joachim (dir.), *Antisemitismus. Vorurteile und Mythen*, Munich-Zürich, Piper, 1995.

SCHOLEM, Gershom,
De Berlin à Jérusalem, trad. Sabine Bollack, Paris, Albin Michel, 1984.
Tagebücher. 1. Halbband : 1913-1917, dir. Herbert Kopp-Oberstebrink, Karlfried Gründer et Friedrich Niewöhner, Francfort-sur-le-Main, Jüdischer Verlag, 1995.

SCHUSTER, Frank M., *Zwischen allen Fronten. Osteuropäische Juden während des Ersten Weltkrieges (1914-1919)*, Cologne-Weimar-Vienne, Böhlau, 2004.

SEGEV, Tom, *C'était en Palestine au temps des coquelicots*, trad. Katherine Werchowski et Ymey Hakalaniywt, Paris, L. Levi, 2000.

Sieg, Ulrich, *Jüdische Intellektuelle im Ersten Weltkrieg. Kriegserfahrungen, weltanschauliche Debatten und kulturelle Neuentwürfe*, Berlin, Akademie Verlag, 2001.

Stölzl, Christoph, « Die "Burg" und die Juden. T. G. Masaryk und sein Kreis im Spannungsfeld der jüdischen Frage : Assimilation, Antisemitismus und Zionismus », in Karl Bosl (dir.), *Die "Burg". Einflussreiche politische Kräfte um Masaryk und Beneš*, vol. 2, Munich-Vienne, Oldenbourg, 1974, p. 79-110.

Wassermann, Jakob, *Mein Weg als Deutscher und Jude*, Berlin, S. Fischer, 1921.

Welling, Martin, *»Vom Hass so eng umkreist«. Der Erste Weltkrieg aus der Sicht der Prager Juden.* Francfort-sur-le-Main, Peter Lang, 2003.

Weltsch, Felix (dir.), *Dichter, Denker, Helfer : Max Brod zum fünfzigsten Geburtstag*, Mährisch-Ostrau, Keller, 1934.

Werfel, Franz, « Die christliche Sendung. Ein offener Brief an Kurt Hiller », *Die neue Rundschau* n° 28, 1917, p. 92-105.

Zechlin, Egmont, *Die deutsche Politik und die Juden im Ersten Weltkrieg*, Göttingen, Vandenhoeck und Ruprecht, 1969.

e. Histoire politique, sociale, culturelle

Biersack, Werner, *Der Fremdenverkehr im Kurort Meran*, Innsbruck, Kowatsch, 1967.

Binder, Hartmut, *Wo Kafka und seine Freunde zu Gast waren. Prager Kaffeehäuser und Vergnügungsstätten in historischen Bilddokumenten*, Prague-Furth im Wald, Vitalis, 2000.

Biwald, Brigitte, *Von Helden und Krüppeln. Das österreichisch-ungarische Militärsanitätswesen im Ersten Weltkrieg*, 2 vol., Vienne, Öbv & Hpt, 2002.

Bosl, Karl (dir.), *Aktuelle Forschungsprobleme um die Erste Tschechoslowakische Republik*, Munich-Vienne, Oldenbourg, 1969.

Böss, Gustav, *Die Not in Berlin. Tatsachen und Zahlen*, Berlin, Zentralverlag, 1923, in Christian Engeli (dir.), *Gustav Böss.*

Oberbürgermeister 1921-1930. Beiträge zur Kommunalpolitik, Berlin, Neues Verlags Comptoir, 1981, p. 1-32.

BREITER, Marion, *Hinter der Front. Zum Leben der Zivilbevölkerung im Vienne des Ersten Weltkriegs,* thèse de doctorat, université de Vienne, 1991

BROD, Max, *Leoš Janáček. Leben und Werk,* Vienne, Wiener Philharmonischer Verlag, 1925.

BUTSCHEK, Felix, *Statistische Reihen zur österreichischen Wirtschaftsgeschichte. Die österreichische Wirtschaft seit der Industriellen Revolution,* Vienne, Wifo, 1993.

ČAPEK, Karel, *Entretiens avec Masaryk,* trad. Madeline David, La Tour-d'Aigues, Éditions de l'Aube, 1991.

DOLEŽAL, Pavel, *Tomáš G. Masaryk, Max Brod und das* Prager Tagblatt *(1918-1938). Deutsch-tschechische Annäherung als publizistische Aufgabe,* Francfort-sur-le-Main, Peter Lang, 2004.

EISSLER, K. R., *Freud sur le front des névroses de guerre,* Paris, Puf, coll. « Histoire de la psychanalyse », 1992.

EPKENHANS, Michael, « Kriegswaffen – Strategie, Einsatz, Wirkung », in Rolf Spilker et Bernd Ulrich (dir.), *Der Tod als Maschinist. Der industrialisierte Krieg 1914-1918* (catalogue d'exposition du musée de la Culture industrielle d'Osnabrück dans le cadre des 350 ans de la paix de Westphalie, du 17 mai au 23 août 1998), Bramsche, Rasch Verlag, 1998.

GLATZER, Ruth (dir.), *Berlin zur Weimarer Zeit. Panorama einer Metropole 1919-1933,* Berlin, Siedler Verlag, 2000.

GODEFROID, Annette, *Steglitz. Geschichte der Berliner Verwaltungsbezirke,* vol. 7, dir. Wolfgang Ribbe, Berlin, Colloquium Verlag, 1989.

GRAHAM, Frank D., *Exchange, Prices, and Production in Hyper-Inflation. Germany 1920-1923,* Princeton, Ludwig von Mises Institute, 1930.

HANISCH, Ernst, *Der lange Schatten des Staates. Österreichische Gesellschaftsgeschichte im 20. Jahrhundert,* Vienne, Ueberreuter, 1994.

HIRSCH, Ernst, *Der Wehrpflichtige*, Vienne, Perles, 1913.

HIRSCHFELD, Magnus (dir.), *Sittengeschichte der jüngsten Zeit. Eine Darstellung der Kultur, Sittlichkeit und Erotik des zwanzigsten Jahrhunderts*, Leipzig-Vienne, 1930-1932.

HOENSCH, Jörg K., *Geschichte Böhmens. Von der slavischen Landnahme bis zur Gegenwart*, 3ᵉ éd., Munich, C. H. Beck, 1997.

HOLTFRERICH, Carl Ludwig, *L'Inflation en Allemagne 1914-1923. Causes et conséquences au regard du contexte international*, trad. Bernard Poloni, Paris, Comité pour l'histoire économique et financière, 2008.

HÖSCH, Edgar, *Geschichte der Balkanländer. Von der Frühzeit bis zur Gegenwart*, Munich, C. H. Beck, 1999.
Internationales Bäderhandbuch. Adressbuch und Führer durch Privatheilanstalten, Sanatorien, Kurpensionen, Kinder- und Töchter-Pensionate in den Kurorten, Berlin, Hugo Steinitz Verlag, 1914.

KEEGAN, John, *La Première Guerre mondiale*, trad. Noëlle Keruzoré, Paris, Perrin, 2005.

KLEINDEL, Walter, *Österreich. Daten zur Geschichte und Kultur*, Vienne, Ueberreuter, 1995.

KUNZ, Andreas, « Verteilungskampf oder Interessenkonsensus ? Einkommensentwicklung und Sozialverhalten von Arbeitnehmergruppen in der Inflationszeit 1914 bis 1924 », in Gerald D. Feldman (dir.), *Die deutsche Inflation. Eine Zwischenbilanz*, Berlin-New York, De Gruyter Verlag, 1982, p. 347-384.

LANGE, Britta, *Einen Krieg ausstellen. Die « Deutsche Kriegsausstellung » 1916 in Berlin*, Berlin, Verbrecher, 2003.

LEMBERG, Hans (dir.), *Universitäten in nationaler Konkurrenz. Zur Geschichte der Prager Universitäten im 19. und 20. Jahrhundert*, Munich, Oldenbourg, 2003.

LEMBERG, Hans, « 1918 : Die Staatsgründung der Tschechoslowakei und die Deutschen », in Detlev Brandes (dir.), *Wendepunkte in den Beziehungen zwischen Deutschen, Tschechen und Slowaken*, Essen, Klartext, 2007, p. 119-135.

LINNENKOHL, Hans, *Vom Einzelschuss zur Feuerwalze. Der Wettlauf zwischen Technik und Taktik im Ersten Weltkrieg*, Coblence, Bernard und Graefe, 1990.

MAMATEY, Victor S. et LUŽA, Radomír (dir.), *La République tchécoslovaque (1918-1948). Une expérience de démocratie*, Paris, Librairie du Regard et La Maison des sciences de l'homme, 1987.

MARSCHNER, Robert, *Die Fürsorge der Frauen für die heimkehrenden Krieger*, recueil de conférences d'utilité publique, Prague, Deutschen Vereine zur Verbreitung gemeinnütziger Kenntnisse in Prague, 1916.

MENDELSSOHN, Peter de, *Hellerau, mein unverlierbares Europa*, Dresde, Hellerau Verlag, 1993.

MENTZEL, Walter, *Kriegsflüchtlinge in Cisleithanien im Ersten Weltkrieg*, thèse de doctorat, université de Vienne, 1997.

MOMMSEN, Hans, KOVÁČ, Dušan, MALÍŘ, Jiří et MAREK, Michaela (dir.), *Der Erste Weltkrieg und die Beziehungen zwischen Tschechen, Slowaken und Deutschen*, Essen, Klartext, 2001.

NITSCHKE, Thomas, *Die Gartenstadt Hellerau als Pädagogische Provinz*, Dresde, Hellerau, 2003.

OSTWALD, Hans, *Sittengeschichte der Inflation. Ein Kulturdokument aus den Jahren des Marktsturzes*, Berlin, Neufeld & Henius, 1931.

PAWLOWSKY, Adolf, *Einjähriger Präsenzdienst (Einjährig-Freiwilligendienst)*, Prague, A. Haase, 1910.

PICHLÍK, Karel, « Zur Kritik der Legenden um das Jahr 1918 », in Karl Bosl (dir.), *Aktuelle Forschungsprobleme um die Erste Tschechoslowakische Republik*, Munich-Vienne, Oldenbourg, 1969, p. 79-92.

PLASCHKA, Richard Georg, HASELSTEINER, Horst et SUPPAN, Arnold, *Innere Front. Militärassistenz, Widerstand und Umsturz in der Donaumonarchie 1918*, vol. 2, *Umsturz*, Munich, Verlag für Geschichte und Politik, 1974.

RAUCHENSTEINER, Manfried, *Der Tod des Doppeladlers. Österreich-Ungarn und der Erste Weltkrieg*, Graz-Vienne-Cologne, Styria, 1993.

REDLICH, Joseph, *Österreichische Regierung und Verwaltung im Weltkriege*, Vienne-New Haven, Hölder-Pichler-Tempsky, Yale University Press, 1925.

RIBBE, Wolfgang (dir.), *Geschichte Berlins*, vol. 2, *Von der Märzrevolution bis zur Gegenwart*, Munich, C. H. Beck, 1987.

ROTT, Wenzel, *Der politische Bezirk Podersam*, Prague, A. Haase, 1902-1905.

RUMPLER, Helmut, *Eine Chance für Mitteleuropa. Bürgerliche Emanzipation und Staatsverfall in der Habsburgermonarchie*, Vienne, Ueberreuter, 1997.

SALFELLNER, Harald, *La Ruelle d'or*, trad. Laura Hurot, Vitalis, Prague, 2019.

SALTARINO, Signor (Otto Hermann Waldemar), *Fahrend Volk. Abnormitäten, Kuriositäten und interessante Vertreter der wandernden Künstlerwelt*, Leipzig, J. J. Weber, 1895.

SANDGRUBER, Roman, *Ökonomie und Politik. Österreichische Wirtschaftsgeschichte vom Mittelalter bis zur Gegenwart*, Vienne, Ueberreuter, 1995.

SAUERMANN, Eberhard, *Literarische Kriegsfürsorge. Österreichische Dichter und Publizisten im Ersten Weltkrieg*, Cologne-Weimar-Vienne, Böhlau, 2000.

SCHMITZ, Walter et UDOLPH, Ludger, *Tripolis Praga. Die Prager « Moderne » um 1900. Katalogbuch*, Dresde, Thelem, 2001.

SLAPNICKA, Helmut, « Recht und Verfassung der Tschechoslowakei 1918-1938 », in Karl Bosl (dir.), *Aktuelle Forschungsprobleme um die Erste Tschecho-slowakische Republik*, Munich-Vienne, Oldenbourg, 1969, p. 93-111.

SPANN, Gustav, *Zensur in Österreich während des 1. Weltkrieges 1914-1918*, mémoire, université de Vienne, 1972.

SPECTOR, Scott, *Prague Territories. National Conflict and Cultural Innovation in Franz Kafka's Fin de Siècle*, Berkeley-Los Angeles-Londres, University of Califorina Press, 2000.

Statistický lexikon obcí v Čechách, Prague, Státní úřad statistický, 1924.

TEICHOVA, Alice et MATIS, Herbert (dir.), *Österreich und die Tschechoslowakei 1918-1938. Die wirtschaftliche Neuordnung in Zentraleuropa in der Zwischenkriegszeit*, Vienne-Cologne-Weimar, Böhlau, 1996.

ULRICH, Bernd et ZIEMANN, Benjamin (dir.), *Frontalltag im Ersten Weltkrieg. Wahn und Wirklichkeit*, Francfort-sur-le-Main, Fischer Taschenbuch, 1994.

URBAN, Otto, *Die tschechische Gesellschaft 1848-1918*, 2 vol., Vienne-Cologne-Weimar, Böhlau, 1994.

WETZEL, Jürgen, *Zehlendorf. Geschichte der Berliner Verwaltungsbezirke*, vol. 12, dir. Wolfgang Ribbe, Berlin, Colloquium Verlag, 1988.

ŽIPEK, Alois, « Zásobování Prahy v r. 1918 až do převratu », in Alois Žipek (dir.), *Domov za války. Svědectví účastníků*, vol. 5, Prague, Pokrok, 1929.

f. Histoire de la médecine

BOCHALLI, Richard, « Grippe und Tuberkulose », *Münchener Medizinische Wochenschrift*, vol. 66, n° 12, 1919, p. 330.

DERBLICH, Wolfgang, *Die simulirten Krankheiten der Wehrpflichtigen*, Vienne, Urban & Schwarzenberg, 1878.

DEUSCHE, Gustav, « Grippe und Tuberkulose », *Münchener Medizinische Wochenschrift*, vol. 66, n° 17, 1919, p. 464.

DINGES, Martin (dir.), *Medizinkritische Bewegungen im Deutschen Reich (ca. 1870-ca. 1933)*, Stuttgart, Franz Steiner Verlag, 1996.

DÖRBECK, Franz, « Die Influenzaepidemie des Jahres 1918 », *Deutsche Medizinische Wochenschrift*, vol. 45, n° 26, 1919, p. 716-718.

EISENSTAEDT, Karl, « Gibt es äussere Anzeichen einer phthisischen Konstitution ? », *Zeitschrift für Tuberkulose*, vol. 55, 1929, p. 27-40.

ELIAS, Herbert, « Grippe », in Pirquet, Clemens (dir.), *Volksgesundheit im Krieg*, 2ᵉ partie, Vienne, Hölder, Pichler, Tempsky AG, 1926, p. 55-66.

EPSTEIN, David, *Diagnostisch-therapeutisches Taschenbuch der Tuberkulose. Ein Leitfaden für den praktischen Arzt*, Berlin-Vienne, Urban & Schwarzenberg, 1910.

GHON, Anton et JAKSCH-WARTENHORST, Rudolf R. (dir.), *Die Tuberkulose und ihre Bekämpfung. Nach dem Stande vom Jahre 1921*, Vienne-Breslau, Haim, 1922.

HAJEK, Markus, *Pathologie und Therapie der Erkrankungen des Kehlkopfes, der Luftröhre und der Bronchien*, Leipzig, Curt Kabitzsch, 1932.

HOFFMANN, A. et KEUPER, E., « Zur Influenzaepidemie », *Deutsche Medizinische Wochenschrift*, vol. 45, nᵒ 4, 1919, p. 91-94.

JÜTTE, Robert, *Geschichte der alternativen Medizin. Von der Volksmedizin zu den unkonventionellen Therapien von heute*, Munich, C. H. Beck, 1996.

KOLATA, Gina, *Flu. The Story of the Great Influenza Pandemic of 1918 and the Search for the Virus That Caused It*, New York, Farrar, Straus and Giroux, 1999.

KRETSCHMAR, Jörg-Michael, *Die Pathologie und Therapie der Kehlkopftuberkulose im 19. und 20. Jahrhundert*, thèse de doctorat, université de technologie de Dresde, 2001.

LADEK, E., « Lungenkranke und "Spanische Grippe" », *Wiener klinische Wochenschrift*, vol. 31, 1918.

LANGERBEINS, Ingeborg, *Lungenheilanstalten in Deutschland (1854-1945)*, thèse de doctorat, université de Cologne, 1979.

LEITNER, Philipp, « Über die Ätiologie, Symptomatologie und Therapie der pandemischen Influenza (Spanische Grippe) », *Wiener klinische Wochenschrift*, vol. 31, nᵒ 43, 1918, p. 1155-1158.

LESKY, Erna, *Meilensteine der Wiener Medizin*, Vienne, Maudrich, 1981.

MAAK, Ernst, *Über Lungenkomplikationen bei Grippe, mit einleitenden Bemerkungen über einige epidemiologische Besonderheiten bei Grippe*, thèse de doctorat, université de Hambourg, 1920.

MENTRUP, Ludger, *Die Apotheke in der Inflation 1914-1923*, Stuttgart, Deutscher Apotheker Verlag, 1988.

NICOL, Kurt et SCHRÖDER, G., *Die Lungentuberkulose. Lehrbuch der diagnostischen Irrtümer*, Munich, Gmelin, 1927.

RADKAU, Joachim, *Das Zeitalter der Nervosität. Deutschland zwischen Bismarck und Hitler*, Munich-Vienne, C. Hanser, 1998.

RICKMANN, Dr, « Grippe und Lungentuberkulose », *Deutsche Medizinische Wochenschrift*, vol 45, n° 2, 1919, p. 39-40.

RIEDESSER, Peter et VERDERBER, Axel (dir.), « *Maschinengewehre hinter der Front* ». *Zur Geschichte der deutschen Militärpsychiatrie*, Francfort-sur-le-Main, S. Fischer, 1996.

Vorschrift für die ärztliche Untersuchung der Wehrpflichtigen, Vienne, Hof- und Staatsdruckerei, 1912.

INDEX DES NOMS

INDEX DES LIEUX

Dans le texte, nous maintenons les noms de lieux choisis par l'auteur, qui reflètent la réalité de l'époque de Kafka. Cet index propose entre parenthèses leurs équivalents actuels.

INDEX DES ŒUVRES DE KAFKA

ICONOGRAPHIE

1, 4, 6, 10, 27, 34, 38, 57, 60, 63, 64 : Archives Klaus Wagenbach, Berlin

3, 13, 46, 52, 59 : Archives Kritische-Kafka Ausgabe, Wuppertal

14, 22, 29, 45, 50 : Archives Kritische-Kafka Ausgabe/BL Oxford, Wuppertal

5, 30, 70 : Archives S. Fischer Verlag, Francfort-sur-le-Main

7, 8, 21, 48, 55, 56, 68 : Hans-Gerd Koch, Hagen

11, 12 : The Schwadron portrait collection, Jewish National and University Library, Jérusalem

15 : Jiří Gruša

16, 66 : Fac-similés tirés de : Franz Kafka, *Ein Landarzt. Faksimile-Reprint der Erstausgabe von 1919. Supplement zur historisch-kritischen Franz Kafka-Ausgabe*, éd. Roland Reuss et Peter Staengle, publication de l'Institut für Textkritik e. V., Heidelberg, 2006, Stroemfeld Verlag, Francfort-sur-le-Main/Bâle. Reproduit avec l'aimable autorisation de l'éditeur.

17 : Internationale Otto Gross Gesellschaft e. V., Hanovre

18, 31, 61, 62 : Ullstein Bild, Berlin

20, 33 : Jan Jindra, Prague

23 : Profimedia, Pardubice

24 : Vojenský ústřední archiv, Prague

25, 26, 35 : Musée de la Littérature tchèque, Prague

28, 32, 40, 42, 54 : Archives Hartmut Binder, Ditzingen

36, 37 : Archives Verlag Neue Kritik, Francfort-sur-le-Main

39 : Bibliothèque nationale autrichienne, Vienne, Bildarchiv, 111084-D

58 : Musée Franz Kafka, Prague

65 : Collections de la Faculté de médecine de Vienne, archives photographiques

L'auteur et l'éditeur remercient tous les ayants droit d'avoir autorisé la reproduction de ces images.

Achevé d'imprimer par
Normandie Roto Impression s.a.s. à Lonrai
N° d'impression : 2304278

Imprimé en France